Edition Maritim

ANDREA HORN / WYN HOOP

Korsika
Nordost-Sardinien
Toskanische Inselwelt

Häfen und Ankerplätze

Edition Maritim

Autoren und Verlag übernehmen für Irrtümer, Fehler oder Weglassungen keinerlei Gewährleistung oder Haftung. Die Pläne dienen zur Orientierung und nicht zur Navigation; sie ersetzen also keineswegs Seekarten und Seehandbücher.

Bibliografische Information Der Deutschen Bibliothek
Die Deutsche Bibliothek verzeichnet diese Publikation in der Deutschen Nationalbibliografie; detailierte bibliografische Daten sind im Internet über „http://dnb.ddb.de" abrufbar.

4. Auflage 2004
ISBN 3-89225-160-6

Raboisen 8, 20095 Hamburg

Umschlag: Buchholz/Hinsch/Hensinger, Hamburg
Lithografie der Fotos: w&co MediaServices, Hamburg
Pläne und Satz: Wyn Hoop, Hamburg
Fotos: Wyn Hoop
Titelfoto zeigt den Hafen von Portoferraio/Elba
Dieses Buch wurde mit Adobe Pagemaker 7.0 und Adobe Illustrator 7.0 erstellt
Druck und Bindung: Westermann Druck Zwickau GmbH, Zwickau

Printed in Germany 2004

Vertrieb: Delius Klasing Verlag, Siekerwall 21,
33602 Bielefeld
Tel.: 0521/559-0, Fax: 0521/559-114
e-mail: info@delius-klasing.de
www.delius-klasing.de

Inhalt

Vorwort

Als dreizehnjähriger Junge war ich das erste Mal auf Korsika. Von Corte, der ehemaligen Inselhauptstadt, marschierten wir mit Zelt und Verpflegung für 14 Tage über die Punta alle Porte quer durchs Gebirge und stiegen durch die wildromantische Spelunka-Schlucht zum Golf von Porto an der Westküste ab. Mediterrane Landschaft und verschneites Hochgebirge, Korkeichenwälder, Herden von Wildpferden auf pampasartigen Almen, die blauen Augen der Gletscherseen und der weite Blick übers Meer zu den Toskanischen Inseln haben mich so tief beeindruckt, daß ich immer wieder zurückkommen wollte. So führte dann auch, zwar mit Verspätung, vor 30 Jahren die Hochzeitsreise mit Andrea auf unserer SY „Snuffi IV“ nach Korsika. Seitdem waren wir sporadisch fast zu jeder Jahreszeit, auf der Insel.

Bei einem Segelurlaub entstand der Wunsch, über dieses wohl schönste Revier im westlichen Mittelmeer, zu dem wir auch die Inseln der Toskana und des Maddalena-Archipels sowie die geschützten Buchten der Costa Smeralda zählen, einen Führer zu verfassen. Ob man es an Bord eines Segelschiffes, einer Motoryacht oder mit einem hochseetüchtigen Schlauchboot kennenlernt: In diesem Revier kommt jeder auf seine Kosten.

Wer genügend Zeit zur Verfügung hat, läßt sein Boot in einem der sicheren Häfen liegen und macht eine zünftige Tour in die Bergwelt Korsikas, ohne dabei auf das erfrischende Bad in einem tiefen Becken eines der zahlreichen sauberen Bäche zu verzichten. Weniger alpin, aber nicht minder reizvoll sind die Ziele im Inneren der Inseln Elba, Sardinien, Capraia und Giglio, um nur einige zu nennen.

Für die neue Auflage haben wir an Ort und Stelle sorgfältig recherchiert und alle Neuerungen in Häfen und Buchten in diesen Band aufgenommen.

Bei der Gelegenheit bedanken wir uns bei Frau Claudia Fischbach und Herrn Dir. Dr. Italo Somarriello vom Staatlichen Italienischen Fremdenverkehrsamt ENIT in Frankfurt am Main für die freundliche Unterstützung.

Allzeit gute Fahrt! Möge Ihnen das Buch ein guter Begleiter sein.

Wyn Hoop und Andrea Horn
Hamburg, im Frühjahr 2004

Landmarken

- Ortschaft
- Gebäude
- Wichtige Gebäude (Behörden, Service etc.)
- Kirche, Kloster
- Kapelle
- Burg, Festung
- Fort, Festung
- Schloß
- Mühle
- Schornstein
- Denkmal
- Antiker Wachturm
- Funk-, TV-Mast
- Vermessungsbake, Bake (in sardischen Gewässern)
- Pyramide
- Semaphor, Signalstation
- Antike Stätten

Topographie

- Höhenlinien (Höhenangaben in Metern)
- Höhenlinien, Felsgrate
- Gipfel
- Kiefern, Pinien
- Laubbäume
- Macchia, Gebüsch
- Marsch, sumpfig

- Palmen
- Zypresse
- Strand (Sand, Kiesel)
- Felsküste und vorgelagerte Sandbank
- Steilküste
- Felsplatten
- Salzgewinnung

Gefahren

- Unterwasserfelsen
- < 1 m Wasser bedeckt
- < 2 m Wasser bedeckt
- Felsen an der Oberfläche
- Felsen mal über, mal unter Wasser
- unreiner Grund innerhalb der 10-m- Linie
- Wrack unter der Wasser-oberfläche
- Wrack sichtbar
- militärisches Übungsgebiet, Sperrgebiet
- Pipeline
- Fahrverbot

Tonnen, Leuchtfeuer, Funkfeuer

- Leuchtturm
- Leuchtbaken Einzelgefahrenstelle
- Sektorenfeuer
- Leuchtfeuer
- Steuerbordtonnen
- Backbordtonnen
- Einzelgefahrenstelle
- Leuchttonnen
- Reedetonnen, Muringtonnen
- Kardinaltonnen (N, S)
- Kardinaltonnen (E,W)
- Tonne mit Radarreflektor
- Flugfunkfeuer

Versorgung, Service

- Marina, Yachthafen
- Wasser am Kai
- Dusche
- Toiletten
- Strom am Kai
- Tankstelle am Kai (alle Sorten)
- Tankstelle am Kai (Diesel)
- Hafenmeister Hafenbehörden
- Telefon
- Postamt

 Travellift

 Slip

 Mobilkran

 Werft

 Technischer Service

 Restaurant

 Empfangskai

 Tourist-Info

Am Ankerplatz

 Ankerplatz

 Tagesankerplatz

 Ankerverbot

 Sportboot

 Fähre

Leuchtfeuerkennungen

Fl. WRG (3) 2 s
4/2/2 M 10 m
Blitz weiß rot grün
Gruppe von 3 Blitzen
Wiederkehr 2 Sekunden
Tragweite in sm
Feuerhöhe in Metern

Q.
Funkelfeuer (mind. 40 Blitze pro Min.)

VQ.
Schnelles Funkelfeuer (100 – 120 Blitze pro Min.)

LFl.
Blink

Iso.
Gleichtaktfeuer

Oc.
Unterbrochenes Feuer Verdunkelung kürzer als der Schein

F. R 2 (vert.)
2 Festfeuer rot senkrecht

Sonstiges

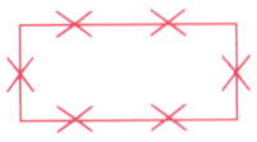 Absperrung

 Naturschutz

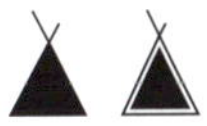 Campingplatz

 Flugplatz

 Nordrichtung

Verkehrswege

Autostraße
Forststraße
Maultierpfad

 Brücke

Waypoint

F. R 2 (hor.)
2 Festfeuer rot waagerecht

Mo.
Morsefeuer

Tiefenlinien, Grundbeschaffenheit

Sd.	Sand
St.	Steine
fls.	felsig
Krt.	Kraut, Seegras
Schl.	Schlick

Abkürzungen

N/S	Nord, Süd
E/W	Ost, West
D	Deutsch
F	Französisch
I	Italienisch
UTC	Koordinierte Weltzeit
GZ	Gesetzliche Landeszeit
sm	Seemeile
rw.	rechtweisend

Abkürzungen in den Plänen

Ecl.	Ecueil (frz. Klippe)
I.	Isola (it. Insel)
Iti.	Isolotti (it. Inselchen, Plural)
Ito.	Isolotto (it. Inselchen)
Mte.	Monte (it. Berg)
Pta.	Punta (it. Spitze, Kap)
Pte.	Pointe (frz. Spitze, Kap)
Pyl.	Pylon (frz. Sendemast)
Pyr.	Pyramidenbake
Riv.	Rivière (frz. Fluß)
Sco.	Scoglio (it. Klippe)
R.	Roche (frz. Felsen)
S.	San, Santo (it. Heiliger)
Set.	Sommet (frz. Gipfel)
Sta.	Santa (it. Heilige)
St.	Saint (frz. Heiliger)
Ste.	Sainte (frz. Heilige)

Einige Bezeichnungen und Abkürzungen in französischen und italienischen Seekarten

a	Lehm (it.)
Cale	Slipbahn (frz.)
Cq. Br.	Muschelkalk (frz.)
Cala	kleine Bucht (it.)
f	Schlick (it.)
Cler.	Glockenturm (frz.)
Anse	kleine Bucht (frz.)
Baie	Bucht (frz.)
Cor.	Korallen (frz.)
Cq.Br	Muschelkalk (frz.)
Fiume	Fluß (it.)
Gr.	Kies (frz.)
H	Seegras (frz.)
Mad.	Sternkorallen (frz.)
R	Felsen (frz.)
Rade	Reede (frz.)
Riv.	Fluß, Flüßchen (frz.)
Ruisseau	Bach (frz.)
S	Sand (it. und frz.)
Tour	Turm (frz.)
Tourelle	Türmchen, Steinbake (frz.)
V	Schlick (frz.)

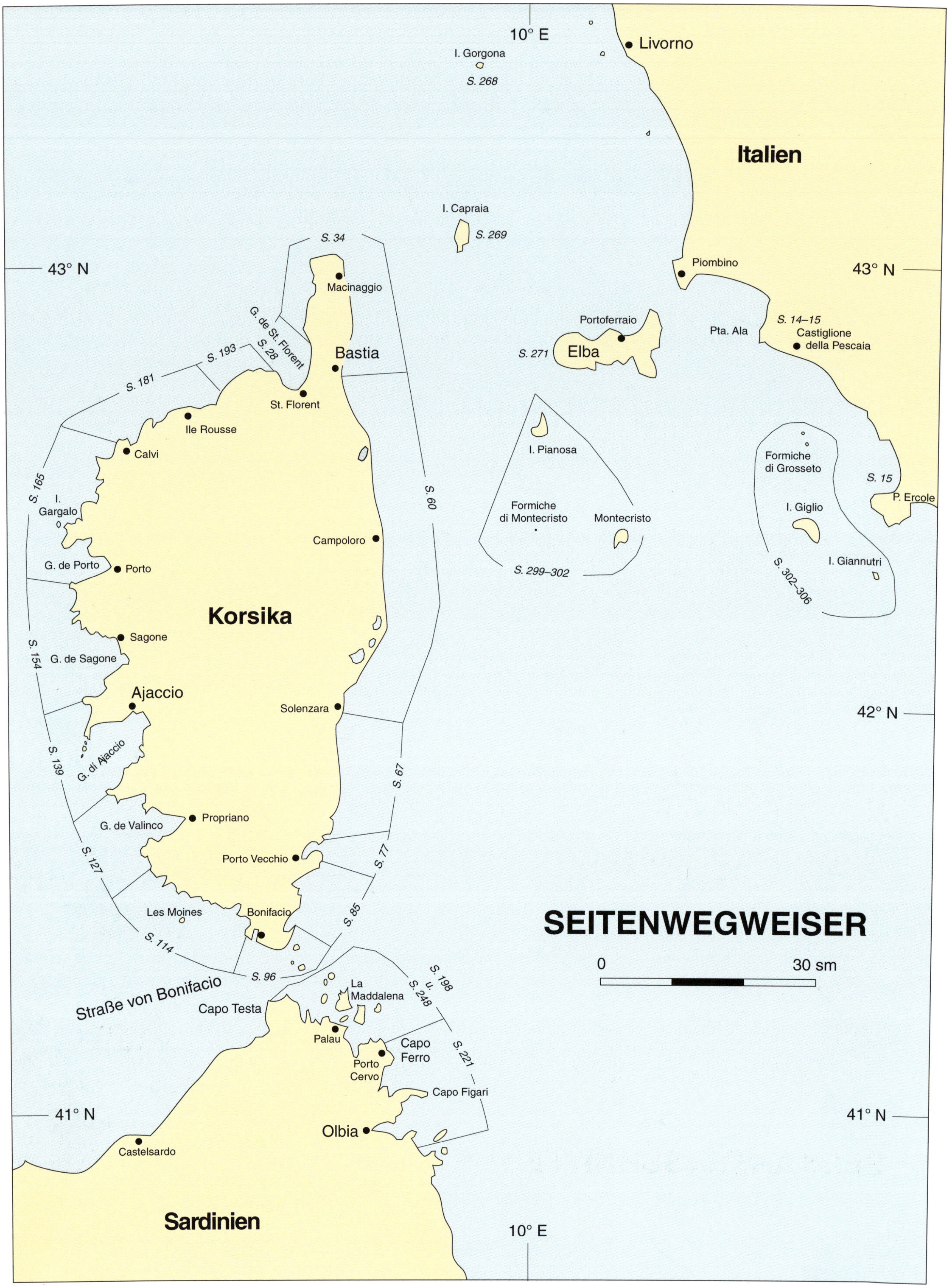

10° E
I. Gorgona
S. 268
Livorno
Italien
I. Capraia
S. 269
S. 34
Macinaggio
43° N
Piombino
43° N
G. de St. Florent
S. 28
S. 193
Bastia
Portoferraio
Pta. Ala
S. 14–15
Castiglione
della Pescaia
S. 271
Elba
S. 181
St. Florent
Ile Rousse
Calvi
I. Pianosa
Formiche
di Grosseto
S. 15
S. 165
I.
Gargalo
S. 60
Formiche
di Montecristo
Montecristo
I. Giglio
P. Ercole
Campoloro
G. de Porto
Porto
S. 299–302
S. 302–306
I. Giannutri
Korsika
Sagone
S. 154
G. de Sagone
Ajaccio
Solenzara
42° N
S. 139
G. di Ajaccio
S. 67
G. de Valinco
Propriano
S. 127
Porto Vecchio
S. 77
SEITENWEGWEISER
Les Moines
Bonifacio
S. 85
S. 114
0
30 sm
S. 96
S. 198
u.
S. 248
Straße von Bonifacio
Capo Testa
La
Maddalena
Palau
S. 221
Capo
Ferro
Porto
Cervo
Capo Figari
41° N
41° N
Olbia
Castelsardo
Sardinien
10° E

D 502
Genua
Rapallo
La Spezia
Mare Ligure
(Ligurisches Meer)
San Remo
Livorno
D 503
I 116
Gorgona
Italien
D 499
D 504
I 116
Capraia
EG 1006
Piombino
I 117
Elba
Bastia
St. Florent
I 118
Pianosa
Calvi
P. S. Stefano
Montecristo
I 118
EG 1007
Campoloro
Scoglio
Africa
Giglio
I 119
Giannutri
I 118
Porto
Korsika
Sagone
Civitavecchia
Ajaccio
Solenzara
EG 1008
Propriano
Mare Tirreno
(Tyrrhenisches Meer)
D 504
Porto Vecchio
I 42
Bonifacio
Lavezzi
Sardinien
Castelsardo
Olbia
I 42
Porto Torres
SEEKARTENSCHNITTE
Korsika
Porto
Vecchio
F 7162(P)
F 6929(P)
F 7162(P)
Bonifacio
F 7024P
I 325
Lavezzi
I 324
Straße von
Bonifacio und
NE-Sardinien
C. Testa
Maddalena-
Archipel
I 323
P. Cervo
F 7024P
Sardinien
Olbia
I 322

Zitadelle von Corte/Korsika

Kapitel I
Nützliche Hinweise für Ihren Törn

Karten und Bücher

Seekarten, Auswahl der Autoren

D 305	Übersichtskarte (Korsika, Sardinien, Toskanischer Archipel, G. v. Genua, Tyrrhenisches und Ligurisches Meer, Sizilien, Tunesien) 1:1.000.000
D 502	G . v. Genua, Livorno 1:250.000
D 504	Übersichtskarte (Toskanischer Archipel, Civitavecchia, E-Korsika) 1:250.000
D 499	Übersichtskarte (Korsika und NE-Sardinien, Inseln Capraia und Pianosa) 1:250.000
D 675	Häfen und Ankerplätze von Korsika 1:75.000/1:15.000
EG 1006	Korsika Nord 1:100.000
EG 1007	Korsika Mitte 1:100.000
EG 1008	Korsika Süd und Straße von Bonifacio 1:100.000
F 6929(P)	N-lich Porto Vecchio bis Pertusato incl. Insel Lavezzi 1:55.200
F 7024 P	Straße von Bonifacio 1:50.000
F 7162(P)	Von Cap Muro bis Cap de Feno 1:50.000
I 42	Straße von Bonifacio und NE-Sardinien 1:100.000
I 325	Straße von Bonifacio 1:25.000
I 324	Maddalena-Archipel und gegenüberliegende Küste Sardiniens 1:25.000
I 323	Porto Cervo und Umgebung (Sardinien) 1:25.000
I 322	Olbia und Umgebung (Sardinien) 1:25.000
I 117	Elba 1:40.000
I 116	Inseln Gorgona und Capraia 1:25.000
I 118	Inseln Pianosa, Montecristo, Giannutri 1:25.000
I 119	Giglio 1:20.000

D = Deutsch, BSH
F = Französisch, SHOM
EG = französische Sportbootkarten, Navicarte, Editions Grafocarte (gefaltet)
I = Italienisch, Istituto Idrografico della Marina
P = auf Kunststoff gedruckt und faltbar
(P) = normale berichtigte Papier-Seekarte

Nautische Bücher

Jachtfunkdienst Mittelmeer, 2159 (Auszug für Sportschiffer aus BSH Nautischer Funkdienst), erscheint jährlich.
Admiralty List of Lights and Fog Signals, NP 78, Volume E, Mediterranean, Black and Red Seas (Leuchtfeuerverzeichnis).

Sportbootführer

Rod Heikell: Küstenhandbuch Italien; Französische Mittelmeerküste und Korsika; beide Edition Maritim, Hamburg
Böhm/Röhring: Korsika, Sardinien, Elba; Bielefeld
Hafenhandbuch Mittelmeer, Teil II (Tyrrhenisches Meer, Korsika, Sardinien); Hamburg
Seekarten und nautische Bücher erhalten Sie bei den bekannten nautischen Buchhandlungen, Seekarten-Vertriebsstellen und natürlich im Buchhandel.

Andere Führer

Abenteuer & Reisen: Korsika entdecken und erleben; München
Marco Polo: Korsika; München
Apa Guides: Sardinien; Berlin, Potsdam, Gütersloh, Leipzig, Stuttgart
Marco Polo: Sardinien; München
Hans Schymik: Korsika, Wanderführer; München
Dumont Reise-Taschenbücher: Elba; Köln

Zoll

Yachten aus EU-Ländern Im Rahmen des neuen Umsatzsteuer-Binnenmarktgesetzes dürfen Bootseigner aus Mitgliedsstaaten der EU ihre im Heimatland registrierten Boote, ohne Zoll- und Steuerabgaben zu entrichten, in Mitgliedsländer einführen, dort benutzen und auch unbefristet stationieren. Voraussetzung dafür ist, daß beim Kauf des Bootes die im Erwerbsland geltende Mehrwertsteuer entrichtet wurde. War dies nicht der Fall, muß das Boot entweder im Heimatland oder bei Einfuhr in einen anderen Staat der EU zu dem dort geltenden Mehrwertsteuersatz, der nach dem Zeitwert berechnet wird, nachversteuert werden.
Bei etwaigen Zollkontrollen muß jeder Yachteigner den Nachweis über die Entrichtung der Mehrwertsteuer oder über die Befreiung von derselben erbringen.

Yachten aus Nicht-EU-Ländern Privat genutzte Sportfahrzeuge aus Nicht-EU-Ländern dürfen bis zu 6 Monaten innerhalb von 12 aufeinanderfolgenden Monate unverzollt bewegt werden. Dies kann in einem Abschnitt oder in Teilabschnitten geschehen. Diese Regelung wird nur dann wirksam, wenn der Lebensmittelpunkt des Eigners außerhalb der EU liegt, da er sonst die Umsatzsteuer (Mehrwertsteuer) sofort bei der Einreise nachversteuern muß.

Bootspapiere, Führerschein, Versicherung

Frankreich Ein amtliches Schiffsdokument, ausgestellt vom Bundesamt für Seeschiffahrt und Hydrographie (BSH), Bernhard-Nocht-Straße 78, 20359 Hamburg, ist mitzuführen: Yachten über 15 m Länge müssen im Deutschen Seeschiffsregister eingetragen sein, unter 15 m ist das Flaggenzertifikat ausreichend.

Bootsführer ausländischer Wassersportfahrzeuge sollten im Besitz des amtlichen Sportbootführerscheins sein, der in ihrem Heimatland zum Befahren vergleichbarer Gewässer vorgeschrieben ist. Im Klartext: Sofern das Boot eine Motorisierung von mehr als 5 PS aufweist, ist der Sportbootführerschein See vonnöten. Charterfirmen verlangen einen Führerschein und - falls eine Seefunkstelle an Bord ist – ein Sprechfunkzeugnis. Ausländische Yachten unterliegen in französischen Gewässern keiner Versicherungspflicht. Im eigenen Interesse ist zumindest eine ausreichende Wassersport-Haftpflichtversicherung von Vorteil.

Italien Wassersportfahrzeuge sind zulassungs- und kennzeichnungspflichtig. Bei im Ausland registrierten Yachten werden die Bootspapiere des Heimatlandes (IBS) anerkannt.

Für Boote mit Maschinen über 5 PS besteht Führerscheinpflicht (Sportbootführerschein See). Charterfirmen verlangen die Vorlage des Bootsführerscheins und – falls eine Seefunkstelle an Bord ist – auch das Sprechfunkzeugnis.

Alle unter ausländischer Flagge nach Italien einreisenden Sportboote mit einem Motor von mehr als 3 PS müssen eine Wassersport- Haftpflichtversicherung für Sach- und Personenschäden mit einer Haftung von 1,5 Millionen haben. Als Nachweis dient eine offizielle Bestätigung der Versicherungsgesellschaft in italienischer Sprache (Blaue Karte), die mitzuführen ist.

Ausrüstung, Funkanlagen

Frankreich Die in Frankreich geltenden gesetzlichen Ausrüstungsvorschriften für Yachten finden nur auf französische Wassersportfahrzeuge Anwendung; für ausländische Schiffe gelten die Bestimmungen ihres Heimatlandes. Da es in Deutschland keine diesbezüglichen gesetzlichen Bestimmungen gibt, sollte sich eine Mindestausrüstung an Bord befinden:

Eine Rettungsweste pro Person, ein oder mehrere Feuerlöscher, Handfackeln (rot) oder Signalpistole mit Fallschirmsignalen (rot), eine Taschenlampe mit Ersatzbatterien, ein Erste-Hilfe-Kasten.

Leuchtpistolen und die dazugehörige Munition gelten als Jagdwaffen und können ohne Anmeldung eingeführt werden. Es muß gewährleistet sein, daß keine scharfe Munition mit der Signalpistole abgefeuert werden kann.

Seefunkanlagen (Grenzwelle, Kurzwelle, UKW, GMDSS) sind in Frankreich nicht genehmigungspflichtig, da sie zur Sicherheitsausrüstung gehören. Ein Sprechfunkzeugnis ist Voraussetzung zum Betreiben der Anlage.

Italien Die in Italien geltenden gesetzlichen Ausrüstungsvorschriften für Yachten betreffen nur italienische Wassersportfahrzeuge. Für ausländische Yachten gelten die Bestimmungen des Heimatlandes. Sportboote sollten allerdings eine Mindestausrüstung mitführen: Eine Rettungsweste pro Person, ein Erste-Hilfe-Set, Feuerlöscher, Taschenlampe, Notsignale oder Signalpistole mit roten Fallschirmsignalen. Nach italienischem Recht muß die Signalpistole an Bord unter Verschluß gehalten werden.

An Bord befindliche Seefunkanlagen können am öffentlichen Funkverkehr (Grenzwelle, UKW, GMDSS) teilnehmen; ein Sprechfunkzeugnis wird verlangt.

Vercharterung, Crewwechsel

Frankreich Die Nutzung eines Bootes unter ausländischer Flagge durch Dritte ist untersagt. Crewwechsel ist nicht erlaubt, ausländische Boote müssen mit derselben Crew, mit der sie ins französische Hoheitsgebiet eingereist sind, auch wieder auslaufen. Die Crew darf reduziert, aber nicht ergänzt werden. Das gilt nicht für Familienangehörige (Eltern und Kinder) mit entsprechender Vollmacht des Eigners und für Miteigner, die im Zertifikat eingetragen sind.

Wird das Boot verchartert, muß eine Gewerbebefugnis vorliegen.

Italien Kommerzielle Nutzung ausländischer Yachten ist verboten. Ebenso Verleih, Vermietung oder Verkauf. Einschränkungen bei privatem Crewwechsel sind nicht bekannt.

Besorgen Sie sich vor Reiseantritt die aktuellen Broschüren „Wassersport in Frankreich, Küste“ und „Italien, Küstengewässer“ der Kreuzerabteilung des DSV, Gründgensstraße 18, 22309 Hamburg, oder die „Informationen für die Sportschifffahrt“ des ADAC, Am Westpark 8, 81373 München.

Trailern

Frankreich Bei der Durchreise von Trailerbooten reicht der Internationale Bootsschein für Wassersportfahrzeuge (IBS), den der DSV, Gründgensstr. 18, 22309 Hamburg, ausstellt. Für Kraftfahrzeuge empfiehlt sich die Mitnahme der „Grünen Versicherungskarte“.

Trailergespanne dürfen folgende Maße nicht überschreiten: 2,50 m Breite und 18,35 m Länge. Falls doch, muß man eine Ausnahmegenehmigung beantragen.

Italien Auch hier darf das Trailergespann die zulässigen Höchstmaße von 2,55 m Breite und 18 m Länge nicht überschreiten, da sonst eine Sondergenehmigung erforderlich wird.

Italienische Festlandstarthäfen Die beiden günstigsten Absprunghäfen zum Toskanischen Archipel sind Punta Ala und Castiglione della Pescaia.

Von Deutschland und Österreich aus fahren Sie am besten auf der Autobahn via Brenner, Trento, Verona, Modena, Bologna, Firenze (Florenz), dann auf der breiten N2 nach Siena und weiter auf der 223 nach Grosseto. Von da führen regionale Straßen nach Castiglione (beim Militärflughafen links abbiegen) und nach Punta Ala.

Von der Schweiz durch den St. Gotthard-Tunnel über Como, Milano (S-lich umfahren), Piacenza, Parma, Modena, Bologna, Firenze und weiter wie Anfahrt Österreich und Deutschland, s.o.

Wer nur um Elba navigieren will, kann sich samt Boot und Auto per Fähre von Piombino nach Portoferraio übersetzen lassen. Dort findet er einen Slip im Hafen und Travellifts bei der Werft ESAOM (s. auch Hafenbeschreibung S. 276) .

- *Punta Ala* Die großzügig im Rahmen einer eleganten Ferienurbanisation angelegte Marina am S-Kap des Golfo di Follonica verfügt über jeden Service, Einkaufsmöglichkeiten und einen erfahrenen Werftbetrieb mit Travellift (50 t) und umfangreichem Lager an Ausrüstung. Die Tiefen im Hafen

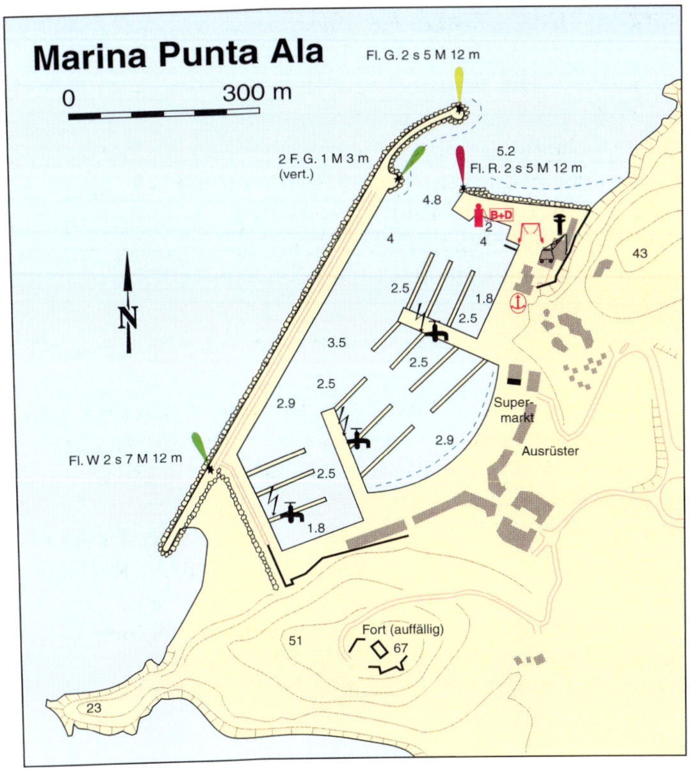

liegen zwischen 2 und 4,8 m. Das Gelände wird Tag und Nacht bewacht. Autos können gegen Gebühr abgestellt werden.

Anschrift: Marina di Punta Ala, 58040 Punta Ala (Gr.),Tel. (vom Ausland) 0039/0564/92 22 17.

Die Werftadresse lautet: Cantiere Navale di Punta Ala, 58040 Punta Ala (Gr.),Tel. 0039/0564/92 02 07.

Von Punta Ala bis Porto Azzurro/Elba sind es 15 sm.

- *Castiglione della Pescaia* Yachten mit Tiefgang bis 1,70 m können sich im Flußhafen ins Wasser setzen lassen. Hier haben Sie es mit einem Familienwerftbetrieb zu tun. Auto und Anhänger können Sie während des Urlaubstörns in einer Halle oder auf dem Gelände unterstellen.

Die Einfahrt neigt zum Versanden; die Tiefen liegen, je nach Wasserstand, zwischen 1,40 und 2 m.

Das Yachtbecken zwischen Bruna-Mündung und Kanal bietet 900 Liegeplätze auf Tiefen von 2–3 m. Altstadt und Zitadelle von Castiglione blicken vom Burghügel auf den Hafen herab. Gemütliche Fischrestaurants, ein gutsortierter Markt und zahlreiche Lebensmittelgeschäfte finden Sie in Hafennähe.

Anschrift: Cantiere Navale, Molo di Levante, Castiglione della Pescaia (Gr.); Tel. (vom Ausland) 0039/0564/93 71 13.

Bis Porto Azzurro/Elba sind es 21 sm.

Werften, Ersatzteile, Reparaturen

Korsika Werften, mit Ausnahme von Betrieben, die kleine Reparaturen durchführen, gibt es auf Korsika nicht. Gute Möglichkeiten für Bootsreparaturen finden Sie in Porto Vecchio, Port Toga/Bastia, Campoloro und Ajaccio. Größere Reparaturen sollten Sie in Frankreich oder Italien ausführen lassen.

Es gibt jedoch eine große Anzahl von Motorwerkstätten, Ausrüstern und Betrieben, die Reparaturen an Segeln, Motor, Bordelektrik und Elektronik vornehmen, Schweißarbeiten in Niro und Alu sowie übliche Wartungsdienste übernehmen. Näheres bei den Hafenbeschreibungen.

Italien Zahlreiche professionelle Werften und Reparaturbetriebe finden Sie an der *italienischen W-Küste* und in *NE-Sardinien* (Porto Cervo und Olbia).

Auf *Elba* hat man die Wahl zwischen denWerften ESAOM in Portoferraio und Cantiere di Mola in Porto Azzurro, die allen Ansprüchen gerecht werden. Näheres bei den Hafenbeschreibungen.

Marinas, Überwinterung

Korsika Folgende Marinas sind zum Überwintern geeignet: St. Florent, Macinaggio, Port Toga/Bastia, Campoloro, Solenzara, Porto Vecchio, Bonifacio, Propriano, Ajaccio und Calvi. Alle diese Häfen verfügen über Kräne, Travellifts, Slipbahnen, Stellplätze an Land, Schiffsausrüster und Werkstätten aller Art.

Italienische W-Küste in Nähe der Toskanischen Inseln: Punta Ala (Marina, Werft), Cala Galera (Marina, Werftbetrieb), Castiglione della Pescaia (Flußhafen, Werft).

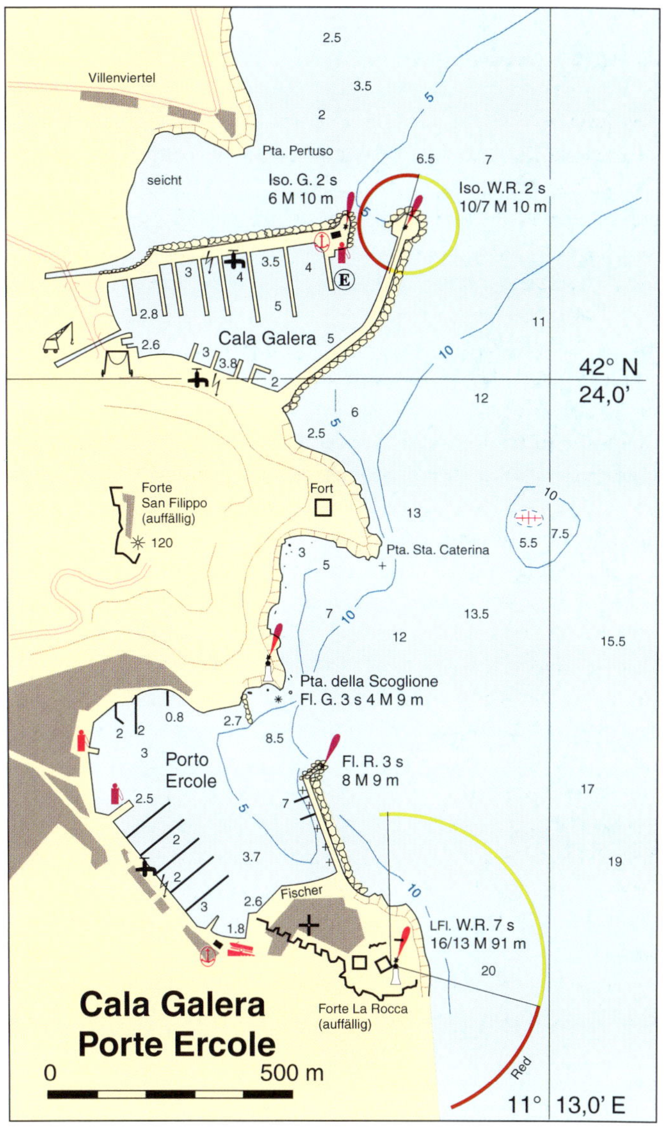

Castiglione della Pescaia: Bester Absprunghafen für Trailerboote nach Elba

Auf *Elba* überwintern Sie entweder in der Werft ESAOM in Portoferraio oder bei Cantiere di Mola in Porto Azzurro.
In *NE-Sardinien* können Sie Ihr Schiff im Winter in den Marinas Poltu Quatu, Porto Cervo, Porto Portisco, Porto Rotondo sowie bei den Werften Nautisarda und Olbia Boat Service in Cala Saccaia/Industriezone Olbia, bei Cantiere Navale Isola Bianca und bei Cantiere Olbia in Olbia direkt lassen.

Seenotrettungsdienst und Semaphore

Frankreich Das gesamte französische Seenotrettungssystem wird von CROSS (Centres Régionaux Opérationnels de Surveillance et de Sauvetage) mit Sitz in La Garde bei Toulon koordiniert. Seenotfälle, die außerhalb des 300 m breiten Streifens vor der Küste passieren, fallen in den Kompetenzbereich von CROSS. Innerhalb der 300 m breiten Strandzone sind die örtlichen Gemeinden und Gendarmerieposten zuständig.
Im Seenotfall erreichen Sie CROSS Tag und Nacht: Auf Grenzwelle 2182 kHz; auf den UKW-Kanälen 16 und 70 (DSC), Ruf: CROSSMED; per Telefon CROSS-LA GARDE 04 94 61 71 10, SOUS/CROSS CORSE 04 95 20 13 63.
CROSS kann auf die Einrichtungen der Seenotrettungsgesellschaft der Handelsmarine SNSM (Société Nationale de Sauvetage en Mer) zurückgreifen, arbeitet mit den Besatzungen der Semaphore, die Funküberwachung auf den UKW-Kanälen 10,16 und 70 (DSC) betreiben und mit den Küstenfunkstellen Marseille, Grasse, Monaco, Ajaccio zusammen. In jedem Seenotfall nimmt man sofort Verbindung mit CROSS auf und nicht zuerst mit einer Küstenfunkstelle oder der Besatzung eines Semaphors, denn diese müssen sich ihrerseits mit CROSS in Verbindung setzen, was Verzögerungen bei der Rettungsaktion mit sich bringt.
Die Semaphore zeigen Sturmwarnsignale und helfen Yachten im Bedarfsfall.
Die Besatzungen der korsischen Semaphore Capo Grosso, Cap Sagro (beide auf Cap Corse); Alistro, La Chiappa (beide E-Küste); La Parata/Ajaccio, Ile Rousse (beide W-Küste): Dienstzeit 0600–1800, und Pertusato (S-Küste) H 24 hören auf den UKW-Kanälen 10,16 und 70 (DSC).
Die korsischen Behörden verfügen über zwei Rettungshubschrauber und diverse Schnellboote von Zoll und Gendarmerie.
Italien Der Seenotrettungsdienst (SAR) wird durch die Körperschaft der Capitanerien, Corpo delle Capitanerie di Porto, koordiniert. In den von uns beschriebenen Gebieten können Sie sich an die Capitanerien in Cala Gavetta/La Maddalena, Olbia/NE-Sardinien, Portoferraio/Elba, Piombino und Porto Santo Stefano/Italienische W-Küste über Funk wenden. Lesen Sie bitte bei den Hafenbeschreibungen unter „Funkkommunikation“ nach.
Die Semaphore Guardia Vecchia/Isola La Maddalena, Capo Figari/NE-Sardinien, Monte Grosso/Elba, Monte Argentario/Italienische W-Küste (auf Pta. di Cala Grande) zeigen Starkwind- und Sturmwarnsignale.

GMDSS, DSC

Im Februar 1999 trat im Rahmen des weltweiten Seenot- und Sicherheitssystems GMDSS (Global Maritime Distress and Safety System) eine Neuerung im Sprechfunk, der digitale Selektivruf (DSC, Digital Selective Call), in Kraft, der den Funkverkehr von Schiff zu Schiff oder vom Schiff zur Küstenfunkstelle automatisiert. Die ständige Hörwache fällt hiermit aus. Eingeführt wird der DSC jeweils für Grenzwelle, Kurzwelle und UKW. Auf UKW ist Kanal 70 dafür reserviert. Was das

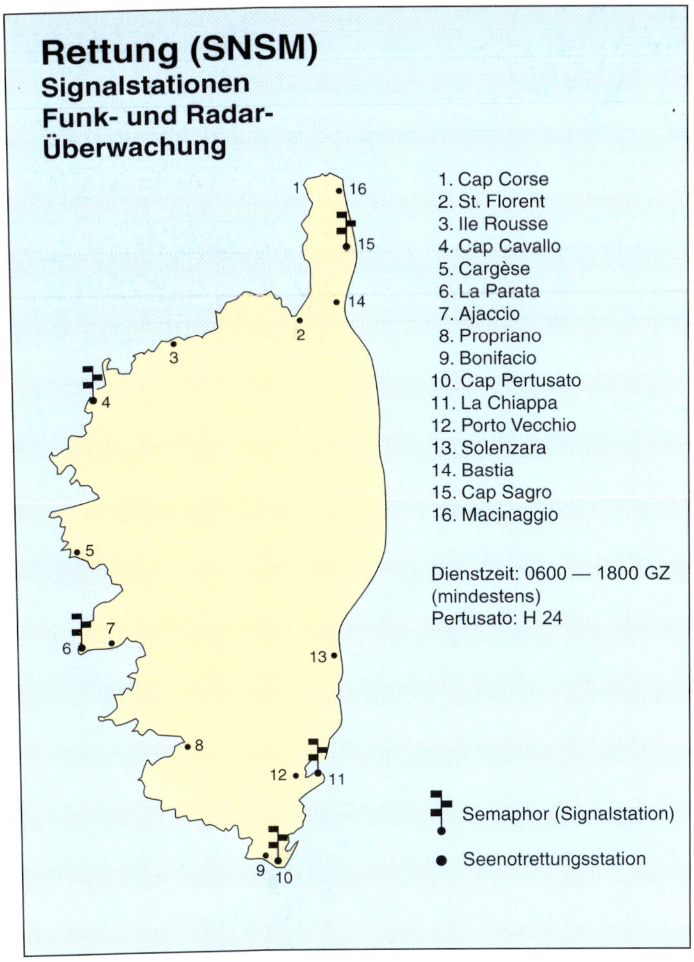

Seenotrettungskreuzer von SNSM in Solenzara/Korsika

Gerät angeht, dürfen nur noch DSC-Controller senden. Da hilft nur Umrüsten, falls möglich, oder Neuanschaffung. Auch ein neues Zeugnis bzw. ein zum UKW-Betriebszeugnis aufgestocktes Sprechfunkzeugnis wird notwendig.
Für Yachten besteht zwar keine Ausrüstungspflicht, aber ohne UKW-Kanal 70 (DSC) werden Sie keinen Funkkontakt mehr zur Berufsschiffahrt oder zu Küstenfunkstellen herstellen können und kommen somit auch nicht in den Genuß der Vorteile des neuen Systems wie schnelle Weiterleitung der Notmeldung und die damit verbundene Alarmierung und Koordinierung der Rettungsmannschaften und einiges mehr.

Um beim Revier Korsika zu bleiben: Laut Auskunft des Diensthabenden der Signalstelle Pertusato wird auch weiterhin auf UKW-Kanal 10, 16 und zusätzlich auf Kanal 70 (DSC) gehört werden.
Auch in Italien hören die Küstenfunkstellen zur Zeit weiterhin auf Kanal 16.

Landfall

Beim Landfall in Korsika sollte man sich nicht beunruhigen, wenn die Insel sehr spät in Sicht kommt; sie liegt im Sommer, besonders während der Morgenstunden, im Dunst versteckt. Meistens erkennt man das Land erst, wenn man 15 Seemeilen oder noch näher davorsteht.
Nachts erscheinen die Feuer, klare Sicht vorausgesetzt, viel eher, denn von Westen kommend hilft das 21 sm weit tragende Feuer auf Punta Revellata, von Osten kommend orientiert man sich an den Feuern auf Ile de la Giraglia, Reichweite 28 sm, und auf Capo Sagro, Reichweite 10 sm.
Wer von der italienischen Küste über Elba zur korsischen E-Küste mit Ziel Macinaggio segelt, sollte die Seebrise ausnutzen, die sich um 9 Uhr erhebt, um 14 Uhr die größte Stärke erreicht und um 18 Uhr von der Landbrise abgelöst wird, d.h. man sollte spätestens um 17 Uhr in Korsika ankommen.
Die wichtigsten Ansteuerungsmarken sind Ile de la Giraglia und die Cap Corse-Halbinsel mit Bergen bis zu 1300 m im S-lichen Drittel, die zur N-Spitze hin auf 300 m abfallen.
Wenn man von der Côte d'Azur nach Korsika segelt, macht man den Landfall normalerweise bei Calvi, genauer gesagt auf Punta Revellata, zu. Der Kurs ist richtig, wenn die Gebirgskette des Monte Cinto rechts hinter dem Kap auftaucht und der charakteristische Gipfel der Paglia Orba mit dem fast senkrecht abfallenden N-Abhang und dem sanften S-Ausläufer S-lich davon zu erkennen ist.
Auch hier macht man sich die Brisen zunutze und kommt in den frühen Morgenstunden oder um ca. 17 Uhr an.
Bei starken Winden aus Ost sollte man vom französischen Festland nicht starten.
Bei Mistral wartet man, bis er abgeflaut ist, weil der hohe Seegang den Landfall riskant macht.
Beim Zurücksegeln zum französischen Festland ist E-Wind nicht unbedingt ein Garant für eine gute Überfahrt, da er sich häufig auf NW einpendelt.

Ankern und Festmachen

Im Mittelmeer ist das Ankern eine der wichtigsten seemännischen Aufgaben: Manchen Skippern fehlt auf diesem Gebiet Erfahrung und Praxis. Aufgrund der vielen Naturbuchten, die ja den Reiz dieses Reviers ausmachen, muß man gutes Ankergeschirr haben, um Fallböen und Grundbeschaffenheit auszutricksen. Unsere Erfahrungen beziehen sich auf fünf Ankertypen, den Stock-, CQR-, den Britany-, Bügel- und Danforthanker. Natürlich gibt es noch weitere Patentanker, doch man kann sie alle in einer dieser Kategorien unterbringen.
Die besten Allround-Anker sind Bügel- und Britany-Anker. Sie haben dem CQR gegenüber den Vorteil, daß sie besser halten und sich bei Krautbewuchs besser eingraben. Der CQR muß mit sehr viel Kette gefahren werden, da er sonst bei

heftigen Fallböen aus dem Grund reißt. Der Danforth, einmal eingegraben, hält enorm gut.
Um ruhig schlafen zu können, sollten Sie nach dem Ankern mit der Maschine mit Vollgas rückwärts fahren, um festzustellen, ob das Eisen auch wirklich im Grund sitzt.
Wenn es richtig brenzlig wird und keiner der Patentanker zum Halten zu bewegen ist, greifen wir immer auf den zur Sicherheit mitgeführten Stockanker zurück. Er ist zwar sperrig, und die Kette kommt beim Schwojen manchmal unklar, aber er hält noch in den dichtesten Seegrasfeldern, auch mit kurzem Kettenvorläufer und langer Leine. Bei steil abfallendem Grund, dicht unter Land, fährt man ihn kurzstags und bringt eine Sorgleine aus.
In manchen Häfen ist es üblich, vor Bug- oder Heckanker zu liegen, „römisch-katholisch" also. Auch da muß man sich vergewissern, ob sich das Eisen gut eingegraben hat und nicht etwa über dem des Nachbarbootes liegt.
In den meisten Marinas sind *Muringleinen* oder *Bojen* als Grundgeschirr ausgelegt, um den üblichen „Ankersalat" und slippende Anker zu vermeiden. Bei Muringleinen sollten Sie folgende Dinge beachten: Kette vom Kai übernehmen (das Ende bleibt dabei am Kai belegt) und je nach Anlegemanöver (Heck oder Bug) sich so schnell wie möglich mit der Kette nach vorne oder achtern hangeln (Abb. A). Die Kette geht nach wenigen Metern in Leine über, die man vorne oder achtern belegt (Abb. B). Der zweite Mann hat inzwischen am Kai festgemacht. Ohne Hilfe von Land ist dieses Manöver für eine Zwei-Mann-Crew bei viel Wind schwierig.
Beim Ablegen und nach dem Loswerfen der Muringleine kuppeln Sie die Schraube erst dann ein, wenn die Leine tief genug abgesunken ist, damit sie nicht in den Propeller gerät.
Einige Marinas haben *Schwimmstege mit Auslegern* installiert. Hier müssen Sie beim Anlegen 4 Leinen bereithalten und die Fender bis auf die Wasserlinie hängen. Leine 2 (Vorspring) verhindert das Abscheren des Bugs vom Ausleger. Leine 1 (Achterspring) reguliert den Abstand des Hecks vom Steg (Abb. C rechts). Auch dieses Manöver ist bei viel Wind für unterbesetzte Mannschaften ohne Hilfe von Land schwierig. Natürlich können Sie auch mit dem Bug zum Steg anlegen (Abb. C links).

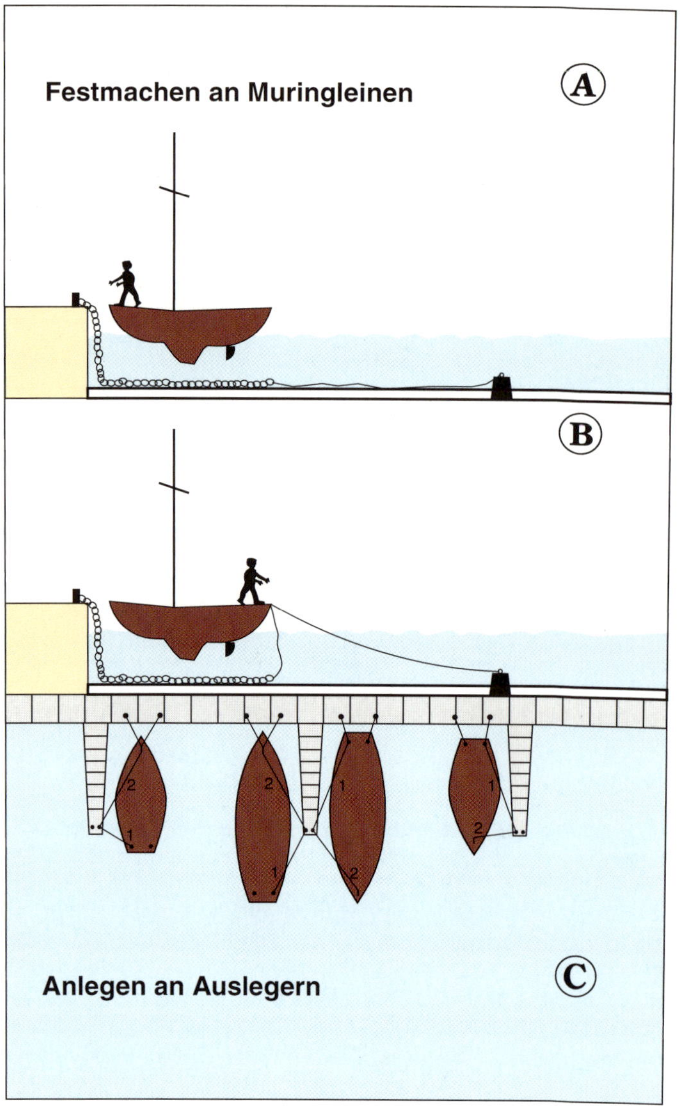

Klima und Wetter

Dieser Führer ist hauptsächlich für Yachtfahrer gedacht, die im Sommer unterwegs sind. Das Wetter in der Vor- und Nachsaison weist erhebliche Unterschiede zum Sommerwetter auf, es ist häufig instabil, und man muß dieser Tatsache bei der Törnplanung und der Wahl des Ankerplatzes Rechnung tragen. Auch ohne Vorankündigung durch heranrollende Dünung oder Wolkenbildung kann es sich in den übrigen Jahreszeiten innerhalb kürzester Zeit zum Schlechten verändern.
Die Trefferrate der „Wetterfrösche" der verschiedenen Radiostationen liegt weit unter 100%, dazu kommen noch die lokalen Verhältnisse, Verstärkung der Winde an den Enden der Insel oder durch Fallböen aus den Bergen sowie Richtungsänderungen durch den Gebirgsverlauf, die in den Wetterberichten ohnedies nicht berücksichtigt werden.
Die größte Temperaturdifferenz zwischen Wasser und Luft während der Segelsaison wird im Frühling erreicht. Bei Scirocco – warme Luft strömt aus der Sahara – werden Extremwerte von 10 °C erreicht (z.B. Wasser 15 °C, Luft 25 °C).
Dunst tritt in den Monaten Mai bis September am häufigsten auf; das Ligurische und Tyrrhenische Meer sind davon am wenigsten betroffen.
Nebel mit Sichtweiten von unter 0,5 sm kann nach langjährigen Beobachtungen einmal pro Monat vorkommen, und zwar häufiger vor den Küsten als auf hoher See.
Gewitter gibt es im Ligurischen und Tyrrhenischen Meer sehr häufig, während das Gebiet W-lich von Korsika und Sardinien eine ausgesprochen gewitterarme Zone ist. Die meisten Gewitter entladen sich zwischen Spätfrühling und Herbst, auf hoher See ist der Herbst die bevorzugte Jahreszeit. Beim geringsten Anzeichen eines nahenden Gewitters sollte man unverzüglich die Segel reffen oder bergen, da sich der Wind in Sekundenschnelle von einer milden Brise auf Bft. 8 steigern kann.
Wasserhosen bilden sich besonders bei Gewitterlagen.
Korsika ist die einzige hochalpine Insel im Mittelmeer mit einer Anzahl von Gipfeln über 2500 m und Gletscherzonen. Selbst im August findet man in den Bergen ausgedehnte Schneefelder. Im Winter gibt es starke Schneefälle, die regelmäßig ganze Bergdörfer von der Außenwelt abschneiden.
Die Inseln des Toskanischen Archipels zeichnen sich durch mildes, ausgeglichenes Klima aus.

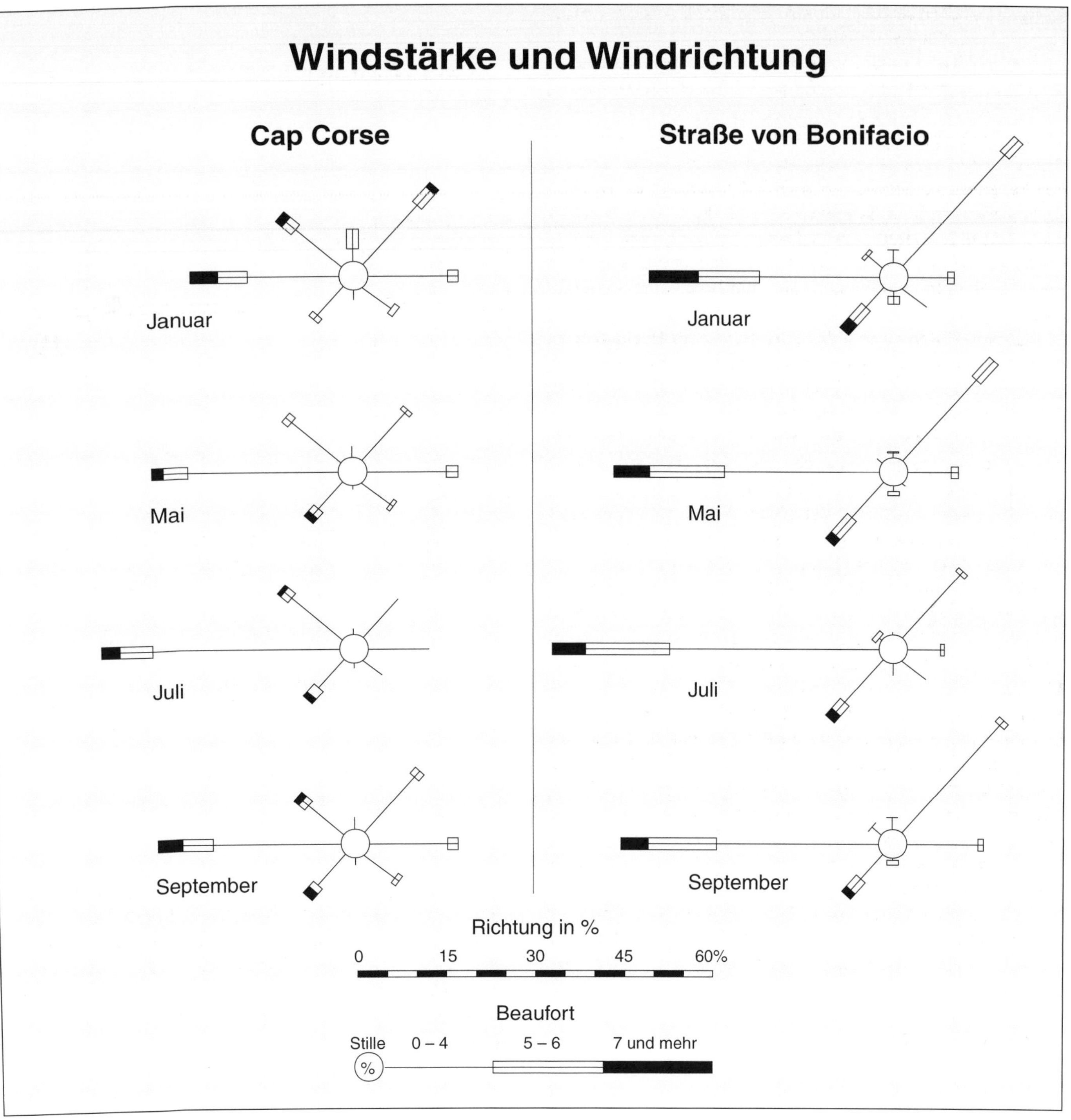

Winde

Die für das westliche Mittelmeer typischen Winde erhalten ihre Richtung durch die Leitfunktion von Gebirgen und Talschneisen.
Der *Maestrale (Mistral),* ein stürmischer, kühler NW-Wind, fegt das Rhônetal herunter und verhilft dem Golfe du Lion zu dem zweifelhaften Ruf, eines der stürmischsten Reviere der Erde zu sein. Bis Korsika hat er glücklicherweise schon etwas von seiner Stärke eingebüßt, und auch seine Richtung schwankt hier zwischen West und NW. Im Sommer kommt er ohne Vorwarnung bei wolkenlosem blauen Himmel. Vor Eintritt ist die Luft besonders trocken.

Mistral, der in der Nacht aufsteht,
am nächsten Abend schlafen geht.
Mistral, der am hellichten Tag begann,
drei, sechs oder neun Tage wehen kann.
(Französische Bauernregel)

Aus SW weht der *Libeccio,* ein milder und feuchter, bisweilen auch stürmischer Wind aus der Enge von Gibraltar.
Der *Scirocco,* heiß und trocken, bisweilen sehr feucht, aus der Sahara, bläst aus S bis SE. Er wird durch Sardinien gebremst und erreicht selten Sturmstärke.
Ein schwüler und feuchter NE-Wind ist der *Gregale,* der sich über der Po-Ebene mit Feuchtigkeit vollgesaugt hat; er kann besonders im Winter und Frühjahr Sturmstärke erreichen. Kommt er aus Ost, nennt man ihn *Levante.*

Klippen im Golf von Ajaccio

Der *Ponente* weht aus West, er entsteht durch vorbeiziehende Tiefdruckgebiete, der mitteleuropäischen Wetterlage vergleichbar. Sein Auftritt findet hauptsächlich im Herbst, Winter und Frühling statt.
Aus den Seealpen kommt der *Tramontana,* ein kalter, trockener N-Wind, der im Winter in lang anhaltenden Böen weht und die Atmosphäre reinigt. Dreht er nach NNE, nennen ihn die Fischer *Tramontana Torbala,* dann bringt er häufig Regen und Schneeschauer zum Norden der Insel Korsika.

Zusätzlich treten durch Thermik ausgelöste Tag- und Nachtbrisen auf, welche die vorherrschende Windrichtung verstärken oder abschwächen können.
Mezzogiorno (Mezziornu), die Seebrise, erhebt sich ca. 3–4 Stunden nach Sonnenaufgang, erreicht gegen 14 bis 15 Uhr ihre größte Stärke, schläft gegen 19 Uhr wieder ein und wird durch die Landbrise *(Terranu)* abgelöst. Sie weht die ganze Nacht hindurch, teilweise recht frisch, bis in die frühen Morgenstunden. Die Richtung der örtlichen Brisen ist sehr verschieden; sie resultiert aus der Himmelsrichtung, in welcher die Küste zum Meer zeigt – z.B. Küste nach West, Seebrise aus West, Landbrise aus Ost.
Von Juni bis September kommen die vorherrschenden Winde um *Kap Pertusato* (Straße von Bonifacio) bei leichten Windstärken überwiegend aus West, bei Winden mittlerer Stärke aus West und SW (Libeccio), bei mehr als Bft. 8 ausschließlich aus West. In den übrigen Monaten ist der Anteil leichter und starker Winde aus NE-lichen Richtungen nicht unbedeutend, wenngleich W-liche Richtungen immer dominieren. Bei stürmischen Winden überwiegt auch in dieser Zeit die W-Richtung. Ist für das französische Festland starker Mistral angesagt, erreicht er die Straße von Bonifacio 5–8 Stunden später. Durch die Enge zwischen den hohen Küsten von Korsika und Sardinien wird der Wind wie durch eine Düse gepreßt und erreicht enorme Stärken. Deshalb sollte man dieses Revier, das außerdem von einer Unzahl Inseln und Klippen gespickt ist, bei Starkwind und Sturm meiden.
Am *Cap Corse* wehen die leichten Winde das ganze Jahr über aus W-lichen Richtungen. Bei mittleren Stärken trifft das gleiche zu, mit Ausnahme der Monate Januar, März und Oktober, wo E-liche Richtungen vorherrschen. Bei stürmischen Winden gewinnen während des ganzen Jahres die W-lichen Winde die Oberhand.
Durch hohe Gebirgsmassive entstehen an den Leeküsten heftige Fallböen. Besonders gefährlich wirken sich starke W-Winde auf der E-Seite der Cap Corse-Halbinsel aus, weil sie in den engen, von West nach Ost verlaufenden Gebirgstälern um gut Bft. 2 verstärkt werden und in unregelmäßigen Abständen herunterprasseln. Man muß bei derartigen Wetterlagen beim Landfall äußerst vorsichtig sein. Weiter draußen wehen die Winde sehr viel ausgeglichener.

Seegang

Die höchsten Wellen wurden W-lich von Korsika und Sardinien gemessen, nämlich Maxima von 10 m. Hier beträgt die mittlere Wellenhöhe im Januar 1,20–2 m, im Juli 0,80 m; damit hat dieses Gebiet die höchsten Wellen im Mittelmeer.
Im Tyrrhenischen Meer und im Golf von Genua ist die mittlere Höhe der Wellen wesentlich geringer : 0,90 m im Winter und 0,20 m im Sommer; aber auch hier können im Winter, selten im Sommer, Wellenmaxima von 8 m vorkommen. Bei starken

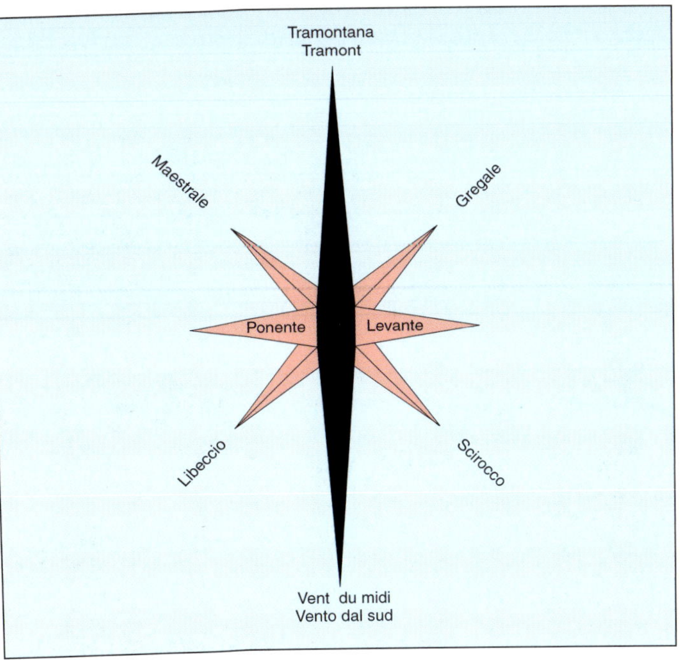

W-lichen Winden entsteht an der W-Seite von Korsika sehr hoher Seegang. Von einem Auslaufen zum französischen Festland ist bei dieser Wetterlage abzuraten. An der E-Seite Korsikas, südlich von Bastia, ist die See im Sommer eher ruhig, da E-liche Starkwinde dann kaum vorkommen. Ihr Auftritt kündigt sich Stunden vorher durch starke Dünung aus Ost an.

Strom

Strom hängt bei Korsika hauptsächlich von Stärke und Richtung des Windes ab. Außer um Cap Corse und in der Straße von Bonifacio kann man ihn vernachlässigen. In letzterer setzt er bei langanhaltenden starken W-Winden mit 3 kn nach Ost, bei langanhaltenden starken E-Winden mit 3 kn nach West. Vor Starkwinden setzt der Strom manchmal lange vorher ein.
Straße von Bonifacio: Es ist nicht ungewöhnlich, daß gleichzeitig W-Winde am W-Eingang und E-Winde vor der E-Einfahrt der Meeresstraße wehen.
Um Cap Corse kann starker N-Wind Strom bis zu 2 kn nach SE bewirken.

Nach starken NW-Winden läuft der Strom zwischen den Toskanischen Inseln nach SSE. Zwischen Nizza und Genua muß man mit SW-lichenVersetzungen von 1–1,5 sm/h rechnen. Im Golf von Genua sind auflandige Versetzungen bis 1 sm/h möglich. Ströme durch Gezeiten sind unbedeutend.

Gezeiten und Wasserstände

Im W-lichen Mittelmeer treten die Gezeiten in halbtägigen Abständen auf. Der Tidenhub an den Küsten Korsikas und Sardiniens beträgt bei Springtide 30 cm, bei Nipptide 10 cm. Abweichungen zwischen Morgen- und Abendpegeln können bis zu 10 cm betragen.
Winde erhöhen oder vermindern, je nach Richtung, den Wasserstand erheblich.

Magnetische Störungen

Der Wert für die Mißweisung liegt um Korsika bei 0° 15' E und ist als regelmäßig zu bezeichnen. Nur an der E-Küste zwischen Alistro und Porto Vecchio sind stärkere Abweichungen vorgekommen. Im Bereich der unter Wasser verlegten stromführenden Kabel S-lich von Bastia und am W-Eingang der Straße von Bonifacio muß in Küstennähe mit magnetischen Störungen gerechnet werden.
Im Bereich der Starkstromunterwasserkabel N-lich von Elba, die von Piombino/italienisches Festland nach Bastia/Korsika verlaufen sowie an der SE- und E-Küste Elbas bei den alten Eisenerzminen und um Formiche di Montecristo (Scoglio Africa) sind magnetische Unregelmäßigkeiten beobachtet worden.

Seewetterberichte

In deutscher Sprache
- Deutsche Welle: von Mo. bis Fr. im Reisejournal, am Sonnabend in Doppelpaß, am Sonntag im Abendjournal, s. Tabelle.
- Radio Österreich International (ORF): täglich in Kompass, das Reisemagazin, s. Tabelle.

Windstärken und Seegangskala

Windstärke Beaufort	m/s	km/h	kn	Seegang Beaufort	Bezeichnung des Seegangs
0 = still	0,0 – 0,2	< 1	< 1	0	vollkommen glatte See
1 = sehr leicht	0,3 – 1,5	1 – 5	1 – 3	1	sehr ruhige See
2 = leicht	1,6 – 3,3	6 – 11	4 – 6	2	ruhige See
3 = schwach	3,4 – 5,4	12 – 19	7 – 10		
4 = mäßig	5,5 – 7,9	20 – 28	11 – 15	3	leicht bewegte See
5 = frisch	8,0 – 10,7	29 – 38	16 – 21	4	mäßig bewegte See
6 = stark	10,8 – 13,8	39 – 49	22 – 27	5	ziemlich grobe See
7 = steif	13,9 – 17,1	50 – 61	28 – 33	6	grobe See
8 = stürmisch	17,2 – 20,7	62 – 74	34 – 40	7	hohe See
9 = Sturm	20,8 – 24,4	75 – 88	41 – 47		
10 = schwerer Sturm	24,5 – 28,4	89 – 102	48 – 55	8	sehr hohe See
11 = orkanartiger Sturm	28,5 – 32,6	103 – 117	56 – 63	9	äußerst schwere See
12 = Orkan	> 32,7	> 118	> 64		

Seewetterberichte über Rundfunksender

Station	Frequenz	Zeit	Sprache	Inhalt
Deutsche Welle	6075, 9545,13780 kHz	täglich ca. 0550 UTC ca. 1555 UTC (im Sommer) 1655 UTC (außerhalb Saison)	deutsch	Wetterlage, Vorhersage für die nächsten 24h Stationsmeldungen
Radio Österreich International (ORF)	6155, 13730 kHz	täglich (25.03. – 27.10.) 0610; 1615	deutsch	Großwetterlage, Europaprognose, Stationsmeldungen
	5945, 6155 kHz	1815		
	6155, 13730 kHz	0945 (nur Sonntag) 1057 (außer Sonntag) UTC		Wiederholung von 0610
Im Rahmen der Sendung Kompass, das Reisemagazin				
RAI-UNO	567 kHz, 89,1 MHz	Mo – Do:1408; 2249 Fr: 1408; 2340 Sa: 0648; 2249 So: 1415; 2250 GZ	italienisch	Sturmwarnung, Übersicht, Vorhersage für 12 oder 18 Stunden, Aussichten für weitere 12 Stunden

Seewetterbericht über Küstenfunkstellen

Station	Frequenz	Zeit	Sprache	Inhalt
CROSS La Garde	UKW-Kanal 79	täglich	französisch	Sturmwarnung, Übersicht, Vorhersage für 24 Stunden und Aussicht für weitere 48 Stunden für die Küstengewässer von Korsika (Ankündigung auf Kanal 16)
	Ersa/Cap Corse	0733; 1233; 1933		
	Serra di Pigno/Bastia	0745; 1245; 1945		
	La Punta/Ajaccio	0833; 1333; 2033		
	Piana/Golfo di Porto	0750; 1750; 2045		
	Conça/Porto Vecchio	0803; 1303; 2003 UTC		

UTC = koordinierte Weltzeit, GZ = gesetzliche Landeszeit
Weitere Informationen entnehmen Sie dem Jachtfunkdienst Mittelmeer des BSH Hamburg, der jährlich neu erscheint.

Beide Sender liefern auf Anforderung Frequenz- und Programmschemata.
Deutsche Welle, D-50588 Köln, Tel. +49/221/389-2500, Fax 389-2510.
Radio Österreich International, A–1130 Wien, Tel. +43/1/50 101-16065, Fax 50 101-16066.

In italienischer Sprache

- RAI-UNO, Radiotelevisione Italiana: s. Tabelle.

In französischer Sprache

- CROSS La Garde für die Küstengewässer Korsikas, auf UKW-Kanal 79, s. Tabelle. Die Sendezeiten für die von den Seenot-Rettungsstationen ausgesendeten Wettermeldungen können sich aufgrund der eigentlichen Aufgaben dieser Stationen verschieben.

Mit Faksimilegeräten können in diesem Gebiet Wetterkarten der Station Rom empfangen werden. Alle Angaben darüber findet man auf den grünen Seiten im Jachtfunkdienst Mittelmeer des BSH.

Militärische Übungsgebiete, Sperrgebiete

Frankreich

Vor der französischen und der korsischen Küste sind militärische Übungsgebiete eingerichtet, deren Lage und Ausdehnung den Seekarten zu entnehmen sind. Die Ankündigung von Übungen erfolgt durch nautische Warnnachrichten über Küstenfunkstellen (Beginn und Ende der Übung, Bezeichnung des Gebietes) oder durch Aushang bei den Büros der Affaires Maritimes oder Capitainerien.

Italien

Es gibt zahlreiche militärische Übungsgebiete in italienischen Gewässern und um Sardinien; einige davon sind permanente

Flugfunkfeuer

Bastia Poretta/Korsika	42°25,7'N 09°32,2'E	BP	−••• •−−•	369,0 (A1A)	200	ununterbrochen
Solenzara/Korsika	41°55,9' N 09°23,8' E	SZA	••• −−•• •−	349,5 (A1A)		
Calvi/Korsika	42°34,7' N 08°48,5'E	CV	−•−• •••−	404,0 (A1A)	35	ununterbrochen
Ajaccio/Campo dell'Oro/ Korsika	41°53,9'N 08°36,9'E	IS	•• •••	341,0 (A1A)	10	ununterbrochen
Elba	42°43,8'N 10°23,8'E	ELB	• •−•• −•••	360,0 (A1A)	100	ununterbrochen
Olbia/Sardinien	40°54,0'N 09°30,8'E	SME	••• −− •	357,0 (A2A)	50	ununterbrochen
Pisa/Italien	43°35,3'N 10°17,8'E	PIS	•−−• •• •••	379,0 (A2A)	25	ununterbrochen
Grosseto/Italien	42°42,3'N 11°01,5'E	GRO	−−• •−• −−−	406,0 (A2A)	50	ununterbrochen
Tarquinia/Italien	42°12,8'N 11°43,8'E	TAQ	− •− −−•−	312,0 (A2A)	50	ununterbrochen
Ostia/Italien	41°48,3'N 12°14,2'E	OST	−−− ••• −	321,0 (A1A)	50	ununterbrochen

A1A = Morsetelegrafie / Zweiseitenband / ohne Verwendung eines modulierenden Hilfsträgers
A2A = Morsetelegrafie / Zweiseitenband / unter Verwendung eines modulierenden Hilfsträgers

Sperrgebiete (s. Seekarten). Bei der Capitaneria di Porto erhält man Auskunft über den Zeitpunkt und Ort der Übungen.

Löschflugzeuge Korsika

Amphibienflugzeuge, die zur Bekämpfung von Waldbränden eingesetzt werden, landen auf den Wasserflächen der Golfe von Saint Florent, Calvi, Sagone, Ajaccio, Propriano, Figari und Porto Vecchio, um Löschwasser zu tanken. Sie überfliegen die Bucht mehrmals in geringer Höhe und in Richtung der erforderlichen Landung, um ihr Vorhaben anzuzeigen. Alle Schiffe haben sich unverzüglich mindestens 500 m von der angegebenen Landeachse zu entfernen.

Löschflugzeug im Golf von Saint Florent

französisch	deutsch	italienisch
Bulletin Météo	**Wetterbericht**	**Bolletino di Mare**
avis de coup de vent	Starkwindwarnung	avviso di burrasca
avis de tempête	Sturmwarnung	avviso di tempesta
néant	nichts, kein	nessun
pas d'avis de tempête	keine Sturmwarnung	nessun avviso
prévision	Vorhersage	previsione
pour le large	für die hohe See	per alto mare
Vent de (d')	**Wind aus**	**Venti da**
est	Osten, Ost-	est
méridional, -e	südlich, Süd-	meridionale
nord	Norden, Nord	nord
nord-est, nordé	Nordosten, Nordost-	nord-est
nord-ouest, noroît	Nordwesten, Nordwest-	nord-ovest
occidental, -e	westlich, West-	occidentale
oriental, -e	östlich, Ost-	orientale
ouest	Westen, West-	ovest
sud	Süden, Süd-	sud
sud-est, sudé	Südosten, Südost-	sud-est
sud-ouest, suroît	Südwesten, Südwest-	sud-ovest
Force du Vent	**Windstärke**	**Forza del vento**
un/deux	1/2	uno/due
trois/quatre	3/4	tre/quattro
cinq/six	5/6	cinque/sei
sept/huit	7/8	sette/otto
neuf/dix	9/10	nove/dieci
onze/douze	11/12	undici/dodici
accalmie, bonace	Windstille, Abflauen	calma, bonaccia
brise de mer / de terre	See- / Landbrise	brezza di mare / di terra
coup de vent	Starkwind	burrasca
grain	Bö	groppo
rafale	Bö, Windstoß	raffica
rafale d'orage	Gewitterbö	raffiche di temporali
tempête	Sturm	tempesta
vent dominant	vorherrschender Wind	vento predominante
vents légers	leichte Winde	brezze leggere
vents modérés	mäßige Winde	vento moderato
vent fort	Starkwind	vento forte / fresco
vitesse en noeuds	Geschwindigkeit in kn	velocità in nodi
adonnant au ...	zurückdrehend (gegen den Uhrzeigersinn)	rotazione antioraria del vento
augmentation	Zunahme, Steigerung	in aumento, che aumenta
renforcement	Verstärkung	rinforzo
s'attenuant	abnehmend	in attenuazione
se renforçant	zunehmend	con rinforzo
variable	veränderlich	variabile
virant au ...	rechtsdrehend (im Uhrzeigersinn)	rotazione oraria del vento
Mer (la mer)	**See**	**Mare**
agitée, peu agitée	bewegt, kaum bewegt	molto mosso
belle	sehr ruhig	poco mosso
calme	glatt, ruhig	calmo
clapot	Kabbelwasser	maretta
croisée	kabbelig	maretta
énorme	äußerst schwere See	tempestoso

französisch	deutsch	italienisch
forte, très forte	bewegt, ziemlich bewegt	agitato, molto agitato
grosse	grob	grosso
hachée	kabbelig	maretta
houle	Dünung, Seegang	mare morto, mare lungo
plate	glatt	calmo
Ciel (le ciel)	**Himmel**	**Cielo**
clair, dégagé	wolkenlos	chiaro, sereno
couvert	bedeckt	coperto
nuages	Wolken	nubi
nuageux	wolkig	nuvoloso
Visibilité (en milles)	**Sicht (in Meilen)**	**Visibilità (in miglie)**
bonne	gut	buona
brouillard	Nebel	nebbia
brume	Dunst	foschia, neblina
mauvaise	schlecht	cattiva
médiocre	mäßig, mittlere	discreta
réduite	mittlere, reduzierte	scrasa
Caractère du temps	**Wetter**	**Tempo**
averse	Regenguß, Schauer	rovescio di pioggia
amélioration	Wetterbesserung	miglioramento
beaux temps	gutes Wetter	bello
bruine	Sprühregen	pioviggine
détérioration	Verschlechterung	peggioramento
grêle	Hagel	grandine
intermittent, -e	wiederkehrend	intermittente
isolé, -ée	einzeln, vereinzelt	isolato, sporadico
local, -e	örtlich	locale
mauvais temps	schlechtes Wetter	cattivo tempo
ondée	Regenschauer	rovescio, acquazzone
orage	Gewitter	temporale
pluie	Regen	pioggia
pluvieux, -se	regnerisch	piovoso
violent	heftig	violento
Situation générale	**Allgemeine Wetterlage**	**Situazione generale**
anticyclone, haut, zone de haute pression	Hoch, Hochdruckgebiet	alta pressione, anticiclone, zona di (campo di) alta pressione
bas, -se	niedrig	basso, bassa
côte	Küste	costa
crête, dorsale	Rücken	cresta
creusé, -ée	tief	profondo
creux	Trog, Ausläufer	cuneo, saccatura di bassa pressione
dépression, zone de basse pression, fosse cyclone	Tief, Tiefdruckgebiet	depressione, zona (area) di bassa pressione, ciclone
évolution	Entwicklung	evoluzione
front chaud	Warmfront	fronte caldo
front froid	Kaltfront	fronte freddo
perturbation	Störung	perturbazione
précipitation	Niederschlag	precipitazione
stationnaire	stationär, festliegend	stazionario
temporaire	zeitweilig	temporaneo

Portoferraio/Elba: Fisch frisch vom Boot

Essen und Trinken

Korsika

Restaurants

Das Menü besteht, je nach Preis, aus 4–5 Gängen, die man nach der Karte selbst zusammenstellen kann. Die Speisenfolge des billigen Touristenmenüs wird meistens vom Wirt festgelegt.

Nicht jeder Fisch, der auf den Tisch kommt, ist auch fangfrisch. Streifenbarben *(rougets)*, Doraden oder die Meeräsche *(mulet)*, die sich gerne vor den Flußmündungen tummelt, gehen zwar in die Netze der korsischen Fischer, aber bei weitem nicht in ausreichender Menge, daher kommt ein Teil des Angebots aus dem Atlantik. Außerdem hat man sich, wie überall sonst im Mittelmeer, auf Fischzucht verlegt – in Ankerbuchten sind Zuchtbecken keine Seltenheit. Austern und Muscheln werden seit langem schon in den Strandseen an der Ostküste (z.B. im Etang de Diane) gezüchtet. Restaurants, die etwas auf sich halten, haben Frischhaltebecken

Das knackige weiße Fleisch des Wolfsbarsches *(loup)* ist eine besondere Delikatesse. Der Rote Drachenkopf *(rascasse rouge)* ist unerläßlich für das Gelingen der korsischen Fischsuppe *(soupe au poisson)*, die man mit in Öl gerösteten Weißbrotstücken *(croûtons)* und Knoblauchmayonnaise *(ailloli)* verzehrt. Ist auch das *ailloli* hausgemacht, zählt diese Suppe zu den echten kulinarischen Leckerbissen der Insel.

Forellen aus den Gebirgsflüssen kommen in der Regel gebraten und mit Mandeln garniert auf den Tisch *(truite aux amandes)*. Amselpastete *(pâté de merle)*, mit der ein Fleischmenü oftmals beginnt, ist nur mehr in ganz besonderen Glücksfällen hausgemacht.

Korsische Hausschweine leben wild in Wald und Macchia und ernähren sich hauptsächlich von Kastanien und Kräutern, was ihr Fleisch sehr würzig macht. *Copa*, den rohen Schinken und *lonzo*, das gesalzene Filet, sollte man probieren.

Rind, Kalb, Schwein und Lamm werden in Form von Kurzgebratenem angeboten *(bistec; côte de veau, -de porc, -d'agneau)*. Auch Huhn *(poulet)* und Hammelbraten *(rôti de mouton)* oder Lammkeule *(gigot d' agneau)* findet man häufig auf der Karte. Allerdings stürmen Pommes frites, Hamburger und Hot Dogs die Hitlisten. Vorbei sind die Zeiten der dicken Gemüseeintöpfe, als die Bräute nur geheiratet wurden, wenn sie für jeden Tag des Jahres ein spezielles Rezept dafür in petto hatten!

Manche Fleischer bieten um die Mittagszeit warmes Essen an: gebratene Hähnchen, Schweinerippchen, eventuell auch Suppen oder Eintöpfe. Besonders lecker sind Crêpes, die an Kiosks oder in speziellen Crêperien zu haben sind, mit süßer oder salziger Füllung, wobei dem Einfallsreichtum keine Grenzen gesetzt sind.

Brocciu ist ein würziger Frischkäse. Omelett mit Brocciu und frischer Pfefferminze oder Käsekuchen *(fiadoni)* mit Brocciu sind eine wohlschmeckende Bereicherung des Speisezettels.

Einkaufen

Die Waren, die in Selbstbedienungsläden und Lebensmittelgeschäften erhältlich sind, kommen zum Großteil aus Frankreich und werden wegen der Transportkosten teurer als auf dem

Festland verkauft. Lediglich weißer Schafskäse und *brocciu* (s.o.) sowie *copa, lonzo* und die meisten angebotenen Weinsorten sind korsisch.
Hausgemachte Marmeladen – in Gläsern mit handgeschriebenem Etikett – sind köstlich, aber teuer. Dasselbe gilt für einheimischen Honig.
Die Hauptweinanbaugebiete liegen bei Patrimonio (St. Florent), um Sartène und an der Ostküste. Man erhält Rot-, Rosé- und Weißwein in verschiedener Qualität und Preislage. Anisschnäpse wie *Casanis* und *Pastis Dami* werden ebenfalls auf der Insel hergestellt.

Elba

Restaurants
Die elbanische Küche, sicherlich von der *cucina italiana,* der italienischen Festlandsküche, beeinflußt, hält wahre Gaumenfreuden bereit. Ein Menü besteht aus 3–4 Gängen. Es werden auch Touristenmenüs *„menu turistico a prezzo fisso"* serviert. Feinschmecker werden lieber *à la carte* wählen.
Für den kleinen Geldbeutel gibt es *Pizzerias* und die *Rosticceria,* eine Art Schlaraffenland auf italienisch. Huhn vom Grill, in Öl gebratenes Gemüse, allerlei Meeresfrüchte, leckere frische Salate, gebratene Sardinenfilets, Canneloni, Lasagne, Pasticcio und vieles mehr: Dazu Faßwein von der Insel. Mit einem Wort, das Beste, das Italien zu bieten hat, kann dort verzehrt oder an Bord mitgenommen werden.

Am Fischmarkt

Die „Früchte des Meeres" werden mit Phantasie zubereitet: Sardellen *(acciughe)* in Petersiliensauce, Hummer *(arragosta)* gegrillt, gefüllter Tintenfisch *(totano ripiene),* Miesmuscheln *(cozze)* oder andere Muschelsorten *(muscoli)* in pikantem Weinsud. Seehecht gedünstet *(nasello lesso),* gekochten Seebarsch *(spigola lessa)* oder Stockfisch *(stoccafisso alle Riese)* mit Zwiebeln,Tomaten, Basilikum, Pfeffer, Parmesan, schwarzen Oliven und Pinienkernen sollten Sie versuchen. Die Fischsuppe *(cacciucco)* ist delikat, aber teuer; man kann sie mit einer reichhaltigen Bouillabaisse vergleichen.
Auf der Fleischkarte finden Sie alles vom Steak bis zum Schnitzel, inkl. Huhn *(pollo)* und mit Hackfleisch gefüllte Auberginen und Zucchini *(melanzane e zucchini ripieni).*
Italien, das Nudelparadies! *Pasta* in allen Variationen, immer schön *al dente,* knackig und frisch gekocht, mit Fleischsauce *(bolognese),* mit kleinen Muscheln *(alle vongole),* mit *Pesto,* der beliebten Paste aus Basilikum, gerösteten Pinienkernen, Parmesan und Koblauch oder schön scharf mit *„Aglio, Oglio und Peperoncino".* Basilikum *(pesto)* ist das Lieblingsgewürz der italienischen und somit auch der elbanischen Küche. Fisch, Tomatensauce, Schnecken – um nur einige zu nennen – erhalten die besondere Note durch Basilikum.

Einkaufen
Auf Märkten, Wochenmärkten und in appetitanregenden „Tante-Emma-Läden" *(Pisticcheria)* findet man Spezialitäten wie Parmaschinken, Salami, Mortadella, Gorgonzola, Parmesan und Mozzarellakäse, eingelegte Pilze, Oliven, spezielle Kräutermischungen sowie Balsamico-Essig und Olivenöl vom Feinsten. Supermärkte und Discountläden sind ebenfalls reich sortiert.
Elba Bianco ist ein trockener weißer Tafelwein, das rote Pendant dazu ist *Elba Rosso. Procanino* heißt die weiße, *Sangioveto* die rote Spitzensorte. Süß schmecken der rote *Aleatico* und der goldgelbe *Moscato. Grappa dell' Elba* ist ein klarer Schnaps aus Trauben und Treber. Der eigenwillige elbanische Likör *Limoncino* wird, wenn man den Einheimischen glauben darf, ausschließlich aus Zitronen, die in der Gegend von Sant' Andrea an der Nordwestküste der Insel gedeihen, gebrannt.

Sardinien

Muscheln und Fischgerichte werden ähnlich wie auf Elba zubereitet. Hummer und Garnelen schmecken köstlich, sind aber leider sehr teuer.
In kleinen Restaurants, wo nicht ausschließlich in der italienischen Tradition gekocht wird, serviert man die Nudeln gerne mit eingedicktem Schweine- oder Lammfleischsaft oder mit *ricotta,* einem quarkartigen Käse.
Ein besonders leckeres Fischgericht ist die *burrida:* gedämpfte Fischstückchen mit einer Sauce aus Nüssen, Knoblauch, Muskat, Essig, Öl und geriebenem Weißbrot.
Das Rezept für die *Favata,* den Eintopf aus dicken Bohnen, Wurst, Speck und Kräutern, stammt aus der Zeit der spanischen Herrschaft. Orientalischer Einfluß macht sich beim Reis *(pilaf)* bemerkbar, der mit Fleischsaft übergossen wird. Eine Zwischenmahlzeit aus würzigem Bergschinken, Salami und dem einheimischen Schafskäse *Pecorino* ist sehr zu empfehlen.
Die Hauptrebensorte Sardiniens ist *Cannonau,* die besonders gute Rot- und Roséweine hervorbringt. Daneben gibt es eine Reihe von Dessertweinen, z.B. den bernsteinfarbenen *Malvasia* und die roten Sorten *Girò. Mirto,* der beliebte Myrtenlikör, wird nach alten Rezepten hergestellt.

Umweltverschmutzung

Ein abgeschlossenes Meer, viele Anwohnerstaaten, Abwässer aus Chemiefabriken, aus Städten und Dörfern, dazu das Altöl der Berufsschiffahrt: Besonders betroffen hiervon sind die Westküste Italiens und der Golfe du Lion, erfreulicherweise sind die Gewässer um Korsika und Sardinien noch ziemlich sauber. Die UNO-Umweltorganisation entwarf einen Plan zur Reinhaltung des Mittelmeeres, der die Anrainerstaaten in die Pflicht nimmt.
Kippen Sie kein Altöl ins Meer, auch nicht ins Hafenbecken.

Kapitel II

Korsika

Karten: D 305, D 499, D 502, D504, EG 1006, 1007, 1008, F 7162(P), 7024P, 6929(P), I 42

Ein Gebirge im Meer, ein Juwel auf blauem Samtkissen – so sieht die Insel für denjenigen aus, der sich ihr vom Meer her nähert. Hier paart sich die Schönheit der Alpen mit mediterranem Flair, alle Landschaften Europas vereinen sich auf 183 Kilometern Länge und 83 Kilometern Maximalbreite. Naturschutzgebiete helfen, die Unberührtheit der Flora und Fauna zu bewahren.

Das Herzstück bildet ein gigantisches Amphitheater aus verschneiten Gipfeln, einige davon beinahe 3000 Meter hoch. Aus tintenblauen Bergseen stürzen Bäche über Wasserfälle, brausen durch Schluchten und dichte Kiefernwälder, vereinigen sich mit anderen Wildwassern und fließen im Abstand von wenigen Kilometern zu beiden Seiten der Gebirgsmassive ins Meer. Hinter den Mündungsbarren an der Ostküste entstehen Strandseen, sogenannte *Etangs,* in denen Muschel- und Austernzucht betrieben wird.

Rot leuchten die zerklüfteten Felsufer der Westküste, kühne Formen erinnern an Fabelwesen. Dunkelgrau wirkt dagegen Cap Corse, das die Insel wie ein ausgestreckter Finger im Nordosten verlängert; die Fingerkuppe schimmert im grünlichen Glanz des Glimmerschiefers.

Im äußersten Süden streben von Wind und Wellen ausgewaschene Steilkliffe in der Farbe verblichener Knochen beinahe senkrecht empor und bilden die erstaunliche Kulisse von Bonifacio, dem Höhepunkt jedes Korsika-Törns, in einem bizarr in die Kreidefelsen einschneidenden Fjord.

Golfe und Buchten beherbergen zahlreiche Ankerplätze, einsame oder überfüllte, ganz nach Belieben und Saison, dazu traumhafte Strände und sichere Yachthäfen wie Saint Florent, Calvi, Ajaccio, Propriano, Porto Vecchio, Solenzara, Campoloro, Macinaggio und Bastia.

Einen ganz geradlinigen Küstenstrich, an dem die Bergketten weiter ins Land zurücktreten, gibt es auf den 53 Seemeilen zwischen Bastia und Solenzara. Auf dieser Ebene wogt das grüne Meer der Weinberge, und es gedeihen Früchte und Gemüse. Korkeichen-, Eukalyptus- und Kastanienwälder gehören ebenso zu Korsika wie die Macchia mit süßduftenden Zistrosen, Myrthen, Baumerdbeeren und Rosmarinpolstern. Ihr betörender Wohlgeruch wird vom Wind auf die See hinausgetragen.

Kleine Bergdörfer lugen von den Höhen herab, Häuser aus Schiefergestein kriechen im Gänsemarsch über Hügelrücken oder kleben wie Adlerhorste auf Felsüberhängen, immer überragt von einem schlanken Glockenturm. Auf den Kaps thronen mächtige Wachtürme, ein Erbe aus der Zeit der Genueser- und Pisanerherrschaft.

Jeder See, jeder Berg, ja beinahe jedes Dorf hat seine Legende. Das *Incantesimo,* der unergründliche Zauber Korsikas, ist mancherorts noch fühlbar und packt jeden, der die Insel über die touristischen Attraktionen hinaus erforscht. Jeder Skipper sollte wenigstens einen ausgedehnten Ausflug in das Innere machen. Wer Wälder, Berge und Dörfer nicht aus der Nähe gesehen hat, darf nicht von sich behaupten, daß er auf Korsika gewesen ist.

Die Korsen sind ein herber, wortkarger Menschenschlag; der über Jahrhunderte andauernde Kampf um Freiheit und Unabhängigkeit hat sie geprägt. Obwohl die Insel seit mehr als 200 Jahren zu Frankreich gehört, haben die Bewohner ihre Eigenständigkeit in Sprache und Gebräuchen bewahrt und verteidigt. Es entstand eine Separatistenbewegung, die vor allem die Unabhängigkeit von Frankreich anstrebte. Was dem Nicht-Eingeweihten auf der Insel sofort ins Auge springt, sind die mit schwarzer Sprayfarbe auf korsisch getrimmten Hinweis- und Ortsschilder. Zudem berichten die internationalen Medien immer wieder von Anschlägen auf französische und touristische Einrichtungen. Solange diese unblutig abliefen, fand das Ziel „Korsika den Korsen" große Sympathien. Seit dem Mord an dem Präfekten von Ajaccio distanzieren sich jedoch die meisten Inselbewohner von den Separatisten, und nebenbei drängt sich die Frage auf, ob da nicht eine ganz andere Interessengruppe das Anliegen der Korsen für ihre Zwecke mißbraucht hat.

Punta Mortella mit Leuchtturm und altem Semaphor (re.)

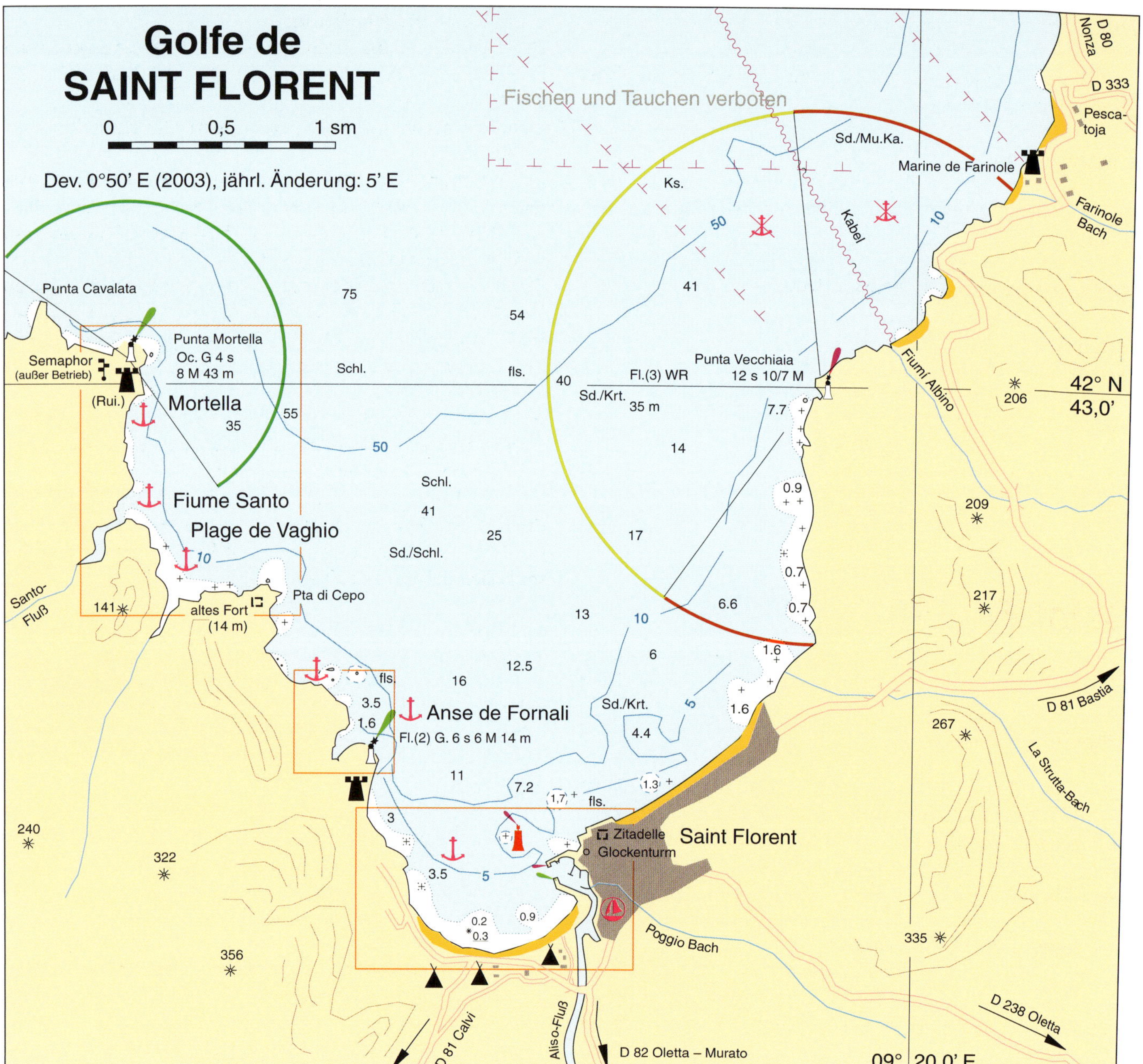

Golfe de Saint Florent

Karte: EG 1006

Der anheimelnde Golf schneidet an der Wurzel der gebirgigen Cap-Corse-Halbinsel ein; an seiner W-Seite, die von den mittelhohen Bergen der Region Désert des Agriates begrenzt wird, findet man brauchbare Ankerbuchten wie etwa Fornali und Mortella.
Im Scheitel des Golfes mündet das Flüßchen Aliso, das in den Yachthafen von St. Florent miteinbezogen wurde. Am Strand WSW-lich davon haben sich Campingplätze angesiedelt.

Wind

Die vorherrschenden Winde im Sommer kommen aus NW (Mistral) und SW (Libeccio).

Löschflugzeuge

Bei Waldbränden fliegen Löschflugzeuge den Golf an, um Wasser zu tanken.

Entfernungen von St. Florent in sm

Centuri Port	19
Macinaggio	30
Ile Rousse	20
Sant'Ambrogio	26
Calvi	30
San Remo / Italien	97
Monaco	107

Saint Florent

42°40,9'N 09°18,0'E Karte: EG 1006

Lage und Umgebung

Der Yachthafen liegt vor der mit Bäumen, Restaurants, Bars und Boutiquen gesäumten Uferpromenade zu Füßen der stimmungsvollen Altstadt mit der genuesischen Zitadelle. Das fruchtbare Nebbio und das Weinanbaugebiet Patrimonio bilden das Hinterland.

Ansteuerung und Liegeplatz

Am Tage Auffällige Landmarken sind: Der viereckige, weiße Leuchtturm mit grüner Spitze und weißem Gebäude auf Punta Mortella, dem W-Einfahrtskap des Golfes, dazu der Semaphor und, etwas weiter südlich, der Genueserturm. Die Zitadelle und der Glockenturm der Stadt Saint Florent. Mehrere Radiomasten und Gebäude auf dem 961 m hohen Monte Pigno, ca. 4,6 sm ENE-lich von Saint Florent.
Bei Nacht Folgende Feuer helfen bei der Ansteuerung: Punta Mortella (W-Einfahrtskap des Golfes), Punta Fornali (W-Ufer des Golfes), Punta Vecchiaia (E-Einfahrtskap des Golfes; der rote Sektor deckt die Untiefen an der E-Seite des Golfes und vor der Hafeneinfahrt ab).
Die TV-Masten auf Monte Pigno zeigen helle weiße Lichter am Fuß und rote Topplichter.
Die Hafenfeuer Saint Florent: Jetée Nord, dessen roter Sektor die Untiefen vor dem Hafen abdeckt, und Jetée Sud. Außerdem die Bake Tignosu.
Gastlieger bekommen einen Platz an den äußeren Anlegestegen angewiesen.
Im Flüßchen Aliso, das in den Yachthafen miteinbezogen worden ist, finden vorzugsweise Motorboote, im vorderen Teil auch Segelboote Platz. Die Ufer sind beinahe durchgehend verkait, Kettenmoorings liegen aus.
Durch die Ablagerungen des Flusses neigt der Hafen zum Versanden; einmal im Jahr wird ausgebaggert. S-lich der Hafeneinfahrt nehmen die Tiefen rasch ab. Vor dem Strand liegen Untiefen und Klippen.

Reede Sie können 300 m W-lich des Hafens auf 5–6 m über Schlick mit Krautbewuchs ankern. Bei Winden aus NW über N bis NE verholt man sich in den Hafen.
Achtung Eine 8 m hohe, befeuerte rote Betonbake kennzeichnet die Untiefe Tignosu 0,2 sm NW-lich der Hafeneinfahrt. Eine unbezeichnete Untiefe mit nur 1,7 m Wasser darüber liegt 0,3 sm N-lich der Hafeneinfahrt.

Schutz

Der Hafen bietet guten Schutz bei allen Windrichtungen; nur bei NW-Wind sind besonders die Gastliegeplätze am äußeren „T" starkem Schwell ausgesetzt.

Behörden

Capitainerie am Platz hinter den Kneipen, Tel. 0495370079, Fax 0495371137, vom Ausland 0033/4/95 usw.

Versorgung

Wasser und Strom an den Liegeplätzen, Duschen und WCs in der Capitainerie. Dekodierter Wetterbericht am Fernsehschirm in der Capitainerie .
Benzin und Diesel bei der Tankstelle am Kopf der N-Mole, 0900 – 1200, 1600 – 2000.

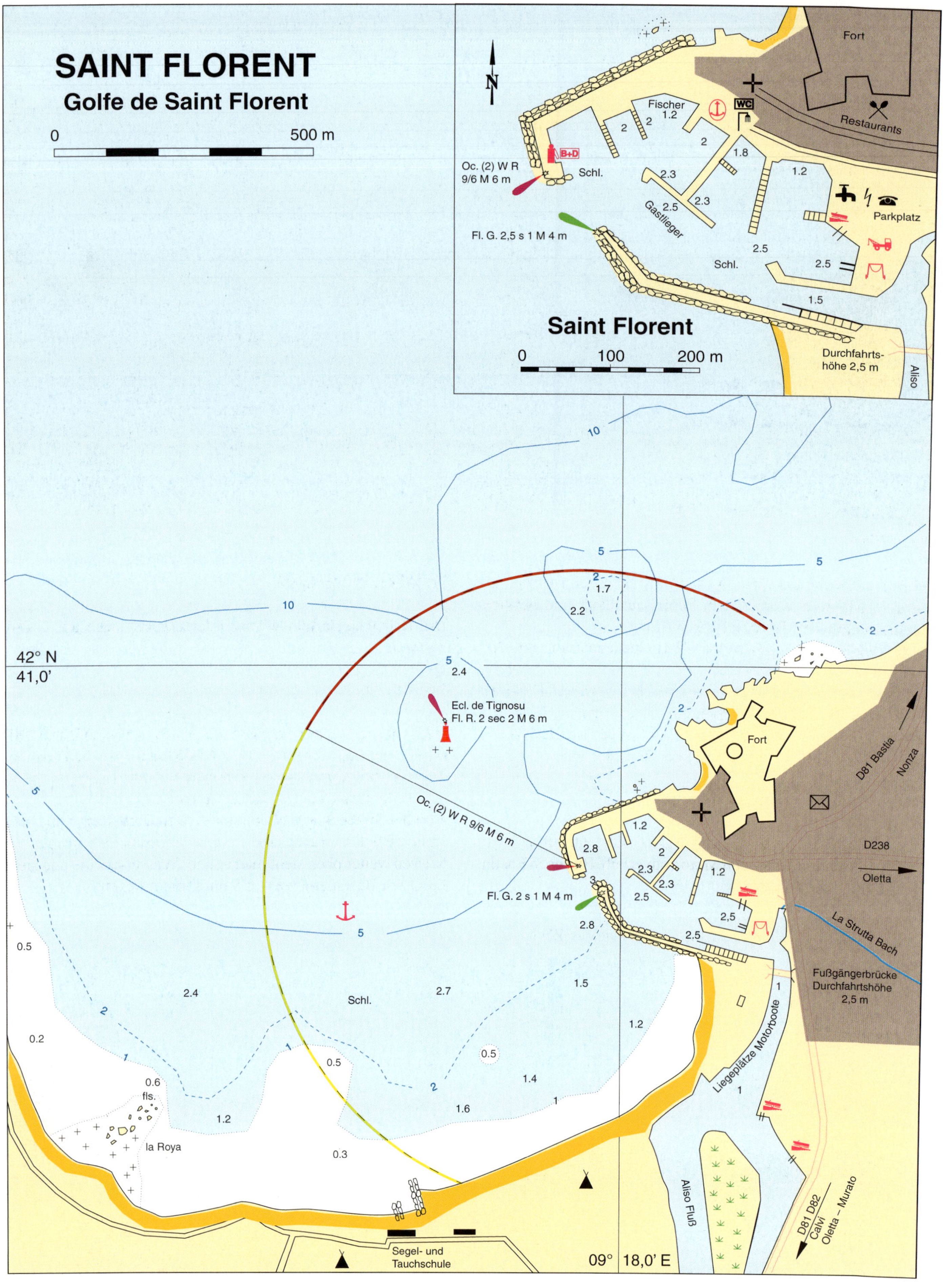
SAINT FLORENT
Golfe de Saint Florent
0
500 m
Saint Florent
0
100
200 m
Fort
Restaurants
Fischer
WC
B+D
Oc. (2) W R
9/6 M 6 m
Schl.
Gastlieger
Fl. G. 2,5 s 1 M 4 m
Parkplatz
Durchfahrts-
höhe 2,5 m
Aliso
42° N
41,0'
Ecl. de Tignosu
Fl. R. 2 sec 2 M 6 m
Oc. (2) W R 9/6 M 6 m
Fl. G. 2 s 1 M 4 m
D81 Bastia
Nonza
D238
Oletta
La Strutta Bach
Fußgängerbrücke
Durchfahrtshöhe
2,5 m
Liegeplätze Motorboote
Aliso Fluß
D81 D82
Calvi
Oletta – Murato
fls.
la Roya
Segel- und
Tauchschule
09° 18,0' E

Saint Florent

Kleinere Reparaturen, vom Motor bis zum Segel, werden ausgeführt. Mehrere Werkstätten, Schiffsausrüster und Serviceagenturen am Ort. Ersatzteilbeschaffung.
Slip, Mobilkran 12 t, Travellift 45 t; Überwinterung und Betreuung der Boote.
Hervorragender Supermarkt mit Fleischer etwa auf Höhe der Fußgängerbrücke E-lich des Hafens. Fisch, Fleisch, Obst, Gemüse, Bäcker, Apotheke, Bank an der Straße nach Bastia.
Restaurants, Bars, Pizzerias an der Uferpromenade.

Verkehrs- und Postverbindungen

Post (PTT) an der Straße nach Bastia. Kartentelefone beim Hafen. Reisebüro. Auto- und Motorradverleih. Bus nach Bastia. Taxis. Flughafen Bastia/Poretta 43 km.

Funkkommunikation

Der Hafenkapitän hört während der Dienststunden auf UKW-Kanal 9.

Tourismus

Ein Spaziergang durch die winkeligen Gassen des mittelalterlichen Ortskerns bis zur Zitadelle. Nur 6 km nordöstlich von hier liegt das Weinanbaugebiet Patrimonio: In den Kneipen fließt ein süffiger Tropfen aus Riesenfässern.
Von der Straßenkurve oberhalb des Weindorfes hat man einen weiten Blick über den Golf, ein paar Kilometer und mehrere Kurven weiter oben steht man auf der Wasserscheide und sieht im Osten Bastia, im Westen Saint Florent liegen.

Ansteuerung Saint Florent mit Bake Tignosu aus WNW

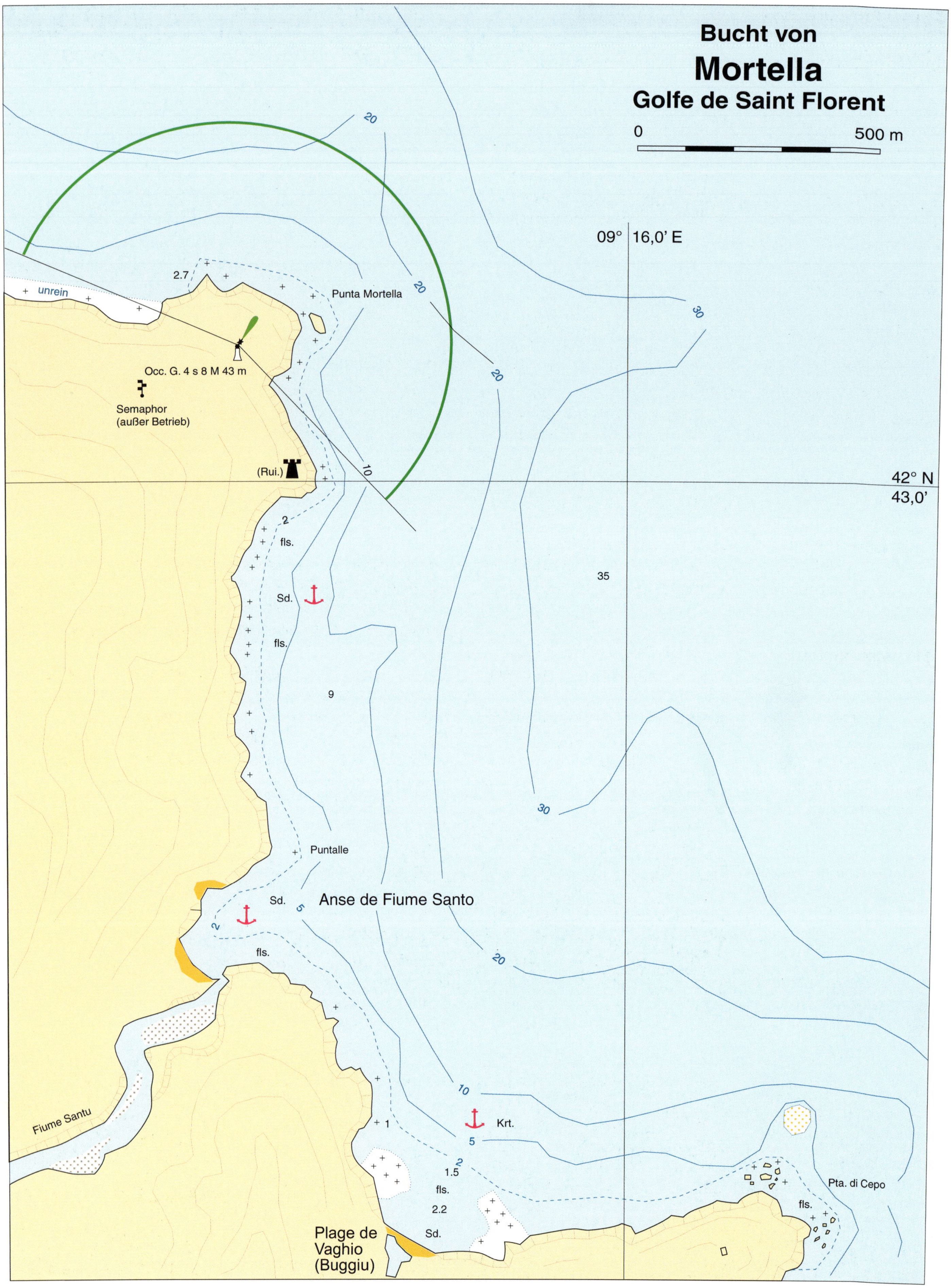
Bucht von
Mortella
Golfe de Saint Florent
0
500 m
09° 16,0' E
42° N
43,0'
Punta Mortella
unrein
2.7
Occ. G. 4 s 8 M 43 m
Semaphor
(außer Betrieb)
(Rui.)
2
fls.
Sd.
fls.
9
35
Puntalle
Anse de Fiume Santo
Sd.
fls.
Fiume Santu
Krt.
1
1.5
fls.
2.2
Sd.
Plage de
Vaghio
(Buggiu)
Pta. di Cepo
fls.
20
30
10
5

Buchten an der W-Seite des Golfes

Karte: EG 1006

Die nachfolgend beschriebenen Ankerplätze sind generell von N über E bis SE ungeschützt. Bei Libeccio (SW), bei W-Wind und auch noch bei mäßigen NW-Winden sind sie brauchbar. Zum Glück kann man sich bei Wetterverschlechterung schnell in den Yachthafen von Saint Florent verholen.

Anse de Fornali

42°41,5'N 09°16,7'E

Dieser schöne, bei mäßigen NW-Winden noch benutzbare Ankerplatz ist an dem weiß-grünen Leuchtturm am S-Einfahrtskap und den Ruinen eines alten Forts zu erkennen. Vor den Anlegern an der S-Seite lotet man höchstens 1 m.
Ankern Sie auf 4–5 m vor der Einfahrt über Schlickgrund und beachten dabei eine nur 1,6 m tiefe gefährliche Stelle (s. Plan). Kleine Boote können bis zum Ende der Bucht vordringen und finden dort Wassertiefen um 1 m, ebenfalls über Schlickgrund; hier haben Sie Schutz bei allen Windrichtungen außer NE.
Achtung 0,3 Kabellängen NNW-lich des Leuchtturms liegt ein gefährlicher Unterwasserfelsen mit nur 0,4 m Wasser bedeckt. Auch bis 150 m vor dem Leuchtturm in Richtung NE dehnt sich unreiner Grund aus; am äußeren Ende lotet man nur 1,8 m.

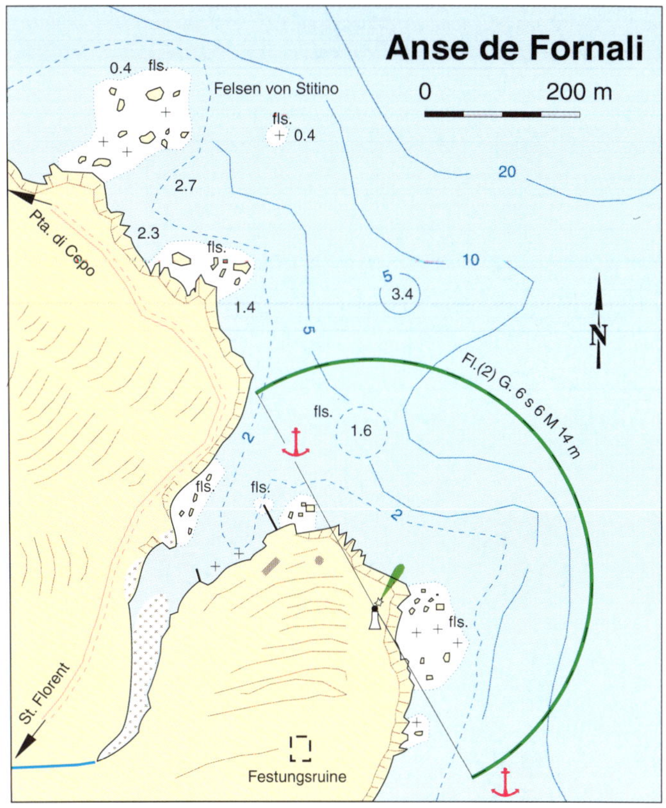

Mortella, Anse de Fiume Santo, Plage de Vaghio

42°43,0'N 09°15,5'E (Turmruine Mortella)

Mortella Ein zerfallener Genueserturm auf einem niedrigen Kapausläufer SE-lich des Punta Mortella-Leuchtfeuers, felsige Hügellandschaft und Macchiabewuchs charakterisieren diesen angenehmen Ankerplatz, der auch noch bei leichten NW-Winden Schutz bietet.
Ankern Sie, wie auf dem Plan angegeben, S-lich der Turmruine auf 5–7 m über Sandgrund, Kraut oder Felsen. Dem Ufer sind Klippen vorgelagert.

Fiume Santo Ca. 4 ½ Kabellängen S-lich der Mortella-Bucht mündet das Flüßchen *Santo* (korsisch Santu). Vor einem weißen Strand ankern Sie auf ca. 3 m über Sandgrund.
Achtung Dem N-Einfahrtskap Puntalle sind Klippen vorgelagert.
Plage de Vaghio Der dritte Ankerplatz liegt vor dem Strand von Vaghio (Buggiu), 4 Kabellängen SE-lich von Fiume Santo. Größere Yachten ankern ca. 250 m vor dem Strand auf 5–8 m über Krautbewuchs. Kleinere Schiffe können unter Beachtung von zwei Felsriffen (s. Plan) näher zum Ufer vordringen und auf 2 m Wassertiefe über Sandgrund vor Anker gehen, müssen aber eine flache, felsige Stelle von 1,5 m zwischen den Riffen passieren.
Achtung Vor Punta di Cepo, auf der eine unscheinbare Ruine steht, erstrecken sich Über- und Unterwasserklippen.

Ankerplatz Mortella (li.), Punta Mortella mit Genueserturm, Leuchtturm und Semaphor aus NNE

CAP CORSE
Ankerplätze
0
500 m
Dev. 0°50' E (2003), jährliche Änderung: 5' E
09° 24,0' E
Ile de la Giraglia
Fl. 5 s 28 M 85 m
Marine de Tollare
Barcaggio-Fischerhafen
Capo Grosso
Pte. d'Agnello
Rade de Sta. Maria
BYB
YBY
Mte. Maggiore 364
D 153
D 253
Granaggiolo
Iles Finocchiarola
Baie de Tamarone
Centuri Port
Rogliano
Macinaggio
Oc. (2) W R 6 s
12/9 M 8 m
Centuri
Morsiglia
D 80
Anse d'Aliso
Marine de Meria
Meria
Mte. Castello 480
Luri
D 180
Fischerhafen Sta. Severa (Marine de Luri)
Mte. Minervio
Caribou
Porticciolo
Marine de Giottani
Mte. Alticione 1138
Pta. a i Ghiunci
Pietracorbara
Canari
Mte. Cuccaro 832
42° N
50,0'
Cima di e Follicie 1324
Marine de Canelle
Sisco
Marine de Pietracorbara
Marine de Sisco
Marine d'Albo
Mte. Merizatadio 778
Mte. Stello 1307
Capo Sagro
Fl. (3) 12 s 10M 31 m
Marine de Nonza
Mte. Capra 1266
Erbalunga
Brando
Fischerhafen Erbalunga
Marine de Negru
Mte. Fosco 1102
La Vasina
Marine de la Vasina
Miomo
Marine de Miomo
Pta. Mortella
Oc. G 4 s
8 M 43 m
Golfe de St. Florent
Pta. Vecchiaia
Fl. (3) W R 12 s
10/7 M 35 m
D 333
Pietranera
Port Toga
Vieux Port
Serra di Pigno 960
Bastia
Jetée du Dragon
Fl. W R 4 s
15/12 M 16 m
Mte. Genova
Mte. Castagna
D 81
St. Florent
262
Oletta
Anse de Porto Vecchio
D 81
D 82
Porto Vecchio
Mte. a Torra 852
Ile Rousse

Halbinsel Cap Corse
Von Saint Florent bis Bastia

Karte: EG 1006

Der „ausgestreckte Zeigefinger“ im Nordosten Korsikas ist ein etwa 20 sm langer, in Nord-Süd-Richtung verlaufender, felsiger Gebirgskamm mit Erhebungen zwischen 300 und 1300 Metern, an deren Abhängen kleine Gebirgsdörfer mit weithin sichtbaren Glockentürmen hocken.
Eine Uferstraße, die sich an der westlichen Steilküste stellenweise kühn bis zu 100 Meter hoch über dem Meer dahinwindet, umrundet die Halbinsel. Kleine Flüsse strömen aus den Gebirgsfalten der See zu; an ihren Mündungen liegen sogenannte „Marines“, ein paar Häuser neben einer Anlegestelle für Fischerboote, die zu den oft weit oberhalb angesiedelten Ortschaften gleichen Namens gehören. In der Regel bieten die „Marines“ Yachten keinen Schutz und sind, speziell an der Westküste, häufig von Klippen und Untiefen umlagert.
Die eindrucksvollsten Küstenorte stammen aus dem Mittelalter: Nonza, auf einer steilen Felsnase über einem schwarzen Kiesstrand thronend, gefolgt von Centuri und dem von Wehmut umhauchten Erbalunga, nicht zu vergessen die ehrwürdige Altstadt von Bastia. Und, wie überall auf Korsika, so stehen auch auf Cap Corse neben einigen Windmühlen die Wachtürme aus der Zeit der genuesischen und pisanischen Fremdherrschaft.
Der Fischerhafen Centuri Port im hohen Nordwesten kann leider nicht bei jedem Wetter angelaufen werden. An der Nordküste, vor Tollare oder Barcaggio, ankert man mit Blick auf die serpentingrüne Ile de la Giraglia. Guten Schutz bietet der Yachthafen von Macinaggio im Nordteil der Ostküste, nicht übel ist auch der kleine Hafen von Santa Severa (Marine de Luri). Die einladenden Buchten und Sandstrände an der Ostseite von Cap Corse sind nur als Tagesankerplätze zu gebrauchen.
Leider ist auch die Ostseite der Cap-Corse-Halbinsel in letzter Zeit nicht von Waldbränden verschont geblieben. Auf den Abhängen zwischen Marine de Sisco und Erbalunga zeigen sich die verheerenden Auswirkungen überdeutlich.
Zwischen Erbalunga und Bastia ist die Küste dichter besiedelt. Es beginnt mit Ferienvillen in buntblühenden Gärten und mit kleineren Hotels, doch je näher man an Bastia, die Hauptstadt von Haute Corse, herankommt, desto massiver und höher wird die Bebauung. Vor der Stadt reihen sich drei Hafenbecken aneinander, das mittlere dient dem Fährverkehr, südlich und nördlich davon liegen die gut funktionierenden Yachthäfen Vieux Port und Port Toga.

Gefahren

Auf der Untiefe Haut-fond de Centuri (13,8 m) entsteht bei Starkwinden aus W-lichen und N-lichen Richtungen Brandung. 200 m NW-lich des Leuchtturmes von Ile de la Giraglia liegt eine einzelne felsige Untiefe.
Vor der Rade de Santa Maria liegen ebenfalls felsige Untiefen: 5-m-Stellen bis 800 m vor der Küste sowie zwei 9,5-m-Stellen 1,2 sm vor der Küste.
Die Iles Finocchiarola darf man nur außen umsteuern. Eine Leuchttonne warnt E-lich der Inseln.

Wind

Die wettergegerbte Westküste von Cap Corse, steil und zerklüftet, ist allen W-lichen Winden und Fallböen aus Ost ausgesetzt. An einigen Stellen machen sich auch S-Winde unangenehm bemerkbar. Der N-Teil von Cap Corse läuft in Hügeln aus und ist offen gegen Winde aus N und NE; Fallböen kommen hier aus Süd. Die Ostküste, ebenfalls felsig, mit ziemlich hohen Bergen, ist nicht so atemberaubend steil wie der Westen. Hier bieten die Buchten wenig Schutz bei E-lichen Winden, außerdem muß man – besonders bei Libeccio – mit starken Fallböen aus West rechnen.

Reglementierte Zonen

Fisch- und Tauchverbot zwischen Marine de Farinole und Nonza (W-Küste).
Ca. 4 Kabellängen NE-lich des Leuchtturmes auf Punta Vecchiaia endet ein Unterwasserkabel. Dort ist Ankern verboten (W-Küste).
Zwischen Bastia und Miomo ist Fischen und Tauchen verboten (E-Küste).
Ein Sicherheitsweg für Tanker in W-E-Richtung führt auf den Hafen von Bastia zu.

Semaphore

Die Signalstationen Cap Corse auf Capo Grosso und Cap Sagro regeln den Verkehr um Cap Corse und Bastia. Sie hören auf UKW-Kanal 16 und 70 (DSC) zwischen 0600 und 1800 UTC.

Entfernungen in sm

Centuri Port	–	St. Florent	19
Centuri Port	–	Macinaggio	11
Macinaggio	–	St. Florent	30
Macinaggio	–	Marine de Luri	4
Macinaggio	–	Bastia	17
Macinaggio	–	Capraia Hafen	20
Macinaggio	–	Marciana Marina/Elba	34
Bastia	–	Campoloro	21
Bastia	–	Marina di Campo/Elba	38

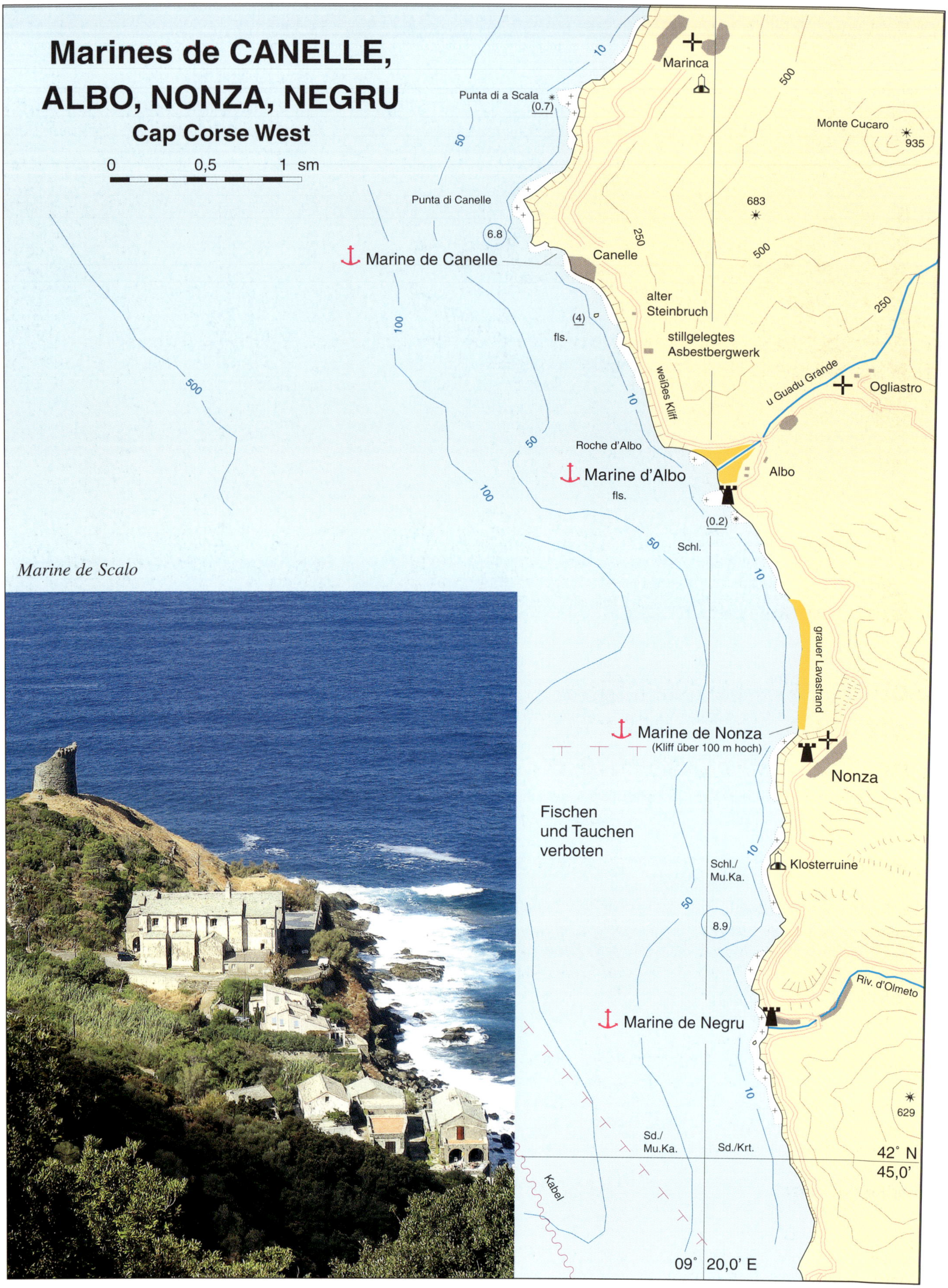

Marine de Scalo

Nonza

Schönwetterankerplätze zwischen Saint Florent und Centuri-Fischerhafen

Karte: EG 1006

Marine de Negru 42°45,7'N 09°20,4'E

Der Weiler Marine de Negru liegt 2,2 sm NNE-lich von Punta Vecchiaia hinter einem grauen Kieselstrand am Ausgang der Olmeta-Schlucht. Schiefergestein gibt diesem Ankerplatz einen etwas düsteren Anstrich. Hinter dem N-Ende des Strandes, unterhalb der steil abfallenden Hänge der Punta de Negru (345 m), steht ein Genueserturm.

Über- und Unterwasserfelsen gruppieren sich um das N- und S-Einfahrtskap. Der Platz ist den Winden und Fallböen ausgesetzt, daher nur bei ganz ruhigem Wetter benutzbar.

Ankern Sie vorsichtig vor der Mitte des Strandes, wo man einige Sandflecken erkennen kann. Der Anker hält schlecht, da der Grund fast überall mit Felsbrocken durchsetzt ist.

Marine de Nonza 42°47,3'N 09°20,5'E

Nonza gehört zu den spektakulärsten Kulissen Korsikas. Um die steil abstürzende, 150 m hohe dunkle Felsnase, auf der ein zinnenbewehrter, viereckiger Turm thront, scharen sich die schiefergedeckten Häuser des Ortes. Auf den Terrassen oberhalb des Meeres werden Obst und Wein angepflanzt.

Nach Norden erstreckt sich ein sanft geschwungener schwärzlicher Lavastrand, vor dem die Tiefen schnell abnehmen. Etwa 50 m vor dem Ufer lotet man 10 m.

Ankern Sie gleich NW-lich des Turmes, vor dem S-Ende des Strandes, auf 8–10 m über Kieselgrund, der nicht gut hält. Restaurants und Lebensmittelgeschäfte im Ort.

Der Zwischenstopp bei Nonza lohnt sich wegen der herben Schönheit des Ortes. Wer bei Sonnenuntergang die steilen Treppen zum Turm hinaufsteigt, wird durch den Ausblick auf den Golf von Saint Florent belohnt. Danach heißt es: auf zum Yachthafen Saint Florent.

Marine d'Albo 42°48,7'N 09°20,0'E

Der Strand von Marine d'Albo ist ähnlich dem von Nonza, nur schmaler und kürzer; er liegt 1,4 sm NNW-lich des Nonzaturmes. Albo erkennt man an den helleuchtenden Flecken der stillgelegten Asbestmine 0,6 sm N-lich davon. Auch das weißliche Steilkliff Roches d'Albo am NW-Einfahrtskap ist sehr auffällig.

Vor dem Genueserturm am S-Ende des Strandes erstreckt sich eine felsige Untiefe etwa 100 m weit in See.

Ankern Sie gleich NW-lich des Turmes auf 6 m.

Einige Häuser säumen die Bucht; Restaurants und Lebensmittelgeschäfte sind vorhanden. Die eigentliche Ortschaft lag noch im vorigen Jahrhundert direkt am Ufer, mittlerweile ist sie

durch die an diesem Küstenstrich vorkommende starke Versandung 200 m ins Land gerückt.
Das Bergdorf oberhalb von Albo heißt Ogliastro.

Marine de Canelle 42°49,8'N 09°18,9'E

Auch dieser Ankerplatz unmittelbar S-lich von Pta. di Canelle ist ungeschützt und allen Windrichtungen und starken Fallböen ausgesetzt. Der Ankergrund fällt steil ab und hält schlecht. Ankern Sie auf 6 m über Fels und Kraut.
Am Ufer befinden sich eine Slipbahn sowie ein in Gourmetführern empfohlenes Restaurant und einige Häuser.

Marine de Giottani 42°52,0'N 09°20,3'E

Der kleine Kiesstrand vor Marine de Giottani ist von felsiger Steilküste flankiert. Die Häuser und der Kirchturm des Ortes sind hinter dem Strand zu sehen; der genuesische Wachturm N-lich davon überblickt das winzige Schutzbecken für Fischerboote.
Vor dem N-Kap der Bucht liegt die 21,7 m hohe Felsklippe Rocher de Mogliarese.
Von Süden kommend muß man gut von den Untiefen und Klippen um die Kaps Punta di Canelle und Punta di a Scala freihalten.

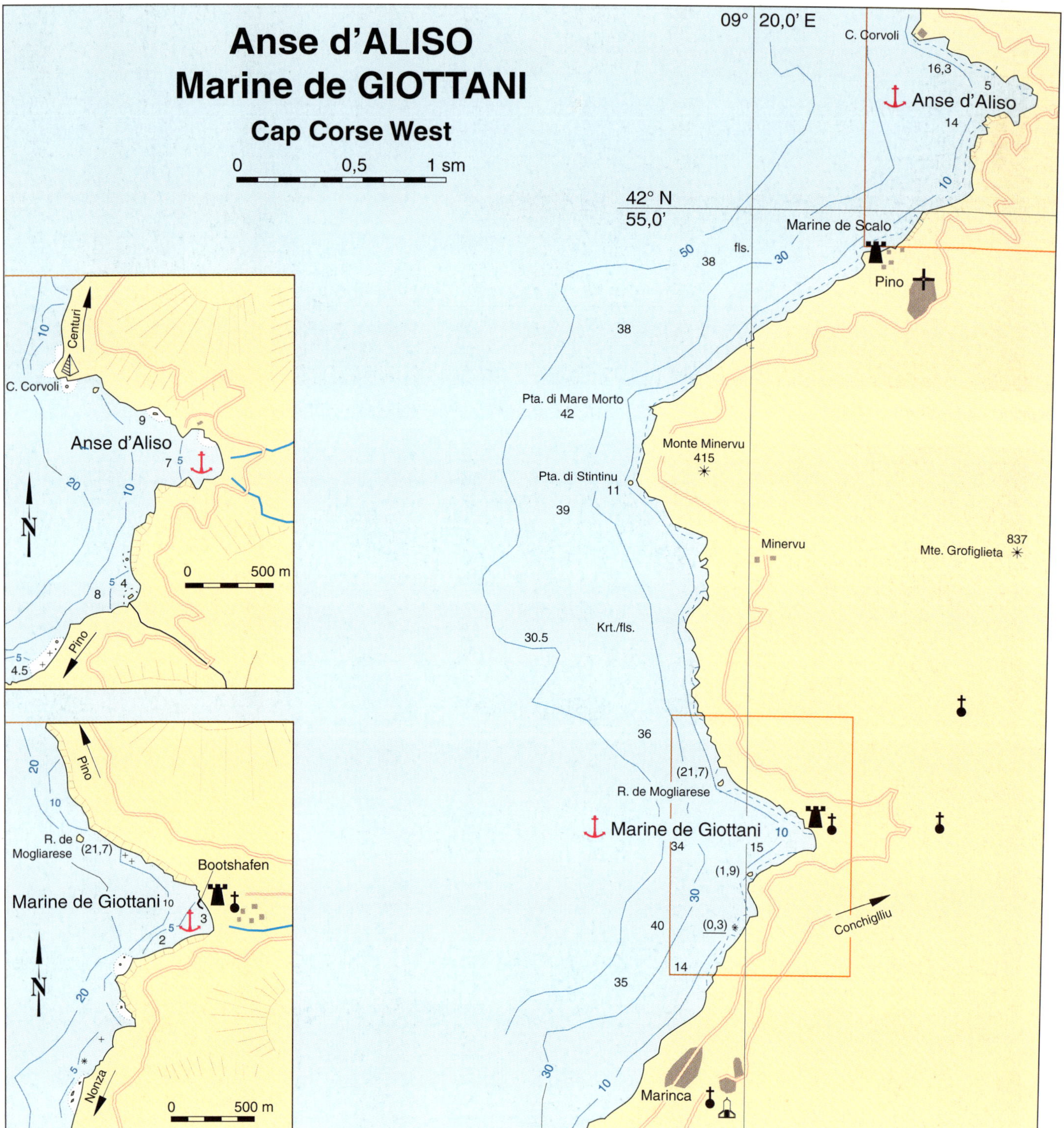

Marine de Giottani (o.) und Anse d'Aliso (u.) sind beide bei W-lichen Winden völlig ungeschützt.

Yachten ankern – ruhigesWetter vorausgesetzt – etwa 100 m vor dem Strand auf 4–6 m über grobem Sandgrund; weiter draußen ist der Meeresboden mit Kraut bewachsen. Die Tiefen nehmen zum Strand hin gleichmäßig ab.
Der Platz ist sowohl den W-lichen Winden ausgesetzt, die starke Brandung erzeugen, als auch den Fallböen, die bei starken E-Winden von den Bergrücken des Cap Corse herunterfegen.
Schlauchboote, deren Tiefgang 0,6 m nicht überschreitet, und Beiboote von Yachten können den Minihafen nutzen, sofern sie sich nicht an die für die Fischer vorgesehenen Plätze legen.
Die Küstenstraße führt um die Bucht herum. In Hafennähe findet man Restaurant, Hotel, Lebensmittelgeschäft und Postamt.

Anse d'Aliso 42°55,5'N 09°21,5'E

Diese unbewohnte, tiefeinschneidende Bucht ist hübsch und einladend, besonders dann, wenn ihr Wasser bei sonnigem Wetter türkisblau strahlt. Dunkelgrüne Macchia bedeckt die umliegenden Hügel; auch hier führt die Küstenstraße vorbei. Das Bergdorf Pigno mit dem anmutigen, schlanken Glockenturm liegt hoch oben auf einem grünen Abhang, eine knappe Seemeile SSW-lich des Ankerplatzes. Leider ist auch Aliso bei W-Winden gefährlich und bei E-Winden von starken Fallböen geplagt.
Die Ansteuerung ist problemlos, wenn man sich, von Süden kommend, von den Untiefen vor Punta di Mare Morto freihält. Ankern Sie auf 4 m über Sandgrund, der zum Ufer hin langsam ansteigt. Vor dem Felsufer N-lich des Strandes, wo eine einzelne Hütte steht, liegen Klippen.

Centuri-Fischerhafen

42°58,0'N 09°21,0'E Karte: EG 1006

Lage und Umgebung

Der kleine, stimmungsvolle Fischerhafen liegt nahe der NW-Spitze der Cap Corse-Halbinsel, er ist berühmt für Langusten und ähnliche Delikatessen.
Üppig bewachsene, niedrige Bergketten rahmen die Baie de Centuri ein, unmittelbar WSW-lich vor dem Hafen liegt das Inselchen Capense, von den Höhen lugen Dörfer und Mühlen herab. Das Becken des kleinen Fischerhafens ist von malerischen alten Häusern umgeben, die alle mit dem für die Gegend so typischen grünen Schiefer (Serpentin) gedeckt sind. Das eigentliche Dorf ist 4 Kilometer weit entfernt auf dem Abhang eines Berges angesiedelt.

Ansteuerung und Liegeplatz

Von Süden kommend, muß man von der N-Spitze der vorgelagerten Insel Capense 250 m Abstand halten, da eine einzelne felsige Untiefe mit nur 0,4 m Wasser darüber 200 m NNW-lich davon liegt. Erst wenn man den Turm an der E-Seite der Hafeneinfahrt in 120° peilt, läuft man auf den Wellenbrecherkopf zu.
Am Tage Auffällige Landmarken sind:
Die pyramidenförmige vorgelagerte kleine Insel Capense; die Radarkuppel 1,4 sm E-lich auf Pointe de Torricella in 562 m Höhe; der TV-Mast 500 m N-lich davon; die Mühle Moulin Mattei 1500 m NE-lich des Hafens auf einem 389 m hohen Hügel; eine Reihe Windgeneratoren (moderne Windmühlen) auf dem Hügel dahinter; der Mühlenrumpf Marc Antoni 500 m N-lich des Hafens.
Beim Näherkommen werden das auffällige helle Hotel am SW-Ufer des Hafens und der Genueserturm sichtbar.
Bei Nacht Keine Befeuerung, keine Nachtansteuerung.
Machen Sie fest lt. Plan.

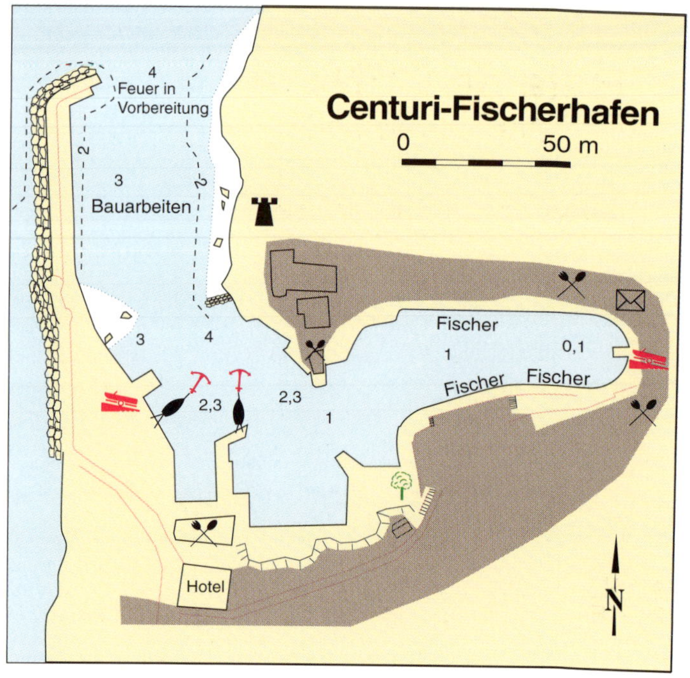

Schutz

Streng genommen ist Centuri ein Schönwetterhafen. Bei Starkwinden aus W–N ist das Einlaufen gefährlich, wenn nicht unmöglich. Alle N-lichen Winde wirken sich im Hafenbecken unangenehm aus.

Reede Ankern Sie E-lich der Ile de Capense auf 3–6 m über Felsen und Kraut. Dort haben Sie allerdings keinerlei Schutz bei Winden von W bis NE. Bei Libeccio (SW) wird der Schwell von den Felsufern zurückgeworfen.
Bei NE-Winden liegen Sie besser in *Marine de Morsiglia*, S-lich von Centuri. Die beiden kleinen Strände der Bucht sind durch eine von Über- und Unterwasserklippen umlagerte Felshuk voneinander getrennt. Hinter dem S-lichen Strand liegen die Häuser des Dorfes Mute. Das felsige Kap S-lich davon ist ebenfalls von Riffen umgeben.
Ankern Sie laut Plan auf 7–8 m über Sandgrund.

Behörden

Das Hafenbüro findet man im Bürgermeisteramt. Tel. 04/95356006, vom Ausland 0033/4/95356006.

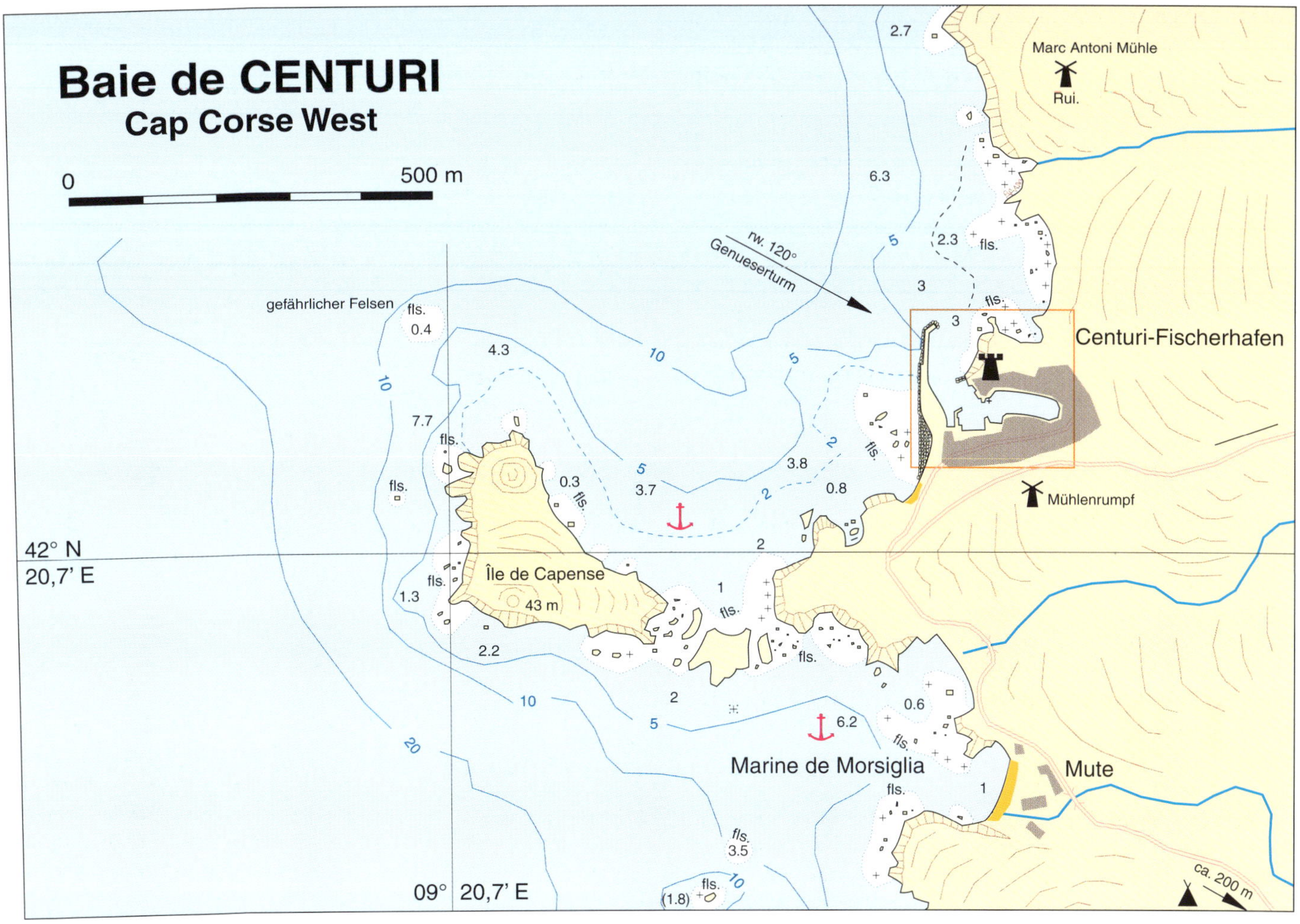

Centuri-Fischerhafen

Versorgung

Wasser und Toiletten gibt es am Hafen. Um das Becken verteilt liegen Fischrestaurants, die auf Schaltiere und frischen Fisch spezialisiert sind, ein gut sortierter Selbstbedienungsladen, eine Bäckerei, Pizzerias und Bars. Tankstelle an der Hauptstraße (4 km). Motorreparaturen übernimmt der ansässige Kfz-Mechaniker. Ein Campingplatz befindet sich in nächster Nähe.

Verkehrs- und Postverbindungen

Telefon im Hotel am Hafen. Kartentelefone. Taxis.

Tourismus

Der Ort ist bei Landtouristen sehr beliebt. Centuri hat nämlich nicht nur pittoreske Häuser, sondern beherbergt ausgezeichnete Restaurants, die täglich mit frischen Köstlichkeiten aus dem Meer versorgt werden, denn Fischfang ist der wichtigste Erwerbszweig der Bewohner. Die Reusen für den Hummerfang werden aus Myrtenzweigen geflochten.

Ankerplätze zwischen Tollare und Macinaggio (Cap Corse)

Karte: EG 1006

Marine de Tollare — 43°00,6'N 09°23,5'E

Vor den mit Macchia bewachsenen Hügeln an der N-Küste von Cap Corse scharen sich die grauen Häuser des Fischerdorfes Tollare um die kleine Slipbahn und einen genuesischen Wachturm.

Vor der Huk, auf der der Turm steht, liegen Klippen. Der Platz ist sehr ursprünglich, und man hat einen wunderbaren Blick auf die grün glänzenden Serpentinfelsen der Ile de la Giraglia.

Yachten ankern in der Strandbucht E-lich des Turmes über Sandgrund.

Der Platz ist nach NW–NE offen.

Bei Libeccio liegt man hier halbwegs geschützt, doch es steht, wie bei allenW-lichen Winden, starker Schwell herein. Mit Fallböen aus Süd ist zu rechnen.

Restaurants, Bars und Lebensmittel im Ort. Eine Fahrstraße führt hierher.

Im Hinterland liegen sehenswerte Bergdörfer.

Marine de Barcaggio — 43°00,5'N 09°24,3'E

Die Kaps der Bucht von Barcaggio sind, wie auch die vorgelagerte Insel, aus grünlich schimmerndem Serpentin und von See gut auszumachen. Bei ruhigem Wetter können Sie problemlos zwischen Ile de la Giraglia und der Küste von Korsika hindurchfahren. Wer die Insel N-lich umsteuert, muß der einzelnen Klippe 200 m NW-lich des Giraglia-Leuchtturmes ausweichen. Gleich NW-lich des Leuchtturmgebäudes steht ein alter Genueserturm.

Der Ankerplatz liegt vor dem E-lichen und längeren der beiden Strände auf 3–4 m über Sandgrund. Der übrige Grund ist felsig und hält daher schlecht. Kommen Sie dem W-lichen der beiden Strände nicht näher als 100 m, da hier felsige Untiefen behindern.

Achtung Vor dem felsigen W-Einfahrtskap von Marine de Barcaggio erstrecken sich Über- und Unterwasserklippen bis 300 m nach Nord.

Ankerplatz zwischen Ile de la Giraglia und dem Strand von Barcaggio

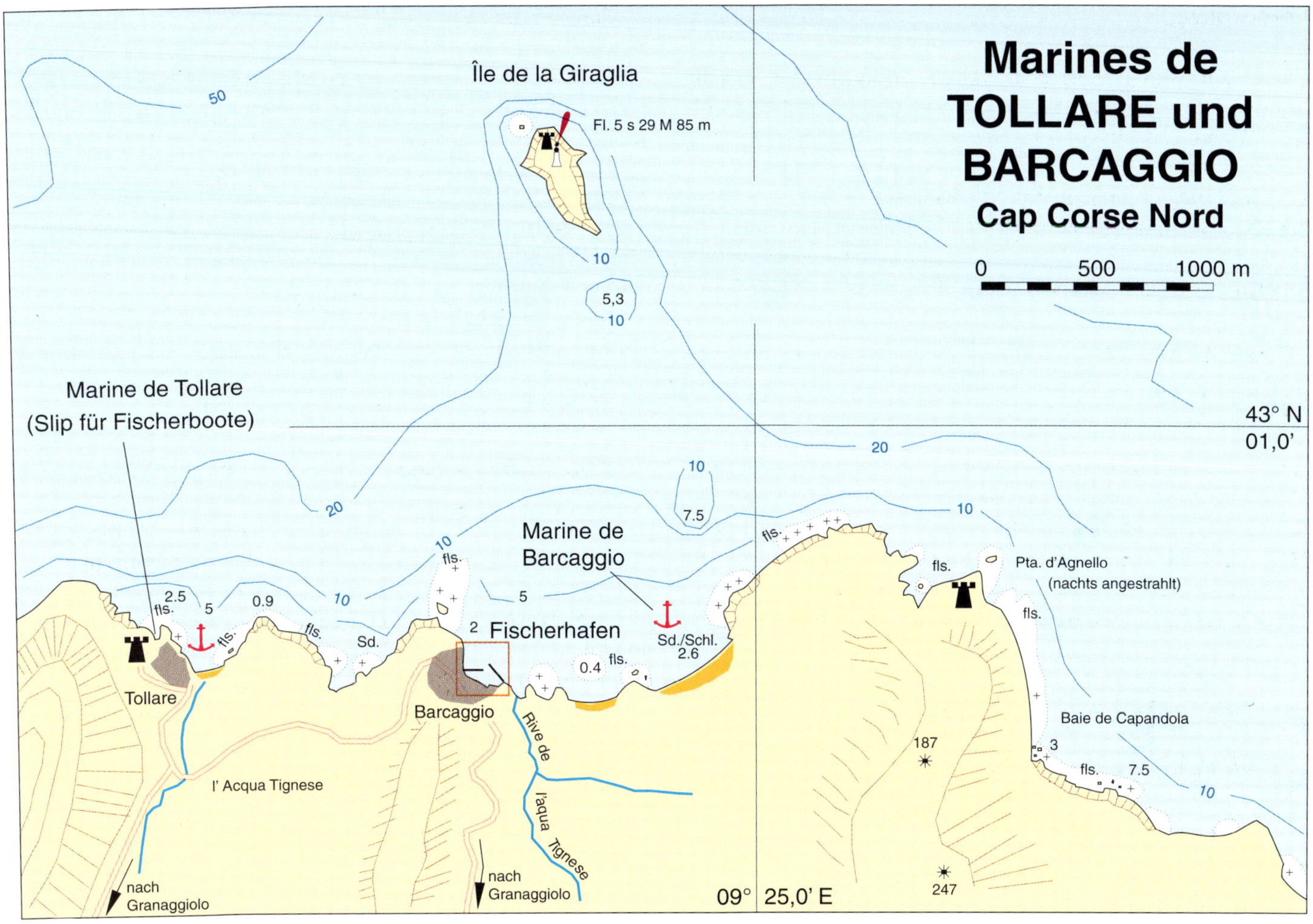

Bei Winden aus W-lichen und E-lichen Richtungen hat man ein wenig Schutz; N-Winde stehen voll herein; bei Libeccio kommen Fallböen aus Süd. Der Platz ist nur bei ausgeglichenem Wetter zu empfehlen.

Barcaggio-Fischerhafen Der W-Teil der Bucht von Barcaggio beherbergt den Fischerort mit dem Hafen, den man wegen der starken Brandung bei Winden aus West und NW keinesfalls anlaufen darf. Kleine Yachten bis höchstens 8 m Länge und

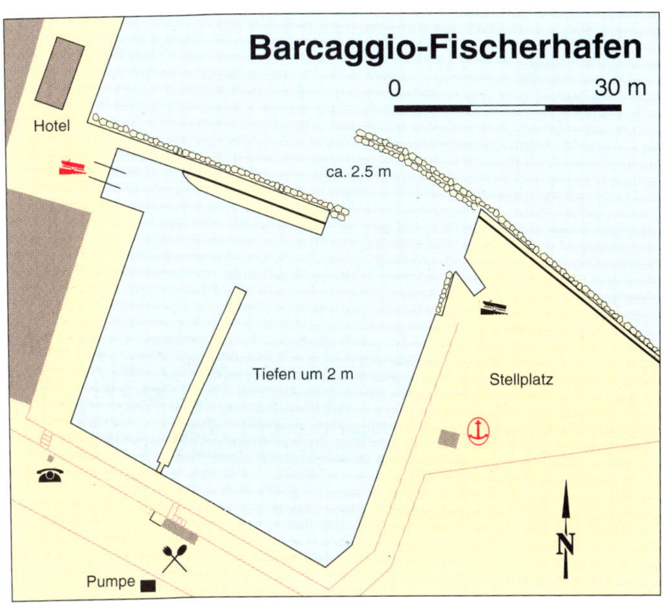

geringem Tiefgang können, falls Platz frei ist, hier festmachen. Am Hafen gibt es einen Restaurant-Kiosk, im benachbarten Hotel mit gemütlicher Terrasse ißt man ausgezeichnet zu Abend. Sehr gut wird das Restaurant in Granaggiolo beurteilt, Tischbestellung erforderlich. Mehrmals wöchentlich liefern fahrende Händler Brot, Gemüse und Fleisch an.

Rade de Santa Maria 42°59,5'N 09°27,3'E

Kahle Hügel fallen sanft zum zerklüfteten Ufer hinab, kleine Strände liegen zwischen felsigen, unreinen Kaps. Ein halbverfallener Genueserturm steht auf einem Felskap im Norden des Ankerplatzes, etwas landeinwärts das Kirchlein, dem die Reede ihren Namen verdankt, und im SE der Turm auf der Insel Finocchiarola. Bei W-Winden haben an diesem Ankerplatz schon viele Skipper auf günstigeres Wetter gewartet, bevor sie zum Runden von Cap Corse ansetzten.
Ankern Sie SE-lich des Genueserturmes auf 3 m, sobald Sie die Sandflecken zwischen den Felsen gefunden haben. Das Ufer um den Turm ist verklippt; auch im E-Teil reicht eine Klippenbank weit nach Nord.

Cala Genovese 42°59,6'N 09°27,0'E

Vor einem hübschen Strand unmittelbar NW-lich des eben beschriebenen Turmes ankern Sie auf 2,5 m über gut haltendem Sandgrund, geschützt bei Winden aus W, SW, S und SSE. *Achtung* Klippen vor dem E-Kap (s. Plan).

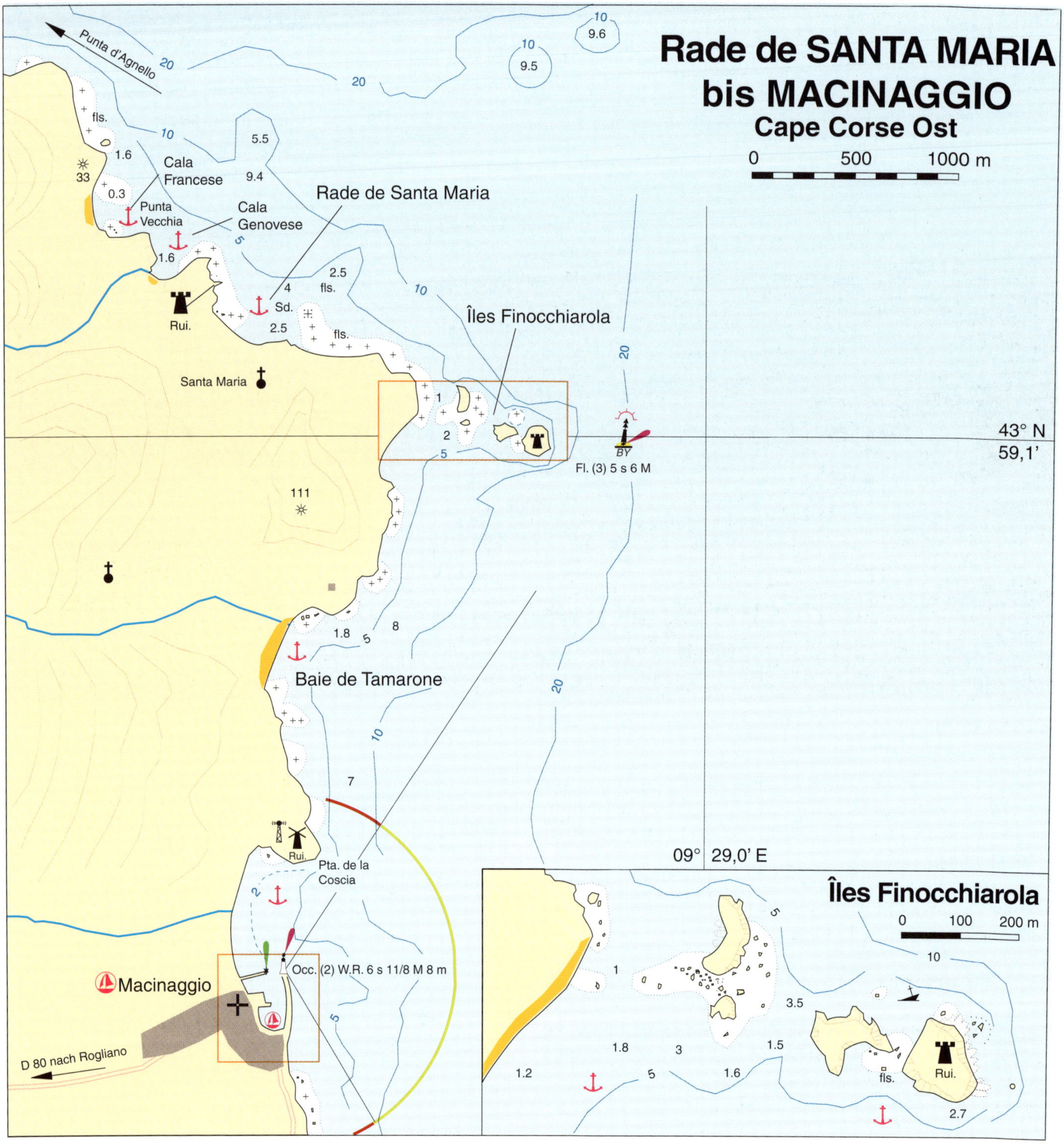

Cala Francese

42°59,7'N 09°26,7'E

NW-lich von Cala Genovese schließt Cala Francese an; sie ist etwas geräumiger, aber nicht ganz so einladend wie die beiden benachbarten Buchten. Im N-Teil behindert eine Untiefe, daher ankert man in der S-Hälfte auf 3–4 m. Hier liegt man geschützt gegen alle W-lichen Windrichtungen, auch NW (Mistral).

Iles Finocchiarola

42°59,1'N 09°28,3'E (Turmruine)

Dem äußersten NE der Küste von Cap Corse sind die Iles Finocchiarola vorgelagert. Auf der größten und E-lichsten Insel der Gruppe steht ein halb verfallener Genueserturm, und vor ihrer N-Spitze liegt das auseinandergebrochene Wrack eines Frachters.

- Der Ankerplatz befindet sich vor einem Sandstrand SW-lich der Inseln. Dort öffnet sich eine Bucht, die bei W-lichen Winden sehr brauchbar ist und außerdem durch die vorgelagerten Inseln noch etwas Schutz nach NE erhält.
  Ankern Sie auf 3,5 m über Sandgrund vor dem Strand. Weiter draußen hält der Grund nicht gut. Die Tiefen steigen zum Ufer hin regelmäßig an. Der Platz ist in der Regel wenig besucht.
- Eine zweite Ankermöglichkeit finden Sie S-lich der beiden E-lichsten Finocchiarola-Inseln auf 6–7 m Tiefe.

Macinaggio mit den Inseln Finocchiarola

Achtung Die Iles Finocchiarola darf man nur außen umsteuern, da die Durchfahrt zwischen Korsika und den Inseln sowie zwischen den einzelnen Inseln durch Klippenbänke und seichte Stellen unpassierbar ist.
Eine Leuchttonne ist ca. 400 m E-lich der Inselgruppe postiert. Der rote Sektor des Molenfeuers von Macinaggio deckt Danger de Santa Maria und die Iles Finocchiarola ab.

Baie de Tamarone

42°58,6'N 09°27,4'E

Von dieser Bucht mit dem schönen Sandstrand sagen die einheimischen Fischer, daß sie bei Libeccio besser geschützt sei als die Bucht von Macinaggio. Die Zufahrt ist frei von Gefahren, nur vor den felsigen Ufern zu beiden Seiten des Strandes liegt so manche Klippe und Untiefe, die man beachten muß. Am Ankerplatz (s. Plan) suchen Sie sich auf 4 mWassertiefe einen hellen Sandfleck aus, auf den Sie das Eisen fallen lassen. Das Wasser ist klar, der Grund steigt zum Strand langsam an.

Macinaggio

42°57,6'N 09°27,3'E

Karte: EG 1006

Lage und Umgebung

Ein langer Sandstrand und wellige Hügel umgeben die Bucht von Macinaggio. Sie diente bereits in alten Zeiten den Fischern

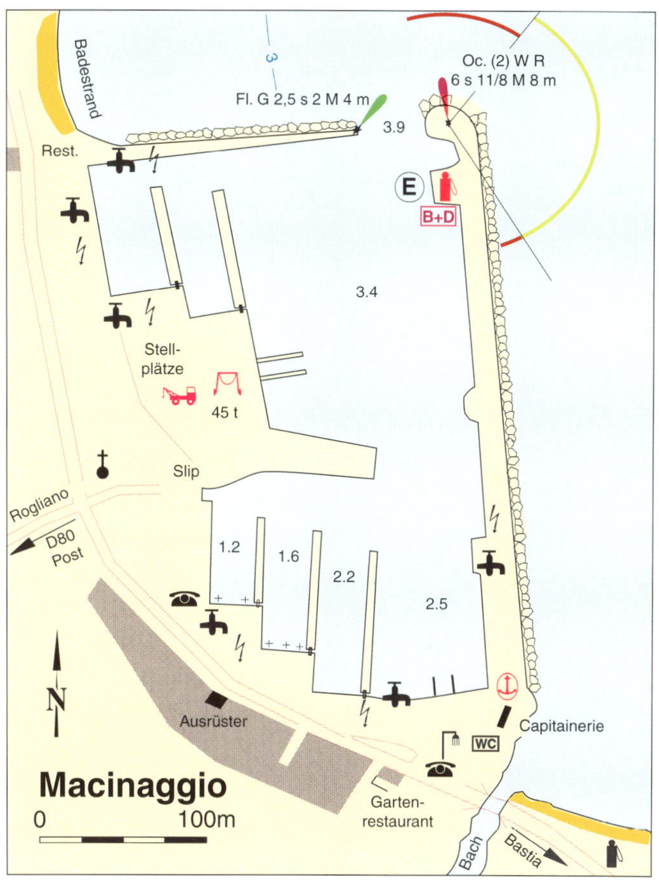

Rogliano, Bergdorf oberhalb von Macinaggio

als Zuflucht, und so entstand der moderne, gut geschützte Yachthafen an der Stelle des alten Fischerhafens. Hinter der Küstenebene steigen die Berge wieder auf 300–600 m an. Bei starken W-lichen Winden pfeifen aus den Tälern Fallböen herunter.
Macinaggio ist beliebter Anlaufhafen für Yachten, die von Italien via Elba und Capraia nach Korsika segeln.

Ansteuerung und Liegeplatz

Am Tage Auffällige Landmarken sind:
Die Iles Finocchiarola etwa 1,8 sm NNE-lich des Hafens (auf der E-lichsten Insel steht ein halbverfallener Genueserturm).
Die alte Mühle auf dem N-Kap der Bucht von Macinaggio (Punta della Coscia). Moderne Windmühlen (Windgeneratoren) oberhalb des Bergdorfes Rogliano W-lich von Macinaggio. Der Mühlenrumpf auf einem 95 m hohen Hügel S-lich der Ortschaft. Die Häuser des Ortes und ein fünfstöckiges Haus hinter dem kurzen N-Wellenbrecher.
Bei Nacht Folgende Feuer helfen bei der Ansteuerung:
Ile de la Giraglia; das Feuer auf dem Hauptwellenbrecher von Macinaggio (der rote Sektor deckt die Iles Finocchiarola und Danger de Santa Maria ab); von Norden kommend, macht man dieses Feuer später aus als die 4 m hohe Leuchttonne Finocchiarola, 400 m E-lich der gleichnamigen Insel.
Auch der kurze N-Wellenbrecher trägt ein niedriges grünes Feuer.
Vor der Außenmole und der Küste S-lich des Hafens liegen Klippenbänke.
Das Einlaufen bei starken Winden aus E-lichen Richtungen ist gefährlich, da sich die See in Höhe der Hafeneinfahrt bricht.
In der Regel bekommt man am Empfangskai einen Platz angewiesen. Im Sommer ist der Hafen oftmals überfüllt. Festgemacht wird an Kettenmoorings oder Grundleinen.

Schutz

Der Schutz ist gut, doch muß man bei Libeccio und Mistral mit starken Fallböen rechnen, die sich besonders am äußeren Ende des Hauptwellenbrecherkais bemerkbar machen. Bei NE-Wind tritt Schwell ein.
Reede Vor dem Strand der Bucht von Macinaggio liegt man geschützt gegen W-liche Winde. Mit Fallböen muß man rechnen.
Ankern Sie im N-Teil auf 3–4 m über Sandgrund, der gut hält und regelmäßig ist. Etwa 100 m vor dem Ufer verläuft die 2-m-Linie.

Behörden

Die Capitainerie hat die Telefonnummer 0495354257, Fax 0495354700, vom Ausland 0033/4/95 usw. Zoll im Hafen.

Versorgung

Wasser und Strom an den Liegeplätzen. Duschen und WCs in der Capitainerie. Waschmaschinen. Diesel und Benzin bei der Hafentankstelle. Eisverkauf in der Hafenbar und bei der Tankstelle. 2 x täglich Aushang des Wetterberichts.
Werkstätten für Motor- und Außenborderservice. Schiffsausrüster. Bootsreparaturen. Slip, Kran bis 2 t, Travellift bis 45 t. Stellplätze an Land. Überwinterung möglich.

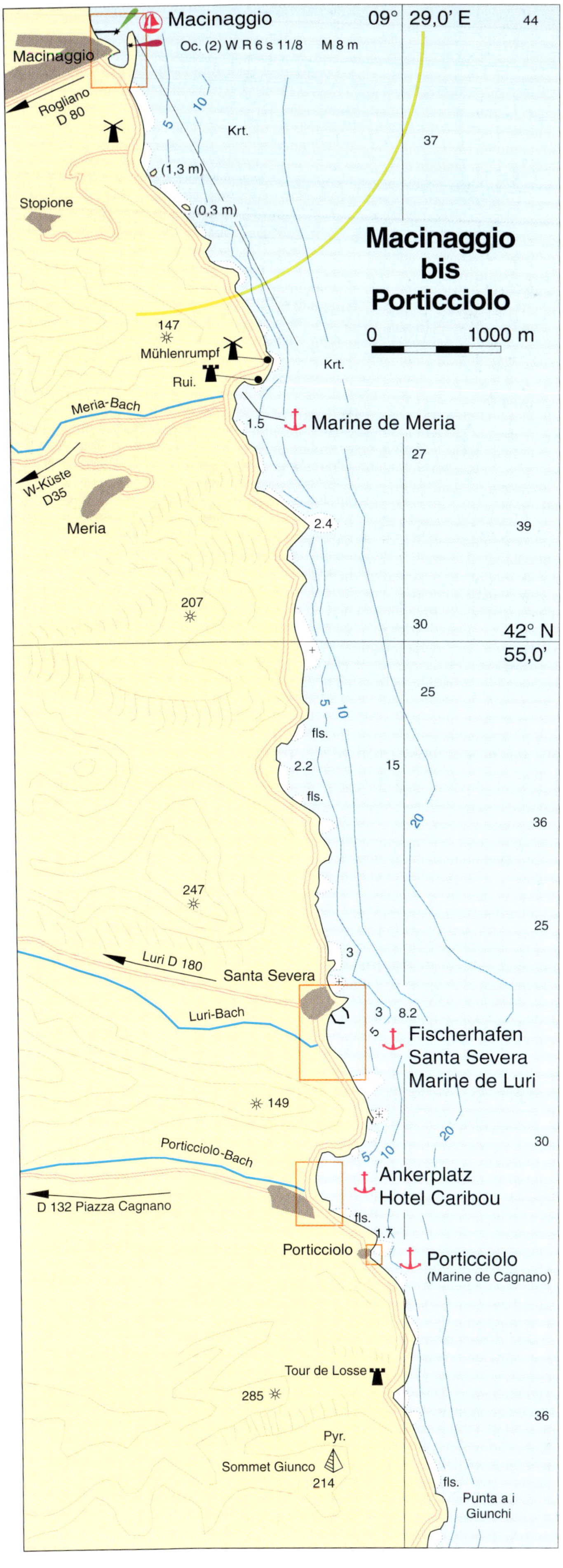

Restaurants, Bars, Hotel in Hafennähe. Supermarkt, Bäcker und Postbank im Ort.

Verkehrs- und Postverbindungen

Kartentelefone. Postamt. Autoverleih. Taxis. Bus nach Bastia.

Funkkommunikation

Capitainerie: UKW-Kanal 9, im Sommer von 0600–2100 GZ.

Tourismus

Macinaggio gehört zur Gemeinde Rogliano. Von den Bergdörfern auf Cap Corse ist Rogliano das schönste und wohlhabendste. Wenn Sie es kennenlernen wollen, nutzen Sie den Zubringerdienst des Restaurants *U Sant Agnellu*. Dort wird typisch korsisch gekocht, und vergessen Sie nicht, den berühmten Cap-Corse-Apéritif zu kosten.

Ankerplätze zwischen Macinaggio und Bastia

Karte: EG 1006

Die Ostküste von Cap Corse hält eine Anzahl Badebuchten mit Sandstrand und türkisblauem Wasser bereit. Bei gutem Wetter ist die See hier glatt wie ein Spiegel. Ist hingegen das Wetter nicht ausgesprochen stabil, sind die Buchten nur als Tagesankerplätze zu betrachten, da sie gegen E-liche Winde ungeschützt sind. Leichter Schwell aus Ost kündigt für gewöhnlich Sturm aus dieser Richtung an, und dann heißt es: sofort Anker auf zum nächstgelegenen Hafen.
Auch die heftigen Fallböen, die bei W-lichen Winden aus den Bergen herunterprasseln, machen das Liegen unangenehm bis gefährlich, denn sie wirken sich an der Küste schlimmer aus als draußen auf See.
An den Ankerplätzen fallen zahlreiche gelbe Bojen ins Auge. Sie sind zum Schutz der Badenden verankert und dienen nicht zum Festmachen.
Die auffälligsten Fernansteuerungsmarken bei klarer Sicht sind: Cima di e Follicie (1324 m), 5 sm NW-lich des hellen, kahlen Felskaps Cap Sagro mit dem Semaphor; Monte Stello (1307 m), 3,2 sm WSW-lich von Cap Sagro; das Häusermeer von Bastia und die N-lich anschließende Bebauung zwischen Bastia und Miomo.

Marine de Meria

42°56,0'N 09°28,0'E

1,5 sm S-lich Macinaggio ankert man bei ruhigem Wetter sehr angenehm vor dem Strand dieser einladenden Bucht. Im Norden wacht ein Genueserturm, der von einigen Ferienhäusern umgeben ist; darüber thront eine alte Mühle. Die Ortschaft liegt im S-Teil.
Lassen Sie auf 4 m über Sandgrund den Anker fallen.
Wir haben festgestellt, daß man bei W-lichen Winden bis Bft. 8 hier weniger Fallböen hat als in Macinaggio. Das Wasser ist

Marine de Meria aus SSW

sehr klar. Die Küstenstraße führt an der Bucht vorbei. S-lich der Mündung des Meria-Baches, bei dem kleinen Anleger, an dem man sein Beiboot festmachen kann, liegt ein Restaurant. Auch Lebensmittel erhält man im Dorf.

Santa Severa (Marine de Luri)

42°53,3'N 09°28,6'E Karte: EG 1006

Lage und Umgebung

N-lich der Mündung des Luri-Baches liegt der kleine Hafen Santa Severa, der an die alten Häuser und Kneipen der Ortschaft Marine de Luri grenzt, zu denen sich auch Ferienhäuser gesellen. Ein grober Sandstrand setzt sich parallel zur Uferstraße im flachen Bogen bis zur Bachmündung nach Süden fort. Über den Luri führen zwei nebeneinanderliegende, auffällig grün gestrichene kleine Brücken.

Zwischen den sanft ansteigenden Hügeln zu beiden Seiten des Baches erstrecken sich Felder; gegen Westen erhebt sich die Gebirgskette des Cap Corse. Ein sympathischer Platz.

Ansteuerung und Liegeplatz

Am Tage Auffällige Landmarken sind:
Die Häuser der Ortschaft auf dem niedrigen Kap; die kleine grüne Brücke über den Luri-Bach am S-Ende des langen Strandes und S-lich davon, an der Felsküste, das helle, langgestreckte Hotel Malibu.

Bei Nacht Keine Befeuerung, keine Nachtansteuerung.

Achtung Vor dem niedrigen Kap, auf dem die Ortschaft liegt, und vor dem anschließenden Wellenbrecher erstreckt sich eine ausgedehnte felsige Untiefe etwa 240 m weit in See. Auch vor

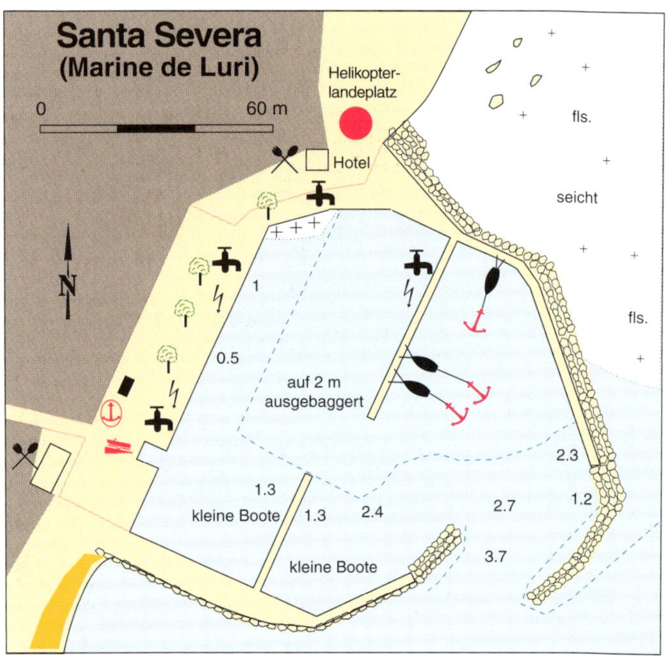

der Bachmündung im Süden der Bucht breitet sich eine Untiefe aus (Geröllbarre).
Von Norden kommend, läuft man in gutem Abstand am Wellenbrecher vorbei und steuert dann mit Kurs NNW in den Hafen ein.
Im Yachtbereich findet man 2 m Tiefe vor. Kettenmurings liegen aus. Machen Sie fest wie auf dem Plan vorgeschlagen.

Schutz

Der Schutz ist gut bei allen Windrichtungen, nur bei E- und SE-lichen Winden steht Schwell herein.
Reede S-lich des Hafens ankern Sie auf 3–4 m über Sandgrund. Kommen Sie dabei der Barre vor dem Bach nicht zu nahe.

Versorgung

Wasser und Strom. Slipbahn. Eisverkauf am Hafen. Diesel und Benzin an der Tankstelle im Ort. Supermarkt ebenfalls in der Ortschaft. Bars, Pizzerias und Restaurants beim Hafen. Apotheke, Klinik. Telefonzellen. Tauchclub.

Ankerplatz Hotel Caribou 42°52,6'N 09°28,5'E

Kaum eine halbe Seemeile S-lich von Santa Severa öffnet sich eine geräumige Bucht mit schönem Sandstrand. Der kleine Schutzhafen an seinem S-Ende ist versandet und daher für Yachten unbrauchbar. S-lich des Hafens, jenseits der Straße, steht das Hotel Caribou. Auf dem davorliegenden niedrigen Steilufer erblickt man einzelne Ferienhäuser, und etwas weiter nach SE ist für diesen Ferienkomplex eine Badeplattform erbaut worden, die ein schmales Becken für Ruderboote schützt.

Ankern Sie NNE-lich des versandeten Schutzhafens auf 2,5 bis 3 m über feinem weißen Sand in türkisfarbenem Wasser. Der Grund hält gut. Hier liegen Sie geschützt bei W-Winden, doch der geringste Hauch aus Ost verursacht Schwell.

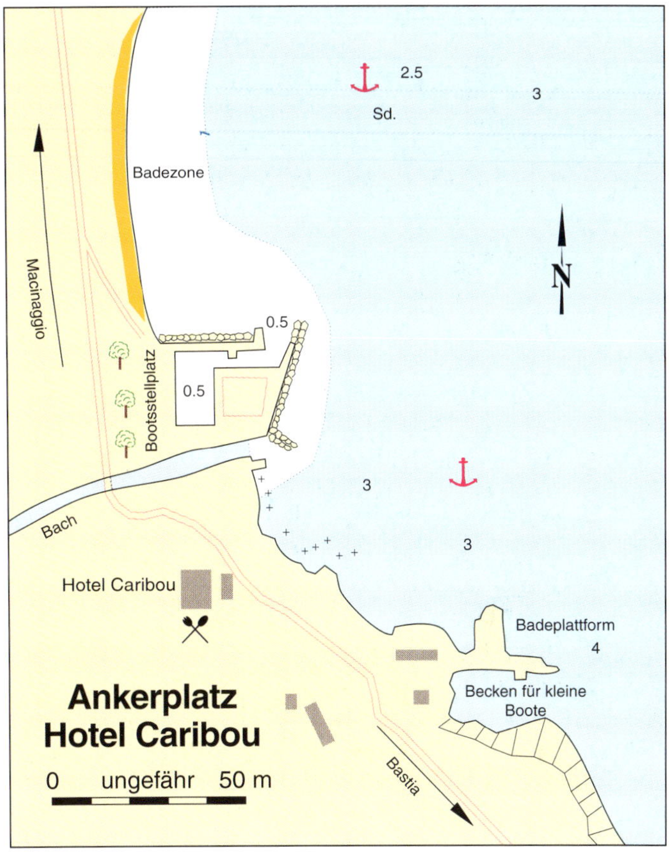

Santa Severa (Marine de Luri)

Porticciolo

Essen gehen können Sie im Hotel Caribou, dessen Entree und Parkmauern mit Kunstwerken aus bunter Fayence verziert sind.

Porticciolo (Marine de Cagnano) 42°52,3'N 09°28,8'E

Etwa ¼ sm SE-lich des Ankerplatzes Hotel Caribou schmiegt sich ein typisch korsisches Dorf mit Natursteinhäusern, buntblühenden Gärten und einem kleinen Fischerhafen an das felsige S-Kap der Bucht. Wenn die Umgebung auch noch so anziehend wirkt, ist Porticciolo ein Ankerplatz, auf den man sich nur bei ruhigem Wetter wagen darf, denn der Grund ist zumeist felsig und mit Kraut bewachsen.
Nur selten findet sich vor dem Hafen auf 5–6 m ein Sandfleck, auf dem das Eisen beruhigend hält.

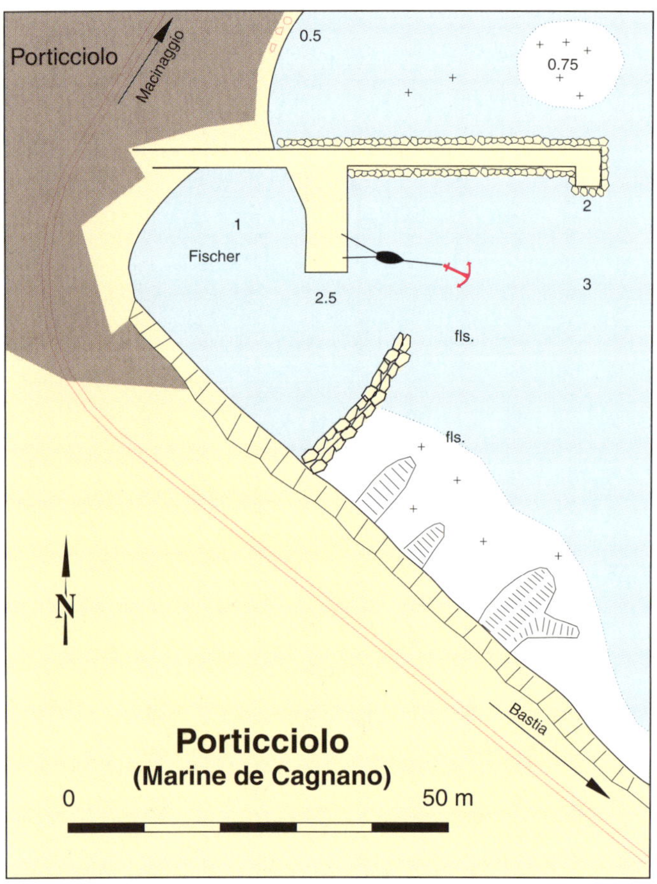

Das kleine Hafenbecken ist für Yachten ungeeignet, an der E-Seite des Kais (s. Plan) kann man festmachen.
N-lich des Wellenbrecherkais bis in Höhe des folgenden Kaps ist der Grund mit Untiefen und Klippen gespickt.

Marine de Pietracorbara 42°50,3'N 09°29'E

Pietracorbara, einer der hübschesten Schönwetterankerplätze, was Wasser und Strand angeht, liegt vor einer Talschneise, an deren W-lichem Ende das Land bis zum 1324 m hohen Cima di e Follicie ansteigt. Zwei felsige Kaps begrenzen den Strand, die Bachmündung im Südteil ist durch eine Steinmole befestigt und gibt Fischerbooten Schutz. Darum herum versammeln sich die alten Häuser der Ortschaft und die neu dazugekommenen Ferienvillen plus ein Hotel. Auf der Höhe des S-Kaps steht weithin sichtbar der Turm d'Aquila auf einem 135 m hohen kegelförmigen Hügel.
Ankern Sie vor der Mitte des Strandes auf 4 m über guthaltendem Sandgrund.
Achtung Klippen liegen vor dem N-Kap und N-lich der Mole an der Bachmündung.
Kleine Motorboote mit Tiefgang um 0,7 m können, falls Platz vorhanden ist, in den Bach einlaufen und an den verkaiten Ufern festmachen. In der Einfahrt lotet man zwischen 0,75 und 1 m, je nach Wasserstand. Im Sommer sind die Tiefen naturgemäß geringer, da der Bach weniger Wasser führt. Der Grund in der Einfahrt ist felsig.
Am N-Ufer des Baches gibt es ein Hotel und Restaurants, die, speziell an Sonntagen, stark frequentiert sind. Ein weiteres Restaurant finden Sie im Scheitel der Bucht.
Postamt im Ort. Die Küstenstraße führt an der Bucht vorbei.

Marine de Sisco 42°48,6'N 09°29,1'E

Nur knappe zwei Seemeilen S-lich des vorher beschriebenen Ankerplatzes liegt die einladende Marine de Sisco, leider ebenfalls nur ein Schönwetterankerplatz. Auf dem Höhenrükken des S-Kaps der Bucht ragt ein auffälliger TV-Mast empor, und 1,5 sm SW-lich dahinter steigt das Land zum spitzen Gipfel des Monte Merizatodio an. Weitere 1,5 sm nach SW erhebt sich über allem der 1307 m hohe Monte Stello.
Den Sandstrand der Bucht teilt der Sisco-Bach in zwei gleiche Hälften. Zu beiden Ufern des Baches liegen die Häuser des Ortes auf Hügeln verteilt.

Marine de Sisco

PIETRACORBARA
bis
MIOMO
Cap Corse Ost
0 0,5 1 sm
42° N
50,0'
Pietracorbara D 222
110
1.8
6.4
Marine de Pietracorbara
9
Pietracorbara-Bach
Rui.
135
173
260
fls.
Kloster
Sta. Catalina
6
Sisco-Bach
Sisco
D32
3
Marine de Sisco
TV
Semaphor
Mt. Merizatodio
781
Capo Sagro
Fl. (3) 12 s 10 M 31 m
Pyr.
Pyr.
361
Castello
Mausoleum
D54
2 fls.
Erbalunga
(1.6 m)
Fischerhafen
Erbalunga
Pozzo
Poretto
12,5
(0,6 m)
Marine de la
Vasina
09° 30,0' E
1.7
fls.
Pte. de la Vasina
fls.
1.2
Fischen und Tauchen
verboten
D54
Miomo
D 31
fls.
fls.
fls.
Marine de Miomo
100
200
50
100
200
Marine de
Pietracorbara
0 ungefähr 50 m
Macinaggio
Autoparkplatz
Hotel
Kai
0.75 - 1 m
1.5
1.2
Bastia
Holz-
brücke
Bar
8 t
1
1
1.5
1
Marine
de Sisco
0 ungefähr 100 m

Marine de Pietracorbara

- Gekrümmte Wellenbrecher verwandeln die Mündung in ein geschütztes Becken für Fischer- und Motorboote bis 1 m Tiefgang.
- Yachten ankern vor dem S-Strand auf 3–4 m über gut haltendem Sandgrund.

Vorsicht vor den Klippen N-lich des N-Strandes.
Wasser, Strom, ein Mobilkran 8 t und eine Slipbahn sind vorhanden. Duschen und WCs findet man in der Bar beim Hafen.
Die Firma Catoni Marine bietet umfassenden professionellen Service für Boote und Yachten sowie Reparaturen aller Art an. Man kann sein Schiff hier auch überwintern lassen.
Einkaufsmöglichkeiten und Restaurants im Ort.

Fischerhafen Erbalunga

42°46,5'N 09°28,7'E (Turm) Karte: EG 1006

Lage und Umgebung

Dieser eindrucksvolle Ort, knappe 5 sm N-lich von Bastia und 1,5 sm S-lich von Cap Sagro, würde eine hervorragende Filmkulisse abgeben. Auf einer vorspringenden felsigen Landzunge steht der zerfallende Rundsockel eines genuesischen Wachturmes, dahinter breiten sich die Häuser der Altstadt aus. An der N-Seite öffnet sich ein malerischer kleiner Fischerhafen. Bei E-Winden ziehen die Fischer ihre bunten Boote an Land; dort liegen sie sicher und dekorativ neben einer Palme und Weidenbäumen, zu Füßen alter Gemäuer.

Bei so viel Schönheit konnte es nicht ausbleiben, daß sich Erbalunga zu einem Lieblingsziel der Touristen gemausert hat.

Ansteuerung

Am Tage Gute Ansteuerungsmarken sind:
Cap Sagro, das helle, kahle Felskap mit dem Semaphor (1,5 sm N-lich von Erbalunga). Der verfallene Genueserturm auf der Landspitze und die Häuser der Ortschaft. NW-lich davon, am Abhang, der Kirchturm von Brando; SW-lich die Dörfer Poretto und Pozzo. Auch hier ist Monte Stello der beherrschende Berg.
Bei Nacht Keine Befeuerung, keine Nachtansteuerung.

Erbalunga

Liegeplatz

- Yachten ankern S-lich der Turmruine auf 3–5 m in guter Entfernung von den Brocken vor dem felsigen Ufer. Achten Sie darauf, daß der Anker auf Sandgrund fällt, denn auf dem vorherrschenden Felsgrund und Krautbewuchs hält er logischerweise nicht.
- *Fischerhafen Erbalunga* An der Innenseite der Mole lotet man nur 1–1,2 m, in der Einfahrt etwa 2 m. Nur kleine Yachten mit sehr geringem Tiefgang dürfen sich hier hereinwagen, falls der Hafen nicht von den Fischern belegt ist.
  Bei E-Winden ist das Einlaufen und auch das Liegen im Hafen zu gefährlich.

Schutz

Der Ankerplatz ist gegen E und SE offen und auch bei SW-Wind nicht empfehlenswert.
Bei NW-Wind liegt man hier geschützt, aber mit Fallböen.

Fischerhafen Erbalunga

Versorgung

Tankstelle an der Hauptstraße. Lebensmittel im Ort. Restaurants und Bars am Hafen und in der Ortschaft.

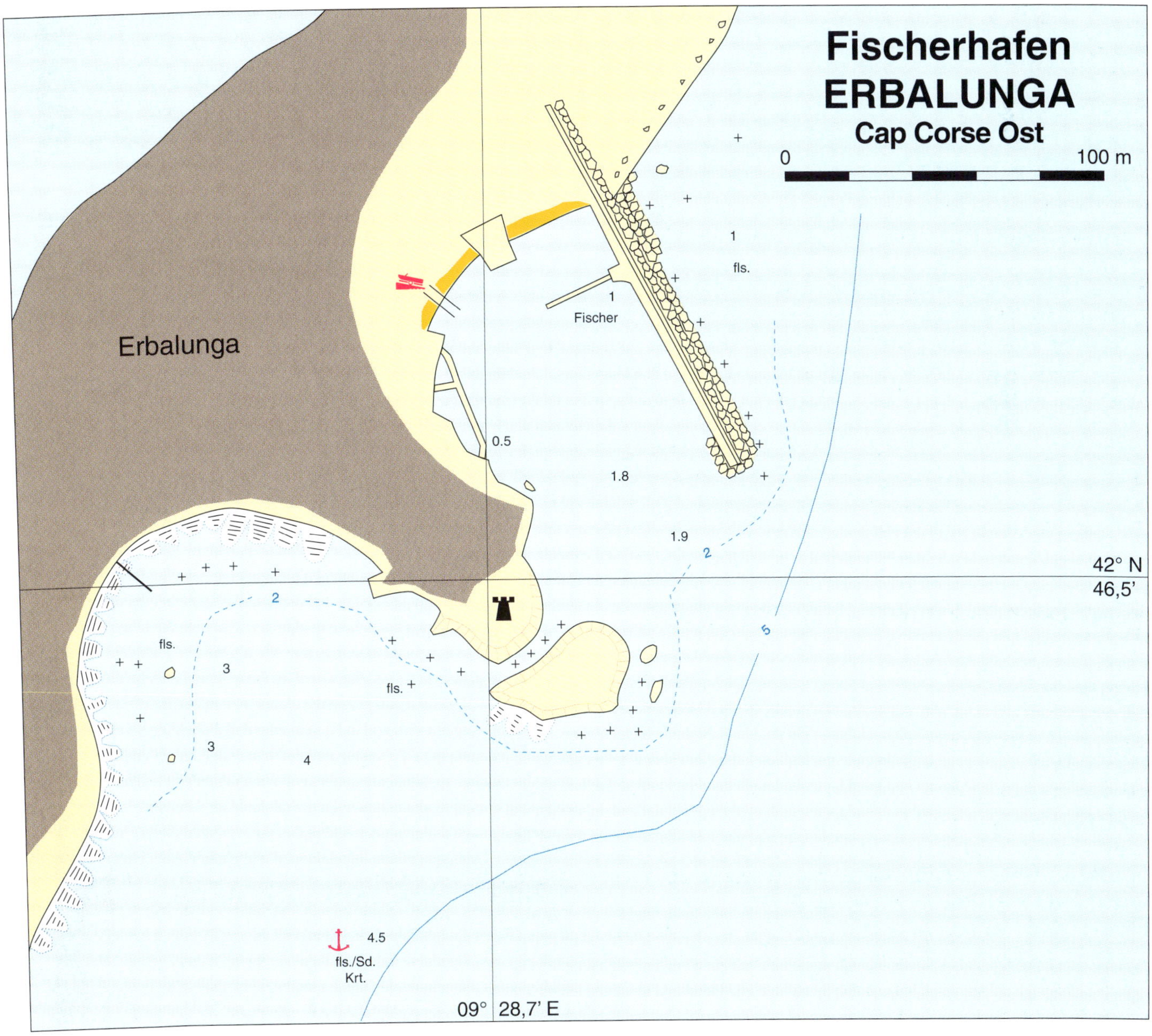

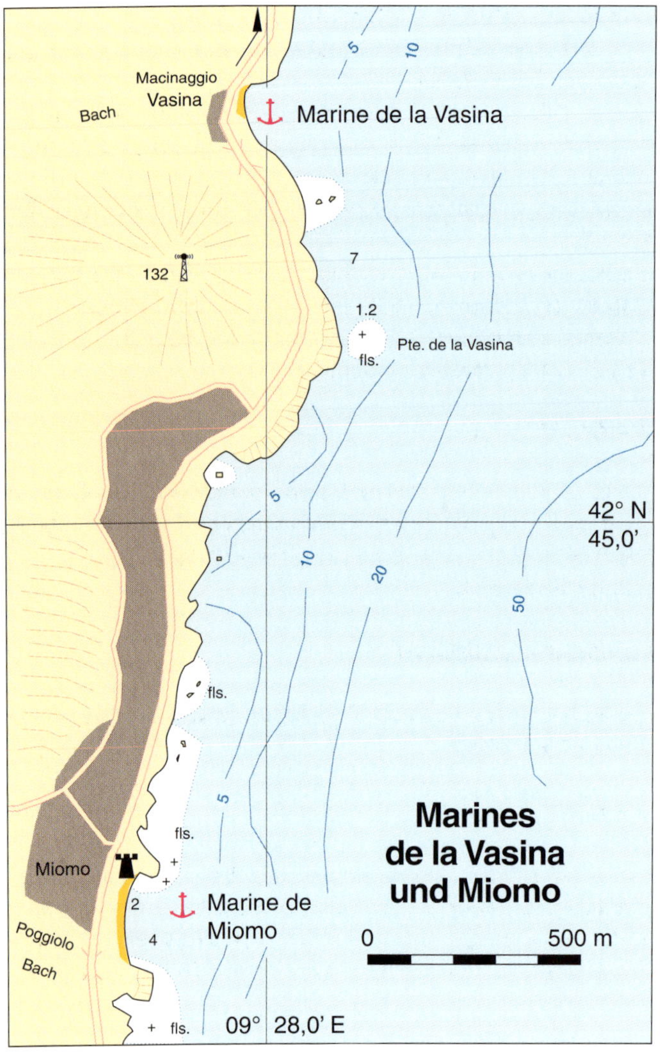

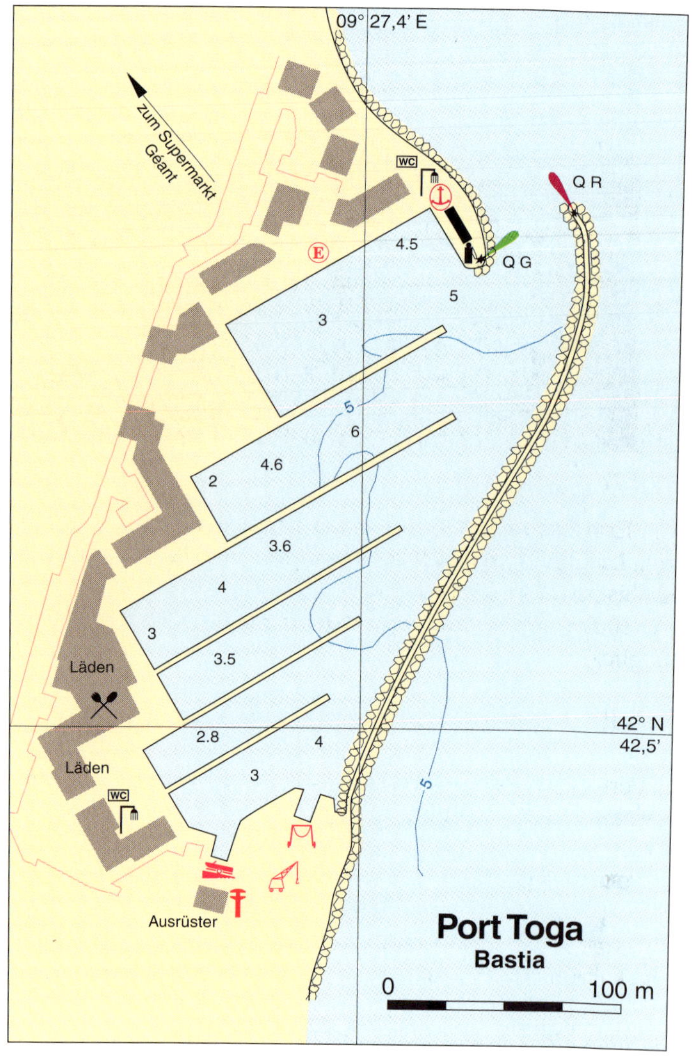

Verkehrs- und Postverbindungen

Telefonzellen, Postamt, Bus nach Bastia.

Marine de la Vasina 42°45,5'N 09°28'E

Der Ankerplatz ist leicht an der typischen Form des hohen weißen Glockenturmes der Wallfahrtskirche inmitten der Ortschaft, die den Strand umgibt, zu erkennen. Pozzo und Poretto (mit Kirchturm), die Bergdörfer im NW, sind ein hübscher Anblick.
Ankern Sie auf 2,5–3 m über reinem Sandgrund.
Kein Schutz bei E-lichen Winden.
Achtung Eine felsige Untiefe liegt ca. 500 m im NNW des Ankerplatzes, etwa 200 m vor dem Ufer.
Restaurants und Kaufmannsläden finden Sie in der Ortschaft.

Marine de Miomo 42°44,6'N 09°27,7'E (Turm)

1 sm S-lich von Vasina liegt dieser im Sommer von Badelustigen stark frequentierte Ankerplatz. Der alte genuesische Wachturm am N-Ende des Strandes neben der prächtigen Palme, Häuser und Hotels zwischen Pointe de la Vasina und dem Strand von Miomo, sind die auffälligsten Kennzeichen. Am S-Ende des Strandes mündet ein Bach.
Ankern Sie auf 3–4 m über reinem Sandgrund.
Der Platz ist gegen alle E-Winde offen.
N- und S-Kap der Bucht sind von Klippen umgeben.
Restaurants, Geschäfte und Tankstelle finden Sie an der Hauptstraße.

Port Toga/Bastia

42°42,6' N 9°27,4'E Karte: EG 1006

Lage und Umgebung

Der Yachthafen Port Toga liegt vor moderner Bebauung unmittelbar N-lich des Fährhafens von Bastia und ist Teil eines groß angelegten touristischen Projektes mit Ferienwohnungen, Restaurants und Einkaufsmeile. Auch wenn seine Umgebung nicht so malerisch ist wie die des Vieux Port, so stellt er doch eine wichtige und vor allem sichere Alternative dar.

Ansteuerung und Liegeplatz

Die unauffällige, etwa 30 m breite Einfahrt befindet sich am N-Ende des Hafens. Beide Molenköpfe sind befeuert.

Port Toga

Ein Empfangskomitee im Schlauchboot geleitet Gastyachten zum Liegeplatz und hilft beim Anlegen. Port Toga kann Yachten bis zu 25 m Länge aufnehmen.
Bei starkem NE-Wind wird das Einlaufen schwierig bis unmöglich.

Schutz

In Port Toga liegt die Yacht gut geschützt, was den Hafen zum idealen Startpunkt für länger ausgedehnte Landausflüge macht.

Versorgung

Wasser und Strom an den Stegen; Toiletten und Duschen (heiß und kalt) an der N- und S-Seite des Hafens. Waschmaschinen. Eisverkauf. Schiffsausrüster, Slipbahn, Travellift, Tankstelle (s. Plan). Der Wetterbericht hängt in der Capitainerie aus. Telefone. Tauchclub.
Um den kleinen, mit Palmen bestandenen Platz scharen sich Restaurants, Cafés, Boutiquen. Auch einen Minimarkt findet man auf dem Hafengelände.
Vermietung von Motorrollern beim Schiffsausrüster nahe dem Travellift.
Ein hervorragend sortierter Supermarkt (Géant) im Einkaufszentrum an der Küstenstraße gleich hinter dem Hafen.
Weitere Versorgungsmöglichkeiten in der Stadt Bastia finden Sie bei der Beschreibung des *Vieux Port*.

Behörden

Die Capitainerie befindet sich in einem turmartigen Gebäude auf dem Kai des W-lichen Wellenbrechers. Tel: 0495349070, Fax 0495349071, vom Ausland 0033/4/95 usw.
Zoll im Fährhafen.

Funkkommunikation

Der Hafenmeister von Port Toga hört während der Dienststunden auf UKW-Kanal 9.

Tourismus

Ein Ausflug im Mietwagen zu den Kastanienwäldern der Castagniccia, verbunden mit einem Abstecher in die Geschichte der Insel: In Cervione residierte der deutsche Abenteurer Theodor Baron von Neuhoff von 1736–1738 als König von

Bastia: Port Toga und der Fährhafen Port St Nicolas

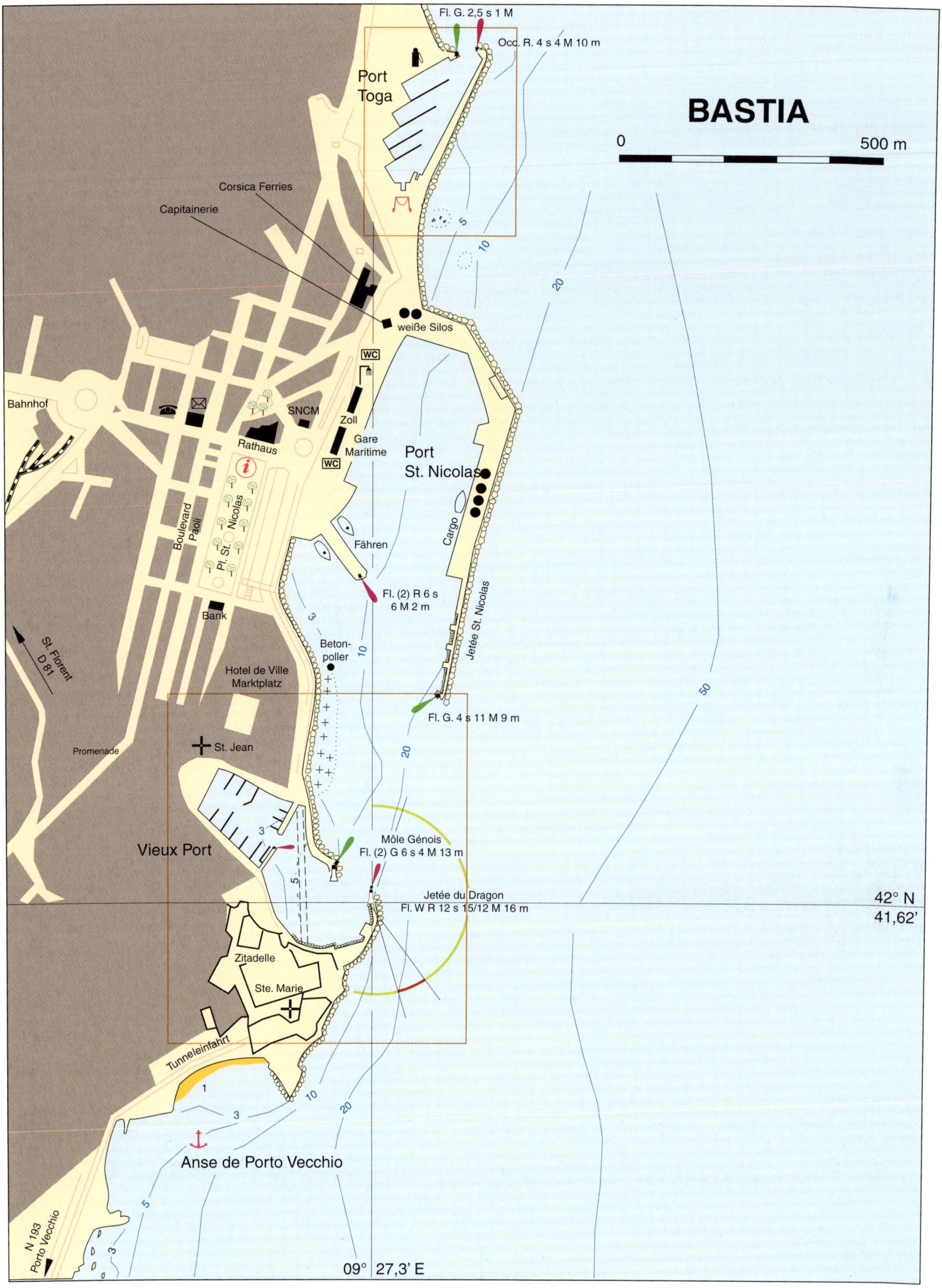
BASTIA
0
500 m
Fl. G. 2,5 s 1 M
Occ. R. 4 s 4 M 10 m
Port Toga
Corsica Ferries
Capitainerie
weiße Silos
Bahnhof
SNCM
Zoll
Gare Maritime
Rathaus
Port St. Nicolas
Boulevard Paoli
Pl. St. Nicolas
Cargo
Fähren
Fl. (2) R 6 s 6 M 2 m
Bank
Jetée St. Nicolas
St. Florent D 81
Beton-poller
Hotel de Ville Marktplatz
Fl. G. 4 s 11 M 9 m
Promenade
St. Jean
Vieux Port
Môle Génois
Fl. (2) G 6 s 4 M 13 m
Jetée du Dragon
Fl. W R 12 s 15/12 M 16 m
42° N 41,62'
Zitadelle
Ste. Marie
Tunneleinfahrt
Anse de Porto Vecchio
N 193 Porto Vecchio
09° 27,3' E

Korsika. Aus Morosaglia stammte der größte korsische Freiheitsheld Pasqual Paoli, an den ein kleines Museum erinnert.

Vieux Port/Bastia

42°41,6'N 09°27,2'E   Karte: EG 1006

Lage und Umgebung

Das Häusermeer der Hauptstadt von Haute Corse zieht sich weit die Hügel hinauf und wird im Westen vom 961 m hohen Monte Pigno (3 TV-Masten am Gipfel) überragt. Hochhäuser in den Außenbezirken können dem Charme von Bastia nichts anhaben.

Vieux Port ist der S-lichste der drei Häfen, Yachten und Fischerboote finden darin Platz. Das Drumherum ist äußerst attraktiv. Malerische und zugleich marode Altstadthäuser bilden den Rahmen, die Zitadelle, der Glockenturm von Sainte Marie, die Barockkirche St. Jean Baptiste (Johannes d. Täufer) und nicht zuletzt die Bars und Restaurants am Kai schaffen ein unvergleichliches Ambiente.

Ansteuerung

Am Tage Auffällige Landmarken, vom italienischen Festland über Capraia kommend:
Ile de la Giraglia (N-Spitze Cap Corse), später Cap Sagro und Monte Stello (1307 m), 3,3 sm W-lich von Cap Sagro; die Ortschaften Erbalunga und La Vasina, der alte Wachturm von Marine de Miomo; 3 Sendemasten im Hinterland auf Monte Pigno (961 m). Der beige Glockenturm Ste. Marie und die Zitadelle S-lich des Vieux Port. Das Häusermeer der Stadt. Kräne und Fährschiffe im Handelshafen.

Bei Nacht Von Capraia kommend, helfen folgende Feuer: Leuchtfeuer Cap Corse auf Ile de la Giraglia, Tonne Finocchiarola, Yachthafen Macinaggio E-Mole, Cap Sagro, Port Toga/Bastia, Bastia-Fährhafen, Vieux Port/Bastia (Jetée du Dragon und Môle Génois).
Auffälliger als die Hafenfeuer leuchten die hellen Lichter am Fuß und die roten Festfeuer im Topp der Sendemasten auf Mte. Pigno (961 m).
Achtung Bei starkem E-Wind stehen Brecher in der Einfahrt zum Vieux Port. Bei starken N-lichen und W-lichen Winden erschweren Fallböen das Einlaufen. Wenn nichts mehr geht, läuft man in den Fährhafen St. Nicolas ein.

Bastia: Vieux Port und St. Nicolas

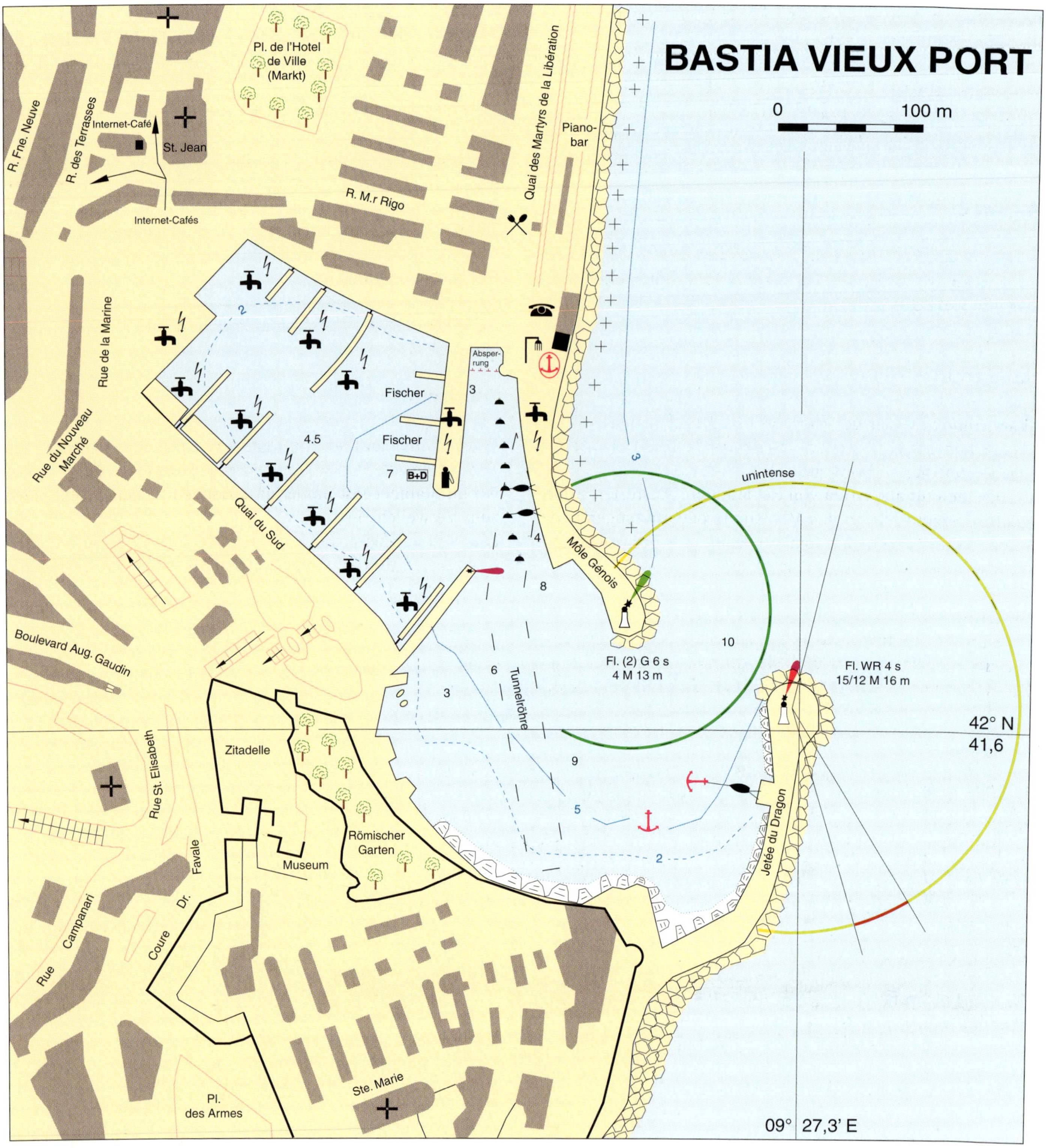

Liegeplatz

Der Hafenmeister weist die Plätze an. Gastyachten, vor allem Charterboote, machen meistens an Bojen an der Innenseite der Môle Génois fest. Ruhiger liegt man an den Stegen (s. Plan). Bei Platzmangel muß man oft mit der Liegemöglichkeit am Vorsprung des Jetée du Dragon vorlieb nehmen. Hier ist das Wasser am bewegtesten.

Am E- oder N-Kai des Fährhafens darf man nur in wetterbedingten Notfällen und mit Genehmigung des Hafenmeisters längsseits anlegen. Ebenfalls dann, wenn das Einlaufen in den Vieux Port oder der Aufenthalt dort unmöglich oder gar zu gefährlich wäre.

Schutz

Im Vieux Port liegt man sehr unruhig, nicht zuletzt aufgrund der Fischerboote. Bei starken N- und NE-Winden ist der Schwell erheblich. Heftige Fallböen aus den Bergen wirken sich besonders unangenehm im Vorhafen aus.

Reede Der Ankerplatz Anse de Porto Vecchio befindet sich SW-lich unterhalb der Zitadelle.
Ankern Sie ca. 150 m vom Strand auf 5–6 m über Sandgrund. Der Schutz ist gut bei allenW-Winden außer Libeccio. Das Kap gibt auch ein wenig Schutz bei NE-Wind.
Achtung Ein Wrack liegt 650 m SSW-lich von Anse de Porto Vecchio, ca. 400 m vor dem Ufer.

Behörden

Das Büro des Hafenmeisters befindet sich in der Capitainerie am Fuß der Môle Génois. Tel. 0495313110, Fax 0495317795, vom Ausland 0033/4/95 usw.
Zoll im Fährhafen.

Versorgung

Wasser und Strom an den Liegeplätzen. Duschen und Toiletten in der Capitainerie. Tankstelle (Benzin und Diesel) wie auf dem Plan verzeichnet. Eisverkauf in Bar am Südkai.
Werkstätten für alle Arten von Reparaturen; Ausrüster, Bootselektrik, Segelmacherei und Bootsmotorenvertretungen in der Stadt und in Furiani, dem Industriezentrum S-lich von Bastia.
Autokran und Bootsslip im Vieux Port.
Travellift in Port Toga.
Wetterbericht hängt täglich bei der Capitainerie aus.
Lebensmittelgeschäfte und Bäcker in Hafennähe. Feine Delikatessen und Weine um den Marktplatz und am Boulevard Paoli. Restaurants, Bars, Crêperies und Cafés um den Vieux Port oder in der Neustadt um den Place St. Nicolas. Banken und Touristeninformation ebenfalls am Place St. Nicolas.Internet-Café direkt hinter dem Hafen und in der Rue Neuve St. Roch.

Verkehrs- und Postverbindungen

Postamt in der Avenue Maréchal Sebastiani. Kartentelefone überall in der Stadt. Busse zu den wichtigsten Orten der Insel. Bahn nach Corte und Ajaccio. Flughafen Bastia/Poretta 17 km. Taxis, Mietautos. Fähren nach Marseille, Genua und Livorno.

Funkkommunikation

Der Hafenmeister des Vieux Port hört auf UKW-Kanal 9, 0700–2100.

Tourismus

Die gemütlichen Bars rings um den Vieux Port und auch die Terrassenlokale am palmengeschmückten Place St. Nicolas, wo im Sommer fast immer gute Bands live aufspielen, laden zum Verweilen ein.
Die Altstadthäuser und die Kirche St. Jean Baptiste sind lohnende Ziele. Schlendern Sie durch den schattigen Burggarten zur Zitadelle hinauf.

Bastia Vieux Port

BASTIA bis SOLENZARA
0
5 sm
Dev. 0°45' E (2003), jährl. Änderung: 5' E
Bastia
Biguglia Ölterminal
Q. (3) 10 s 6 M 4 m
BYB
La Marana
Etang de Biguglia
Pineto
N 193
Bastia Poretta
Grocetta
Kraftstofftanks (auffällig)
Lucciana Tankerliegeplatz
VQ. (3) 5 s 6 M 4 m
D 10
Piedicroce
Golo
Golo-Mündung
Torra
42° N
30,0'
Querciolo
D 506
Folelli
Fium'Alto
Fium'Alto-Mündung
(Anlegebrücke)
weiße Kuppel (auffällig)
681
Figareto
Aero RC
Bastia-Poretta
BP
369 kHz, A1A
50 M
1090
Velone
Pietra Giusta
1183
Castagniccia
Ste. Lucie de Moriani
Moriani Plage
1295
Mte. Olmelli
276
Mte. Osari
1133
Sta. Maria-Poggio
Port de Taverna /
Campoloro
Occ. (2) W R 6 s 7/5 M 7 m
Mte. Castello
1109
Cervione
815
Pte. de Nevera
Ortale
D 71
Prunete
San Giuliano
Alesani-Talsperre
Alesani
Canale di Verde
Peri-Talsperre
1093
Mte. Appiano
1012
Alistro
Alistro
Fl. (2) 10 s 22 M 93 m
09° 30,0' E
Peri-Talsperre
Alistro
Alistro
N 198
Bravone
Corte
Sbiri
412
243
Casabertola
Frassiccia
militärischer Schießplatz
Etang de Terrenzana
militärisches
Übungsgebiet
Etang de Diane
192
Vaccaja
Wasserreservoir Teppe-Rosse
Caterragio
Aléria
Vezzani
Samuleto
D343
Wasserreservoir d'Alzitone
Ghisoni
Vadina
Gelände
Strafanstalt von Casabianda
Ghisonaccia Gare
Etang
d'Urbino
N 198
Fium'Orbo
Ghisonaccia
42° N
00,0'
Fium'Orbo-Mündung
Casamozza
Migmataja
Vix
Etang de Palu
Aero RC
Solenzara
SZA
349,5 kHz, A1A
Militär-Flughafen
Q. (3) 10 s 6 M 4 m
BYB
Travo
Travo
reglementierte Zone
für Tankschiffe
Marine de Solaro
Solenzara
Iso G. 4 s 3 M
D 286
Solenzara
Porto Vecchio
09° 30,0' E

Von Bastia bis Solenzara

Karten: EG 1006, 1007

Auf den ersten 50 Seemeilen von Bastia nach Süden verläuft die Ostküste Korsikas beinahe geradlinig und ist von Sandstrand gesäumt. In kurzen Abständen münden, von Bäumen umstanden, größere Flüsse ins Meer. Manche von ihnen bilden Strandseen, sogenannte *Etangs*. Am Etang de Biguglia, in der Nähe des Flughafens, stehen unzählige Ferienhäuser, gut versteckt im Kiefernwald. In den Etangs de Diane und d'Urbino werden Austern und Muscheln gezüchtet,

Die Berge weichen ins Land zurück und machen einer fruchtbaren Ebene Platz, die S-lich von Campoloro immer tiefer ins Innere vordringt. Dort wogt dann das „grüne Meer der Weingärten“, die von ehemals in Algerien ansässigen Franzosen mit finanzieller Unterstützung der Regierung in Paris – sehr zum Mißvergnügen der Korsen – kultiviert werden. Beim Vorbeisegeln halten Sie sich am besten eine Seemeile von der Küste entfernt, dann haben Sie immer genügend Wasser unter dem Kiel.

Zwei Yachthäfen gibt es auf dieser Strecke: Port de Taverna (Campoloro) und Solenzara.

Ansteuerungsmarken

Mit Orientierungspunkten ist dieser Küstenabschnitt nicht besonders reich gesegnet. Die wichtigsten sind:

Leuchttonne Biguglia (Kardinalsystem, E-Toppzeichen, Radarreflektor), sie kennzeichnet ein Feld von Festmachetonnen des Biguglia Oil Terminal. Leuchttonne Lucciana (ebenfalls E-Toppzeichen und Radarreflektor) markiert die Festmachetonnen der Lucciana-Pipeline.

Die weithin sichtbare Kuppel des Aero RC Bastia/Poretta unmittelbar S-lich der Mündung des Fium'Alto.

Der Leuchtturm Alistro neben dem alten Semaphor auf einem 70 m hohen Hügel landeinwärts oberhalb der kleinen Ortschaft gleichen Namens.

Der Wasserturm (43 m) 2 sm W-lich des steilen Burghügels mit den Häusern und dem auffälligen Kirchturm von Aléria. Der Turm von Calzarello auf einem rechteckigen weißen Gebäude an der Fium'Orbo-Mündung.

Die Leuchttonne Solenzara (E-Toppzeichen) am Ende der Pipeline vor dem Militärflugplatz, dazu der Kontrollturm und der Funkmast auf dem Flughafengelände.

Gefahren

Der Tavignano schiebt von Jahr zu Jahr seine Mündungsbarre weiter in See. Seichte Stellen liegen bis zu ¾ sm vor der Mündung.

Ein Wrack ragt 0,4 sm SSW-lich des Turmes von Calzarello, an der Mündung des Fium'Orbo, in einem Sperrgebiet von 200 m im Durchmesser aus dem Wasser.

Wind und Seegang

W-liche Winde überwiegen im Sommer. Fallböen treten dank der vorgelagerten Küstenebene so gut wie nicht auf. Nur im Raum Bastia, wo sie vom Monte Pigno herabstürzen, können sie sich verheerend auswirken.

Leuchtturm Alistro mit altem Semaphor aus ENE

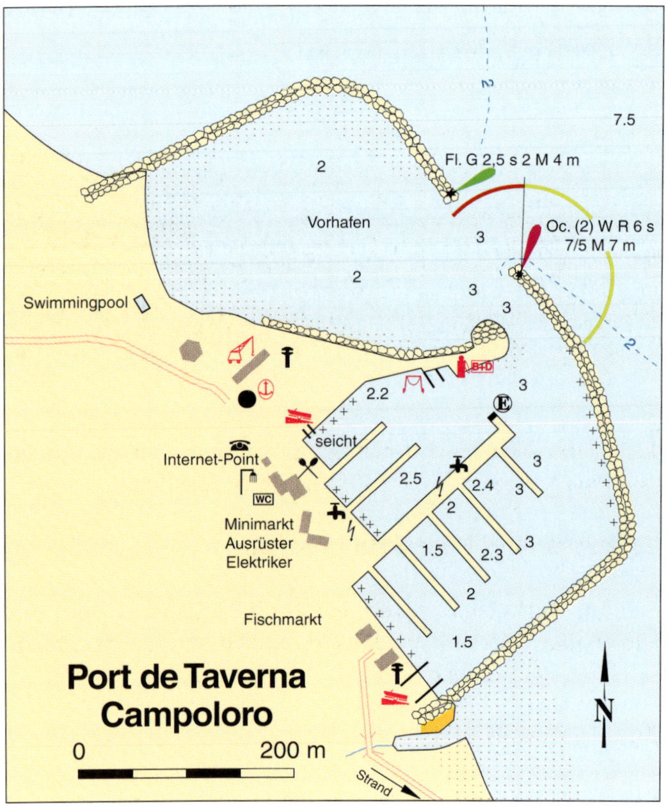

In der übrigen Zeit herrschen E-Winde vor, die besonders im Winter sehr stark wehen.
Bei starkem E-Wind bleibt man dem Ufer 1–2 sm fern, da sich hohe Brandung vor den flachen Stränden bricht. Glücklicherweise ist diese Windrichtung im Sommer sehr selten.

Gezeiten

Der Tidenhub an der korsischen E-Küste liegt zwischen 10 und 30 cm; gravierender wirkt sich der Wind aus. Weht er auflandig, dann hebt sich der Wasserstand um bis zu 50 cm, und umgekehrt bei ablandigem Wind.

Reglementierte Zonen

Zwei Sicherheitswege für Tanker in E-W-Richtung führen
- auf die Leuchttonne Lucciana und
- auf die Leuchttonne Solenzara zu.

Ein Unterwasserkabel von Piombino/Italien endet ca. 2 sm S-lich von Bastia und ist durch eine Bake am Strand gekennzeichnet. Dort sind Ankern und Trawlern verboten.

Militärische Übungsgebiete

Vom Militärflughafen Solenzara und dem Flugplatz N-lich des Etang de Diane steigen tagsüber (Juli und August ausgenommen) Düsenjäger zu Übungsflügen und Schießübungen auf Luft- und Bodenziele sowie zu Bombenabwurfübungen im Gebiet zwischen Alistro und Tavignano auf, was den unvorbereiteten Yachtfahrer erschrecken kann.
Etwa 1,5 sm E-lich der Einfahrt in den Etang de Diane erstreckt sich ein durch Kardinaltonnen mit liegendem Kreuz im Topp gekennzeichnetes Sperrgebiet.

Funkortung

Das Flugfunkfeuer Bastia/Poretta ist unmittelbar S-lich der Fium'Alto-Mündung in einer auffälligen Kuppel installiert (Aero RC; BP —••• •——• 369 kHz, AlA, 200 sm).
Das Flugfunkfeuer Solenzara befindet sich auf dem gleichnamigen Militärflughafen (Aero RC; SZA ••• ——•• •— 349,5 kHz, AlA, 80 sm) und ist von Mo.–Fr. tagsüber in Betrieb.

Entfernungen in sm

Bastia	–	Campoloro	22,5
Campoloro	–	Solenzara	31
Campoloro	–	Marina di Campo / Elba	43
Campoloro	–	Giglio Hafen	66
Solenzara	–	Porto Vecchio	18,5
Solenzara	–	Giglio Hafen	78
Solenzara	–	Porto Ercole / Italien	88

Port de Taverna/Campoloro

42°20,4'N 09°32,5'E Karte: EG 1007

Lage und Umgebung

An dem geradlinigen Küstenstrich von Bastia nach Süden liegt, von See nicht leicht auszumachen, der gut ausgestattete Yachthafen Port de Taverna. Im Hinterland erhebt sich der 1133 m hohe Monte Osari, an dessen E-Abhang die Bergdörfer Cervione (direkt oberhalb des Hafens) und Santa Maria Poggio (das kleinere und N-lichere von beiden) zu sehen sind.
Der Hafen gehört zu einer Feriensiedlung mit Bungalows, Swimmingpool und Tennisplätzen, die sich in einem parkartigen Gelände verbirgt, so daß sie bei der Annäherung von See bestenfalls zu erahnen ist.

Ansteuerung und Liegeplatz

Am Tage Die besten Fernansteuerungsmarken – vom Toskanischen Archipel (aus NE) kommend – sind:
Die typische Bergkulisse des Monte Osari (1133 m) mit den weiß leuchtenden Bergdörfern Cervione und Santa Maria Poggio; der 1093 m hohe Monte Sant'Appiano knappe 6 sm SW-lich des Hafens. Die Kuppel des Aero RC Bastia/Poretta 5,5 sm N-lich des Hafens an der Mündung des Fium'Alto.
Bei Nacht Das Feuer von Alistro. Die beiden Hafenfeuer.
Achtung Segeln Sie nicht zu nahe an der Küste, halten Sie 1 sm Abstand. Vorsicht bei den Flußmündungen.
Bei starken NE- und E-Winden bricht sich die See auf den Untiefen vor der Hafeneinfahrt, die schmal ist und gerne versandet. Nach Aussage des Hafenmeisters wird mehrmals im Jahr ein Bagger eingesetzt. Trotzdem, lassen Sie beim Einlaufen Vorsicht walten, besonders nach Stürmen. Der Wasserstand schwankt je nach Windrichtung, auch die Gezeiten machen sich ein wenig bemerkbar.
Am Empfangskai werden die Liegeplätze angewiesen. Bojen oder Kettenmurings liegen aus.

Port de Taverna / Campoloro

Für Gastyachten stehen 100 Liegeplätze zur Verfügung. Der Schutz ist ausgezeichnet.
Zeitweilig riecht das Hafenwasser penetrant nach Schwefel (Algenablagerungen).

Behörden

Capitainerie s. Plan. Telefon 0495380761, Fax 0495380746, vom Ausland 0033/4/95 usw.

Versorgung

Wasser und Strom an den Liegeplätzen. Duschen und WCs, Schlüssel dafür im Restaurant.
Zwei Tanksäulen (Diesel und Benzin), nur während der Saison geöffnet (0800–1200, 1400–2100).
Werkstätten, Motorservice, Reparaturen aller Art, incl. GFK und Malerarbeiten. Slipbahn, Travellift 50 t. Schiffsausrüster. Bootswartung, Überwinterung, Stellplätze an Land. Altölentsorgung. Das Gelände wird rund um die Uhr bewacht.
Täglicher Aushang des Wetterberichts in der Capitainerie.
Im Supermarkt erhält man auch Brot, Zeitungen und Zigaretten. Fischhalle (Fischverkauf im Sommer). Eisverkauf. Restaurant und Bar. Waschmaschinen. Internet-Point. Geldwechsel in der Capitainerie.
Tauchclub, Yachtclub. Swimmingpool, Tennisplätze. Anmietung von Sportgeräten im Büro der Feriensiedlung.

Verkehrs- und Postverbindungen

Telefon im Hafen. Autovermietung. 2x täglich Taxi zum Einkaufen nach Moriani, erkundigen Sie sich im Büro der Feriensiedlung; dort können Sie auch Ausflüge buchen.

Funkkommunikation

Der Hafenmeister hört während der Dienststunden auf UKW-Kanal 9.

Tourismus

Besuchen Sie die Bergdörfer Cervione und Santa Maria Poggio oder dringen Sie über die kurvenreichste Straße der Insel in die Castagniccia vor, zu Kastanienwäldern und Barockkirchen.

Vor Port de Taverna / Campoloro

Zwei Etangs und ein Fluß

Karte: EG 1007

Gleich vorweg: Die beiden Strandseen Etang de Diane und Etang d'Urbino dürfen nicht befahren werden, auch nicht im Beiboot, und zwar aus Gründen des Naturschutzes. Wir beschreiben sie nur der Vollständigkeit halber. Bei ganz ruhigem Wetter kann man vor der Einfahrt ankern, mit dem Dinghi zum Strand fahren und von da aus einen Blick in die lagunenartigen Etangs werfen.

Etang de Diane

42°08,4'N 09°33,3'E

Dieser Strandsee wird zur Austernzucht genutzt, die von arabischen Fischern betrieben wird. Eine Insel (heute Halbinsel), nur von Austernschalen gebildet, mit der Ruine der Kapelle Santa Maria, liegt im See. In einfachen Lokalen an der Landseite werden Austern und Muschelgerichte serviert.
Der auffällige Betonwasserturm von Aléria ist die beste Orientierungshilfe, um den Etang de Diane zu identifizieren.
An der N-Seite der Einfahrt wird der bei den ständig notwendigen Ausbaggerungsarbeiten anfallende Sand aufgetürmt. Die S-Seite der schmalen Einfahrt wird durch eine ca. 3 m hohe Betonmauer begrenzt, vor der Felsbrocken liegen. Vor dem Strand unmittelbar S-lich der Einfahrt erstrecken sich Felsklippen.

Einfahrt Etang de Diane

Tavignanomündung

42°06,2'N 09°33,0'E

Die beste Ansteuerungsmarke ist die auf einem Hügel am S-lichen Flußufer landeinwärts liegende Stadt Aléria. Nur Boote mit weniger als 1m Tiefgang können bei ruhigem Wasser in den Fluß einsteuern.
Vor der Mündung variieren die Tiefen zwischen 0,8 und 1,2 m. Die Barre schiebt sich 0,5 sm ins Meer hinein, an ihrem seewärtigen Ende lotet man 3 m; wer sie überwunden hat, kann den Fluß bis Aléria hochfahren. Hier befand sich der antike Hafen der römischen Siedlung.

Etang d'Urbino

42°02,7'N 09°29,7'E

Auch dieser große Strandsee, gut 2 sm SSW-lich der Tavignano-Mündung, wird zur Austernzucht genutzt. Da er nicht befahren werden darf, bleibt dem Interessierten nur die Möglichkeit, vom Strand aus hineinzuschauen.

Solenzara

41°51,5'N 09°24,13'E

Karte: EG 1007

Lage und Umgebung

An der Südseite der Mündung des Solenzaraflusses, dort, wo die E-Küste Korsikas wieder ansteigt und felsig wird, wo die bewaldeten Berge und die spitzen Zinnen der Bavellagruppe, im Volksmund die „korsischen Dolomiten" genannt, näher an das Meer heranrücken, liegt der Yachthafen Solenzara. Die versandete, mit Schilf bewachsene Flußmündung ist von dichtem Eukalyptus- und Kiefernwald umgeben, in dem sich ein großer Campingplatz verbirgt; nach Norden schließt ein Badestrand an.
Der sympathische Ort Solenzara hat sich zum Touristenzentrum entwickelt.

Ansteuerung

Am Tage Auffällige Landmarken: Hohe Häuser hinter dem Hafen. Der 26 m hohe auffällige Antennenmast auf dem Wellenbrecherkopf an der Backbordseite der Einfahrt. Der Eukalyptuswald an der Flußmündung.
Bei Nacht Orientieren Sie sich an folgenden Feuern:
Grünes Festfeuer am Wellenbrecherkopf; das rote Glt.-Molenfeuer im unteren Teil des hohen Antennenmastes; Leuchttonne knappe 4 sm N-lich des Hafens (Solenzara-Pipeline). Übrigens: Das violette Feuer am Knie des Wellenbrechers ist geklaut worden. Es steht da nur noch der Feuerträger. Die weiße Kugellampe auf der S-Buhne brannte im September 2003 nicht.
Achtung Zwischen der S-Buhne und dem Wellenbrecher mit dem Antennenmast liegen Klippen, über denen sich bei starkem SE-Wind die See bricht. Sie werden durch eine Boje auf der 2-m-Linie begrenzt (s. Plan).
Ortsunkundige sollten den Hafen nachts nicht ansteuern.
Das Einlaufen in den Hafen ist nur bei ruhigem Wetter möglich.

Liegeplatz

Im Yachthafen wird an Bojen nach Anweisung des Hafenmeisters festgemacht.

Schutz

Der Schutz im Hafen ist gut. Bei S- und SE-Wind setzt leichter Schwell herein.

Behörden

Hafenmeister, Tel: 0495574642, Fax 04954466, vom Ausland 0033/4/95 usw. Zoll in Porto Vecchio.

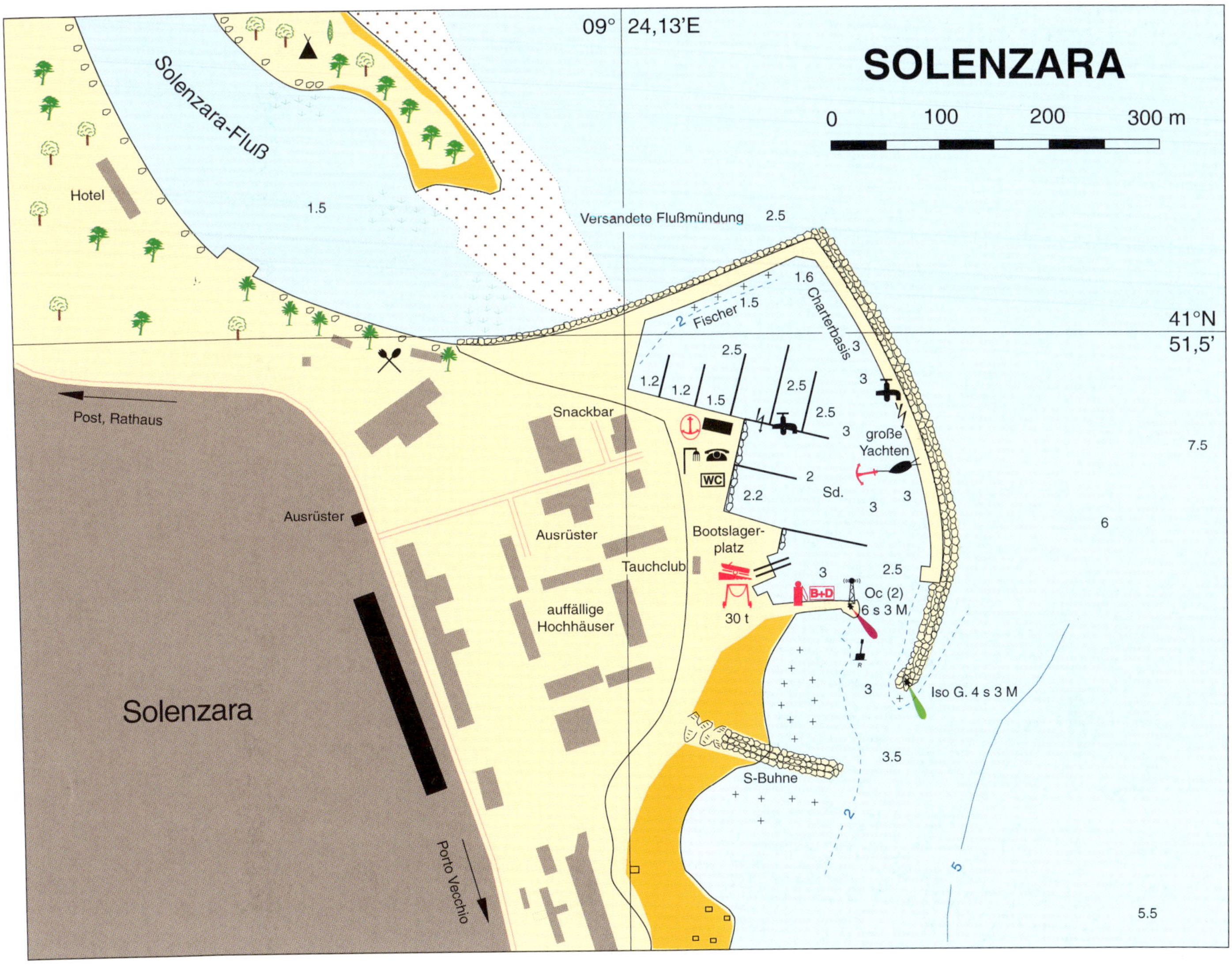

Im Hafen von Solenzara, hinten die Bavella-Gruppe

Die versandete Mündung der Solenzara

Flußtal der Solenzara

Versorgung

Wasser und Strom. WCs und Duschen im Gebäude der Capitainerie, Schlüssel beim Hafenmeister. Schiffsausrüster und Motorenwerkstatt im Ort. Zwei Slipbahnen, Travellift 30 t. Tankstelle (Diesel und Benzin) im Hafen. Eisverkauf. Entsorgung von Altöl und Chemietoiletten. Tauchclub.
Die Wettervorhersage hängt an der Capitainerie aus.
In der Hafenbar bekommt man u.a. Frühstück, Crêpes, Eisbecher. Lebensmittel, Restaurants und Banken im Ort und am Fluß. Hübsch sitzt man auch im Strandrestaurant des Campingplatzes „Les Nacres" N-lich der Flußmündung.

Verkehrs- und Postverbindungen

Postamt im Ort, Telefonzellen im Hafen. Autovermietung, Taxis, Bus nach Porto Vecchio und Bastia. Touristeninformation.

Funkkommunikation

Die Capitainerie hört während der Dienststunden auf UKW-Kanal 9.

Tourismus

Ein Ausflug in die „korsischen Dolomiten", zu verwitterten Felstürmen um den Gebirgspaß Col de Bavella bietet sich an. Auf der Rückfahrt springt, wer Lust hat, in den „schönsten Swimmingpool der Welt", ein Badebecken im grünlichen Solenzara-Fluß.

Solenzara 2 sm
Cala d'Oro
ockergelbe Felsen
Anse de Canelle
Anse de Favone
Anse de Tarco
Anse de Fautea-Nord
Ilot de Fautea (30 m)
Anse de Fautea-Süd
Ilot Roscana (19 m)
Golfe de Pinarellu
Ile de Pinarellu
Anse de Cola
Anse de Capicciola
Anse de Pozzu Neru
Baie de San Ciprianu
Fl. W G 4 s 11/8 M 26 m
Pta. San Ciprianu
Pta. d'Arasu
Etang d'Araso
Sari
Mte. Santo
Favone
Pta. Pietra Bianca
Tarco
auffällige Brücke
Pta. di Telica
Pta. d'Aquella
Ste. Lucie de Porto Vecchio
N 198
Etang de l'Ovu Santu
Cavo-Bach
D 168
D 468
D 668
D 198
Anse de Canelle
0 500 m
09° 24,0' E
41° N 46,5'
auffällige ockergelbe Felsen
helles Steilkliff
Porto Vecchio
41° N 40,0'
09° 30,0' E
SOLENZARA
bis
SAN CIPRIANU
0 1 2 3 sm
Dev. 0°45' E (2003), jährl. Änderung: 5' E

Solenzara bis San Ciprianu (Saint Cyprien)

Karten: EG 1007, 1008

S-lich Solenzara wird die Küste felsiger, die Berge rücken wieder näher ans Meer heran. Bucht reiht sich an Bucht, vor kleinen Ferienorten und weißen Stränden tummeln sich Fischerboote und Surfer im tiefblauen Wasser. Leider sind diese Ankerplätze durchweg nach Osten offen.
Der Schutz in den S-lich anschließenden Golfen von Pinarellu und San Ciprianu ist wesentlich besser, da man zwischen mehreren Ankermöglichkeiten wählen kann.
Helle Strände, dichter Kiefernwald und Hügel mit Macchiabewuchs umgeben kleine Etangs und binsenbestandene Flußmündungen.

Ansteuerungsmarken

Die ockergelben Felsen des N-Kaps von Anse de Canelle; ein TV-Mast zwischen Anse de Tarco und Anse de Fautea auf einem Hügel etwas landeinwärts; der weithin sichtbare Turm auf Punta de Fautea und das vorgelagerte Inselchen; der gleichfalls markante Genueserturm auf der rötlichen Felsinsel Pinarellu.

Wind und Seegang

Im Sommer kommen die vorherrschenden Winde aus West, die See ist hier meistens sehr ruhig. Bei stürmischen westlichen Richtungen wirken sich die Fallböen in diesem Gebiet wesentlich gemäßigter aus als im Golf von Porto Vecchio und in den Buchten S-lich davon.
Einsetzender Schwell aus Ost, der nicht mit der Wasserbewegung verwechselt werden soll, die durch die thermische Seebrise ausgelöst wird, die täglich etwa von 9–19 Uhr fächelt, bedeutet E-Wind. Dann sollten Sie die Schönwetterankerplätze verlassen und den nächsten Hafen oder eine rundum geschützte Bucht ansteuern.

Gefahren

Die unbefeuerten Inseln Roscana (in der Einfahrt zum Golfe de Pinarellu) und Cornuta (vor der Baie de San Ciprianu).

Entfernungen in sm

G. de Pinarellu	–	Solenzara	12
G. de Pinarellu	–	San Ciprianu	5
G. de Pinarellu	–	Porto Vecchio	9,5
G. de Pinarellu	–	Giglio Hafen	54
San Ciprianu	–	Porto Vecchio	6

Anse de Canelle aus SSE

Anse de Favone aus SE

Die Buchten zwischen Solenzara und Pinarellu

Karte: EG 1008

Anse de Canelle
41°48,0'N 09°23,9'E

3,5 sm S-lich von Solenzara wölbt sich die erste der einladenden Ankerbuchten vor der Kulisse der Bavellagruppe mit den an die Dolomiten erinnernden Felsnadeln.
Das ockergelbe, schroffe N-Kap kontrastiert gut zu dem weißen Sandstrand und dem türkisfarbenen Wasser. Die der Bucht zugewandte Seite des Kaps ist von dichtem Kiefernwald bedeckt, in dem sich Ferienhäuser verbergen. Den S-Teil überragt ein helles Steilkliff, vor dem felsigen S-Ufer liegt ein Klippengürtel.
Ankern Sie auf 2,5–3 m über mit Steinen durchsetztem feinen Sandgrund.
Der Schutz ist gut bei allen W-lichen Winden. Kleinere Boote finden in der Abdeckung des N-Kaps noch etwas Schutz bei NE-Wind. Gegen E und SE ist der Platz offen.
Anse de Canelle ist auch bei Landtouristen sehr beliebt. Restaurants und Bars gibt es am Strand. Postamt im Ort. Nach Solenzara gelangt man per Bus.

Anse de Favone
41°46,5'N 09°24,0'E

Zwei niedrige Felskaps, dicht mit Macchia bewachsen, begrenzen die nach NE offene Bucht, 5 sm S-lich von Solenzara. Ihr weißer Sandstrand verläuft parallel zur Uferstraße; die Ferien-

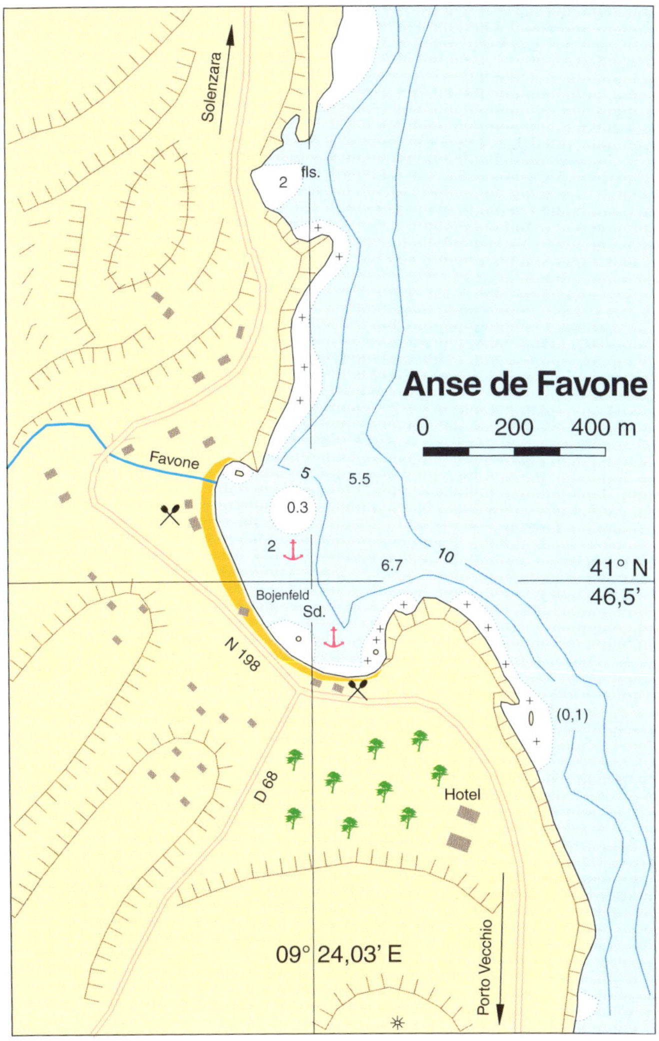

Anse de Tarco aus Süd

häuser am N-Ufer verschwinden in der üppigen Vegetation; ein Campingplatz liegt jenseits der Straße im Hinterland. Anse de Favone strotzt vor Bojen, die zum Teil die Badezone kennzeichnen, aber auch den kleinen Booten der Anlieger zum Festmachen dienen.

Je nachWindrichtung ankern Sie im Schutze der N- oder S-Huk auf 3–4 m über Sandgrund, der stellenweise mit Kraut bewachsen ist.

Den besten Schutz, auch bei Libeccio (SW) und Scirocco (SSE), haben Sie in der S-Ecke; dort gehen auch die einheimischen Fischer gerne vor Anker.

Achtung Über- und Unterwasserklippen vor dem Strand des S-Teiles und auch vor den angrenzenden Felsufern.

Eine felsige Untiefe mit nur 0,3 mWasser darüber im N-Teil der Bucht.

Restaurants finden Sie am Strand; Geschäfte und Telefon an der Straße.

Anse de Tarco 41°45,0'N 09°24,4'E

8 sm S-lich Solenzara liegt diese belebte Bucht, an der die Straße ebenfalls direkt vorbeiführt. In der Mitte des Strandes überspannt eine Brücke das Flüßchen Tarco, das im Strand versickert. Eine Barre mit weniger als 1,5 m Wassertiefe breitet sich davor aus.

Am niedrigen, felsigen S-Kap schützt ein kleiner gekrümmter Wellenbrecher die örtlichen Fischerboote.

Ankern Sie vor der N-oder S-Hälfte des Strandes auf 2–4 m über Sandgrund.

Der Schutz ist gut bei allen W-lichen Windrichtungen; gegen Osten ist der Platz offen.

Restaurant, Pizzeria und Hotels am Ort.

Anse de Fautea 41°42,8'N 09°24,5'E (Turm)

N-lich und S-lich des weithin sichtbarenTurmes (32 m) von Fautea auf dem grünbewachsenen Felskap, das durch eine kleine Insel verlängert wird, öffnen sich zwei Ankerbuchten.

- *Fautea-N* ist die größere von beiden. Ihrem steilen, felsigen N-Ufer sind Klippen vorgelagert. Auch vor dem Kap, auf dem der Turm steht, liegt eine Klippenbank. Vereinzelte Felsen am S-Ufer sind ebenfalls zu beachten.
  Ankern Sie etwa 250 m vom Strand entfernt auf 3 m über Sandgrund. Vor dem Strand ist es sehr seicht.
  Der Schutz ist gut bei allen W-lichen Winden, auch bei S-Wind ist der Platz brauchbar.
  Die Straße führt an der von zahlreichen Ferienhäusern umgebenen Bucht direkt vorbei.
- *Fautea-S* ist kleiner und unbewohnt, ebenfalls grün bewachsen; hinter dem Strand stehen hohe Gräser. Die störende Straße verläuft etwas weiter entfernt.

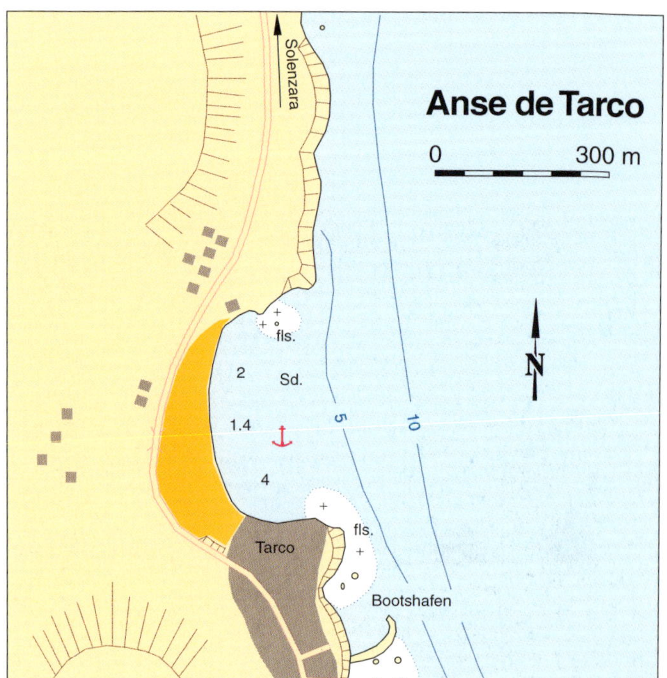

Im Kiefernwäldchen am steilen S-Ufer liegt ein Campingplatz. Ankern Sie auf 3 m über Sandgrund. Hier haben Sie Schutz gegen alle W-lichen Winde, auch bei N und NE. Bei starkem NE-Wind bringen Sie eine Sorgleine zu den Felsen des Turmkaps aus. Vor dem W- und S-Ufer liegen Klippen.
Restaurants und Bars finden Sie am Strand von *Fautea-N.* Lebensmittel am Campingplatz und im Ort.

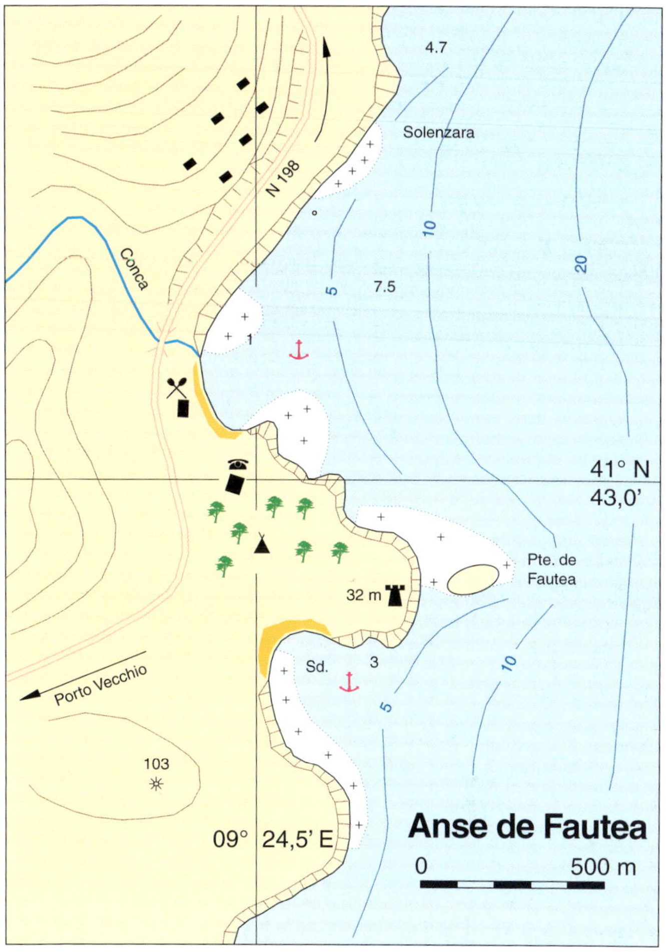

Anse de Fautea-Nord

Golfe de Pinarellu

41°40,2'N 09°23,7'E (Turm) Karte: EG 1008

Lage und Umgebung

Der nach NE und E offene Golf ist nur etwas mehr als 1 sm breit und schneidet fast ebenso tief in das Ufer ein. Hier ist alles aus rötlichem Gestein: das Inselchen Roscana in der Einfahrt, Ziel der Hobbytaucher und Brutstätte vieler Möwen; die Insel Pinarellu mit dem gut erhaltenen Genueserturm auf dem höchsten Punkt vor dem S-Kap des Golfes und die großen Hügel mit ihrer dichten, dunkelgrünen Macchiamütze, die den Golf einrahmen. Hinter dem weißen Strand breitet sich dichter Pinienwald aus, in der SW-Ecke bildet ein binsenumstandener Fluß zwei kleine Strandseen, deren Schwefelgeruch sich bei W-lichen Winden über den Golf legt, was seiner Beliebtheit jedoch keinen Abbruch tut.
Hinter dem von Klippen und Untiefen umlagerten und von einzelnen Felshuken unterbrochenen NW-Strand liegt ein kleiner Friedhof neben einem auffälligen Hotelrestaurant. NE-lich davon erstreckt sich die eigentliche Ortschaft Mangialla.

Ansteuerung Golf von Pinarellu aus Süd

In den umliegenden Feriensiedlungen sind Reiten, Tennis, Tauchen, Surfen und Wasserski die Hauptaktivitäten.

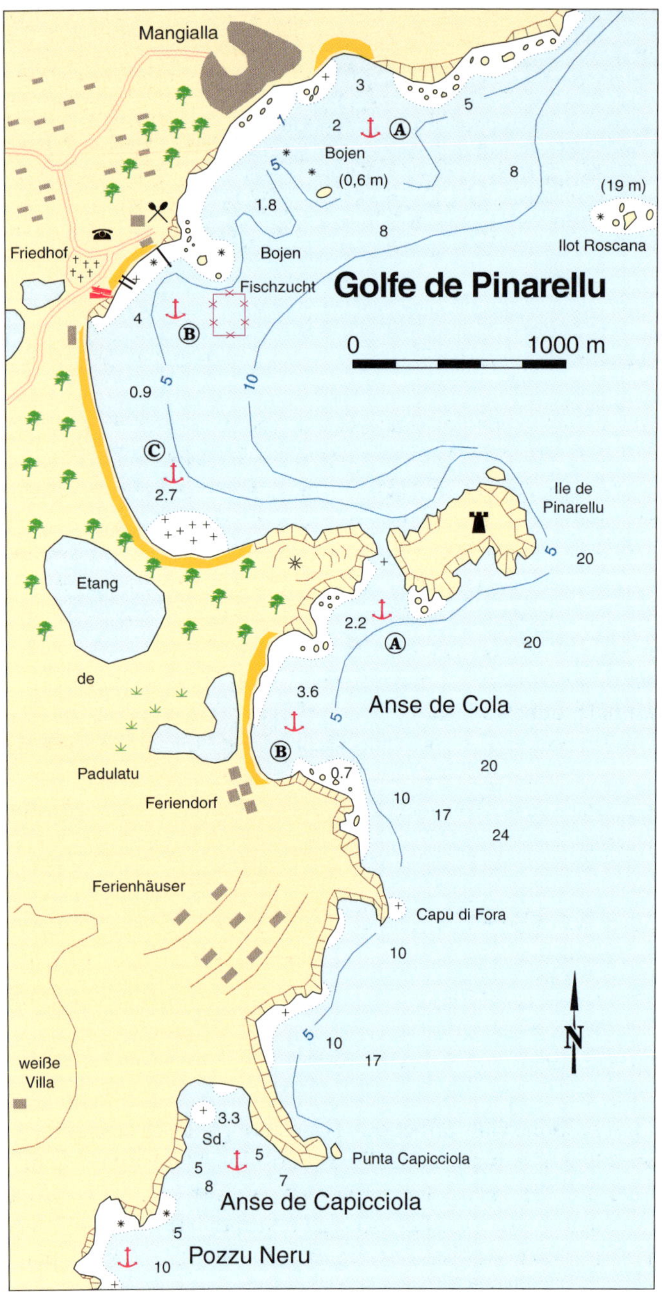

Ansteuerung

Am Tage Orientieren Sie sich an dem Genueserturm auf Ile Pinarellu; an der zerfransten kleinen Felsinsel Roscana, die sich mit vielen Klippen umgibt; am auffälligen Hotelrestaurant hinter dem NW-Ufer.

Bei Nacht Nachtansteuerung ist nicht möglich.

Liegeplatz

Sie können zwischen drei Ankerplätzen wählen:

- **A** In der N-lichsten Ausbuchtung des Golfes. Hier muß man gut zwischen den Klippen hindurchnavigieren und läßt dann auf 2–4 m über Sandgrund das Eisen fallen.
  Der Schutz ist sehr gut bei allen Winden aus W–N und bei mäßigem NE-Wind.
- **B** Vor dem Hotelrestaurant auf 5–6 m über Sandgrund. E-lich davon liegt während der Saison ein langer Schlengel zum Festmachen aus. Eine breite Slipbahn gibt es auch.
  Hier hat man Schutz bei Winden aus S über W bis N. Der Platz ist allerdings von unzähligen Booten belagert. Achten sie auf die im Plan eingezeichneten Fischzuchtanlagen und Bojenfelder.
- **C** Vor der S-Hälfte des langen Strandes auf 3–4 m über Sandgrund mit Kraut. Das ist die beste Möglichkeit bei S-lichen Windrichtungen (Libeccio, Scirocco).

Achtung Eine seichte Stelle etwa vor der Mitte des Strandes reicht bis 200 m in die Bucht. In der äußersten S-Ecke liegen Unterwasserklippen.

Im Golfe de Pinarellu können Sie auf eigene Faust noch weitere Ankerplätze entdecken. Schutz gegen E- und starken NE-Wind finden Sie aber nicht.

Bei NE-Wind ist Anse de Cola vorzuziehen; wir beschreiben sie anschließend.

Fahren Sie nicht zwischen der Insel Pinarellu und der Küste Korsikas hindurch, da dort eine Klippenbank liegt.

Versorgung

Restaurants. Lebensmittel im Ort.

Golfe de Pinarellu, hi. Ile de Pinarellu

Verkehrs- und Postverbindungen

Telefonzellen bei den Stränden. Bus nach Porto Vecchio.

Die kleinen Buchten zwischen Golfe de Pinarellu und Baie de San Ciprianu

Karte: EG 1008

Anse de Cola

41°39,9'N 09°23,0'E

Türkisfarbenes, klares Wasser, ein Strand, ein Etang und Ferienhäuser charakterisieren die von zwei felsigen Kaps eingefaßte Bucht, die zwei schöne Ankermöglichkeiten bietet.

- **A** Im Schutze der Insel Pinarellu, S-lich der Enge zwischen Insel und Korsika, auf 3–5 m über verschiedenartigem Grund. Halten Sie Ausschau nach einem Sandfleck zum Ankern.
  Hier finden Sie guten Schutz bei Winden aus W über N bis NE. Die Durchfahrt zwischen der Insel Pinarellu und Korsika ist nicht passierbar.
- **B** ½ sm weiter nach SW ankern Sie vor dem Strand auf ca. 3 m über reinem Sandgrund, gut geschützt gegen Winde aus SW über W bis N. Vor dem Feriendorf herrscht reger Surfbetrieb.

Anse de Capicciola

41°38,8'N 09°22,8'E

Das hellrote niedrige N-Kap gibt dieser Bucht den Namen und auch Schutz gegen NE-Wind. Hügel mit dichtem Macchiabewuchs, aus dem vereinzelte Ferienhäuser hervorlugen, umgeben die Geröllufer, an deren Ende ein schmaler Sandstrand liegt. Die Zacken der Bavella-Gruppe bilden den Hintergrund. Zum Strand hin nehmen die Einfahrtstiefen von 14 m sachte ab. Ankern Sie auf 5–6 m über grobem Sand mit Krautbewuchs. Der Schutz ist gut bei W- über N- bis NE-Wind.

Pozzu Neru Am S-Ende von Anse de Capicciola schneidet eine schmale, unbewohnte Bucht ein, die ebenfalls über einen kleinen Strand verfügt und von Macchia und Kiefern bewachsen ist. Leider taugt sie nur als Schönwetterankerplatz.

Ankern Sie auf 5–7 m über Sandgrund. Das Innere der Bucht ist unrein.

Baie de San Ciprianu

41°38,0'N 09°21,0'E Karte: EG 1008

Lage und Umgebung

Dieser schöne Golf öffnet sich N-lich des gleichnamigen befeuerten Kaps, das ihn vom Golfe de Porto Vecchio trennt. Auf der Kaphalbinsel breitet sich die exklusive Feriensiedlung Cala Rossa aus, mit Luxushotel, Schlagbaum und Zerberus, der streng darüber wacht, daß kein Unbefugter den Fuß auf die verschlungenen Pfade und Straßen der Urbanisation setzt.

Ile de Pinarellu aus WSW, links: Ilot Roscana

San Ciprianu erfreut sich eines endlos langen Sandstrandes, ein Paradies für Surfer ist es auch. Selbstverständlich gibt es hier einen Genueserturm, Macchiahügel, Kiefernwald und einen von Binsen umstandenen Strandsee. Neben der Fahrstraße, die zur Bucht führt, gruppieren sich die rosabraunen Häuser einer Feriensiedlung geschmackvoll um einen regulierten Strandsee, den man im Beiboot über einen seichten Kanal erreicht.
Der N-Teil der Bucht ist sumpfig, dort erstreckt sich der ausgedehnte Etang d'Arasu parallel zum Ufer. Auf dem Hügel dahinter sieht man ebenfalls Ferienhäuser liegen.

Ansteuerung

Am Tage Die besten Ansteuerungsmarken sind:
Der Leuchtturm Pecorella mit seinem weithin sichtbaren 12 m hohen, grün-weißen Betonturm auf der gleichnamigen Klippe ¾ sm WSW-lich von der befeuerten Punta San Ciprianu mit dem auffälligen Leuchtturmgebäude (N-Einfahrtskap zum Golf von PortoVecchio).
Das Inselchen Cornuta, 2,5 Kabellängen S-lich Punta d'Arasu (N-Einfahrtskap der Baie de San Ciprianu). Die rosabraunen Häuser der Feriensiedlung.
Bei Nacht Trotz der Leuchtfeuer darf man nicht versuchen, San Ciprianu nachts anzulaufen.
Achtung Die Durchfahrt zwischen den von zahlreichen Klippen umgebenen Inseln Ile de San Ciprianu und Ile de Cornuta und dem ebenfalls verklippten N-Kap des Golfes, Punta d'Arasu, ist für Yachten nicht passierbar.
Beim Einsteuern hält man sich gut in der Mitte zwischen Ile de San Ciprianu und dem ebenfalls mit Klippen gespickten Felsufer der Cala Rossa-Halbinsel und fährt mit rw. 295° auf die rosabraunen Häuser der Ferienanlage zu (s. Plan).

Achtung Dem langen Sandstrand, der die Baie de San Ciprianu säumt, sollten Sie sich höchstens auf 300 m nähern, da überall felsige Über- und Unterwasserklippen sowie seichte Stellen behindern.
Beachten Sie die durch Bojen abgegrenzten Badezonen und die Motorboot-Startkanäle in der gesamten Bucht.

Liegeplatz

Je nach Windrichtung entscheidet man sich für den N- oder S-Ankerplatz .

- *N-Ankerplatz* Ankern Sie auf 3 m über weißem Sandgrund, hier liegen Sie gut geschützt bei Winden aus W über N bis E. Keine Fallböen.
  Kommen Sie der Felsbank, die sich von der Insel San Ciprianu 280 m weit nach NNW erstreckt und am N-lichen Ende nur mit 0,2 m Wasser bedeckt ist, nicht zu nahe; auch nicht der Untiefe mit 0,3 m Wasser darüber (s. Plan).

- *S-Ankerplatz* Ankern Sie vor der Einmündung des Etang auf 2,5 m über reinem Sandgrund. Hier liegen Sie sicher bei allen S-Winden.

Fahren Sie nicht näher als 130 m an den kleinen Strand zwischen den beiden roten Felsnasen heran; der W-lichen sind Überwasserklippen vorgelagert.
Sollte der Wind nachts drehen, können Sie, je nach Bedarf, zwischen N-lichem und S-lichem Ankerplatz wechseln, vorausgesetzt, daß Sie sich tagsüber einige Peilpunkte und Kurse eingeprägt haben.
Bei stürmischen SE- und E-Winden bietet die Baie de San Ciprianu keinen Schutz.

09° 21,0' E
09°22'0 E
Etang d'Arasu
41°38,0'N
41°N
37,0'
Ferienanlage San Ciprianu
Ausrüster Supermarkt Bäcker
Kanaltiefe 0,5 m
Surfbrett-verleih
Baie de San Ciprianu
Ile San Ciprianu
Ile de Cornuta
Pta. d'Arasu
„Nobelurbanisation" Cala Rossa
Punta San Ciprianu
Fl. W G 4 s 11/8 M 26 m
Pecorella
Fl. (3) G 12 s
6 M 12 m
Ksl.
Krt.
Sd.
fls.
Cor.
(1,9 m)
BAIE de SAN CIPRIANU
0
500 m

Baie de San Ciprianu, SW-Ecke

Versorgung

In Strandkneipen im SW-Teil der Bucht werden Fischgerichte zubereitet. Man sitzt dort sehr gemütlich.
Supermarkt, Bäcker, Fleischer, Pizzeria und Telefonzellen findet man neben der Ferienanlage San Ciprianu. Ebenfalls einen kleinen Yachtausrüster, der auch Surfbretter und Hobie-cats verleiht sowie Segelkurse anbietet.

Zum Einkaufen kann man mit dem Beiboot am Anlegesteg der Ferienanlage (s. Plan) festmachen.

Baie de San Ciprianu, Restaurants und Bars in der SW-Ecke

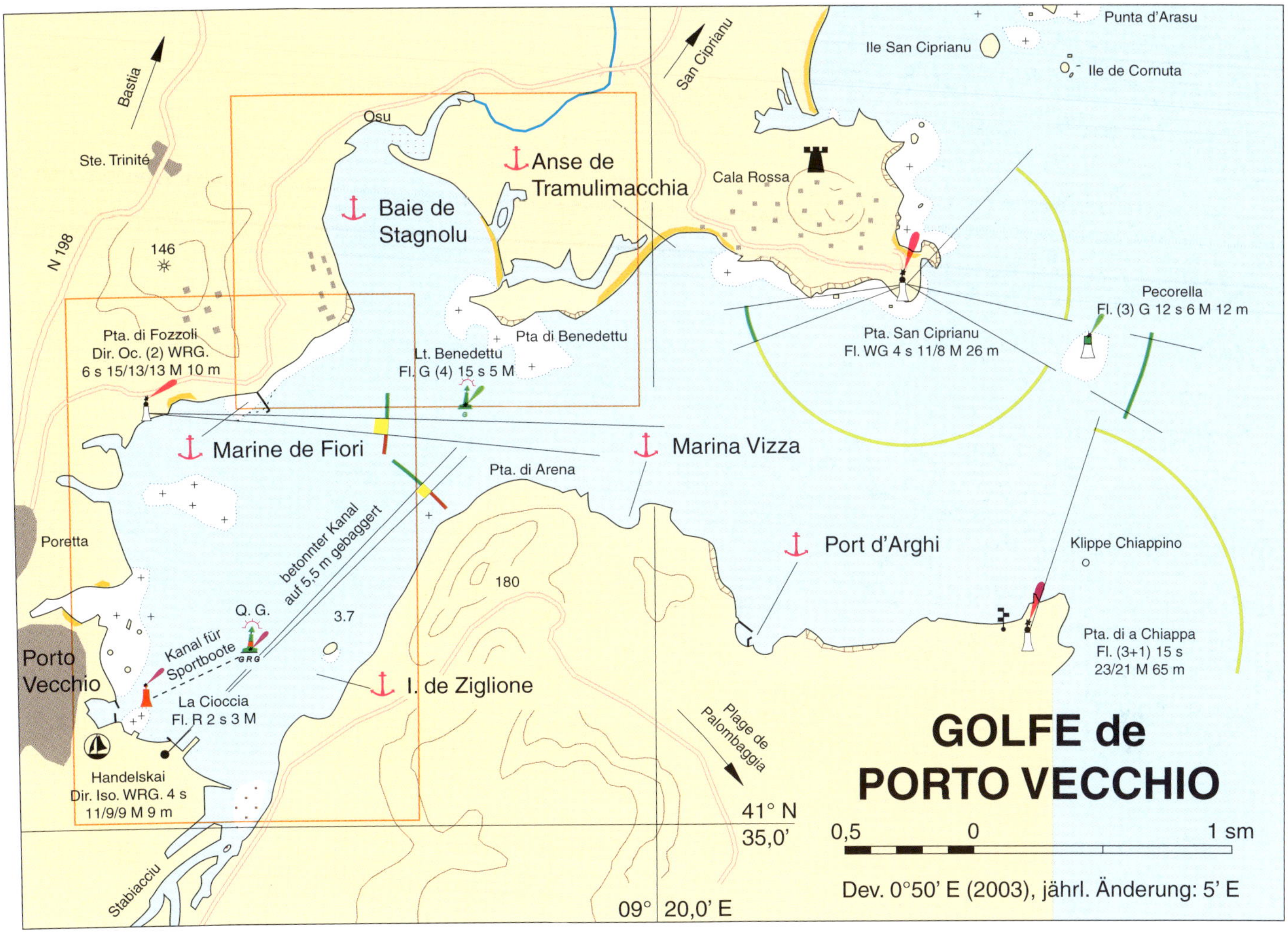

Im Zufahrtskanal von Porto Vecchio-Hafen

Golfe de Porto Vecchio

Karte: EG 1008

Der von Hügeln umgebene Golf dringt zuerst 2 sm weit nach Westen, dann weitere 1,5 sm nach Südwesten in das Land ein und hält an seinen landschaftlich reizvollen Ufern mehrere Ankerplätze bereit, an denen man – je nach Windrichtung – gut geschützt liegt. Außerdem können Sportboote vomYachthafen Porto Vecchio profitieren.
An der Südküste des Golfes werden felsige Steilabhänge mit Kiefernbewuchs von kleinen Sandbuchten unterbrochen, wie z.B. in Port d'Arghi. Um das Mündungsgebiet des Stabiacciu SSE-lich des Handelskais dehnen sich Salinen aus. Einen hübschen Ankerplatz bietet die Insel Ziglione, doch leider ist man dort, wie vielerorts im Golf, bei W-Winden heftigen Fallböen ausgesetzt.
Die Nordküste, der zahlreiche Untiefen vorgelagert sind, ist niedriger. An ihren bewaldeten Ufern sind Campingplätze und versteckt liegende Feriensiedlungen entstanden: Marine de Fiori mit einem Yachtanleger und das exklusive Projekt Cala Rossa. Baie de Stagnolu vor der Mündung des Osu schneidet tief ins Land ein und hat Lagunencharakter – ein besonders attraktives Ziel.
Auch das Innere des Golfes ist mit Klippen und Untiefen gespickt, daher steuert man Yachthafen und Handelskai ausschließlich über die betonnte Fahrrinne an.

Ansteuerungsmarken

Der 12 m hohe grün-weiße Leuchtturm auf der Klippe Rocher Pecorella. Das Leuchtturmgebäude auf Punta San Ciprianu (N-Einfahrtskap des Golfes von Porto Vecchio). Leuchtturmgebäude, Semaphor und zwei Radioantennen auf Punta di a Chiappa (S-Einfahrtskap des Golfes).

Gefahren

Die befeuerte Klippe Rocher Pecorella und der sie umgebende Klippensockel mit den umliegenden Wracks.
Die unbefeuerte Klippe Chiappino, 300 m NNE-lich Punta di a Chiappa; die Betonbake existiert nicht mehr.
Die ausgedehnte Sandbank Benedettu mit vereinzelten Klippen bis zu 350 m vor dem gleichnamigen Kap.
Diverse Untiefen und Klippen links und rechts der Fahrrinne im Inneren des Golfes.

Wind und Seegang

Auch hier herrschen im Sommer W-liche Windrichtungen vor; bei Libeccio und Mistral entstehen erhebliche Fallböen. Der Wind wird durch den Düseneffekt derart verstärkt, daß Yachten mit schwachem Motor es schwer haben, den schützenden Hafen zu erreichen.

Semaphore

Die Signalstation auf Pta. di a Chiappa hört tagsüber auf UKW-Kanal 10,16 und auf Kanal 70 (DSC).

Löschflugzeuge

Bei Waldbränden fliegen Löschflugzeuge den Golf an, um Wasser zu tanken.

Entfernungen von Porto Vecchio in sm

Solenzara	18,5
Campoloro	50
Rondinara	15
Sta. Manza	16
Bonifacio	32
Marina di Campo/Elba	82
Giglio Hafen	90
Porto Ercole/Italien	102

Ansteuerung Golf von Porto Vecchio

Am Tage In den Golf kann man N-lich oder S-lich der Klippe Pecorella einlaufen, jedoch mit gehörigem Abstand. Fährt man S-lich an Pecorella vorbei, ist die unbezeichnete und unbefeuerte Klippe Chiappino 300 m NNE-lich Punta di a Chiappa zu beachten. Man kann auch zwischen Chiappino und Punta di a Chiappa hindurchfahren.
Beim weiteren Einlaufen hält man zuerst auf Punta di Arena zu, um der Benedettu-Bank auszuweichen. Sobald Sie die grüne Ansteuerungstonne Benedettu ausmachen können, halten Sie darauf zu und lassen sie an Steuerbord. Hier beginnt die betonnte Fahrrinne, über die Sie beide Häfen, Yachthafen und Handelskai, erreichen; sie verläuft in rw. 224° zwischen roten und grünen Tonnen bis zur grünen, befeuerten Abzweigtonne, von der man mit Kurs rw. 254° in den Yachthafen einsteuert, indem man dabei die rote Leuchtbake La Cioccia an Backbord läßt. Kommen Sie der Klippe vor der Hafeneinfahrt an der Steuerbordseite des Fahrwassers nicht zu nahe; sie ist neuerdings durch eine grüne Bake mit Kegeltoppzeichen markiert.
Bei Nacht Von Nord kommend, helfen die Feuer auf Punta San Ciprianu und Punta di a Chiappa. Der grüne Sektor des Punta San Ciprianu-Leuchtfeuers deckt die gefährliche Klippe Rocher Pecorella ab, die ebenfalls befeuert ist. Ein zweiter grüner Sektor deckt die Benedettu-Bank ab.

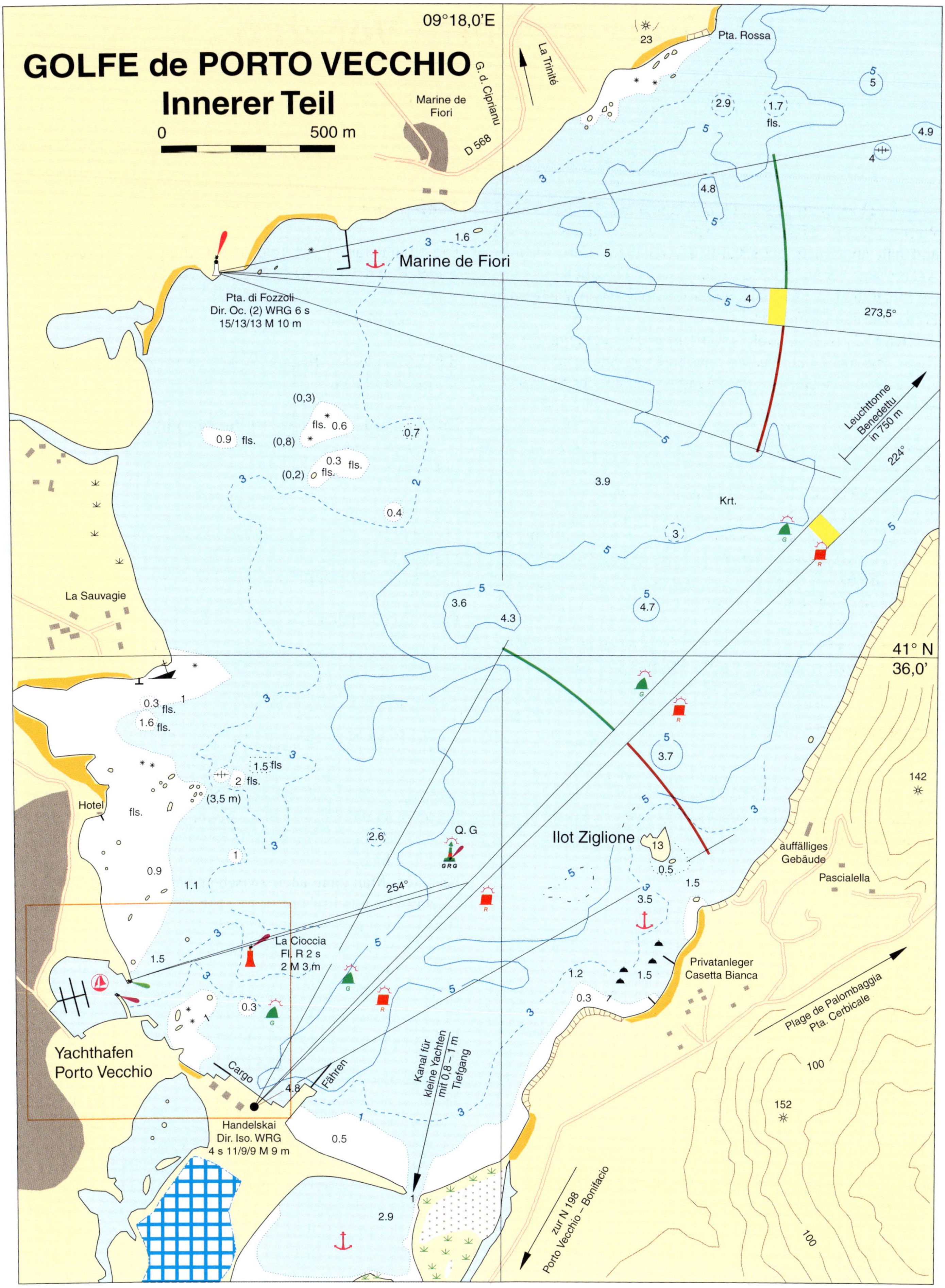
GOLFE de PORTO VECCHIO
Innerer Teil
0 500 m
09°18,0'E
41° N
36,0'
Marine de Fiori
G. d. Ciprianu
D 568
La Trinité
Pta. Rossa
Marine de Fiori
Pta. di Fozzoli
Dir. Oc. (2) WRG 6 s
15/13/13 M 10 m
273,5°
Leuchttonne
Benedettu
in 750 m
224°
Krt.
La Sauvagie
Hotel
Q. G
254°
Ilot Ziglione
auffälliges
Gebäude
Pascialella
La Ciocccia
Fl. R 2 s
2 M 3 m
Privatanleger
Casetta Bianca
Plage de Palombaggia
Pta. Cerbicale
Yachthafen
Porto Vecchio
Cargo
Fähren
Kanal für
kleine Yachten
mit 0,8 – 1 m
Tiefgang
Handelskai
Dir. Iso. WRG
4 s 11/9/9 M 9 m
zur N 198
Porto Vecchio – Bonifacio

Leuchtturm und Semaphor auf Punta di a Chiappa, davor die Klippe Chiappino in 225°

Laufen Sie auf das Feuer von Punta di a Chiappa zu (achten Sie darauf, daß Sie nicht in den abgedunkelten Teil geraten), queren dabei den grünen Sektor des Punta San Ciprianu - Leuchtfeuers und bekommen dann das Leitfeuer Fozzoli (N-Seite des Golfes) in Sicht. Steuern Sie im weißen Sektor von Fozzoli rw. 273,5°, bis Sie die Tonne Benedettu zu fassen haben. Von da laufen Sie im weißen Leitsektor des Feuers Quai du Commerce (Handelskai) in der Fahrrinne mit rw. 224° weiter bis zur Ab-zweigtonne und ab da mit rw. 254° zur Yachthafeneinfahrt, wobei die Leuchtbake La Cioccia an Backbord bleibt.

Von Süden kommend, halten Sie guten Abstand von Punta di a Chiappa; fahren Sie mit N-Kurs so lange, bis Sie den weißen Sektor des Leitfeuers Fozzoli sichten. Ab hier verfahren Sie wie bei der Ansteuerung aus Nord.

Ankerplätze im Golf von Porto Vecchio/N-Küste

Karte: EG 1008

Anse de Tramulimacchia 41°37,2'N 09°20,2'E

E-lich von Pta. di Benedettu erstreckt sich diese seichte Sandbucht mit einer Spannweite von 1250 m. Leider behindern dort zahlreiche Untiefen, daher ist der Platz nicht einfach anzusteuern. Nur Yachten mit einem Tiefgang von höchstens 1 m können sich vorsichtig näher an den Strand herantasten. Der Schutz ist gut bei NE-Wind und Mistral. Hinter dem Strand ist eine Feriensiedlung entstanden, Wasserskischule und Motorbootverleih verursachen unangenehmen Lärm. Auch das Luxushotel Cala Rossa liegt in Strandnähe

Baie de Stagnolu (Golfo di Sogno) 41°37,1'N 09°19,1'E (E-Einfahrtskap)

Diese außergewöhnliche Bucht schneidet zwischen dem W-Kap der Halbinsel Benedettu und Punta Rossa in N-licher Richtung ein. In ihrem Scheitel mündet der Fluß Osu, dessen sumpfiges Delta mit seinen Untiefen und Sandbänken sich hinter dem E-Ufer bis zur Halbinsel Benedettu fortsetzt und den lagunenhaften Charakter dieses kleinen Golfes ausmacht. Am NE- und W-Ufer liegen Campingplätze.

In Baie de Stagnolu kann man ein paar gemütliche Tage verbringen, sofern man die einschlägigen Mückensprays und Einreibemittel dabeihat.

- Den Ankerplatz erreichen Sie am besten, wenn Sie ab der Leuchttonne Benedettu mit rw. 335° auf die Felsen in der Buchtmitte zuhalten. Sobald Sie das sandige E-Einfahrtskap genau in Ost peilen, laufen Sie mit Kurs 029° auf den Wasserturm zu und lassen dann auf 3 m über Sandgrund vor einem langen Strand, der von Kiefernwald gesäumt ist, den Anker fallen (s. Plan).
- Bei Winden aus SW und W liegt man auf der gegenüberliegenden Seite besser geschützt. Hier ankern Sie zwischen der Klippengruppe in der Mitte der Bucht und der W-lich davon liegenden 4,30 m hohen Insel auf 2 m. Auch S-lich der Insel finden Sie auf 2 m guten Ankergrund.

Versorgung bei den Campingplätzen.

Marine de Fiori 41°36,75'N 09°18,1'E

SW-lich der Baie de Stagnolu ist das Ufer des Golfes wieder etwas höher und steigt zu dem markanten Hügel von Marine de Fiori an. Aus dem Kieferndickicht tauchen die Villen einer Ferienanlage auf. Der Yachtanleger in L–Form, dessen Position man schon von weitem an dem dahinterliegenden rosafarbenen Gebäude und an den zahlreichen Masten erkennt, bietet ca. 50 Schiffen Platz, doch er gehört zu einem Freizeit- und Ferienzentrum mit Hotel, Restaurant und Swimmingpool, daher haben während der Saison die Boote der Hotelgäste Vorrang. Am Kopf des Anlegers lotet man 1,20 m. Die 3-m-Linie verläuft etwa 100 m vom Ufer.

Der Schutz ist gut bei W, NW und N. Bei E-Wind ist der Platz unbrauchbar.

Wer von hier zum Yachthafen Porto Vecchio weitersegeln will, darf nicht einfach „querbeet“ fahren; Schiffe mit Tiefgang um 1,80 m müssen unbedingt die betonnte Fahrrinne benutzen. Es machen immer wieder Yachten mit den Sandbänken und Klippen des Golfes Bekanntschaft, was leicht zu vermeiden wäre. Steuern Sie von Marine de Fiori genau 120°, bis Sie das äußere Fahrrinnen-Tonnenpaar erreichen.

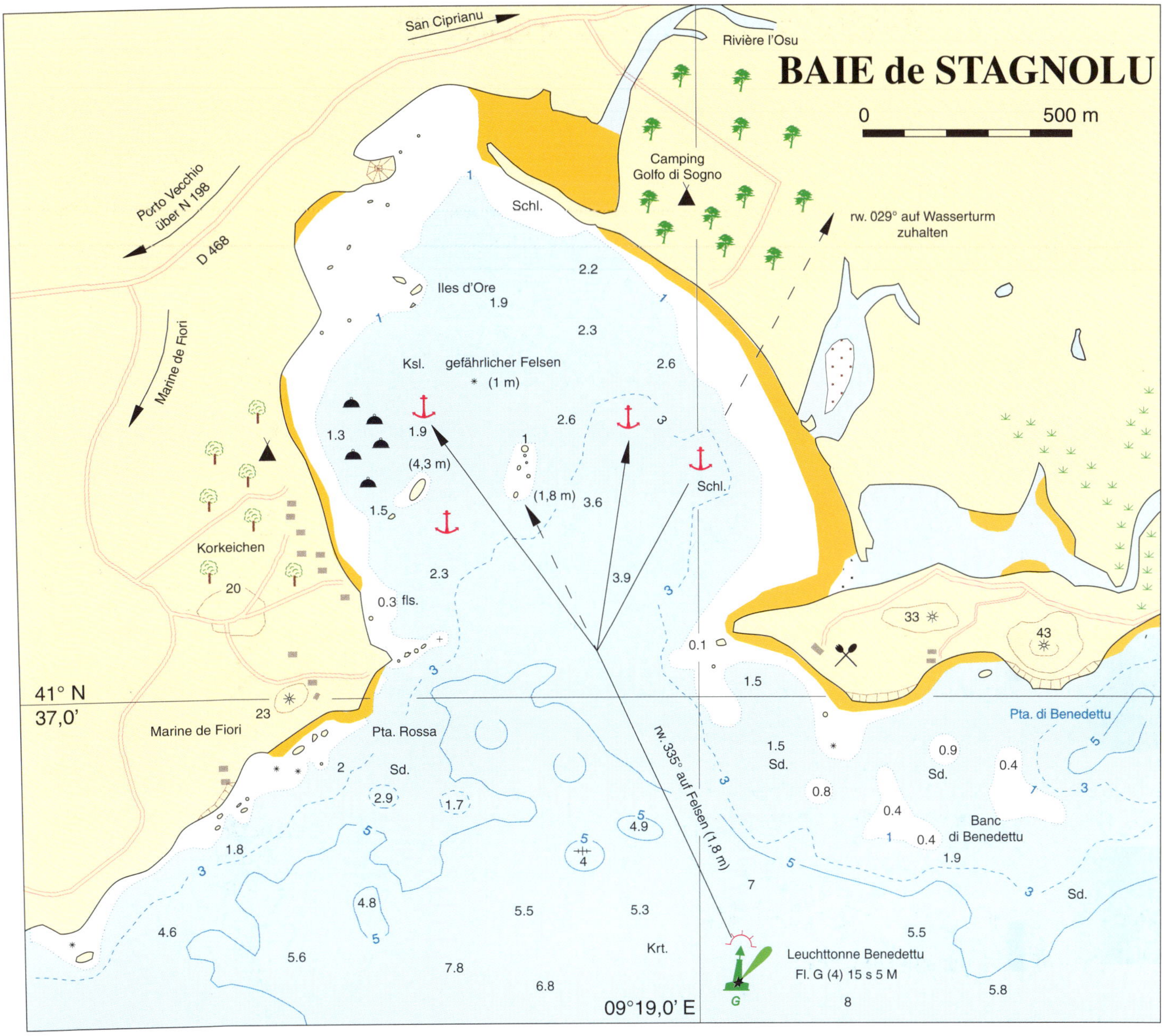

Ansteuerungstonne Benedettu aus ESE

Ankerplatz Baie de Stagnolu (Golfo di Sogno) aus Nord

Yachthafen Porto Vecchio

41°35,5'N 09°17,2'E Karte: EG 1008

Lage und Umgebung

Der Yachthafen liegt gut geschützt im SW-lichsten Winkel des Golfes unterhalb des 90 m hohen Hügels, von dem die mauergegürtete Altstadt herabschaut. Nachtigallen singen im grünen Buschwerk an den Abhängen.
SE-lich des Yachthafens schließt der Handelskai an. In der benachbarten Mündung des Stabiacciu wird Salz gewonnen, das auch heute noch einen wichtigen Exportartikel für Porto Vecchio darstellt.

Ansteuerung

Bitte lesen Sie unter *Ansteuerung des Golfes von Porto Vecchio* nach.

Liegeplatz

Yachthafen Hier ist Platz für 430 Boote. Muringketten liegen aus. Im Sommer ist der Hafen überfüllt. Der Schutz ist gut bei allen Windrichtungen.
Handelskai Im Normalfall dürfen Yachten hier nicht anlegen. Außerdem bietet der Platz nur wenig Schutz, und man wird häufig durch an- und ablegende Frachter und Fähren gestört.

Behörden

Der Hafenmeister ist in der Capitainerie anzutreffen. Tel. 0495701793, Fax 0495702768, vom Ausland 0033/4/95 usw. Zollbüro in Hafennähe (s.Plan).

Versorgung

Wasser und Strom an den Liegeplätzen. Duschen und Toiletten im Gebäude neben dem Marina-Eingang. Diesel und Benzin bei der Tankstelle am Nordkai (0800–2030 während der Saison, sonst auf Anfrage).
Reparaturen (Motor, Polyester, Segel, Alu- und Niroschweissen) werden ausgeführt. Fragen Sie einfach im Marinabüro.
Slipbahn, mehrere Kräne bis maximal 50 t. Schiffsausrüster am Hafen. Bootsvermietung.Waschmaschinen (Laverie du Port). Eisverkauf. Autovermietung.
Der Wetterbericht hängt täglich in der Capitainerie aus. Geldwechsel.
Im gut sortierten Supermarkt an der Straße nach Bastia (300 m) finden Sie eine Bank.
Die Restaurants und Bars beim Hafen bieten alles vom köstlichen Fisch- und Muschelgericht bis zum Schnellimbiß.
In der Altstadt Appetitanregend und eine Augenweide, aber leider nicht besonders preiswert, ist das vielseitige Angebot an Delikatessen, Obst und besonders leckeren Brotsorten.
Banken, deutsche Zeitungen (während der Saison). Stimmungsvolle Eßlokale mit Blick auf den Golf; gemütliche Cafés am Hauptplatz. Das Gartenrestaurant „Jardin de la Paresse" bietet

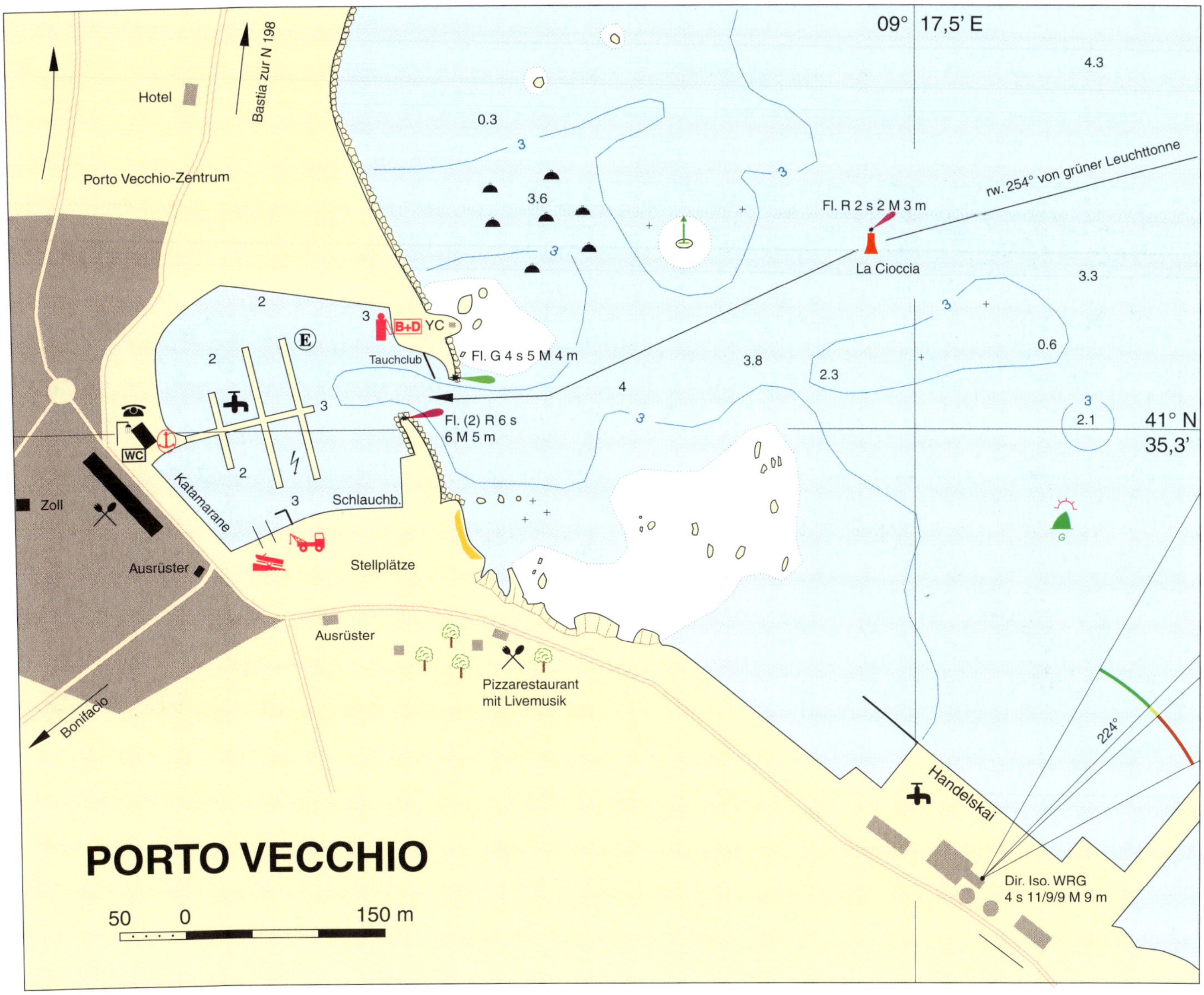

Yachthafen Porto Vecchio

Hai im Hafen von Porto Vecchio

zum köstlichen Essen einen wunderbaren Panoramablick über Hafen und Golf.
Touristeninformation auf dem Weg zur Altstadt.

Verkehrs- und Postverbindungen

Postamt in der Altstadt. Kartentelefone.
Taxis. Mietautos. Busverkehr zu den wichtigen Orten der Insel.
Fähren: Dreimal pro Woche nach Marseille, einmal nach Livorno und zweimal nach Palau und Genua.

Funkkommunikation

Der Hafenmeister hört während der Dienststunden auf UKW-Kanal 9.

Tourismus

Wandern Sie zur Altstadt hinauf. Nehmen Sie entweder den steilen Weg links oder den gemächlicheren rechts unterhalb des Stadthügels. Die Festungsmauern und die alten Häuser erinnern an die Zeit der Genueserherrschaft, doch auch die alten Griechen wußten den sicheren Hafen von Porto Vecchio zu schätzen und exportierten von hier – wie das heute die Korsen tun – Salz, Kork, Wein und Oliven.
Im Hinterland stehen tausendjährige Olivenbäume, deren knorrige Stämme so dick sind, daß mehr als zwei erwachsene Menschen nötig sind, um sie zu umfassen. Eine besondere Sehenswürdigkeit der Region sind Korkeichenwälder, übrigens die schönsten Korsikas.
Sehr hübsch ist der Ausflug zu den Wasserfällen und Bergen im Forêt de l'Ospedale.

Ankerplätze im Golf von Porto Vecchio S-Küste

Karte: EG 1008

Flußmündung Stabiacciu 41°35,1'N 09°17,8'E

Der Fluß Stabiacciu bildet in seinem Mündungsgebiet mehrere Becken und Arme und fließt zwischen zwei schmalen sandigen Landzungen in den Golf. Man hat durch die seichte Mündungsbarre einen Kanal gebaggert, um bei hohem Wasserstand im Fluß besseren Ablauf zu garantieren.
Kleinere Schiffe mit einem Tiefgang von weniger als 1 m können vorsichtig lotend in das erste Becken einfahren. Die Tiefen in der Mitte liegen dort bei 2,8 m. Weiter nach Süden muß man erneut eine Barre von weniger als 1 m Tiefe passieren, dahinter lotet man wieder 2,5 m.
Der Schutz ist gut, und man liegt dort ungestört.

Ziglione 41°35,6'N 09°18,3'E

S-lich dieser 13 m hohen, von Opuntien bedeckten kleinen Insel finden Sie einen wirklich hübschen Ankerplatz auf 3 m über Sandgrund mit Schutz bei allen Windrichtungen. Allerdings schicken W-liche Winde heftige Fallböen über den Platz hinweg.
Am benachbarten Ufer des Golfes liegen Ferienhäuser; die Anlegestege und Bojen sind privat.

Marina Vizza 41°36,2'N 09°19,8'E

Vor dem schmalen Sandstrand ankern Sie gut geschützt auf 3–4 m über Sandgrund.
Vor Ferienhäusern liegt ein Betonanleger.
Der W-Seite des E-Einfahrtskaps sind felsige Untiefen vorgelagert.

Port d'Arghi 41°35,8'N 09°20,5'E

Diese Bucht hat einen sehr schönen Sandstrand, der vor einem Etang verläuft. Innerhalb der 3-m-Linie liegen Untiefen mit nur 0,5 m Wasser bedeckt und ein paar flache Inselchen.
Den kleinen Privathafen am W-Ufer dürfen Yachten nur in einem echten Notfall benutzen.
Der Schutz ist gut, sogar bei NE-Wind.
Achtung Klippen im Hafenbecken.
Es ist nicht ratsam, von Bord zu gehen, da auf dem angrenzenden Grundstück Domaine San Marco de Piccovaggia, das sich mit Bäumen und Sträuchern aller Art parkartig bis zur Hauptstraße hinzieht, eine Schäferhund-Zucht beherbergt ist. Meist streifen die Tiere frei herum und sind äußerst bissig.
Sie können außerhalb der Hafeneinfahrt auf 3–4 m über Sandgrund ankern.
Versorgung gibt es hier keine, da man das Lebensmittelgeschäft des benachbarten Campingplatzes nur über das private, von Hunden bewachte Anwesen erreichen kann.

Leuchtturm Pecorella, Einfahrt zum Golf von Porto Vecchio

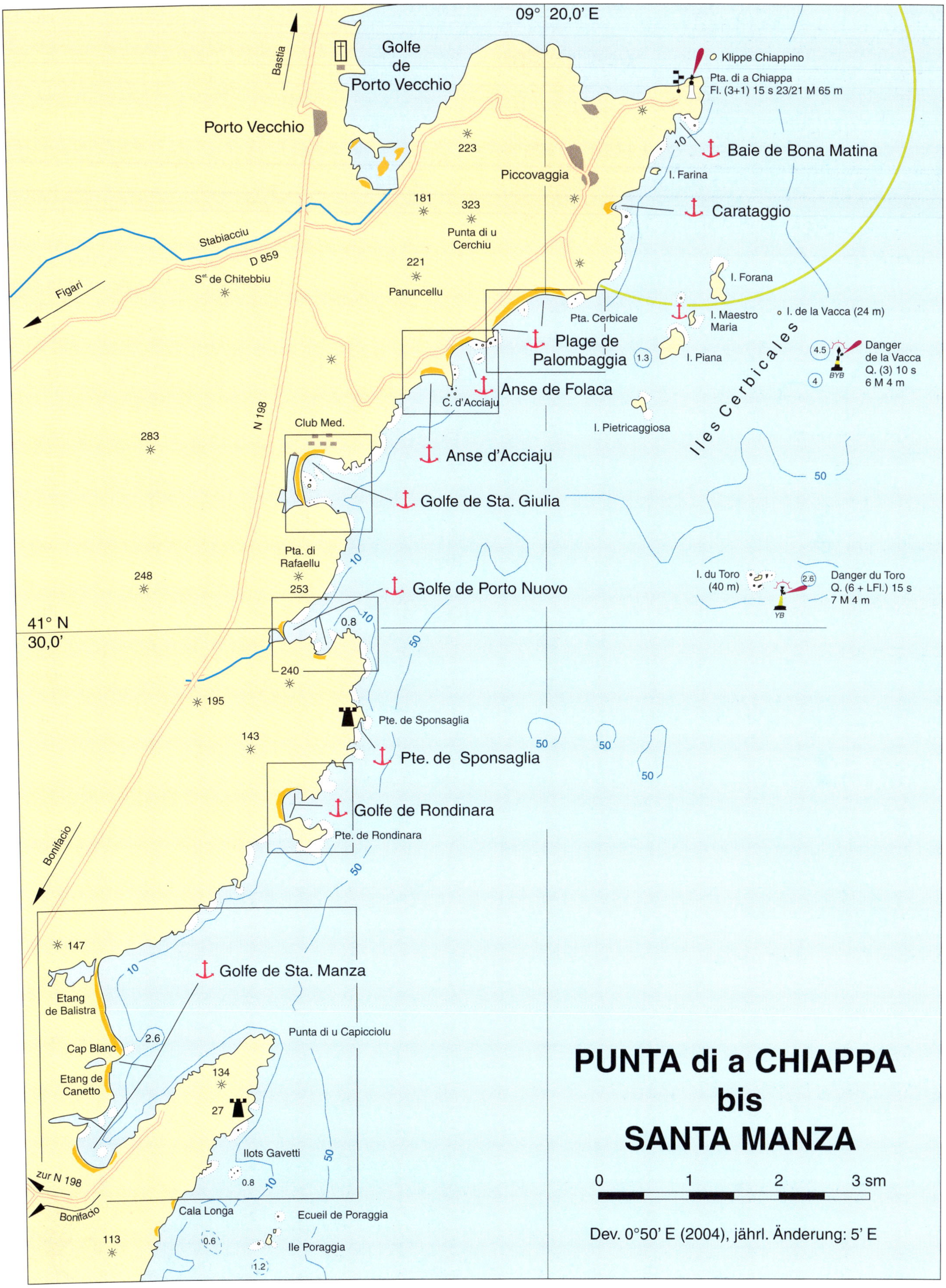
09° 20,0' E
Golfe de Porto Vecchio
Porto Vecchio
Bastia
Klippe Chiappino
Pta. di a Chiappa
Fl. (3+1) 15 s 23/21 M 65 m
Baie de Bona Matina
I. Farina
Piccovaggia
223
181
323
Punta di u Cerchiu
Carataggio
Stabiacciu
D 859
St. de Chitebbiu
221
Panuncellu
Figari
I. Forana
Pta. Cerbicale
I. Maestro Maria
I. de la Vacca (24 m)
Plage de Palombaggia
I. Piana
Iles Cerbicales
Danger de la Vacca
Q. (3) 10 s
6 M 4 m
BYB
Anse de Folaca
C. d'Acciaju
I. Pietricaggiosa
N 198
Club Med.
283
Anse d'Acciaju
Golfe de Sta. Giulia
50
Pta. di Rafaellu
253
248
Golfe de Porto Nuovo
I. du Toro (40 m)
Danger du Toro
Q. (6 + LFl.) 15 s
7 M 4 m
YB
41° N 30,0'
0.8
240
195
Pte. de Sponsaglia
143
Pte. de Sponsaglia
Golfe de Rondinara
Pte. de Rondinara
Bonifacio
147
Golfe de Sta. Manza
Etang de Balistra
Punta di u Capicciolu
Cap Blanc
2.6
Etang de Canetto
134
27
Ilots Gavetti
zur N 198
Bonifacio
Cala Longa
Ecueil de Poraggia
113
Ile Poraggia
PUNTA di a CHIAPPA bis SANTA MANZA
0 1 2 3 sm
Dev. 0°50' E (2004), jährl. Änderung: 5' E

Punta di a Chiappa bis Santa Manza

Karte: EG 1008, F 6929(P)

Von Punta di a Chiappa bis zum Golf von Santa Manza verläuft die Küste nach SSW. Die Inselgruppen Cerbicales und Toro sind ihr vorgelagert.
Bis zur Punta Cerbicale wird der felsige Küstensaum nur selten durch kleine Sandbuchten aufgelockert. Erst von da bis zur Anse d'Acciaju säumt herrlicher Badestrand das Ufer.
Im Anschluß daran öffnen sich die kleinen Golfe Santa Giulia, Porto Nuovo und Rondinara, gefolgt vom großen, abwechslungsreichen Golfe de Santa Manza. Jeder von ihnen hält eine Anzahl von Ankerplätzen bereit, hinter ihren Stränden liegen Etangs.

Ansteuerungsmarken

Punta di a Chiappa mit Leuchtturm und Semaphor; die Inselgruppe Iles Cerbicales; die Turmruine auf Pointe de Sponsaglia und das bizarr zerklüftete rötliche S-Kap von Santa Manza, Punta di u Capicciolu.

Gefahren

Die befeuerten Klippen Danger de la Vacca und du Toro; die unbefeuerten Iles Cerbicales; die Untiefen vor Pointe de Rondinara, die sich 150 m nach S erstrecken.

Sperr- und Naturschutzgebiete

Ein Schießgebiet liegt zwischen Punta di a Chiappa und Ile du Toro. Militärische Übungen finden in einem Gebiet zwischen Punta San Ciprianu und Punta di u Capicciolu statt, dessen E-liche Begrenzung auf 09°30'E liegt.
In einer Zone 2 sm E-lich Punta di a Chiappa sind Tauchen und Fischen verboten.
Die Inselgruppe Iles Cerbicales ist Naturschutzgebiet. Näheres lesen Sie bitte auf S. 96 nach.

Wind und Seegang

W-licheWinde, besonders der Libeccio, können hier mit erheblicher Wucht auftreten, auch der Seegang ist bei dieser Wetterlage rauh.
Alle Buchten in diesem Bereich sind fallböengeschädigt.

Entfernungen in sm

Rondinara	–	Sta. Manza	5
Sta. Manza	–	Porto Massimo/Maddalena	12
Sta. Manza	–	La Gavetta/Maddalena	21
Sta. Manza	–	Sta. Teresa di Gallura/Sardinien	16
Sta. Manza	–	Porto Cervo/Sardinien	20

Zwischen Punta di a Chiappa und Santa Giulia

Karte: EG 1008

Bona Matina 41°35,5'N 09°21,9'E

In die Steilküste an der S-Seite der Halbinsel La Chiappa schneidet die Bucht Bona Matina ein, wo man vor einem Sandstrand im Schutze des Kaps ankert. Der Platz ist bei allen S-lichen Winden und auch bei E-Wind ungeschützt.
Kleine Einheiten können sich in der NE-Ecke verkriechen und finden hier sogar noch ein wenig Schutz gegen E-Wind (Vorsicht: Klippen).
Hinter dem Strand ist ein großes Nudistencamp angesiedelt, daher herrscht hier im Sommer starker Betrieb; vor allem die Surfer sind eifrig unterwegs.

Carataggio 41°34,5'N 09°21,0'E

Wer es einsamer liebt, findet auf halbem Wege zwischen Punta di a Chiappa und Punta Cerbicale vor einem hellen Strand diese kleine Bucht, die sich in dem geradlinigen, felsigen Ufer, umgeben von macchiagrünen Hügeln, nach Osten öffnet.
Ankern Sie auf 3–4 m vor dem Strand, an dem einige Felsbrocken liegen. Hier haben Sie guten Schutz bei W-lichen Winden.

Plage de Palombaggia 41°33,5'N 09°20,0'E

Das schimmernde Band des langen Strandes zwischen Punta Cerbicale und Capu d'Acciaju wird durch niedrige felsige

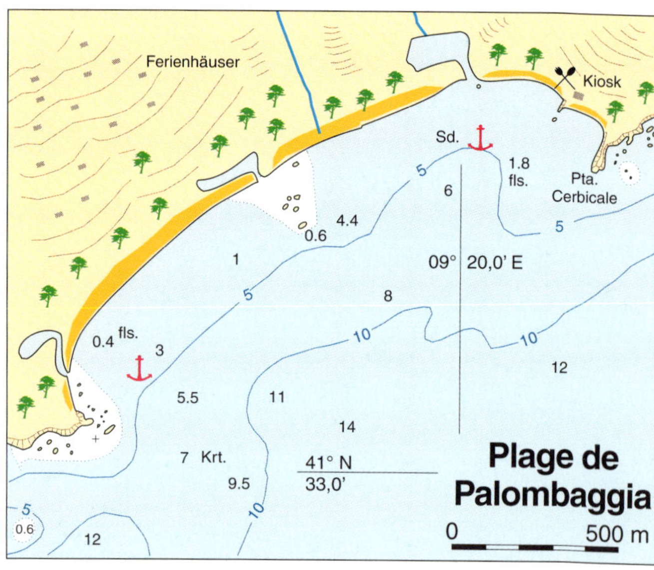

Blick in die Baie de Bona Matina aus Nord und auf die Iles Cerbicales

Landzungen in drei hübsche Ankerbuchten aufgeteilt. Die N-lichste davon ist Plage de Palombaggia. Feinster weißer Sand, niedrige Dünen, riesige alte Schirmpinien: Dieser Platz zählt zu den schönsten Stränden der Insel und ist auch bei Landtouristen sehr beliebt; eine Fahrstraße führt hierher.

- Man ankert entweder in der NE-Ecke im Süden des kleinen Etangs auf 3 m über reinem Sandgrund; der Schutz ist gut von W über N bis NE, woran das niedrige rote Felskap Punta Cerbicale nicht unbeteiligt ist.
- Eine weitere Ankermöglichkeit hat man am SW-Ende des Strandes von Palombaggia, wo er an die benachbarte Bucht Foaca angrenzt. Dort findet man Schutz bei NW, W und auch ein wenig bei SW.

Achtung Vor der Mitte des Strandes, vor einem weiteren Etang, liegen Über- und Unterwasserklippen bis 200 m in See. Das Kap, welches Plage de Palombaggia von Anse de Folaca trennt, ist ebenfalls von Klippen umlagert.

Pizzas, Gegrilltes, Getränke und Crêpes (s. Plan).

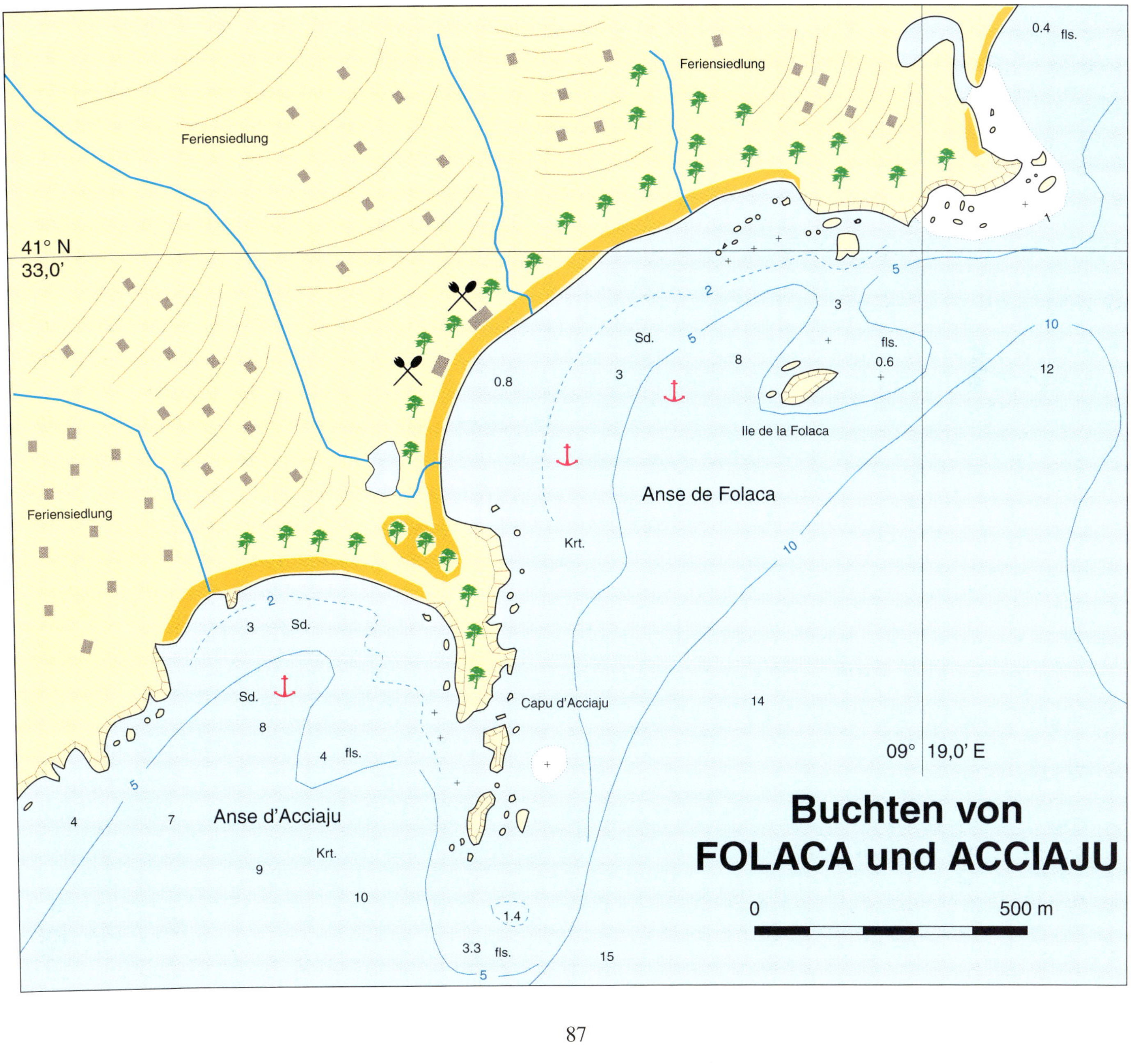

Anse de la Folaca aus NE: vorn Capu d'Acciaju, im Hintergrund Pointe de Sponsaglia

Anse de Folaca 41°33'N 09°18,6'E

Ebenfalls eine einladende Strandbucht, eingerahmt von grünen Hügeln, auch die obligaten Schirmpinien auf dem kleinen Kap fehlen nicht, desgleichen die Ferienhäuser, Sonnenanbeter und Surfer.
Im NE-Teil der Bucht liegt die aus grauen, glattgeschliffenen Felskugeln geformte Ile de la Folaca, ein Vorbote der Granitinseln Lavezzi, denen wir in den Bouches de Bonifacio begegnen werden.
Ankern Sie im SW-Teil (lt. Plan). Der Schutz ist gut bei Winden aus dem 4. Quadranten und auch bei mäßigem Libeccio. Restaurant, Snackbar und Duschen finden Sie am Strand.
Bei ruhigem Wetter können Sie auch an den Felsen der Insel Folaca festmachen; Taucher kommen dort auf ihre Kosten. Vorsicht, die Insel ist von Klippen umgeben.
Zwischen Ile de la Folaca und korsischer Küste kann man hindurchfahren. In der Mitte lotet man ca. 3 m.

Anse d'Acciaju 41°32,7'N 09°18,2'E

Dieser Ankerplatz bildet den S-lichen Schlußpunkt der drei benachbarten Strandbuchten. Auf dem Hügel zwischen Meer und Straße sieht man Ferienhäuser und ein Campinggelände liegen.
Ankern Sie vor der Mitte des Strandes auf 5–6 m über reinem Sandgrund. Hier ist der Schutz gut bei Winden aus dem 4. und 1. Quadranten, jedoch nicht bei starkem E-Wind, der im Sommer glücklicherweise selten vorkommt.

Iles Cerbicales 41°33,5'N 09°22,0'E (Maestro Maria)

Im Abstand von 1–2 sm E-lich und SE-lich von Punta Cerbicale erstreckt sich diese unbewohnte, unter Naturschutz stehende Inselgruppe, die aus fünf Inseln besteht. Sie heißen, von NE nach SW: Forana, Maestro Maria, de la Vacca, Piana und Pietricaggiosa.

Santa Giulia

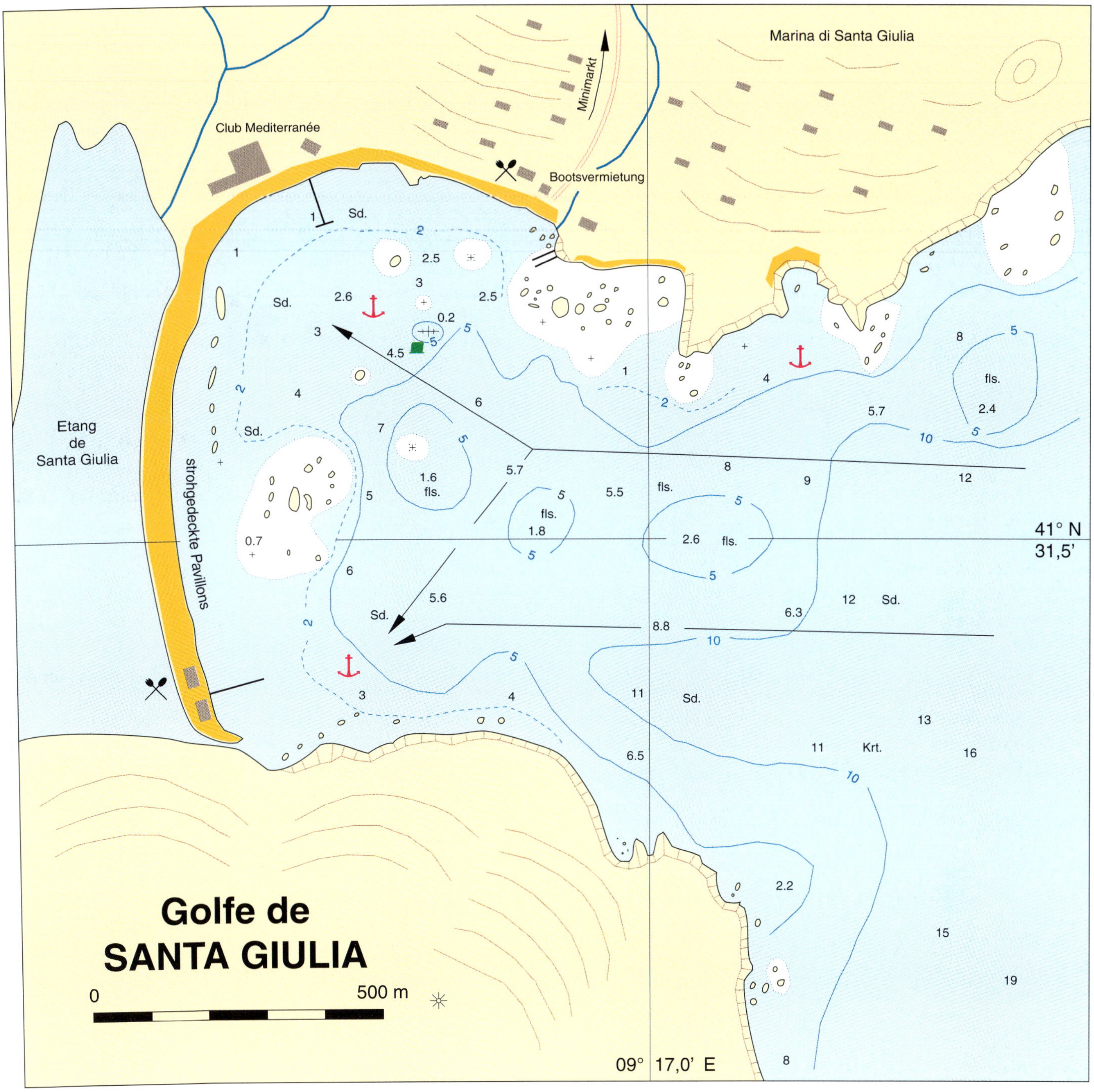

Forana und Piana sind 34 bzw. 36 m, Ile de la Vacca, die E-lichste und kleinste der Inseln, ist 24 m hoch; alle drei bedeckt spärliche Macchia. Die restlichen Inseln zeigen sich niedrig und kahl.

Ein brauchbarer Tagesankerplatz liegt vor dem N-Ufer der Insel Maestro Maria, vor einer kleinen, nach NE offenen Bucht mit Sandstrand.

Eine weitere Ankermöglichkeit findet man im SW dieser Insel. Beachten Sie die Naturschutzvorschriften (s. S. 96).

Achtung Der W-Seite der Inselgruppe sind Untiefen und Klippen vorgelagert; die E-Seite ist reiner.

Tagsüber gestaltet sich die Durchfahrt zwischen Korsika und den Iles Cerbicales problemlos, auch wenn das Meer rauh ist; oft hat man hier sogar ruhigeres Wasser als E-lich der Inseln. Wer nachts hier durchsteuern will, benötigt helles Mondlicht.

Im SSE der Ile de la Vacca liegt die felsige Klippenbank Danger de la Vacca, die durch eine Leuchttonne gekennzeichnet ist. Etwas mehr als 2 sm weiter nach SE befindet sich die kleine Inselgruppe Iles du Toro mit der befeuerten Klippe Danger du Toro. Mit Hilfe dieser beiden Feuer kommt man nachts gut von den Gefahrenstellen und auch von den Iles Cerbicales frei.

Golfe de Santa Giulia

40°31,5'N 09°17,0'E — Karte: EG 1008

Gut geschützt gegen W-liche Winde, nach Osten jedoch vollkommen offen, schneidet dieser ½ sm breite Golf in das Land ein, und zwar ganz korsika-typisch zwischen macchiagrünen

Hügeln. Ein breites Sandband (Nehrung), auf dem Schirmpinien wachsen, trennt das Meer vom dahinterliegenden Etang. Vor vielen Jahren hat der Club Mediterranée diesen einzigartigen Platz für sich entdeckt. Die Clubanlagen befinden sich hinter dem NW-Strand neben einem Pavillon mit Pagodendach; auf der Nehrung stehen helle Hütten mit Strohdächern.

- *S-Ankerplatz* Der N-Teil und die Mitte des Golfes sind mit Über- und Unterwasserklippen übersät. Man läuft daher parallel zum reinen S-Ufer ein und ankert vor dem kleinen Steg des Restaurants auf ca. 3–4 m über weißem Sand, der die herrliche Türkisfärbung des Wassers bewirkt. Direkt vor dem Steg lotet man weniger als 1 m.
  Hier liegt man gut bei Libeccio; bei Mistral schwellt es unangenehm, und man gibt dem N-Ankerplatz den Vorzug.
- *N-Ankerplatz* Vor den Clubanlagen fällt das Eisen auf 3–4 m über reinem Sandgrund. Kommen Sie den Klippen am N-Ufer nicht zu nahe. Die Tonne SW-lich eines Wracks läßt man beim Einsteuern an der Steuerbordseite. Beachten Sie den Felsen, dicht unter der Wasseroberfläche, ca. 180 m S-lich des Wracks. Guter Schutz bei SW über N bis NE.

Fallböen verspürt man im gesamten Golf, besonders bei Libeccio. Sie fegen vom S-lich der Bucht aufragenden Hügel Punta di Rafaellu (253 m) herunter.

Am NE-Ufer, beim Anlegesteg unterhalb der Feriensiedlung Marine di Santa Giulia, den man mit dem Beiboot anlaufen kann, findet man ein Restaurant, Bootsvermietung, Ausflugsboote zu den Lavezzi-Inseln, Telefonzelle und Taxis.

Golfe de Porto Nuovo

41°30,0'N 09°16,5'E — Karte: EG 1008

Nur knapp 2 sm S-lich des eben beschriebenen Ankerplatzes öffnet sich dieser reizvolle Golf zwischen steilen, felsigen Ufern. Er macht eine W-Ausbuchtung vor einem breiten Strand, hinter dem ein Etang liegt, und eine S-Ausbuchtung. Höhere bewaldete Hügel umgeben ihn.

Achtung Von Süden kommend, muß man einer Untiefe 110 m N-lich des E-Einfahrtskaps ausweichen (0,8 m, s. Plan).

- *W-Bucht* Hier ankern Sie auf 4–5 m über reinem Sandgrund mit viel Platz zum Schwojen. Der Schutz ist gut bei Libeccio und Mistral, doch die Fallböen wirken sich bei allen W-lichen Winden sehr heftig aus.

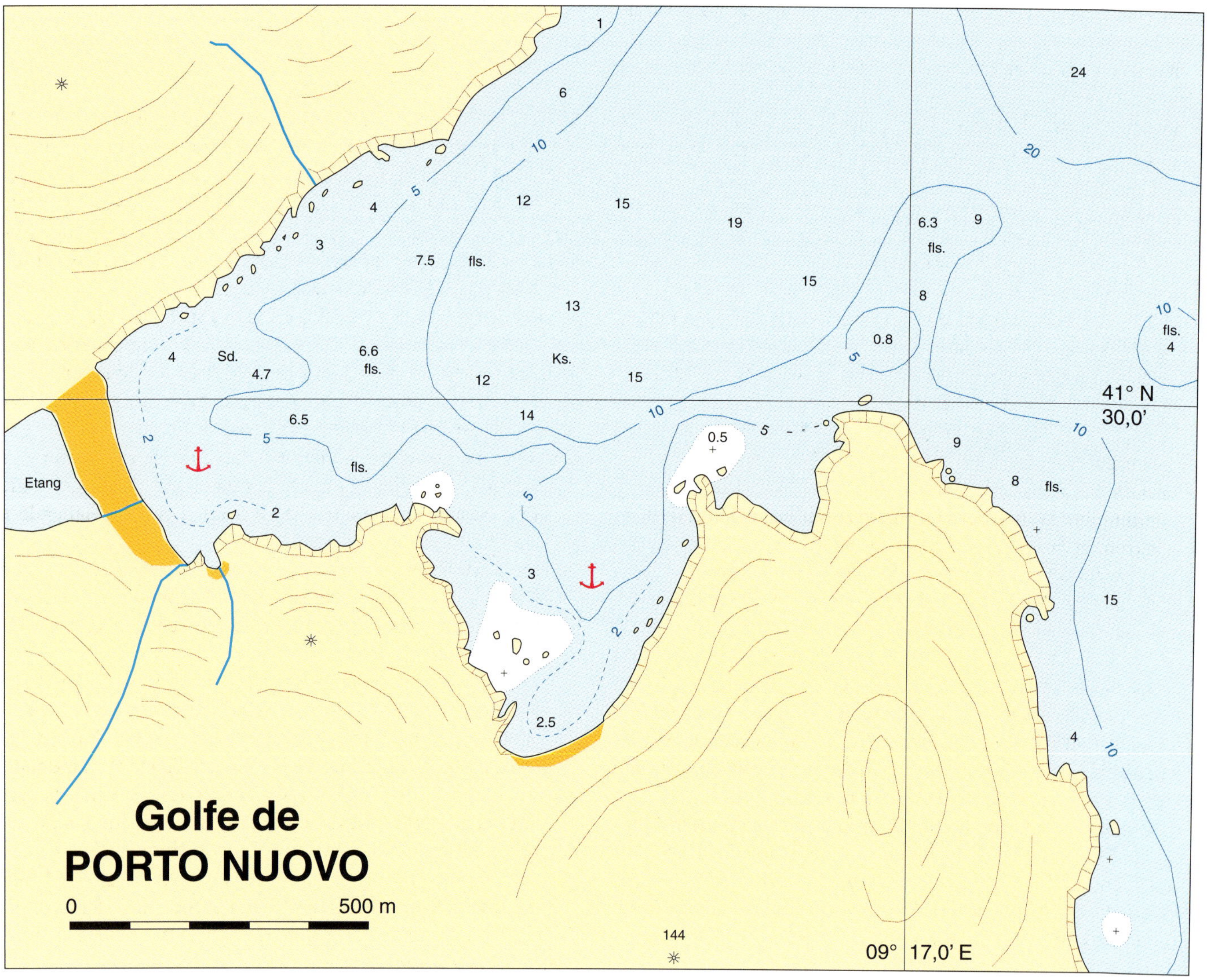

Golfe de Rondinara aus West

- *S-Bucht* Zwei felsige Kaps, beide von Klippen umgeben, flankieren die Bucht, in deren Scheitel ein schmaler Strand verläuft.
  Größere Yachten ankern im N-Teil der Bucht auf 5–6 m über Sandgrund.
  Kleine Schiffe können unter Umgehung des Felsriffs sehr weit nach Süden vordringen und ankern auf 2–4 m über Krautbewuchs.
  Dieser Teil des Ankerplatzes wird durch ein großes Felsriff, das vom W-Ufer etwa 170 m vorspringt, sehr stark eingeengt. Eine Sorgleine ist hilfreich.
  Der Schutz ist gut von W über S bis E.
  Die S-Bucht von Porto Nuovo ist einer der seltenen Plätze, an dem man bei Scirocco sicher liegt. Nach Aussagen verschiedener Segler erlebt man Fallböen in der S-Bucht weniger heftig als in der W-Bucht.
  Bei N- und NE-Wind muß man an beiden Plätzen sofort ankerauf gehen.
- *Pointe de Sponsaglia* Etwa 1 sm S-lich von Porto Nuovo, unmittelbar W-lich der von einem zerfallenen Genueserturm gekrönten Huk Pte. de Sponsaglia, schneidet diese kleine Bucht ein. Ihr Strand aus Geröll, Steinen und grobem Sand ist von roten Felsen umgeben. Die benachbarten Hügel bedeckt grüner Macchiateppich.
  Hier ist Platz für eine Yacht. Die Ankertiefe von 5 m sollte nicht unterschritten werden. Der Grund besteht aus Sand, Seegras und einzelnen Steinen, eine Sorgleine ist vonnöten.
  Der Schutz ist gut bei allen N-lichen Windrichtungen und auch bei W-Wind. Bei NE-Wind muß man Schwell ertragen, denn die felsigen Ufer werfen den Seegang zurück.
  Achtung E-lich vor Pointe de Sponsaglia behindern Klippen. Eine einzelne Klippe liegt 130 m S-lich des Kaps.

Außerdem sind auf der gesamten Strecke zwischen Pointe de Sponsaglia und Golfe de Rondinara Klippenbänke zu beachten, die teilweise bis 270 m vom Ufer entfernt liegen.

Golfe de Rondinara

41°28,0'N 09°16,2'E Karte: EG 1008

Diese runde Bucht N-lich der 0,5 sm vorspringenden Pointe de Rondinara wird von kleinen Stränden und rostroten Felsufern mit Pinienbewuchs eingerahmt. Einst ein beliebter Schlupfwinkel für Piraten und Schmuggler, zieht Rondinara heute Segler, Surfer, Nacktbader und Camper an. Am SW-Ufer landet eine holperige und steile Fahrpiste, auf der auch regelmäßig Wohnmobile in die Bucht gelangen.

Hinter dem Strand im NW liegt eine große Ferienvilla, ockerrot mit gelben Dächern, schön in die Macchia eingebettet. Nur wenige Häuser stehen an den Ufern; Kühe weiden hier.

Achtung Vor Pointe de Rondinara, dem S-Einfahrtskap, erstrecken sich Klippen 150 m in S-licher Richtung. Die Einfahrt zwischen den beiden rötlichen Kaps ist frei von Gefahren.

- *N-Strand* Hier liegt man sehr gut und findet auch noch nahe beim Strand angenehme Ankertiefen über gut haltendem Sandgrund.
  Beim Ansteuern dieses Ankerplatzes müssen Sie auf die Klippenbank achten, über der nur 0,8 m Wasser steht. Auch weiter zum Strand liegt eine vereinzelte Klippe, vor der Villa erstreckt sich ein Riff.
  Der Schutz ist hervorragend von W über N bis E. Die Fallböen, besonders bei Libeccio, sind allerdings verheerend.
- *SW-Strand* Hier finden Sie ebenfalls eine gute Ankermöglichkeit über Sandgrund, die bei allen S-lichen Windrichtungen vorzuziehen ist. Ein barackenartiges Gebäude beherbergt ein kleines Restaurant. Lebensmittelläden und ein weiteres Restaurant gibt es im 3 km entfernten Suartone.
- *S-Ankerplatz* S-lich der niedrigen sandigen Landenge dringt eine Bucht N-wärts ein. Dort können Sie auf 3–5 m vor einem kleinen Sandstrand angenehm ankern, außer bei Winden aus S-lichen Richtungen.

Kommen Sie beim Runden der Rondinara-Halbinsel den S-lich vorgelagerten Klippen nicht zu nahe.

Golfe de Santa Manza

41°23,5'N 09°13,8'E (Cap Blanc) Karte: EG 1008

Lage und Umgebung

Der langgestreckte, 2,5 sm nach SW eindringende Golf hat stark gegliederte Küsten mit recht unterschiedlichen landschaftlichen Merkmalen. So wird das SE-Ufer von der rötlichen Granithalbinsel Santa Manza gebildet, die im NE in der bizarr zerklüfteten Punta di u Capicciolu endet, auf deren Höhenrükken der zerfallene Genueserturm Tour de Santa Manza (127 m) steht. Weiter innen geht das felsige Ufer in kleine Buchten mit grobem Sandstrand über.

In der äußersten S-Ecke liegt das Fischerdorf Gurgazu mit dem winzigen Hafen, dessen klippengespickte Einfahrt wirklich nur flachgehendste Fischerboote durchläßt. Vor der Hafeneinfahrt liegen Fischzuchtanlagen aus.

Hinter dem Sandstrand im Scheitel des Golfes haben sich Hotels und Campingplätze angesiedelt, die beinahe bis an die Calanque de Stentino heranreichen, welche inmitten von üppiger Vegetation in das Kalkgestein des niedrigeren W-Ufers einschneidet. Stentino ist trotz der seichten Einfahrt ein beliebter Ankerplatz, denn hier liegt man wie in Abrahams Schoß, und zwar bei jeder Windrichtung.

An der W-Seite des Golfes, vor den Etangs Canetto und Balistra, erstrecken sich einladende Badestrände aus feinstem hellen

Sand. Weiß leuchtet das 46 m hohe, steile Kalksteinkliff Cap Blanc vor den nach NE anschließenden hohen bewaldeten Hügeln.
Das N-Einfahrtskap des Golfes von Santa Manza ist Pointe de Rondinara, eine rötliche Felshalbinsel, die durch eine schmale sandige Landzunge mit dem Festland verbunden ist.
Der Golf ist ein Paradies für Surfer und Hobiecat-Segler. Die dazugehörigen Sportgeräte werden am SE-Ufer vermietet.

Ansteuerung

Am Tage Pte. de Rondinara (N-Kap); Pta. di u Capicciolu, das hohe rötliche S-Einfahrtskap und das auffällige Cap Blanc am W-Ufer des Golfes helfen beim Ansteuern.
Bei Nacht Keine Befeuerung; Nachtansteuerung ist nicht möglich.
Auf Gefahren kommen wir bei den einzelnen Ankerplätzen zu sprechen.
Bei starken NE-Winden steht der Seegang voll in den Golf herein und wird von den Ufern zurückgeworfen. Bei E- und SE-Winden wirkt sich der Schutz des 130 m hohen Kaps Pte. Capicciolo günstig aus.
Bei Libeccio prasseln Fallböen auf die gesamte große Wasserfläche herab. Bei dieser Wetterlage ist, wer nicht in die Calanque de Stentino einlaufen kann, noch am besten S-lich von Cap Blanc aufgehoben.

Balistra 41°26,5'N 09°13,5'E

Vor dem Etang de Balistra verläuft ein langer weißer Sandstrand, an der N-Seite zeigen sich hohe begrünte Hügel. Die Zufahrt zu diesem Ankerplatz ist ohne Gefahren.
Ankern Sie vor dem N-Teil des Strandes auf 4–6 m über gut haltendem Sandgrund.
Hier haben Sie Schutz bei Winden aus dem 4. Quadranten und bei Libeccio. Nach Osten ist der landschaftlich schöne Platz offen.

Cap Blanc 41°23,5'N 09°13,8'E

An der S-Seite des steilen weißen Kliffs findet man einen besonders schönen Ankerplatz vor einem einladenden Sandstrand, hinter dem sich der Etang de Canetto ausdehnt, der sich leider des öfteren durch starken Schwefelgeruch bemerkbar macht. Hier endet ein Fahrweg.
Ankern Sie vor dem Strand auf gut haltendem Sandgrund. 20 m davor lotet man noch 2 m Tiefe.
Achtung 0,5 sm ENE von Cap Blanc liegt eine Untiefe mit nur 2,5 m Wasser darüber. Cap Blanc setzt sich in einem Klippensporn fort; man muß es daher in gutem Abstand runden.
Der Schutz ist gut von SW über W bis NW, Fallböen sind fühlbar, aber erträglicher als im Inneren des Golfes.

Calanque de Stentino 41°24,9'N 09°13,2'E

Wie ein kleiner Fjord schneidet Calanque de Stentino vor der Mündung des Canalli–Flüßchens in die begrünten, tafelbergartigen Kalkfelsen im S-lichen Teil der W-Küste von Santa Manza ein. Dichtes Grün umgibt den Ankerplatz, der als der sicherste im ganzen Golf bekannt ist.
Achtung Von Cap Blanc kommend, muß man den Über- und Unterwasserklippen vor der W-Küste des Golfes ausweichen, indem man etwa 300 m Abstand vom Ufer hält.
Am NE-Einfahrtskap von Stentino steht ein großes Ferienhaus mit einem privaten Betonanleger. Schlagen Sie zuerst einen weiten Bogen um das felsige Flach vor diesem Kap und fahren Sie dann ein Stück weit auf die W-Küste des Golfes zu (s. Plan). Danach halten Sie mit etwa NW-Kurs auf den Anleger zu, wobei vorsichtig lotend eine Barre von 1,7 m zu überwinden ist. Der Grund besteht dort aus Sand und Schlick, über den man im Notfall gut hinwegrutscht.
Sobald man sich in der Einfahrtsmitte zwischen Betonsteg und der Spitze des S-Einfahrtskaps befindet, hat man wieder 2,2 m Wasser unterm Kiel. Nun hält man sich mit Kurs SW nahe dem S-Ufer, um der von Norden weit hereinreichenden Schlickbank auszuweichen.

Einfahrt Calanque de Stentino

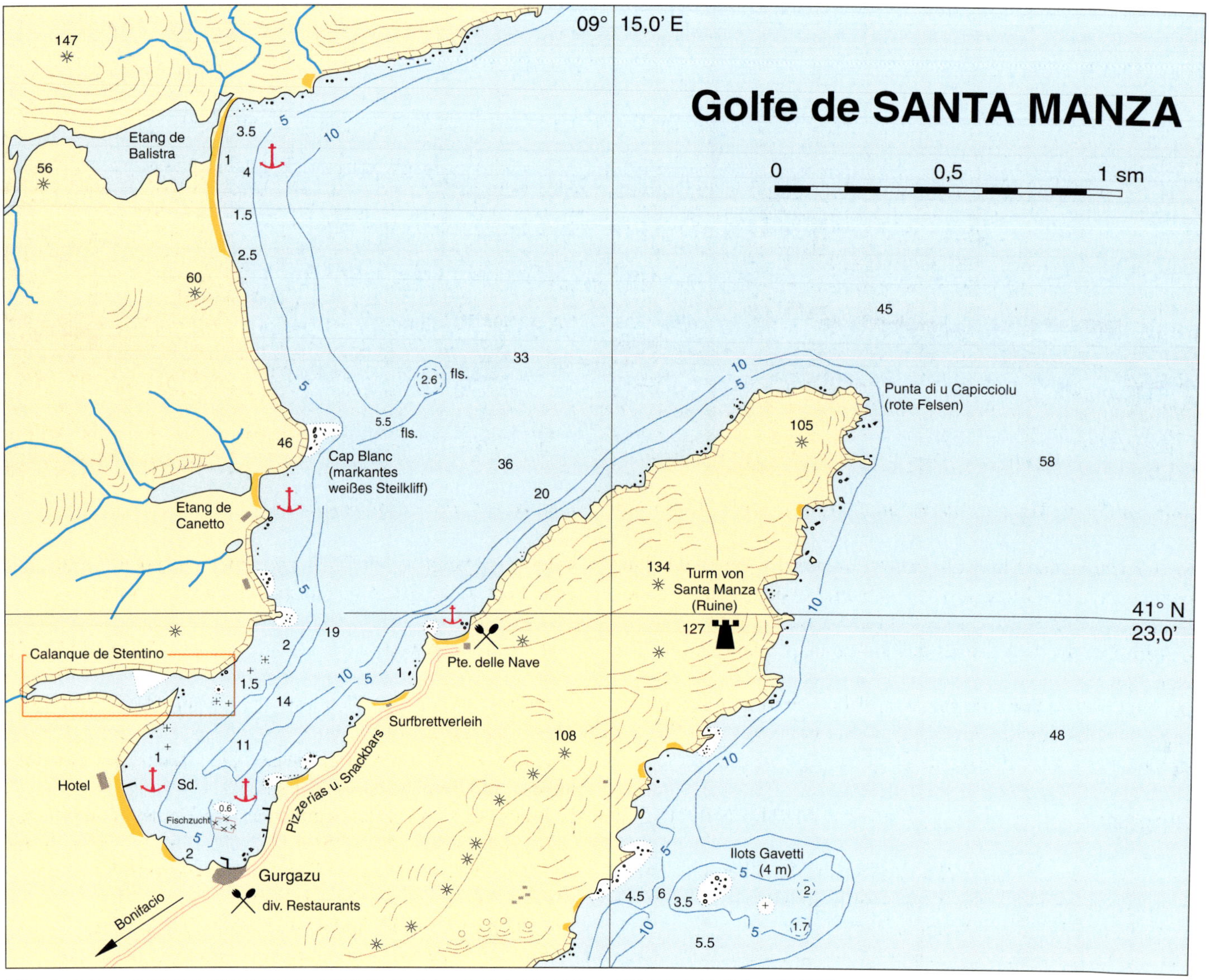

Golfe de SANTA MANZA
0 0,5 1 sm
09° 15,0' E
41° N
23,0'
147
56
60
Etang de Balistra
Etang de Canetto
fls.
2.6
5.5
33
36
20
45
58
48
46
Cap Blanc (markantes weißes Steilkliff)
Punta di u Capicciolu (rote Felsen)
105
134
Turm von Santa Manza (Ruine)
127
108
Calanque de Stentino
Pte. delle Nave
Surfbrettverleih
Pizzerias u. Snackbars
Hotel
Sd.
Fischzucht
0.6
Gurgazu
div. Restaurants
Bonifacio
Ilots Gavetti (4 m)
3.5
4.5
5.5
1.7
19
14
11

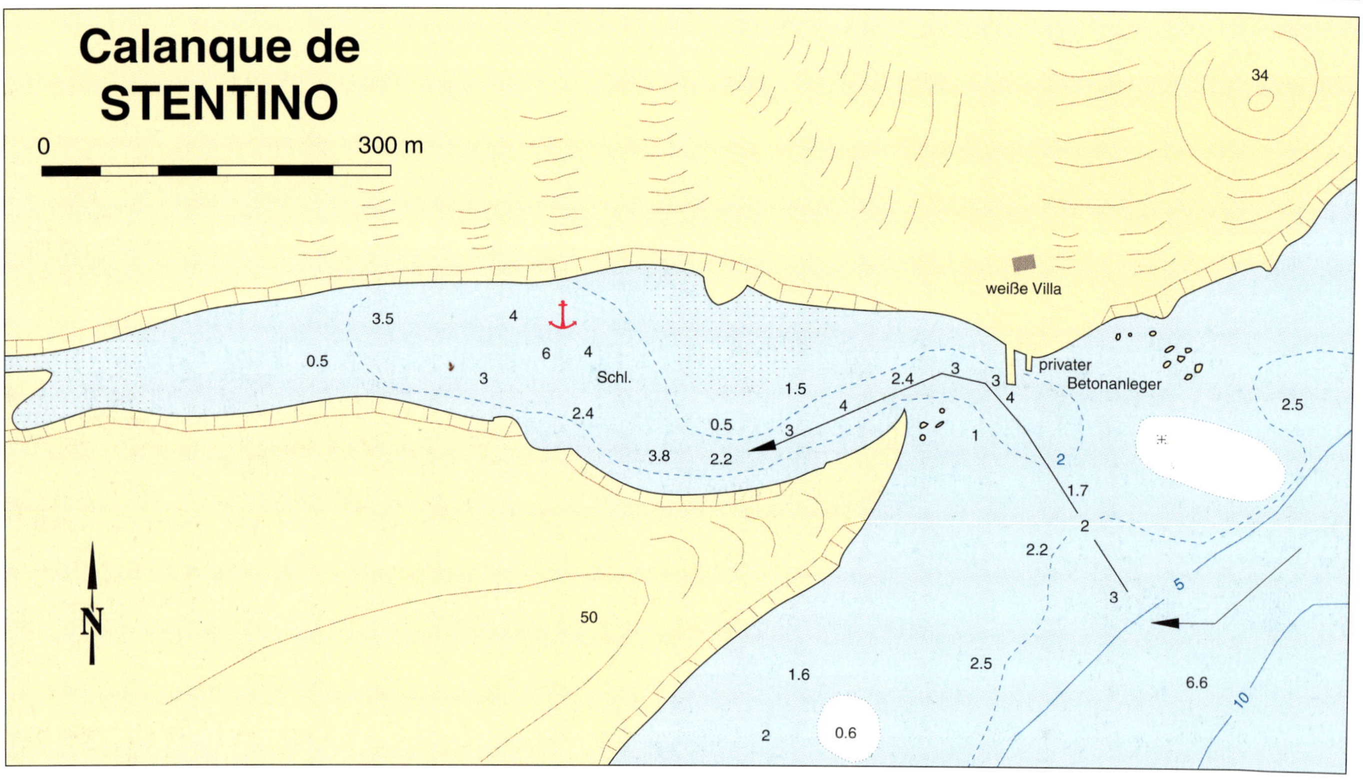

Calanque de STENTINO
0 300 m
34
weiße Villa
privater Betonanleger
Schl.
3.5
0.5
2.4
3.8
2.2
1.5
1.7
2.2
2.5
6.6
1.6
0.6
50
N

Golf von Santa Manza, Ankerplatz Gurgazu. Links: Cap Blanc, hinten rechts: Pointe de Rondinara

An der schmalsten Stelle (30 m breit) liegen die Tiefen um 2 m. Danach fällt der Grund auf 3,8 m ab, und in dem sich anschließend weitenden Becken lotet man sogar wieder 6 m.
Ankern Sie vor dem S-Ufer auf 3–4 m über Schlickgrund mit Leine zum Land.
Der Platz ist im Sommer stets überfüllt. Versorgungsmöglichkeiten gibt es hier keine. Mit dem Beiboot erreichen Sie die Restaurants um die Ortschaft Gurgazu.

Gurgazu 41°24,5'N 09°13,2'E

Ganz am Ende des Golfes läßt man auf ca. 4 m über Sandgrund den Anker fallen und liegt in Sichtweite der Hotels und Restaurants. Hier haben viele Yachten Platz.
Der Schutz ist gut bei allen Windrichtungen außer NE. Fallböen setzt es bei Libeccio.
Versorgung in den Hotels und im Ort Gurgazu. Telefonzellen im Ort. Bus nach Bonifacio. In den Restaurants beim Fischerhafen wird fangfrischer Fisch zubereitet, nach dem Motto „aus dem Netz in die Pfanne“. Spezialität sind Langusten.

Pointe delle Nave 41°25,1'N 09°14,3'E

Etwa in der Mitte der SE-Küste springt die Huk Pointe delle Nave vor, die man an einer weißen Klippe erkennt. Vor den Stränden zu beiden Seiten dieses Kaps kann man ebenfalls ankern. In Ufernähe ist es sehr seicht.
Nehmen Sie sich vor den Klippen an den kleinen Vorsprüngen in acht. Generell ist das SE-Ufer rein. Erst im Inneren des Golfes, gegenüber der Einfahrt zur Calanque de Stentino, reichen Klippen in den Golf hinein.
Der Platz ist gut bei Winden aus dem 2. Quadranten.
Ein kleines Restaurant liegt hinter dem Strand E-lich der Huk. Die Straße führt am Ufer entlang.

Pointe delle Nave, im Hintergrund Cap Blanc

Die Straße von Bonifacio (Bouches de Bonifacio)

Karten: EG 1008, F 6929(P), 7024P, 7162(P), I 42

Straße von Bonifacio heißt die Durchfahrt zwischen den gebirgigen Inseln Korsika und Sardinien. Dazu gehören – auf der französischen Seite – die korsische Küste zwischen Punta di u Capicciolu und Cap de Feno mit dem geschützten Naturhafen Bonifacio und den vorgelagerten Granitinseln Lavezzi, Cavallo und Umgebung.

Zum italienischen Teil der Straße von Bonifacio zählen die Nord- und Nordostküste Sardiniens und die Inseln des Maddalena-Archipels.

Die weißleuchtende Steilküste, eines der „Wunder" Korsikas, schiebt sich aus der Umklammerung durch rötlichen Granit nach Süden vor und ist bei Cap Pertusato, dem südlichsten Punkt der Insel, um 100 m hoch. Grotten öffnen sich in dem von Wind und Wasser zerfurchten, ausgebleichten Kalkgestein; abgetrennte Felsen wie das vielfotografierte Grain de Sable (Dito Grosso, Sandkorn) liegen majestätisch im Wasser.

So reizvoll es auch erscheinen mag, diesem eindrucksvollen Küstenstrich ganz nah „auf den Leib zu segeln", muß man ihn doch im sicheren Abstand von mindestens ½ sm passieren, denn bei Libeccio wird der Seegang von den Steilkliffs zurückgeworfen.

Gefahren

Die unbefeuerten Klippen Ilots Gavetti 1,6 sm SSW-lich Punta di u Capicciolu, deren äußeres Ende, mit nur 0,7 m Wasser bedeckt, ¾ sm vor der Küste liegt.

Die ebenfalls unbefeuerten Ilots Porraggia mit der N-lich davon liegenden Untiefe Ecueil de Porraggia.

Ile Perduto und Ecueil de Perduto E-lich der Insel Cavallo, beide sind befeuert: Eine Leuchttonne mit W-Toppzeichen liegt NW-lich von Ile Perduto; auf Ecueil de Perduto steht eine 16 m hohe Bake mit E-Toppzeichen.

Die Untiefe Ecueil de Lavezzi mit 18 m hoher Leuchtbake mit doppeltem Balltoppzeichen. Eine Leuchttonne mit S-Toppzeichen markiert die Untiefe Lavezzi Sud.

Die Spierenbake auf der Klippe Le Prêtre, unbefeuert, mit doppeltem Balltoppzeichen, 0,4 sm SW-lich Cap Sperono.

Sperr- und reglementierte Gebiete

Zwischen Pertusato-Leuchtturm und Cap de Feno, auf einem ca. 1 sm breiten Streifen vor der Küste, sind Tauchen und Fischen verboten.

Etliche Starkstromkabel verlaufen von Korsika nach Sardinien. In diesen Bereichen ist Ankern und Trawlern verboten.

N-lich der Inseln Piana und Ratino verläuft eine Wasserleitung von Korsika nach Cala di u Grecu auf der Insel Cavallo; auf einem 180 m breiten Streifen entlang der Leitung herrscht Ankerverbot.

Naturschutzgebiete

Die Inseln des Lavezzi-Archipels, die N-lich davon liegenden Iles Cerbicales und auch die Inseln Bruzzi und Moines NW-lich

Klippen von Bonifacio mit dem Felsturm „Grand Sable" (Sandkorn)

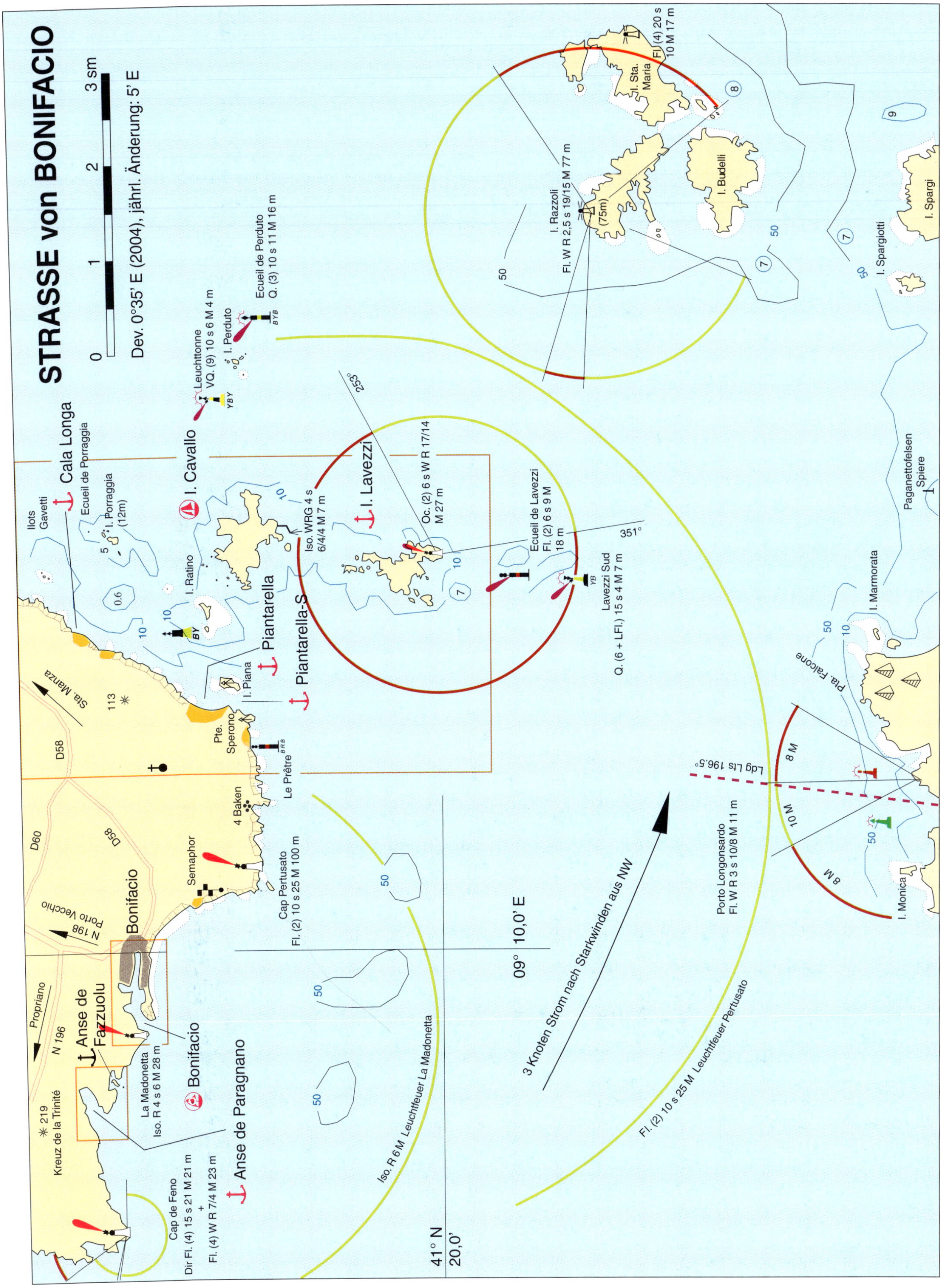
STRASSE von BONIFACIO
0 1 2 3 sm
Dev. 0°35' E (2004), jährl. Änderung: 5' E
Cala Longa
Ecueil de Porraggia
I. Porraggia (12m)
Ilots Gavetti
I. Cavallo
I. Ratino
Leuchttonne VQ. (9) 10 s 6 M 4 m
I. Perduto
Ecueil de Perduto Q. (3) 10 s 11 M 16 m
Piantarella
Piantarella-S
I. Piana
I. Lavezzi
Iso. WRG 4 s 6/4/4 M 7 m
Oc. (2) 6 s W R 17/14 M 27 m
Ecueil de Lavezzi Fl. (2) 6 s 9 M 18 m
Lavezzi Sud Q. (6 + LFl.) 15 s 4 M 7 m
253°
351°
I. Razzoli Fl. W R 2,5 s 19/15 M 77 m
(75m)
I. Sta. Maria
Fl (4) 20 s 10 M 17 m
I. Budelli
I. Spargi
I. Spargiotti
Paganettofelsen Spiere
I. Marmorata
Pta. Falcone
Ldg Lts 196,5°
8 M
10 M
Porto Longonsardo Fl. W R 3 s 10/8 M 11 m
I. Monica
Sta. Manza
113
D58
D60
Pte. Sperono
Le Prêtre
4 Baken
Semaphor
Cap Pertusato Fl. (2) 10 s 25 M 100 m
Bonifacio
N 198 Porto Vecchio
Propriano N 196
Anse de Fazzuolu
La Madonetta Iso. R 4 s 6 M 28 m
Bonifacio
Anse de Paragnano
219 Kreuz de la Trinité
Cap de Feno Dir Fl. (4) 15 s 21 M 21 m + Fl. (4) W R 7/4 M 23 m
41° N 20,0'
09° 10,0' E
3 Knoten Strom nach Starkwinden aus NW
Iso. R 6 M Leuchtfeuer La Madonetta
Fl. (2) 10 s 25 M Leuchtfeuer Pertusato

von Bonifacio, genauer: vor dem Golf von Ventilegne, sind Naturschutzgebiet. Nur auf der Insel Lavezzi, auf Piana und dem Inselchen mit der Pyramide de la Sémillante ist Anlandgehen gestattet. Dort hält man sich an die vorgeschriebenen Wege, Lärm ist zu vermeiden, in den Buchten mit dem Beiboot unter Motor umherzufahren, ist ebenfalls verboten. Muskelkraft ist „in“. Zelten, Feuermachen, Müllablagerung, Mitnahme von Pflanzen sowie Jagen, Fischen, Tauchen, Unterwasserjagd und Verunreinigung des Meeres sind im gesamten Naturschutzgebiet verboten.

Wind und Strom

Die Meerenge zwischen Korsika und Sardinien ist ein klassisches Mistral-Revier. Auch Libeccio und Scirocco wirken sich hier aus, um nur die wichtigsten Windrichtungen zu nennen. Wenn sich starke Winde aus West oder Ost durch die engste Stelle der Straße von Bonifacio, die nur 3,4 sm breite Meerenge zwischen den Inseln Lavezzi und Razzoli pressen, verdoppeln sie ihre Stärke. Beaufort 9 und 10 sind hier keine Seltenheit. W-Winde in den *Bouches* bedeuten SW an der SW-Küste Korsikas.

Unerfahrene Skipper und solche, die das Revier nicht kennen, sollten die Straße von Bonifacio nur bei ruhigem Wetter befahren.

Semaphore

Die Signalstation auf Cap Pertusato regelt den Verkehr in der Straße von Bonifacio. Sie hört auf UKW-Kanal 10, 16 und 70 (DSC).
Ruf: Pertusato Traffic. Dienstzeit H 24.

Entfernungen von Bonifacio in sm

Sta. Manza	18
Porto Vecchio	32
Figari	8
Propriano	33
La Gavetta/Maddalena	19
Porto Cervo/Sardinien	29
Sta. Teresa di Gallura/Sardinien	10

Ansteuerung der Straße von Bonifacio

Am Tage

Yachten können zwischen verschiedenen Ansteuerungsmöglichkeiten wählen:
Passe de Piantarella Diese delikate Durchfahrt ist nur bei absolut ruhigem Wetter machbar, denn sie führt hautnah an Klippen und Untiefen vorbei und bietet Segelyachten keine Gelegenheit zum Kreuzen. Man läßt die Klippen und die Insel Porraggia an Backbord und steuert dann auf der Peillinie rw. 228°, die durch Deckung einer Steinbake mit vertikalen schwarzen Streifen auf Pointe Sperono und einer weißgekalkten Mauer mit einem schwarzen Streifen auf Ile Piana entsteht. Leider sind diese Landmarken, speziell bei Gegenlicht, von ferne nicht leicht auszumachen; man erkennt sie erst deutlich, wenn man 2 sm davorsteht.
Sobald man die höchste Erhebung auf Punta di u Capicciolu (unmittelbar NW-lich hinter dem Turm von Santa Manza) in

Leuchtturm Pertusato

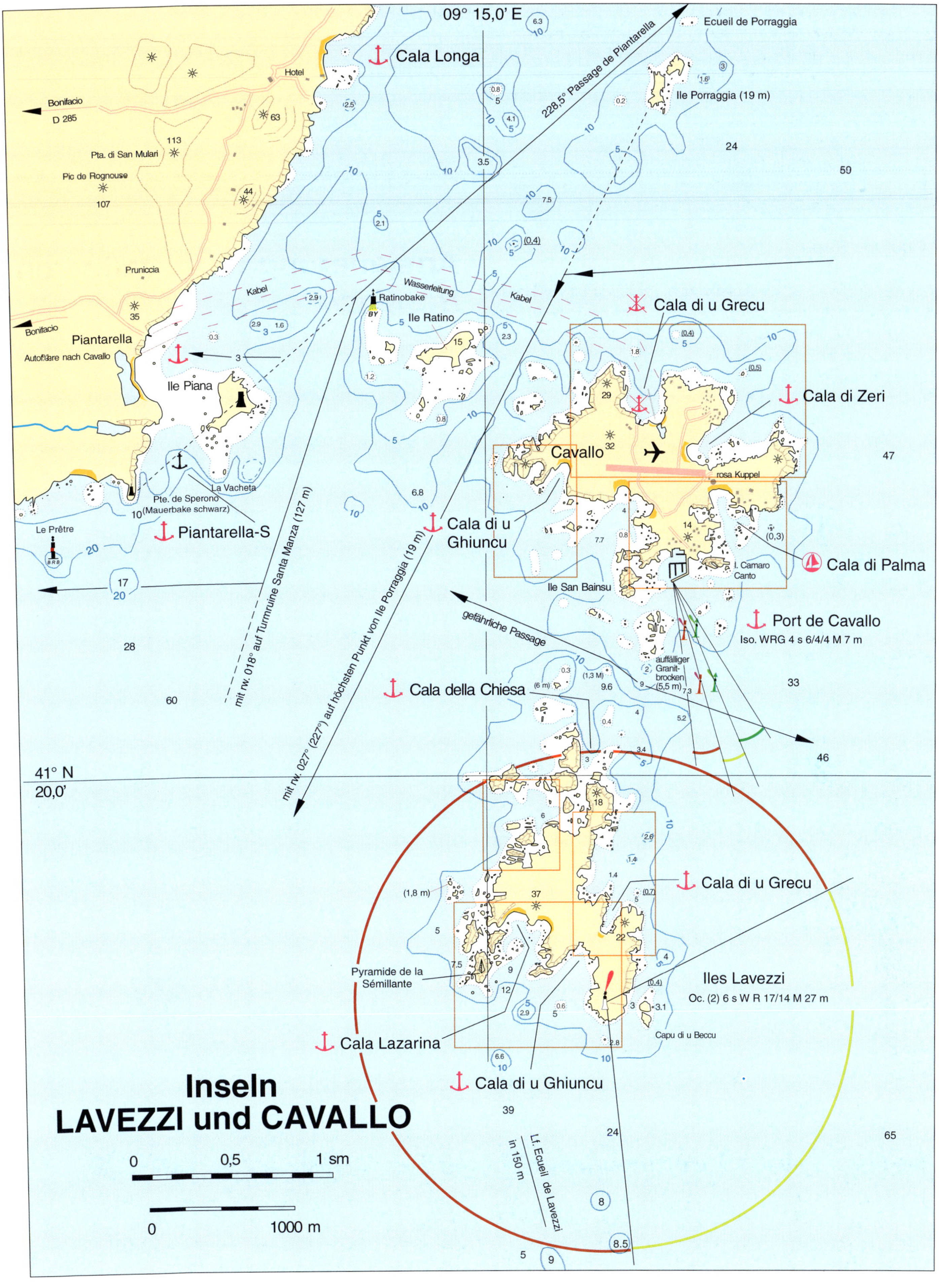
09° 15,0' E
Cala Longa
Ecueil de Porraggia
228,5° Passage de Piantarella
Ile Porraggia (19 m)
Hotel
Bonifacio
D 285
Pta. di San Mulari
Pic de Rognouse
Pruniccia
Kabel
Wasserleitung
Ratinobake
Ile Ratino
Kabel
Cala di u Grecu
Bonifacio
Piantarella
Autofähre nach Cavallo
Ile Piana
Cala di Zeri
Cavallo
rosa Kuppel
La Vacheta
Pte. de Sperone
(Mauerbake schwarz)
Le Prêtre
Piantarella-S
Cala di u Ghiuncu
Cala di Palma
I. Camaro
Canto
Ile San Bainsu
mit rw. 018° auf Turmruine Santa Manza (127 m)
mit rw. 027° (227°) auf höchsten Punkt von Ile Porraggia (19 m)
gefährliche Passage
Port de Cavallo
Iso. WRG 4 s 6/4/4 M 7 m
auffälliger Granit-brocken (5,5 m)
Cala della Chiesa
41° N
20,0'
Cala di u Grecu
Pyramide de la Sémillante
Iles Lavezzi
Oc. (2) 6 s W R 17/14 M 27 m
Capu di u Beccu
Cala Lazarina
Cala di u Ghiuncu
Lf. Ecueil de Lavezzi in 150 m
Inseln
LAVEZZI und CAVALLO
0 0,5 1 sm
0 1000 m

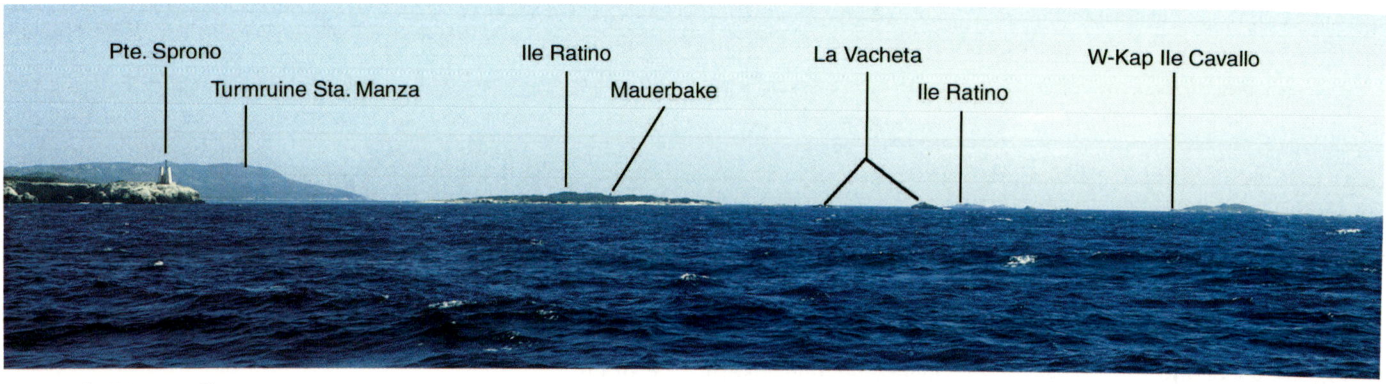

Passe de Piantarella

rw. 018° achteraus peilt, läuft man mit Kurs 198° zwischen Ile Piana und Ile Ratino hindurch.
Achtung Kommen Sie der Untiefe S-lich der Insel Piana (La Vachetta) nicht zu nahe. Die Bake Le Prêtre läßt man bei der Weiterfahrt nach Westen an Steuerbord. Nach starken W-Winden setzt der Strom in der Passe de Piantarella nach NE.
Passe zwischen Ile Ratino und Ile Cavallo Steuern Sie mit W-Kurs im Abstand von ¾ sm S-lich von Ile Porraggia vorbei, bis Sie die höchste Erhebung auf dieser Insel (19 m) in 027° peilen. Mit Kurs rw. 207° fahren Sie dann zwischen den Inseln hindurch.
Grande Passe von Porto Vecchio kommend Steuern Sie gut E-lich der befeuerten Klippe Ecueil de Perduto außen an den Inseln Cavallo und Lavezzi vorbei, weiter zwischen Leuchttonne Lavezzi Sud und Sardinien. Bei ruhigem Wetter kann man auch zwischen der Tonne Lavezzi Sud und Ecueil de Lavezzi oder N-lich von Ecueil de Lavezzi hindurchfahren.

Bei Nacht

Von allen Seiten macht man zuerst das weittragende Feuer von Pertusato aus.
Grande Passe von Porto Vecchio kommend Man hält sich gut E-lich des weißen Funkelfeuers Ecueil de Perduto und steuert auf den weißen Sektor des Leuchtfeuers Ile Razzoli zu. Sobald

Leuchtfeuer Pertusato

an Steuerbord der weiße Sektor von Ile Lavezzi auftaucht, läuft man SW-Kurs, bis man in den roten Sektor von Ile Razzoli eintaucht. Auf der Grenze zwischen Rot und Weiß fährt man dann mit Kurs rw. 286° zwischen Ecueil de Lavezzi und Ile Lavezzi hindurch. Dann fährt man mit W-Kurs aus der Straße von Bonifacio heraus.
Wer nach Bonifacio einlaufen möchte, läuft mit Kurs rw. 270° so lange weiter, bis er das nicht sehr weittragende rote Feuer von La Madonetta in rw. 345° peilt.
Bei rauhem Wetter steuert man S-lich der Leuchttonne Lavezzi Sud vorbei.
Grande Passe aus West kommend Wer aus NW-licher Richtung kommt, muß die Klippenbank Les Moines beachten. Der rote Sektor des Feuers auf Pointe de Sénétosa deckt diese Gefahr ab, die ihrerseits eine 31 m hohe Leuchtbake mit S-Toppzeichen trägt. Außerdem warnt der verstärkte weiße Sektor von Cap de Feno vor Les Moines.
Beim weiteren Einlaufen hält man mit Kurs 115° auf den roten Sektor von Ile Lavezzi zu, bis man die Feuer von Ecueil de Lavezzi und Lavezzi Sud in Sicht bekommt (diese beiden Untiefen werden durch den roten Sektor des Feuers auf Ile Razzoli abgedeckt), die man dann an Backbord läßt. Nachdem man Ecueil de Lavezzi und Lavezzi Sud passiert hat, läuft man mit Kurs NE aus der Straße von Bonifacio heraus.

Ankerplätze zwischen Santa Manza und Cap Sperono

Karte: F 7024P

Cala Longa

41°23,7'N 09°14,3'E

Etwa auf halber Strecke zwischen Punta di u Capicciolu und Cap Sperono liegt diese weit nach Osten geöffnete Schönwetterankerbucht, in der man vor einem kleinen Strand, in der Mitte des Einschnitts, auf 2,5–3 m ankert.
Von Santa Manza kommend, fährt man an der Küste entlang und benutzt den 250 m breiten Kanal zwischen der 1 sm NE-lich des Ankerplatzes liegenden Klippenbank Ilots Gavetti und Korsika zur Ansteuerung.
Achtung Ilots Gavetti sind besonders gefährlich, weil sich E-lich der Überwasserklippen dieser Bank das Riff unter Wasser noch 2 Kabellängen weit fortsetzt und an der seichtesten

Stelle nur mit 0,8 m Wasser bedeckt ist. Eine weitere Gefahr ist die 0,6 m-Stelle, 0,6 sm W-lich Ilot Porraggia.
Von Cala Longa führt eine recht steile, holperige Fahrstraße zu einigen Ferienhäusern und von da über Pisten nach Bonifacio.

Piantarella 41°22,3'N 09°13,64'E (SW-Kap Insel Piana)

An der korsischen SE-Küste, gegenüber der vorgelagerten Insel Piana, unterbrechen zwei Sandstrände die felsigen Ufer, vor denen man angenehm ankert.

- *Piantarella* Um verschiedene Untiefen zu vermeiden, steuern Sie vorsichtig ein, wie auf dem Plan gezeigt, und ankern S-lich des Fähranlegers auf 2,5 m über Sandgrund. Hier liegen Sie gut geschützt bei W-lichen Winden.
  Vom Anleger startet eine Autofähre und das Versorgungsboot, beides für die Bewohner von Cavallo. Neben dem Fähranleger gibt es eine steile Slipbahn und einen Verleih für Surfbretter, Schlauchboote und Hobiecats. Getränke bekommt man in der kleinen Imbißbude.
  Eine Telefonzelle findet man in 100 m an der Straße, die zum Fähranleger herunterführt. Etwas weiter landeinwärts liegt ein Campingplatz.
  Der Anleger im S-lich angrenzenden Golf von Sperlonga ist privat.
- *Piantarella-S* Der kleinere der beiden Strände liegt vor einem Etang in unberührter Landschaft. Das Meerwasser ist einladend türkisfarben und klar, am Grund schimmert weißer Sand.

Von Cap Sperono folgen Sie der Küste nordwärts. Falls Sie von Osten einsteuern, müssen Sie gut von der Klippe La Vachetta S-lich Ile Piana freihalten.
Die Durchfahrt zwischen Insel Piana und der korsischen Küste ist für Yachten nicht passierbar, da man höchstens 1 m Wasser unterm Kiel hätte.
Ankern Sie vor der Bucht auf 4 m über Sandgrund. Hier liegen Sie gut bei W-lichen Winden, nur bei starkem W-Wind setzt Schwell um Kap Sperono herum. Der Platz ist von S über SE bis E offen.
Schiffe mit wenig Tiefgang können vor dem Strand im Inneren des Einschnitts den Anker fallen lassen.

Insel Cavallo

41°22,2'N 09°16,5'E (E-Kap) Karte: F 7024P

Cavallo, die größte und höchste Insel (25–30 m) im „Chaos der Steine" an der N-Seite der Straße von Bonifacio, besteht aus wild aufgetürmten, von Sonne und Salz ausgebleichten Granitblöcken. Den alten Römern diente sie als Lieferant von Baumaterial. Die Insel befindet sich in Privatbesitz und so stehen heute hier luxuriöse Sommerhäuser betuchter Geschäftsleute, die mit

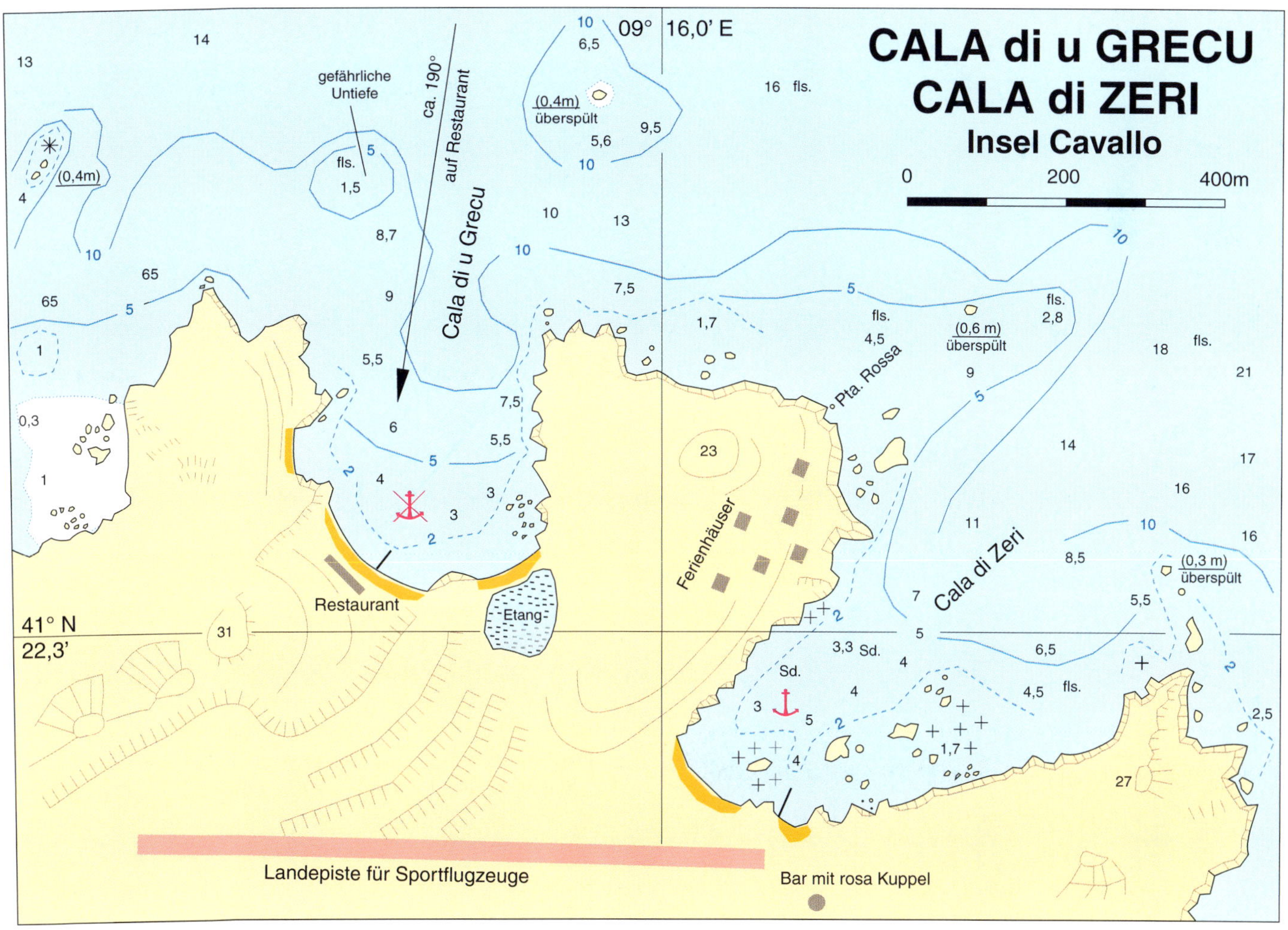

Segler bei Ile Lavezzi

dem eigenen Flugzeug auf der Inselpiste landen oder mit einer schnellen Motoryacht anreisen: ein krasser Gegensatz zu den Naturschutzbestimmungen, die den Lavezzi-Archipel betreffen.
Die Buchten erfreuen sich großer Beliebtheit bei Yachtskippern, obwohl man bei deren Ansteuerung besonders sorgfältig navigieren muß. Außer beim Hafen *Port de Cavallo*, der in der südlichsten Bucht im Rahmen einer Feriensiedlung entstanden ist, sieht man es nicht gerne, wenn Yachtcrews an Land gehen.

Cala di u Grecu (Insel Cavallo)

Eigentlich liegt Cala di u Grecu, die N-Bucht von Cavallo, in einer Ankerverbotszone, da hier die Wasserleitung aus Korsika ankommt. Doch das kümmert Segler bisher nicht.
Halten Sie mit 190° auf das Restaurant hinter dem Sandstrand zu, dann kommen Sie frei von der gefährlichen Klippe 300 m NNE-lich des N-Einfahrtskaps, die häufig überspült und schlecht auszumachen ist.
200 m NNE-lich des W-Einfahrtskaps liegt eine von 1,5 m Wasser bedeckte Klippe.
Ankern Sie 100 m vor dem Strand auf 2–3 m über Sandgrund.

Cala di Zeri (Insel Cavallo)

In das NE-Ufer der Insel Cavallo schneidet diese verhältnismäßig große Bucht ein; im Inneren und vor dem S-Ufer liegen zahlreiche Klippen, die bis zu 150 m in die Bucht ragen.
Oberhalb des felsigen N-Ufers stehen Ferienhäuser, eine Bar liegt hinter dem S-Strand. Am Kopf des kleinen Anlegers lotet man höchstens 1 m.
Den Ankerplatz erreichen Sie, indem Sie entlang des N-Ufers einlaufen. Dann lassen Sie, wo es beliebt, auf 3 m über Sandgrund den Anker fallen (s. Plan S. 101) .
Die Bucht ist gegen Winde von NW über S bis SW geschützt.

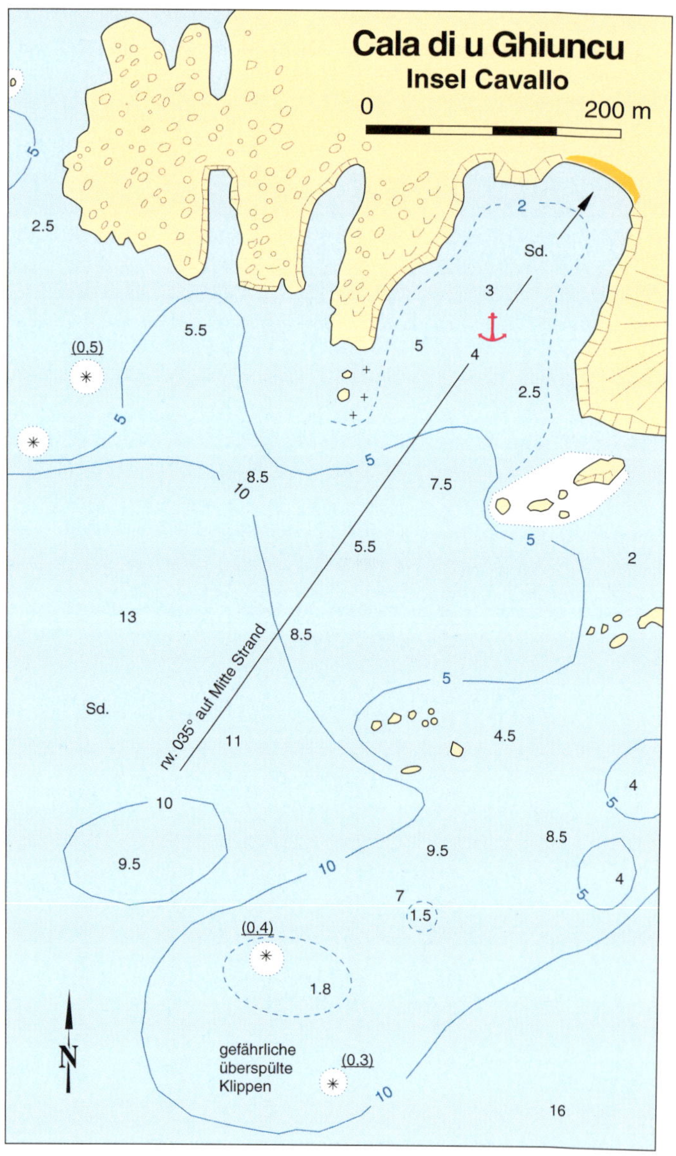

Achtung Vor Punta Rossa erstreckt sich ein felsiges Riff nach NE; an seinem äußeren Ende liegen Über- und Unterwasserklippen (2,8 m). Besonders gefährlich ist eine Klippe, die häufig überspült ist (0,6 m), 250 m NE-lich Punta Rossa. Eine Klippenbank N-lich des E-Einfahrtkaps reicht 150 m nach Norden und endet in einer überspülten Klippe.

Cala di Palma (Insel Cavallo)

Die Ufer dieser Bucht, die von Cala di Zeri durch eine niedrige Landenge getrennt sind, säumen Felshaufen aus rundgeschliffenen Granitbrocken. Das W-Ufer weist verschiedene Einschnitte mit Sandstränden auf.

Beim Einsteuern sollten Sie ständig einen Ausguck am Bug postieren, im klaren Wasser sind die Untiefen gut zu erkennen. Um zu den Ankerplätzen zu gelangen, hat man zwei Möglichkeiten:

- Mit Kurs NW (s. Plan), dabei bleiben die Klippen in der Buchtmitte an Steuerbord. Achten Sie auch auf die gefährliche überspülte Klippe. Hinter dem N-Strand wird das Kuppeldach der Bar sichtbar, auf das man mit ca. 340° zuhält. Auf diesem Kurs darf man nie weniger als 4 m Wasser unterm Kiel haben.
- Mit Kurs WNW, die kitzligere Variante. Hierbei muß man auf zwei einzelne überspülte Felsen an Backbord achten und einer 1,5 m-Stelle an Steuerbord ausweichen.

Ankern Sie auf 3–4 m über Sandgrund vor dem N-Strand oder, weiter S -lich, vor der Einfahrt des W-Einschnitts auf 4,5 m über Sandgrund. Bei W-lichen Winden liegt man hier gut geschützt; gegen Osten ist Cala di Palma offen.

- *S-Strand Cala di Palma* Nur Schlauchboote u.ä. können sich durch das Labyrinth aus Steinen in die S-lichste Einkerbung der Cala di Palma hindurchschlängeln und vor dem Holzsteg, der zu einem kleinen Restaurant gehört, festmachen.

Port de Cavallo

Felsen und Klippen wurden weggesprengt, um die Einfahrt in den Hafen, der Schiffen bis zu 20 m Länge Schutz gibt, zu ermöglichen.

Am Tage Zwei Tonnenpaare weisen den Weg hinein, der rw. Kurs von 338° führt direkt zum Molenkopf. Gastyachten sind willkommen.

Bei Nacht Aus Süden kommend, hält man sich zuerst E-lich des Feuers auf Capu di u Beccu (Pointe Becchi) bis man den roten Sektor des Leitfeuers von Port de Cavallo in rw. 353° auftauchen sieht. Der nach Osten anschließende weiße Sektor führt mit Kurs rw. 344° durch das Fahrwasser zwischen den beiden Blitztonnenpaaren zum Hafen.

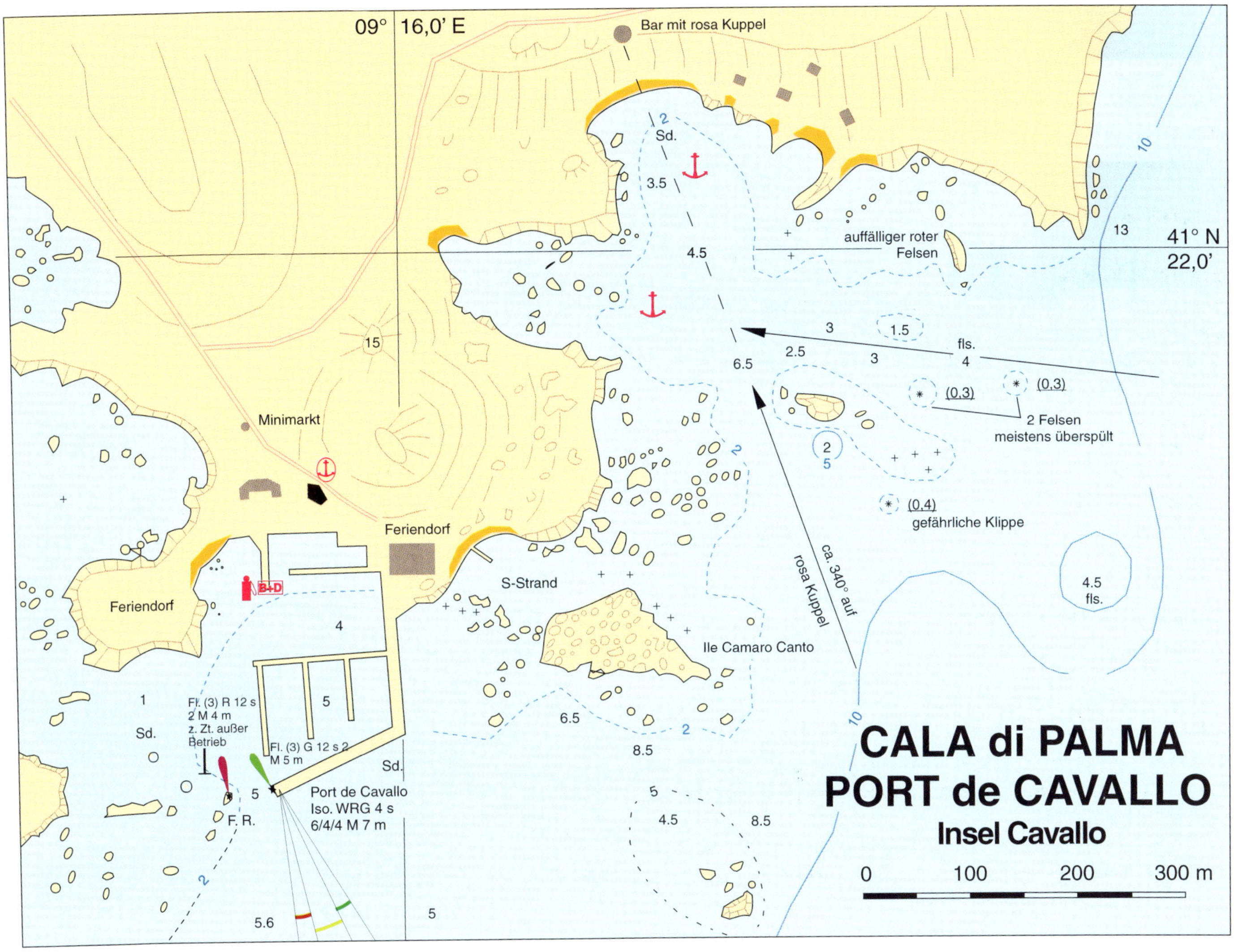

Von Norden kommend, nimmt man das Feuer der beiden S-lichen Blitztonnenpaare aufs Korn, nachdem man die Leuchttonne auf Ile Perduto und die Leuchtbake Ecueil de Perduto gerundet hat. Der Molenkopf trägt ein grünes Feuer.
Port de Cavallo ist geschickt in ein Feriendorf eingegliedert, es gibt Einkaufsmöglichkeiten und Restaurants, darunter eine alte Fischerkneipe. Schiffsausrüster, Hafenmeister (UKW-Kanal 67) und Zoll sind ebenfalls am Ort (s. Plan). Es gibt Wasser, Strom, Duschen und WCs sowie einen kleinen Supermarkt.

Marine de Cavallo

Diese Bucht ist gespickt mit Felsen und nur anzulaufen, wenn man einen zuverlässigen Mann am Bug postiert. Zwei kleine Strände unterbrechen die felsigen Ufer. Grüne Hütten mit roten Dächern liegen dahinter.
Wir können die Einfahrt zu diesem Ankerplatz nicht beschreiben, da wir Marine di Cavallo nicht angesteuert haben.

Cala di u Ghiuncu (Insel Cavallo)

Der im W-Teil der Insel gelegene Einschnitt gewährt guten Schutz bei allen N-lichen Winden sowie bei E-Wind. Von SW kommend, läuft man mit etwa Kurs rw. 035° auf den hellen Strand zu.
Ankern Sie auf 3 m über Sandgrund vor dem kleinen Strand. *Achtung* Eine felsige Bank mit Über- und Unterwasserklippen setzt sich vom E-Einfahrtskap nach SW fort. Auf ihrem Ende, 600 m vom Ufer, liegen zwei eben überspülte, schlecht auszumachende Klippen. Das Buchtinnere ist frei von Gefahren.

Insel Lavezzi

41°20,1'N 09°15,6'E (Leuchtturm) Karte: F 7024P

Steinhaufen mitten im Meer, Granitblöcke, wahllos aufeinandergetürmt und von den Winterstürmen glattgeschliffen, ein

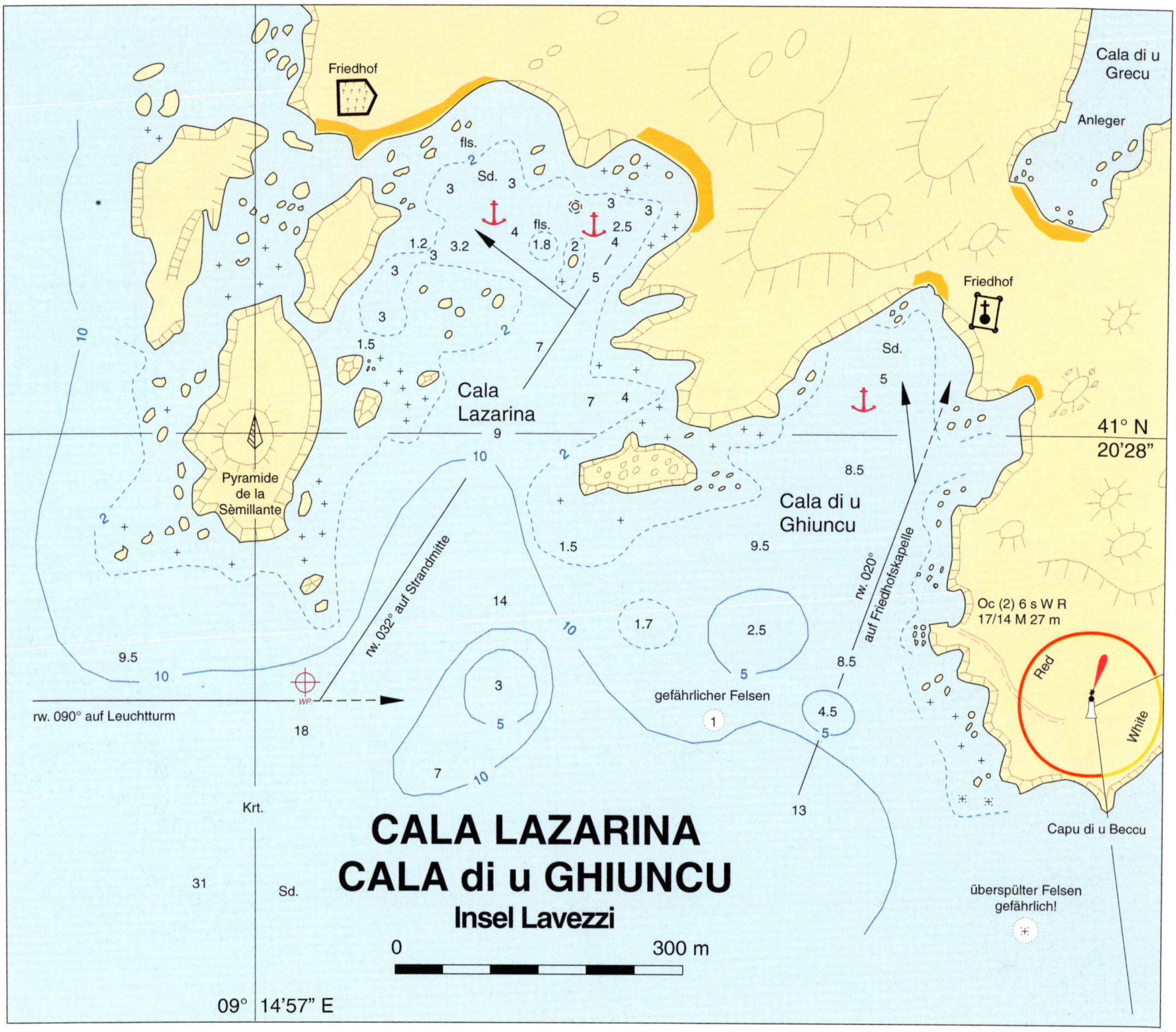

Cala Lazarina / Lavezzi (o.), Cala di u Ghiunco mit Friedhof und Leuchtturm Capu di u Beccu (u.)

unüberschaubares Gewirr aus Klippen und Hinkelsteinen. Obelix hätte seine Freude daran, und für manchen Skipper ist Lavezzi eine willkommene Herausforderung.
Die Insel ist unbewohnt bis auf den Leuchtturmwärter, ein Naturschutzgebiet mit versteckten Buchten und einladenden Stränden. Schattenspendende Bäume gibt es nicht, nur Gräser und Kräuter. Eidechsen und Eselspärchen lassen es sich hier wohl sein. Zweimal täglich legen Ausflugsboote in Cala di u Grecu an der E-Seite von Lavezzi an.
Laut Gesetz vom August 1994 unterliegen die Buchten Cala della Chiesa an der N-Seite und Cala Lazarina im Südteil der Insel einem behördlichen Fahr- und Ankerverbot, das für gewöhnlich in den Monaten Juli und August angewendet wird – zum Schutz der Umwelt. Gelbe Bojen bezeichnen dann die gesperrten Gebiete.

Cala Lazarina (Insel Lavezzi)

41°20,16'N 09°15,0'E WP Karte: F 7024P

Lage und Umgebung

An der S-Seite der Insel öffnet sich diese einzigartige Bucht, ein besonders beliebtes Ziel für Yachten und Schlauchboote, denn bei ruhiger See können auch offene Boote von Bonifacio, dem Golf von Santa Manza oder von den Maddalenas schnell hierhergelangen. Wie Zangen umklammern übereinandergestapelte Granitfelsen die idyllische „Cala" mit dem Traumstrand. Weißer Sand schimmert durch das tiefblaue Wasser, jede Klippe, jede Untiefe ist zu sehen.
Auf dem SW-lichsten der vorgelagerten Inselbrocken steht die Pyramide de la Sémillante, zu der man vom Strand hinüberwaten kann. Sie erinnert an ein tragisches Schiffsunglück, das sich an einem stürmischen Wintertag des Jahres 1855 ereignete, als sich die französische Fregatte „Sémillante" auf dem Weg zur Krim befand, wo die Westmächte an der Seite der Türkei gegen Rußland kämpften (Krimkrieg 1853–1856) und der Orkan das Schiff auf die gefährliche Klippe Ecueil de Lavezzi warf. Die „Sémillante" versank mit Mann und Maus. Niemand überlebte. 773 Tote, Offiziere und Mannschaft, fanden auf der Insel ihre letzte Ruhestätte. Einer der beiden Friedhöfe und die Kapelle sind hinter dem NW-Strand zu sehen. Der zweite liegt in der benachbarten Cala di u Ghiuncu.

Ansteuerung und Liegeplatz

Von Westen kommend, muß man das Kap, auf dem die Pyramide steht, im Abstand von 300 m runden. Mit rw. 032° hält man auf den NE-Strand zu, bis genau in Nord eine niedrige Überwasserklippe auszumachen ist. Dann dreht man nach NW. Nachtansteuerung ist wegen der zahlreichen Klippen in Zufahrten und Buchten nicht möglich.
Ankern Sie auf 2–3 m über festem Sandgrund, der nur mittelmäßig hält; binden Sie sich mit einer Sorgleine an einer Klippe fest oder lassen Sie ein zweites Eisen fallen, um Kollisionen mit anderen ankernden Yachten zu vermeiden.
Der Platz ist nach S offen. Guter Schutz von W über N bis E.

Cala di u Ghiuncu (Insel Lavezzi)

Unmittelbar E-lich, nur durch einen Hügel aus großen Felsen von Cala Lazarina getrennt, liegt der zweite interessante Einschnitt im Südufer der Insel Lavezzi. Hierhin weicht man aus, wenn Cala Lazarina überfüllt oder gesperrt ist. Auf dem SE-Kap, Capu di u Beccu (Pointe Becchi), steht der Leuchtturm, der das Kommando über die Feuer in der Straße von Bonifacio führt. Umgeben von einer niedrigen Mauer, schaut der zweite kleine Friedhof, zu dem ebenfalls eine Kapelle gehört, hinter dem NE-Ufer hervor.
Halten Sie mit ca. 020° auf die Friedhofskapelle zu, dadurch weichen Sie einem gefährlichen Felsen, der 110 m an Backbord Ihres Kurses liegt, und auch den vorgelagerten Klippen am E-Ufer der Bucht aus.
Drehen Sie später auf Kurs NNW und ankern auf 5 m über Sandgrund.
Der Schutz ist gut bei allen N-lichen Richtungen, auch bei E- und SE-Wind.

Cala di u Grecu (Insel Lavezzi)

Rücken an Rücken mit der eben beschriebenen Cala di u Ghiuncu liegt dieser stimmungsvolle Platz. Über die Felsen lugt die kleine, weißgekalkte Kapelle herüber; pyramidenförmige Türmchen zieren die Ecken der Friedhofsmauer. Zu beiden Seiten der Bucht das gewohnte Bild der runden Granitsteine; am Ende ein kleiner Sandstrand.
Der Holzanleger am W-Ufer wird von den Ausflugsschiffen benutzt, die etwa um 17 Uhr die Insel verlassen.
Steuern Sie rw. 214° und halten dabei das E-Einfahrtskap und das E-lichste der Türmchen auf der Friedhofsmauer in Linie. So kommen Sie frei von einem gefährlichen, eben überspülten Felsen, der ca. 110 m im NE des E-Einfahrtskaps liegt.
Ankern Sie auf 3–4 m über Sandgrund, der nur mittelmäßig hält.
Grecu-N Die unmittelbar N-lich angrenzende Bucht ist etwas schwieriger anzusteuern (s. Plan).
An beiden Plätzen sind Sie bei W-lichen Winden, also bei Libeccio und Mistral, gut aufgehoben, da kein Schwell eintritt. Bei E-lichen Winden ist Cala di u Grecu unbrauchbar.

Cala della Chiesa (Insel Lavezzi)

Auch dieser hübsche kleine Einschnitt an der NW-Seite der Insel wird, wie auf Lavezzi üblich, von Granitfelsen aller Größen eingerahmt.
Der Platz ist N-lich einer Gruppe von Felsbrocken mit Kurs Ost anzusteuern, und sobald man nach Süd die Öffnung zwischen Lavezzi und den W-lichen Brocken ausmacht, steuert man genau Kurs rw. 180°. Die Einfahrtstiefen liegen bei 9 m (s. Plan).
Ankern Sie auf 3 m über Sandgrund; Anbinden ist unerläßlich. Der innere Teil der Bucht im Bereich der kleinen Strände ist seicht und mit Felsen durchsetzt, daher unbrauchbar.
Hier genießen Sie hervorragenden Schutz bei E-Wind und S-lichen Windrichtungen, ausgenommen bei steifem Libeccio.
Zur Erinnerung: Eventuell liegen gelbe Bojen aus, die die Bucht als Sperrgebiet ausweisen.

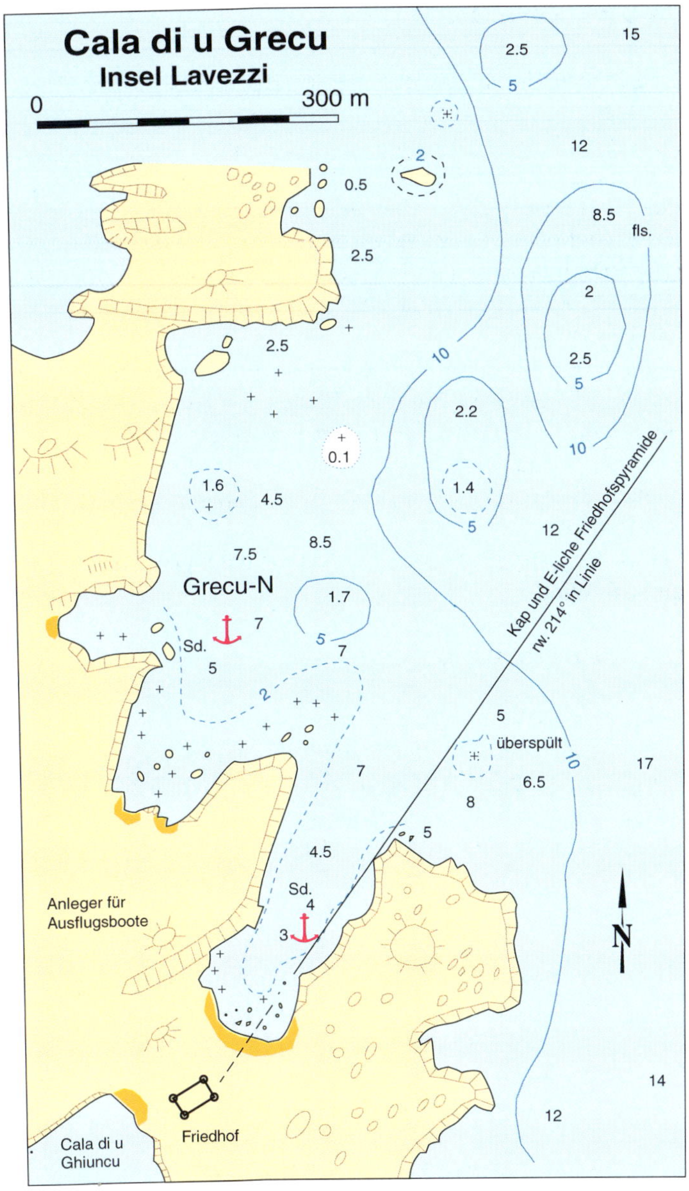

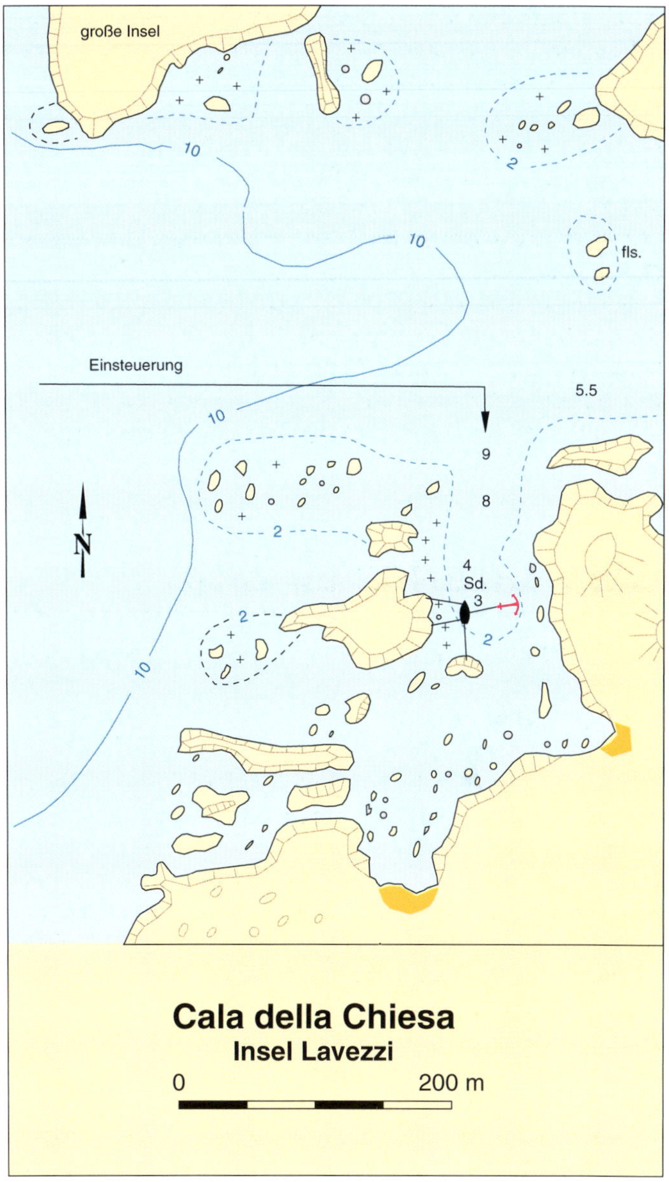

Cala di u Grecu / Lavezzi

Cala della Chiesa / Lavezzi

Bonifacio

41°23,3'N 09°10,0'E Karten: F 7024P, EG 1008, I 42

Lage und Umgebung

Bonifacio, der einzige Hafen an der S-Küste Korsikas, wird von Fischern, Fähren und Yachten benutzt. In der fjordartigen Naturbucht, die zwischen 70 m hohen, senkrecht aufsteigenden Kreidefelsen ca. 1 sm nach Osten in das Land einschneidet, findet jeder einen geeigneten Liegeplatz: an den Yachtanlegestegen oder am Anleger in der Calanque de la Catena.

Es ist atemberaubend, aus dem Cockpit einer kleinen Yacht die Augen an den von Erosion gemeißelten Felswänden zu den Häusern der mittelalterlichen Stadt emporwandern zu lassen, deren halsbrecherische Lage auf dem Steilkliff in der Tat einzigartig ist.

Der Yachthafen hat keine Wellenbrecher nötig, seine natürliche Lage verleiht ihm ausreichend Schutz; umschwirrt von Ausflugsbooten mit urigen Fischern am Steuer liegt er mitten im Trubel zwischen pastellfarbenen Häusern und den gemütlichen Terrassenrestaurants an der Hafenpromenade. Über allem trohnt die mauergegürtete Zitadelle.

Ansteuerung

Die Fernansteuerung entnehmen Sie bitte dem Abschnitt *Ansteuerung der Straße von Bonifacio.*

Beim Einsteuern in den fjordartigen Naturhafen, dessen schmale Einfahrt tagsüber von draußen schwer zu erkennen ist, bedienen Sie sich folgender Landmarken:

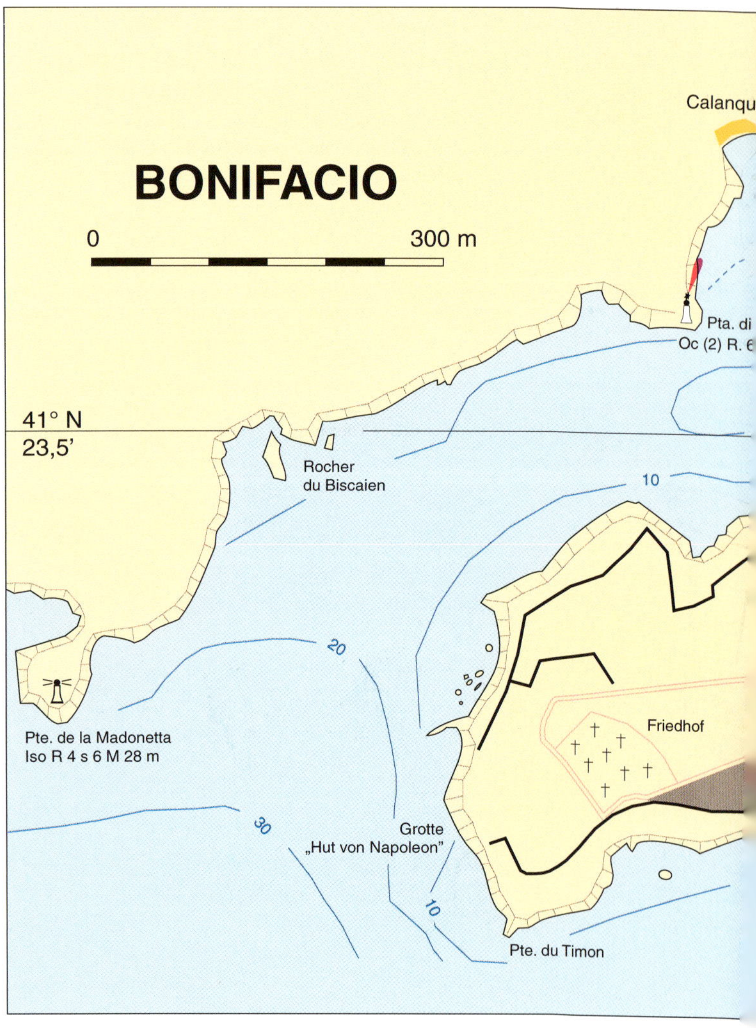

Leuchtfeuer La Madonetta / Bonifacio. Hinten: Cap de Feno

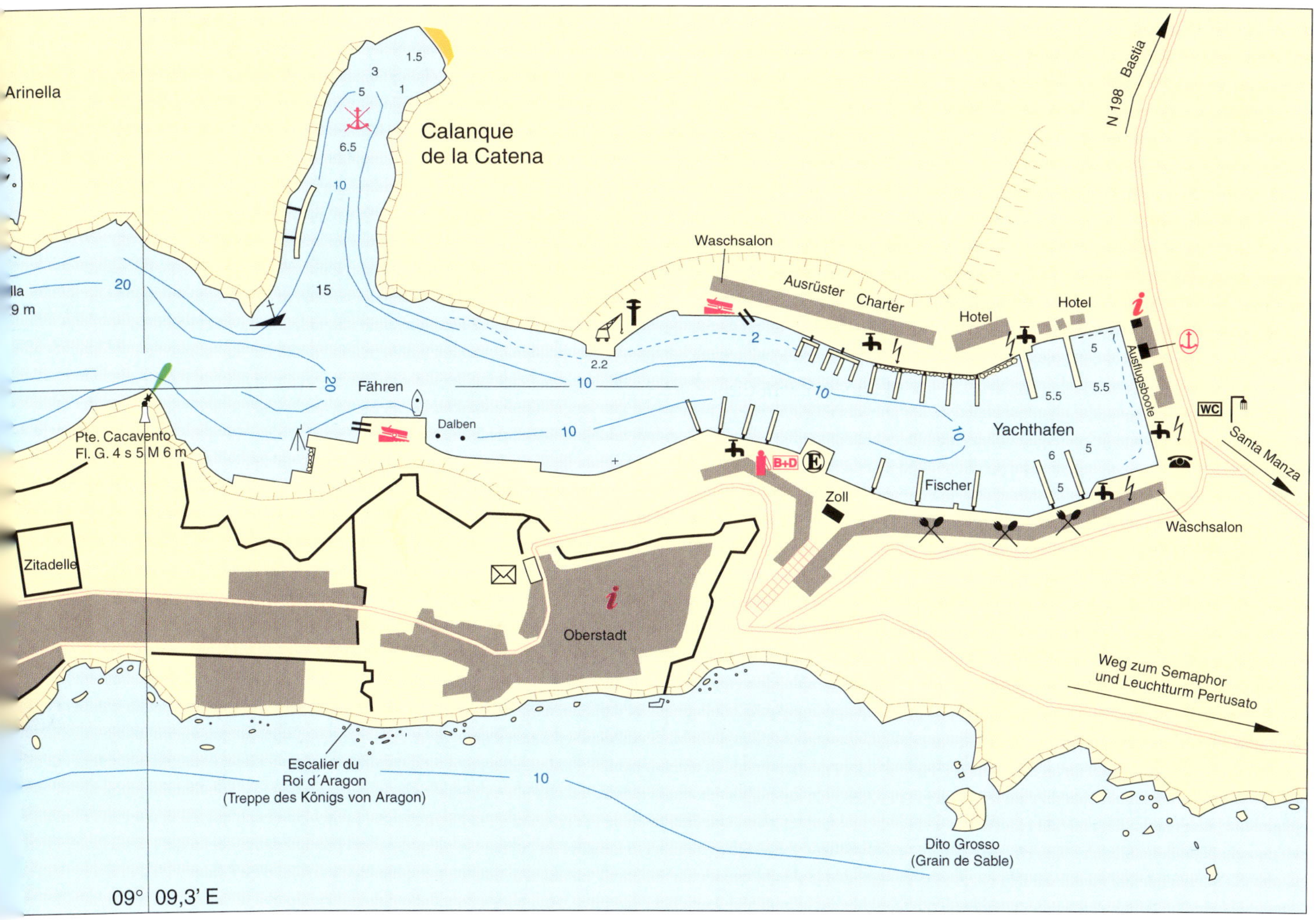

Im Hafen von Bonifacio

Am Tage Von SE kommend, sind die weißen Steilkliffs, der Leuchtturm und der Semaphor auf dem 110 m hohen Cap Pertusato, das vorgelagerte Inselchen St. Antoine und die Häuser der Altstadt oben auf dem Kliff gute Orientierungshilfen.

Von NW kommend, taucht zuerst der felsige Hügel mit der Einsiedelei Croix de la Trinité (219 m) NE-lich Cap de Feno auf. Nach dem Runden dieses Kaps werden der Leuchtturm Pertusato und das gedrungene weiße Leuchtturmgebäude mit dem weiß-roten Turm La Madonetta auf dem NW-Einfahrtskap sichtbar. An der E-Seite, unterhalb der Zitadelle und der Häuseransammlung der alten Stadt, öffnet sich eine auffällige Grotte in der Steilwand („Hut von Napoleon").

Bei Nacht Das Feuer La Madonetta und die Hafenfeuer Punta di l'Arinella und Pointe Cacavento helfen bei der Ansteuerung.

Achtung Von Westen kommend, muß man Cap de Feno in gutem Abstand runden, da sich eine felsige Untiefe 200 m nach Süd erstreckt.

Liegeplatz

- *Yachthafen* Yachten machen an den Stegen am Nord- oder Südkai fest. Am Empfangskai oder bei der Capitainerie bekommt man einen Platz angewiesen. Grundleinen und Bojen liegen aus.

  Die vier Anleger W-lich und zwei Anleger E-lich der Tankstelle (S-Ufer) sind den Fischern und einheimischen Booten vorbehalten.

  Der Schutz ist bei jeder Windrichtung ausgezeichnet. Bei Starkwinden aus allen Richtungen kann sich das Anlegen wegen Fallböen oder Düseneffekt schwierig gestalten.
- *E-lich des Fährkais* Von der Plattform des Fährkais nach Osten ist das Ufer ebenfalls durch einen Kai befestigt. Hier machen meistens Mega-Yachten fest. Wegen der Steinschüttungen muß das Schiff weit abgelegt werden.
- *Calanque de la Catena* In diesem Einschnitt an der N-Seite des Fjordes machen Sie an den im Plan verzeichneten Stegen fest und liegen angenehm geschützt unterhalb weißer Steilwände. Die Bucht ist unbewohnt und endet in einem kleinen Strand.

  Catena ist das italienische Wort für Kette. An der Stelle, wo die Bucht Calanque de la Catena in das Ufer einschneidet, wurde bis ins 19. Jahrhundert der innere Hafen von Bonifacio mittels Kette abgeriegelt, um Piraten und andere unliebsame Eindringlinge fernzuhalten.
- *Calanque de l'Arinella* 300 m W-lich von Calanque de la Catena schneidet Calanque de l'Arinella ein. Sie hat im Inneren keine ausreichenden Ankertiefen, außerdem steigt der Grund rapide an.

Behörden

Die Capitainerie, Tel. 0495731007, Fax 0495731873, vom Ausland 0033/4/95 usw., befindet sich am E-Kai, der Zoll am Fährkai.

Versorgung

Wasser und Strom an den Liegeplätzen, WCs und Duschen (0700-2030 gegen Gebühr, s. Plan). Waschsalon am N-Kai und hinter dem Ende des S-Kais.

Hafen von Bonifacio *Die Häuser von Bonifacio in abenteuerlicher Lage*

Diesel und Benzin bei der Tankstelle am Empfangskai (0830–1800 in der Saison, sonst 0900-1200). Der Wetterbericht hängt in der Capitainerie aus.
Schiffsausrüster und Werkstätten für Boots- und Motorreparaturen, Segelmacher und Elektronikspezialisten finden Sie am N-Kai. Außerdem gibt es eine Werkstatt für Außenbordmotoren am S-Kai.
In der Werft auf der kleinen Plattform mit Slipbahn am N-Ufer, etwa 250 m E-lich *der Calanque de la Catena,* stehen Kräne (5 t bis 40 t). Yachtservice, Überwinterung, Instandhaltung, Durchführung von Reparaturen werden angeboten.
Selbstbedienungsläden findet man direkt beim Hafen, es gibt sogar dunkles Brot. Bäcker, Fleischer, Obst- und Lebensmittelgeschäfte in der Oberstadt. Restaurants an der Hafenstraße und in der Altstadt, wo man stimmungsvolle Kellerlokale findet.
Banken in der Altstadt, Wechselstube im Hafen (während der Saison). Touristeninformation am Hafen und in der Altstadt.

Verkehrs- und Postverbindungen

Postamt in der Altstadt, Telefonzellen. Autoverleih, Taxis, Busverbindung zu den wichtigsten Orten der Insel. Der Flughafen Figari liegt 15 km von Bonifacio entfernt. Fähren nach Santa Teresa di Gallura/Sardinien mehrmals täglich vom Fährkai.

Funkkommunikation

Der Hafenmeister hört auf UKW-Kanal 9 (Juli/August 0700–2200, sonst 0830–1200, 1400–1800). Im Sommer empfiehlt es sich, auf diesem Weg einen Liegeplatz zu reservieren.

Die weißen Kliffe von Bonifacio, re. „Das Sandkorn (Grain de Sable)“

Tourismus

Ein Spaziergang durch die engen Gassen der Altstadt führt auch zur Zitadelle und endet unweigerlich beim Aussichtspunkt Belvedere de Manichella. Von hier hat man einen abwechslungsreichen Panoramablick auf die schroffe Steilküste bis zum Cap Pertusato, dem S-lichsten Punkt Korsikas, schaut auf die Inseln in der Straße von Bonifacio und auf die sardische Küste und kann so ganz nebenbei den losgetrennten Kreidefelsen Grain de Sable („Sandkorn“) fürs Fotoalbum festhalten.
Wenn es nicht zu stark weht, wandert, wer Lust hat, über den einsamen Spazierweg oben auf den Kliffen zum 110 m hoch gelegenen Leuchtturm von Pertusato.

Hafeneinfahrt von Bonifacio, re. die Grotte „Napoleons Hut“

Geschichte

Falls die gängige Deutung von Homers Odyssee korrekt ist, so hat es den berühmtesten Seefahrer der Antike mit seinen Gefährten auch nach Bonifacio verschlagen, in einen Hafen „ringsum von himmelanstrebenden Felsen umschlossen“, wo viele von seinen Begleitern in dem schweren Hagel aus Felsblöcken, die die riesenhaften Lästrygonen auf sie herabschleuderten, umkamen.

Keuchend schlugen sie alle die Flut
aus Furcht vor dem Tode.
Aber glücklich enteilte mein Schiff
von den hängenden Klippen über das Meer;
die andern versanken all' in den Abgrund.

(Odyssee. Zehnter Gesang)

Ankerplätze zwischen Bonifacio und Cap de Feno

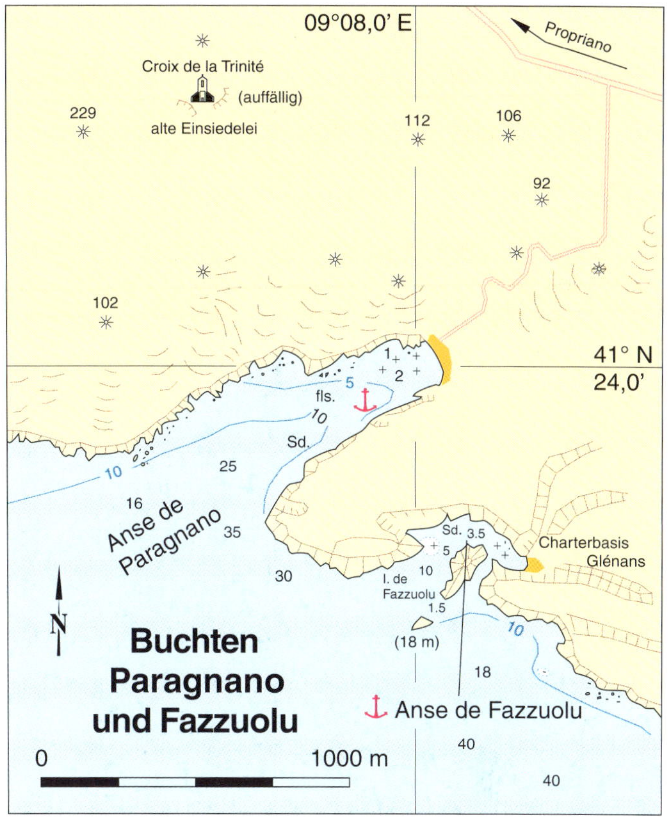

Karten: F 7024P, 7162(P)

Anse de Fazzuolu

41°23,6'N 09°08,1'E

Diese sympathische Bucht schneidet etwa 0,6 sm W-lich des Leuchtturmes La Madonetta in die S-Küste Korsikas ein. In der Einfahrt liegt eine Insel, an die unmittelbar im SSW ein kleineres, 18 m hohes Inselchen anschließt.
Laufen Sie W-lich der beiden Inseln ein; nur wer den Tiefgang des Schiffes auf 1 m verringern kann, darf sie umrunden.
Ankern Sie N-lich der größeren Insel auf 4–5 m über Sandgrund, der nur mittelmäßig hält, mit einer Leine zum Land. Ganz unerwartet öffnet sich ein Durchblick zum Leuchtturm La Madonetta.
Der Schutz ist gut bei N-lichen und E-lichen Windrichtungen, allerdings setzt es bei Mistral heftige Fallböen. Bei Libeccio wird der Schwell von den Ufern zurückgeworfen.
Am E-lichen Ende der Bucht befindet sich ein kleiner Strand. Bis zu dieser geschützten Ecke dringen allerdings nur die ganz flachgehenden Boote einer Segelschule vor, die dort ihren Stützpunkt hat.

Anse de Paragnano

41°23,9'N 09°08'E

Hier treffen die ausgeblichenen Kreidekliffe wieder auf rötlichen Granit, das S-Ufer zeigt zum letzten Mal das weiße Gesicht der korsischen S-Küste. Die Felsen am N-Ufer des Einschnitts leuchten rot und tragen eine Mütze aus dichter, dunkelgrüner Macchia – ein wunderbarer Kontrast.
Ankern Sie auf 4–5 m über Sandgrund, ca. 200 m vor dem kleinen Strand. Weiter innen ist der Meeresboden mit Kraut bewachsen und uneben.
Achtung Gefährliche Klippen liegen 120 m vor dem Strand und auch vor dem N-Ufer.
Paragnano ist ein schöner Tagesankerplatz bei gutem Wetter. Leider ist er den vorherrschenden Winden aus SW und W ausgesetzt.
Eine steile Betonpiste führt hierher. Während der Saison hat eine Bar geöffnet.

Granitfelsen in der gefährlichen Passage zwischen den Inseln Lavezzi und Cavallo

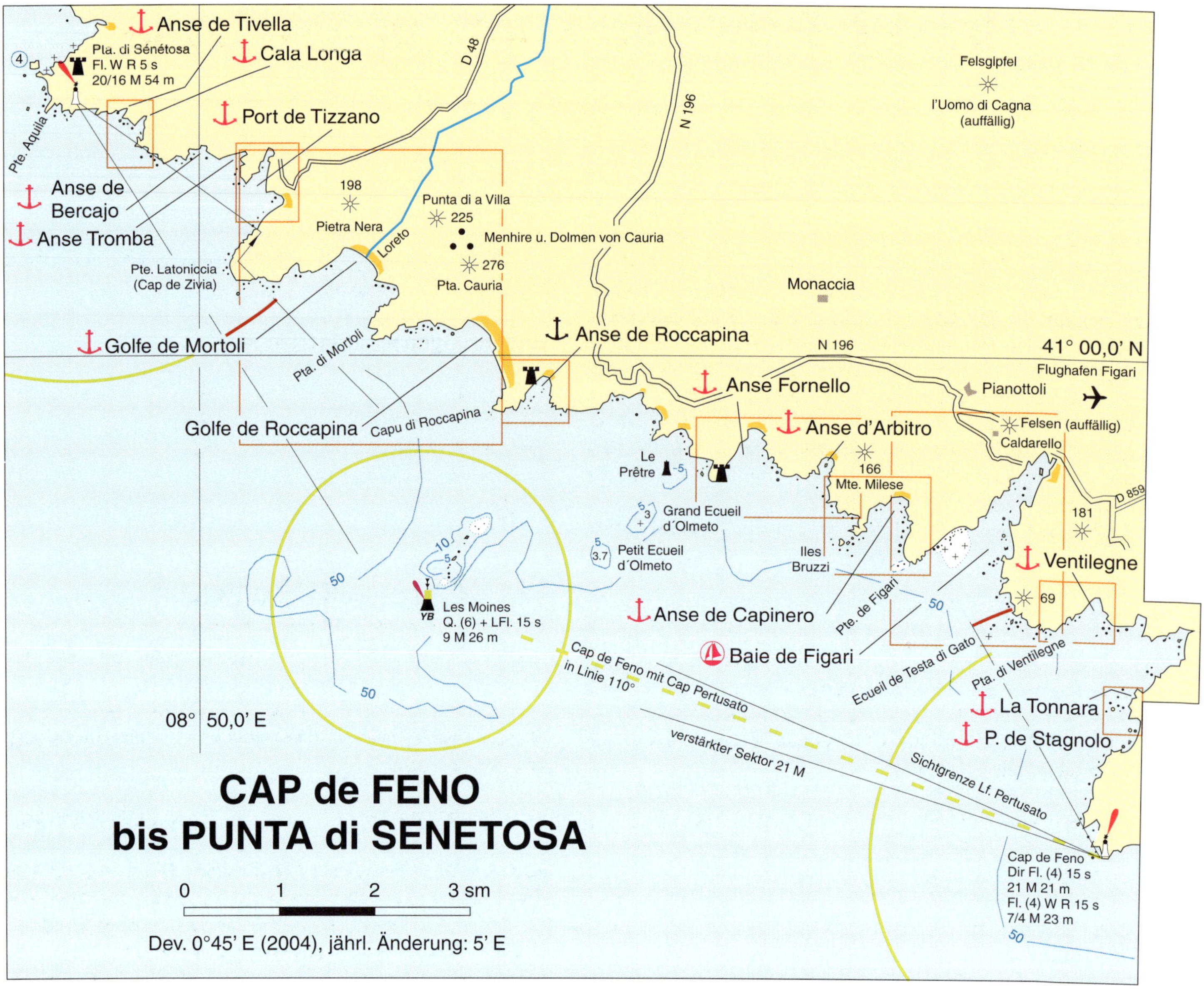

Klippe Le Prêtre aus SW, im Hintergrund der gezackte Felsgipfel des Uomo di Cagna

Cap de Feno bis Punta di Sénétosa

Karten: F 7162(P), EG 1008

Das befeuerte Cap de Feno ist der niedrige Ausläufer eines Vorgebirges, das in einem kegelförmigen, 220 m hohen Felshügel gipfelt. Rötliche und hellgraue Granitfelsen lösen das weiße, zerfurchte Kalkgestein, das die S-Küste geprägt hat, ab, und es beginnt die SW-Küste Korsikas. Sie ist stark eingekerbt, nicht besonders steil und wenig besiedelt. Weit vorspringende Kaps bilden Buchten und Golfe mit schönen Stränden. Doch der Wermutstropfen fehlt nicht: Nirgends, außer in Figari, findet man Schutz vor Libeccio, der hier vorherrschend ist. Seien Sie immer darauf gefaßt, daß Sie plötzlich Anker lichten müssen, um den sicheren Schutz von Bonifacio, Figari oder Propriano anzusteuern.
Für Nautic-Camping (Schlauchboot mit Zelt) ist das Revier ideal.

Ansteuerungsmarken

Cap de Feno mit dem Leuchtturmgebäude und 1,5 sm NE-lich davon der 219 m hohe felsige Hügel mit der Einsiedelei La Croix (Kreuz) de la Trinité. Der ausgezackte Gipfel des l'Uomo di Cagna (1250 m) 4,5 sm N-lich Pointe de Figari, der diesen Küstenabschnitt beherrscht.
Der Turm Tour d'Olmeto sowie „Löwe" und Turm von Roccapina. Der Genueserturm (129 m), zwei Radioantennen und das weiße, langgestreckte Leuchtturmgebäude mit zwei Türmen auf Punta di Sénétosa.

Gefahren

Die Klippen Testa di Gato, ¾ sm W-lich von Pta. di Ventilegne; sie werden durch den roten Sektor des Leuchtfeuers Cap de Feno abgedeckt.
Die Klippe Ecueil de Prêtre, 2,3 sm SE-lich Capu di Roccapina, trägt ein zerfallenes graues Türmchen und ist durch eine Bake gekennzeichnet.
Die Klippen von Olmeto, Grands et Petits Ecueils d'Olmeto, liegen SW-lich von Le Prêtre. Die Grands Ecueils sind deshalb so gefährlich, weil sie von ganz wenig Wasser bedeckt sind. Über den Petits Ecueils stehen 3,7 m Wasser; sie sind daher bei ruhiger See für Yachten ungefährlich.
Zwischen Le Prêtre und der korsischen Küste sowie zwischen den Untiefen selbst kann man hindurchfahren.
Die Klippenbank Les Moines, 2 sm SSW-lich Capu di Roccapina, erstreckt sich 1,4 sm lang von NNE nach SSW; am S-Ende dieser Untiefe steht ein weithin sichtbarer Leuchtturm (schwarz, oben gelb mit S-Toppzeichen).
Ilot Latoniccia vor dem gleichnamigen Kap 3,5 sm SE-lich von Pta. di Sénétosa.

Wind

Die vorherrschende Windrichtung ist SW.

Löschflugzeuge

Bei Waldbränden fliegen Löschflugzeuge den Golf von Figari an, um Wasser zu tanken.

Entfernungen von Figari in sm

Bonifacio	9
Sta.Teresa di Gallura	16,5
Anse de Roccapina	8,5
Campomoro (G.v.Valinco)	27
Propriano	29

Golfe de Ventilegne

Karten: F 7162(P), EG 1008

Zum Golfe de Ventilegne gehören drei Ankerbuchten: Port de Stagnolo, La Tonnara und Ventilegne-West, die wir nachstehend beschreiben.

Port de Stagnolo 41°25,3'N 09°06,5'E

Port de Stagnolo schneidet unmittelbar SE-lich der Iles de Tonnara ein. In der Mitte der Bucht liegt eine kleine felsige Insel, die im Westen und Osten von ausgedehnten Klippen umlagert ist; die W-liche reicht etwa 100 m in See.
Steuern Sie N-lich der Insel ein und ankern Sie vor dem N-Teil des Strandes, hinter dem eine Düne leuchtet, auf 3,5–4 m über gut haltendem Sandgrund.
Wirklich sicher liegt man hier nur bei E-lichen Winden.
Boote mit geringem Tiefgang können näher beim Strand ankern, müssen aber vorher eine Zone mit Felsgrund passieren.

La Tonnara 41°25,6'N 09°06,3'E

Dieser Schönwetterankerplatz erhält durch die zahlreichen Klippen und die bizarr zerfransten, niedrigen Iles de Tonnara, die durch felsige Untiefen untereinander und mit der Küste verbunden sind, etwas Schutz.
Steuern Sie N-lich der Iles de Tonnara im Abstand von mindestens 400 m ein, um einem gefährlichen Riff auszuweichen. Sobald Sie die Passage zwischen Küste und Inseln genau in Süd liegen sehen, ankern Sie auf 4 m über Sandgrund.
Durchfahrt zwischen Inseln und Küste sowie zwischen den einzelnen Inseln ist nicht möglich.
Um die Inseln und im gesamten Golfe de Ventilegne hat man es häufig mit Schwell zu tun.
In dem malerischen Einschnitt, der sich im Inneren beinahe kreisförmig verbreitert und in einem Strand ausläuft, sind die

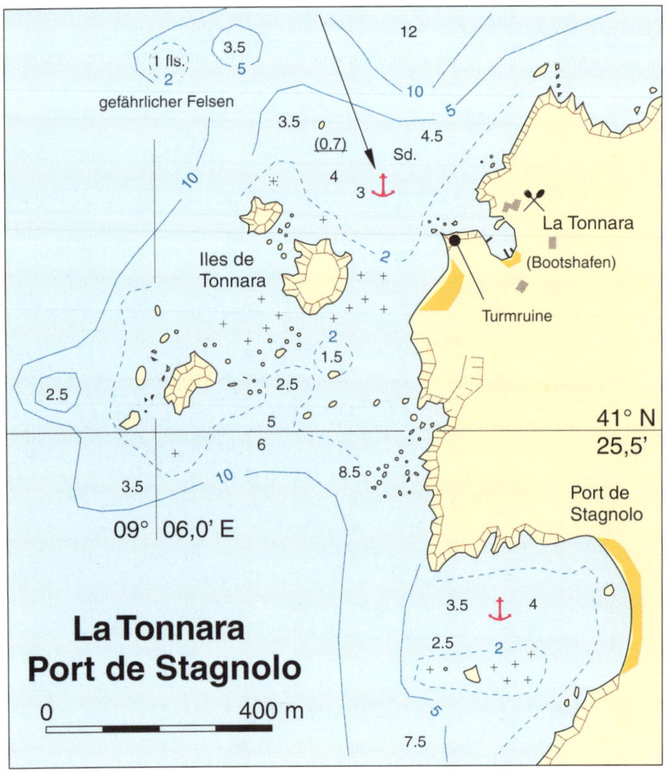

Tiefen für Yachten zu gering. Die Anlegestege vor den Restaurants sind nur für kleine Fischerboote geeignet. Einige Häuser stehen an den flachen Ufern. Die Bucht ist bei Surfern äußerst beliebt.

Ventilegne-West

41°26,8'N 09°05,7'E

Kahle Hügel und felsige Ufer umgeben den gut 1 sm NNW-lich von La Tonnara gelegenen Einschnitt Ventilegne, der an seiner N-Seite drei Ausbuchtungen macht. In der W-lichen findet man ausreichende Tiefen vor einem kleinen Strand, hinter dem ein Etang liegt (s. Detailplan Ventilegne-West).

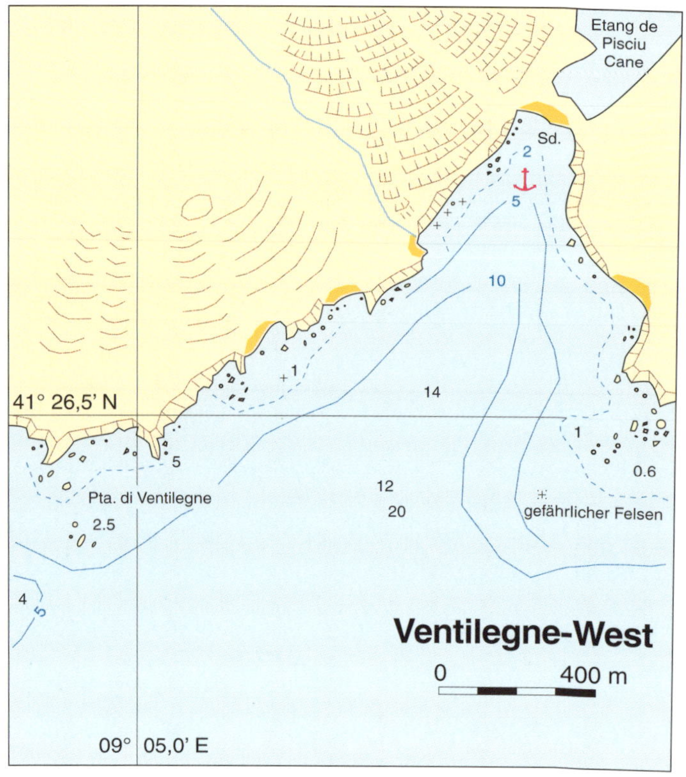

Ankern Sie auf 4 m über Sandgrund, der zum Ufer hin sanft ansteigt, und achten Sie dabei auf die Klippen am NW-Ufer. Der Golf ist nach SW offen.

Baie de Figari

41°28,4'N 09°04,5'E Karten: F 7162(P), EG 1008

Lage und Umgebung

Mehr als 1 sm tief schneidet diese fjordartige Bucht, deren felsige Ufer zu begrünten, niedrigen Hügeln ansteigen, in die

Marine de Pianottoli mit Ankerplatz Ilot du Port

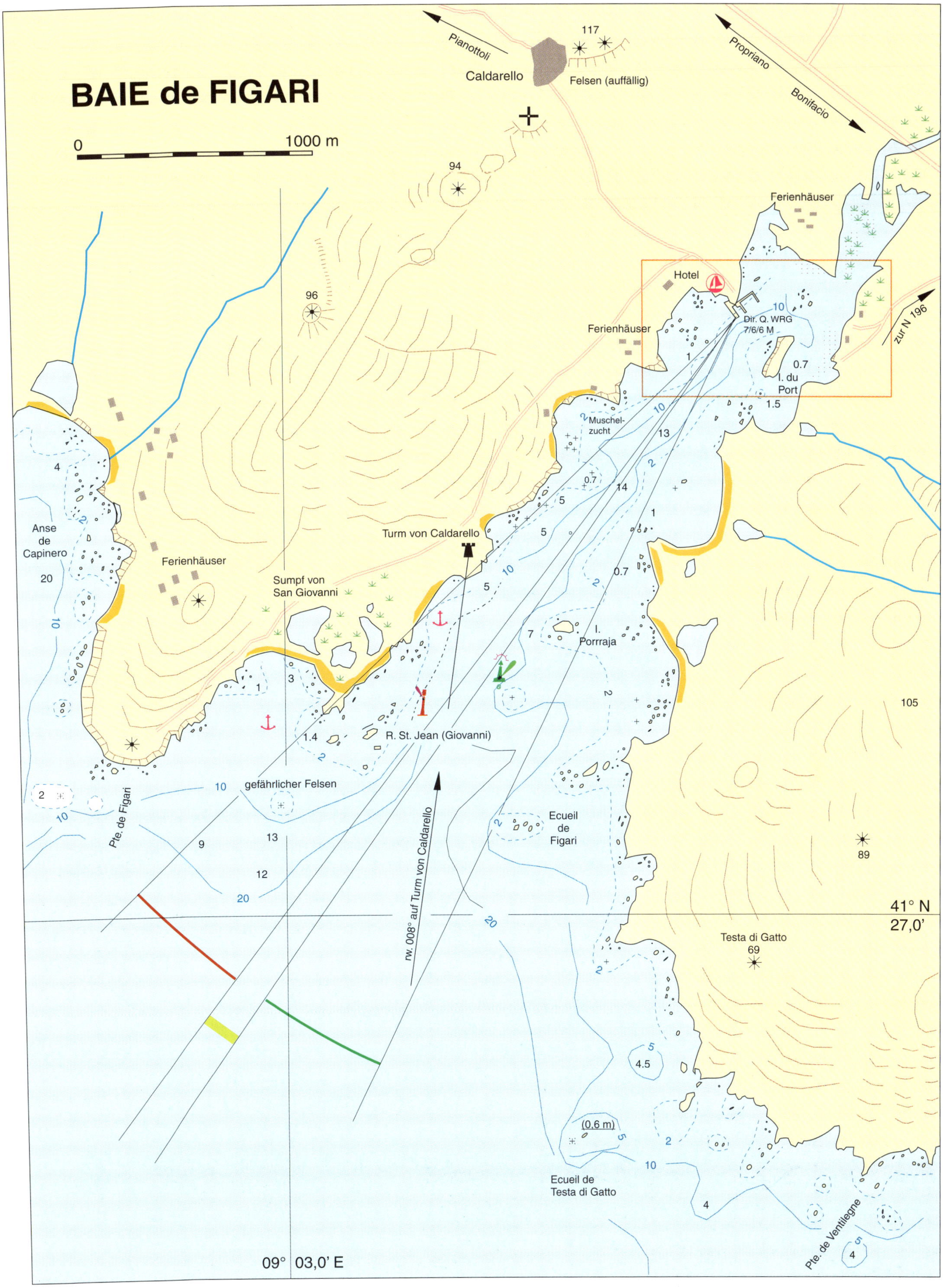
BAIE de FIGARI
0
1000 m
Pianottoli
Caldarello
117
Felsen (auffällig)
Propriano
Bonifacio
94
96
Ferienhäuser
Hotel
Ferienhäuser
Dir. Q. WRG
7/6/6 M
zur N 196
I. du
Port
0.7
1.5
Muschel-
zucht
13
14
0.7
Anse
de
Capinero
Ferienhäuser
Turm von Caldarello
Sumpf von
San Giovanni
I.
Porrraja
R. St. Jean (Giovanni)
gefährlicher Felsen
Pte. de Figari
Ecueil
de
Figari
105
89
rw. 008° auf Turm von Caldarello
41° N
27,0'
Testa di Gatto
69
4.5
(0,6 m)
Ecueil de
Testa di Gatto
Pte. de Ventilegne
09° 03,0' E

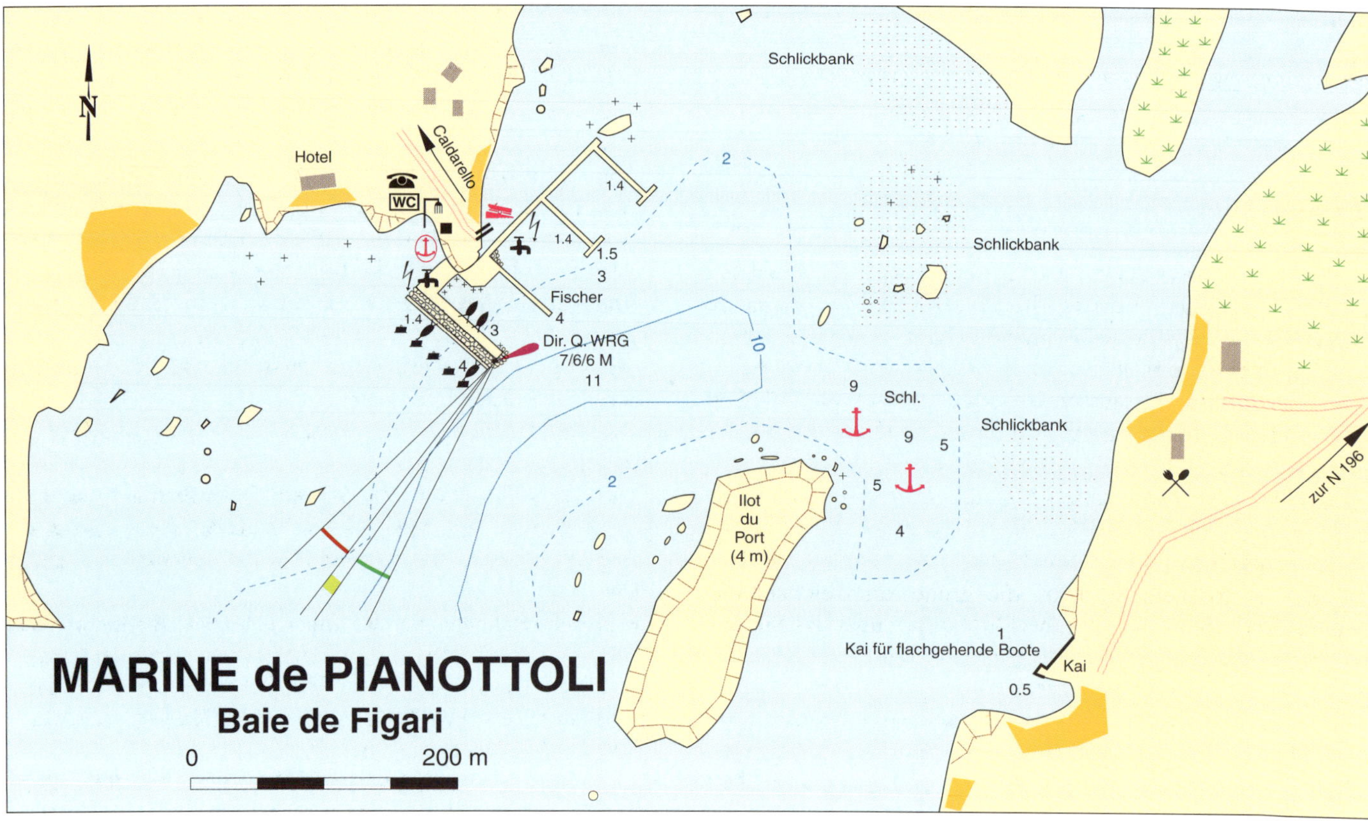

SW-Küste Korsikas ein. Die Einsteuerung ist zwar etwas delikat wegen zahlreicher Inselchen, Untiefen und Klippen, die aber andererseits den Vorteil haben, daß sie den Seegang brechen. Außerdem gibt es hier den kleinen Yachthafen Marine de Pianottoli, der in dieser an Häfen armen Gegend eine willkommene Bereicherung darstellt.

Am W-Ufer erhebt sich auf einem 16 m hohen Kap aus übereinandergetürmten hellen Felsblöcken ein genuesischer Wachturm aus dem Grün der Macchia. Dahinter, auf einem Hügelkamm im NNW, sieht man die Ortschaft Caldarello liegen, von der eine Straße zum Hafen Marine de Pianottoli herunterführt. Das NE-Ende der Bucht ist beinahe sumpfig; ein dichter Bin-

Mole von Marine de Pianottoli

sengürtel löst die Uferfelsen ab. Pfähle bezeichnen ein Muschelzuchtgebiet.
Um das SW-Einfahrtskap gruppieren sich die niedrigen Klippen Rochers St. Jean (San Giovanni); die gleichnamigen sumpfigen Etangs liegen hinter diesem Kap.

Ansteuerung

Am Tage Von Westen kommend, halten Sie sich am besten auf der 20-m-Linie, um den gefährlichen Untiefen vor Pointe de Figari und vor allem der einzelnen Klippe im SW der Rochers St. Jean, über der nur 30 cm Wasser stehen, auszuweichen.
Von Osten kommend, müssen Sie sich wegen der gefährlichen Klippe Testa di Gatto und wegen Ecueil de Figari im SE der Einfahrt (s. Plan) ebenfalls gut von der Küste freihalten.
Sobald Sie den nicht besonders auffälligen Turm von Caldarello in rw. 08° peilen, erreichen Sie das durch ein Leuchttonnenpaar markierte Fahrwasser (die rote Tonne liegt vor dem N-Ende der Rochers St. Jean, die grüne kennzeichnet die Untiefe 400 m SSW-lich der Insel Poraggia), über das Sie mit rw. 38° zum Buchtinneren und zum Hafen gelangen, dessen Wellenbrecher seit kurzem ein Sektorenfeuer trägt.
Bei Nacht Seit der Installation des Sektoren-Leitfeuers ist auch die Nachansteuerung ohne Schwierigkeit und Gefahr möglich. Der schmale weiße Sektor (35°–37,5°) zwischen dem roten Sek-tor im Westen und dem grünen im Osten führt Sie im Fahrwasser zwischen den beiden Leuchttonnen zum Hafen (alles s. Plan S. 117).

Liegeplatz

Wählen Sie zwischen folgenden Ankermöglichkeiten:

- *Ilot du Port* Der sichere Ankerplatz, der durch die Insel zusätzlichen Schutz erhält, liegt im NE-lichsten Winkel des Golfes. Sobald Sie in Höhe der Marine de Pianottoli an der NW-Seite des Golfes angelangt sind, halten Sie auf die N-Spitze von Ilot du Port zu und passieren diese im Abstand von 50 m.
  Ankern Sie vor dem NE-Ende der Insel auf 4–5 m Wassertiefe über Schlick, eventuell mit einer Leine zum Inselufer. Leider finden hier höchstens 5 mittelgroße Yachten Platz.
  Alternativ dazu ankern Sie frei schwojend auf 8–9 m.
  Vorsicht vor den Schlickbänken am Ufer und der Klippengruppe N-lich des Ankerplatzes (s. Plan).
  Obwohl der Golf nach SW offen ist, verspürt man hier keinerlei Schwell.
  Von den Bar-Restaurants führt ein Fahrweg zur Straße N 196 (Bonifacio–Propriano).
- *Marine de Pianottoli* Ein kleiner Wellenbrecher, auf dem das Sektorenfeuer postiert ist, schützt die Hafenanlage, die auch gerne von einheimischen Fischern genutzt wird, gegen SW.
  Kielyachten liegen an der Innenseite des Wellenbrechers oder an dessen Außenseite, wo ein Holzsteg verankert wurde, an dem man mit Hilfe von Muringbojen festmacht. An den Köpfen der beiden S-lich anschließenden Stege finden Yachten ebenfalls genügend Tiefe vor.
  Wasser und Strom (s. Plan), WC, Duschen, Waschmaschine mit Trockner, öffentliche Telefone, Eisverkauf. Slipbahn (2 m breit). Für die Dauer von zwei Stunden kann man im Hafen ohne Gebühr anlegen.
  Der Hafenmeister hört auf UKW-Kanal 9, von 0800–2100. Tel: 0495718357, Fax 0495718021.
  Schiffsausrüster an der Straße oberhalb des Hafens. Motor- und Außenborder-Reparaturen werden ausgeführt. Überwinterungsmöglichkeiten im Freien.

Landeplatz am Ende des langen Einschnitts von Figari

Ein ansprechendes Hotel und verschiedene Restaurants haben sich hinter dem Hafen angesiedelt.
Zubringer zur Ortschaft. Einkaufsmöglichkeiten und weitere Restaurants in Caldarello und Pianottoli. Tankstelle in Pianottoli.

- *SW-lich des Turmes von Caldarello* Diesen Platz sollten Sie nur bei ganz ruhigem Wetter aufsuchen.
  Ankern Sie auf 4 m über Krautgrund. Vor dem S-Ende des Strandes liegen Klippen.
  Winde aus E bis SW und Schwell machen sich unangenehm bemerkbar.
- *Zwischen Pointe de Figari und den Rochers St. Jean* Auch hier darf man nur bei ausgesprochen ruhigem Wetter ankern.
  Bei „A Marina" kauft man täglich frischen Fisch und Austern.

Verkehrs- und Postverbindungen

Postamt in Caldarello. Busstation. Der Flughafen Figari ist knapp 3 km entfernt; er wird von Deutschland angeflogen. Außerdem kann man von Figari zu Inselrundflügen starten.

Buchten zwischen Figari und Punta di Sénétosa

Karten: F 7162(P), EG 1008

Anse de Capinero (Chevanu) 41°28,0'N 09°02,0'E

An der W-Seite des von gefährlichen Klippen umgebenen Kaps Pointe de Figari schneidet Anse de Capinero nach Norden ein. Sie ist ziemlich stark mit Ferienhäusern bebaut und nicht sehr attraktiv.
Wenn man auf den auffälligen, die SW-Küste beherrschenden Berg l'Uomo di Cagna mit rw. 014° zuhält, fährt man in die Buchtmitte ein. Der W-Einfahrt sind niedrige, ausgefranste Felsinseln (Iles Bruzzi, Naturschutzgebiet) vorgelagert, auf denen sich die See häufig bricht; das im Süden davorliegende Riff erstreckt sich etwa 350 m in See.
Wenn Sie auf ca. 4,5 m ankern, finden Sie Sandgrund. Hier haben Sie nur Schutz bei Winden aus dem 4. und 1. Quadranten. Da der Grund steil abfällt, hält der Anker nur schlecht.
Achtung Das E-Ufer ist bis zur Mitte des kleinen Strandes von Klippen und Untiefen gesäumt.

Anse d'Arbitro 41°28,5'N 09°01,0'E

Unmittelbar NW-lich des eben beschriebenen Ankerplatzes schneidet die wesentlich kleinere Anse d'Arbitro ein. Sie ist hübsch und gemütlich. Vor felsiger Kulisse steht ein langgestrecktes rosa Ferienappartementhaus mit einem eckigen Turm, das über eine Reihe dichter Kiefern hinwegschaut. Im NE fällt das Felsmassiv Monte Milese (164 m) ins Auge.
Kurs rw. 024°auf l'Uomo di Cagna führt genau in die Bucht hinein. Das innere W-Ufer ist unrein. Vor der Mitte des Strandes liegen Klippen; 100 m SSW-lich davon behindert ein einzelner gefährlicher Unterwasserfelsen.

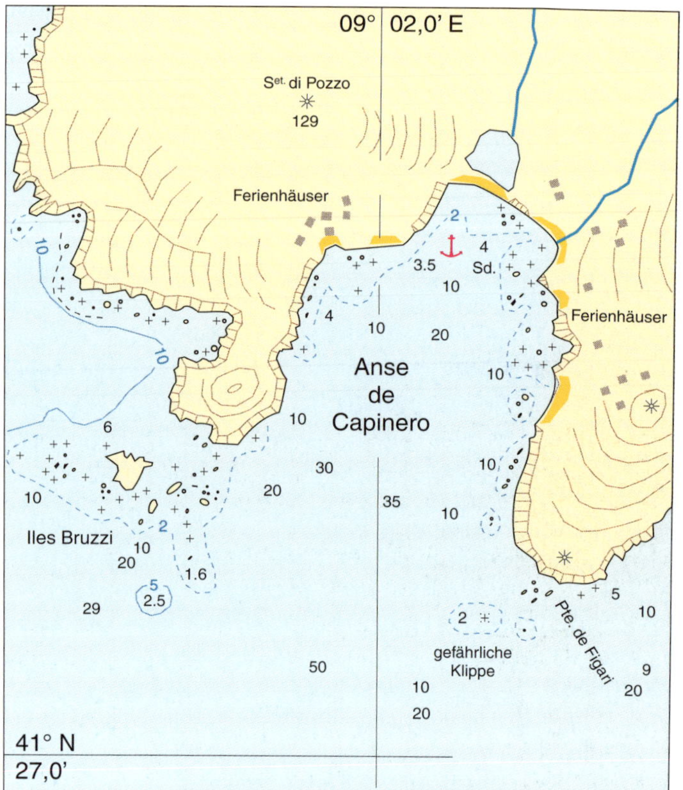

Anse de Capinero
(Anse de Chevanu)

Ankern Sie wie im Plan vorgeschlagen auf 4–5 m über Sandgrund S-lich dieser Gefahr. Zum Strand hin nehmen die Tiefen regelmäßig ab.
Bei SW- und S-Wind steht Schwell herein.

Anse Fornello 41°28,9'N 08°59,8'E

Der trutzige, weithin sichtbare Wachturm von Olmeto auf dem niedrigen W-Einfahrtskap, kleine Strände, zwei im Sand versickernde Bäche und etwas Wald bilden die Kulisse von Anse Fornello.
Das E-Ufer ist unrein, und mitten in der Bucht lauert eine einzelne Untiefe, nur mit 1,2 m Wasser bedeckt. Fahren Sie entlang des W-Ufers zum Ankerplatz, dann kommen Sie frei von diesen Gefahren.
Ankern Sie auf 4 m über felsigem Grund mit Krautbewuchs. Erst in Ufernähe wird der Meeresboden sandig.
Kein Schutz bei Libeccio, brauchbar bei W über N bis E.
Achtung Die gefährliche Klippe Ecueil de Prêtre liegt ¾ sm W-lich der Bucht; sie trägt ein zerbröckelndes Türmchen ohne Anstrich. S-lich davon breiten sich die Klippen von Olmeto (Grands et Petits Ecueils d'Olmeto) aus. Grand Ecueil ist meistens gut an den Brechern zu erkennen. Wenn Sie Tour d'Olmeto und l'Uomo di Cagna auf Kurs rw. 035° in Deckung haben, laufen Sie 600 m E-lich an diesen Gefahren vorbei.

Ein Segler verläßt die Anse Fornello

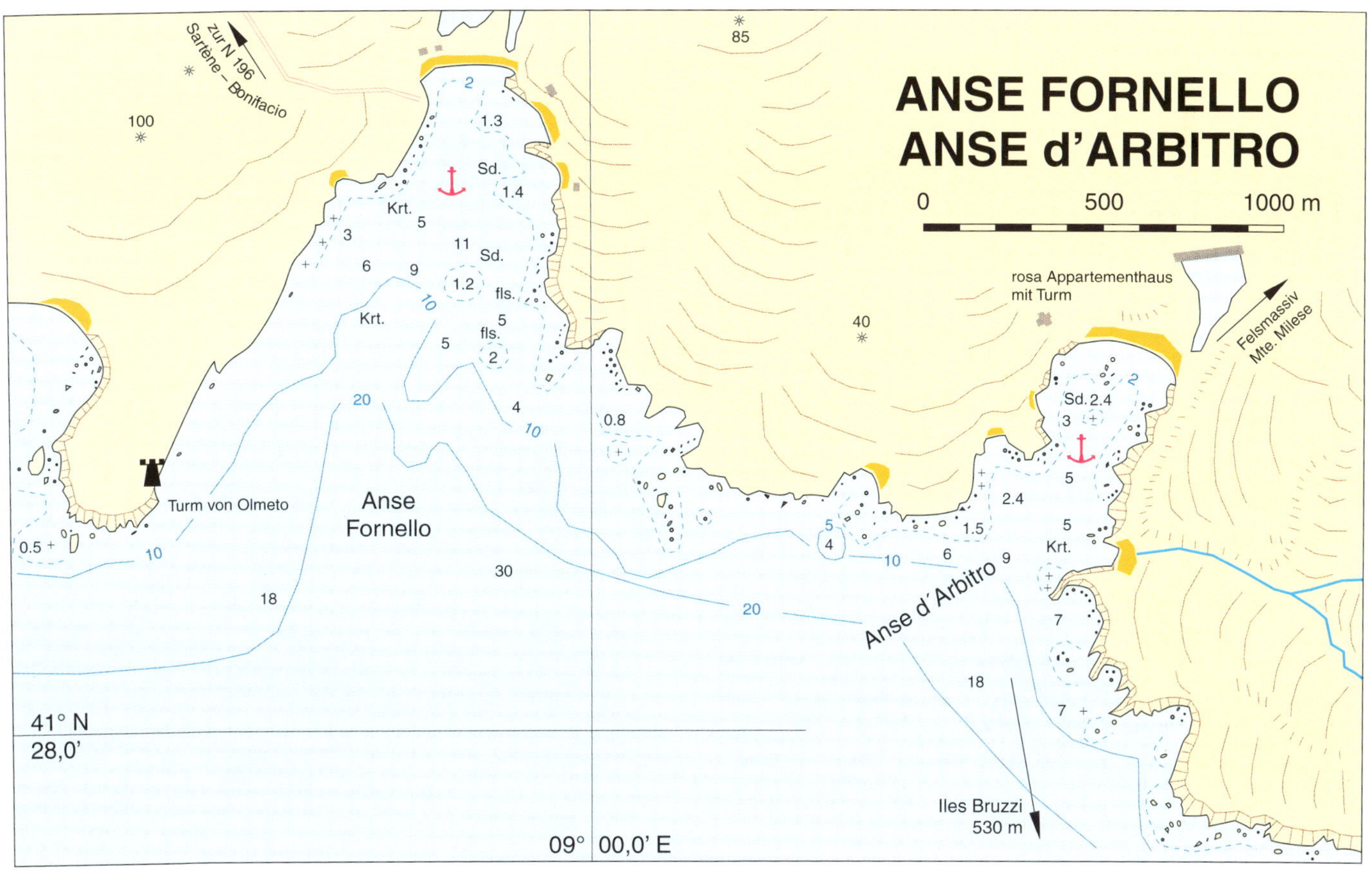

Turm und „Löwe“ oberhalb der Anse von Roccapina

Anse de Roccapina

41°29,6'N 08°56,0'E

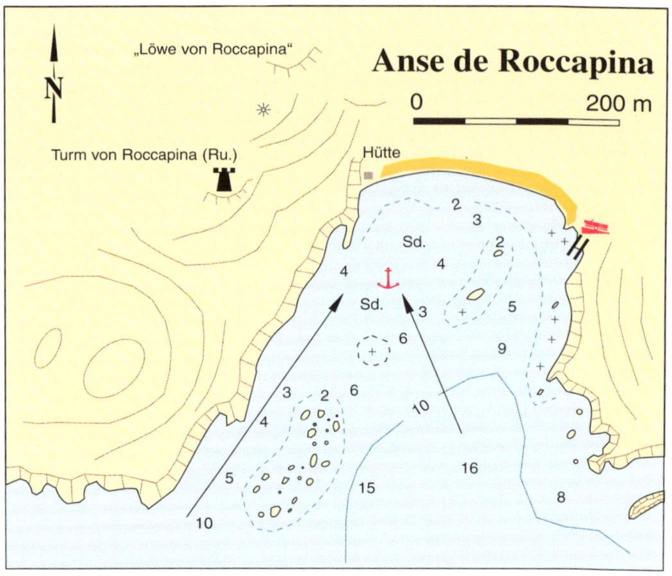

Hinter Capu di Roccapina, dem W-Einfahrtskap dieser Bucht, steht ein auffälliger Genueserturm auf einem 134 m hohen Felshügel. Etwas weiter im Land, auf einem Hügelkamm in Richtung NNE, ist der „Löwe von Roccapina“ zu sehen, ein verwittertes Gebilde aus grauem Gestein, das aus der grünen Macchia hervorragt.

Zur Popularität von Anse de Roccapina trägt unter anderem der vor einem Kiefernwäldchen verlaufende Traumstrand bei, den die Abendsonne regelrecht vergoldet. Auch Landtouristen schlagen sich über abenteuerliche Pisten bis hierher durch, ein Campingplatz hat sich hinter dem W-Ende des Strandes etabliert. Am E-Ende gibt es eine Slipbahn, die eine Segelschule für ihre Boote benutzt; ein Bojenfeld liegt davor.

Vor dem W-Ufer und in der Mitte der Bucht liegen von Untiefen umgebene Klippen. Die Durchfahrt zwischen diesen beiden Klippengruppen wird außerdem durch eine überspülte Klippe behindert.

Die Klippenbank Les Moines

Am besten fährt man zwischen dem W-Ufer und den vorgelagerten Hindernissen hindurch und ankert dann im W-Teil der Bucht auf 4 m über gut haltendem Sandgrund (s. Plan).
Anse de Roccapina ist nur als Schönwetterankerplatz brauchbar und bei allen S-lichenWindrichtungen ungeschützt.Wenn man hier bei Nacht plötzlich ankerauf gehen muß, wird es gefährlich wegen der unbefeuerten Klippen in und vor der Bucht.
Achtung Die Klippenbank Les Moines liegt 2 sm SSW-lich Capu di Roccapina (s. *Gefahren* S. 115).

Golfe de Roccapina 41°30,0'N 08°55,0'E

Dieser nach SW geöffnete weiträumige Golf zwischen dem niedrigen Kap Punta di Mortoli und dem auffälligen Capu di Roccapina hat an seiner E-Seite einen wunderschönen langen Strand.
Dort darf man jedoch nur bei ruhigem Wetter auf sanft ansteigendem Sandgrund, der mittelmäßig hält, vor Anker gehen. Starker Schwell steht herein.

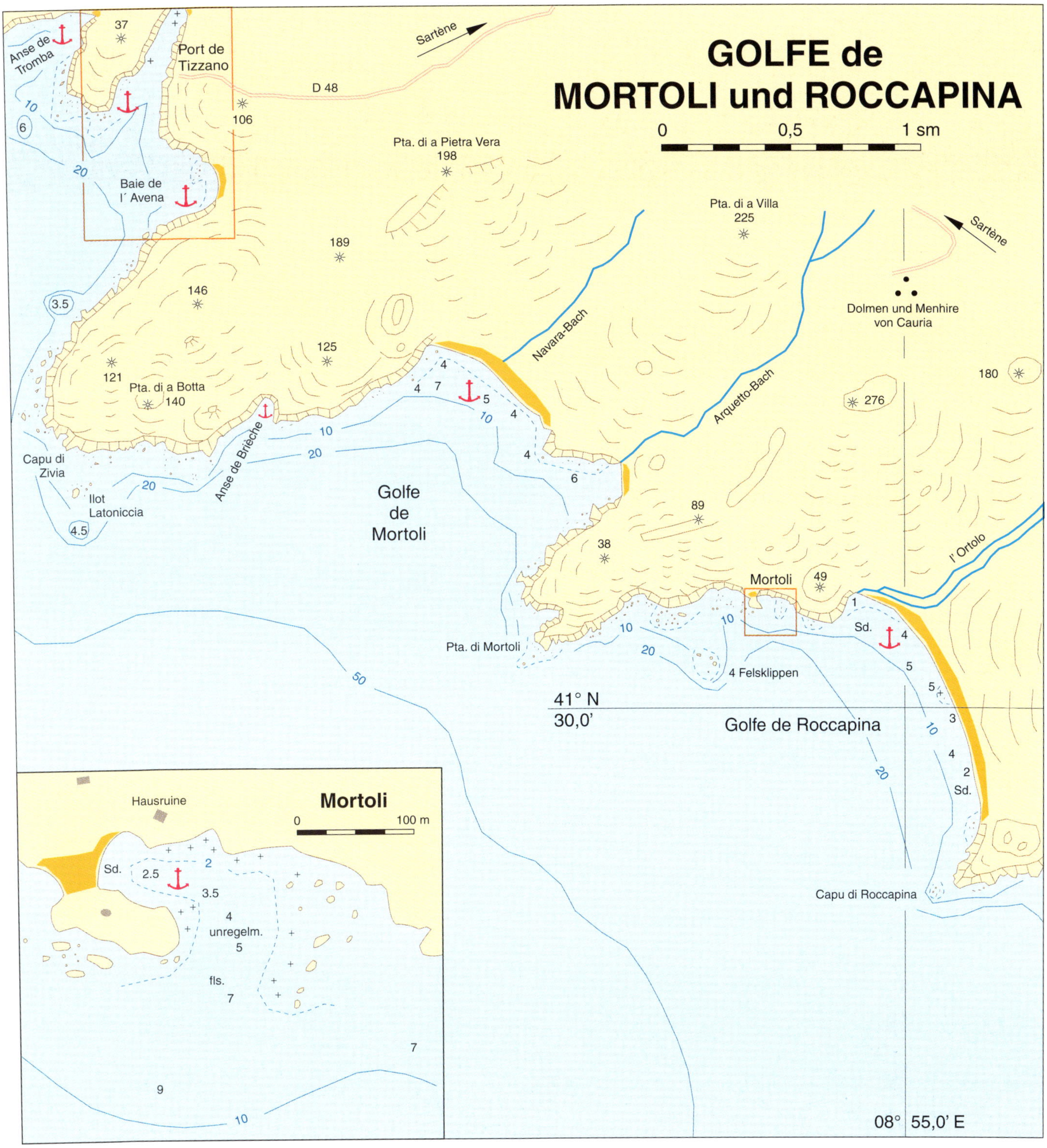

Vor dem Strand von Anse de Roccapina, rechts oben „der Löwe von Roccapina“

Mortoli Etwas geschützter liegen kleine Yachten, deren Tiefgang 1,70 m nicht überschreitet, in dem malerischen Einschnitt an der N-Seite des Golfes, der den Namen Mortoli führt – nicht zu verwechseln mit dem Golfe de Mortoli. Der mit Macchia bewachsene Felssporn ist mit dem Ufer durch eine Sandbank verbunden, so daß ein Miniaturhafen mit Platz für drei mittelgroße Yachten entsteht, in den man allerdings nur bei ruhigem Wetter einsteuern kann, denn E-lich davon dehnt sich eine langgestreckte Klippengruppe nach Süden aus. Auch vor der Spitze des Felssporns liegen Untiefen, doch der felsige Grund ist durch das klare Wasser gut zu sehen.
Im Inneren des Minihafens besteht der Grund aus Sand, ankern Sie dort mit Leine zum Land.
Bei starkem SE- und S-Wind ist Mortoli zu gefährlich.
Achtung Etwa 550 m im SW der spornartigen Halbinsel liegen vier Überwasserklippen. Mehr von der Sorte erstrecken sich 150 m im SW von Capu di Roccapina. Etwa 200 m vor Punta di Mortoli behindern felsige Bänke mit Über- und Unterwasserklippen.

Golfe de Mortoli

41°31,2'N 08°52,8'E

Das niedrige, verklippte Kap Punta di Mortoli trennt den gleichnamigen Golf vom benachbarten Golfe de Roccapina. Er ist weit offen nach W bis SW und daher nur bei wirklich ruhigem Wetter zu benutzen, denn W-liche Winde senden Seegang um das Kap herum. Bei Libeccio steht Brandung vor dem Strand. Von Osten kommend, halten Sie gut von den Klippen vor Punta di Mortoli frei.
Von Westen kommend, schlagen Sie einen großen Bogen um die Inselchen und Klippen vor Pte. Latoniccia (Cap de Zivia); die Durchfahrt zwischen der kleinen Felsinsel Latoniccia und korsischer Küste ist nicht möglich.
Der Anker fällt lt. Plan auf 6 m über Sandgrund.
Anse de Brièche Der kleine Einschitt W-lich des Strandes von Golfe de Mortoli ist der bessere Platz bei Winden aus W und NW. Hier ankert man auf ca. 8 m über Sand mit Kraut.

Port de Tizzano

41°32,5'N 08°51,2'E Karten: F 7162(P), EG 1008

Lage und Umgebung

N-lich von Pte. Latoniccia schneidet die fjordartige Bucht Port de Tizzano ein. Auf dem W-Einfahrtskap steht ein zerfallenes Fort neben einigen Häusern; an beiden Ufern sind Ferienbungalows und kleine Hotels entstanden. Die Bezeichnung „Port“ (Hafen) ist ein wenig hoch gegriffen, da die Tiefen im inneren Teil des Einschnitts sehr gering sind und auch der kleine Fischerhafen für Yachten kaum brauchbar ist.

Ansteuerung

Vor dem Kap, auf dem das Fort steht, liegen gefährliche Untiefen und Klippen. Von Westen kommend, halte man daher zuerst auf den weißleuchtenden Strand der Baie de l'Avena,

unmittelbar S-lich von Port de Tizzano (s. Plan) zu, bis man in den Einschnitt hineinsehen kann.
Die Tiefen nehmen von 12 m in der Einfahrt auf 2 m vor dem kleinen Fischerhafen ab.

Liegeplatz

- *Fischerhafen* Der kurze, parallel zum Land verlaufende Ostkai ist höchstens für mittelgroße Sportboote mit Tiefgang bis 1,5 m geeignet, sollte aber nur im Notfall benutzt werden, da die Fischer das nicht gerne sehen. Wasser, Strom und ein Bootsslip sind vorhanden. Der Grund im Hafen ist unregelmäßig.
- *Ankerplatz Tizzano* Yachten ankern vor der kleinen Ausbuchtung mit Strand SE-lich unterhalb des Forts auf 4 m über Sandgrund (s. Plan). Bei Libeccio ist der Platz allerdings unbrauchbar, da der Seegang voll hereinsetzt. Auch bei W-Wind schwellt es unangenehm. Von NW bis E ist der Schutz annehmbar.
  Mit dem Beiboot gelangt man zum Dorf. Am besten macht man es im Hafen fest oder am Kai des „Hotel du Golfe".
- *N-lich des Hafens* Die am besten geschützten Plätze am Ende des Einschnitts sind nur für Boote bis höchstens 0,5 m Tiefgang zugänglich.

Versorgung

Restaurants finden Sie in Hafennähe, Telefonzellen ebenfalls. Lebensmittelgeschäfte im Dorf.
Eine kurvenreiche Fahrstraße führt zu den Menhiren und Dolmen (steinzeitliche Kultdenkmäler) von Palaggiu und Cauria.

Schönwetterankerplätze um Port de Tizzano

Karten: F 7162(P), EG 1008

Baie de l'Avena S-lich Port de Tizzano öffnet sich eine Bucht, wo man vor der S-Hälfte des Strandes auf 3–4 m (s. Plan) über sandigem Grund in angenehmer Umgebung ankert.
Anse de Tromba und *Anse de Bercajo* Die beiden benachbarten Buchten liegen unmittelbar W-lich von Port de Tizzano. Anse de Tromba ist landschaftlich nicht reizvoll und, was den Schutz angeht, nicht zu empfehlen.
In Anse de Bercajo mündet das gleichnamige Flüßchen hinter einem Sandstrand. Man muß sich beim Ankern einen Sandfleck aussuchen, da der Boden meist mit Kraut bewachsen ist.

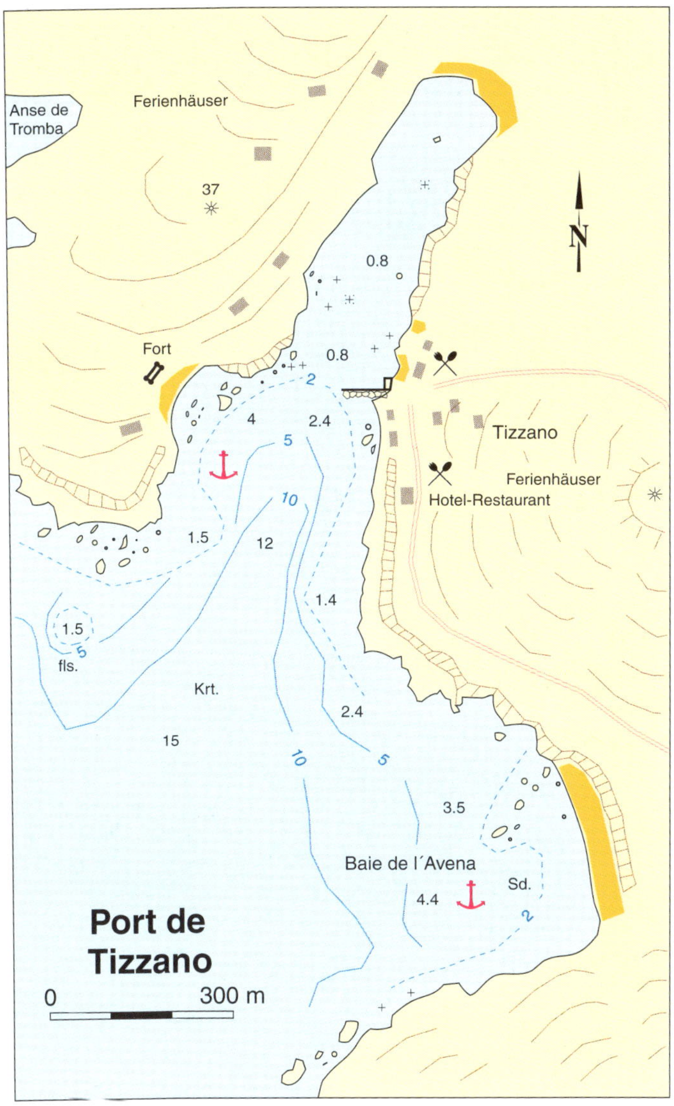

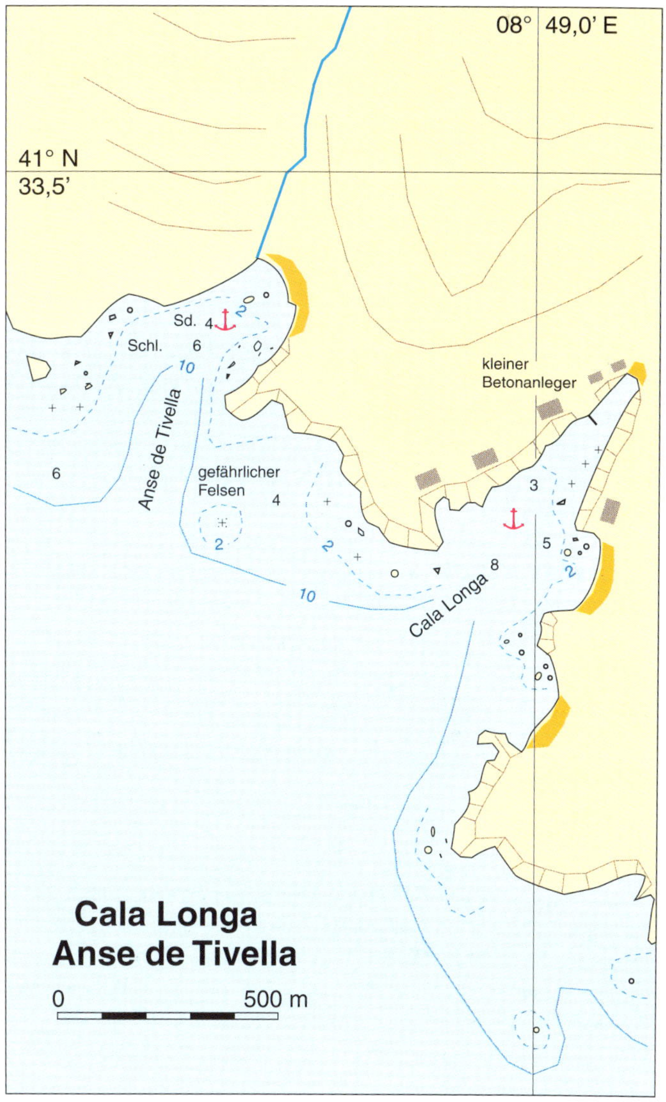

Port de Tizzano

Auch dieser Platz ist nur bei absolut ruhigem Wetter zu benutzen.

Cala Longa 41°33,1'N 08°49,0'E

1 sm SE-lich des Leuchtturmes von Sénétosa liegt diese nach SW offene Bucht.
Bei schwachen W-Winden kann man hier im grünblauenWasser gut vor Anker gehen. Sobald der Wind, besonders der Libeccio, auffrischt, muß man das Weite suchen. Die Tiefen nehmen bis zur 2-m-Linie gleichmäßig ab; erst im letzten Zipfel wird es abrupt seicht.
Ankern Sie, wo sich die Bucht verengt, auf 4 m über Sandgrund mit Leine zu den Felsen am E-Ufer. Hier ist Platz für 2–3 Yachten.
Achtung Eine gefährliche, eben überspülte Klippe liegt zwischen Cala Longa und Tivella 350 m vor dem Ufer.

Tivella 41°33,3'N 08°48,6'E

Diese Bucht 0,6 sm SE-lich des Leuchtturmes von Sénétosa ist noch weniger geschützt als Cala Longa und daher nur bei ruhigem Wetter als Ankerplatz geeignet.
Achtung Die Einfahrtskaps sind unrein. Etwa 50 m vor der Strandmitte liegt eine große, von mehreren Trabanten umgebene Klippe.
Ankern Sie auf 5 m über Sandgrund. Die Tiefen nehmen zum Strand hin gleichmäßig ab.

Die innere Bucht von Port de Tizzano

Golfe de Valinco

Karte: EG 1008, F 7162(P)

Die Küste N-lich von Punta di Sénétosa ist unbewohnt und wird von kahlen, ausgefransten Hügeln begleitet. Untiefen und Klippen liegen vor den felsigen Ufern, in die einige Schönwetterankerplätze einschneiden.
Bei dem weit vorspringenden, von einem Genueserturm gekrönten Kap von Campomoro beginnt der landschaftlich vielseitige Golfe de Valinco mit langen Stränden, guten Ankerplätzen und dem geschützten Yachthafen Propriano, ein ideales Revier für erholsame Tagestörns, zum Entspannen, Surfen und Schnorcheln. Nicht nur Familien mit Kindern an Bord wissen das zu schätzen.
Bei Libeccio ist die Bucht von Campomoro der sicherste Platz, bei Mistral ist man an der gegenüberliegenden Seite, in Porto Pollo, bestens aufgehoben.
Zwischen Porto Pollo und Cap Muro findet man weitere Schönwetterankerplätze vor Sandstränden.

Ansteuerungsmarken

Das weiße Leuchtturmgebäude mit zwei Türmen, ein Sendemast und ein Genueserturm auf Pta. di Sénétosa.
Cap Muro mit Leuchtturm und Genueserturm. Ein TV-Mast auf einem Berg (720 m) 5 sm ENE-lich von Cap Muro.
Der Berg Sommet de Buturetto (870 m) ca. 3 sm N-lich Propriano; sein Felsgipfel ähnelt einer Zitadelle. Sommet de Savaziglia (669 m), kegelförmig mit zwei Gipfeln, überragt das Dörfchen Viggianello 3 sm E-lich von Propriano.

Gefahren

Halten Sie von Pta. di Sénétosa mindestens 0,5 sm Abstand, um den vorgelagerten Klippen auszuweichen. Dasselbe gilt für Pte. d'Eccica,vor der das gleichnamige Inselchen und Klippenbänke liegen, die mindestens 0,6 sm in See reichen.
Nachts sollte man, von Süden kommend, Pta. di Sénétosa im sicheren Abstand von 2 sm runden; dabei darf das Feuer achteraus nie mehr als 140° peilen, da man sonst auf die Klippenbänke vor Pte. d'Eccica brummt.

Wind und Seegang

Die vorherrschende sommerliche Windrichtung ist NW bis SW.
Bei Starkwinden muß man mit erheblichem Seegang rechnen. In der Umgebung von Pta. di Sénétosa ist die See unangenehm kabbelig.

Reglementierte Gebiete

An der S-Küste des Golfes von Valinco, zwischen Campomoro und Portigliolo, besteht Fisch- und Tauchverbot.

Löschflugzeuge

Bei Waldbränden fliegen die Löschflugzeuge den Golf von Valinco an, um Wasser zu tanken.

Entfernungen in sm

Propriano	–	Campomoro	5
Propriano	–	Figari	29
Propriano	–	Bonifacio	31
Propriano	–	Porto Pollo	5
Propriano	–	Ajaccio	24
Porto Pollo	–	Campomoro	5

Ankerplätze zwischen Punta di Sénétosa und Campomoro

Karten: EG 1008, F 7162(P)

Scoglio Bianco

41°33,8'N 08°47,3'E

Im Schutz der kleinen hellen Felsinseln Scoglio Bianco, die untereinander und mit der SW-Spitze von Kap Sénétosa durch derart viele Klippen verbunden sind, daß das Ganze wie eine Halbinsel wirkt, liegt ein Einschnitt, in dem man bei mäßigem SW-Wind angenehm ankern kann (s. Plan S. 129).
Achtung Von Süden kommend, macht man einen großen Bogen um die von Klippen umgebene „Halbinsel", denn 270 m SW-lich davon liegt ein gefährlicher überspülter Felsen (s. Plan). 200 m W-lich des N-Kaps von Scoglio Bianco muß man eine Untiefe mit nur 4 m Wasser darüber beachten.
Ankern Sie auf 9 m und versuchen Sie, das Eisen auf einen der seltenen Sandflecke fallen zu lassen, der Grund ist nämlich vorwiegend felsig mit Krautbewuchs. An der W-Seite dieser Bucht liegt zeitweilig eine Mooringtonne aus.
Ein Pfad führt zum Genueserturm von Sénétosa.

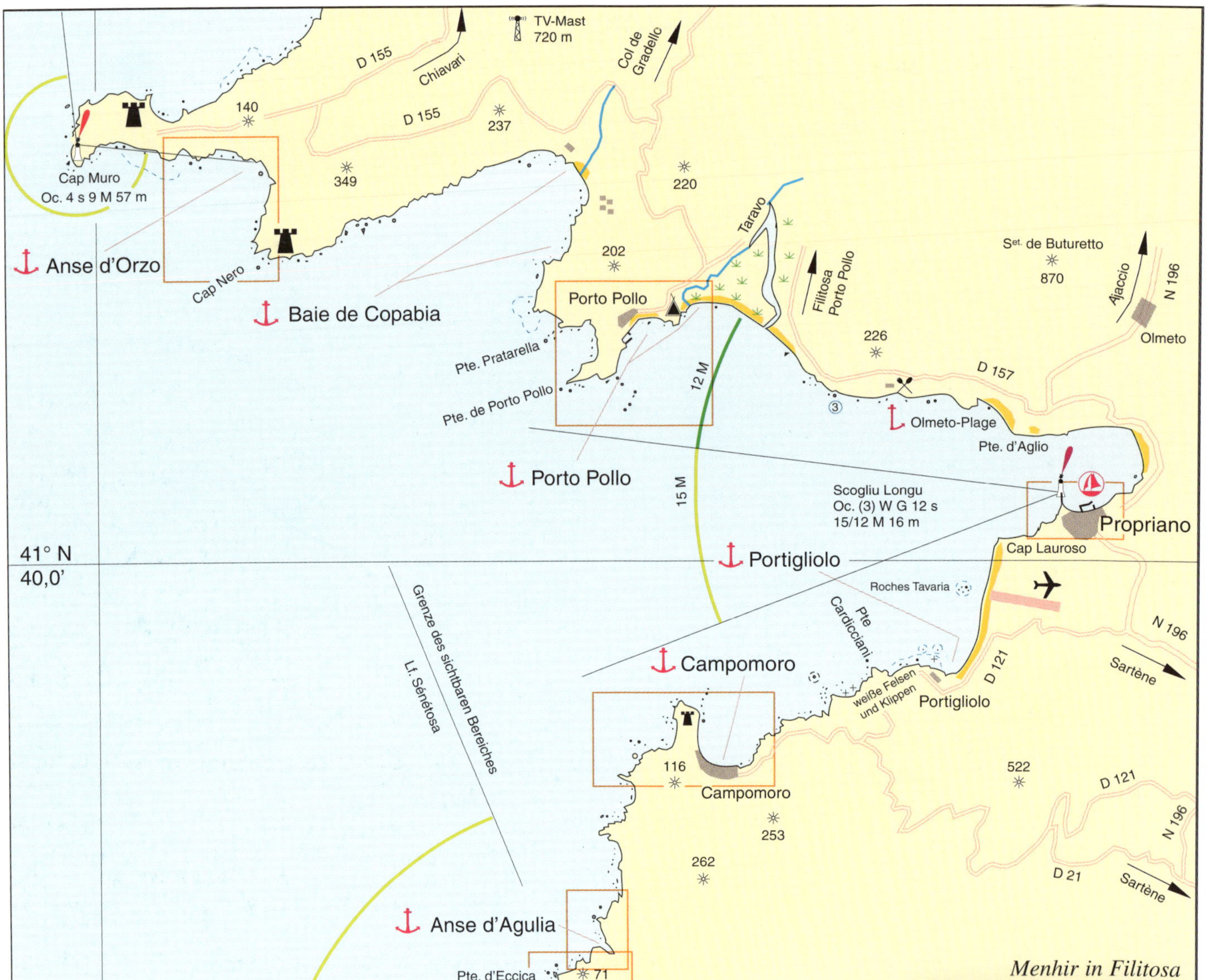

Menhir in Filitosa

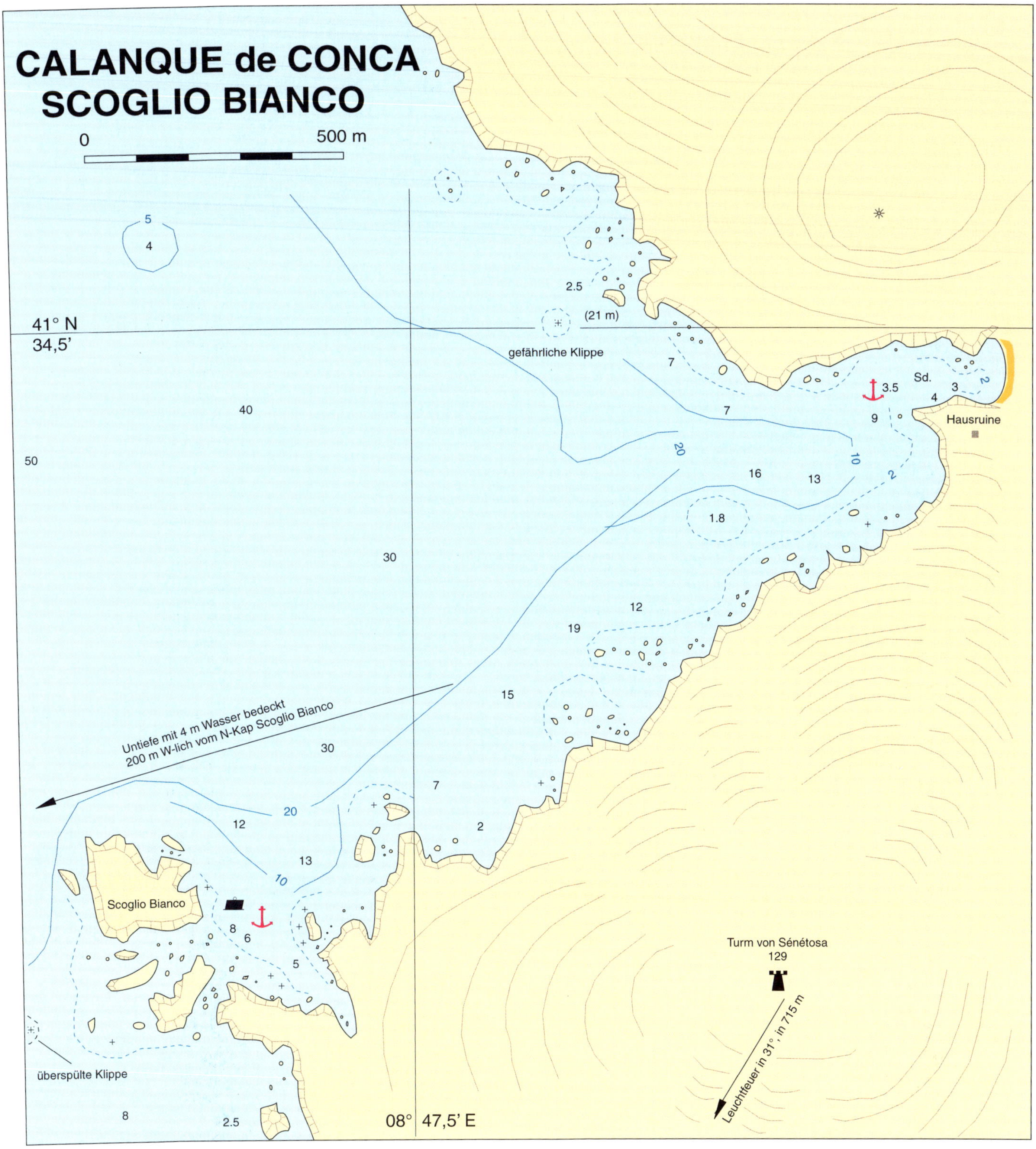

Calanque de Conca 41°34,7'N 08°48,1'E

Felsige, mit spärlicher Macchia bewachsene Hügel gruppieren sich im Halbkreis um den Sandstrand der hübschen Bucht, die sich durch kristallklares Wasser auszeichnet. Eine Hausruine steht weithin sichtbar hinter dem S-Ufer des Ankerplatzes und erleichtert die Identifizierung.

Von Süden kommend, hält man gut von den Untiefen SW-lich und W-lich von Scoglio Bianco frei. Sobald man die Hausruine in Ost peilt, ist die Einsteuerung frei von Gefahren.

Von Norden kommend, fährt man nach dem Runden von Pte. d'Eccica so lange mit Kurs SE auf den Turm von Sénétosa zu, bis man in die Bucht hineinschauen kann.

Ankern Sie lt. Plan auf 7 m über Sandgrund mit gelegentlichem Krautbewuchs. Der beste Platz, falls er frei ist, liegt im Inneren des Einschnitts; dort ist eine Leine zum Land vonnöten. Die 2-m-Linie verläuft 40 m vor dem Strand.

Bei mäßigem SW- und NW-Wind bietet Calanque de Conca akzeptablen Schutz.

Calanque de Conca

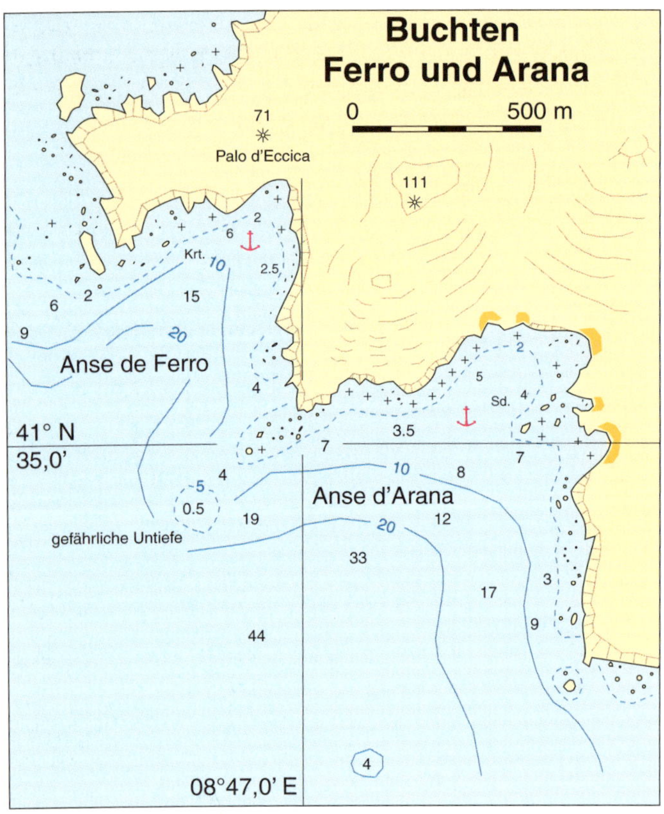

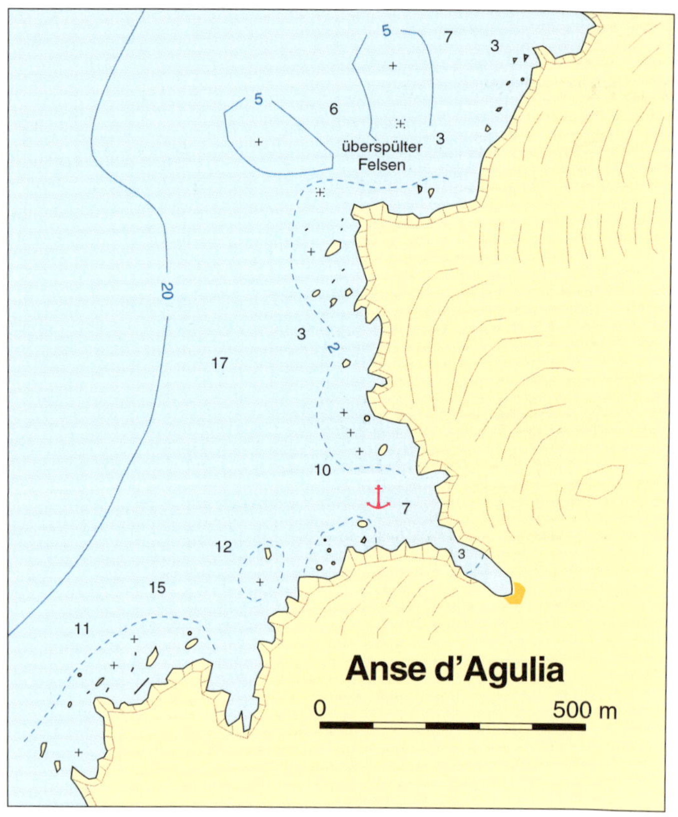

Buchten Arana und Ferro 41°35,0'N 08°47,4'E (Arana)

Ein felsiges, von Klippen verlängertes Kap trennt Ferro und Arana voneinander, die kahlen Ufer sind mit Untiefen und Felsbrocken gespickt.

In *Anse d'Arana* ankern Sie in der Mitte der Bucht auf 5 m über Sandgrund mit Kraut und Felsen und haben Schutz bei mäßigem Mistral.

In *Anse de Ferro* läßt man auf 5–6 m über Krautgrund den Anker fallen. Näher beim Ufer wird der Grund sandiger. Der Platz ist nur bei Schönwetter zu benutzen.

Von Norden kommend, läßt man die flachen Inselchen vor Pointe d' Eccica weit an Backbord, bevor man einsteuert.
Von Süden kommend, hält man ebenfalls guten Abstand zur Küste.

Anse d'Agulia

41°35,8'N 08°47,5'E

ENE-lich von Pte. d'Eccica verläuft dieser kleine, fjordartige Einschnitt nach SE und endet in einem winzigen Strand. Bei ruhigem Wetter ein faszinierend schöner Platz, verwandelt sich Anse d'Agulia bei auflandigem Wind in eine Mausefalle.
Von Süden kommend, umsteuern Sie die Insel Eccica W-lich und gehen dann auf Kurs ENE, bis Sie die schwer auszumachende Einfahrt erkennen können.
Von Norden kommend, sind die gefährlichen Unterwasserfelsen ca. 800 m N-lich der Bucht zu beachten. Der ehemals auffällige Felsturm *Palo d'Eccica* auf dem gleichnamigen Kaphügel SSW-lich des Ankerplatzes ist nur noch ein Stumpf.
Ankern Sie lt. Plan auf ca. 8 m über Sandgrund mit Kraut. Nur kleinste Boote wagen sich ins Innere des Einschnittes, wo der grobe Sandgrund schnell ansteigt.

Campomoro

41°38,3'N 08°48,5'E (Turm) Karte: EG 1008

Lage und Umgebung

Unmittelbar E-lich des langgestreckten, verklippten Kaps, das in einem kegelförmigen Hügel (60 m) mit einem Genueserturm gipfelt, öffnet sich eine Bucht der Sonderklasse mit dem klingenden Namen Campomoro: Sommerhäuser in dichtgrüner Vegetation, kleine Hotels, ein helleuchtender Strand vor dem Dorf, Fischerboote und eine Unmenge ankernder Yachten. In einem Tal, inmitten von Eukalyptusbäumen, liegt ein Campingplatz, überragt von einem Schlößchen mit zwei Türmen und spitzen roten Dächern.

Ansteuerung und Liegeplatz

Campomoro kann nur am Tage angesteuert werden; hilfreich ist dabei der Genueserturm. Von Norden kommend, ist das Schlößchen auffällig.
Achtung NE-lich des Turmes erstreckt sich eine Klippenbank 500 m weit in See. Die Ausdehnung der Klippen am NW-Ende und W-lich des Kaps beträgt bis zu 250 m.
Ankern Sie lt. Plan auf 5 m über Krautgrund. Yachten dürfen sich, gemäß Gemeindebeschluß, dem Strand nur auf 300 m nähern. Desgleichen sind in der Strandzone Außenbordmotoren abzuschalten; gebrauchen Sie die Riemen, um an Land zu gehen. Beim Bootsslip vor dem Dorf können Sie angenehm mit dem Beiboot anlanden.
Wenn starker Libeccio Fallböen auf den Ankerplatz herunterprasseln läßt, wird sicherlich niemand etwas dagegen haben, wenn Sie näher zum Strand hin ankern (die 4-m-Linie verläuft 100 m davor). Dort finden Sie Sandgrund, wo der Anker besser hält.
Beim Fischeranleger am W-Ende des Strandes, vor einigen kleinen Häusern, sind die Tiefen für Yachten zwar ausreichend, aber meistens benötigen die Fischer die Plätze. Von ihnen erfährt man immer den neuesten Wetterbericht.

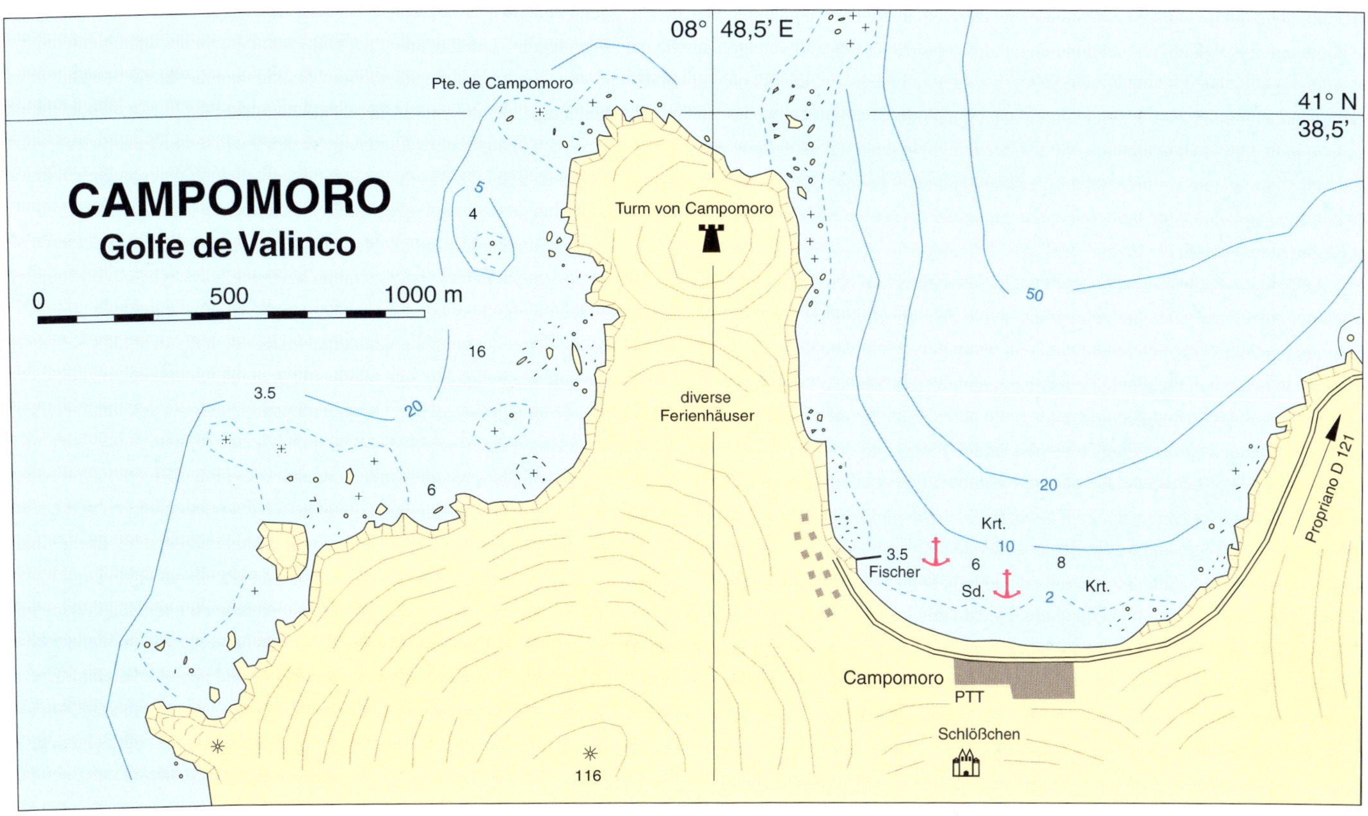

Campomoro aus NE

Schutz

Bei Libeccio liegt man hier gut geschützt, nicht so bei Mistral. Halten Sie die Augen offen: Sobald die Fischer scharenweise in Richtung Porto Pollo oder Propriano ankerauf gehen, sollte man es ihnen gleichtun, denn dann ist harter Mistral im Anzug.

Versorgung

Lebensmittelgeschäfte, Restaurants und Bars im Ort und beim Fischeranleger. Keine Tankstelle.

Verkehrs- und Postverbindungen

Eine Postagentur und Telefon im Ort. Bus nach Propriano.

Tourismus

Spazieren Sie zum Genueserturm (30 Minuten) und genießen Sie den Ausblick auf den Golf.

Portigliolo (Tavaria)

41°38,8'N 08°52,3'E Karte: EG 1008

Vor dem SW-Ende des langen Sandstrandes von Tavaria und der gleichnamigen Ebene, durch die der Fluß Rizzanese zum Meer fließt, findet man Schutz bei S- und SW-Wind. Die steile, felsige Küste W-lich davon wird von sandfarbenen, aus dem türkisblauen Wasser spitz aufragenden Klippengruppen, die sich teilweise bis 0,7 sm in See erstrecken, begleitet.
Am S-Ende des Strandes, in dichtes Grün eingebettet, liegt eine Ferienanlage mit Bungalows, Campingplatz, Swimmingpool und Restaurant.
Ankern Sie davor, auf 5–7 m über Sandgrund.
Achtung Etwa vor dem N-lichen Drittel des langen Strandes liegen die auffälligen Klippen Roches Tavaria. Kommen Sie auch dem äußersten S-Ende des Strandes nicht zu nahe, da hier eine Sandbank bis 180 m ins Meer ragt.

Propriano Yachthafen

41°40,7'N 08°53,9'E (Lf. Sco. Longu) Karte: EG 1008

Lage und Umgebung

Im letzten Winkel des Golfes von Valinco, der sich zwischen den Kaps Lauroso und Aglio verengt, vor den sanften grünen Hügeln des Südufers, liegt der Handels-, Fähr- und Fischerhafen Propriano, an den der geschützte, nach wie vor im Ausbau befindliche Yachthafen E-lich anschließt. Befeuerte Molen geben ihm perfekten Schutz gegen die vorherrschenden Winde. Das ehemalige Fischerdorf hat sich zu einem lebhaften Städtchen mit viel Tourismus, Boutiquen, Restaurants und Nachtlokalen sowie temperamentvollem Straßenverkehr entwickelt. In den Freiluftcafés am Platz hinter dem Hafen läßt es sich gut frühstücken, Eis essen, Faßbier trinken und korsisches Leben beobachten.

Ansteuerung

Am Tage Von Süden kommend, halten Sie von den Klippen zwischen Punta di Sénétosa und Pointe de Campomoro frei und steuern mit Kurs ENE in den Golf hinein. Sobald Sie das niedrige, ebenfalls verklippte Kap Lauroso gerundet haben, werden der Ort und die Häfen sichtbar.
Von Norden kommend, halten Sie guten Abstand von den Klippen an den Kaps Muro, Nero und Porto Pollo.
Den Leuchtturm auf der Klippenbank Roches de Scogliu Longu muß man wegen einer unbezeichneten Untiefe, die 70 m N-lich des Feuers liegt und nur mit 1,5 m Wasser bedeckt ist, im sicheren Abstand passieren.
Bei Nacht Die Nachtansteuerung muß vorsichtig bewerkstelligt werden, da es im Golf nur wenig Seezeichen gibt. Man bedient sich der Feuer auf Cap Muro bzw. Pta. di Sénétosa und läuft dann im weißen Sektor des Feuers auf Scogliu Longu, dessen grüner Sektor die Gefahren an der N-Küste des Golfes abdeckt, in den Golf ein. Die Einfahrt zum Yachthafen findet man mit Hilfe der Hafenfeuer (s. Plan).

Liegeplatz

Yachten müssen ausschließlich im Yachthafenbecken festmachen; der Hafenmeister weist die Plätze an. Grundgeschirr bzw. Bojen liegen aus. Im Sommer ist der Hafen stark belegt.

Reede Man kann auch unmittelbar NE-lich der Einfahrt zum Yachthafen unterhalb der Friedhofshuk ankern. Bei starkem Mistral muß man sich jedoch in das sichere Hafenbecken verholen.
Bei ruhigem Wetter ankern manche Yachten vor dem Strand im Scheitel des Golfes.

Plage d'Olmeto Wer vor diesem schönen Sandstrand ankert, findet dort das Gartenrestaurant des Hotels Ruesco, dessen Service man ebenfalls nutzen kann. Auch dies ist lediglich ein Schönwetterankerplatz, der sichere Hafen Propriano liegt 1½ sm SE-lich davon.

Behörden

Capitainerie im Yachthafen, Tel. und Fax 0495761040, vom Ausland 0033/4/95 usw.
Zoll im Fährhafen.

Versorgung

Wasser und Strom an den Liegeplätzen, Duschen und WCs im Gebäude der Capitainerie. Tankstelle (Benzin und Diesel). Segelmacher und Außenborder-Service im Yachthafen, ebenso Segel- und Bootsfahrschulen, Tauchclubs (Container).
45-t-Kran auf der Plattform neben der Tankstelle. Slip beim Stummelwellenbrecher der Yachthafeneinfahrt. Überwinterungsmöglichkeit.
Täglicher Aushang des Wetterberichtes in der Capitainerie. Eisverkauf hinter dem Hafen.
Motor- und Bootsreparaturen, Schiffsausrüster und Werkstätten am W-Kai des Handels- und Fährhafens.

Yachthafen Propriano in der Ausbauphase

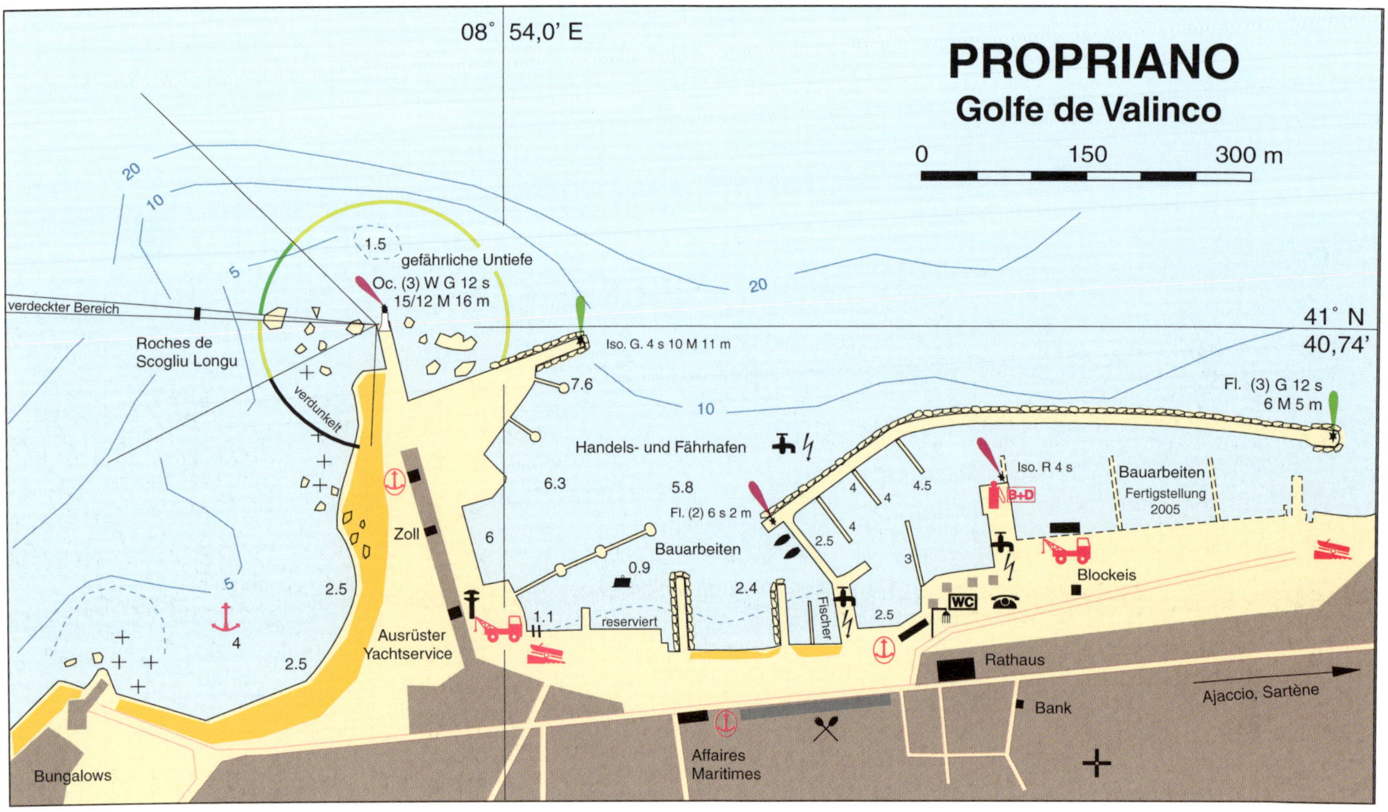

Gemütliche Cafés am Hafen von Propriano

Propriano-Reede unterhalb der Friedhofshuk

Hervorragend sortierte Supermärkte, Bäcker und Fleischer in Hafennähe. Restaurants, Kneipen, Cafés, Bars am Platz beim Hafen. Banken.
Touristeninformation im Gebäude der Capitainerie.

Verkehrs- und Postverbindungen

PTT im Ort. Telefonzellen im Hafen. Fährverkehr nach Nizza, Toulon, Marseille, Porto Torres/Sardinien. Autobus, Taxis. Autovermietung im Handels- und Fährhafen.

Funkkommunikation

Die Capitainerie ist während der Dienststunden über UKW-Kanal 9 zu erreichen. Im Sommer ist Liegeplatzreservierung ratsam.

Tourismus

Zwei Landausflüge sollten Sie sich nicht entgehen lassen: Filitosa und Sartène.
Filitosa Die Menhire von Filitosa, riesige Kultdenkmäler aus der Steinzeit, stehen inmitten uralter Olivenbäume im hügeligen Gelände des fruchtbaren Taravotales und gelten als die ersten monumentalen Steinplastiken des Abendlandes.
Sartène In einem bedeutenden Weinbaugebiet an den Abhängen des Monte Rosso liegt die mittelalterliche Stadt Sartène. Der „Sartenais" ist fürwahr ein süffiger Tropfen, der, wie auch die eindrucksvolle Karfreitagsprozession mit dem kettenschleppenden Büßer, den Ort auf der ganzen Welt bekannt gemacht hat.

Porto Pollo

41°42,5'N 08°48,0'E Karte: EG 1008

Lage und Umgebung

NE-lich der Pointe de Porto Pollo öffnet sich die gleichnamige weiträumige Bucht vor hügeligem Hinterland und einem hellen, langen Sandstrand. Der Ort hat sich mit gepflegten Hotels, Ferienappartements und Campingplätzen zu einem beliebten Urlaubsziel entwickelt.

Porto Pollo

Hafen und Reede von Porto Pollo

Am SW-Ende des Strandes liegt der kleine Hafen Porto Pollo, zu Ehren seines Initiators auch „Port de Jean-Baptiste Tomi“ genannt.

Ansteuerung und Liegeplatz

Porto Pollo kann man nur am Tage ansteuern.
Von Norden kommend, hält man sich gut 300 m von Cap Nero frei und von den Klippen des niedrigen Felskaps Pointe de Porto Pollo, die an der SE-Seite bis zu 750 m in S-licher Richtung ins Meer ragen.

- *Hafen Porto Pollo* (Port de Jean-Baptiste Tomi) Hier liegen vor allem Fischerboote und Schlauchbootflotten. Yachten, deren Länge 8 m und deren Tiefgang 1,5 m nicht überschreiten sollte, können im äußeren Viertel der ersten beiden Anlegestege festmachen.
- *Reede* Vor dem belebten Strand ankert man auf 7 m. Der harte Sandgrund ist dicht mit Seegras bewachsen und hält schlecht. Achten Sie auf die durch Bojen gekennzeichnete Badezone.
  Bei ENE-Wind setzen die Wellen um das Cap Taravo nach Porto Pollo hinein, und es schwellt am Ankerplatz.
- *Taravo-Mündung* Am W-Ende des dortigen Strandes ankert man auf 3,5 m über gut haltendem Sandgrund (s. Plan).

Schutz

Der Schutz bei Mistral ist gut, am besten ist er vor der Taravo-Mündung.

Versorgung

Im Hafen Wasser und Strom an der Wurzel der ersten beiden Anlegestege. Slipbahn (3 m breit). 8-t-Kran. Kleines Hafenbüro. Telefonzelle. Pizzeria.
Im Ort Supermärkte, Bars, Restaurants.Tankstelle. Telefonzellen.

Tourismus

Ein Ausflug nach Filitosa (s. Propriano).

Ankerplätze zwischen Porto Pollo und Cap Muro

Karte: ECM 1008

Baie de Copabia — 41°44,3’N 08°46,7’E

NW-lich von Pte. de Porto Pollo schneidet eine große Bucht nach NE ein. Ihre Ufer sind felsig, im Osten unrein, im N-Teil steil. Nach Westen hin grenzt das hohe Cap Nero mit dem weithin sichtbaren Genueserturm an.
Achtung Vor beiden Einfahrtskaps (Nero und Porto Pollo) sowie zwischen Pte. de Porto Pollo und der NW-lich davon vorspringenden Pte. Pratarella liegen Klippen, die im weiten Bogen gerundet werden müssen.

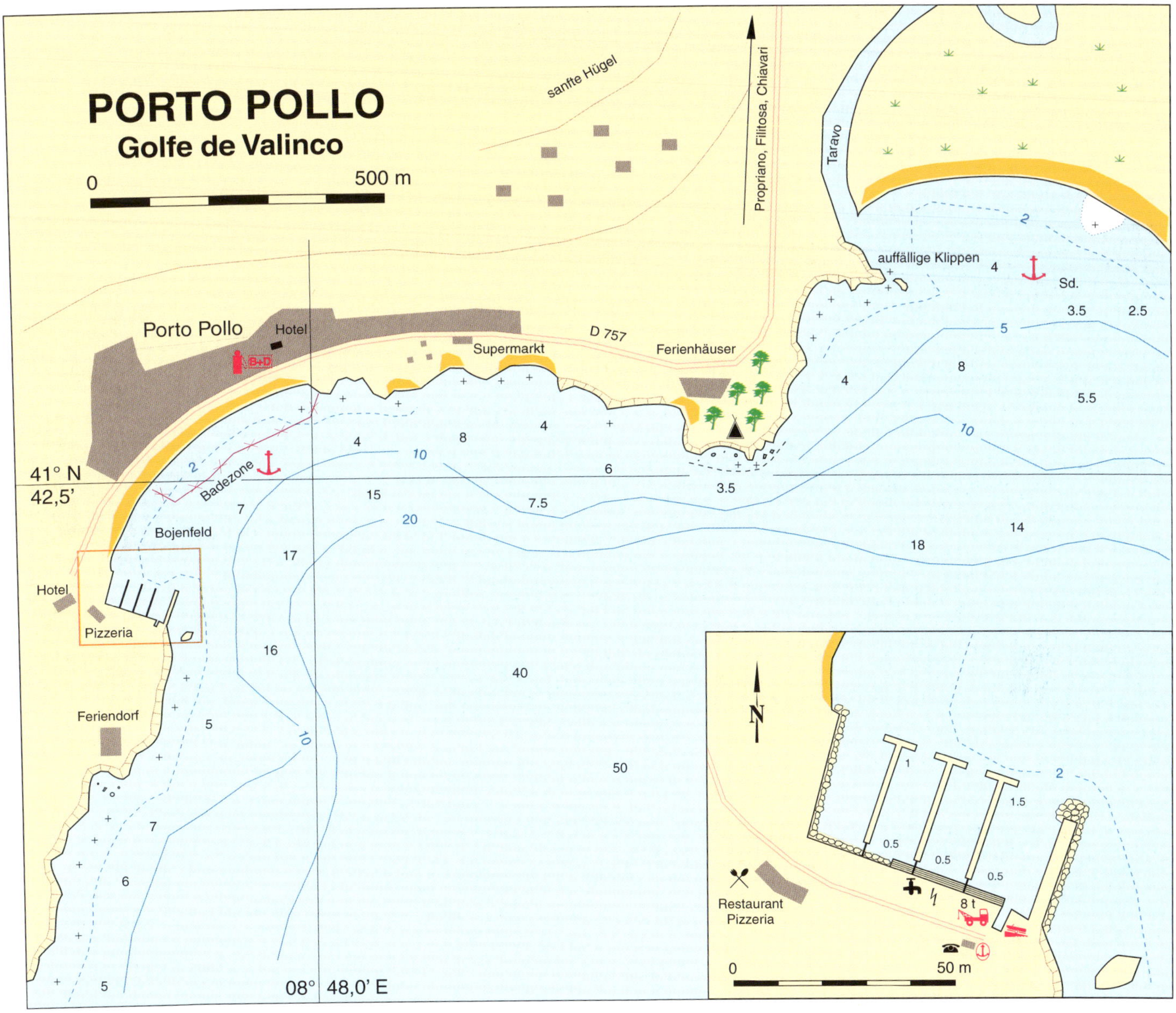

Die größte Fundstelle von Menhiren auf Korsika bei Filitosa

Reede von Porto Pollo

Ankern Sie vor dem schönen Strand in der NE-Ecke auf 4–5 m über sanft ansteigendem Sandgrund.
Bei Libeccio ist die Bucht unbrauchbar. Bei starkem Mistral ist Porto Pollo oder die Taravo-Mündung vorzuziehen.

Anse d'Orzo

41°44,0'N 08°42,0'E

Diese weit nach SW offene Bucht mit dem kristallklarenWasser ist eigentlich nur ein Schönwetterankerplatz, obwohl sie manchmal zum „Wartesaal" für Segler wird, die bei harten N-lichen Winden Cap Muro nicht mehr packen. Felsen und Macchia bilden die Kulisse, Ferienhäuser liegen in der Umgebung.
Von Propriano kommend, rundet man Cap Nero im Abstand von 300 m.
Von Norden kommend, hält man sich ¼ sm, bei stürmischem Wetter noch weiter, von Cap Muro entfernt, von dessen S-Ende, auf dem der kleine weiße Leuchtturm und ein Kirchlein stehen, sich rötliche Klippen ins Meer erstrecken.
Sie haben zwei Ankermöglichkeiten:

- *Im Nordosten* Vor dem größeren der beiden Strände auf 4 m Wasser über schlecht haltendem Grund.
  Achtung Vor dem Strand liegt eine überspülte Klippe. Kein Schutz bei Libeccio.
- *Im Westen* Den kleinen Einschnitt erkennt man an zwei großen, 10 m hohen Felsblöcken auf dem niedrigen, von Klippen umlagerten E-Einfahrtskap. 360 m SSW-lich des W-Kaps liegt eine Untiefe mit nur 0,7 m Wasser darüber.
  Ankern Sie, Schönwetter vorausgesetzt, auf 4 m über Sandgrund mit Leine zum Land, da kein Platz zum Schwojen vorhanden ist.

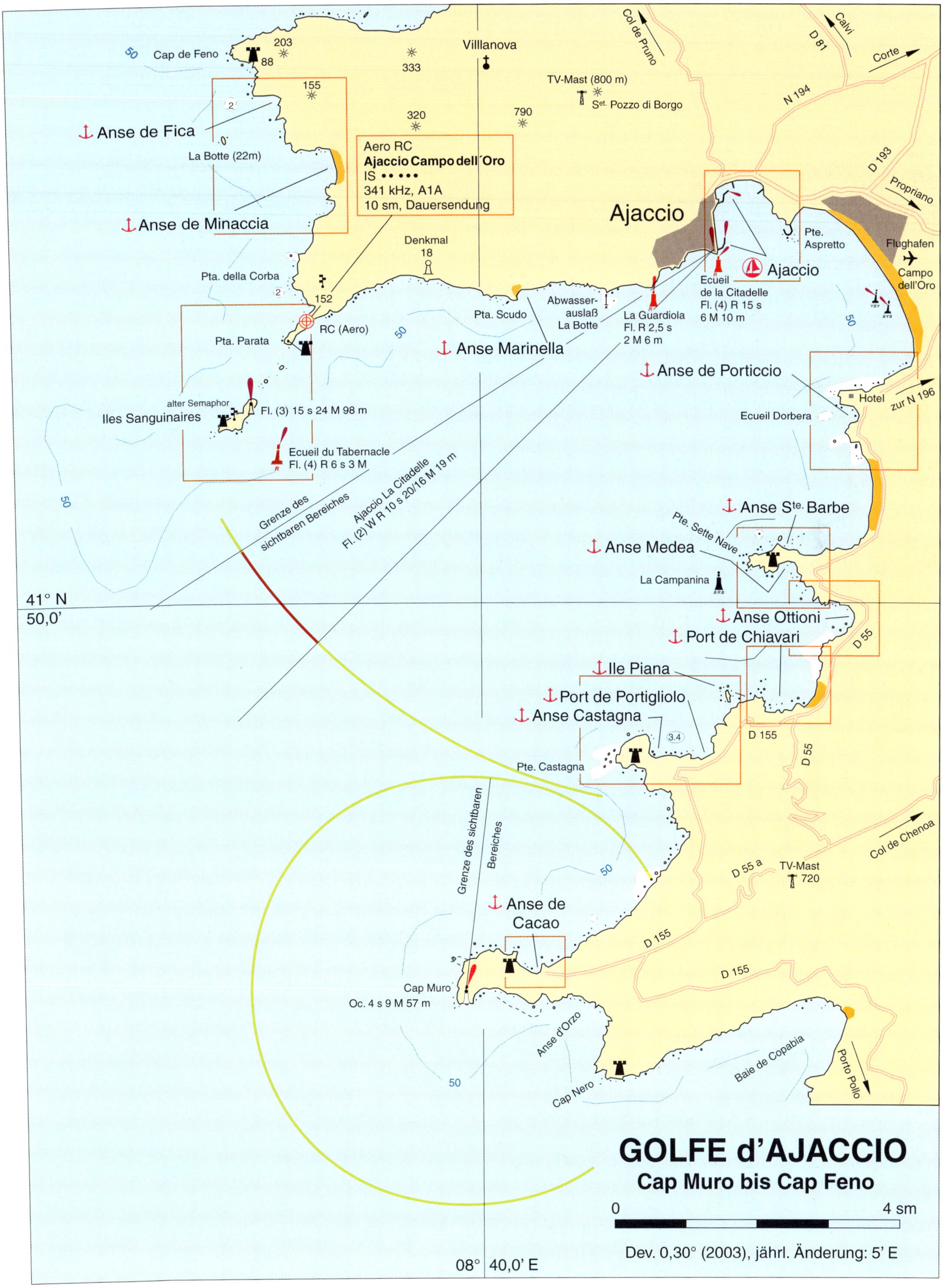

GOLFE d'AJACCIO
Cap Muro bis Cap Feno
0
4 sm
Dev. 0,30° (2003), jährl. Änderung: 5' E
Cap de Feno
203
88
333
Villlanova
Col de Pruno
Calvi
D 81
Corte
TV-Mast (800 m)
Set. Pozzo di Borgo
N 194
155
320
790
Anse de Fica
La Botte (22m)
Aero RC
Ajaccio Campo dell´Oro
IS •• •••
341 kHz, A1A
10 sm, Dauersendung
D 193
Propriano
Ajaccio
Anse de Minaccia
Pte. Aspretto
Flughafen
Campo dell'Oro
Denkmal
18
Pta. della Corba
152
Ecueil de la Citadelle
Fl. (4) R 15 s
6 M 10 m
Abwasser-auslaß
La Botte
Pta. Scudo
La Guardiola
Fl. R 2,5 s
2 M 6 m
RC (Aero)
Pta. Parata
Anse Marinella
Anse de Porticcio
Hotel
zur N 196
alter Semaphor
Iles Sanguinaires
Fl. (3) 15 s 24 M 98 m
Ecueil Dorbera
Ecueil du Tabernacle
Fl. (4) R 6 s 3 M
Grenze des sichtbaren Bereiches
Ajaccio La Citadelle
Fl. (2) W R 10 s 20/16 M 19 m
Anse Ste. Barbe
Pte. Sette Nave
Anse Medea
La Campanina
41° N
50,0'
Anse Ottioni
Port de Chiavari
D 55
Ile Piana
Port de Portigliolo
Anse Castagna
3.4
D 155
Pte. Castagna
Grenze des sichtbaren Bereiches
D 55 a
TV-Mast
720
Col de Chenoa
Anse de Cacao
D 155
Cap Muro
Oc. 4 s 9 M 57 m
Anse d'Orzo
Cap Nero
Baie de Copabia
Porto Pollo
08°
40,0' E
50

Golfe d'Ajaccio

Karten: EG 1008, 1007

Der Golf von Ajaccio schneidet zwischen den Kaps Muro und Parata im weiten Bogen in die Westküste Korsikas ein. Cap Muro ist eine hohe, langgestreckte Felshalbinsel, an allen Seiten von Klippen umgeben, mit einem viereckigen weißen Leuchtturm mit schwarzer Spitze und einer kleinen Kirche an der Südseite; an der Nordseite steht ein Genueserturm.
Zwischen Cap Muro und den beiden benachbarten Kaps Pte. Castagna und Pte. Sette Nave, die ebenfalls auffällige Türme tragen und im guten Abstand gerundet werden müssen, findet man kleine, sandige Buchten mit zum Teil geschützten, angenehmen Ankerplätzen. Sollte das Wetter eine Übernachtung dort nicht zulassen, sind es nur wenige Meilen zu den Yachthäfen von Ajaccio.
Die Stadt Ajaccio und ihre Häfen befinden sich im östlichen Drittel der relativ kurzen und geradlinigen Nordküste – in der einzigen nennenswerten Ausbuchtung. Das Häusermeer hat sich auf den umliegenden Hügeln und nach Westen beinahe bis Punta Parata ausgebreitet.
Das kegelförmige Kap Punta Parata mit dem Turm auf seiner höchsten Erhebung kann man von draußen leicht mit einer der ebenfalls kegelförmigen Iles Sanguinaires verwechseln, die das Kap nach Südwesten fortsetzen. Die Durchfahrt zwischen Kap und nördlicher Insel ist für Yachten gut machbar.
Zwischen Punta Parata und Cap de Feno (nicht zu verwechseln mit dem gleichnamigen Kap W-lich von Bonifacio), auf dessen Ausläufer in 88 m Höhe eineTurmruine steht, sind die Ufer steil und felsig; das Hinterland ist gebirgig. Die Küste erscheint beinahe etwas unwirtlich, denn ihre Einschnitte bieten wenig Schutz und sind, wie auch Cap de Feno selbst, von Untiefen und Klippen umlagert.

Ansteuerungsmarken

Im Süden Cap Muro mit dem weißen eckigen Leuchtturm (57 m) und einer Kapelle SW-lich davon.
Im Norden Punta Parata mit altem Genueserturm und weiter NW-lich auf dem Höhenrücken des Kaps die Signalstelle (Semaphor, 152 m).

Gefahren

Die gefährlichen Klippen um Cap Muro; die Untiefen um Pte. Castagna, die im Westen und SW bis 700 m weit in See reichen, am äußeren Ende mit nur 0,3 m Wasser bedeckt.
Alle weiteren Gefahren finden Sie bei den Beschreibungen der Ankerplätze.

Wind und Seegang

Die vorherrschenden Winde kommen im Sommer aus SW-W-NW. Bei Libeccio (SW) steht erheblicher Seegang in den Golf.

Sperrgebiete und reglementierte Gebiete

Der innere Teil von Ajaccio-Hafen, um die Jeanne-d'Arc- Brükke, ist militärisches Sperrgebiet, ebenso der Wasserflugzeughafen der französischen Marine in Aspretto (s. Plan). Ankerverbot für Yachten besteht im Bassin des Capucins (Handelshafen) und E-lich der beiden Baken La Guardiola und Ecueil de la Citadelle.
Ein gefährliches Gebiet E-lich von Aspretto, durch zwei Leuchttonnen markiert (s. Plan), liegt in Verlängerung der nach SW ausgerichteten Landebahn des Flughafens Campo dell'Oro.

Funkortung

Flugfunkfeuer auf Punta Parata (Aero RC Ajaccio/Campo dell'Oro; IS •• ••• 341 kHz; A1A; 10 sm).

Löschflugzeuge

Bei Waldbränden fliegen die Löschflugzeuge den Golf an, um Wasser zu tanken.

Semaphore

Die Signalstation auf Pta. Parata hört auf UKW-Kanal 10,16 und 70 (DSC), 0600-1800 UTC.

Entfernungen von Ajaccio in sm

Anse Ste. Barbe	4,5
Propriano	24
Cargèse	24,5
Sagone	25
Girolata	40
Calvi	58

Ankerplätze zwischen Cap Muro und Pointe Sette Nave

Karten: EG 1008,1007

Anse de Cacao

41°45,0'N 08°41,0'E

Die hübsche, beinahe unberührte kleine Bucht am N-Ufer der langgestreckten Felshalbinsel von Cap Muro, zu Füßen des auffälligen Genueserturmes, ist von steilen, begrünten Abhängen umgeben und wird durch zwei kleine Felsvorsprünge begrenzt.

Von Süden kommend, muß man das ausgefranste, imposante Cap Muro im Abstand von wenigstens 500 m runden.

Von Norden kommend, erkennt man die Bucht sehr leicht an dem Wachturm.

Achtung Das W-Einfahrtskap ist von Untiefen eingerahmt, und vom E-Einfahrtskap erstreckt sich eine Untiefe mehr als 100 m weit in See. Die Ufer der Bucht sind unrein.

Ankern Sie im SE-Teil, vor einem winzigen Strand auf 8 m über Sandgrund, den Sie an dieser Stelle finden. Der Ankergrund unterhalb des Turmes und im übrigen Teil der Anse de Cacao ist Fels mit Kraut und hält schlecht.

Der Schutz bei mäßigem Libeccio ist gut, da das felsige Kap unterhalb des Turmes als Wellenbrecher fungiert, ebenso bei leichtem W-Wind. Bei starkem Libeccio setzt Schwell um Cap Muro herum, dazu gesellen sich Fallböen.

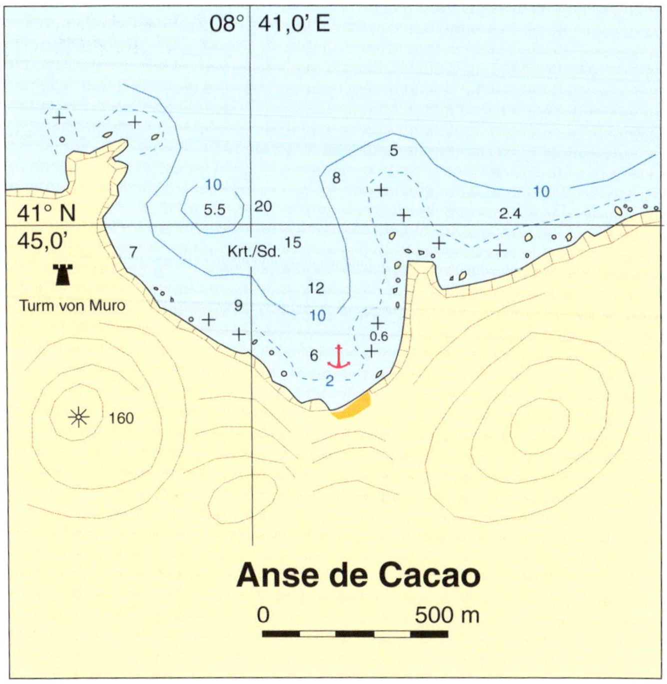

Anse de Castagna

41°48,0'N 08°43,4'E

Auf dem runden, dicht mit Grün bewachsenen, 91 m hohen Kaphügel von Pointe Castagna steht ein weiterer Genueserturm. Auf den benachbarten Abhängen sind exklusive Feriensiedlungen entstanden, die – wie auf Korsika üblich – nur von den Bewohnern betreten werden dürfen.

Anse de Castagna aus Süd

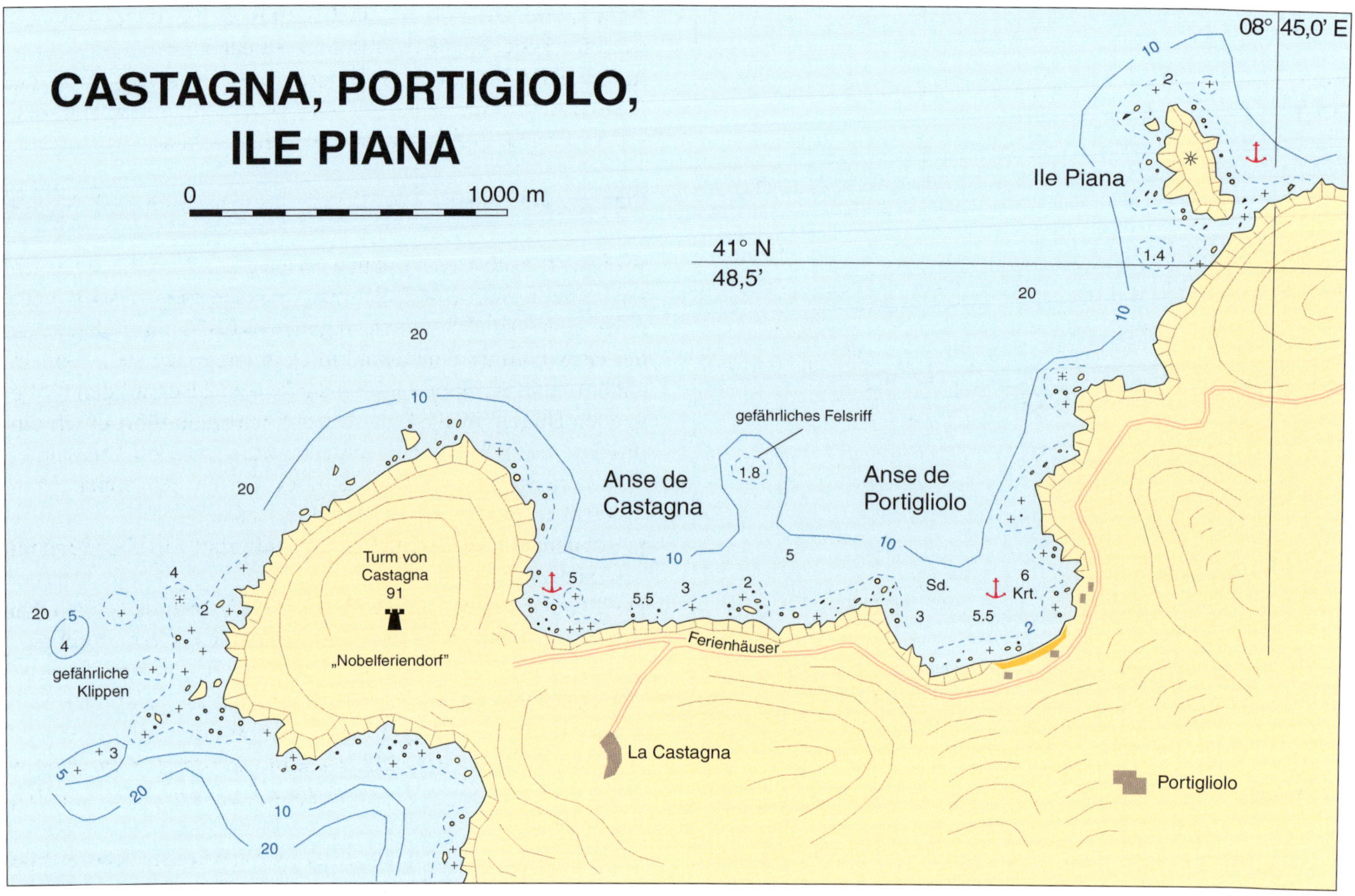

Vom Bergdorf Coti-Chiavari über den Ajaccio-Golf

Von Süden kommend, hält man gut von den Über- und Unterwasserklippen um Pte. Castagna frei.
Von Norden kommend, orientiert man sich an dem Wachturm. Der Ankerplatz liegt in der kleinen Bucht an der NE-Seite des Kaps. An den geschütztesten Plätzen liegen Festmachetonnen für die Boote der Anwohner, trotzdem läßt sich eine gute Ankermöglichkeit auf 8–10 m über Sand mit Kraut vor dem Bojenfeld finden.
Näher beim Ufer wird der Grund felsig; vor dem kleinen Strand zieht sich eine Reihe Klippen und Untiefen hin.
Der Platz ist landschaftlich schön und bietet etwas Schutz bei mäßig starkem Libeccio; Schwell setzt jedoch meistens herein. Bei Mistral ist er unbrauchbar.
Achtung Ein gefährliches Felsriff mit nur 1,8 m Wasser bedeckt liegt ca. 400 m vor dem Ufer zwischen Anse de Castagna und der benachbarten Anse de Portigliolo.

Anse de Portigliolo 41°47,9'N 08°44,4'E

Vor einem langen Strand, der einen angenehmen Kontrapunkt zu den macchiabewachsenen Hügeln der steilen Felsküste setzt, weniger als 1 sm E-lich des zuvor beschriebenen Ankerplatzes, liegt die Bucht Anse de Portigliolo. Zwei Stunden lang kann man hier ohne Gebühr anlegen.
Die Festmachetonnen im SW-Teil der Bucht sind privat.
Ankern Sie vor dem Strand auf ca. 6 m über gut haltendem Sandgrund, der stellenweise Krautbewuchs aufweist.
Bei mäßigem SW- und SSW-Wind ist der Schutz sehr gut. Schwell setzt, besonders bei starkem W- und NW-Wind, um Pte. Castagna herum und macht das Liegen unruhig.

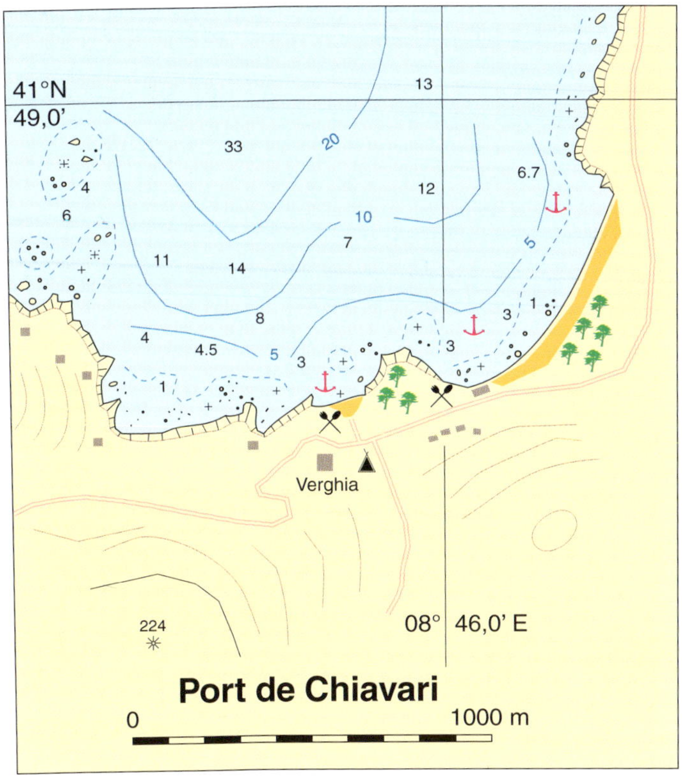

Ile Piana

41°48,7'N 08°45,0'E

Die niedrige, nackte Felsinsel mit dem verfallenen Turm auf dem Rücken verschmilzt beim Ansteuern aus manchem Blickwinkel mit der SE-Küste des Golfes. Sie schützt eine kleine unbewohnte Bucht auf der E-Seite gegen SW-Wind.

Ankern Sie auf 6–8 m, doch kommen Sie dabei dem mit Macchia bedeckten Felsufer nicht zu nahe.

Achtung Ile Piana ist von felsigen Untiefen sowie Über- und Unterwasserfelsen umgeben. Die Durchfahrt zwischen korsischem Festland und der Insel ist nicht machbar.

Port de Chiavari

41°48,6'N 08°46,2'E

In dieser bezaubernden Bucht wird man den „Port" zwar vergeblich suchen, aber man findet zwei wunderschöne Sandstrände, einen kleinen im SW, einen langen im NE, die eine Felshuk, auf der ein schattiger Pinienwald mit Campingplatz steht, voneinander trennt. Auch hier fehlen die Ferienhäuser auf den umliegenden Hügeln nicht. Eine Serpentinenstraße führt durch eindrucksvolle Eukalyptusalleen zum Bergdorf Coti-Chiavari.

- Ankern Sie auf 3–5 m am S- oder N-Ende des langen Strandes über Sandgrund, der langsam ansteigt.
- Vor dem kleinen Strand fällt der Anker auf 4 m über Sand mit Krautbewuchs.

Der Schutz ist gut bei SSW-Wind. W-liche Winde verursachen Schwell. Bei einsetzendem Mistral heißt es ankerauf gehen.

Achtung Im S-Teil und vor der Mitte des langen Strandes liegen Klippen. Halten Sie 100 m Abstand vom Ufer. Auch die Pinienhuk ist von Klippen und Untiefen umgeben.

Die Küste W-lich der Bucht von Chiavari ist von Klippengruppen, E-lich davon mit Untiefen (1,4 m), gesäumt, die bis 450 m in See reichen.

Restaurants findet man an beiden Ankerplätzen. Lebensmittel erhält man im Dorf Verghia.

Port de Chiavari

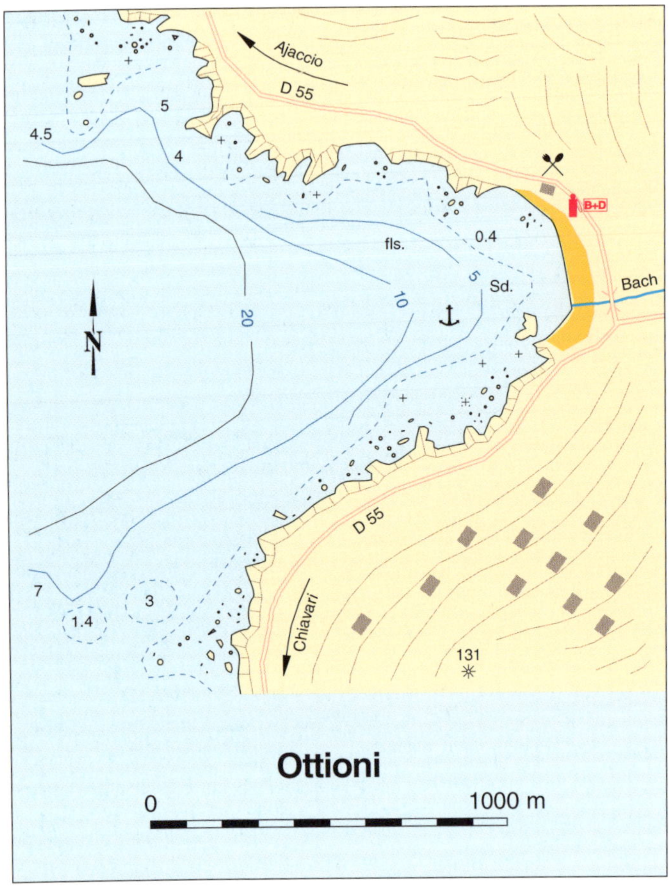

Anse Ottioni 41°49,8'N 08°47,0'E

Der Schönwetterankerplatz Anse Ottioni liegt vor einem Strand und zahlreichen Ferienvillen.
Ankern Sie auf 6 m über Sandgrund, der langsam ansteigt. Von Chiavari kommend, muß man der erwähnten Untiefe (1,4 m), die ca. 450 m vor dem felsigen Ufer liegt, ausweichen.
Restaurant und Tankstelle an der Straße hinter dem Strand.

Anse Medea 41°50,5'N 08°45,7'E

An der S-Flanke von Punta Sette Nave öffnet sich diese attraktive Strandbucht. Macchia und Felsen bilden das Dekor, aus dem, besonders an der E-Seite, Ferienhäuser hervorschauen. Die Ufer zu beiden Seiten der Einfahrt sind unrein.
Von Norden kommend, rundet man Kap Sette Nave, das in einem kegelförmigen, 66 m hohen Hügel mit einem weithin sichtbaren Turm ausläuft, in gutem Abstand. N-lich und W-lich davon liegen zahlreiche Hindernisse: Die gefährlichste Stelle ist eine überspülte Klippe, die bei ruhigem Wetter kaum auszumachen ist, ca. 450 m N-lich des Turmes, außerhalb der 30-m-Linie. Die Klippe „La Campanina", 500 m SW-lich von Pte. Sette Nave, ist durch eine s.r.s.-gestreifte Betonbake mit 2 Bällen im Topp gekennzeichnet (nicht befeuert).
Ankern Sie im W-Teil von Anse Medea auf 4–6 m über Sandgrund mit etwas Bewuchs, angenehm geschützt gegen NW-Wind. Bei Libeccio wird das Liegen hier zu unruhig.
Achtung Vor der Mitte des langen NE-Strandes erstreckt sich eine Untiefe ca. 100 m weit in die Bucht. Beachten Sie das Bojenfeld (alles s. Plan).

Anse Sainte Barbe

41°50,9'N 08°45,7'E Karte: EG 1007

Lage und Umgebung

Rücken an Rücken mit Anse Medea, an der N-Flanke von Pointe Sette Nave, liegt dieser zauberhafte Ankerplatz, wo man E-lich einer kleinen Insel Schutz findet. Ein niedriger Damm verbindet sie mit dem Land, wodurch der Seegang gebremst wird. Windzerzauste Kiefern lassen die Insel etwas verwegen aussehen und geben dem beliebten Platz die persönliche Note. Sandstrände, bunte Boote und Bojenfelder runden das Bild ab.

Anse Sainte Barbe, einer der hübschesten Ankerplätze im Golf

Ansteuerung und Liegeplatz

Pointe Sette Nave muß man wegen der bereits bei Anse Medea beschriebenen Gefahren in gutem Abstand runden. Auch die kleine Insel ist im N und W von Felsen und Klippen umgeben. E-lich des Ankerplatzes erstrecken sich Klippen, die zum Teil überspült sind.

- Ankern Sie lt. Plan auf 3–6 m über Sandgrund, der stellenweise mit Kraut bewachsen oder steinig ist und sehr unterschiedlich hält. Behindern Sie dabei nicht die startenden Wasserskiläufer, und kommen Sie dem Ufer nicht zu nahe, denn es ist von einem breiten felsigen Gürtel umgeben. E-lich der Insel liegen Muringtonnen aus.
- Manche Skipper ankern etwas weiter draußen auf 7 m mit einer Leine zur Insel, deren E-Ufer rein ist; hier hat man Sand oder Schlickgrund abwechselnd mit Kraut.
- E-lich der weit nach Norden ragenden Klippenbank ist eine weitere gute Ankermöglichkeit auf 3–4 m über Sandgrund, der teilweise mit Felsen durchsetzt und mit Kraut bewachsen ist (s. Plan).

Anse Sainte Barbe bietet guten Schutz bei S- bis SW-Winden. Bei NW-Wind stellten wir Schwell fest.

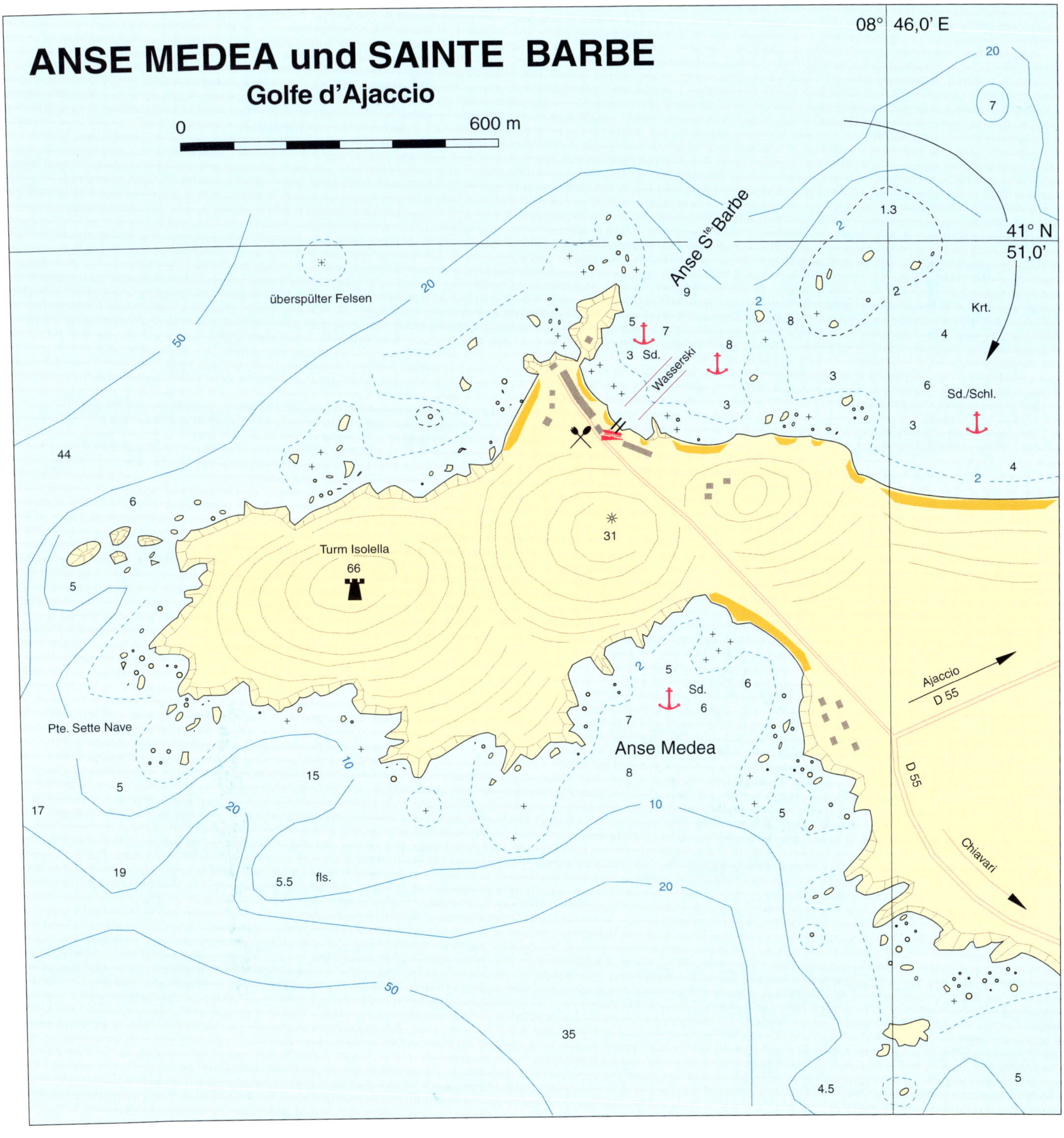

Ankerplatz Sainte Barbe

Versorgung

Slipbahn für Boote, Schiffsausrüster und Motorwerkstatt. Restaurants und Lebensmittelgeschäfte.

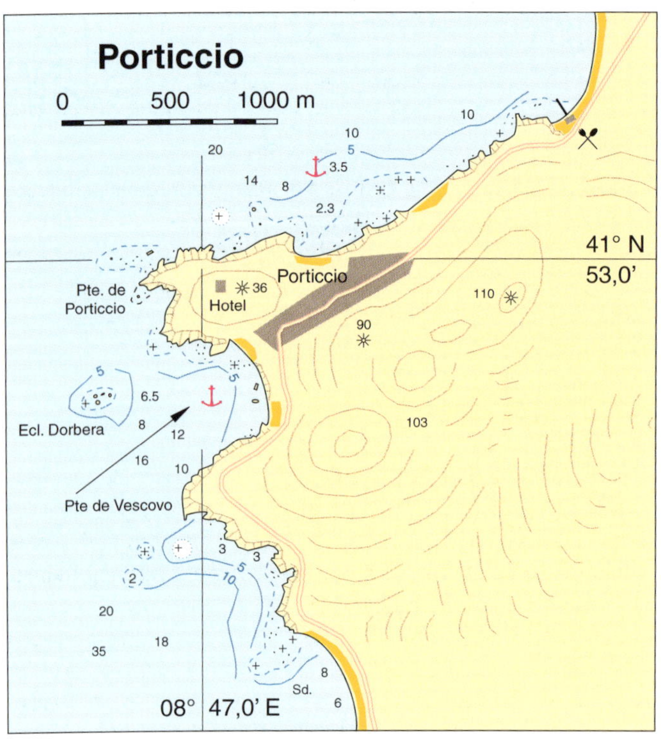

Porticcio

41°53,0'N 08°46,8'E (Pte. de Porticcio) Karte: EG 1007

N-lich und S-lich des gleichnamigen Kaps, auf dem ein auffälliges Hotel steht, findet man vor dicht mit Ferienvillen bebauter Kulisse zwei Schönwetterankerplätze und zugleich die letzte Ankermöglichkeit vor Ajaccio, denn vor dem Strandgebiet beim Flughafen Campo dell'Oro kann man nicht liegen, weil der Seegang bei den vorherrschenden Sommerwinden voll daraufsteht.

- *Porticcio-S* Die Zufahrt ist schwierig, knapp aus dem Wasser ragende Felsen säumen die Küste. Vor Pointe de Vescovo, dem S-Kap der Bucht, sind sie besonders gefährlich, weil sie eben unter der Wasseroberfläche liegen. Der Platz ist nur bei ruhigem Wetter anzusteuern.
  Der Anker fällt auf 6 m über Sandgrund, der stellenweise mit Kraut bewachsen ist. Der kleine Betonkai an der S-Flanke der Pointe de Porticcio ist nur für kleine, flachgehende Einheiten geeignet.
  Achtung Die Klippe Ecueil Dorbera, 600 m SW-lich von Pointe de Porticcio, muß man S-lich umsteuern, um zum Ankerplatz zu gelangen (s. Plan).
- *Porticcio-N* Ankern Sie, wie auf dem Plan angegeben, auf 3–4 m über Sandgrund, angenehm geschützt bei SW-Wind.

In der Ortschaft Porticcio findet man Mechaniker und Schiffsausrüster; Lebensmittelgeschäfte, Restaurants und Bars.

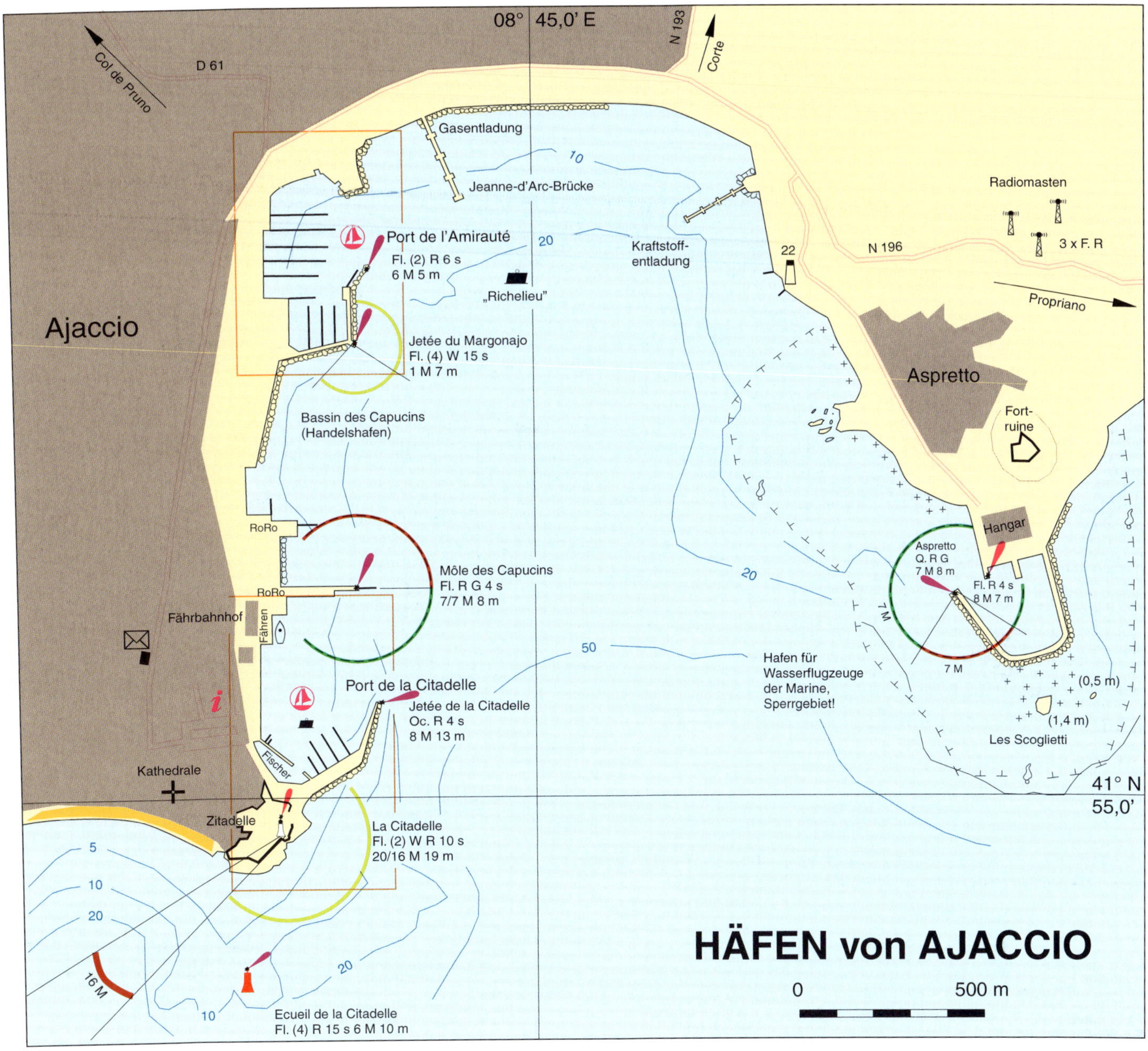

Die Häfen von Ajaccio

41°55,0'N 08°44,6'E (Lt. La Citadelle) Karte: EG 1007

Lage und Umgebung

Ajaccio, die Hauptstadt von Corse du Sud, liegt an einer geschützten, halbkreisförmigen Bucht vor der Kulisse hoher Berge. Vom Stadtkern ausgehend, hat sich die Bebauung nach allen Seiten weit ausgedehnt. Selbst die berühmte Totenstadt am N-Ufer des Golfes verschwindet im Häusermeer.

Direkt neben der Zitadelle liegen der stimmungsvolle Yachthafen Port de la Citadelle, nach dem berühmten korsischen Sänger auch „Port Tino Rossi" genannt, und der benachbarte Fährhafen, nur ein paar Schritte von der Altstadt mit ihren engen Gäßchen, kleinen Geschäften und Kneipen entfernt. Palmen schmücken den Platz um das Musée Napoléonien, das im Stil eines italienischen Palazzo erbaut ist.

Den zweiten Yachthafen, Port de l'Amirauté, findet man 1 km N-lich davon. Sein neuester Name, „Port Charles Ornano", erinnert an einen ehemaligen Bürgermeister der Stadt.

Ansteuerung

Am Tage

Von Norden Man läuft S-lich der Iles Sanguinaires in den Golf ein, bei schlechtem Wetter S-lich Ecueil du Tabernacle. Ist die See nicht allzu bewegt, kann man auch die Durchfahrt zwischen Punta Parata und der NE-lichsten der Iles Sanguinaires wählen (Passe des Sanguinaires).

Ansteuerungshilfen sind: Die Iles Sanguinaires, die wie eine Kette kleiner Kegel aussehen. Die größte Insel der Gruppe, Grande Sanguinaire, trägt einen Leuchtturm und am S-Ende einen Genueserturm. Das pyramidenförmige Kap Punta Parata

Lf. Ajaccio Citadelle und die Leuchbake Ecueil de la Citadelle (o.), Fischerbecken im Yachthafen „Tino Rossi" (Port de la Citadelle, u.)

mit dem Genueserturm unmittelbar NE-lich der Iles Sanguinaires kann man leicht mit einer der Inseln verwechseln.
Von Süden Der 720 m hohe TV-Sendemast 3,3 sm landeinwärts SE-lich Pointe Castagna. Der Genueserturm auf Pte. Castagna und der Turm Isolella auf Pte. Sette Nave.
Beim Näherkommen: die Häuser der Stadt; zwei mächtige, rotweißgestreifte Schornsteine eines Kraftwerks NE-lich Pointe Aspretto, und, ganz spät erst, die Zitadelle.
Bei Nacht
Nur S-lich der Iles Sanguinaires einlaufen!
Folgende Feuer sind hilfreich: Cap Muro, Iles Sanguinaires und die Leuchttonne Ecueil du Tabernacle SE-lich davon. Ajaccio Citadelle, La Guardiola, Ecueil de la Citadelle. Die Hafenfeuer Jetée de la Citadelle, Jetée des Capucins, Jetée du Margonajo (Knie und Kopf). Die roten Festfeuer der drei Radiomasten N-lich Pointe Aspretto. Nur gelegentlich in Betrieb: die Molenfeuer des Militärhafens Aspretto (Sperrgebiet).
Achtung Die Klippe Ecueil du Tabernacle (rote Leuchttonne mit Radarreflektor) liegt 750 m SE-lich der Insel Grande Sanguinaire.
Am N-Ufer des Golfes, 0,3 sm W-lich der befeuerten Klippe La Guardiola, liegt die felsige Untiefe La Botte (di Canicciu): Eine 4 m hohe Bake mit Zylinder-Toppzeichen markiert ihr S-liches Ende. 0,5 sm SW-lich davon kennzeichnet die rote Leuchttonne Egout das Ende einer Unterwasserpipeline.
Auf der Klippe La Guardiola steht eine rote Leuchtbake mit Zylindertoppzeichen. Sie wird außerdem durch den roten Sektor des Feuers La Citadelle abgedeckt.

Die unbeleuchtete Tonne Richelieu E-lich von Port de l'Amirauté ist zu beachten.

Liegeplatz

Sie haben die Wahl zwischen den Yachthäfen Port de la Citadelle (Port Tino Rossi) oder Port de l'Amirauté (Port Charles Ornano).

- *Port de la Citadelle* Zum Festmachen dienen Schwimmstege mit Auslegern. Größere Yachten ankern vor dem Kai S-lich des Molenkopfes oder neben der Tankstelle.
  Der Hafen ist wegen der günstigen Lage in Altstadtnähe meist überfüllt. Dann hängt bei der Capitainerie das Schild „Complet"; unter Umständen darf man, mit Genehmigung des Hafenmeisters, an der im Hafenbecken verankerten Tonne oder am Fährkai, außer Reichweite des Fährbetriebes, anlegen. Das Becken für die Fischerboote ist für Yachten tabu.
  Terrassencafés hinter dem Hafen und eine Reihe hoher Palmen sorgen für das anheimelnde Ambiente.
- *Port de l'Amirauté* Man liegt an Schwimmstegen mit Auslegern oder Kettenmurings. Auch hier ist es während der Saison ziemlich voll.

Wer NE-lich des Hafenbeckens ankern will, benötigt dazu zwingend die Erlaubnis des Hafenkapitäns.
Der Grund hält gut.
Zur Erinnerung: Der Hafen *Aspretto* an der E-Küste der Bucht liegt in einem militärischen Sperrgebiet.

Yachthafen Port Tino Rossi (Port de la Citadelle)

Port de l'Amirauté

Schutz

Im *Port de la Citadelle* hat man guten Schutz bei Libeccio. Schwell setzt besonders bei SW-Wind um den Molenkopf herum. Auch starker NE-Wind wirkt sich aus.
Port de l'Amirauté Bei starken Winden aus SW, S , NE und E wird der eintretende Schwell zurückgeworfen, was das Liegen ungemütlich macht.

Behörden

Capitainerie in beiden Häfen.
Port de la Citadelle Tel. 0495219328. Port de l'Amirauté Tel. 0495223198, Fax 0495209808. Vom Ausland jeweils 0033/4/95 usw.
Zoll im Fährhafen.

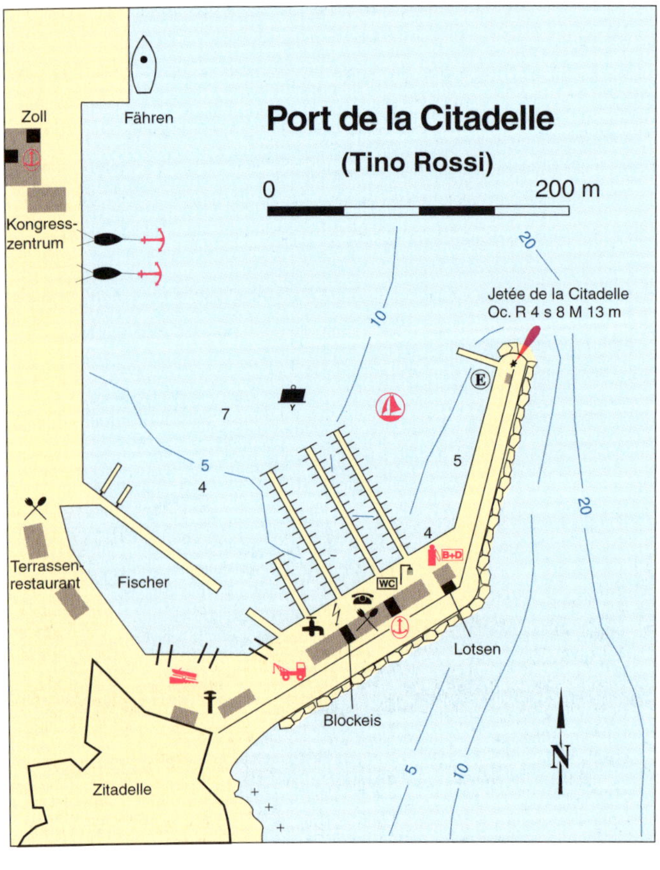

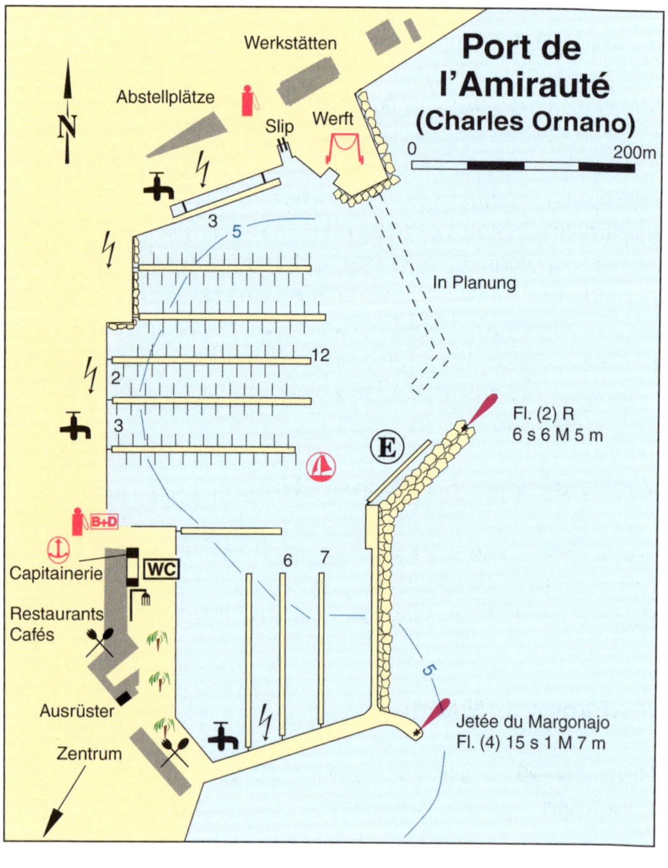

Versorgung

Port de la Citadelle Wasser und Strom an den Liegeplätzen. WCs und Duschen neben der Capitainerie. Waschmaschinen. Eisverkauf.
Tankstelle am Kai Jetée de la Citadelle. Vorsicht beim Anlegen, eine breite Stufe springt unter Wasser vom Kai vor.
Wetterbericht, zweimal täglich neu, hängt bei der Capitainerie aus.
Port de l'Amirauté Wasser und Strom an den Liegeplätzen. Duschen und WCs im Clubhaus. Waschmaschinen, Eisverkauf. An der Tankstelle sind alle Treibstoffarten erhältlich. Der Wetterbericht hängt am Clubhaus aus.
Weitere Versorgungsmöglichkeiten: Reparaturen aller Art bei den Ausrüstern und Bootsmotorenvertretungen in den Häfen bzw. in der Stadt. Kräne (40 bzw. 50 t) und Slipbahnen in beiden Häfen. Travellift im Port de l'Amirauté.
Täglich Markt mit berühmt guter Fischhalle im Gebäude des Musée Napoléonien. Nette kleine Lebensmittelgeschäfte in der Altstadt. Einkaufszentrum 800 m N-lich Port de l'Amirauté mit Supermarkt Géant (ohne Fahrrad etwas mühsam). Die Clubhäuser in beiden Häfen sind bewirtschaftet.
Viele gute Kneipen und Restaurants in der Altstadt. Bank am Cours Napoléon.

Verkehrs- und Postverbindungen

Postamt am Cours Napoleon; Kartentelefone bei den Häfen und überall in der Stadt. Autovermietung, Taxis, Busse und Bahnstation. Fähren nach Marseille und Nizza. Touristeninformation.

Funkkommunikation

Beide Hafenkapitäne hören auf UKW-Kanal 9. Im Sommer ist Liegeplatzbestellung ratsam.

Tourismus

Beim Bummel durch Ajaccio erfährt man einiges über die Geschichte der Stadt. Die altersschwachen Häuser im Viertel um die Zitadelle sind ein Erbe aus genuesischer Zeit. Viele Sehenswürdigkeiten erinnern an Napoleon Bonaparte, den berühmtesten Sohn Ajaccios: sein Geburtshaus „Casa Napoleon"; sein Lieblingsspielplatz „Die Napoleongrotte"; sein Reiterstandbild, das der Volksmund „Tintenfaß" getauft hat; das „Musée Napoléonien". Ein großer Boulevard heißt Cours Napoleon, in Kneipen und Souvenirläden feiert Bonaparte fröhliche Auferstehung.
Wer sich für Malerei begeistert, darf keinesfalls den Besuch im Musée Fesch versäumen.
Freunde der musikalischen Nostalgiewelle, insbesondere Fans von Tino Rossi, können in seiner ehemaligen Stammkneipe „Au Son de Guitar", wo er oft gesungen hat, bei korsischer Musik und einem Glas Pastis der Vergangenheit nachträumen.

Ajaccio: Musée Napoléonien und Tourist-Info

Anse Marinella im Schuz von Punta Scudo

Marinella

41°54,3'N 08°40,8'E Karte: EG 1007

3,3 sm WSW-lich von Ajaccio, im Schutze der von Klippen eingefaßten Punta Scudo, liegt dieser Ankerplatz vor einem weißen Sandstrand. Die Bucht ist bei Badegästen und Surfern sehr beliebt, hinter dem Strand gibt es einige Restaurants und Bars.

Ankern Sie an der E-Seite des niedrigen, felsigen, von Pinien bestandenen Kaps auf 3 m über reinem Sandgrund.

Achtung Über- und Unterwasserfelsen liegen bis 180 m nach Süden in See. Direkt im Süden des Friedhofs, 0,5 sm SW-lich der Klippe La Botte, macht die rote Leuchttonne Egout auf das Ende einer Unterwasserpipeline aufmerksam.

Iles Sanguinaires

41°02,7'N 08°35,7'E Karte: EG 1007
(Lt. Grande Sanguinaire)

Die Kette kegelförmiger Inseln, von Türmen gekrönt und von allen Seiten mit Klippen umgeben, verlängert Punta Parata, das N-Einfahrtskap des Golfes von Ajaccio, um 2 sm nach SW. Beachten Sie die Untiefen und Klippen entlang der N-Küste des Golfes, wie unter *Die Häfen von Ajaccio*, Absatz Ansteuerung, bereits beschrieben.

- *Passe des Sanguinaires* Die Durchfahrt zwischen der kleinen Insel Porri und Pta. Parata ist bei nicht zu bewegter See für Yachten leicht machbar, denn sie ist 500 m breit und 7 m tief. Halten Sie sich ca. 150 m von Pta. Parata entfernt. Bei Mistral werden Sie feststellen, daß sich E-lich der Insel Porri eine Zone ruhigen Wassers bis Ajaccio fortsetzt. Versuchen Sie nicht zwischen den einzelnen Inseln hindurchzufahren.
- *Grande Sanguinaire*, die größte der Gruppe, trägt auf ihrem 80 m hohen Gipfel den auffälligen Leuchtturm und S-lich davon einen Semaphor und einen Wachturm. An ihrer E-Seite, zwischen Leuchtturm und Semaphor, liegt ein kleiner Kai, vor dem man im Schutz von Pointe du Tabernacle ankern kann.

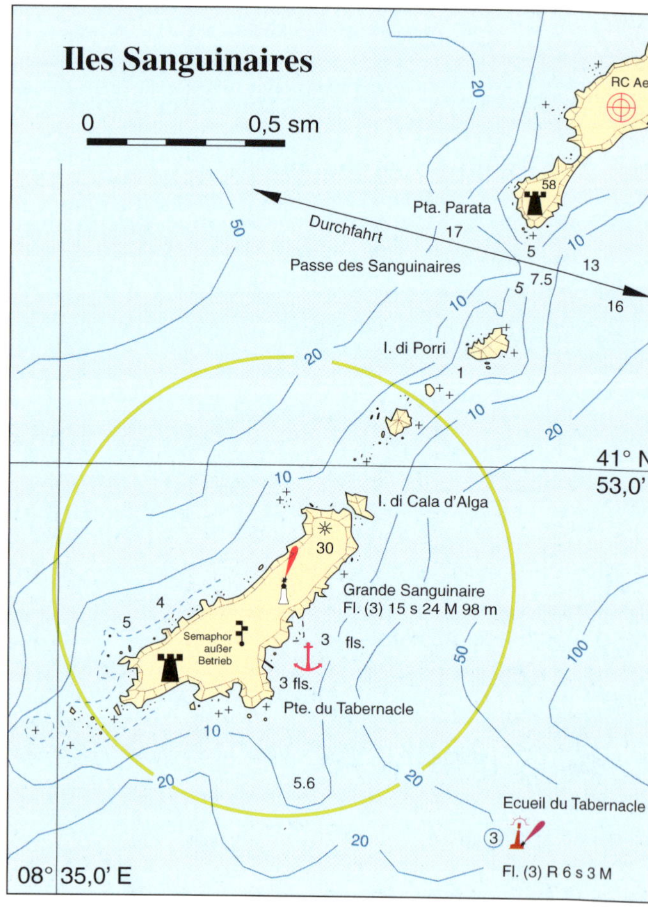

Die Iles Sanguinaires bestehen aus rosafarbenem Granit, der bei Sonnenuntergang blutrot leuchtet und daher zum Namensgeber der „Blutinseln" wurde, die zu den eindrucksvollsten Sehenswürdigkeiten Korsikas zählen.

Schönwetterankerplätze N-lich Punta Parata

41°57,0'N 08°36,3'E (Anse de Fica) Karte: EG 1007

In der unwirtlich erscheinenden Felsküste N-lich Punta Parata öffnen sich drei gegen Westen völlig ungeschützte Strandbuchten, die für einen Aufenthalt bei Schönwetter geeignet sind und viele Badegäste anlocken. Von Süd nach Nord: Anse de Minaccia-S, Anse de Minaccia-N und Anse de Fica.

Gefahren Die Untiefen entlang der Küste N-lich von Pte. de la Corba und eine 2-m-Stelle 360 m WSW-lich desselben Kaps. Die spitze, 22 m hohe Insel La Botte 1 sm SW-lich vor Anse de Fica bzw. 1,5 sm WNW-lich des Strandes von Minaccia. Ecueil de Fica ca. 600 m WSW-lich des N-Einfahrtskaps von Anse de Fica (nur mit 2 m Wasser bedeckt).

- *Anse de Minaccia-S* In dem schmalen Einschnitt ankern Sie auf 3–4 m über sanft ansteigendem Sandgrund vor einem etwa 100 m langen Strand.
- *Anse de Minaccia-N* Lassen Sie vor dem langen Strand auf 3–5 m den Anker fallen (s. Plan).
  Achtung Untiefe (1,5 m) 200 m NW-lich des S-Einfahrtskaps.
- *Anse de Fica* Hier ankern Sie auf 5–6 m über Sandgrund mit Krautbewuchs.

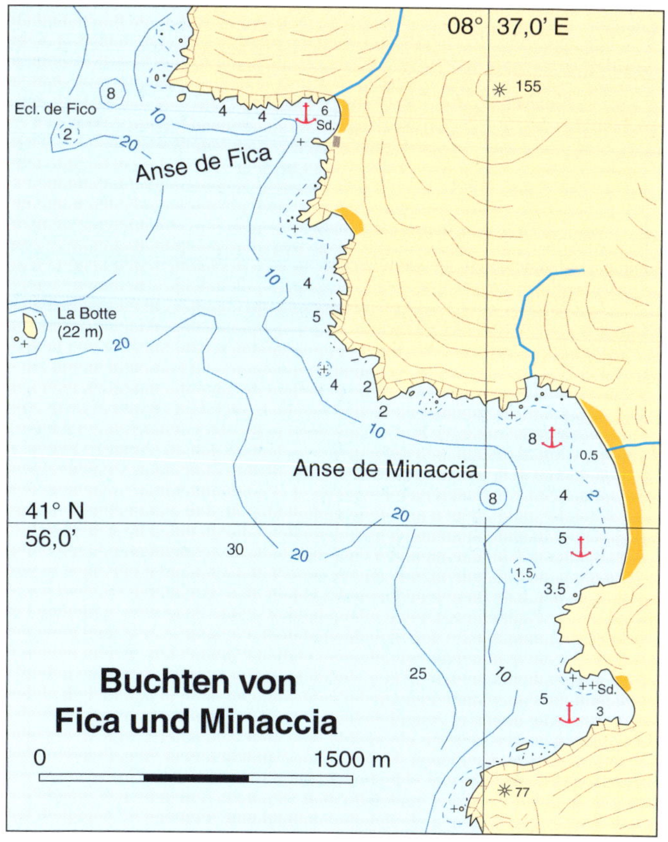

Achtung Der kleinen Huk am S-Ende des Strandes ist ein Unterwasserriff vorgelagert.

Passe des Sanguinaires: Durchfahrt zwischen Iles Sanguinaires und Punta Parata

GOLFE de SAGONE
Cap de Feno bis Cap Rosso
0
4 sm
Dev. 0°35' (2004), jährl. Änderung: 5' E
Cap Rosso
342
Turm von Turghio
380
Set. Vardiola
Porto
Piana
Rocher Noir
Anse de Palo
Porto Lancisca
Set. Rao
127
Anse d'Arone
D 81
Capo Riccio
1052
699
Balogna
184
Pta. d'Orchinu
Feriendorf (auffällig)
42° N
10,0'
Baie de Chioni
100
748
125
Capu d'Bagliu
696
512
634
402
Cargèse
Baie de Pero
Pta. di Cargèse
Oc. (3) W R
12 s 9/6 M 7 m
Cargèse
D 81
Set. Camiola
847
Sagone
Sagone
Rocher Morifaja (1,5 m)
gelbes Gebäude
Plage de Monaccia
Pte. Puntiglione
Pte. de la Batterie
Sagone
Set. Al Frato
423
Pte. St. Joseph
Le Liamone
Rocher de St. Joseph
1,3
50
Liamone
Pta. Finocchieta
269
Golfe de Sagone
Pta. Capigliolu
Hotel
Set. Castello Capraja
Baie de Liscia
Liscia-Bach
Pte. Palmentojo
Récif de Paliagi
Turm von Orcino (Ru.) 40 m
Sari d'Orcino
Pta. Paliagi
50
auffällige Häuser
223
333
Mt. Rosso
443
Pta.Ficaggiola
Ferienhäuser
Golfe de Lava
Pta. d'Aquilone
273
Pietra Piombata (10 m)
Set. Cointra
280
428
Cap de Feno
203
155
333
Villanova
Ajaccio
08° 40,0' E
TV-Mast
800 m
Set. Pozzo di Borgo
Ajaccio
Corte

Golfe de Sagone

Karte: EG 1007

Dieser Küstenabschnitt ist weit nach Westen geöffnet. Die Ankerplätze in den Golfen von Lava und Sagone wie auch zwischen den Kaps Pta. di Cargèse und Cap Rosso sind nicht gegen alle Windrichtungen geschützt. Nur Cargèse hält einen sicheren Yachthafen bereit.
Im Golfe de Sagone stehen Hotels und Ferienhäuser an den hellen Sandstränden bei den Flußmündungen der Liscia, des Liamone und des Sagone, aus deren fruchtbaren Ebenen dichtes Grün herüberleuchtet. Die Landschaft hat wenig von der gewohnten Wildheit und Großartigkeit der korsischen Westküste; sie ist eher lieblich, trotz der Berge im Hinterland.
Bei Cargèse, das von See und Land einen gleichermaßen bezaubernden Anblick bietet, wird der Bewuchs üppiger und artenreicher. In den nördlich anschließenden Schönwetterbuchten reichen die sanften, grünen Hügel weit ins Land hinein, bis hin zum Fuß der verschneiten Gipfel des alpinen Korsika.
Den Schlußpunkt dieses Küstenstreifens setzt das pyramidenförmige, hohe Cap Rosso aus rötlichem Granit mit stark eingekerbten Ufern: ein Vorgeschmack auf die Naturwunder des angrenzenden Golfes von Porto.

Ansteuerungsmarken

Die hohen Berge Mte. Rotondo (2625 m), Paglia Orba (2525 m) und Mte. Cinto (2710 m, höchster Gipfel Korsikas), alle im NE, sind bei klarer Sicht die dominierenden Fernansteuerungsmarken.
Von Süden kommend: Cap de Feno mit Turmruine; im Inneren des Golfes die Häuser von Sagone.
Von Norden kommend: das hohe rote Cap Rosso mit dem alten Turm Turghio; das felsige helle Kap d'Omignia mit auffälligem Genueserturm.

Gefahren

Im Golfe de Sagone behindern vier außerordentlich gefährliche, unbezeichnete und unbeleuchtete Riffbänke:
Die Insel Pietra Piombata 1¼ sm NE-lich von Cap de Feno; Récif de Paliagi 1¼ sm SW-lich Pointe Palmentojo, am NW-Ende mit nur 1 mWasser bedeckt; Rocher St. Joseph in SW-licher Verlängerung des gleichnamigen Kaps; Rocher Morifaja 1¼ sm SW-lich von Cargèse.

Wind und Seegang

Der Wind weht vorherrschend aus W-lichen Richtungen. Libeccio (SW) facht erheblichen Seegang an.

Löschflugzeuge

Bei Waldbränden fliegen Löschflugzeuge den Golf an, um Wasser zu tanken.

Entfernungen von Sagone in sm

Cargèse	5
Ajaccio	22
Porto	23
Girolata	23
Galéria	28
Calvi	40

Von Liscia bis Sagone

Golfe de Lava

41°59,5'N 08°40,0'E (Port Provençal) Karte: EG 1007

ENE-lich von Cap de Feno schneidet der Golfe de Lava in die korsische W-Küste ein. Halbhohe Hügel mit abgerundeten Gipfeln umgeben ihn und bilden ein Amphitheater zwischen den Kaps Pte. de Pietra Rossa und Pte. Pelusella, das einen verfallenen Turm trägt. Er ist nach Westen offen und hat zwei Schönwetterankerplätze zu bieten.

Anse de la Figiera

S-lich des Inselchens La Figiera, in der SW-Ecke des Golfe de Lava, ankert man auf 4–6 m und findet bei mäßigem SW-Wind Schutz. Bei starken Winden aus W und N muß man ankerauf gehen.
Von Süden kommend, kann man bei ruhiger See die 0,8 sm NW-lich Pte. de Pietra Rossa liegende, 10 m hohe kleine Felsinsel Pietra Piombata, S-lich umsteuern; in der Mitte der Durch-fahrt lotet man 7–10 m.
Achtung Nicht W-lich der Insel La Figiera einsteuern.

Port Provençal

Die N-Ecke des Golfe de Lava mit einem Strand bei der Mündung des Lava-Baches wird Port Provençal genannt. Von Norden kommend, ist auf die knapp überspülte Klippe vor Pte. Pelusella zu achten.
Hier liegt man zu Füßen des Monte Rosso, der Winde aus W bis N abhält. Die Bewohner des Hotels und des Feriendorfes bevölkern den Strand ziemlich zahlreich.

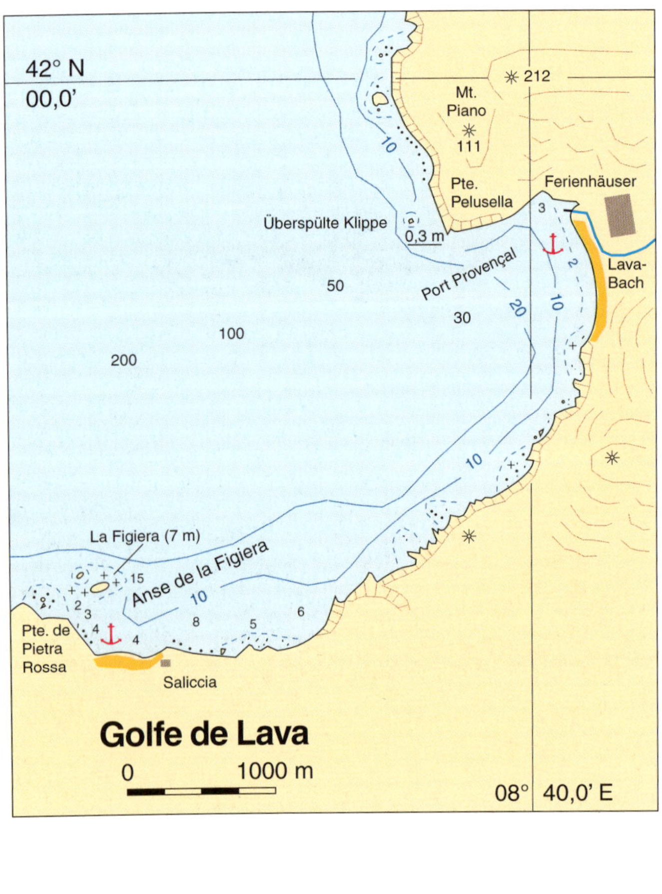

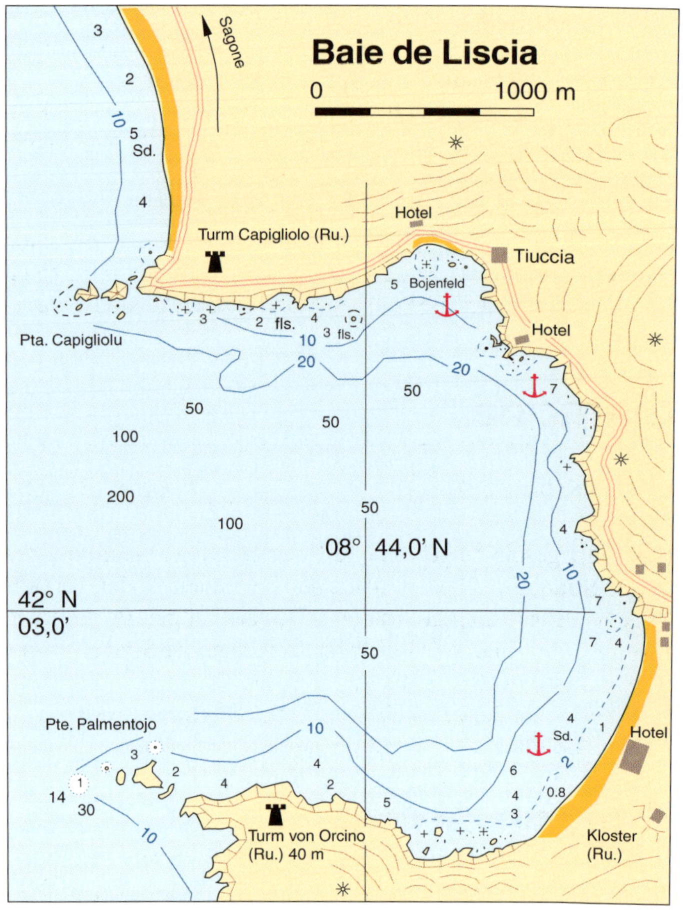

Ankern Sie in der N-Ecke auf 3–8 m über Sandgrund, in der Nähe eines Bojenfeldes, das kaum noch Platz zum Einlaufen läßt, oder bedienen Sie sich einer freien Festmacheboje. Dort haben Sie den besten Schutz bei NW-Wind. Bei SW-Wind ist der Platz unbrauchbar; der Grund hält nur mittelmäßig.
Lebensmittel gibt es während der Saison in der Feriensiedlung und im Ort. Wasser, Restaurant und Telefon im Hotel. Eine Straße führt nach Ajaccio.

Baie de Liscia

42°02,5'N 08°43,4'E (Pte. Palmentojo) Karte: EG 1007

Die schöne Strandbucht an der Mündung des Liscia-Baches wird im Süden von Pointe Palmentojo, im Norden von Punta Capigliolu begrenzt. Beide Kaps setzen sich in langen Felsspornen und abgerundeten Felsbrocken fort, die bei Pte. Palmentojo in einer Untiefe mit nur 1 m Wasser darüber enden.
Achtung Von Süden kommend, muß man dem Riff Récif de Paliagi ausweichen. Von Sagone kommend, ist die gefährliche Untiefe Rocher de St. Joseph zu beachten.
Sie haben drei Ankermöglichkeiten, die allerdings bei W-lichen Winden starkem Schwell ausgesetzt und daher nur bedingt brauchbar sind:

- Im *S-Teil* der Bucht, vor dem Kiesstrand auf 4–5 m.
- Beim Ort *Tiuccia,* in der N-lichen Ecke der Bucht, zu Füßen eines auffälligen weißen Hotels mit Bogenfenstern, vor dem sich ein Anleger für kleinste Boote befindet, an dessen Kopf man 1,5 m lotet. Hier ist der Schutz etwas besser. Der Grund

ist ziemlich unregelmäßig, nur auf Ankertiefen zwischen 6 und 8 m liegt eine Zone ohne Felsen. Die Ufer sind unrein. Der Platz reicht nur für einige wenige Yachten.

- Weiter *N-lich des Hotels,* vor einem mit Klippen gespickten Strand, ist der beste Ankerplatz bei Mistral (NW). Hier liegen die kleinen Boote der Einheimischen an Bojen.
  Ankern Sie auf 5 m über Sandgrund (s. Plan).

Lebensmittelgeschäfte, Bäcker und Restaurants sowie einen Motormechaniker finden Sie in Tiuccia. Während der Saison hat ein Supermarkt geöffnet. Post und Apotheke sind vorhanden.

Liamone

42°04,6'N 08°43,1'E Karte: EG 1007

Das sanft geschwungene, helle Band der Sanddünen und des langes Strandes, in dessen Mitte der Liamone mündet, verläuft zwischen Punta Capigliolu und der unauffälligen Pointe Saint Joseph. Schilf und Weidenbäume umgeben die Straßenbrücke (D 81, Ajaccio–Calvi), die über den Fluß führt.
Ankern Sie vor dem Strand, wo es beliebt. Leider ist auch dieser einladende Platz nur bei Schönwetter brauchbar.

Sagone-Anleger

42°06,6'N 08°41,3'E Karte: EG 1007

Lage und Umgebung

An der W-Seite der weit ausladenden Baie de Sagone, NE-lich eines Genueserturmes, befindet sich der Anleger, der in der Hauptsache von Fischerbooten umlagert ist. Im NW mündet der Fluß Sagone, der auch im Juni noch viel Wasser führt. Hinter dem anschließenden Strand liegt der gepflegte Ort im Schmuck buntblühender Gärten, der sich zu einer beliebten Sommerfrische gemausert hat .

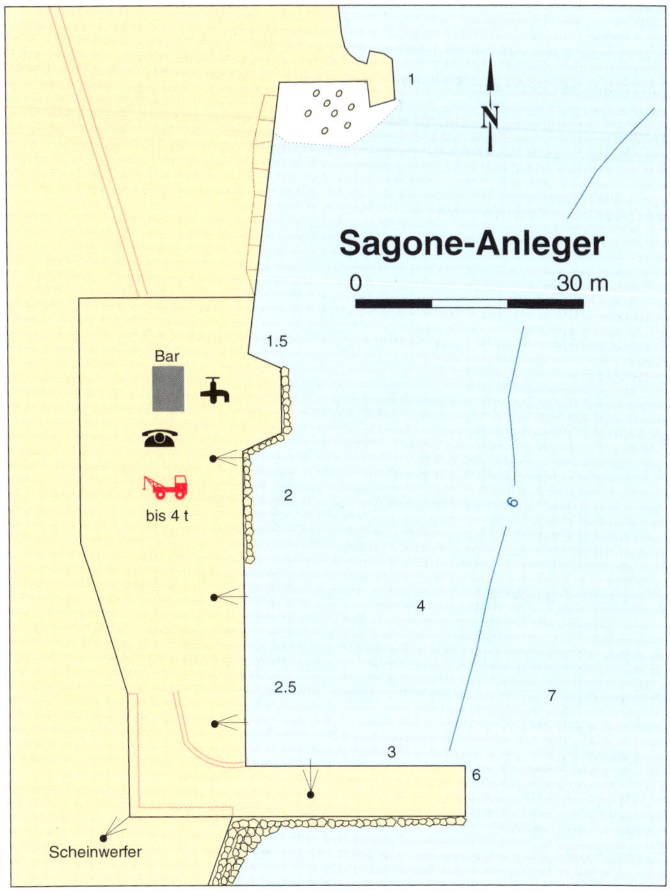

Flußmündung der Liamone

Sagone-Anleger

Ansteuerung

Am Tage Auffällige Landmarken sind: der lange, helle Strand zwischen der Mündung des Sagone-Flusses und der Ortschaft; der eingangs erwähnte Genueserturm.
Bei Nacht Keine Befeuerung, keine Nachtansteuerung.
Achtung Pte. Puntiglione muß man weiträumig umsteuern. Die gefährliche Klippe Rocher Morifaja liegt 0,9 sm vor der N-Küste des Golfes.
Rocher de Saint Joseph erstreckt sich fast 1 sm von ENE nach SSW vor dem Kap gleichen Namens.

Liegeplatz

- An der Innenseite und auch am Kopf des 30 m langen Kais, der rechtwinkelig vom Ufer vorspringt, finden - falls er nicht von Fischerbooten besetzt ist – etwa drei Yachten Platz. Weitere Festmachemöglichkeiten finden Sie an ausliegenden Bojen.
- SE-lich der Flußmündung vor dem langen Strand ankern Sie auf 3–7 m über Sandgrund (s. Plan).
- *Fischeranleger* Am E-Ufer der Bucht von Sagone, am S-Ende des Strandes, gibt es einen kleinen Betonkai mit Slipbahn, wo man gut mit dem Beiboot anlanden kann. Kleine Yachten gehen, ruhiges Wetter vorausgesetzt, N-lich davon vor Anker.
  Dieser Platz hat den Vorteil, daß man sich hier vor der Ortschaft Sagone/Coggia und damit in nächster Nähe der Einkaufsmöglichkeiten etc. befindet.

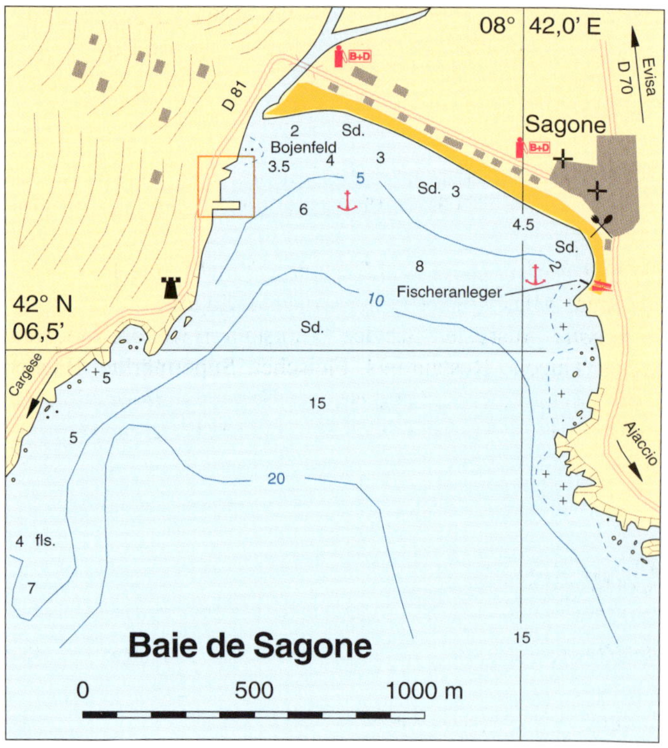

Schutz

Bei Libeccio ist die Bucht ungeschützt; bei Mistral ist sie brauchbar, obwohl Schwell fühlbar wird und Fallböen aus den Hügeln herunterprasseln.

Fischer im Sagone-Golf

Bei Wind und Seegang aus W und NW darf man keinesfalls am Anleger festmachen, sondern verholt sich in die Bucht.

Versorgung

Am Anleger Nur Wasser, Mobilkran 4 t. Pizzeria. Die nächste Tankstelle ist 500 m entfernt an der Straße nach Sagone (s. Plan).
Am Fischerkai Das Hotel-Restaurant La Marine liegt direkt nebenan. Alles weitere in der Ortschaft Sagone.
In Sagone Ausrüster, Service-Werkstätten, weitere Mechaniker in Tiuccia. Restaurants, Fleischer, Supermärkte, Bäcker, Tankstellen, Postamt, Geldwechsel. Touristeninformation, Taxis, Mietautos. Bus nach Ajaccio. Bootsausflüge nach Girolata (während der Saison).

Cargèse

42°07,8'N 08°35,8'E Karte: EG 1007

Lage und Umgebung

Zwei Wellenbrecher schützen den Yachthafen 0,7 sm E-lich von Punta di Cargèse. Der dazugehörige Ort schmiegt sich, hoch oben am Hang eines Granithügels, an die S-Seite des Kaps. Im Ortszentrum ragen zwei Glockentürme empor, nur durch eine schmale, begrünte Talsenke voneinander getrennt. Boutiquen, kleine Plätze und Alleen, gemütliche Bars: Dieses Städtchen hat Charme. Der zypressengeschmückte Friedhof liegt oberhalb des Hafens.

Ansteuerung

Am Tage Auffällig sind: der eckige Wachturm in 160 m Höhe auf Punta di Cargèse. Nach dem Runden des Kaps die hochgelegene Ortschaft mit zwei Glockentürmen und der weißleuchtende Friedhof an der Wasserfront unmittelbar N-lich des Hafens.
Bei Nacht Man richtet sich nach den Molenfeuern, trotzdem bleibt die Nachtansteuerung riskant, da folgende Hindernisse zu beachten sind: ein überspülter Felsen 100 m SSW-lich von Punta di Cargèse; Klippen an der Außenseite des Wellenbrechers und am Kap an der Wurzel des Wellenbrechers; eine felsige Stelle mit nur 2 m Wassertiefe 100 m SSE-lich dieses Kaps und die Untiefe (1,3 m) etwa 200 m SE-lich vor dem E-Einfahrtskap (s. Plan).

Liegeplatz

Man liegt an Schwimmstegen mit Auslegern oder vor dem Kai des langen Wellenbrechers. Boote mit größerem Tiefgang machen an der äußeren Hälfte des Wellenbrecherkais fest.
Im Sommer ist der Hafen häufig überfüllt.
Weitere Schönwetterankerplätze findet man E-lich des Hafenbeckens auf Tiefen zwischen 5 und 8 m über verkrautetem Grund.

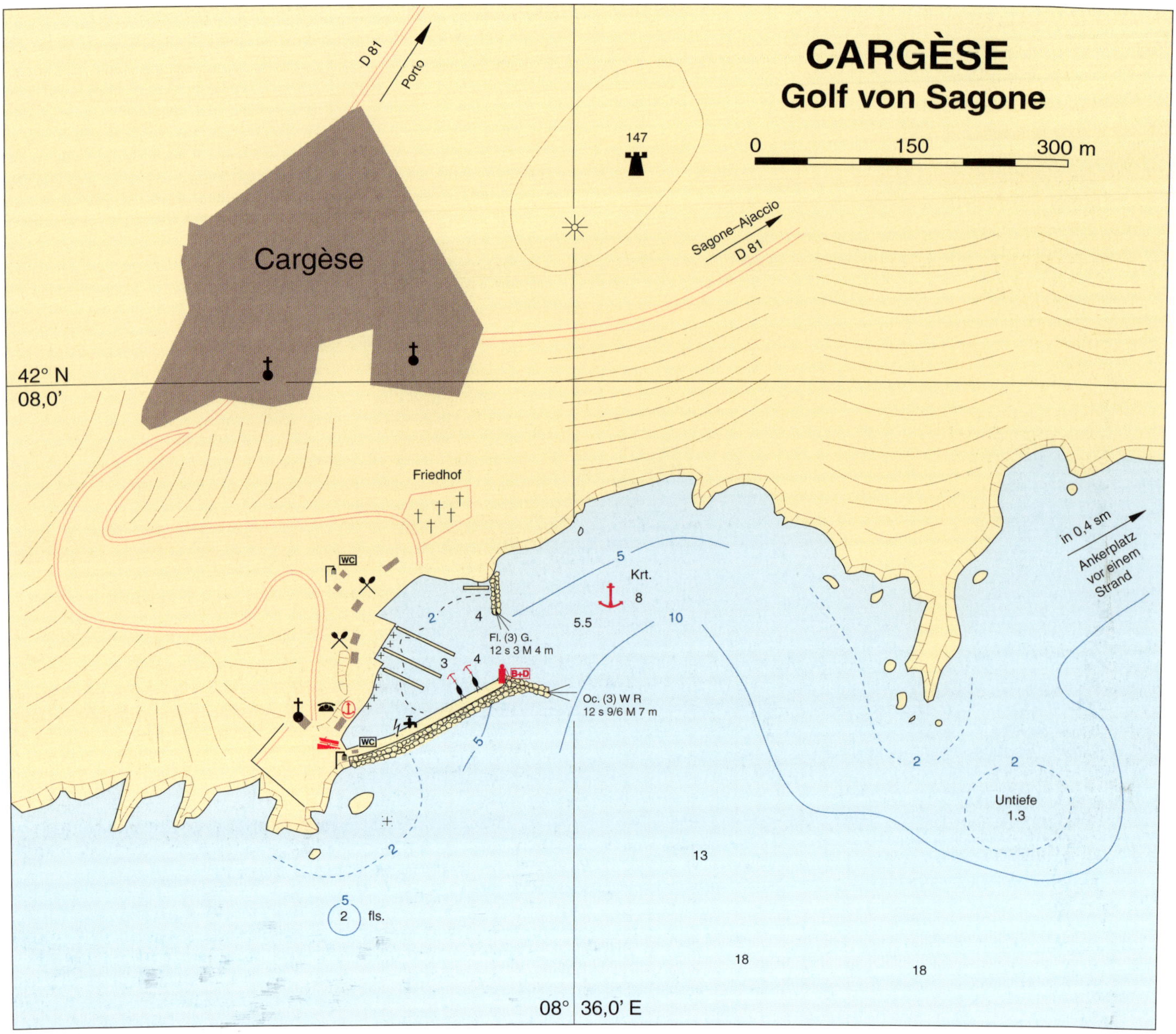

Port de Monaccia Etwa 1¼ sm SE-lich von Cargèse schneidet, von niedrigen Felskaps mit Macchiabewuchs begrenzt, Port de Monaccia ein, an dessen Ende ein kleiner Strand liegt. Eine Segel- und Surfschule bringt etwas Unruhe an diesen Ankerplatz, der, wie alle im Golf von Sagone, bei W-lichen Winden unter Schwell leidet. Beim Ansteuern beachte man die gefährliche Klippe Rochers de Morifaja.

Plage de Monaccia Etwa 2,2 sm SE-lich von Cargèse, ein weiterer angenehmer Tagesankerplatz vor einem langen Strand, dessen Sand sich unter Wasser fortsetzt und karibische Blaufärbung herbeizaubert. Man ankert außerhalb des gelben Bojenfeldes, das die Badezone kennzeichnet. Hier gibt es ein Restaurant und einen Campingplatz.

Schutz

Der Schutz ist durch Verlängerung und Neukonstruktion der Wellenbrecher stark verbessert worden. Bei N-lichen Winden ist er perfekt, bei S-lichen Windrichtungen steht etwas Schwell herein.

Die Ankerplätze außerhalb des Hafens sind bei Einsetzen des Libeccio sofort zu verlassen.

Behörden

Capitainerie, Tel. 0495264724, Fax 0495264147, vom Ausland 0033/4/95 usw.

Versorgung

Im Hafen Wasser und Strom. WC und Duschen (0800–1200, 1400–1900). Slipbahn. Mobilkran 6 t. Tankstelle am großen Wellenbrecher. Wetterbericht einmal täglich bei der Capitainerie. Container zur Mülltrennung und Altölentsorgung. Eisverkauf. Telefonzellen. Restaurants. Tankstelle und Reparaturmöglichkeiten in Sagone. Pendelverkehr zur Ortschaft.

Im Ort Supermärkte, Restaurants, Bars, Pensionen. Banken, Post, Touristeninformation, Apotheke. Busverbindung nach Ajaccio. Taxis, Mietautos. Bootsausflüge nach Girolata (Saison).

Der Hafen von Cargèse

Segelschule vor Port de Monaccia (o.), Plage de Monaccia (u.)

Funkkommunikation

Die Capitainerie hört auf UKW-Kanal 9 (0800-2000 Mai bis Oktober).

Tourismus

Der etwas mühsame Aufstieg vom Hafen zum Städtchen lohnt sich. Man kann auch den Zubringer vom Hafen zur Ortschaft nutzen.

Geschichte

Cargèse, die „griechische Stadt", hat ihre besondere Geschichte. Griechische Bürger, die am Anfang des 17. Jahrhunderts vor den Türken in den Süden des Peloponnes geflohen waren, dort aber ihren Lebensunterhalt nicht verdienen konnten, verdingten sich auf genuesischen Schiffen und ließen sich auf Korsika nieder, das damals unter der Herrschaft der Genueser litt. Die Korsen hielten die Einwanderer für Verbündete der fremden Machthaber, vertrieben sie und zerstörten ihre Dörfer.

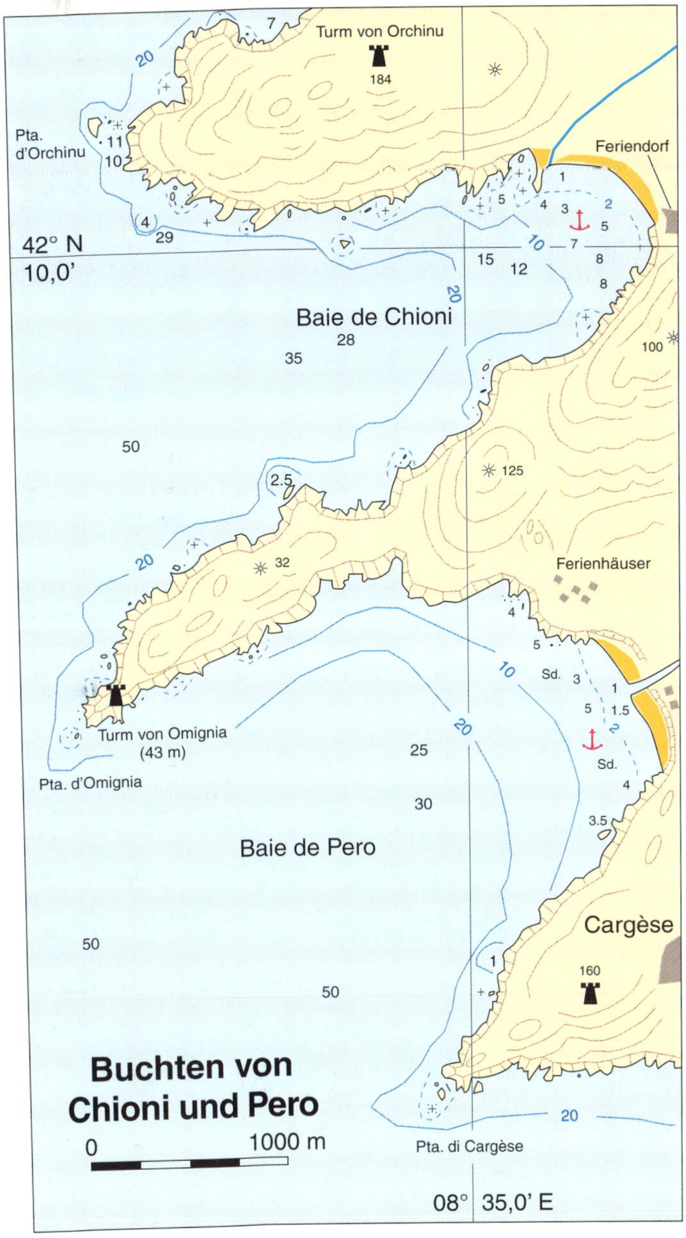

Daraufhin flohen die Griechen nach Ajaccio, und als Korsika dann französisch wurde, kamen über hundert Familien hierher zurück und erbauten Cargèse, wie in Griechenland üblich, als „Chora" hoch oben auf dem Hügel. Sie erhielten Land, das sie fleißig bestellten, und der Ort erlangte einen gewissen Wohlstand. Nach und nach gaben die Korsen ihre ablehnende Haltung auf, und eine friedliche Koexistenz begann.
Manch griechischer Name, manch edles Profil und vor allem die griechisch-orthodoxe Kirche vis-à-vis der römisch-katholischen erinnern an diese Entwicklung. Vor dem ikonengeschmückten Altar hält der Pope orthodoxe Gottesdienste; das Osterfest wird nach griechischem Brauch begangen.

Buchten zwischen Pte. de Cargèse und Cap Rosso

Karte: ECM 1007

Baie de Pero 42°08,7'N 08°35,5'E

Unmittelbar N-lich der 160 m hohen Punta di Cargèse mit dem viereckigen Wachturm schneidet die weiträumige Badebucht Baie de Pero nach NE ein. Herrlicher Sandstrand umgibt die Mündung eines kleinen Flüßchens, Ferienhäuser und ein Restaurant sind hier angesiedelt.
Auch die N-liche Begrenzung der Bucht, das lang und flach auslaufende felsige Kap Omignia, trägt einen weithin sichtbaren Turm in 43 m Höhe.
Ankern Sie auf 5–6 m über Sandgrund, der sanft ansteigt. Weiter draußen ist Krautbewuchs vorherrschend.
Achtung Vor der Flußmündung erstreckt sich eine Sandbank in die Bucht.
Kein Schutz bei Libeccio und W-Wind. Ein Fußweg führt nach Cargèse.

Baie de Chioni 42°10,0'N 08°35,4'E

Auch diese hübsche Bucht ist nur ein Schönwetterankerplatz, da sie nach W und SW offen ist. Sie schneidet beinahe 1,5 sm tief in die W-Küste Korsikas ein. Punta d'Omignia, das S-Kap, ist niedriger als Punta d'Orchinu (184 m), das die N-liche Begrenzung darstellt.
Um den von niedrigen Hügeln umgebenen, 500 m langen Sandstrand stehen Ferienvillen; die auffälligsten sind die weißen Häuschen mit dunklem Dach des Club Mediterranée S-lich des Strandes.
Ankern Sie im N-Teil der Bucht auf 5–7 m über hellem, gut haltendem Sandgrund.
Achtung Beide Ufer sind unrein. Beim Ansteuern des Ankerplatzes gut von den Klippen am N-Ufer freihalten.
Bei NW-Wind liegt man hier brauchbar geschützt. Sobald der Wind auffrischt, setzt Seegang um das Kap herum in die Bucht hinein. Restaurants und Bars am Strand. Eine Fahrstraße führt zur Hauptstraße Ajaccio–Calvi.

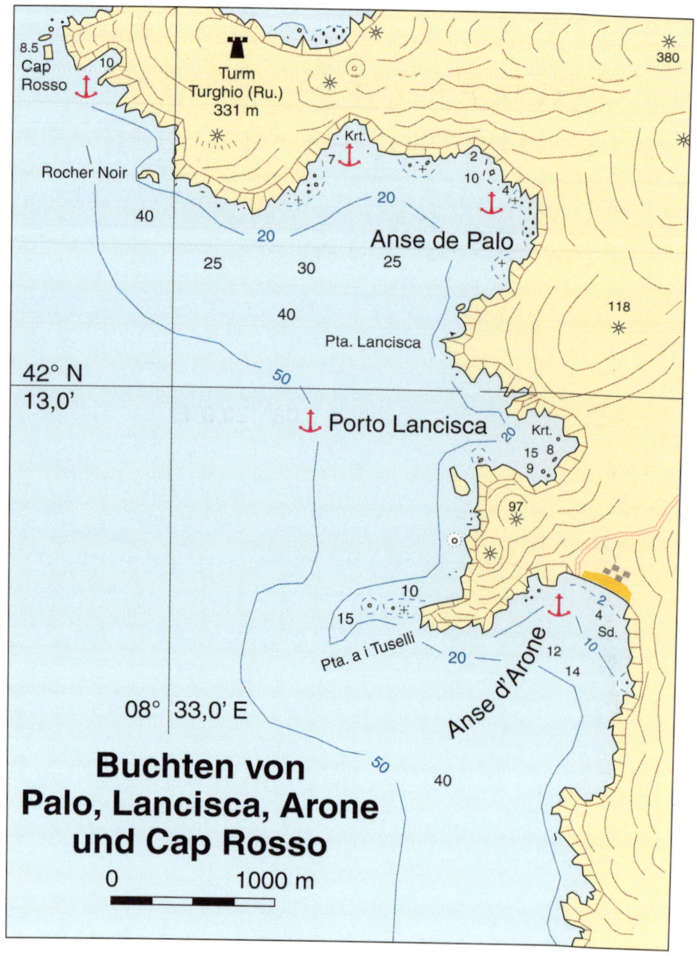

Buchten von Palo, Lancisca, Arone und Cap Rosso

Anse d'Arone
42°12,3'N 08°34,5'E

Die weiträumige Bucht im Schutz von Punta a i Tuselli schmückt sich mit einem schönen hellen Strand, hinter dem ein Feriendorf und mehrere Restaurants zu finden sind. NE-lich oberhalb liegen weitere Häuser neben einem Waldstück.
Ankern Sie vor dem Strand auf 5 m über Sandgrund, der langsam ansteigt. Der Schutz bei mäßigem NW-Wind ist gut. *Achtung* Von Norden kommend, muß man den Untiefen und Klippen um Pta. a i Tuselli gut ausweichen. Eine kleine Straße kommt in der Bucht an.

Porto Lancisca
42°12,9'N 08°34,6'E

Bei ruhigem Wetter kann man in diesem malerischen, felsigen Einschnitt S-lich von Punta Lancisca vor Anker gehen.
Zwei Plätze stehen zur Wahl:

- Im Norden, in einer winzigen, schluchtartigen Öffnung, in der aber nur eine Yacht Platz findet, auf 5–10 m über Krautgrund, in dem stellenweise ein weißer Sandfleck aufleuchtet.
- Am S-Ausgang der Bucht, unmittelbar E-lich eines Inselchens, das etwas Schutz gewährt, auf 12 m über felsigem Grund mit Sicherheitsleine zum Land.

Anse de Palo
42°13,8'N 08°33,8'E

An der S-Flanke der Wurzel des eindrucksvollen Cap Rosso, in wildromantischer Umgebung, öffnet sich Anse de Palo mit zwei Ankermöglichkeiten:
N-Ufer In der kleinen Ausbuchtung, unterhalb der Abhänge von Cap Rosso vor niedrigen, zerfurchten Steilufern, die mit Macchiabüschen bedeckt sind und in einem turmartigen, auffälligen Felsen im SW dieses Einschnitts auslaufen, der wie ein Finger senkrecht aus dem Wasser emporragt.
Ankern Sie auf 5–8 m über Sandgrund mit Kraut und Felsen. Anlanden im Beiboot ist fast unmöglich.
E-Ufer Der Anker fällt auf 10–12 m über Krautgrund .
Das mächtige, kegelförmige Kap hält den Wind aus Norden und Westen ab, der Schutz bei Mistral ist brauchbar, auch wenn Schwell um das Kap herumsetzt. Bei Libeccio muß man den Platz meiden. *Achtung* Vor den Ufern liegen Klippen.

Cap Rosso
42°14,0'N 08°32,7'E

SE-lich des 18 m hohen Felsens, der dem W-Ende von Cap Rosso vorgelagert ist, liegt ein schmaler Einschnitt, in dem zwei Schiffe Platz haben, doch sobald das Meer bewegt ist, wird es hier ungemütlich.
Ankern Sie auf ca. 10 m mit langer Kette über Krautgrund.

GOLFE de PORTO
bis PUNTA REVELLATA
0
5 sm
Dev. 0°35' (2004), jährl. Änderung: 5' E
21 M
Grenze des sichtbaren Bereiches
08° 30,0' E
42° N
30,0'
Pte. Revellata
Fl. (2) 10 s 21M 97m
Pte. Rossa
Pte. Bianca
Porto Vecchio
Porto Agro
Pte. Coda
Calvi
Baie de Nichiareto
50
Cap Cavallo
296
alter
Semaphor
294
Tour Truccia
259
448
Cap de la Morsetta
Baie de Crovani
Golfe de Galéria
Pte de
Ciuttone
Pte de Stollu
Tour Maragio
350
Récifs
des Scoglietti
Cap
Bianca
Anse de la
Foata
St. Muvrareccia
408
D 35
Galéria
Baie de Focolara
Marine d'Elbo
8 M
Ilôt Palazzu
(58 m)
Ile di Gargalu
Fl. W R 4 s 8/5 M 37m
I. Garganello
220
Pte. Nera
Tour d'Elbo
Naturschutz-
park
717
Capo Maggiore
St. Poreire
540
St. Quarcio
446
Tour de Girolata
440
rote Felsen
Medaillon von Korsika
Anse de Catoja
Anse de Tuara
1028
Golfe de Girolata
Punta Rossa
Pte. Scandola
Grenze des sichtbaren Bereiches
Pyr.
Mt. Seninu
619
Set. de Feno
248
Pte. Scopa
Cala di Linaggia
Anse Gradelle
Anse Caspio
Marine de Bussaglia
Anse de la
Castagna
Porto
Anse de Ficajola
D81
San Pelegrino
Anse Sbiro
Calanque de Piana
Rote bizarre Felsformationen
Set. d'Orto
1306
Piana
Cap Rosso
342
380
St. Vardiola
360
St. Giabico
Ajaccio
Rocher Noir
Anse de Palo

Golfe de Porto bis Punta Revellata

Karten: EG 1006, 1007

Der trichterförmige, tief einschneidende Golf von Porto ist sicherlich das großartigste unter den Naturwundern an Korsikas Küsten. Rote Felsen umrahmen das blaugrüne Wasser und verwandeln sich bei Sonnenuntergang in ein glühendes Fanal. Nicht nur Maler überwältigt dieser atemberaubende Farbenzauber.

Berge, Meer, Macchia und ein alter Wachturm an der Mündung des durch die Spelunca-Schlucht herabrauschenden Porto: Alles, was das Gesicht Korsikas ausmacht, vereint sich hier auf besonders reizvolle Weise. Zerklüftete Steilhänge bilden das Südufer, wildromantische Felsformationen in der Calanque de Piana erinnern an Fabelwesen. Im Gegensatz dazu ist das Nordufer durch Badebuchten mit Sandstränden aufgelockert.

Die Einschnitte, die als Ankerplätze dienen, gewähren keinen ausreichenden Schutz, daher kann Golfe de Porto nur bei absolut ruhigem Wetter und günstiger Vorhersage angelaufen werden, wobei man immer darauf gefaßt sein muß, bei der geringsten Wetteränderung unverzüglich ankerauf zu gehen.

Für die Beschreibung des nordöstlich benachbarten Golfes von Girolata müssen ebenfalls Superlative herhalten. Rötliche Felsmauern lassen ein grandioses Amphitheater vor unseren Augen entstehen. Im letzten Winkel versteckt sich das ehemalige Fischerdorf Girolata, vor dem einer der beliebtesten Ankerplätze Korsikas anzutreffen ist.

Schützend legen sich zerklüftete Steilküsten vor das Natur- und Vogelschutzgebiet „Réserve Naturelle de Scandola“ und lassen jeden Landungsversuch im Keim ersticken. Die See hat im Laufe der Zeit eine Vielfalt von Grotten und einzeln aufragenden Felsen aus dem Vulkangestein herausgearbeitet, auf den höchsten Spitzen haben seltene Fischadler ihre Nester, und da, wo die rötlichen und schwärzlichen Felsen in das kristallklare Wasser tauchen, sind sie von einer hellen Krause aus verkrusteten Algen gesäumt. Ile di Gargalu, der W-lichste Punkt Korsikas, und die malerische Ankerbucht Marine d'Elbo liegen in dem Naturschutzgebiet.

Im weiteren Küstenverlauf setzt sich wieder hellgraues Gestein durch.

Der Golf von Galéria mit seinen dunkelvioletten Stränden und weitere, zum Teil einsame Buchten sägen sich in die felsigen Ufer hinein, bis das auffällige Felskap Punta Revellata aus dem Meer aufsteigt, ein wichtiger Wegweiser besonders für jene Skipper, die aus Frankreich herübersegeln.

Calanque de Piana: wilde Felsformationen

Ansteuerungsmarken

Die hohen Berge hinter dem Golf von Porto (Mte. Retondo); das auffällige Cap Rosso mit Genueserturm; die roten Steilufer der Golfe von Porto und Girolata; die einzelne, bizarre Felsinsel Ilot Palazzu bei Gargalu; das steile, helle Cap Cavallo mit altem Semaphor; die helle Felsküste zwischen Cap Cavallo und Punta Revellata; Punta Revellata mit Leuchtturm und Sendemast; Monte Cinto (2710 m) und Paglia Orba (2525 m), unverwechselbar aufgrund der steil abstürzenden N-Seite ihres Gipfels.

Gefahren

Die Untiefen und kleinen Inseln um Cap Rosso (S-Einfahrtskap Golf von Porto).
Klippen und seichte Stellen um Punta Muchillina (W-Einfahrtskap Golf von Girolata); eine davon, nur mit 0,7 m Wasser bedeckt, liegt S-lich des Kaps.
Inseln und Felsbrocken um Gargalu. Das unbezeichnete Riff Récif des Scoglietti ¾ sm NNE-lich von Cap Bianca verlängert ein felsiges Kap in NW-licher Richtung und reicht 0,3 sm in See; ein einzelner überspülter Felsen liegt 90 m NE-lich davon.
Die Klippen und Inselchen im SW von Cap de la Morsetta sind ebenfalls nicht bezeichnet und ragen bis zu 500 m weit in See.

Wind und Seegang

Bei Gargalu ist eine Wind- und Seegangsscheide. Während S-lich davon SW-Winde vorherrschen, dominiert N-lich davon der Mistral (NW).
Im Golf von Porto nimmt der Seegang bei W-lichen Starkwinden bedrohliche Formen an, da er von den steilen Felswänden zurückgeworfen wird. N-lich von Gargalu erreicht der Seegang bei Starkwind enorme Höhe.

Reglementierte und Naturschutzgebiete

Das Naturschutzgebiet „Réserve Naturelle de Scandola" erstreckt sich von Punta Rossa, dem W-Kap von Girolata über Ile de Gargalu bis Pointe Néra NE-lich von Marine d'Elbo von der Küste weit ins Land hinein. In den Gewässern dieses Gebietes besteht absolutes Tauch- und Fischverbot.

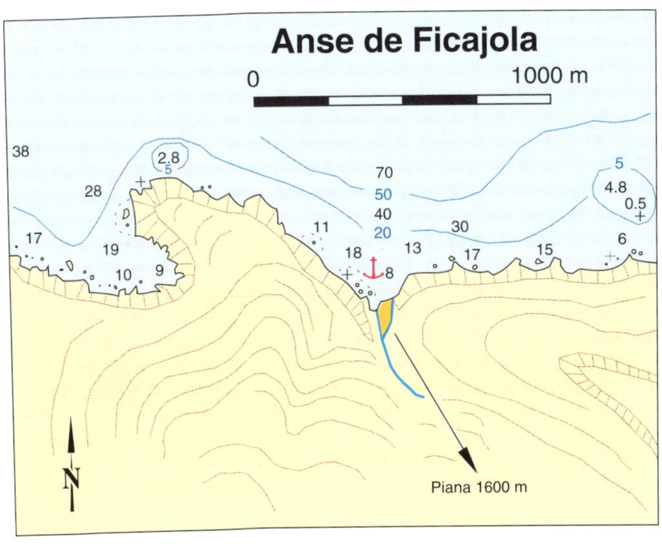

Weitere Tauch- und Fischverbotszonen liegen an der S-Küste des Golfes von Porto zwischen Calanque de Piana und Anse de la Castagna und in Anse de la Foata 1¾ sm WSW-lich von Galéria.

Entfernungen von Girolata in sm

Porto	7,5
Cargèse	16
Ajaccio	39
Galéria	13
Calvi	23

Ankerbuchten an der S-Seite des Golfes von Porto

Karte: EG 1007

Alle nachfolgend beschriebenen Plätze sind nur bei beständiger Schönwetterlage zu benutzen.

Anse Sbiro — 42°14,3'N 08°33,0'E

An der N-Flanke des auffälligen Cap Rosso tut sich in den Steilkliffs NNW-lich unterhalb des Wachturmes Turghio eine winzige Ankerbucht auf, die von dem im W-Teil der Einfahrt aufragenden, 40 m hohen Rocher de Sbiro, der aus manchem Blickwinkel mit der Küste verschmilzt, allerdings nur wenig geschützt wird.
Ankern Sie in der Mitte der Bucht, auf 10–12 m über Sandgrund mit Fels.
Achtung Eine Untiefe (1,3 m) liegt N-lich vor der Mitte der Einfahrt.

San Pelegrino — 42°14,2'N 08°33,5'E

Die kleine Bucht vor einem Kiesstrand E-lich unterhalb des Turmes Turghio ist schwer auszumachen und muß wegen vorgelagerter Felsen vorsichtig angesteuert werden. Die Ankertiefen liegen bei 8–12 m.

Anse de Ficajola — 42°15,3'N 08°33,5'E

Vor den wildromantischen Schluchten der Calanque de Piana, unterhalb des gleichnamigen Bergdorfes, dessen Häuser und auffälligen Glockenturm man allerdings nur ausmacht, wenn man von Norden ansteuert, liegt dieser schmale Einschnitt, der ein wenig gegen schwache Winde aus SW und W geschützt ist. Am W-Ufer stehen barackenartige Fischerhütten. Muringbojen für Fischerboote liegen aus.
Ankern Sie in der Buchtmitte vor dem kleinen, von Felsen eingerahmten Strand auf 6–10 m über Sandgrund. Der W-Teil ist von Riffen umgeben. Vorsicht Böen!
Restaurant am Berghang. Die Straße zum 500 m hoch gelegenen Dorf Piana ist steil und kurvig.

Anse de la Castagna 42°15,7'N 08°40,7'E

Diese hübsche Bucht im inneren Teil des Golfes, nur ¾ sm SW-lich von Porto, erhält durch die Felsnase Punta Capicciolo ein wenig Schutz gegen W-liche Winde.
An dem kleinen Kai, vor dem eine 2 m hohe Klippe liegt, machen meistens die einheimischen Boote fest. Hier lotet man etwa 2 m.
Ist der Platz am Kai besetzt, ankern Yachten N-lich davon auf ca. 5 m. Die von Zeit zu Zeit ausliegenden Bojen lassen allerdings nur wenig Platz auf brauchbaren Tiefen, denn der Meeresgrund fällt hier steil ab.
Ein Fahrweg führt zur Bucht herunter.

Porto

42°16,0'N 08°41,6'E Karte: EG 1007

Die Lage von Porto im letzten Winkel des Golfes, am rechten Ufer des gleichnamigen Flusses, ist einzigartig schön, denn hier gestaltet sich das Zusammenspiel von Bergen und Meer besonders eindrucksvoll. Dazu das pyramidenförmige Vorgebirge, nach Art der Gegend aus rötlichem Fels, mit einem trutzigen pisanischen Wachturm auf dem Rücken, der breite weiße Strand vor einem Eukalyptuswald, das grünliche Wasser des Flusses. Wen wundert's, daß so viele Landtouristen hierherströmen.
Zu schade, daß Yachten in Porto keinen richtigen Schutz finden, denn der Flußhafen am S-Ufer ist nur für kleine Einheiten geeignet und wird gerne von Fischerbooten genutzt. Der Kai am N-Ufer ist hauptsächlich von Ausflugsbooten und von Schlauchbooten, die man mieten kann, belegt. Eine Fußgängerbrücke verbindet die Ortschaft mit dem Strand.

- *Am Flußkai* Am N-Ufer verläuft ein langer Holzkai, an dem kleine Boote festmachen können. Stellenweise sind Bojen davor verankert. Hier gibt es Wasser und Strom.
  Wenn der Porto genügend Wasser führt, können auch Yachten mit einem Tiefgang bis zu 1,8 m in die Mündung einlaufen, wobei sie sich ganz nahe an das Felsufer halten. Bei Wetterumschwung verwandelt sich der Platz allerdings leicht in eine gefährliche Mausefalle.
  Nach langen Regenperioden setzt starker Strom aus dem Fluß heraus.
- *Im Flußhafen* Kleine Einheiten liegen hier bestens geschützt an Kettenmurings. Wasser und Strom, Slipbahn, Capitainerie und Restaurant im Hafen. Tankstelle in der Hafeneinfahrt.
- *Vor dem Strand* Bei stabilem Wetter ankern Yachten vor dem Strand auf 5–6 m über Sandgrund, außerhalb der durch Bojen gekennzeichneten Badezone.
  Zwei Restaurants am Strand.
  Zur Ortschaft spaziert man über die Fußgängerbrücke.

Versorgung

Die Versorgungsmöglichkeiten in Porto sind ausgezeichnet. Restaurants, Pizzerien, Eiscafés, Supermärkte, auch Schiffszubehör und kleine Reparaturwerkstätten für Motoren im Ort. Postamt, Telefon, Banken, Wechselstube.
Touristeninformation, Taxis, Autobusse. Bootstouren nach Girolata und zum Naturpark Scandola.

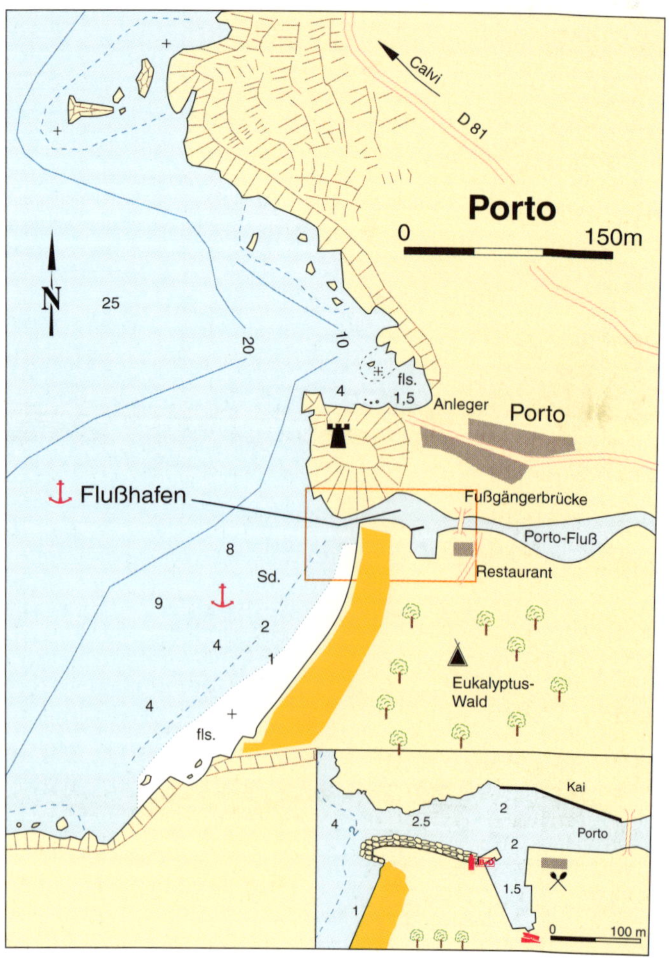

Segelyacht läuft in den Flußhafen von Porto ein (o.), tankende Yacht liegt an der Außenseite der Mole (u.)

Ankerplätze an der N-Seite des Golfes von Porto

Karte: EG 1007

Marine de Bussaglia 42°16,8'N 08°41,2'E

Ein grünes Tal, Ferienhäuser, ein Campingplatz und ein verfallenes Kloster umgeben den Schönwetterankerplatz Marine de Bussaglia, der nur eine knappe Meile NW-lich von Porto anzutreffen ist.
Ankern Sie lt. Plan vor dem Sandstrand bei der Bachmündung auf 3–8 m über Sandgrund mit etwas Schutz bei Winden aus NW-NE oder vor dem Felsufer S-lich des Strandes auf 6–8 m.
Achtung Dem S-Teil des Strandes sind gefährliche Riffe vorgelagert.
Restaurant am Strand.

Anse de Caspio 42°18,0'N 08°39,7'E

NW-lich des gleichnamigen Kaps schneidet diese kleine Bucht ein, hinter deren Sandstrand ein Campingplatz liegt. Auch hier findet man ein Restaurant.
Ankern Sie auf 3–5 m über Sandgrund. Die Ansteuerung bietet keine Probleme.

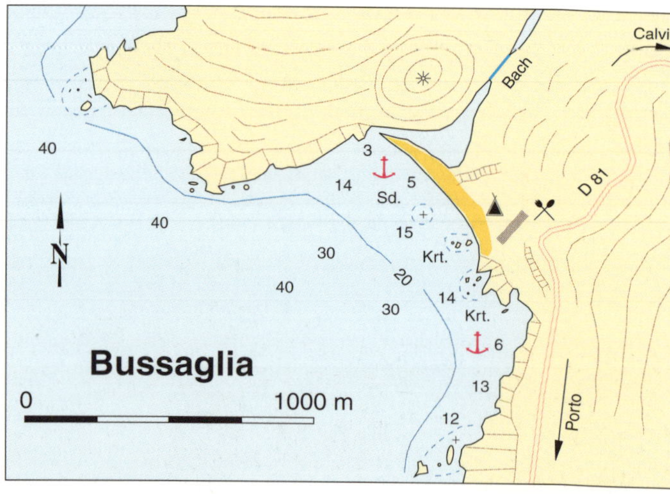

Anse de Gradelle 42°18,0'N 08°39,0'E

Nur ein kleines Felskap trennt die Strandbucht Anse de Gradelle, die ein wenig Schutz bei Winden aus NW-E und bei mäßigen Winden aus Westen gewährt, von Anse de Caspio.
Untiefen liegen vor dem W-Einfahrtskap und dem E-Ufer. Fahren Sie daher aus SE auf der Mittellinie der Bucht ein und ankern Sie auf 3–5 m über Sandgrund.
Restaurant und ein Campingplatz befinden sich hinter dem Strand.
Das Bergdorf N-lich davon heißt Osani.

Marine de Bussaglia

Ankerplatz Girolata

Anse de Linaggia

42°18,6'N 08°37,6'E

Der 619 m hohe Monte Seninu auf dem gleichnamigen Kap mit der auffälligen Pyramide gibt dieser geräumigen, von zerklüfteten Felsen umgebenen Bucht Schutz bei Mistral. Winzige Strände unterbrechen die felsigen, unreinen Ufer.
Von Süden kommend, orientiert man sich am Gipfel dieses Berges.
Von Norden bzw. von Girolata kommend, muß man zwischen Cap Seninu und Pte. Scopa guten Abstand zur Küste einhalten, denn N-lich des letztgenannten Kaps liegt eine gefährliche Untiefe mit nur 1,5 m Wasser darüber.
Ankern Sie auf Tiefen zwischen 8 und 10 m. Der Grund ist mit Kraut bewachsen, aus dem Sandflecken hervorschimmern.
An der N-Flanke des Pyramidenkaps Seninu können Taucher interessante Grotten erforschen.

Girolata

42°20,8'N 08°36,9'E (Turm) Karte: EG 1007

Lage und Umgebung

Der weit nach SW offene, von roten Felsen eingerahmte Golfe de Girolata beherbergt an seinem NE-Ufer eine der ungewöhnlichsten und schönsten Ankerbuchten der Insel. Das Vorgebirge mit dem Wachturm des alten genuesischen Forts verleiht guten Schutz. Auf dem Grat hinter dem Turm ducken sich die Häuser des ehemaligen Fischerdorfes.

Girolata liegt am Rande des Naturschutzgebietes „Parc Regional Naturel de la Corse" und soll in seiner Ursprünglichkeit erhalten bleiben.

Ansteuerung

Am Tage Der Genueserturm auf dem schützenden Kap ist schon ab der Einfahrt zum Golf sichtbar.
Bei Nacht Keine Befeuerung, keine Nachtansteuerung.
Achtung Einer mit nur 0,7 m Wasser bedeckten Untiefe S-lich von Punta Rossa ist auszuweichen.
Das Vorgebirge, auf dem der Turm steht, darf man beim Einsteuern nicht zu knapp umrunden.
Vom NE-Ufer ragt eine Schlickbank in die Ankerbucht hinein. Felsige Über- und Unterwasserklippen liegen vor ihrem SE-Kap und am N-lich anschließenden Ufer (s. Plan).

Liegeplatz

- Ankern Sie lt. Plan, am besten mit Leine zum Land oder vor Bug- und Heckanker, da der Platz meist überfüllt, Schwojraum knapp ist und regelmäßig Ankersalat entsteht. Im Sommer geben sich hier oftmals bis zu 200 Yachten ein Stelldichein. Es hängt vom guten Willen und der Seemannschaft der einzelnen Skipper ab, das Chaos in Grenzen zu halten.
- Schiffe mit ganz geringem Tiefgang können NE-lich der drei Anlegestege, die tagsüber den Ausflugsbooten vorbehalten sind, auf Sandgrund ankern (Bug- und Heckanker). In der übrigen Bucht besteht der Grund aus Sand und Schlick und gibt mittelmäßigen Halt.

- In der Einfahrt läßt man bei ruhigem Wetter auf 8 m über Sand und Fels den Anker fallen; dort schwellt es allerdings meistens.
  Apropos Ausflugsboote: Mancher dieser Kapitäne fährt mit unverschämt hoher Geschwindigkeit an den ankernden Yachten vorbei, so daß das Wasser regelrecht aufgewühlt wird, die Boote hart in die Ketten einrucken und man Angst haben muß, daß der Anker aus dem Grund reißt.
- *Anse de Tuara,* 0,9 sm SE-lich des Turmes von Girolata, ist nicht so überfüllt. Dort liegt man in ebenso eindrucksvoller Umgebung, vor einem kleinen Strand, an dem ein Bach mündet, auf 5–6 m über hellem Sandgrund. Manche Yachten beziehen tagsüber hier Wartestellung, profitieren vom glasklaren Wasser der Bucht und verholen sich knapp vor Sonnenuntergang zu den Anlegestegen von Girolata.
- *Cala Vecchia,* am W-Ufer des Golfes von Girolata. Hier und in den nach SW anschließenden kleineren Ausbuchtungen kann man bei Schönwetter eine entspannende Badepause einlegen (s. Plan).
  In Cala Vecchia ankern Sie auf 4–8 m; die Ankertiefen in der S-lich benachbarten Doppelbucht liegen bei 6–10 m.
- *Cala Moretta* Dieser schmale Einschitt ist die S-lichste Tagesankerbucht am W-Ufer des Girolata-Golfes und hat eine besonders schöne Landschaft. Rötlicher Kies bedeckt den

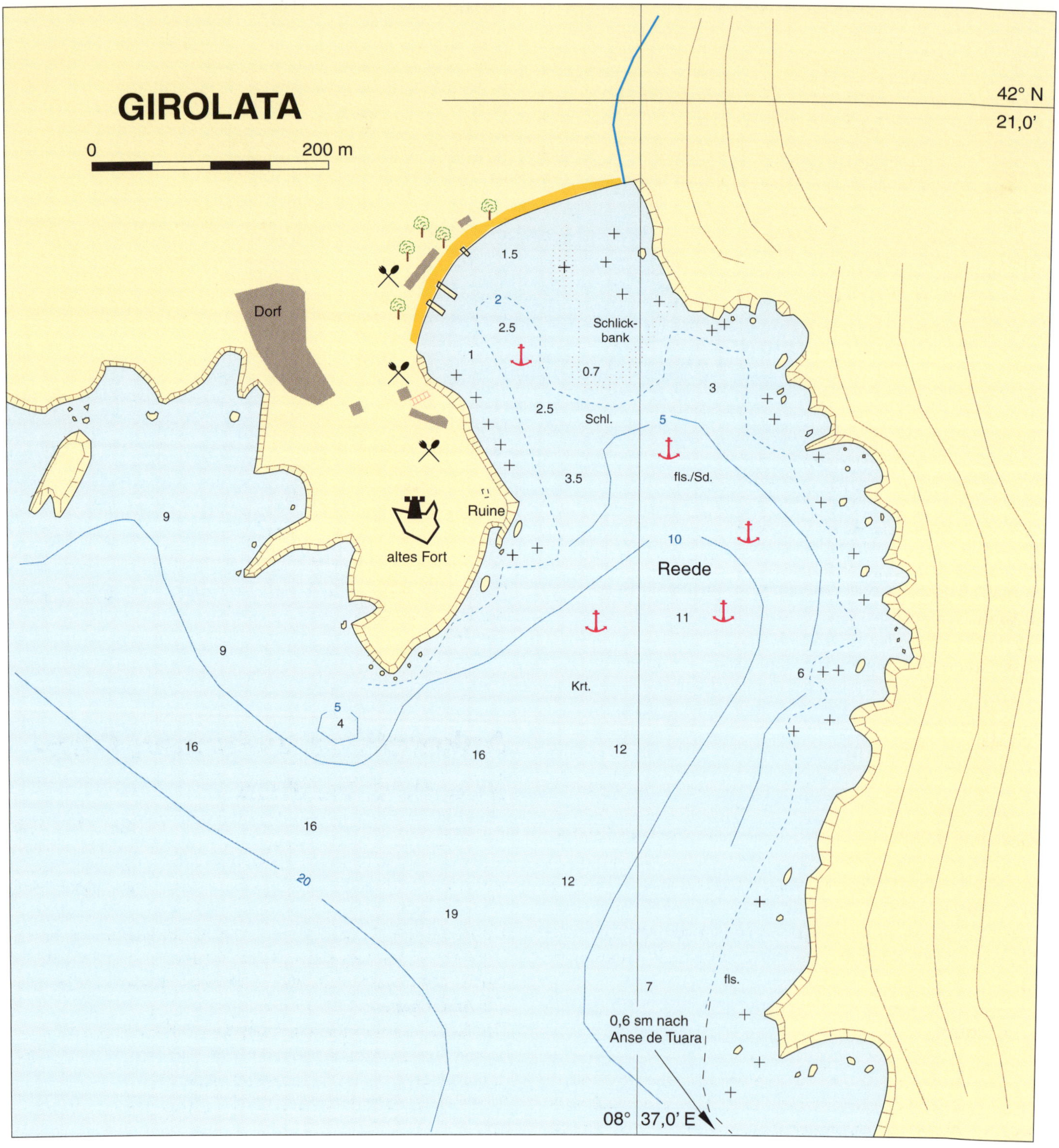

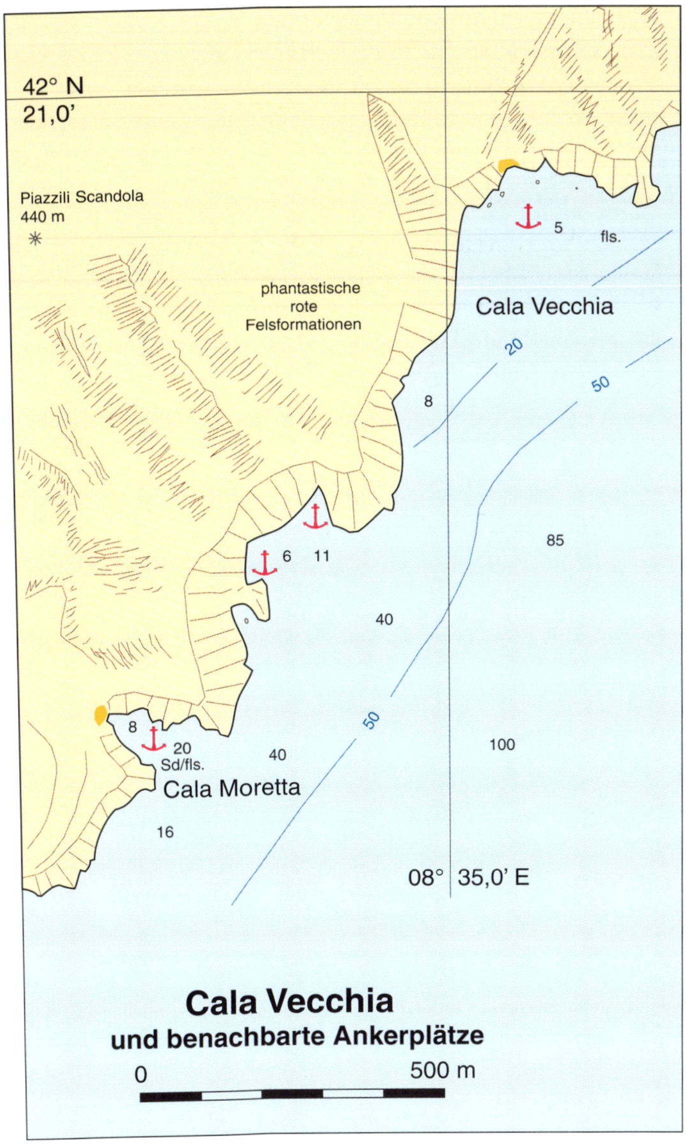

Cala Vecchia
und benachbarte Ankerplätze

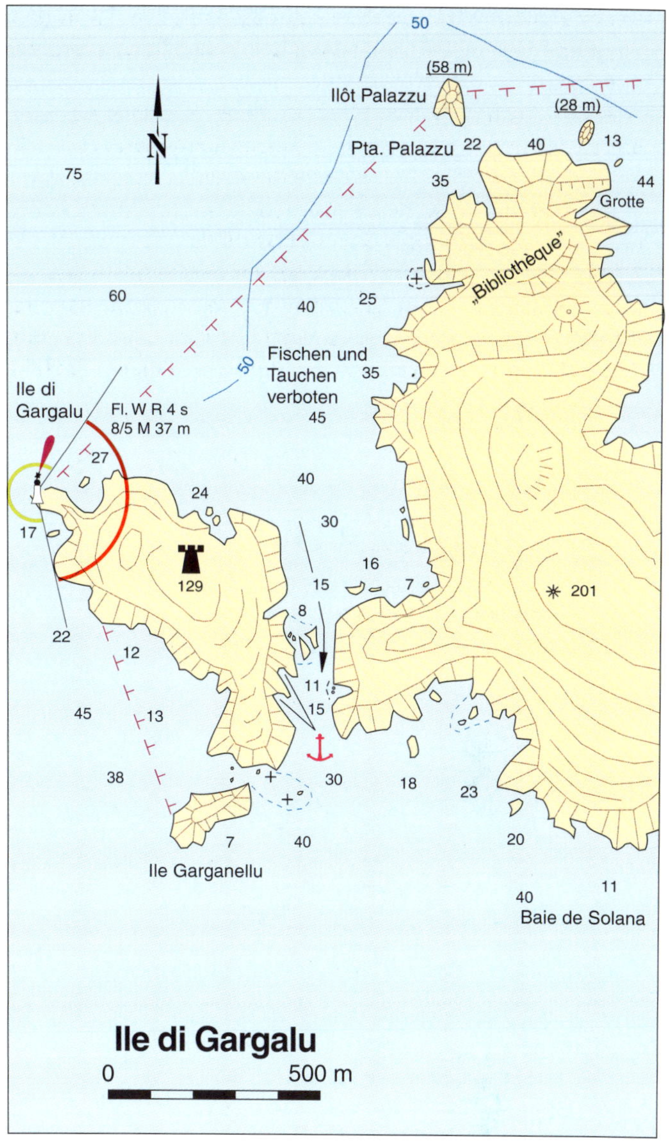

Ile di Gargalu

kleinen Strand, den Hintergrund bilden viel Grün und rote Felsen.
Die Ankertiefen liegen bei 8–10 m.
Der Grund ist unregelmäßig und mit Felsen durchsetzt.

Schutz

Die Bucht von Girolata bietet keinen Schutz bei Libeccio und W-Wind. Rechtzeitig Cargèse (16 sm) oder Calvi (23 sm) anlaufen. Bei Mistral ist der Schutz brauchbar trotz Fallböen und Schwell, der besonders stark in der Einfahrt zu spüren ist.
Anse de Tuara ist weit offen nach SW, daher bei Libeccio ungeschützt.
Cala Vecchia und die anderen Buchten am Westufer des Girolatagolfes eignen sich bei Schönwetter als Tagesankerplatz.

Versorgung

Nur in Girolata. Der kleine Lebensmittelladen, der während der Saison geöffnet ist, bietet keine große Auswahl. Diverse Restaurants am Ufer, doch verhältnismäßig teuer. Die Versorgung der Einwohner und der Gastronomie erfolgt per Schiff, da keine Straße in die Bucht führt.
Telefon im Ort.

Ankerplätze zwischen Girolata und Galéria

Karte: EG 1007

Anse de Catoja

42°20,6'N 08°33,6'E

Umgeben von steil aufragenden Felsen kann man – ganz ruhiges Wetter vorausgesetzt – vor dem kleinen Strand der Bucht N-lich von Punta Rossa auf ca. 10 m für eine kurze Badepause vor Anker gehen.
Das Loch in einer hoch aufragenden Felsinsel, die man bei gutem Wetter umsteuern kann, hat die Form der Insel Korsika und wird „Medaillon von Korsika" genannt.
Eine weitere Sehenswürdigkeit sind „Vulkanische Orgelpfeifen".

Das „Medaillon von Korsika" N-lich Anse de Catoja

Ile di Gargalu 42°22,3'N 08°32,2'E (Leuchtturm)

Die nackte rote Felsinsel Gargalu, der W-lichste Punkt Korsikas, ist 127 m hoch und trägt auf halber Höhe an ihrer NW-Flanke eine alte Kanone und einen mit Solarenergie gespeisten Leuchtturm; der rote Sektor deckt Ilôt Palazzu ab. Kaum zu glauben, daß dieses wichtige Feuer eine Reichweite von nur 8 sm hat.

Ile di Gargalu stellt, ähnlich wie Cap Corse im Norden Korsikas, eine Wind- und Seegangsscheide dar. Ein Lehrstück zum Thema Wetterwechsel an Kaps.

Bei Mistral kann die See derart hoch werden, daß von Süden kommende kleine Schiffe ihren Weg nach Calvi nur mit größter Anstrengung schaffen.

Von Nord und Süd ist die Insel gut auszumachen; wer sie aus W-licher Richtung ansteuert, wird sie nicht so leicht erkennen können, da sie aus diesem Blickwinkel mit der felsigen Kulisse der korsischen Küste verschmilzt. An der S-Spitze wird Ile di Gargalu durch das ausgezackte Inselchen Garganellu nach SW verlängert.

Passe di Gargalu Die extrem schmale Durchfahrt zwischen der Insel Gargalu und der korsischen W-Küste ist ausschließlich bei glatter See machbar. Halten Sie sich gut in der Mitte, denn an der schmalsten Stelle, wo man nur 3 m lotet, schiebt sich noch eine Klippe vom E-Ufer der Insel ins Fahrwasser. Das Hindurchgleiten zwischen den fast senkrechten Felswänden ist atemberaubend.

Achtung Etwa 100 m E-lich des Inselchens Garganellu behindert ein niedriger Felsen.

Kurzzeitankerplätze findet man an der SE-Seite der Insel in zwei fingerförmigen Einschnitten (s. Plan), die allerdings der nach Libeccio herrschenden Dünung aus SW und dem Schwell der vorbeifahrenden Ausflugsboote ausgesetzt sind.

Marine d'Elbo 42°22,3'N 08°34,4'E

Die Bucht Baie d'Elbo wird imWesten von Punta Palazzu und im Osten von Punta Nera begrenzt. Rötliche „Zuckerhutinseln" und Steilkliffe beherrschen diewildromantische Szenerie. Im SE-Teil der Bucht, vor dem kleinen Strand unterhalb des Wachturms aus genuesischer Zeit, beherbergt ein von Felsufern mit Macchiabewuchs flankierter Einschnitt den Ankerplatz Marine d'Elbo, der zum Naturschutzgebiet Scandola gehört.

Die Aufenthaltsdauer ist auf 24 Stunden begrenzt; Angeln, Fischen, Tauchen mit Geräten ist verboten.

Das E-Einfahrtskap von Marine d'Elbo mit dem auffälligen Turm (Tour d'Elbo, 74 m) wird durch Klippen in Richtung der Zuckerhutfelsen verlängert. Von Norden kommend, kann man diese beiden Felsen dennoch N-lich oder S-lich umsteuern (s. Plan).

Von Süden und Westen kommend, fährt man, glatte See vorausgesetzt, zwischen Punta Palazzu und dem auffälligen, 58 m hohen Inselchen Ilôt Palazzu hindurch und hält so lange auf die Zuckerhutfelsen zu, bis man den Strand des Ankerplatzes ausmachen kann, auf den man dann Kurs nimmt. So bleibt man frei von dem gefährlichen Unterwasserfelsen W-lich der Einfahrt.

Ankern Sie auf 3–6 m über Sandgrund, vorzugsweise mit Leine zum Land. Der Grund steigt rapide zum Land hin an. Aufgrund ihrer landschaftlichen Attraktivität ist Marine d'Elbo im Sommer meist überfüllt.

Ilôt Palazzu und bizarre Felsformen N-lich von Girolata

Lf. auf Ile Gargalu, hi. Ilôt Palazzu (o.), Durchfahrt Ile Gargalu (u.)

Leider ist der Platz nach NW und West offen und bei E-lichen Winden starken Fallböen ausgesetzt.
Baie d'Elbo bietet, je nach Windrichtung, noch weitere Schönwetterankerplätze, die jeder auf eigene Faust entdecken kann.

Anse de Focolara

42°22,9'N 08°35,8'E

Leider ist auch diese von Hügeln umgebene Bucht nur als Schönwetterankerplatz brauchbar. Die Ansteuerung ist frei von Gefahren, und die großen Tiefen in der Einfahrt nehmen zum Buchtinneren hin regelmäßig ab. Der Ankerplatz liegt vor einem winzigen Strand, zu erkennen an einem grauen Felsklotz, der aus dem dunklen Grün der Macchia hervorsticht. Ankern Sie 100 m vor dem Strand auf 6–10 m über stark felsigem Grund und setzen Sie für alle Fälle eine Ankerboje.

Marine d'Elbo

Golfe de Galéria

42°24,9'N 08°39,0'E Karten: EG 1006,1007

Lage und Umgebung

Hohe Felskaps begrenzen den von Bergen eingerahmten, halbmondförmigen Golf, in den der forellenreiche Fluß Fango mündet, dessen Tal sich zwischen die Gebirgsketten schiebt. Eine Fahrt mit dem Beiboot flußaufwärts wird durch ein erfrischendes Bad in den Gumpen des Flusses belohnt.
Am S-Ufer der Mündung, auf einem Felsvorsprung, steht die Ruine eines genuesischen Wachturmes, an dem ein verfallenes kleines Haus klebt. Das felsige Ufer setzt sich nach Süden fort und trennt die beiden langgestreckten, rötlich-violetten Kiesstrände voneinander.

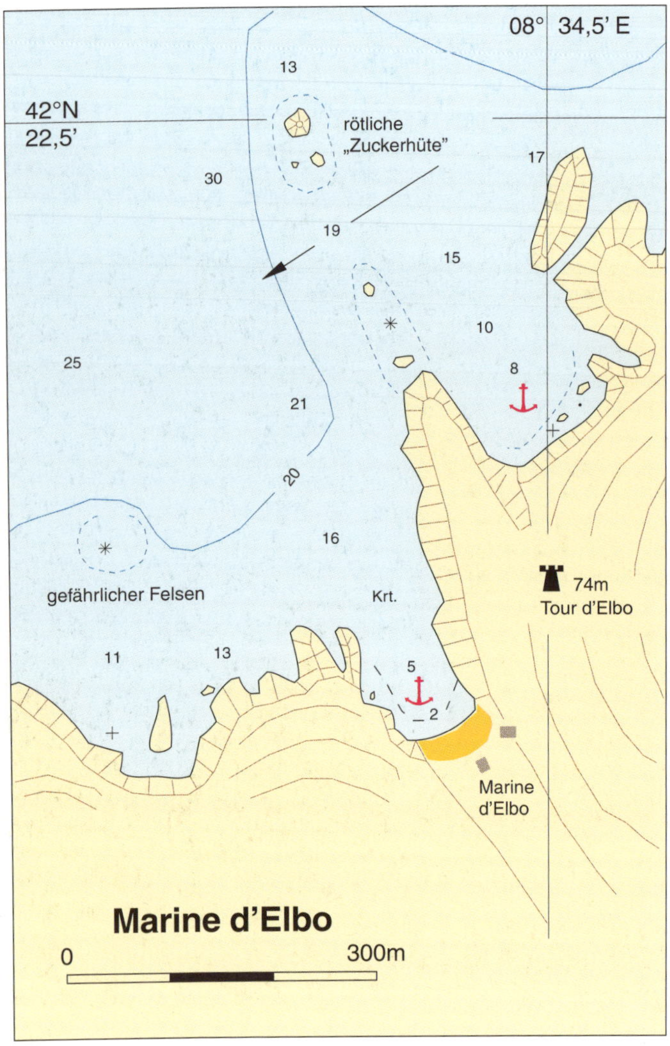

Hafen und Reede von Galéria (o.), Galéria Nordstrand (u.)

Rund um den Südstrand liegen Ferienhäuser und Hotels verteilt. Das sympathische Dorf Galéria befindet sich etwas weiter im Land.

Ansteuerung und Liegeplatz

Von Westen kommend, halten Sie sich gut von den leicht auszumachenden Récifs des Scoglietti frei, die im Umkreis von ca. 100 m von Klippen und Untiefen umlagert sind. Die Durchfahrt zwischen Scoglietti und korsischer Küste ist machbar.

Um zum Ankerplatz zu gelangen, halten Sie auf den Turm an der Fango-Mündung zu.

Achtung In der Einfahrtsmitte der S-Ausbuchtung liegt eine ausgedehnte Untiefe mit nur 1,8 m Wasser darüber, die man am besten E-lich umsteuert.

Auch das W-Einfahrtskap muß wegen einer vorgelagerten felsigen Bank im guten Abstand gerundet werden (s. Plan).

- *N-Strand* Yachten ankern meistens vor dem langen Strand N-lich der Flußmündung auf 4–8 m über Sand mit Kraut.
- *S-Strand* Besser geschützt liegt man vor dem Ort Galéria in der S-Ausbuchtung des Golfes, je nachTiefgang auf 5–6 m N-lich des Bojenfeldes, über Sandgrund.
  Ein Wellenbrecher schützt den kleinen Kai, der für die Boote der Fischer, die ihren Fang anlanden, reserviert ist. Dort lotet man zwischen 1 und 2 m.

Schutz

Der Schutz bei Libeccio ist gut, obwohl bei Starkwind Schwell auftritt. Bei allen Windstärken aus W bis NW steht Seegang in die Bucht.

Versorgung

Gute Lebensmittelgeschäfte und Restaurants im Ort (10 Minuten) und ein uriges kleines Restaurant am S-Strand, Spezialität: Langusten.

Vor dem Parkplatz E-lich des Friedhofes verläuft eine solide Slipbahn, die bis 0,8 m Wassertiefe befestigt ist. Einen weiteren Slip findet man beim Fischerkai.

In Galéria sind die Schlauchboote der Mannschaft stationiert, die über die Einhaltung der Gesetze im Naturschutzgebiet Scandola wacht.

Verkehrs- und Postverbindungen

Postamt im Ort.

Baie de Crovani: N-Ankerplatz

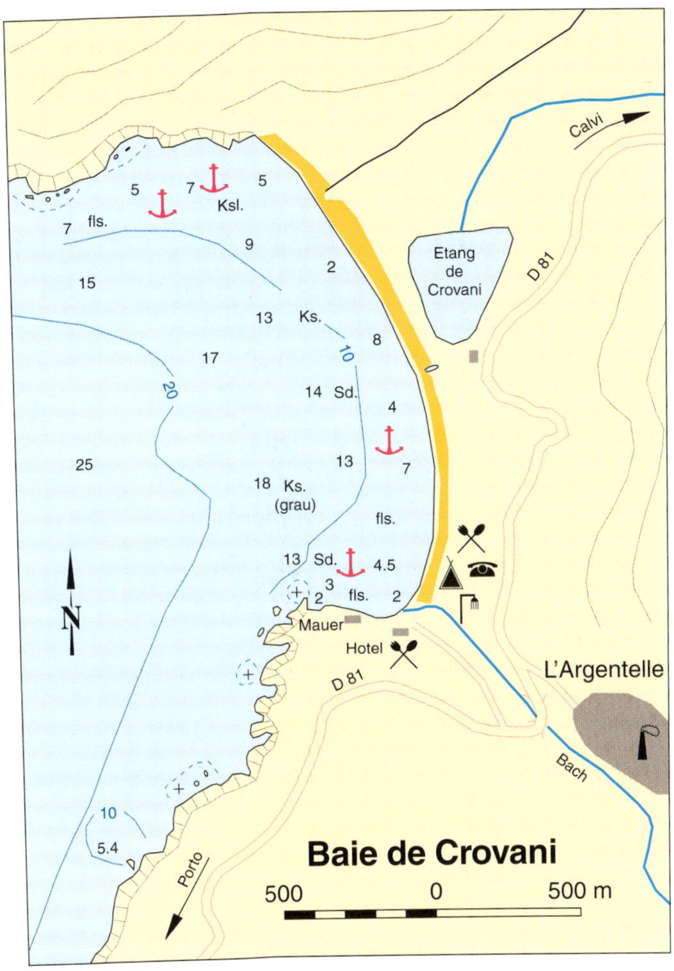

Baie de Crovani

42°28,2'N 08°40,8'E Karte: EG 1006

Lage und Umgebung

Die einladende Bucht S-lich Cap de la Morsetta ist geräumig und hat helle Felsufer mit Macchiabewuchs und einen grauvioletten Strand, der zu einer Kiesdüne ansteigt. Hinter seinem S-Ende liegt ein Campingplatz; auf Terrassen sind Kiefern angepflanzt.

Sattgrüne Vegetation bedeckt die angrenzenden Hügel; sobald sie in Berge übergehen, zeigen sie nur noch grauen Fels.

In der Ortschaft L'Argentelle, etwas landeinwärts im SE, steht der Backsteinschornstein einer stillgelegten Silbermine, der wohl bald im Grün der immer höher wachsenden Bäume verschwinden wird.

Ansteuerung und Liegeplatz

Von Norden kommend, steuert man bei glattem Wasser zwischen Cap de la Morsetta und den 500 m S-lich des Kaps liegenden Felsinseln hindurch und orientiert sich am Schornstein im SE.

Von Süden kommend, erkennt man die Lage der Bucht an einer Klosterruine gut 1 km landeinwärts im NE.

Baie de Crovani ist für Yachtfahrer deshalb so interessant, weil man, je nach Wetterlage, zwischen verschiedenen Ankermöglichkeiten wählen kann.

Baie de Nichiareto

- Weht es aus S-lichen Richtungen, fällt das Eisen vor dem S-Ende des Strandes auf 3–6 m vor dem Kieselstrand, je S-licher desto besser, über Sand und Kieselgrund, der nur mittelmäßig hält.
- Bei NE-Wind ankert man in der äußersten N-Ecke auf 5–7 m über Kieselgrund.

Baie de Crovani bietet Schutz vor Winden aus N-SE; nach W ist sie offen.

Versorgung

Lebensmittel in geringer Auswahl und nur während der Saison an der Einfahrt zum Campingplatz. Die Betreiber bewirtschaften auch eine Bar. Ein Restaurant findet man am Südstrand und ein weiteres im Bungalowhotel oberhalb des S-Ankerplatzes. WCs, Duschen am Campingplatz, Telefon im Büro des Campingplatzes, alles nur während der Saison.

Baie de Nichiareto

42°31,6'N 08°43,0'E Karte: ECM 1006

Gute 3 sm S-lich von Pta. Revellata, zwischen den flachauslaufenden, niedrigen Kaps Pta. Bianca und Pta. Guala, liegt diese ruhige, von Felsufern gesäumte Bucht mit einem steinigen, von eben überspülten Klippen gesäumten Strand im SE, an dem von Zeit zu Zeit Ziegen und Kühe anzutreffen sind. Zarter Macchiaflor überzieht das helle Gestein.

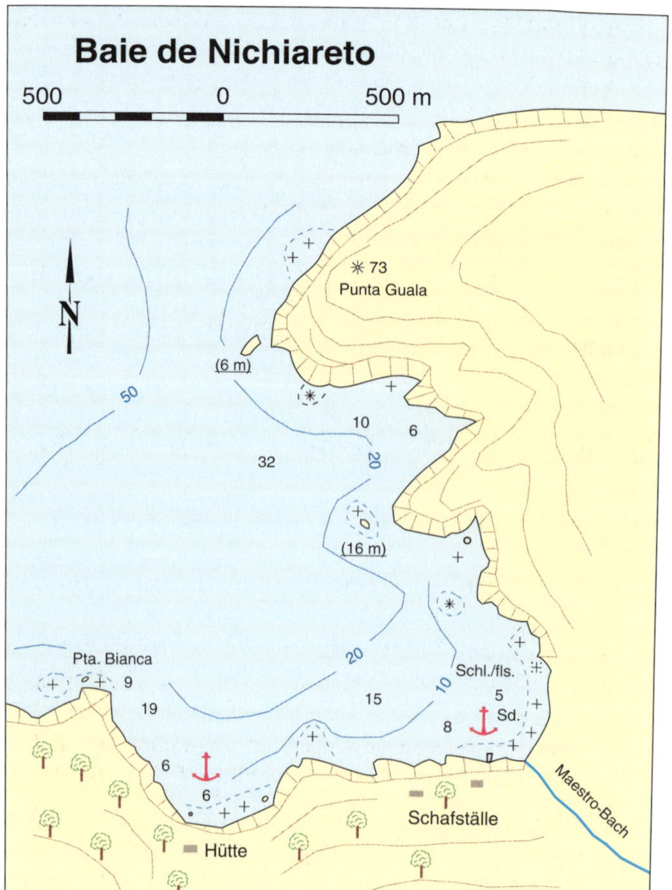

Anse Recisa, Pta. Bianca (li.), Lf. Revellata (re.)

Als Ansteuerungsmarke bietet sich das S-lich gelegene hohe und steile Cap Cavallo mit dem alten Semaphor an.

- Ankern Sie vor dem steinigen Strand auf 5–10 m über felsigem Schlickgrund, zum Teil mit Krautbewuchs; nur im SE-lichsten Zipfel finden Sie Sandgrund.
- In der kleinen Ausbuchtung gleich E-lich Pta. Bianca fällt der Anker auf ca. 8 m, ebenfalls über Felsgrund mit Kraut, der mittelmäßigen Halt gibt.
  Der Schutz bei SW- über S- bis NE-Wind ist brauchbar, wobei man bei Libeccio E-lich Pta. Bianca besser dran ist. Bei Mistral ist Baie de Nichiareto unbrauchbar.

Ankerplätze Revellata-Westseite

42°33,7'N 08°43,0'E (Pta. Ricci) Karte: ECM 1006

In den verwitterten hellen Steilufern dieses Küstenabschnitts öffnen sich in kurzen Abständen vier Schönwetterankerplätze:

- *Anse d'Agro* Dieser schmale, tiefe Einschnitt ist landschaftlich besonders interessant wegen der originellen weißlichen Riesenhinkelsteine am N-Ufer, die alle auf einen Bildhauer zu warten scheinen, und wegen der windgepeitschten, kargen Vegetation. Hier finden nur wenige Yachten Platz. Die Straße führt oberhalb der Bucht vorbei. Leider ist hoch über dem N-Ufer eine Müllverbrennungsanlage in Betrieb.
  Halten Sie sich gut in der Mitte der schmalen Einfahrt, denn am S-Ufer liegen Unterwasserklippen, die man aber bei der Klarheit des Wassers gut erkennen kann. Im letzten Winkel breiten sich Überwasserfelsen vom S-Ufer zur Mitte hin aus. Ankern Sie auf 5–10 m auf Sandgrund mit Krautbewuchs, der gut hält (s. Plan).

- *Anse Recisa* Hier können Sie, Schönwetter vorausgesetzt, auf 5–10 m ankern.
  Achtung Etwa 550 m SSE-lich von Pta. Ricci liegt eine überspülte Klippe, die schlecht auszumachen ist.

- *Seehundgrotte* (Grotte des Veaux-Marins) N-lich von Pta. Ricci gräbt sich eine kleine Bucht in das ausgefranste steile Ufer, vor dem zwei winzige Felsinseln liegen. Bei wirklich ruhiger See kann man hier auf 11–15 m ankern, um mit dem Beiboot zur Grotte des Veaux-Marins vorzudringen, die wegen der schönen Lichteffekte sehenswert ist.

- *Porto Vecchio* Zerklüftete hohe Steilwände bilden die eindrucksvolle Kulisse dieses Ankerplatzes. An der S-Seite der Einfahrt liegen, gut sichtbar, zwei Felsinselchen (16 m und 5,7 m hoch).
  Von Westen kommend, ist die Ansteuerung ohne Gefahren. Ankern Sie auf 4–6 m über felsigem Grund mit Krautbewuchs. Der Schutz ist gut von Nord bis Ost.
  Auch von hier kann man im Beiboot zur Grotte des Veaux-Marins gelangen.

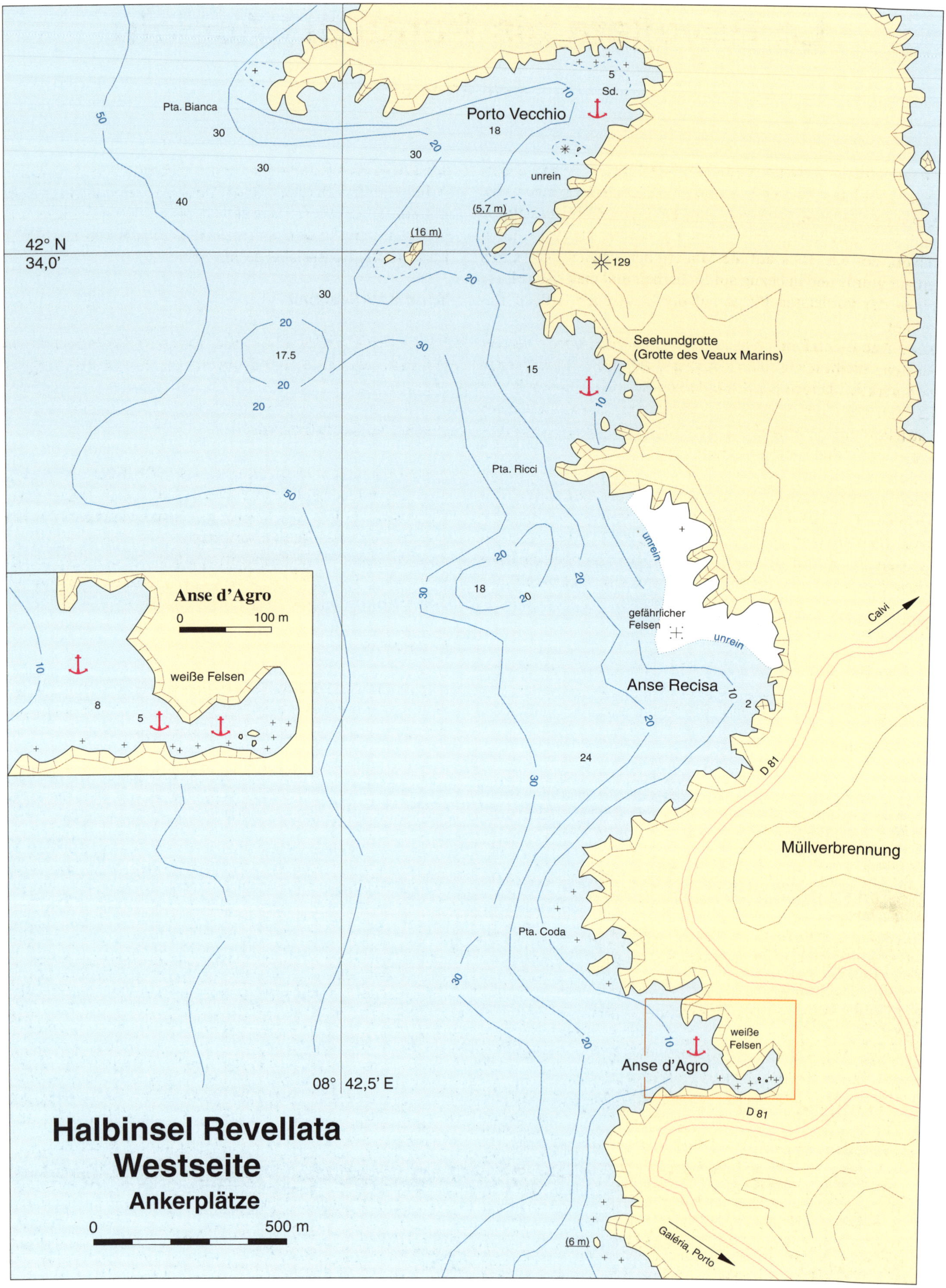
Pta. Bianca
50
30
30
30
20
40
42° N
34,0'
Porto Vecchio
18
5
Sd.
10
unrein
(5,7 m)
(16 m)
129
20
30
20
17.5
20
20
30
Seehundgrotte
(Grotte des Veaux Marins)
15
10
Pta. Ricci
50
unrein
20
18
20
30
20
gefährlicher
Felsen
unrein
Calvi
Anse Recisa
10
2
20
24
30
D 81
Müllverbrennung
Pta. Coda
30
20
10
weiße
Felsen
Anse d'Agro
D 81
08° 42,5' E
Anse d'Agro
0
100 m
10
weiße Felsen
8
5
Halbinsel Revellata
Westseite
Ankerplätze
0
500 m
(6 m)
Galéria, Porto

La Revellata bis Punta di l'Acciolu

Karte: EG 1006

Die mächtige, verwitterte Revellata-Halbinsel, deren Leuchtfeuer bei klarem Wetter 21 sm weit reicht, schützt den von Bergen eingerahmten, weiträumigen Golf von Calvi vor West- und Südwestwinden. Am meisten profitiert der Yachthafen davon, der mit Blick auf die Mauern der Zitadelle von Calvi erbaut wurde und in bezug auf Sicherheit und malerische Lage einen der vordersten Plätze auf der korsischen Hitliste einnimmt.

Die Küste E-lich Pointe Spano (Espano) vor den Bergketten der Balagne bleibt felsig und stark gegliedert; sie wird nur selten von wirklich langen Sandstränden unterbrochen, wie z.B. vor der beliebten Sommerfrische Algajola mit dem romantischen alten Fort oder in Anse de Parajola vor dem dichten Binsengürtel an der Mündung des Ostriconi.

Geschützte Buchten sind hier Mangelware; man muß sich mit dem Yachthafen Sant'Ambrogio, der zu einer auffälligen Feriensiedlung auf dem gleichnamigen Kap gehört, oder mit dem benachbarten kleinen Fischerhafen Port de San Damiano begnügen. Im Fährhafen von Ile Rousse ist ein Sportboothafen eingerichtet worden, der allerdings nicht sehr geräumig ist.

Gefahren

1,5 sm NW-lich der Ortschaft Algajola liegt die gefährliche, ausgedehnte Klippenbank Danger de l'Algajola; sie ist mit einer schwarz-rot-schwarzen Bake mit 2 Bällen im Topp und einer schwarz-gelben Leuchttonne mit Nordtoppzeichen markiert. N-lich Pointe Vallitone reichen Untiefen, deren äußeres Ende mit nur 0,8 m Wasser bedeckt ist, bis zu 500 m weit in See. Nachts werden beide Gefahren vom grünen Sektor des Feuers La Pietra/Ile Rousse abgedeckt.

Wind und Seegang

Die vorherrschenden Winde sind West bis NW. Bei Starkwinden aus diesen Richtungen kommt gefährlich hoher Seegang auf.

Reglementierte Gebiete

Tauch- und Fischverbot besteht an der NW-Küste der Revellata-Halbinsel. Ankern und Trawlen sind im Gebiet der Unterwasserkabel N-lich der Zitadelle von Calvi sowie an der W-Küste von Ile Sicota (Ile Rousse) untersagt.

Ankern ist in der Hafeneinfahrt von Calvi und auf der Reede verboten (s. Plan S. 183). N-lich von Ile Rousse sind Fischen und Tanken nicht gestattet.

Funkortung

Das Flugfunkfeuer Calvi–Ste. Cathérine an der NE-Seite des Golfes von Calvi (Aero RC; CV –·–· ···– 404 kHz; A1A; 35 sm, Dauersendung) hilft beim Ansteuern.

La Revellata

LA REVELLATA
bis
PUNTA di l'ACCIOLU
0
5 sm
Dev. 0°35' (2004), jährl. Änderung: 5' E
08° 50,0' E
42° N 40,0'
Punta di l'Acciolu
auffällig
107
Mt. Orlando
St. Florent
Anse de Parajola
Plage de Lozari
12 s 12 M
12 s 15M
D 81
Feriendorf
Corte – Bastia
N 197
Pte. de Lozari
Pte. de Saleccia
St. de Suallelli
205
La Pietra
Fl. (3) W G 12 s 14/11 M 64 m
Ile Rousse
Croix St. Angelo
259
auffällig
TV
521
Muro
Kabel
50
Pte. Vallitone
Marine de Davia
Baie de Fornello
Algajola
Algajola
Pte. Damiano
Port Damiano
Q 6 m
Danger de l'Algajola
Sant' Ambrogio
Ile Rousse, la Pietra
12 s 15 M
12 M
347
Set. Capo de Bestia
803
Aero RC
Calvi Ste. Cathérine
CV - · - · · - · - -
404 kHz, A1A
35 sm, Dauersendung
Ruine
Pte. Spano
N 197
Calvi Citadelle
8 M 6 s
Golfe de la Revellata
Oc. (2) G 6 s 8 M 30 m
Q. G 8 M 10 m
Calvi
Calvi
Pta. Revellata
Fl. (2) 10 s 24 M 97m
Fl. G 4 s
Punta di l'Oscelluccia
STARESO
D 81
Porto

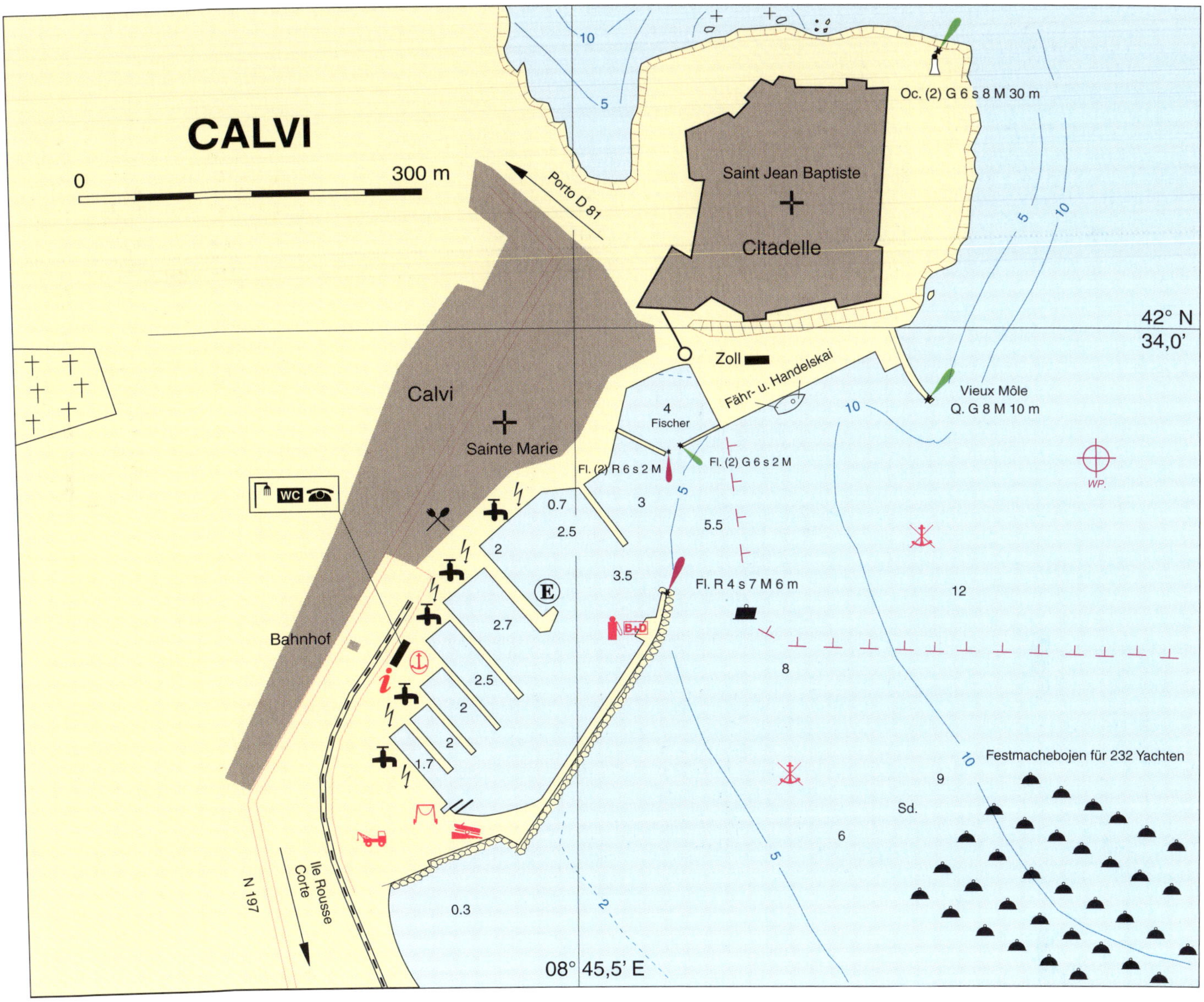

Semaphore

Die Signalstation Ile Rousse, SW-lich der Ortschaft, hört tagsüber auf UKW-Kanal 16, 10 und 70 (DSC).

Löschflugzeuge

Bei Waldbränden fliegen die Löschflugzeuge den Golf von Calvi an, um Wasser zu tanken.

Entfernungen von Calvi in sm

Galéria	14
Girolata	24
Porto	27
Ajaccio	58
Sant'Ambrogio	5
Ile Rousse	10,5
St. Florent	30
Nizza/Frankreich	98
San Remo/Italien	90

Golfe de la Revellata

42°33,9'N 08°43,7'E Karte: EG 1006

An der E-Flanke der Revellata-Halbinsel lädt diese Bucht in Form eines Dreiecks zu kurzem Aufenthalt vor unbewohnten Felsufern ein.
Ankern Sie vor dem Strand im Scheitel des Golfes auf 8 m oder weniger über Sandgrund.
Sehr angenehm liegt man auch N-lich des weit vorspringenden, niedrigen Kaps Punta di l'Oscelluccia auf 6–10 m über Felsgrund mit Krautbewuchs, brauchbar geschützt bei SW-Wind.
Der befeuerte kleine Privathafen, der sich in einer von ausgefransten Felsen umgebenen Bucht zu Füßen des Leuchtturmes von Revellata an die Steilküste kauert, dient ausschließlich den Schiffen von STARESO, einer Forschungsstation der Universität Lüttich, die sich mit Meeresbiologie beschäftigt.
Wer in dieser Bucht ankern will, muß 200 m Distanz vom Hafen halten.

Calvi

Calvi

42°33,94'N 08°45,75'E WP Karte: EG 1006

Lage und Umgebung

Im SSW des von Bergen umgebenen Golfe de Calvi, vor den Cafés und Boutiquen der palmengesäumten Uferpromenade zu Füßen der mächtigen Zitadelle, liegt der geschützte und gut funktionierende Yachthafen „Xavier Colonna". Die Altstadt mit ihren schmalen verwinkelten Gassen und unterschiedlichsten Lokalen sorgt für das unvergleichliche Ambiente.
SE-lich davon schließt ein beinahe 4 km langer Traumstrand an, hinter dem herrliche alte Schirmpinien wachsen.
Calvi ist beliebter Anlaufhafen für Yachten, die vom französischen Festland herübersegeln (kürzeste Entfernung).

Ansteuerung

Am Tage Von Westen kommend, hat man folgende Ansteuerungshilfen: das hohe Felskap Pta. Revellata (mit viereckigem weißen Leuchtturm mit schwarzer Spitze, ebensolchen Ecken und einem Sendemast), die hinter dem Kap liegende Gebirgskette des Mte. Cinto und S-lich davon der charakteristische Gipfel der Paglia Orba mit dem fast senkrecht abstürzenden Nordhang.
Nach dem Runden von Pta. Revellata taucht die mauergegürtete Zitadelle, umgeben von den Häusern der Altstadt von Calvi, auf.
Achtung Pointe Spano, das E-Einfahrtskap zum Golfe de Calvi, muß man in gutem Abstand runden wegen des vorgelagerten, niedrigen Felsinselchens Ile de Spano und der unbeleuchteten, felsigen Untiefe, mit nur 1,8 m Wasser bedeckt, 250 m SSW-lich der kleinen Insel.
Bei Nacht Folgende Feuer helfen bei der Ansteuerung: Punta Revellata; das Molenfeuer des Privathafens der Universität Lüttich an der NE-Seite der Revellata-Halbinsel; der Leuchtturm NE-lich der Zitadelle, das Hafenfeuer Vieux Môle sowie die Molenfeuer des Yachthafens.

Liegeplatz

Im Yachthafen liegt man an Stegen, die mit Grundgeschirr ausgestattet sind. Anmeldung am ersten Steg.
Reede Ankern vor dem Hafen ist nicht gestattet, doch finden 232 Boote im Bojenfeld einer Privatfirma von Juni bis Ende September einen gebührenpflichtigen Platz (s. Plan).
Anmeldung unter Tel. 0495654222 oder auf UKW-Kanal 8.

Calvi-Reede

Schutz

Der Yachthafen gewährt guten Schutz bei allen Windrichtungen. Nur bei NE-Wind (Tramontana) steht Schwell herein. *Baie d'Algajo*, SE-lich von Pta. Spano, ist brauchbar bei NE-Wind.

Behörden

Capitainerie (s. Plan), Tel. 0495651060, Fax 0495651513, vom Ausland 0033/4/95 usw. Zoll und Affaires Maritimes am Fährkai.

Versorgung

Wasser und Strom an den Liegeplätzen. Im Sommer ist Wasser knapp. WCs und Duschen im Gebäude der Capitainerie, Müllentsorgung daneben. Wetterbericht hängt in der Capitainerie aus.
Tankstelle an der Mole des Hauptwellenbrechers. Motor- und Schiffsreparaturen werden von verschiedenen Firmen ausgeführt. Mehrere Ausrüsterläden. Slipbahn, Mobilkran 3 t, Travellift 50 t. Container zur Mülltrennung, Altöl- und Schmutzwasserentsorgung.

Gute Lebensmittelgeschäfte in der Altstadt, nahe beim Hafen. Cafés und Restaurants am Hafen und überall in der Stadt. Banken in der Unterstadt. Internetcafé u.a. in der Zitadelle.

Verkehrs- und Postverbindungen

Postamt in der Unterstadt. Telefon im Hafen.Taxis, Autoverleih, Autobusse. Bahn nach Ile Rousse, Ajaccio, Bastia. Touristeninformation neben der Capitainerie.
Fähren nach Nizza, Marseille, Toulon, San Remo.

Funkkommunikation

Der Hafenkapitän hört während der Dienstzeit auf UKW-Kanal 9.

Tourismus

Amüsant ist eine Bahnfahrt mit dem „feurigen Elias" zu einigen Badestränden oder weiter nach Algajola. Herrlichen Ausblick auf Stadt, Golf und Berge genießt man von der Kapelle Madonna della Serra, erreichbar von der N 199 (6 km insgesamt). Eine Autofahrt zu denWeingärten der fruchtbaren Balagne und zum Dorf Calenzana am Fuße des Monte Grosso, das berühmt ist für Honig und Wein, lohnt sich; ebenso ein Spaziergang durch die Altstadt von Calvi mit Besichtigung der Zitadelle.

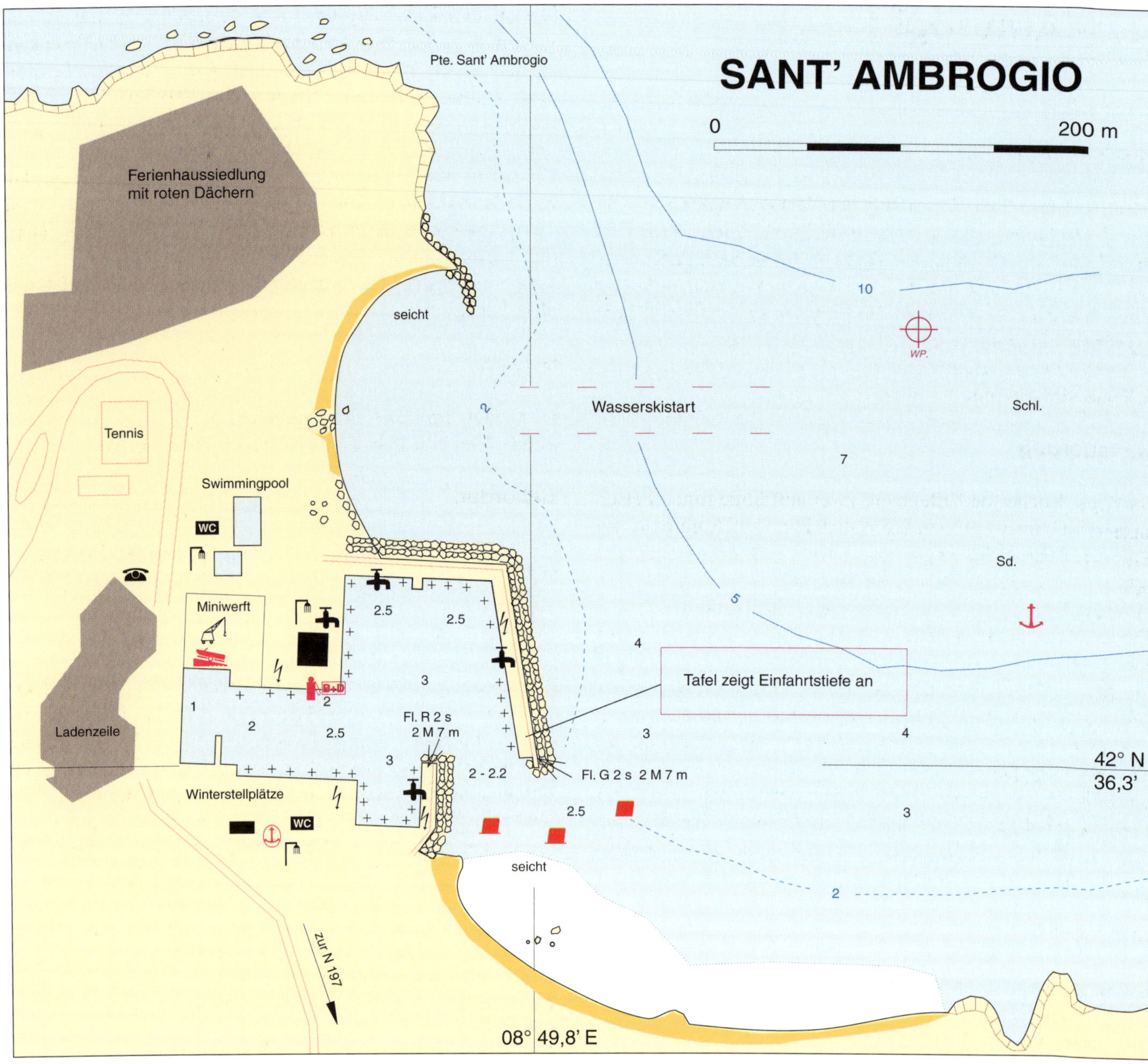

Der Yachthafen Sant'Ambrogio

Sant'Ambrogio

42°36,3'N 08°49,8'E Karte: EG 1006

Lage und Umgebung

Gut 4 sm NE-lich von Calvi liegt der Yachthafen des Yachting Club Sant'Ambrogio vor einer auffälligen Feriensiedlung an der E-Seite des niedrigen Felskaps Punta di Sant'Ambrogio. Die Atmosphäre ist dort sehr freundlich, die Marina im Sommer immer gut besucht, und man muß rechtzeitig am Nachmittag eintreffen, um noch ein Plätzchen zu erhaschen.
Ferienhäuser und Bungalows aller Größen werden auf dem Gelände verkauft und vermietet.

Ansteuerung

Am Tage Rocher de l'Eléphant, zwei auffällige runde Felsen hinter dem Ufer, ca. 0,5 sm WSW-lich Pte. Sant'Ambrogio, die Häuser der Feriensiedlung rund um die Bucht und vor allem die kleinen weißen Häuser mit rotem Dach direkt auf dem Kap, die zu einem Clubhotel gehören, sind gute Landmarken.
Bei NE-Wind ist das Einlaufen nicht möglich, da sich die See vor der Einfahrt bricht.
Bei Nacht Die Molenköpfe sind befeuert, doch von einer Nachteinsteuerung in den Hafen raten wir dringend ab. Ankern Sie dann lieber E-lich des grünen Feuers auf 6–8 m, wie auf dem Plan angegeben.
Beachten Sie die felsige Untiefe Danger de l'Algajola, sie liegt 1,5 sm NNE-lich des Hafens und ist teilweise mit nur 0,8 m Wasser bedeckt, wie der Plan auf S. 182 zeigt. Lesen Sie auch bei *Gefahren* auf S. 181 nach.

Liegeplatz

Die Hafeneinfahrt ist höchstens 30 m breit, an der S-Seite ist sie durch rote Bojen begrenzt. Achten Sie auch auf die Startbahn für Wasserskiläufer N-lich der Einfahrt (s. Plan).
Der Einfahrtskanal neigt stark zum Versanden. Einmal pro Jahr wird er auf 2,5 m ausgebaggert. Die aktuelle Tiefe ist meistens an einer Tafel auf dem Wellenbrecher abzulesen. Man kann sie auch vorher telefonisch erfragen (Tel. 0495607088), erfahrungsgemäß liegt sie näher an 2 m. Yachten mit 2 m Tiefgang und mehr haben kaum eine Chance, hier einzulaufen.
Platzzuweisung erfolgt durch den Hafenmeister. Die Liegeplätze sind mit Grundgeschirr ausgestattet. Im Sommer werden die Gastplätze knapp, da die Boote der Bewohner der Ferienhäuser hier liegen.
Reede E-lich des Wellenbrechers, vor dem S-Strand auf 4–6 m über Sandgrund.

Schutz

Der Schutz im Hafen ist ausgezeichnet.
Reede Von NW über N bis NE ist die Reede offen.

Behörden

Capitainerie, Tel: 0495607088, vom Ausland 0033/4/95 usw.
Zoll in Calvi

Versorgung

Wasser und Strom an den Liegeplätzen; WCs und Duschen.
Tankstelle am Kai (während der Saison). Bisher war es üblich, auch wenn man nur zum Tanken und Wasserbunkern in die Marina einlief, daß Liegegeld für einen Tag kassiert wurde, als Zuschuß zu den Baggerkosten zur Freihaltung der Einfahrt.
Slipbahn, Mobilkran bis 25 t, Überwinterung an Land. Die kleine Werft führt allerlei Reparaturarbeiten aus. Schiffsausrüster während der Saison.
Aushang des Wetterberichtes beim Hafenmeister.
Gut sortiertes Einkaufszentrum, Restaurants und Bars, Eisverkauf, Waschmaschinen, Telefon, Autovermietung bei der Tankstelle, alles nur während der Saison.
Taxis. Schwimmbad, Tennisplätze, Kinderspielplatz, Tauchclub.

Fischerhafen San Damiano

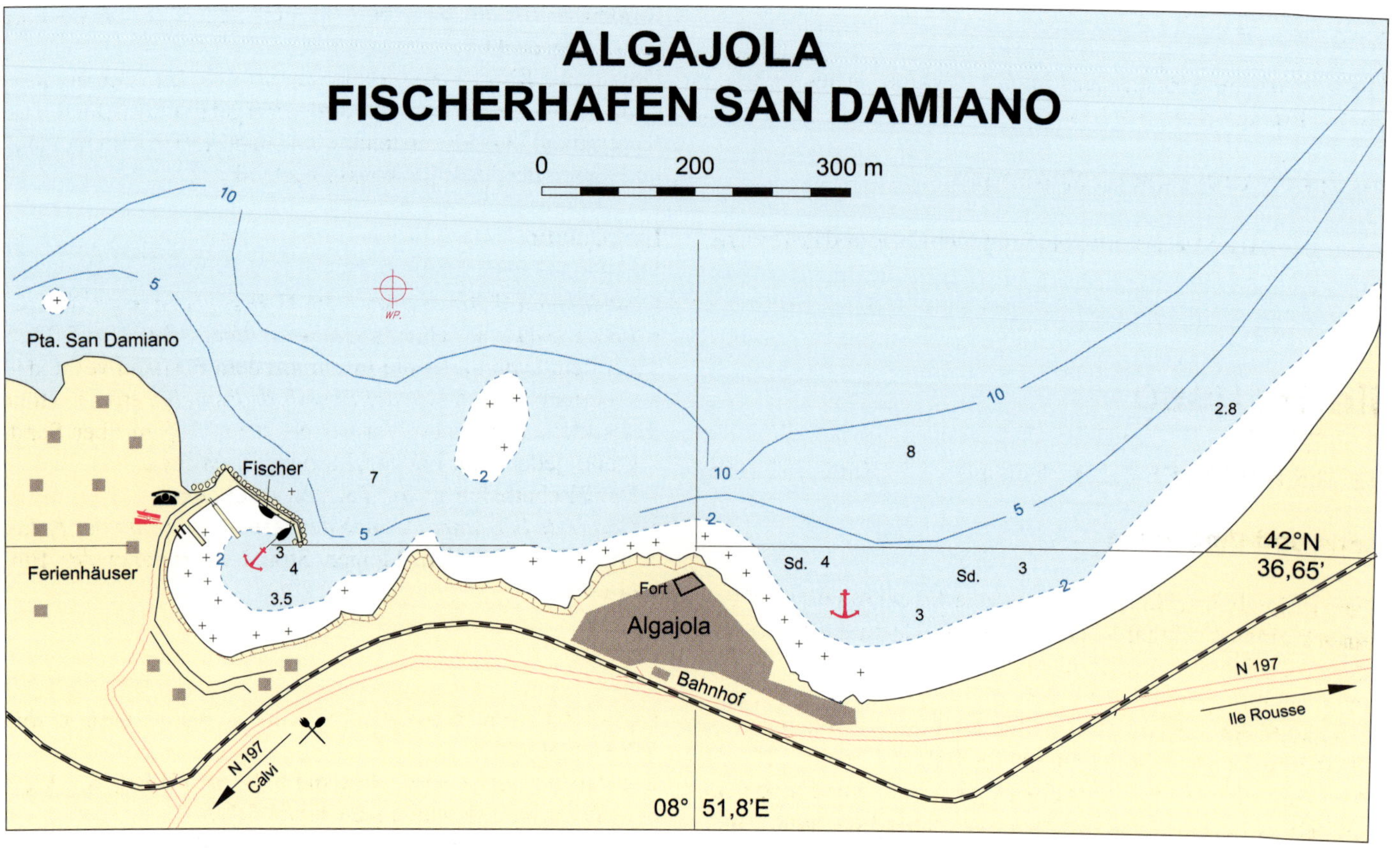

Fischerhafen San Damiano

42°36,85'N 08°51,42'E WP Karte: EG 1006

Lage und Umgebung

Der kleine Fischerhafen an der E-Seite des felsigen Kaps San Damiano, 600 m W-lich des Städtchens Algajola, liegt zwar in schöner Umgebung, ist aber für Yachten nicht sehr hilfreich. Algajola hat sich aus der idyllischen Altstadt mit dem trutzigen Fort entwickelt und ist wegen des feinkörnigen, langen Sandstrandes, der nach NE ausschwingt, zu einem beliebten Ferienziel geworden.

Ansteuerung

Am Tage Der weiße Glockenturm des Klosters Corbara am W-lichen Abhang der Cima di Sant'Angelo, die Zitadelle von Algajola mit ihren mächtigen Mauern und dem viereckigen Turm sowie der schlanke Glockenturm der Kirche und ein langgestrecktes helles Haus mit Bogenarkaden am ausgedehnten Strand E-lich des Ortes sind brauchbare Ansteuerungsmarken.

Bei Nacht Keine Befeuerung.

Von Westen kommend, ist die Untiefe Danger de l'Algajola 1,1 sm NW-lich Pta. San Damiano zu beachten (s. *Gefahren* S. 181). Auch Pta. San Damiano muß man wegen Unterwasserfelsen in weitem Abstand runden, bis man mit Kurs SW in den Hafen einlaufen kann.

Von Osten kommend, muß man die Untiefen, die N-lich Pta. Vallitone bis zu 500 m weit in See ragen und am äußeren Ende nur mit 0,8 m Wasser bedeckt sind, meiden. Nachts werden sie, wie auch Danger de l'Algajola, durch den grünen Sektor des Leuchtfeuers La Pietra/Ile Rousse abgedeckt.

Direkt NE-lich der Hafeneinfahrt liegen Überwasserklippen.

Liegeplatz

Für Yachten ist nur der äußere Teil des Wellenbrecherkais zum Festmachen geeignet. Obwohl dort satte Tiefen sind, legt man besser mit dem Bug zum Kai an, da die Steinschüttung etwa 2 m weit vorspringt.

Reede E-lich der Festung von Algajola auf 4 m über Sandgrund. Nur bei ruhigem Wetter.

Baie de Fornello, Marine de Davia In die beiden Buchten S-lich Punta Vallitone, Fornello und Davia, muß man vorsichtig auf der Mittelachse des jeweiligen Einschnitts mit Kurs ENE einsteuern, um den Felsen auszuweichen.

Ankern Sie auf 4–8 m über Sand mit Krautbewuchs.

Schutz

Gut bei Libeccio, es setzt jedoch, wie bei allen W-lichen Winden, Schwell herein. Bei allen N-lichen Windrichtungen Hafen sofort verlassen. NE-Wind steht in die Einfahrt.

Reede Der Strand von Algajola ist von W über N bis NE offen.

Baie de Fornello und *Marine de Davia* sind brauchbar bei NE-Wind. Kein Schutz bei Libeccio (SW) und Mistral (NW).

Versorgung

Lebensmittel und Restaurants im Ort Algajola. Alles weitere im Yachthafen Sant' Ambrogio.

Verkehrs- und Postverbindungen

Postamt in Algajola; Bahnverbindung nach Calvi und Ile Rousse.

Ile Rousse

42°38,5'N 08°56,5'E (Lf. Molenkopf) Karte: EG 1006

Lage und Umgebung

Der emsige Fähr-, Handels- und Fischerhafen ist nach SW um einen kleinen Yachthafen, der offiziell als Schutzhafen („Port-abri") bezeichnet wird, bereichert worden. Leider ist er nicht allzu geräumig und bietet auch nicht den perfekten yachthafenmäßigen Service. Auch das nüchterne Ambiente des Fährhafens trägt nicht unbedingt zur Behaglichkeit bei.
Die bizarre Felsinsel Ile de la Pietra, deren rötliche Farbe dem Ort seinen Namen verliehen hat, trägt einen Leuchtturm und schützt alle Hafenanlagen gegen Seegang aus West. Sie ist mit einer weiteren Insel, Ile Sicota, und dem Festland durch einen Damm verbunden.

Ansteuerung

Am Tage Auf dem Kamm der ausgefransten, 60 m hohen Insel La Pietra stehen der viereckige weiße Leuchtturm mit grüner Spitze und weißem Gebäude sowie ein Genueserturm. SW-lich der Insel, landeinwärts, sieht man einen Semaphor und einen Radiomast auf den Abhängen eines 154 m hohen Hügels.
Auch Croix de Sant'Angelo auf dem 562 m hohen Berg, 2,3 sm SW-lich landeinwärts, ist auffällig.
Bei Nacht Das Feuer auf La Pietra ist eine wichtige Ansteuerungshilfe. Auch der Molenkopf im Fährhafen ist befeuert.
Achtung VonWesten kommend, sind Danger de l'Algajola und die Untiefen vor Punta Vallitone zu beachten. Nachts werden diese Gefahren vom grünen Sektor des Feuers La Pietra abgedeckt.
Überspülte Klippen liegen 100 m SE-lich der kleinen Insel Piana, die Ile de la Pietra im Norden vorgelagert ist. Die felsige Klippenbank Puntella erstreckt sich knapp 150 m vor einer Huk im Norden der Stadt Ile Rousse nach NE.

Liegeplatz

- *Yachthafen* Plätze werden vom Hafenkapitän angewiesen.
- *Reede* S-lich des Hafens auf 3–6 m über Schlick und Sand, vor dem Damm, der die Inseln mit dem Festland verbindet.
- Alternativ dazu *S-lich der Ecueils de Puntella,* etwa in Höhe des kleinen Anlegers vor der Stadt auf 3–5 m über Sandgrund, jedoch nur bei absolut ruhigem Wetter.
  Der Fischerhafen ist für Yachten strikt tabu.
- *Crique de la Branca,* W-lich des Hafens, hier fällt der Anker auf 5–8 m vor dem kleinen Strand im Inneren des Einschnitts.

Schutz

Da sich der Yachthafen nach Süden öffnet, bleibt man dort vom Schwell verschont.
Die Reede ist offen gegen Ost und NE, auch Winde aus West und SW verursachen unangenehmen Schwell.
Bei NE- und E-Winden ist Crique de la Branca der richtige Platz.

Versorgung

Wasser und Strom, Duschen und WCs im Container, Tankstelle (jeder dieser Dienste zu unterschiedlich festgesetzten Zeiten). Eisverkauf in der Capitainerie. Kräne, Slipbahn.
Gebührenfreier Aufenthalt während 2 Stunden.
Cafés und Restaurants am Fährhafen. Motorreparaturen, gute Lebensmittelgeschäfte und mehrere Restaurants in der Stadt. Bank am Place Paoli.

Behörden

Capitainerie im Sportboothafen. Tel. und Fax 0495602651, vom Ausland 0033/4/95 usw. Zoll (s. Plan).

Ile Rousse: Yacht- und Fischerhafen

Ile Rousse: Yachthafen und Reede (o.), Leuchtturm La Pietra (u.)

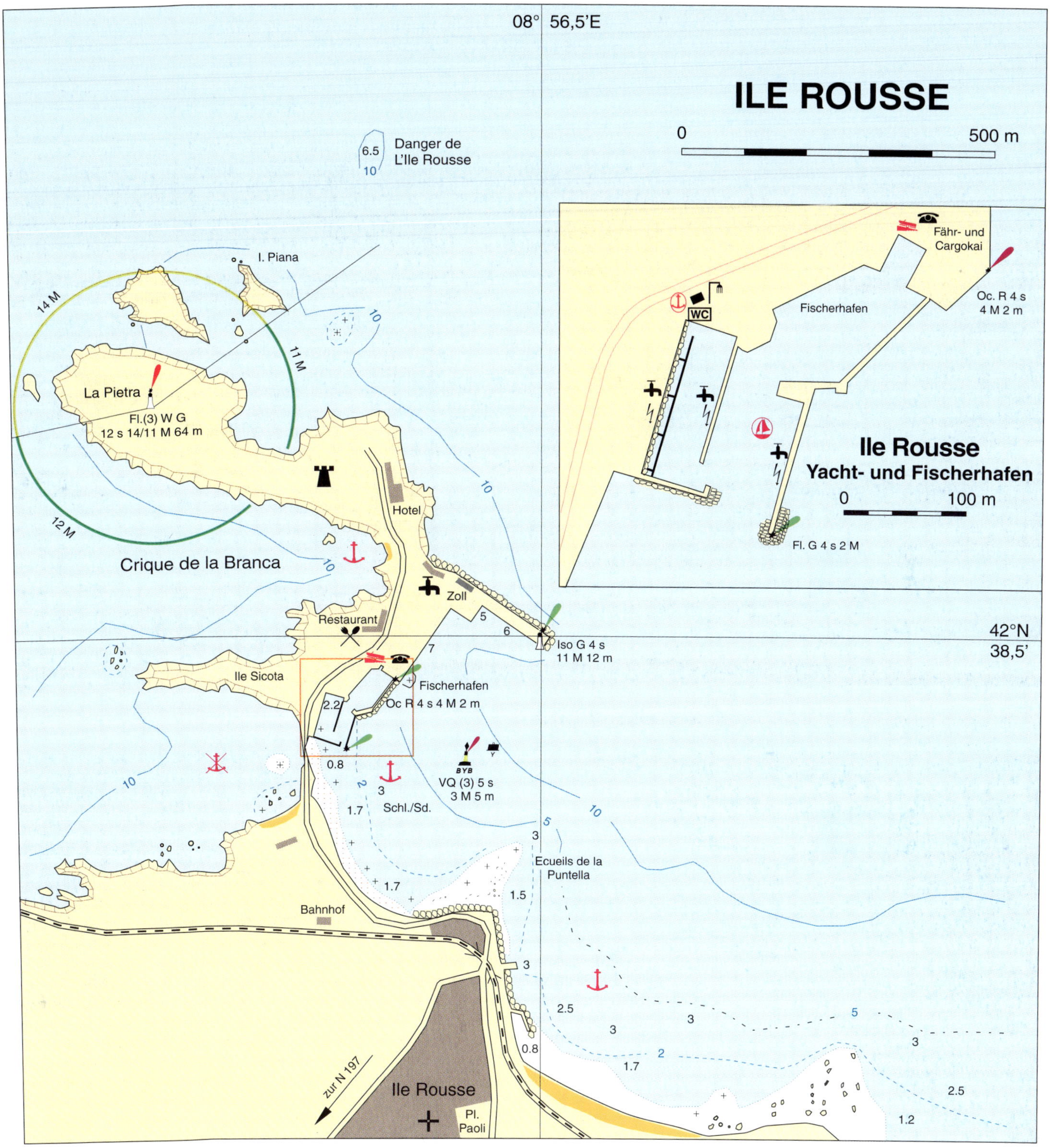

Verkehrs- und Postverbindungen

Kartentelefon im Yachthafen, Post im Ort. Autovermietung am Place Paoli. Eisenbahn nach Calvi, Bastia, Ajaccio. Fährverkehr nach Nizza (kürzeste Entfernung Korsika – Frankreich).

Funkkommunikation

Der Hafenkapitän des Yachthafens hört zur Dienstzeit auf UKW-Kanal 9.

Tourismus

Ein Spaziergang durch die Straßen der Stadt Ile Rousse; das Zentrum liegt 1 km vom Hafen entfernt.

Ankerplatz Parajola

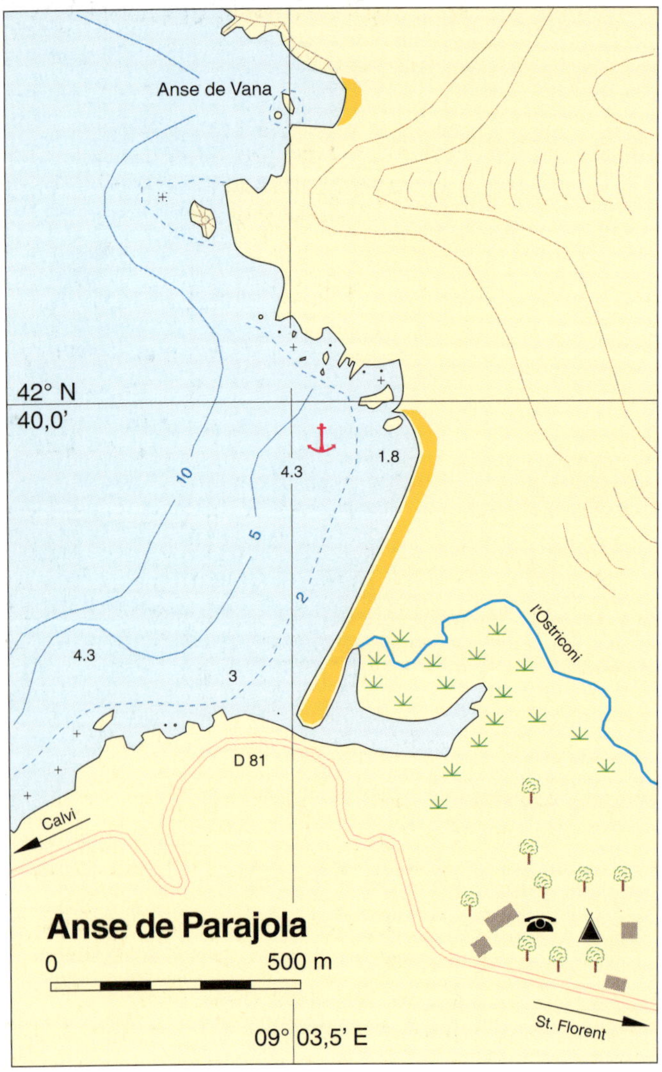

Strandbuchten E-lich von Ile Rousse

Karte: EG 1006

Lozari 42°38,6'N 09°00,7'E

3,5 sm E-lich von Ile Rousse, vor dem Fischerdorf Lozari, erstreckt sich ein schöner Strand, an dessen E-lichem Ende eine bedeutende Feriensiedlung entstanden ist. Auf dem W-Kap Punta di Lozari steht ein verfallener Wachturm.
Ankern Sie auf 3–5 m vor dem Strand auf hellem Sandgrund. Der Platz ist offen nach N bis W.
Versorgen kann man sich in Lozari oder in der Feriensiedlung.
Achtung N-lich Pta. Lozari reichen Untiefen bis 150 m in See.

Anse de Parajola 42°39,8'N 09°03,5'E

6 sm E-lich von Ile Rousse flankieren Felshügel den 800 m langen, einmalig schönen Sandstrand, hinter dem der Fluß Ostriconi einen von dichten Binsen umstandenen Strandsee bildet, bevor er am S-Ende der Bucht ins Meer mündet.
Ankern Sie am besten vor dem N-Ende des Strandes auf 3–5-m über sanft ansteigendem Sandgrund.
Kein Schutz bei allen W-lichen Windrichtungen.
Tagsüber herrscht reger Badebetrieb. Interessant ist es, das Flußdelta auf schmalen Pfaden und über Brücken zu Fuß zu erkunden. So gelangt man auch zum Campingplatz mit Restaurant, Lebensmittelgeschäft und Telefon.

Désert des Agriates

Karte: EG 1006

Zwischen Punta di l'Acciolu im Westen und Punta Mortella im Osten, in ursprünglicher Umgebung, jedoch ohne Versorgungsmöglichkeiten, liegen die Schönwetterankerplätze von Désert des Agriates, einer wasserlosen Landschaft aus nacktem Fels, von spärlicher Macchia bedeckt, deren höchste Erhebung, Monte Genova (421 m), im SSE aufragt. Steile, ausgezackte Felskaps begrenzen mehrere unbewohnte Buchten mit hübschen kleinen Stränden und klarem Wasser, von Land nur über abenteuerliche Holperpisten mit vierradgetriebenen Fahrzeugen zu erreichen. Leider bietet keine von ihnen Schutz bei Schlechtwetter, daher muß man beim geringsten Anzeichen von Seegang ankerauf gehen nach Ile Rousse oder St. Florent, je nach Entfernung und Windrichtung.

Übrigens: Désert des Agriates ist besonders gut für Nauticamping (Schlauchboot mit Außenborder und Zelt) geeignet.

Bei Nacht Beim Umsteuern dieses Küstenabschnitts richtet man sich nach den Feuern La Pietra/Ile Rousse – im weißen Sektor entgeht man allen Gefahren – sowie Pta. Mortella.

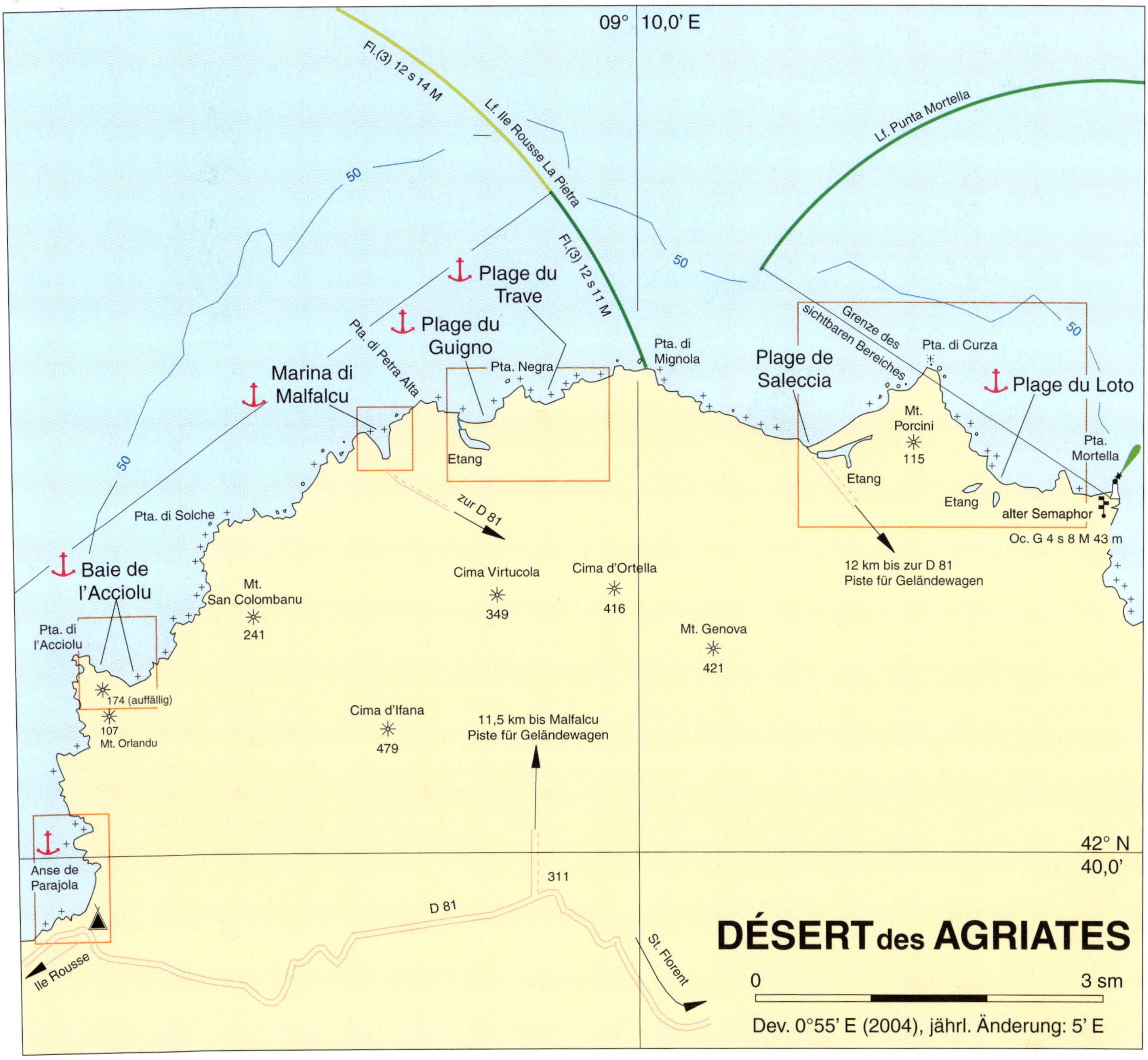

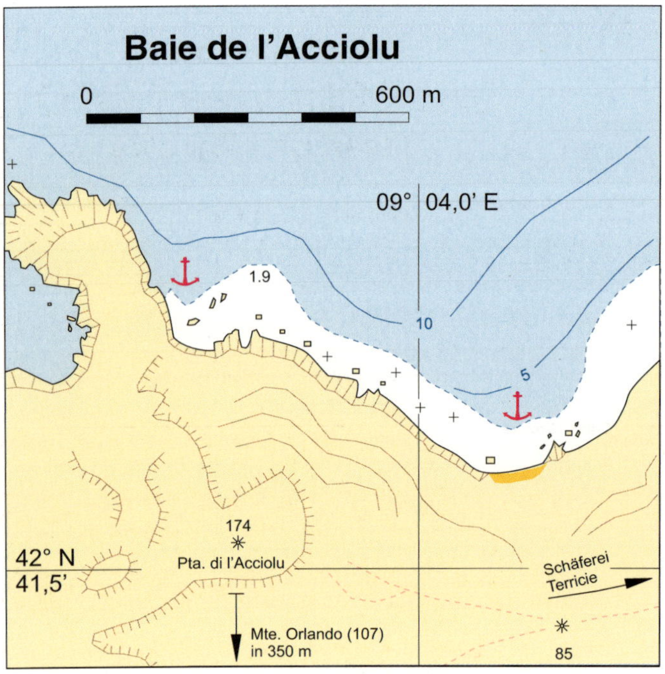

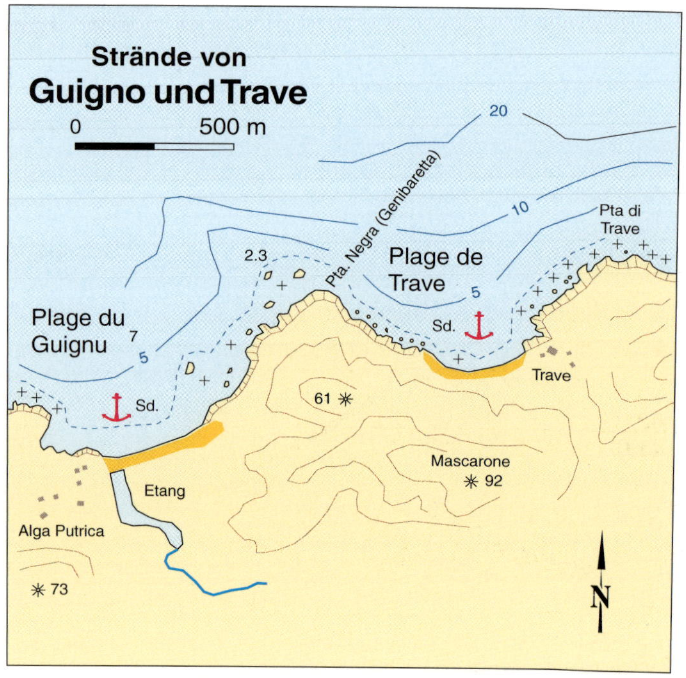

Baie de l'Acciolu

42°41,9'N 09°03,5'E (Pta. di l'Acciolu)

SE-lich des zerklüfteten, weit vorspringenden Felskaps Punta di l'Acciolu ankern Sie entweder unterhalb des Steilufers auf 10 m über felsigem Grund oder in der klippenfreien Ausbuchtung vor einem kleinen Strand und macchiabedeckter Umgebung auf 3–5 m über hellem Sand (s. Plan). Beide Plätze bieten Schutz bei SW-Wind.
Das spornartige, aus hellem Fels bestehende Kap und der etwas weiter im Land liegende 174 m hohe Hügel sind sehr auffällig.

Marina di Malfalcu

42°43,5'N 09°07,0'E

Dieser Mini-Fjord ist aufgrund seiner Form und Lage der verhältnismäßig bestgeschützte Platz in diesem attraktiven Abschnitt, obwohl auch hier mit Wind und Seegang aus WSW und ENE nicht zu spaßen ist.
Ankern Sie auf 6 m über Sandgrund. Nur Boote mit Tiefgang von 0,6 m und weniger dürfen ins Innere des Fjords vordringen.

Marina di Malfalcu

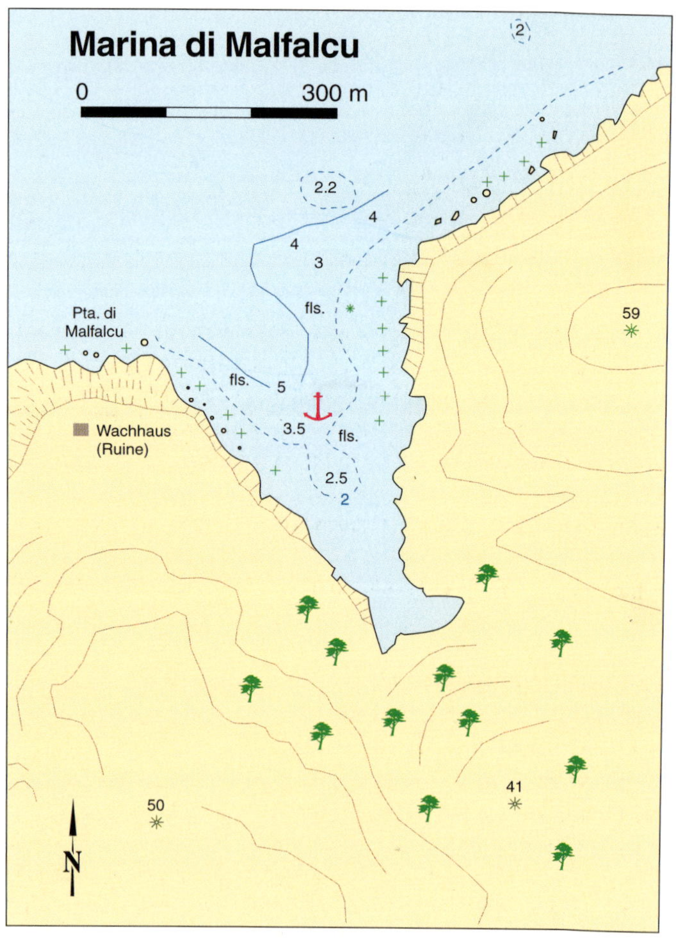

Strände von Guignu und Trave

44°08,0'N 09°08,6'E (Pta. Negra)

Zu beiden Seiten von Punta Negra (Genibaretta) liegen hübsche kleine Strandbuchten.
Plage de Guignu Von Westen ist die Ansteuerung ohne Gefahren. Von Osten kommend, muß man gut von den Felsen vor

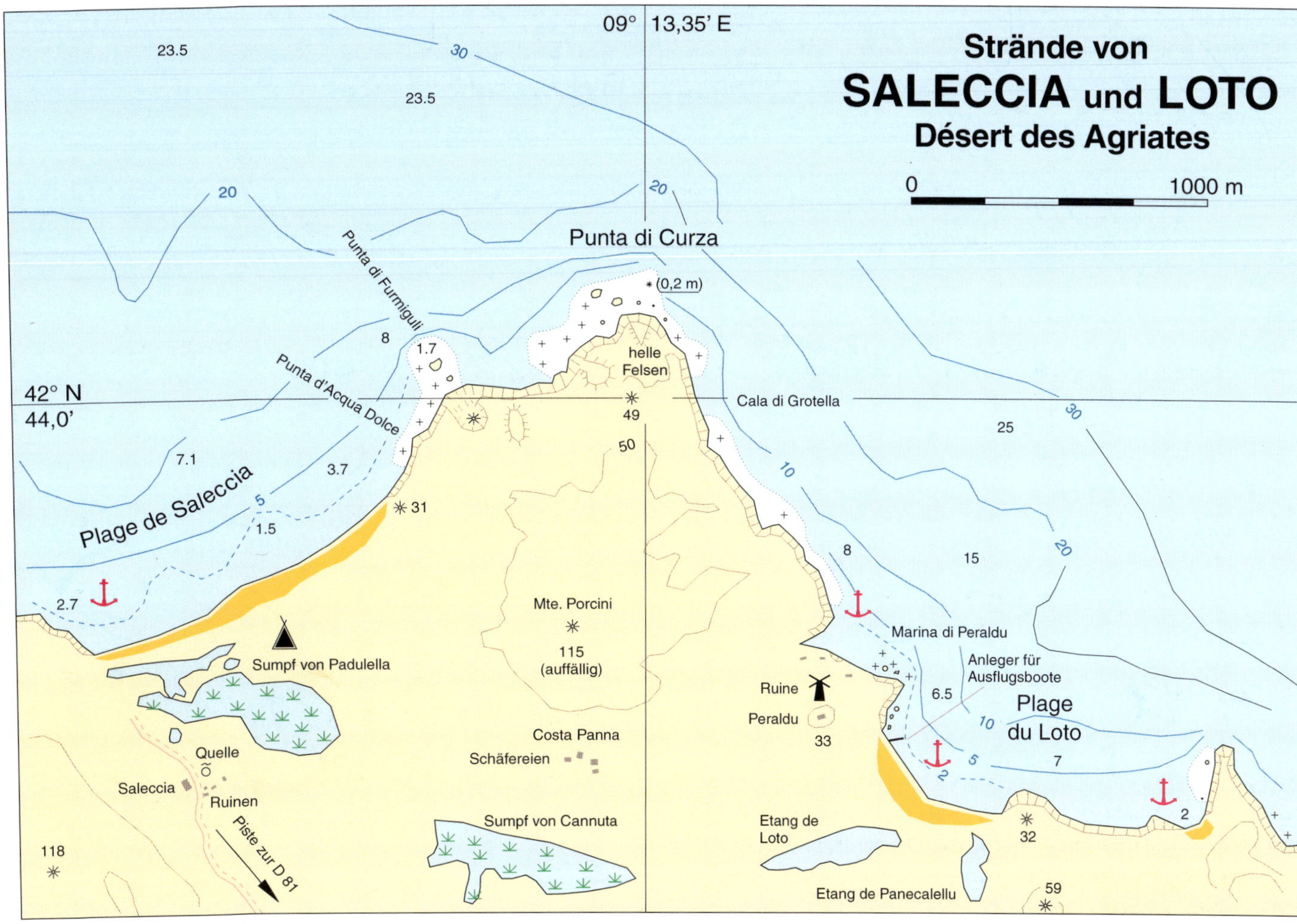

Punta Negra und der SW-lich anschließenden Küste freihalten. Der Anker fällt auf 5 m über gut haltendem Sandgrund.

Plage de Trave Am E-Ende des Strandes liegen die Hütten des Weilers Trave. Halten Sie Abstand von den felsigen Ufern der Bucht und ankern Sie auf ca. 5 m über hellem, gut haltendem Sandgrund.

Beide Plätze sind den vorherrschenden Winden ausgesetzt.

Strände von Saleccia und Loto

42°44,2'N 09°13,4'E (Pta. di Curza)

E-lich und W-lich des auffällig hellen, nach Norden vorspringenden Kaps Punta di Curza findet man schöne Kurzzeitankermöglichkeiten vor weißen Stränden.

Plage de Saleccia Strandkiefern und dichte Macchia verschönern den einladenden Strand, hinter dessen S-Ende der Saleccia-Bach einen von Schilf und Sumpfgebieten umgebenen Etang bildet. Touristen und Einheimische besuchen diesen hübschen Platz gerne, von See und auch von Land, obwohl die Piste, die sich von der Hauptstraße zur Bucht hinunterwindet, nicht gerade einfach zu bewältigen ist. Außerdem steht Plage de Saleccia auf dem Programm der Ausflugsboote.

Von St. Florent kommend, halten Sie gut von den Riffs und Klippen um die Kaps Curza, Furmiguli und d'Acqua Dolce frei. Ankern Sie auf 4–6 m über gut haltendem Sandgrund.

Ein paar Gehminuten vom Strand liegen der Weiler Saleccia und ein Campingplatz.

Plage du Loto Etwa ¾ sm SE-lich Punta di Curza trennt ein langes Felsufer zwei Strände voneinander. Vor beiden ankert man auf 4–5 m über Sandgrund. Der weiße Sand und das Grün der wunderschönen Umgebung locken Wanderer und Mountainbike-Fahrer sowie die Ausflugsboote aus St. Florent an.

NW-lich von hier, in der Einfahrt zur *Marina di Peraldu,* hat man auf 3–4 m über felsigem Grund mit Krautbewuchs eine weitere Ankermöglichkeit.

Beide Plätze bieten Schutz bei mäßigem W-Wind. Nach Norden sind sie offen. Guter Schutz bei Libeccio.

Plage du Loto

Kapitel III
NE-Sardinien

Karten: D 499; I 42, 325, 324, 323, 322

Die Küste NE-Sardiniens ist steil und felsig, mit vorgelagerten Klippen und Inseln, markanten, weit vorspringenden Kaps und tiefeinschneidenden, fjordartigen Buchten. Wild und bizarr, wie ihre grauen und rötlichen Granitformen, sind auch die im Lande aufragenden ausgezackten Hügelkämme und Berggipfel der Gallura, kaum halb so hoch wie die Gletscherriesen Korsikas, aber nicht minder eindrucksvoll von See.

Die Gallura war immer ein Hirtenland mit einzelnen Gehöften und Schafherden, mageren Weiden und Korkeichenwäldern, die unfruchtbare Landschaft an der Küste wurde nicht genutzt. In den sechziger Jahren kaufte Karim Aga Khan die für die Hirten ziemlich wertlosen 55 Küstenkilometer zwischen Capo Ferro und Golfo di Cugnana auf und schuf das Ferienparadies Costa Smeralda. Villen und Hotels im neosardischen Stil fügen sich harmonisch in die zerklüftete Urlandschaft ein, keinesfalls sollten die Anlagen die wildromantische Ursprünglichkeit zerstören.

Vorbildliche Yachthäfen kamen hinzu: Über kaum einen wurde soviel geredet und berichtet wie über Porto Cervo. Auch wenn es sich um eine künstlich geschaffene Ferienidylle handelt, die einer besonders zahlungskräftigen Schicht vorbehalten ist und deren „Dörfer“ außerhalb der Saison an Geisterstädte erinnen, sollten wir uns dennoch freuen, daß in diesem Urlaubsgebiet mit dem werbeträchtigen Namen, den es dem smaragdgrünen Meerwasser verdankt, hochmoderne Ansprüche verwirklicht wurden, ohne der Umwelt allzu großen Schaden anzutun. Häßliche Hotelstädte, verschmutzte Strände und chemieverseuchte Gewässer gibt es im übrigen Mittelmeer zur Genüge.

Vom verwitterten Granitkegel Capo Testa im Westen, dem „Wächter“ der „Straße von Bonifacio“, bis zum 500 m hohen, langgestreckten Kalkrücken Isola Tavolara vor dem Golf von Olbia im SE reicht die Küste NE-Sardiniens: stabile sommerliche Wetterbedingungen, wildromantische Landschaft, vielseitige Ziele und sichere Ankerplätze auf kleinen Distanzen. Die gemütlichen Inseln des La Maddalena-Archipels, die in einem Naturpark liegen, und die Nähe Korsikas bereichern das Revier erheblich.

Die Bucht Romazzino bei Punta Capaccia

Klippen vor den Küsten und in den Fahrwassern sowie der Schiffsverkehr und die Naturgegebenheiten in der Straße von Bonifacio erfordern große Aufmerksamkeit beim Navigieren, doch man wird vielfach entschädigt durch einladende Buchten, kristallklares Wasser, lebhafte Hafenstädte, gut funktionierende Gemeindehäfen und gepflegte Marinas.

Gefahren

Alle Gefahren werden bei den Detailbeschreibungen der Häfen und Ankerbuchten aufgeführt.

Wind und Strom

NE-Sardinien und der Maddalena-Archipel sind ein ideales sommerliches Segelrevier, da die starken Winde aus W-lichen Richtungen von den sardischen Gebirgsmassiven und den Inseln des Archipels gebremst werden, und damit auch der Seegang.
Die Hauptwindrichtungen im Sommer sind West und SW (Libeccio), manchmal weht auch ein starker, ziemlich warmer SSE-Wind (Sirocco) bei blauem, aber etwas diesigem Himmel. Besonders bei Libeccio fegen starke Fallböen aus den Tälern zwischen Bergen und Hügeln und reißen unter Umständen die Anker aus dem Grund.
Thermische Brisen, die durch den Temperaturunterschied zwischen Land und Wasser entstehen, sollte man nicht außer acht lassen. Die Tagesbrise erhebt sich etwa um 10 Uhr, sie kommt aus Ost, dreht aber bald auf SE und kann Stärken von Bft. 4–5 erreichen; gegen Abend schläft sie ein und wird von der Landbrise abgelöst, die wesentlich schwächer weht und den Duft der Macchia zu den Ankerplätzen trägt.
Der Strom setzt in Richtung des Windes. Zwischen den Inseln wird er durch die verschiedenen Küstenverläufe abgelenkt.

Militärische Übungs- und Sperrgebiete

Übungsgebiete liegen W-lich von Capo Testa; im Bereich der W-lichen und E-lichen Ansteuerung der Straße von Bonifacio; im Ansteuerungsbereich von Isola La Maddalena und N-lich vom Golfo di Congianus.
Sperrgebiete liegen bei Isola Asinara (N-Sardinien); bei Porto Torres Ölverladeplatz; in einem schmalen Küstenstreifen um Pta. Rossa (I. Caprera) und im NE-Teil der Isola Tavolara.

Funkortung

Ein Seefunkfeuer ist auf Capo Ferro installiert:
(RC; CF —•—• ••—• 291 kHz; A1A; 100 sm).

Semaphore

Die Signalstation Guardia Vecchia/Isola La Maddalena regelt zusammen mit Pertusato/Korsika den Verkehr in der Straße von Bonifacio. Die Besatzung hört auf UKW-Kanal 10, 16 und 70 (DSC), Ruf: La Maddalena Traffic, Dienstzeit H 24.
Die Station auf Capo Figari zeigt nur Starkwind- und Sturmwarnsignale.

Oldtimer vor Punta Sardegna

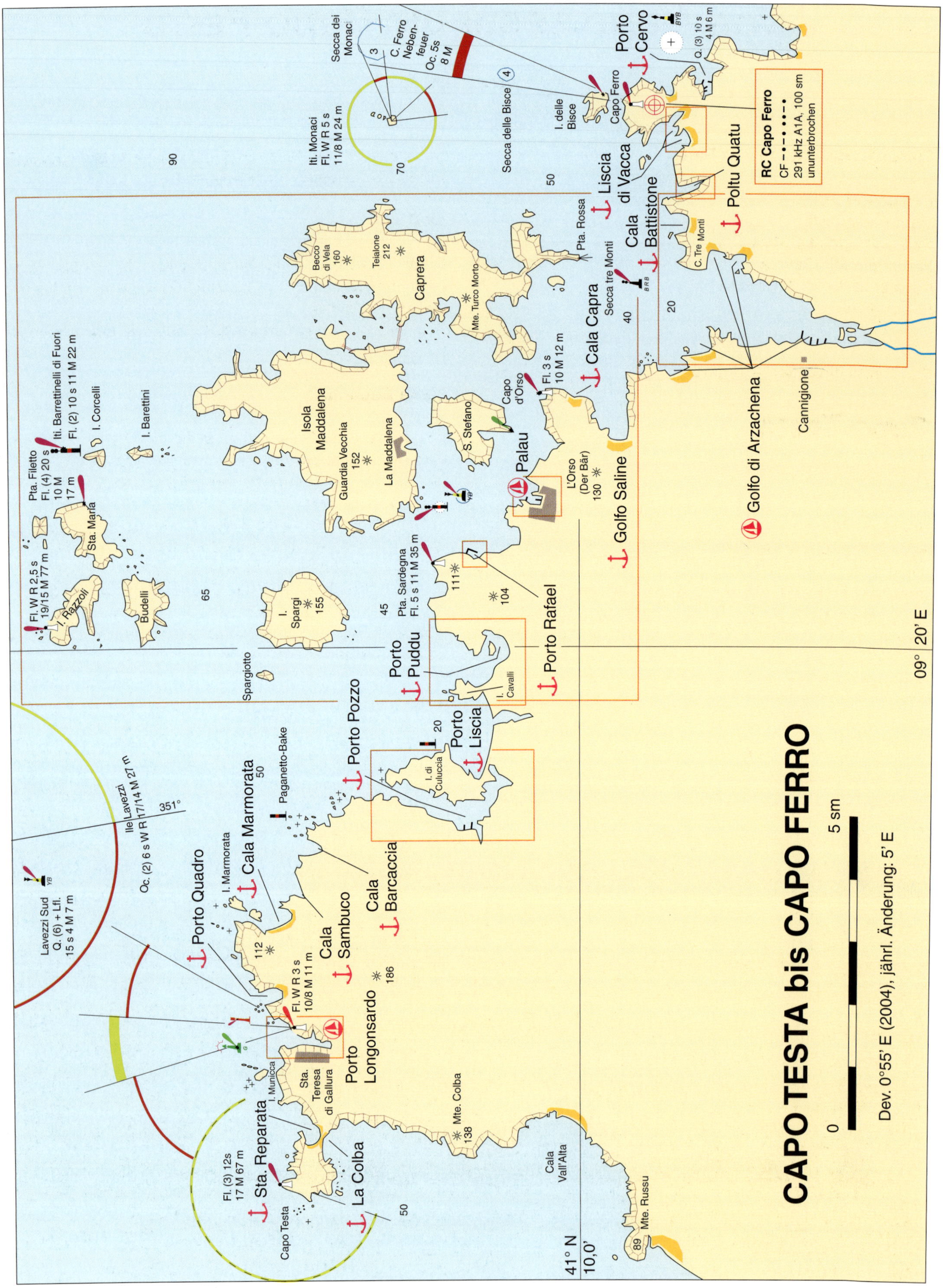
CAPO TESTA bis CAPO FERRO
0
5 sm
Dev. 0°55' E (2004), jährl. Änderung: 5' E
RC Capo Ferro
291 kHz A1A, 100 sm
ununterbrochen
Capo Testa
Sta. Reparata
La Colba
Fl. (3) 12s
17 M 67 m
I. Municca
Sta. Teresa di Gallura
Porto Longonsardo
Fl. W R 3 s
10/8 M 11 m
Porto Quadro
Cala Sambuco
Cala Barcaccia
Cala Marmorata
I. Marmorata
Paganetto-Bake
Porto Pozzo
I. di Culuccia
Porto Liscia
Porto Puddu
I. Cavalli
Porto Rafael
Pta. Sardegna
Fl. 5 s 11 M 35 m
Mte. Colba
Cala Vall'Alta
Mte. Russu
Lavezzi Sud
Q. (6) + Lfl.
15 s 4 M 7 m
Ile Lavezzi
Oc. (2) 6 s W R 17/14 M 27 m
351°
Fl. W R 2,5 s
19/15 M 77 m
I. Razzoli
Budelli
Sta. Maria
Pta. Filetto
Fl. (4) 20 s
10 M
17 m
Iti. Barrettinelli di Fuori
Fl. (2) 10 s 11 M 22 m
I. Corcelli
I. Barettini
Spargiotto
I. Spargi
Isola Maddalena
Guardia Vecchia
La Maddalena
S. Stefano
Capo d'Orso
Fl. 3 s
10 M 12 m
Palau
L'Orso
(Der Bär)
Golfo Saline
Cala Capra
Caprera
Mte. Turco Morto
Teialone
Becco di Vela
Iti. Monaci
Fl. W R 5 s
11/8 M 24 m
Secca dei Monaci
C. Ferro
Neben-
feuer
Oc. 5s
8 M
Secca delle Bisce
I. delle Bisce
Capo Ferro
Pta. Rossa
Liscia di Vacca
Cala Battistone
Secca tre Monti
C. Tre Monti
Poltu Quatu
Porto Cervo
Q. (3) 10 s
4 M 6 m
Golfo di Arzachena
Cannigione
41° N
10,0'
09° 20' E

Von Capo Testa bis Capo Ferro

Karten: I 325, 324

Entfernungen in sm von Palau

Bonifacio/Korsika	18,0
Sta. Teresa Gallura	13,0
Cala Gavetta/I. La Maddalena	2,0
Porto Palma/I. Caprera	4,0
Cannigione/G. di Arzachena	7,5
Poltu Quatu	7,0
Porto Cervo	11,0
Sta. Teresa di Gallura – Bonifacio	10,0

Capo Testa

41°14,6'N 09°08,7'E (Leuchtfeuer) Karte: I 325

Am SW-Eingang zur Straße von Bonifacio ragt der gezackte Kamm des Capo Testa empor. Über- und Unterwasserklippen umgeben die von Wasser und Wind zerfurchten hellen, felsigen Steilufer. Das weitreichende Feuer steht am NW-Ende.
Eine flache Landenge, über die eine Straße führt, verbindet das Kap mit Sardinien. Südlich und nördlich davon, sozusagen Rücken an Rücken, liegen zwei interessante Ankerbuchten, die mit vielen Ferienhäusern bebaut sind.

La Colba

In der S-lichen der beiden Buchten ankern Sie vor dem Strand auf 5 m über Kraut oder näher zum Ufer des Kaps auf 3 m über hellem Sandgrund.
Kein Schutz bei Winden aus SW. Fallböen und Schwell bei NW-Wind.

Santa Reparata

Die weiträumige Strandbucht an der N-Seite der Landenge wird im NW von einem zangenförmigen Kap aus abgerundeten Granitblöcken geschützt, vor dem gefährliche Untiefen und Klippen liegen.
Achtung Wenn Sie die Bucht von Osten kommend ansteuern, dürfen Sie nicht zu nahe an die Insel Municca und die W-lich anschließende Küste heranfahren.

- Ankern Sie, falls Sie Platz finden, S-lich dieser Klippen auf 3–4 m über Sandgrund, der stellenweise mit Kraut bewachsen ist und gut hält. Achten Sie beim Ansteuern auf die Leinen des Bojenfeldes im W-Teil der Bucht.

Ankerbucht Santa Reparata

Die Buchten La Colba (li.) und Santa Reparata (re.) bei Capo Testa

Der Schutz ist hervorragend außer bei N- und NE-Wind. Bei NW-Wind wird der Schwell von den Felsen zurückgeworfen. Wegen der Fallböen, die bei Mistral und auch bei N-Wind auftreten, ist eine Leine zum Land ratsam.

- Man kann auch vor der Landenge auf 4–5 m ankern.
  Auf der Landenge gibt es eine Surf- und Schlauchbootbasis, eine Segelschule und Restaurants. Einkaufsmöglichkeiten findet man im Fischerdorf W-lich davon.

Im Gegensatz zu den Ankerplätzen im Maddalena-Archipel oder an der Costa Smeralda sind die Buchten um Capo Testa nicht so stark frequentiert.
Santa Reparata ist der richtige Platz, um nachts die Feuer, die den Verkehr in der Straße von Bonifacio regeln (Pertusato, Lavezzi, Razzoli etc.), zu beobachten. Ein Lehrstück, das keine Seefahrtschule bieten kann.

Angeln in Santa Reparata

Porto Longonsardo

(Santa Teresa di Gallura)

41°14,65'N 09°12,0'E (Lf. Pta. Corvo) Karte: I 325

Lage und Umgebung

Wie ein Fjord schneidet der Golf von Longonsardo zwischen hohen Felsufern ein. Den Turm Torre Longonsardo und die Häuser des auf einem Plateau erbauten Städtchens Santa Teresa di Gallura (mit Glockenturm) stehen an der W-Seite. Das E-Ufer ist geprägt von Felslandschaft und Macchia, in der sich Ferienhäuser verbergen.
Im Inneren des Fjords, an der W-Seite, legen die Korsika-Fähren und die Boote der Fischer und Korallentaucher an. Im Anschluß daran und gegenüber, in der großzügig ausgebauten Santa Teresa-Marina, finden Yachten Platz.
Durch das hohe Portal hinter dem S-Ende des Marinabeckens gelangt man zu der von Boutiquen, Bistros und Geschäften aller Art eingerahmten Piazza del Chiostro, an die der Club Il Porto mit Thermen, Swimmingpool, Wellness-Center und Bar anschließt.

Ansteuerung

Am Tage Die Gebäude der Stadt und der Turm Torre Longonsardo sind auffällig, wogegen der kleine weiße Leuchtturm am Fuße des E-Einfahrtskaps Punta Corvo im Chaos der rosig angehauchten Hinkelsteine auf den ersten Blick schwer auszumachen ist. Felsige Untiefen liegen zu beiden Seiten der Einfahrt.
Fahren Sie zwischen roter und grüner Ansteuerungstonne hindurch, um allen Gefahren aus demWeg zu gehen. Zeitweise setzt Strömung mit 2–3 kn quer zur Einfahrt.
Im Inneren des Fjordes bleibt wenig oder kein Raum zum Manövrieren, wenn gerade die Korsika-Fähre an- oder ablegt; sie benötigt die gesamte Fjordbreite.
Bei Nacht Nachts hält man sich an den weißen Sektor des Leuchtfeuers auf Pta. Corvo und orientiert sich dann an den

Porto Longonsardo: In der Santa Teresa-Marina

Richtfeuern des Fährhafens, die man auf dem Kurs rw. 196,5° in Linie hat (s. Plan).
Achtung Der nur unzuverlässig befeuerte Schwimmschlengel S-lich des Fährkais reicht sehr weit ins Fahrwasser (s. Plan).

Liegeplatz

Santa Teresa-Marina Die Liegeplätze an den verschiedenen Stegen weist der Hafenmeister an. Muringleinen liegen aus.

Die Fähre aus Bonifacio läuft ein

Achtung An den Köpfen der Schwimmstege verlaufen die Ketten der Schlengelverankerung dicht unter der Wasseroberfläche über Kreuz.

Lega Navale Italiana Unmittelbar NE-lich an die Santa Teresa-Marina schließen die Anlegemöglichkeiten einer Wassersportvereinigung an.

Im Club Il Porto

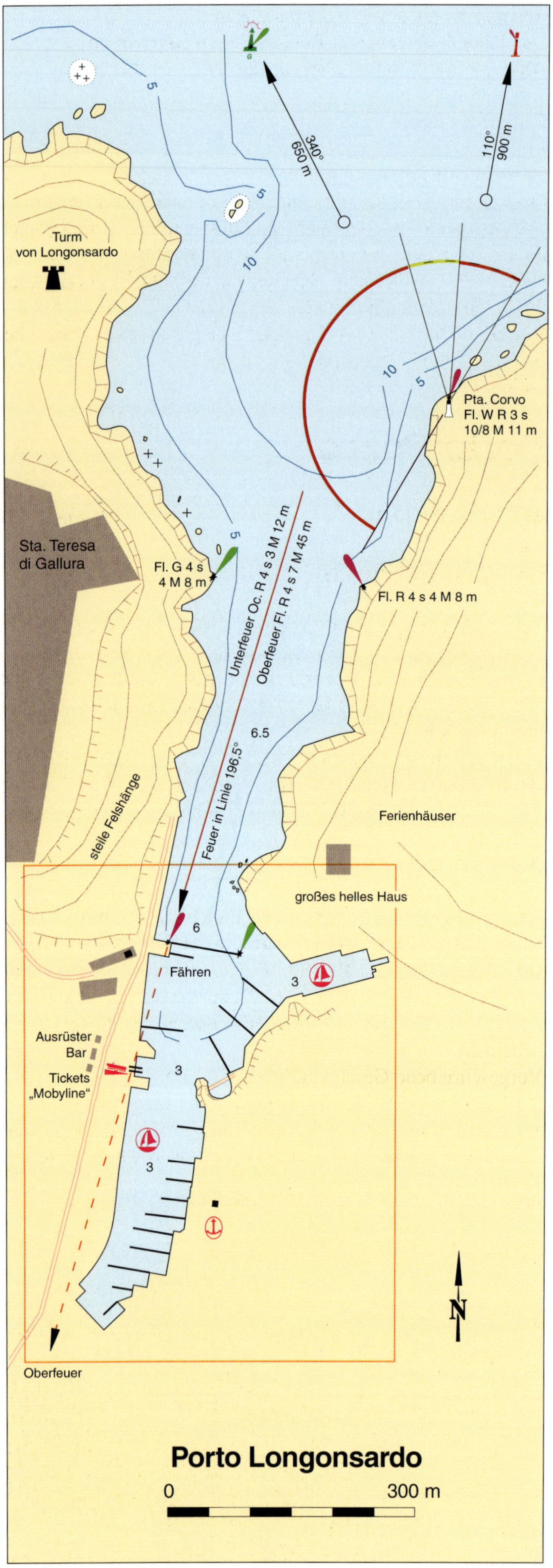

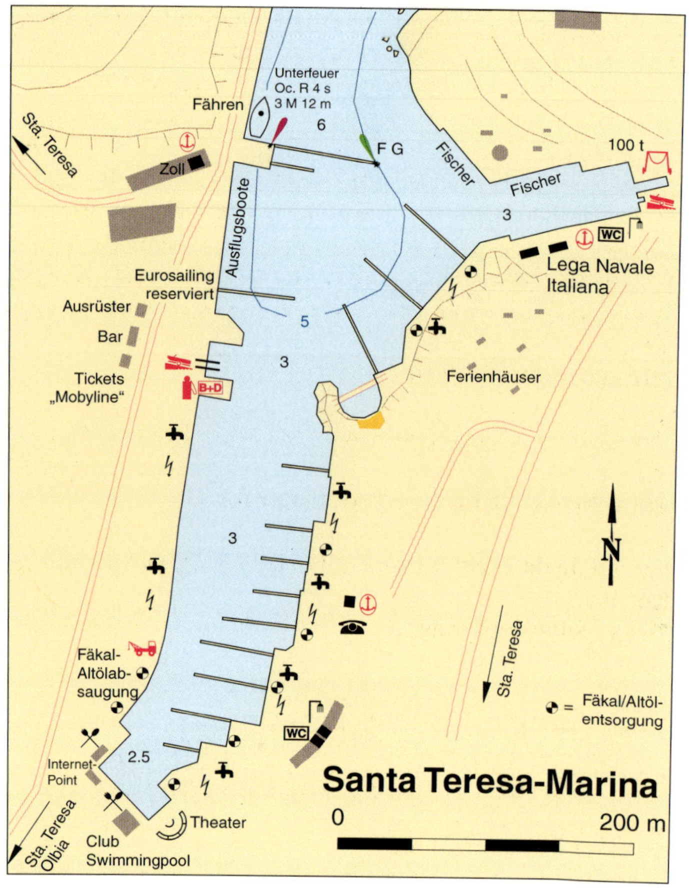

Schutz

Der Schutz ist ausgezeichnet. Bei den vorherrschenden NW- und W-Winden beobachteten wir Fallböen aus West. Bei anhaltender N-Windlage tritt Seegang in den Fjord ein.

Behörden

Hafenmeister (s. Plan). Tel. 754120 , vom Ausland 0039/0789/754120. Zoll am Fährkai.

Versorgung

Santa Teresa-Marina Wasser und Strom an den Liegeplätzen. WCs, Duschen. Tankstelle. Altölentsorgung und Schmutzwas-

Schmutzwasser- und Altölentsorgung

serabsaugevorrichtungen rund um die Marina (blaue Kästen). Kartentelefone. Internet-Café und Restaurants am SW-Ende des Marinabeckens. Bankomat auf der Piazza del Chiostro.
Lega Navale Italiana Wasser und Strom, Travellift 100 t, breite Slipbahn.
Fährhafen Mobilkran (35 t) S-lich der Tankstelle (S, D). Slipbahn. Alle Arten von Reparaturen. Werft etwas außerhalb. Schiffsausrüster und Wasserhahn S-lich des Fährkais. Bar-Restaurant und Ticketservice für die Fähre nach Korsika.
In der Stadt Lebensmittel, Restaurants, Gas, Banken.

Funkkommunikation

Der Hafenkapitän hört auf UKW-Kanal 6, 9, 16 und 73.

Verkehrs- und Postverbindungen

Postamt in der Stadt. Busse nach Palau. Fähre nach Bonifacio/ Korsika.
Taxis. Autovermietung.

Ankerplätze zwischen Porto Longonsardo und Porto Pozzo

41°15,5'N 09°14,2'E (Pta. Marmorata) Karte: I 325

Porto Quadro

Der Einschnitt unmittelbar E-lich von Porto Longonsardo ist nur ein Tagesankerplatz, da er gegen alle N-lichen Windrichtungen ungeschützt und bei W-Winden Schwell ausgesetzt ist. Man ankert vor einem Hotelkomplex.

Cala Marmorata

E-lich von Pta. Marmorata, dem N-lichsten Punkt Sardiniens, finden Sie die gleichnamige Bucht, deren felsiges NW-Ufer, vor dem zwei kleine Inseln liegen, in einen schönen, weißen Strand übergeht. Dahinter breitet sich, schon von weitem sichtbar, eine riesige, nicht sehr ansprechende Hotelanlage aus.
Beim Einsteuern muß man auf gefährliche Felsen im Norden und Osten des nördlichen der beiden Marmorata-Inselchen achten. Von Osten kommend, läßt man die Bake Paganetto mit ausreichendem Abstand an Backbord.

- Vor dem Strand fällt der Anker auf 5 m, dort wird man jedoch durch Bade- und Surfbetrieb gestört.
- Ruhiger liegt man S-lich der Insel, auf 4–5 m über Sand mit gelegentlichem Krautbewuchs, evtl. mit Leine zum Ufer.

Die Bucht ist nach Norden und Osten offen, bei Mistral wird etwas Schwell spürbar.

Cala Sambuco

Felsufer säumen die Tagesankerbucht 0,5 sm SE-lich von Cala Marmorata.
Achtung Klippen am W-Einfahrtskap.
Die Tiefen nehmen zum Buchtende hin langsam ab.
Ankern Sie auf 4–5 m über Sandgrund.

Cala Barcaccia

Beim Einsteuern in diese interessante Felsbucht läßt man, von Osten kommend, die dreibeinige Betonbake Secco Paganetto ausreichend weit an Backbord, umfährt weiträumig die SW-lich davon liegenden Untiefen und Klippen und hält mit Kurs Süd auf den kleinen Strand im Scheitel von Cala Barcaccia zu. Auch die inneren Ufer sind unrein.
Der beste Platz ist auf 4–5 m über Sandgrund. Kein Schutz bei N-lichen Windrichtungen.

Porto Pozzo

41°12,0'N 09°17,0'E Karte: I 325

Lage und Umgebung

Begrünte Felshügel umgeben den an der W-Seite der Halbinsel Isola di Culuccia tief einschneidenden Fjord, der an seinem Ende nach SE abknickt: Etwa an dieser Biegung liegt das Dorf Porto Pozzo. Wie ein Riegel schließt eine niedrige Bergkette den Einschnitt ab.
Feriensiedlungen säumen beinahe nahtlos das äußere W-Ufer. Besonders die Villen von Conca Verde, etwa 1000 m SW-lich der Einfahrt, versinken in Pinien- und Mimosenhainen.

Ansteuerung und Liegeplatz

Dem niedrigen E-Kap Punta delle Vacche sind Klippen vorgelagert. Halten Sie sich beim Einsteuern gut in der Mitte, da auch vor dem W-Ufer der Bucht zahlreiche Untiefen liegen. Noch dazu steigt der Grund von der Fahrrinne zu den Seiten hin rapide an. Das muß man bei der Auswahl des Ankerplatzes bedenken.
Vorgeschriebene Geschwindigkeit: 3 km/h.
Nachtansteuerung ist nicht möglich.

- *Conca Verde* Am Kopf des Holzanlegers, auf dem ein weißes Feuer postiert ist, lotet man 1,7 m. Im vorderen Drittel des

Steganlage Conca Verde im Einschnitt Porto Pozzo

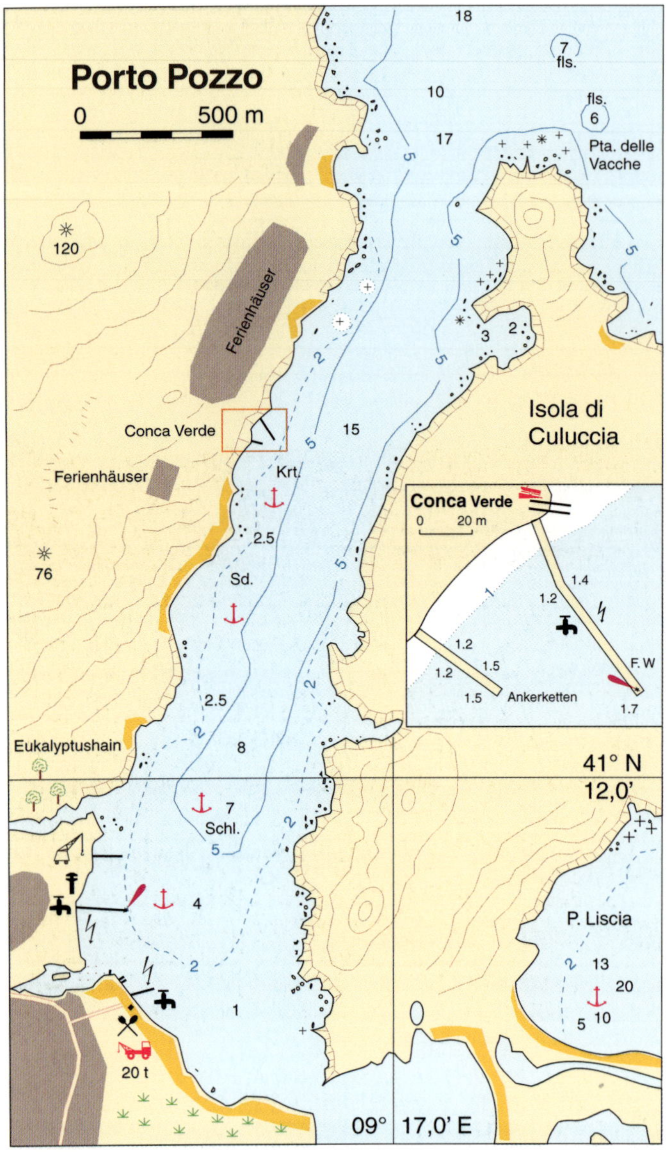

Schwimmschlengels findet man zu beiden Seiten Tiefen von 1,5 m vor. Muringketten liegen aus. Von hier hat man einen schönen Ausblick auf die vorgelagerten Inseln.

Achtung Legen Sie nicht am Kopf des Schwimmschlengels an, da dort die Ketten der Schlengelverankerung dicht unter der Wasseroberfläche über Kreuz verlaufen.

- *Porto Pozzo* Die beste Ankermöglichkeit haben Sie im inneren Teil der Bucht auf gut haltendem schlickigen Sandgrund, nicht weiter S-lich als vor dem S-lichen Holzanleger auf ca. 4 m (s. Plan).

  Am Kopf dieses 150 m langen Steges lotet man 2 m. Nur dort könnte eine Yacht festmachen. Auch an den N-lich davon liegenden kürzeren Anlegern sind die Tiefen für Kielyachten zu gering. Das Ende des Einschnitts ist flach und schlickig, gut geeignet für Fischzucht.

Schutz

Der Schutz ist hervorragend. Auch wenn es in der Straße von Bonifacio stürmt, ist es hier still wie auf einem See, ausgenommen bei NE-Wind.

In Conca Verde bringt NW-Wind Fallböen aus West.

Versorgung

Conca Verde Wasser und Strom an den Liegeplätzen. Duschen, WCs. Betonslip, Traktor zum Herausnehmen von Motorbooten. Restaurant, Café und Lebensmittel während der Saison in der Feriensiedlung.

Porto Pozzo Wasser (s. Plan). Kran 20 t, Motorbootlagerung und Reparatur von Außenbordmotoren. Abstellplätze. Restaurant, Camping. Trattorien und Lebensmittelgeschäfte im Ort. Tankstelle 0,5 km in Richtung Porto Liscia und Palau.

Porto Pozzo: Anlegestege am Buchtende

Porto Puddu, Ankerplatz S-lich der Insel

Porto Liscia

47°11,7'N 09°17,5'E Karte: I 325

Unmittelbar E-lich von Porto Pozzo, zwischen den felsigen Halbinseln Isola di Culuccia und Isola Cavalli (l'Isuledda), öffnet sich diese Bucht, deren S-Ufer von dem langen Strand um die Liscia-Mündung gebildet wird. Die niedrige Landverbindung zwischen Isola Cavalli und sardischem Festland ist dicht mit rostroten Ferienhäusern bebaut.

Aus Westen kommend, muß man die mit einer Bake gekennzeichnete Untiefe Secca di Macchiamala vor der verwitterten E-Küste von Isola di Culuccia beachten.

Ankern Sie im W-Teil der Bucht auf Tiefen von mehr als 10 m oder näher zur Wurzel der Culuccia-Halbinsel auf 4–5 m über Sandgrund, der allerdings abrupt ansteigt. Surfer machen den Platz unruhig.

Der Schutz ist gut bei W-lichen Winden; gegen Nord und NE ist Porto Liscia offen. Schlägt der Wind auf Ost um, verholt man sich in den E-Teil.

Achtung Vor der Flußmündung liegt eine Sandbank. Durch die Ablagerungen des Flusses verändern sich die Wassertiefen.

Während der Saison sind Supermarkt und Restaurant W-lich der Flußmündung geöffnet.

Porto Puddu (Porto Pollo)

41°12,0'N 09°20,0'E Karte: I 325

Die E-liche Nachbarbucht von Porto Liscia ist ein von welligen Hügeln umgebener Naturhafen mit langen Stränden und einem sicheren Ankerplatz hinter einer kleinen Insel.

Ein schnurgerades, niedriges Sandband, auf dem eine Boots- und Surfbrettvermietung und auch ein Campingplatz angesiedelt sind, verbindet die Halbinsel Isola Cavalli (l'Isuledda) mit dem sardischen Festland. An der Nordspitze von Cavalli gibt es einen weiteren Campingplatz.

Auf dem Dünenhügel W-lich der kleinen Insel liegt das „Windsurf Village" mit einem auffälligen ockerfarbenen Restaurant auf dem höchsten Punkt. Porto Puddu ist ein Surfparadies, das tagsüber dicht mit bunten Segeln gesprenkelt ist.

Um den Untiefen an der W- und SW-Seite der kleinen Insel auszuweichen, steuern Sie, wie auf dem Plan vorgeschlagen, in die Bucht hinein.

- Der Ankerplatz liegt auf 5–10 m über schlickigem Sandgrund (s. Plan).
- Die Steganlage *Circolo Nautico Costa Serena* im letzten Zipfel der Bucht vor der gleichnamigen, um ein Flüßchen gruppierten Ferienanlage ist für mittelgroße Yachten geeig-

Steganlage Circolo Nautico Costa Serena

net, die mit Hilfe von Kettenmurings an einem der etwa 20 Plätze an der Außenseite des T-Schlengels festmachen, wo man 1,5 m lotet; 10 m davor hat man 2 m Wassertiefe zur Verfügung. Eine schmale Fahrrinne führt hierher.

Schutz

Bei W-Winden ab Bft. 6 ist der Platz S-lich der Insel unruhig, an der Steganlage Costa Serena gut.

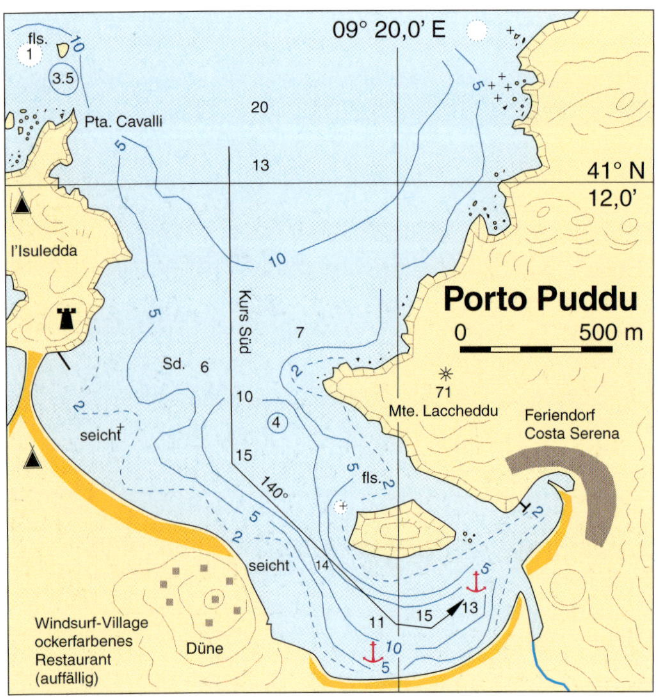

Versorgung

Lebensmittel und Restaurants in den diversen Feriensiedlungen (während der Saison).

Yachtclub Porto Rafael

(Punta Sardegna)

47°11,8'N 09°22,0'E Karte: I 324

Lage und Umgebung

Der kleine Hafen, um den sich, stilvoll in den pinienbestandenen Hang hineinkomponiert, Ferienvillen gruppieren, liegt 0,6 sm S-lich des Feuers auf Punta Sardegna. Nach Süden schließt die Strandbucht Cala Inglese an, so benannt, weil ein englischer Architekt den Bauplan entworfen hat.

Ansteuerung und Liegeplatz

Am Tage Die Ansteuerung bietet keinerlei Probleme.
Bei Nacht Der Hafen ist durch ein weißes Festfeuer und durch Scheinwerfer hell erleuchtet.
Zum Festmachen liegen Bojen bzw. Kettenmurings aus.
Größere Yachten machen wegen der Enge des Hafens an den äußeren Plätzen fest.
In den Monaten Juli und August sind nur wenige Plätze für Gastyachten verfügbar.

Reede In Cala Inglese auf 10 m über krautigem Grund.

Schutz

Der Schutz im Hafenbecken ist gut. An den äußeren Plätzen ist man nur bei W-lichen Windrichtungen gut aufgehoben. Vorsicht bei NE-Wind!

Behörden

Hafenkapitän, Tel. 700151, vom Ausland 0039/0789/700151.

Versorgung

Wasser und Strom an den Liegeplätzen. Zwei Anschlüsse für Telefon, einer für TV. Duschen, WCs. Bootsslip. Autokran. Kleinere Reparaturen werden ausgeführt. Müllentsorgung und Eisverkauf. Telefon, Wetterbericht.
Supermarkt und Restaurants in nächster Umgebung.

Funkkommunikation

Die Marina hört auf UKW-Kanal 9 und 16

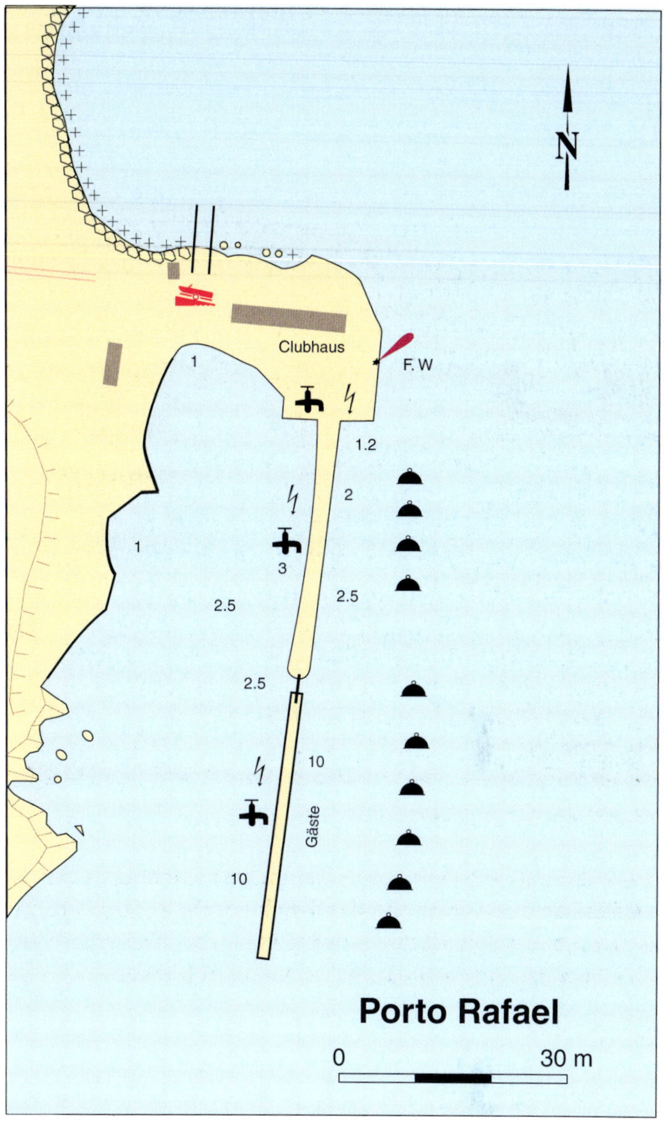

Porto Rafael (o. und u.)

Rada di Mezzo Schifo (Agincourt)

41°11,0'N 09°22,4'E Karte: I 324

Felsige Landschaft, ein stark frequentierter Badestrand, ringsum Bungalows. Der Campingplatz Acapulco, mit einem kleinen Anleger für Beiboote, liegt im NE der Bucht, am NW-Ufer der Punta Palau-Halbinsel. Vor dem Hotel am SW-Ufer springt ein Anlegesteg vor.

- Wen der Badebetrieb nicht stört, läßt im E-Teil der Bucht, ganz nahe beim Strand, auf 3–4 m über Sandgrund den Anker fallen. Weiter draußen ist der Grund mit Kraut bewachsen.
- Kleinere Boote können den Hotelsteg am SW-Ufer nutzen.

Das Ankerverbot im W-Teil von Mezzo Schifo wird wegen versenkter und nicht aufzufindender Sprengkörper aus dem Zweiten Weltkrieg weiterhin aufrechterhalten.

Die Bucht bietet guten Schutz außer bei N-lichen Winden (s. Plan S. 256).

Auf dem Campingplatz Acapulco gibt es Duschen und WCs, eine Bar und ein Restaurant, das auf mexikanische Küche spezialisiert ist. Auch im Hotel an der SW-Seite speist man hervorragend.

Palau

41°10,7'N 09°23,0'E Karte: I 324

Lage und Umgebung

Palau, einst ein Fischerdorf, heute der geschäftige Fährhafen für den Maddalena-Archipel, liegt gegenüber der Insel Santo Stefano. In unmittelbarer Umgebung sind große Hotelanlagen und Appartements entstanden. Ein Ende der Bautätigkeit, speziell auf den Hügeln hinter dem Hafen mit Aussicht auf Meer und Inseln, ist nicht abzusehen.

Der Yachthafen Porto Turistico Palau schließt S-lich an den Fährkai an.

Ansteuerung und Liegeplatz

Am Tage Die Häuser der Stadt und die nach Osten angrenzenden Hotels sind auffällig. Unermüdlich ein- und auslaufende Fähren weisen den Weg zum Hafen. Die Untiefe Secca due Piagge ist durch eine gelb-schwarz-gelbe Kardinalbake mit W-Toppzeichen markiert; beim Einsteuern läßt man sie an Backbord. Achten Sie auf die Tragflügelboote.

Rada di Mezzo Schifo und Passage zwischen Punta Palau und den Inseln Santo Stefano und Caprera

Der Hafen von Palau

Bei Nacht Auf Pta. Palau steht ein Feuer. Um in den Hafen zu gelangen, hält man mit Kurs SSW auf das rot-grüne Molenfeuer am Kopf des hellerleuchteten Fährkais zu, bis das grüne Feuer am N-lichen Einfahrtskai des Porto Turistico in Sicht kommt; der S-Wellenbrecher trägt ein rotes Feuer .
Je nach Bootslänge weist der Hafenkapitän des Porto Turistico Plätze an den verschiedenen Schwimmstegen an. Muringketten liegen aus.

Schutz

Im Porto Turistico liegt man hervorragend geschützt. Der Wellenbrecher und die N-Mole schließen das Becken beinahe gänzlich und lassen auch dem NE-Wind keine Chance. Überwinterung im Wasser ist möglich.

Behörden

Hafenmeister (s. Plan), Tel. 708435, vom Ausland 0039/0789/ 708435. Zoll beim Fährkai.

Versorgung

Wasser und Strom an den Liegeplätzen. Tankstelle (Super, Diesel, bleifrei), Travelliftbecken, Mobilkräne (20 t, 60 t). Slipbahn. Stellplätze an Land. Werft für kleinere Reparaturen, Motorwerkstatt im Hafen. Wetterbericht. Müllentsorgung. Blockeis. Gas. Schiffsausrüster in Hafennähe. Telefone. Lebensmittelgeschäfte, Restaurants, Trattorien, Pizzerien, Fast-Food. Banken und Bankomat ca. 250 m vom Hafen entfernt.

Post- und Verkehrsverbindungen

Postamt in der Stadt. Fähren verkehren in kurzen Abständen nach La Maddalena. Autobusse zu den wichtigsten Inselorten. Mietautos. Schmalspurbahn nach Sassari.

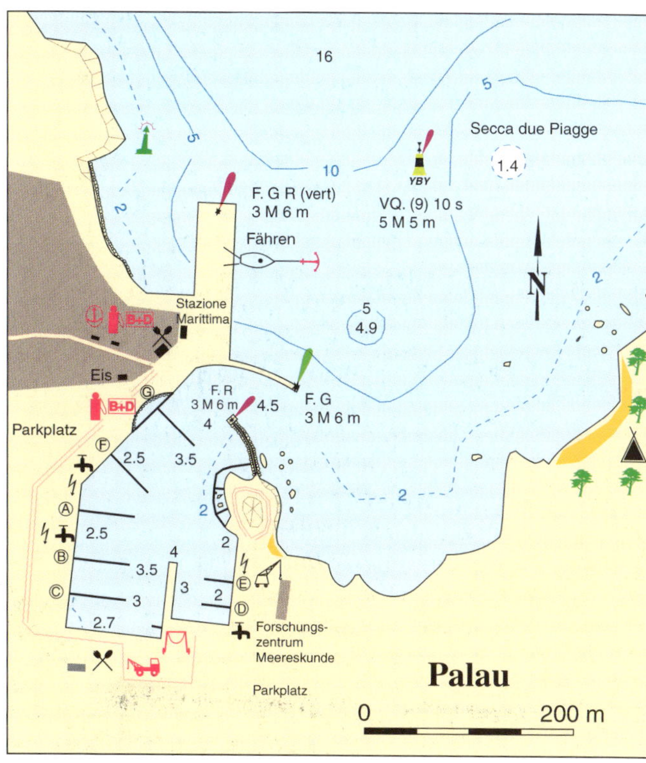

Funkkommunikation

Der Hafenkapitän hört auf UKW-Kanal 9 und 16.

Cala Capra

41°10,1'N 09°25,3'E Karte: I 324

An der E-Flanke des wildzerklüfteten Capo d'Orso, unterhalb einer Feriensiedlung, deren ockerfarbene Häuser im Grün hoher Bäume versinken, finden Yachten eine Möglichkeit zum Anlegen.

- Am Kopf des soliden, befeuerten Kais an der Spitze des Einfahrtskaps lotet man 3 m. An beiden Seiten des Kais, im ersten Drittel, liegen die Tiefen bei 2,5 m.
  Festgemacht wird vor Bug- oder Heckanker, eine 10-m-Yacht kann auch längsseits anlegen.
- Ein Stück weiter W-lich, vor einem dichten Eukalyptus- und Pinienwäldchen, leuchtet ein kleiner heller Strand. Hier ankert man auf 3 m über Sandgrund.

Der Schutz ist hervorragend, außer bei E-lichen Windrichtungen. Bis Windstärke 5 aus NE ist der Platz gerade noch akzeptabel, wenn auch starker Schwell auftritt. Bei dieser Wetterlage sollte man am Kai allerdings nicht längsseits gehen.

In der Feriensiedlung gibt es Lebensmittel, eine Pizzeria und ein einladendes Gartenrestaurant (nur während der Saison).

NW-lich von hier, an der höchsten Stelle des Vorgebirges, steht der Felsen in Gestalt eines Bären, dem das Capo d'Orso (Bärenkap) seinen Namen verdankt. Man erreicht die seltene Steinformation zu Fuß über die Straße.

Golfo Saline

41°09,4'N 09°24,6'E Karte: I 324

Golfo Saline schneidet unmittelbar S-lich des vorherigen Ankerplatzes ins Land ein und macht mehrere Einbuchtungen mit kleinen Stränden. Etwa in der Mitte des Golfes liegt eine Tonne zur Kompaß-Kompensation.

- *Porto Mannu* heißt der N-lichste Einschnitt und ist, wie auch die W-liche Nachbarbucht, von Bäumen umstanden und mit Ferienhäusern dicht besiedelt. An beiden Plätzen ankert man angenehm auf etwa 3–4 m über hellem Sandgrund.
  Achtung Das SW-Kap des W-lichen Einschnitts setzt sich unter Wasser in einem Riff fort.
- Eine weitere Ankermöglichkeit findet man vor der Lagune am Ende des Golfes, wo man auf 3–5 m über krautigem Grund das Eisen fallen läßt. Hier liegt das Bojenfeld eines Segelbootverleihs.

Der Schutz ist gut außer bei allen E-lichen Windrichtungen.

Die Umgebung ist ländlich, Kühe weiden im Sumpf. Der Campingplatz Capo d'Orso (Duschen) und eine Feriensiedlung

Golfo Saline mit dem Felshügel l'Orso („Der Bär")

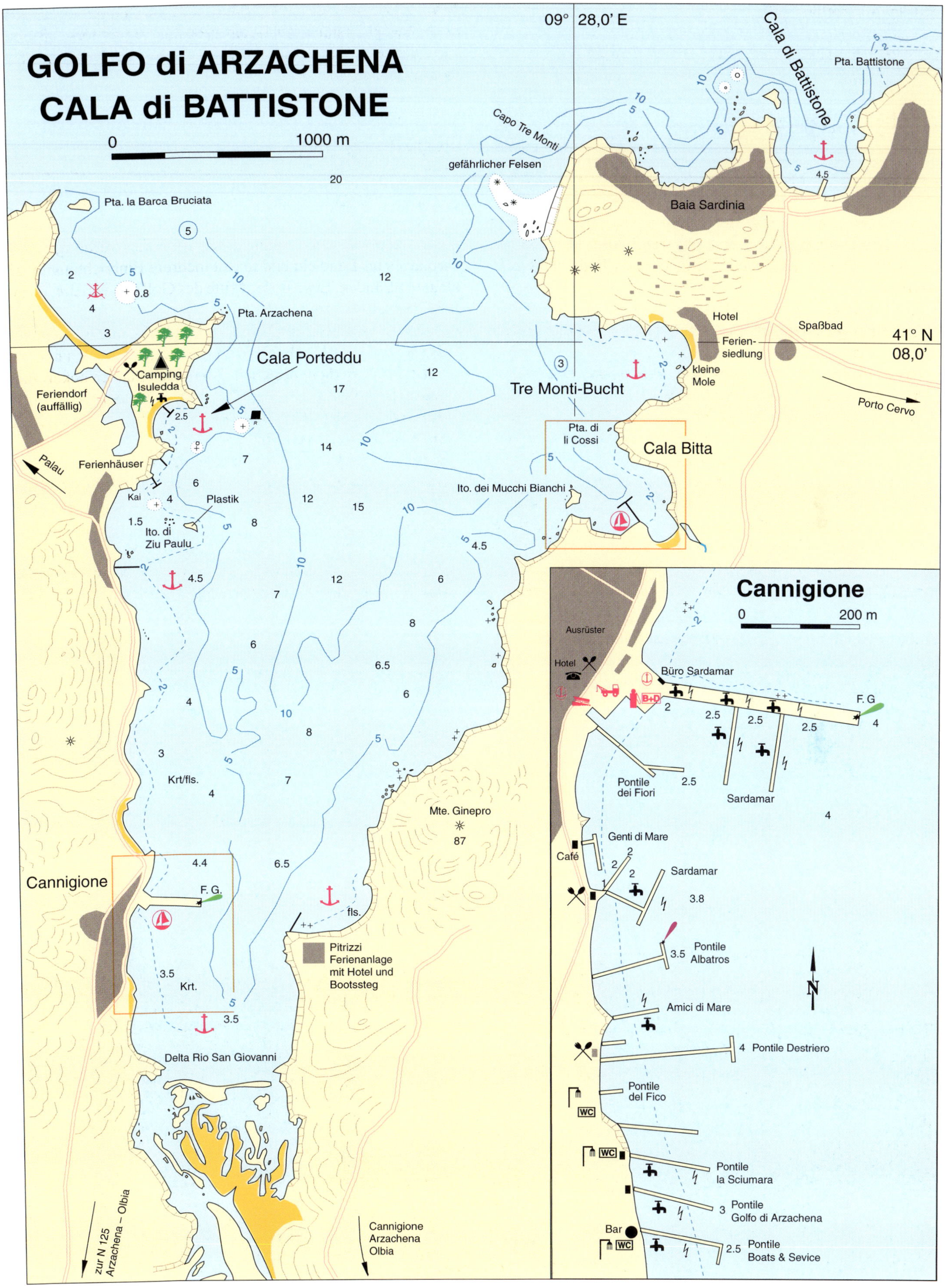
GOLFO di ARZACHENA
CALA di BATTISTONE
0 1000 m
09° 28,0' E
41° N 08,0'
Cala di Battistone
Pta. Battistone
Capo Tre Monti
gefährlicher Felsen
Baia Sardinia
Hotel
Spaßbad
Ferien-siedlung
kleine Mole
Porto Cervo
Tre Monti-Bucht
Pta. di li Cossi
Cala Bitta
Ito. dei Mucchi Bianchi
Pta. la Barca Bruciata
Pta. Arzachena
Cala Porteddu
Camping Isuledda
Feriendorf (auffällig)
Palau
Ferienhäuser
Kai
Plastik
Ito. di Ziu Paulu
Krt/fls.
Cannigione
F. G.
Krt.
Delta Rio San Giovanni
fls.
Pitrizzi Ferienanlage mit Hotel und Bootssteg
Mte. Ginepro
87
zur N 125 Arzachena – Olbia
Cannigione Arzachena Olbia
Cannigione
0 200 m
Ausrüster
Hotel
Büro Sardamar
B+D
F.G
Pontile dei Fiori
Sardamar
Genti di Mare
Café
Sardamar
Pontile Albatros
Amici di Mare
Pontile Destriero
Pontile del Fico
WC
Pontile la Sciumara
Pontile Golfo di Arzachena
Bar
Pontile Boats & Sevice
N

L'Orso („Der Bär")

liegen hinter dem Anfang des N-Ufers. Zahlreiche Windsurfer tummeln sich im Golf.

Golfo di Arzachena

Karte: I 324

Wie ein Keil dringt der Arzachena-Golf ins Land ein und bietet zwei Yachthäfen: *Cala Bitta* im nördlichen Teil des E-Ufers und *Cannigione* im SW.

Auch am Steg des Campingplatzes Isuledda in Cala Porteddu sind Yachten willkommen. Die vom Ufer W-lich Isolotto di Ziu Paulu vorspringenden Anleger sind zum Teil privat.

Weitere landschaftlich schöne Ankerplätze liegen vor lieblich begrünten Hügeln, so daß man bei jeder Windrichtung einen geschützten Platz findet.

An beiden Ufern, um Cala Porteddu und in Cala Bitta, sind mehrere Feriensiedlungen entstanden, und das Feriendorf Baia Sardinia, das eigentlich in der nach Osten angrenzenden Bucht Cala di Battistone liegt, klettert über die Anhöhe bis in den Golfo di Arzachena hinein.

Am Ende des Golfes breiten sich fruchtbares Bauernland und Kuhweiden aus, im sumpfigen Delta des Rio San Giovanni stehen Eukalyptusbäume. Hier ist die Landschaft noch ursprünglich und gibt den Blick auf das zerklüftete Panorama der Gallurаberge frei.

Den Ufern des Arzachena-Golfes sind zahlreiche Untiefen vorgelagert, daher hält man sich beim Einlaufen in der Mitte, bis man auf der Höhe des gewünschten Ankerplatzes angelangt ist und darauf zuhalten kann.

Achtung Das E-Einfahrtskap Tre Monti muß in gutem Abstand gerundet werden wegen der eben überspülten Unterwasserfelsen, die unbezeichnet über 300 m in See ragen.

Cala Porteddu

41°07,8'N 09°26,7'E

Der Ankerplatz liegt S-lich der mit Ferienhäusern bebauten Halbinsel. Steuern Sie, wie auf dem Plan angegeben, mit Kurs SW an, dann bleiben die Untiefen und Klippen an Backbord.

- Geankert wird auf 2–3 m über Sandgrund mit Kraut, der mit einigen Felsen durchsetzt ist.

Cannigione

Der „Pilz" von Arzachena

- Alternativ dazu macht man an dem vom Campingplatz Isuledda vorspringenden Holzsteg fest, an dessen Kopf Tiefen von 2,5 m gelotet werden.
  Am Steg gibt es Wasser und Strom, auf dem Campingplatz WCs und Duschen, ein Restaurant und einen Supermarkt.
  In nächster Nachbarschaft haben sich eine Segelschule und eine Tauchbasis etabliert.
  Der Platz ist gut bei W-Wind. NW in Starkwindstärke wirkt sich im äußeren Teil des Golfes heftig aus, daher setzt bei NW-Wind Schwell in diese Bucht hinein. Winde aus Nord über Ost bis Süd machen Cala Porteddu unbrauchbar.

- Kleine Yachten können näher zum Strand hin, im Schutze der Halbinsel Porteddu, ankern und liegen dort auch bei N- und NW-Wind brauchbar geschützt.

Isolotto di Ziu Paulu 41°07,9'N 09°26,7'E

Das mit einer Plastik geschmückte niedrige rötliche Inselchen unmittelbar S-lich des vorherigen Ankerplatzes umsteuert man E-lich in gutem Abstand und ankert SW-lich davon auf 5 m. Der vom Ufer vorspringende Anleger ist privat.
Auch dieser Platz ist bei Winden aus Nord über Ost bis Süd unbrauchbar.

Cannigione

41°06,5'N 09°26,7'E Karte: I 324

Lage und Umgebung

Das zu einem Ferienort erweiterte Fischerdorf Cannigione im SW des Golfes hat sich zu einem regelrechten Yachtzentrum entwickelt. S-lich der schützenden Betonmole, die so breit ist, daß sie von Autos befahren werden kann, liegt eine Anzahl von Schwimmstegen aus, die von unterschiedlichen Betreibern bereitgestellt werden. Jahr für Jahr dehnt sich der Hafen Steg um Steg nach Süden aus.
Cannigione hat trotz des vermehrten Touristenaufkommens seinen sardischen Charakter behalten, eben das macht den Ort so sympathisch.
Das Hinterland ist grün und fruchtbar. Im Süden beherrschen drei bizarre Felskämme, der höchste davon ist Punta Cugnana, das Panorama.

Ansteuerung und Liegeplatz

Am Tage Die Steganlagen sind ohne Probleme zu finden, der Mastenwald ist nicht zu übersehen.
Nachts ist die Betonmole mit Bogenlampen und Scheinwerfern hell erleuchtet, außerdem brennt ein grünes Festfeuer.
Die Schwimmstege sollte man bis auf Pontile Albatros, an deren Ende ein rotes Feuer postiert ist, nachts nicht anlaufen,
Achtung Versuchen Sie nicht, am Kopf der Schwimmstege oder an den Enden der T-förmigen Ausleger festzumachen, da dort die Ketten für die Schlengelverankerung dicht unter der Wasseroberfläche über Kreuz verlaufen.
Das Büro der Coop. Sardamar an der Molenwurzel ist für die Liegeplätze an der Mole und den davon abgehenden Stegen sowie für einen weiter S-lich gelegenen Anleger zuständig.
Auch an den Stegen der anderen Betreiber stehen Gastplätze zur Verfügung.
Überall liegen Muringleinen aus.
Reede Vor der Mündung des San Giovanni ankern Sie auf 5 m über gut haltendem Scklickgrund mit Krautbewuchs.

Versorgung

Wasser und Strom, WCs und Duschen an allen Liegeplätzen. An manchen Steganlagen findet man eine kleine Getränkebar. Zwei Mobilkräne (8,5 t und 25 t), Slipbahn, Tankstelle an der Wurzel der Betonmole (B und D). Müllcontainer. Motorwerkstatt. Schiffsausrüster. Gas. Zwei kleine Motorbootwerften an der Straßenkreuzung nach Pitrizzi.
Lebensmittel, Hotel und Restaurants am Hafen und in der Parallelstraße. Wäscherei.
Kartentelefone. Ein Bankomat an der Hauptstraße in Richtung Arzachena (300 m).

Schutz

Golfo di Arzachena ist nach Nord und NE offen. Starker NW-Wind fegt wirbelnd über die Wasserfläche, was sich besonders unangenehm im N-lichen Teil des Golfes auswirkt.

Behörden

Hafenmeister, Tel. 88422, vom Ausland 0039/0789/88422.

Verkehrs- und Postverbindungen

Post im Ort. Bus nach Palau.

Funkkommunikation

Der Hafenmeister hört auf UKW-Kanal 11 und 16.

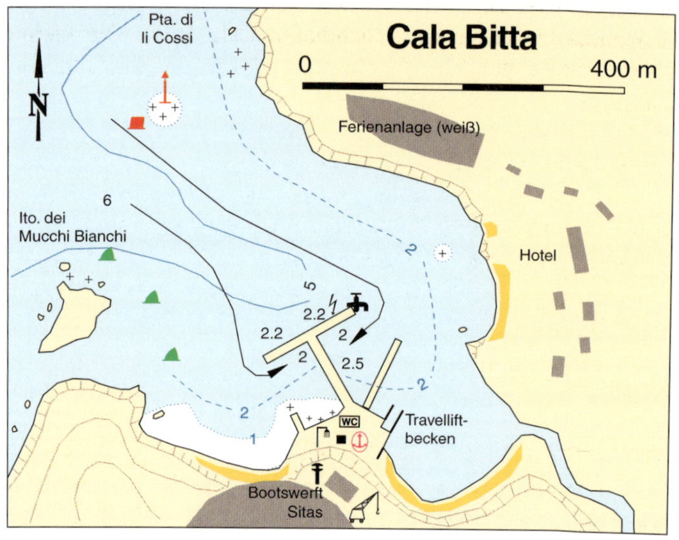

Cala Bitta

Pitrizzi

41°06,5'N 09°27,0'E

Gegenüber von Cannigione, vor einer großen Ferienanlage mit Hotel, springt ein Steg vor, an dessen Kopf man gut 2 m lotet. Man kann davor ankern und eine Leine zum Steg ausbringen oder N-lich davon, auf 4–6 m, frei schwojend vor Anker liegen. Die Restaurants und Lebensmittelgeschäfte sind nur während der Saison geöffnet.

Cala Bitta

41°07,5'N 09°28,3'E — Karte: I 324

Lage und Umgebung

An der E-Küste des Golfes, S-lich Pta. di li Cossi, liegt der von Ferienanlagen umgebene Yachthafen Cala Bitta. Die kleine Insel Isolotto dei Mucchi Bianchi ist dem W-Einfahrtskap vorgelagert.

Ansteuerung und Liegeplatz

Bojen kennzeichnen die Zufahrt zum Hafen, achten Sie trotzdem auf die mit einer unscheinbaren, kurzen Spiere bezeichnete Untiefe ca. 200 m NNW-lich des Hafens (s. Plan). Festgemacht wird an Muringbojen.

Schutz

Der Schutz ist gut, auch bei NE, jedoch nicht bei starkem NW-Wind. Seit Jahren soll diesem Mangel durch die Konstruktion eines Wellenbrechers, der das Inselchen Mucchi Bianchi mit einbezieht, abgeholfen werden. Noch ist keine Veränderung in Sicht.

Versorgung

Wasser und Strom an den Liegeplätzen, Duschen und WCs. Slipbahn, zwei Mobilkräne (10 t und 30 t). Wetterbericht hängt aus. In den Servicehallen der Fa. Sitas di Molinas werden Boote gebaut und alle Arten von Reparaturen ausgeführt. Tel. 99243, Fax 99580, vom Ausland 0039/0789/etc.
Restaurants und Lebensmittel an der Straße nach Arzachena (1 km).

Tre Monti-Bucht (Mucchi Bianchi)

41°07,9'N 09°28,3'E

An der S-Flanke des Kaps Tre Monti mit den drei charakteristischen Felshügeln öffnet sich diese ausgezeichnete Ankerbucht vor weißen Badestränden, umgeben von einer Feriensiedlung.

Cala Bitta, hier als Wendemarke für eine Segelregatta

Tre Monti-Bucht mit den typischen drei Felshügeln

Terrassencafé in Poltu Quatu

Von Osten kommend, halten Sie beim Runden des Kaps gut von den Untiefen frei.
An der kleinen Mole am S-Ende des Strandes werden Schlauchboote vermietet.
Vorsicht Unterwasserklippen direkt vor dem Strand.
Ankern Sie etwa in der Mitte der Bucht, in strahlend blauem Wasser, auf 4 m über Sandgrund mit spärlichem Krautbewuchs. Ein wunderschöner Platz.
Getränke und Snacks hinter dem hübschen Strand. Supermarkt an der Hauptstraße nach Baia Sardinia.

Cala di Battistone

41°08,5'N 09°28,9'E Karte: I 324

Das betriebsame Feriendorf Baia Sardinia, ein etwas weniger exklusives „Konkurrenzunternehmen" zu Aga Khans Luxusurbanisation Costa Smeralda mit Hotels, Villen, Restaurants, Diskotheken, Supermarkt und Boutiquen, erstreckt sich von der W-Seite der Bucht Cala di Battistone bis hinüber zum Golf von Arzachena. Auch der Hügel hinter dem E-Ufer ist dicht mit Ferienhäusern und Hotels bebaut.
Der Anlegesteg, an dem die Bewohner des Feriendorfes ihre Yachten festmachen, ist offiziell eine militärische Einrichtung. Ankern Sie lieber mitten in der Bucht auf 4–6 m über Sandgrund (s. Plan). Kein Schutz bei N-lichen Windrichtungen.

Marina dell' Orso di Poltu Quatu

41°08,2'N 09°29,7'E Karte: I 324

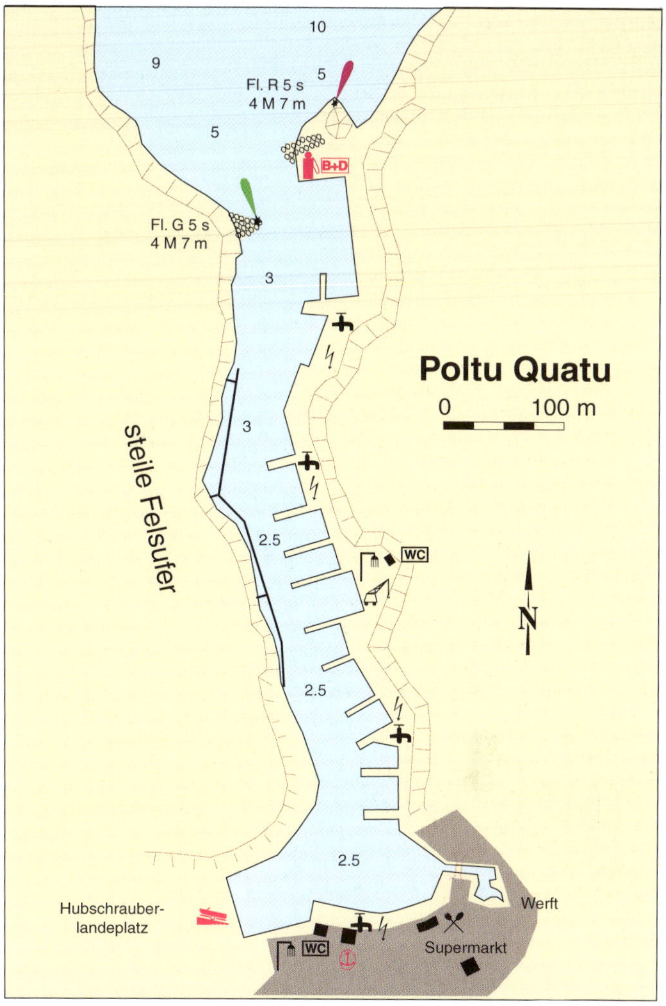

Lage und Umgebung

Etwa 0,7 sm SSW-lich von Isolotto Capuccini schneidet der Fjord Stentino dell' Orso in die macchiabedeckten Felsufer ein. Dieses schöne Stück Natur wurde von einem Baukonsortium urbanisiert, wobei eine aufwendige Feriensiedlung, das Hotel Meliä Poltu Quatu und die noble Marina entstanden sind.

Ansteuerung

Am Tage Die Bezeichnung Poltu Quatu, sardisch für „versteckter Hafen", weist darauf hin, daß die Einfahrt mit den kurzen Wellenbrechern nicht leicht auszumachen ist.
Von Westen kommend, halte man gut frei von den Untiefen um Pta. Battistone. Die kleine Insel im Entrée des Fjordes ist in den E-Wellenbrecher integriert worden. Beim Einsteuern halte man sich näher an diesen.
Bei Nacht Die Einfahrt ist befeuert.

Liegeplatz

Fahren Sie bis zum Kai vor dem Marinabüro (s. Plan), dort bekommen Sie einen Liegeplatz zugewiesen. Man liegt an diversen Brücken oder an den Kais vor dem Feriendorf. 450 Plätze, davon 100 für Gäste, stehen zur Verfügung. Überall sind Mu-

Marina dell' Orso di Poltu Quatu

ringleinen verankert. Besonders auffällig sind die superschnellen Motorboote, die hier parken.
Während der Saison fallen die Liegegebühren ausnehmend hoch aus.

Schutz

Der Schutz ist hervorragend, Fallböen machen sich, besonders bei Mistral (NW), bemerkbar und können unter Umständen das Anlegen etwas schwierig gestalten.

Behörden

Hafenkapitän hinter dem S-Kai. Tel. 99477, vom Ausland 0030/0789/99477.

Versorgung

Wasser und Strom an den Liegeplätzen. Duschen,WCs.
Tankstelle in der Hafeneinfahrt, kleine Werft, Motorenwerkstatt, Bootsservice, Kran 30 t, Travellift 50 t. Slipbahn. Motorbootverleih. Wetterbericht hängt aus.
Diverse Restaurants, Bar, Pizzeria und Supermarkt (nur während der Saison geöffnet). Eiswürfelautomat. Telefone. Hubschrauberlandeplatz.

Funkkommunikation

Die Marina hört auf UKW-Kanal 9 und 16.

Liscia di Vacca

41°08,5'N 09°30,6'E Karte: I 324

Lage und Umgebung

Die Bucht an der W-Seite des wetterzerfurchten Vorgebirges, das im befeuerten Capo Ferro endet, trägt Aga Khans Handschrift. Alle Villen, und ganz besonders die Hotelanlage „Pitrizza" im SW-Teil, sind ein Musterbeispiel dafür, wie man einen Ferienkomplex geschmackvoll und unaufdringlich in die Landschaft hineinkomponieren kann. Leider paßt die durch Wasserbobs verbreitete Unruhe überhaupt nicht ins Bild.

Ansteuerung

Von Osten kommend, kann man zwischen Isolotto Cappuccini und der sardischen Küste hindurchsteuern, wenn man sich in der Mitte der Fahrrinne hält, wo man Tiefen von 6–7 m lotet.
Achtung Die Ufer sind mit Über- und Unterwasserfelsen ge-

Marina dell' Orso di Poltu Quatu mit Hubschrauberlandeplatz

Liscia di Vacca, SE-Zipfel (o.), Anleger des Hotels Pitrizza (u.)

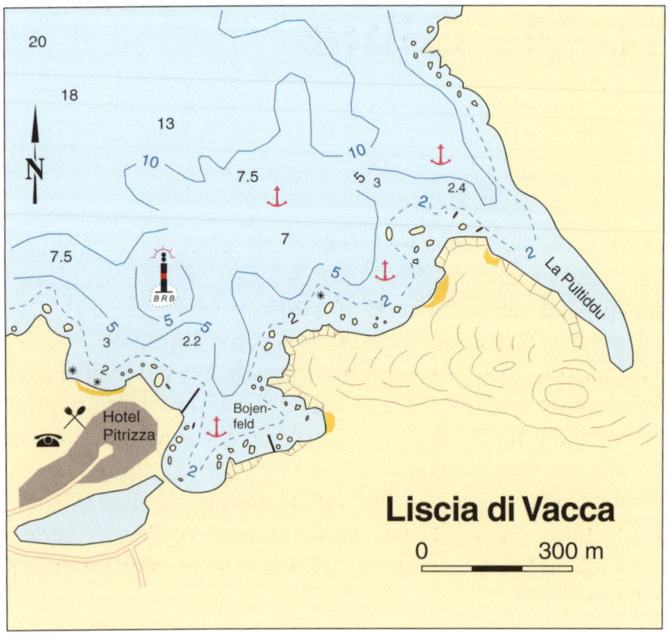

spickt. 200 m NW-lich der Steinmole vor dem Hotel Pitrizza liegt eine Untiefe, die durch eine schwarz-rot-schwarze Bake mit zwei Bällen im Topp gekennzeichnet ist.

Liegeplatz

- Ankern Sie lt. Plan auf 3–4 m über Sandgrund mit Kraut. Leider wird der Schwojraum durch das ausliegende Bojenfeld stark eingeschränkt.
- Wer es ruhiger liebt, sucht sich einen Platz vor dem Strand NE-lich davon auf etwa 4–6 m über Sandgrund mit Kraut und vereinzelten Felsen.
- Möglichkeit Nummer drei ist der Ankerplatz in der Mitte der Bucht auf 7–8 m.

Liscia di Vacca bietet keinerlei Schutz bei Wind aus N-lichen Richtungen.

Versorgung

Restaurant im Hotel Pitrizza.
An der Mole unterhalb des Hotels werden Mega-Schlauchboote mit starken Motoren vermietet.

Passo delle Bisce

41°09,7'N 09°31,5'E (Lf. I. delle Bisce) Karte: I 323

Der 500 m breite Kanal zwischen der Felsinsel Bisce (21 m) und Capo Ferro ist 20–30 m tief und rein. Bei starkem E- oder W-Wind ist das Wasser sehr kabbelig.
Nachts helfen die Feuer auf Isola delle Bisce und auf der niedrigen NE-Huk von Capo Ferro beim Durchsteuern. Beide blitzen im Gegentakt.
Das Hauptfeuer auf Capo Ferro, ein runder Turm mit weißem, viereckigem Gebäude in 52 m Höhe, ist das weittragendste von NE-Sardinien und gleichzeitig optisches Feuer für die Luftfahrt zur Ansteuerung des Flughafens Olbia.
Das Nebenfeuer deckt mit seinem schmalen roten Sektor (189° –23°) die beiden Untiefen Secca delle Bisce NNW-lich der gleichnamigen Insel und Secca dei Monaci weiter im NNW ab.

Felsen oberhalb von Liscia di Vacca

Von Capo Ferro bis Olbia

Karten: I 323, 322

Entfernungen in sm von Porto Cervo

Porto Vecchio/Korsika	38,0
Bonifacio/Korsika	29,0
Porto Massimo/I. La Maddalena	12,0
Porto Portisco	10,0
Porto Rotondo	10,0
Golfo Aranci	17,5
Olbia	24,0

Entfernungen in sm von Olbia

Golfo Aranci	7,0
Porto Rotondo	19,0
Porto Portisco	19,0
Cala Volpe	19,5

Calagranu

41°08,7'N 09°31,8'E Karte: I 323

An der E-lichen Wurzel des Vorgebirges Capo Ferro, SE-lich des 46 m hohen Felshügels M. Calagranu, liegt ein angenehmer Tagesankerplatz, der im Sommer allerdings stark frequentiert wird, da er zu den Nahzielen der „Kaffeefahrer" aus Porto Cervo zählt.

Porto Cervo

41°08,2'N 09°32,3'E Karte: I 323

Lage und Umgebung

Durch eine schmale, befeuerte Einfahrt, 1,2 sm SE-lich des Leuchtfeuers auf Capo Ferro, fährt man in die gut geschützte Bucht ein, an deren N-Ufer man sichere Ankerplätze findet. Am Buchtende liegt, umgeben von felsigen Hügeln, die weltbekannte Marina Porto Cervo.
SE-lich davon beherbergt der fjordartige Einschnitt vor dem alten Dorf die Marina Sarda.
Villen im neosardischen Stil klettern die Hänge hinauf, zum Teil von Pinien diskret verdeckt. Mit den Jahren hat alles etwas Patina angesetzt, der „Zahn der Zeit" macht auch vor Porto Cervo nicht halt. Hübsch und witzig zugleich ist die kleine Kirche Stella Maris mit Normaluhr und Glockenspiel. Marina Sarda schmückt sich mit einer„Seufzerbrücke", hinter der kleinste Einheiten schaukeln.
Der Yachtclub Costa Smeralda veranstaltet den Sardinia Cup, den Swan World Cup, die Zwölfer-Meisterschaften und noch mehr nautische Aktivitäten. Außerdem finden an Sommerwochenenden zahlreiche Clubregatten statt.
Im Juli und August herrscht *Highlife* in Porto Cervo. Kommt man gegen Saisonschluß hierher, sind die Einrichtungen des Marinadorfes bereits im Dornröschenschlaf versunken und offenbaren deutlich die Nachteile einer Retortenschöpfung. Das gilt übrigens für alle Marinas, die keine gewachsene Ortschaft im Rücken haben.
Auch wenn die Liegegebühren im Hafen und die Preise in den Restaurants verteufelt hoch sind und meistens dem Anspruch nicht gerecht werden: einmal in Porto Cervo vorbeizuschauen schadet nichts.

Ansteuerung

Am Tage Von Norden kommend, läßt man die 0,6 sm NE-lich von Punta Cervo liegende Untiefe Secche del Cervo an Steuerbord. Sie ist durch eine schwarz-gelb-schwarze Leuchtbake gekennzeichnet.
Von Süden kommend, steuert man, ruhiges Wetter vorausgesetzt, durch Passo delle Galere zwischen sardischer Küste und den Isolotti di li Nibani hindurch oder außen um die Inseln herum.
Die flaschenhalsartige Einfahrt zur Bucht von Porto Cervo, zwischen zwei niedrigen, von kleinen Feuerträgern markierten Felshuken, ist von See nicht leicht zu erkennen, aber aus- und einfahrende Yachten weisen den Weg. Erst ab der Einfahrt werden die Häuser und der Mastenwald sichtbar. Die Richtbaken (weiß-schwarz-weiß senkrecht gestreift), die man mit rw. 252,4° in Deckung bringen muß, sind mit dem Fernglas gut auszumachen.
Achtung Bei starkem NW fegen Fallböen von den umliegenden Hügeln herab und aus der Bucht heraus; dann sollte man besser unter Motor einlaufen.
Es ist streng verboten, im Einfahrtskanal der Porto Cervo-Marina zu ankern, um den Bootsverkehr nicht zu behindern, der im Sommer sehr intensiv ist.
Bei Nacht Das Feuer auf Secche del Cervo läßt man an Steuerbord. Des weiteren sind die Einfahrtsfeuer und der Funkmast mit dem roten Festfeuer auf dem S-lichen Einfahrtskap hilfreich. Auf der Richtfeuerlinie rw. 252,4° läuft man dann in das Innere der Bucht ein (s. Plan).

Liegeplatz

Marina Porto Cervo und *Marina Sarda* Die Plätze werden angewiesen. In Marina Porto Cervo liegen Muringleinen aus. In Marina Sarda läßt man den Anker fallen und geht mit Leinen an den Schwimmsteg oder an den Kai.
Der Hafen wird rund um die Uhr bewacht.

CAPO FERRO bis OLBIA
0
5 sm
Dev. 0°55' E (2004), jährl. Änderung: 5' E
Cala Portese / I. Caprera
I. Pecora
Oc. R 5 s 8 M 42 m
C. Ferro Nebenfeuer
Passo delle Bisce
Pta. Rossa Fl. G 5 s 5 M 9 m
I. delle Bisce Fl. G 3 s 8 M 11 m
Capo Ferro Fl. (3) 15 s 24 M 52 m
Ito. Capuccini
RC
Liscia di Vacca
Cala Granu
Secche del Cervo Q. (3) 10 s 4 M 6 m
Iti. di li Nibani Q. 4 M 21 m
Porto Cervo
Passo delle Galere
Poltu Quatu
Golfo Pevero
I. delle Rocche
139
Pta. Turitta 421
P. Liscia
Pta. Capaccia
Romazzino
I. Poveri Q. (3) 10 s 4 M 6 m
Cala di Volpe
I. Mortoriotto Fl. (2) 6 s 4 M 10 m
171
Fl. (2) 6 s 4 M 6 m
Pta. Capricciolo
Spiaggia Liscia Ruia
Soffi
Cala Petra Ruia
Pta. Ligata Fl. 3 s 3 M 11 m
Mortorio
C. Razza di Giunco
Le Camere
Porto Rotondo
Pta. Volpe Q. 4 M 5 m (Temporarily)
Porto Portisco
Golfo Cugnana
Pta. delle Volpe
172
Pta. Canigione Q. 4 M 5 m
Golfo di Congianus
Porto Cugnana
Porto Oro
Golfo Marinella
Pta. Salina
93
Mte Canale Torto
Porto Marana
Baia Caddinas
Semaphor
340
Capo Figari
41° N 00,0'
Marineledda
Golfo Aranci
Cala Moresca
Cala di Sassari
I. di Figarolo Fl. 5 s 11 M 71 m
Fischzucht (nachts beleuchtet)
Ito. Porri
Golfo di Olbia
gefährlicher Felsen (Brandung)
Capo Ceraso Q. 5 M 6 m
Pta. Timone / I. Tavolara LFl. (2) 10 s 15 M 72 m
Olbia
I. della Bocca Lfl. 5 s 15 M 24 m
Capo Ceraso
Delta Padrogiano
Golfo Spurlatta
I. Tavolara
510
Liscia delle Saline
Spalmatore di terra
I. Molara
Golfo Spurlatta
09° 40,0' E

Marina Porto Cervo

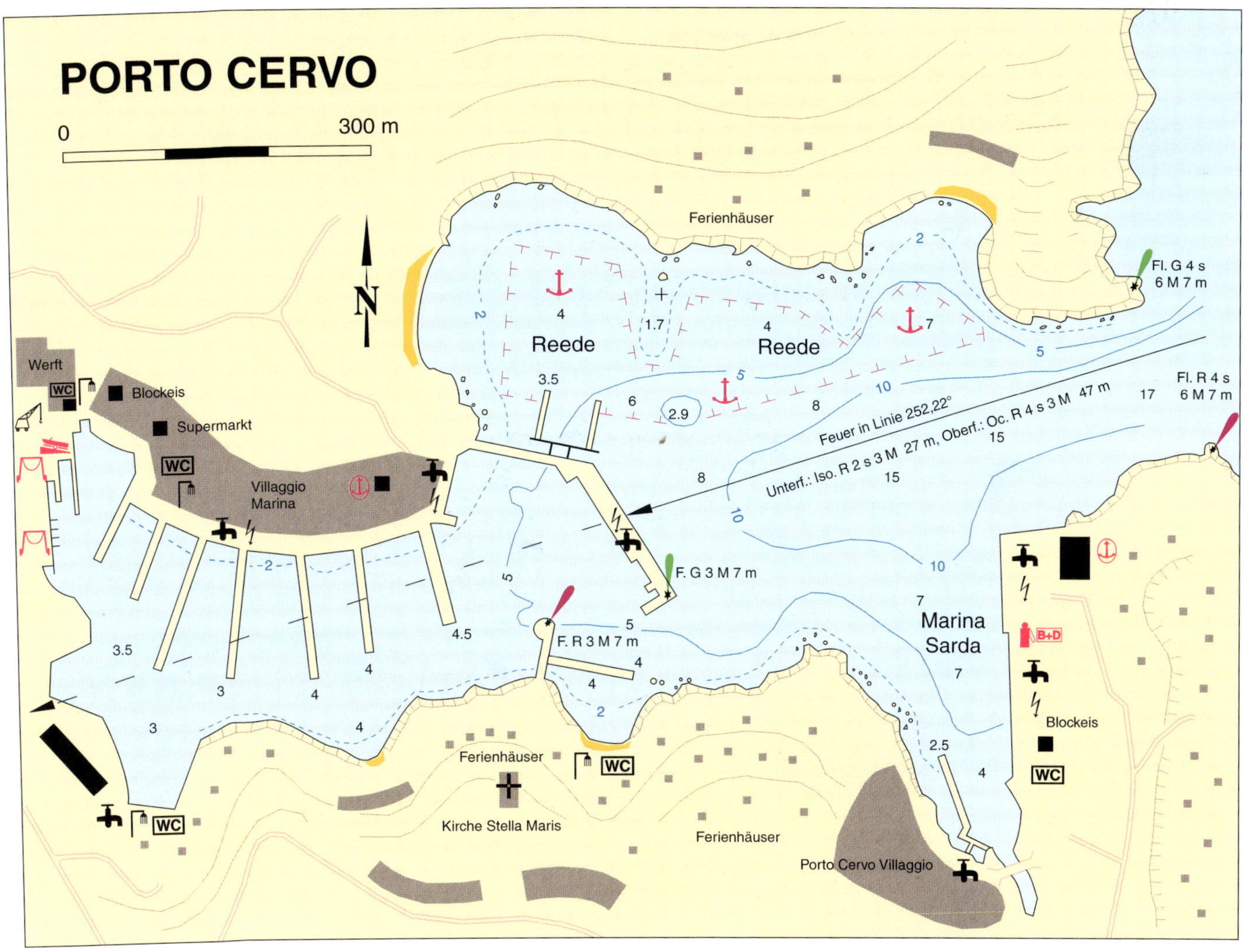

Regatta vor Porto Cervo

Reede Wer die Liegegebühren sparen will, ankert vor den Ferienhäusern im N-Teil der Bucht, N-lich der gelben Reedetonnen mit Andreaskreuz (s. Plan) auf 4–6 m über Sandgrund mit Kraut und vereinzelten Felsen, der gut hält. Kommen Sie den Untiefen vor dem N-Ufer nicht zu nahe. Der Platz ist unruhig, da die ein- und auslaufenden Yachten Schwell erzeugen.

Schutz

In beiden Marinas ist der Schutz ausgezeichnet.
Reede Starker NE- und E-Wind macht das Liegen sehr ungemütlich. Wenn es zu arg bläst, sucht man besser in einer der Ma-rinas Schutz.

Behörden

Hafenmeister in beiden Marinas. Tel. 905111, Fax 91153, vom Ausland 0030/0789 usw.

Versorgung

Wasser und Strom an allen Liegeplätzen. Telefonanschlüsse nur in Marina Porto Cervo. Duschen, WCs. Telefon (s. Plan). Tankstelle am E-Kai der Marina Sarda. Feuerlöschboote.
Kräne, Travellift 40 t, Slipanlage bis zu 350 t. Die Werft Cantiere Navale di Costa Smeralda führt fast alle Reparaturen aus und ist, außer den in Olbia ansässigen Unternehmen, die einzige ernstzunehmende Werft NE-Sardiniens. Schiffsausrüster, Gas. Der Wetterbericht hängt in beiden Capitanerien aus.
Supermarkt, div. Restaurants, Bars, Nachtclubs, exklusive Modeboutiquen, Banken in beiden Marinas. Eisautomaten (Jetons dafür in beiden Marinabüros). Wäschereiservice, chem. Reinigung. Alle Einrichtungen sind nur während der Saison von Juni bis September geöffnet.
Transfer von der Marina Porto Cervo zum Dorf Porto Cervo. Der Rettungsschlepper ist über Funk zu erreichen und operiert zwischen der Straße von Bonifacio und Olbia.

Verkehrs- und Postverbindungen

Post im Feriendorf Porto Cervo. Kartentelefone in der Marina. Reisebüro in Marina Sarda. Mietautos. Flughafen in Olbia.

Funkkommunikation

Marina Porto Cervo hört auf UKW-Kanal 9, 11, 16.
Die Küstenfunkstelle Porto Cervo Radio ist im Sommer hoffnungslos überlastet.

Golfo Pevero

41°07,2'N 09°33,8'E (Untiefenbake) Karte: I 323

Auch dieser landschaftlich schöne, von höheren Hügeln eingerahmte Golf, unmittelbar SE-lich von Porto Cervo, ist mit zahlreichen Ferienvillen bebaut.
Von Süden kommend, kann man am Tage und bei ruhiger See die Durchfahrt Passo delle Galere zwischen der Küste Sardiniens und den Isolotti di li Nibani benutzen (s. Plan S. 222).
Die felsige Untiefe vor dem E-Einfahrtskap ist durch eine schwarz-rot-schwarze Bake mit zwei Bällen im Topp markiert.
- Ankern Sie entweder in der Mitte des Golfes auf 12 m oder
- vor dem Strand in der S-Ausbuchtung auf 4–6 m über Sandgrund mit Kraut und vereinzelten Felsen, wo Sie an-

nehmbaren Schutz bei E-lichen Winden haben. Schwell aus NE steht allerdings herein.

- Auch die kleine W-Ausbuchtung bietet sich zum Ankern an (Klippen).

Im Golfo Pevero liegt man gut bei der SE-lichen Tagesbrise, bei N-lichen Windrichtungen findet man hier keinen Schutz.

Für Golfer: Golfo Pevero rühmt sich einer der schönsten 18-Loch-Anlagen.

Golfo di Congianus

Karte: I 323

Der Golf von Congianus reicht von den Isolotti di li Nibani bis zum Capo Figari und umfaßt eine Reihe einladender Buchten und kleiner Golfe vor den Granitbergen der Gallura. Zerklüftete Felsufer, helle Strände und das smaragdgrüne Wasser, das der Costa Smeralda den Namen gab, gehen mit dem Grau der Felsen, dem Blau des Himmels und dem Weiß der Häuser eine harmonische Verbindung ein. Zahlreiche Marinas und Yachthäfen sind in diesem Gebiet entstanden.

Punta Capaccia

41°05,95'N 09°34,35'E (Pta. Capaccia) Karte: I 323

Zu beiden Seiten des weit nach Osten vorspringenden niedrigen Kaps Punta Capaccia findet man zwei Schönwetterankerplätze. Hotels und Ferienvillen im Costa Smeralda-Stil setzen leuchtende Akzente in das Grün der Landschaft.

Pta. Capaccia/Romazzino

- In der N-Bucht, *Porto Liccia,* ankern Sie auf 3–4 m über Sandgrund in türkisblauem Wasser. Rötliche Felshuken trennen kleine Strände voneinander.
- Die S-Bucht, nach der Luxushotelanlage *Romazzino* benannt, bietet eine gute Ankermöglichkeit vor dem Sandstrand in der SW-Ecke, auf 3–4 m über Sandgrund. Von der Mitte des Strandes springt ein Steg vor, an dessen Kopf eine Klippengruppe behindert.

Beide Plätze werden tagsüber gerne von Yachten aus Porto Cervo angelaufen.

Achtung Vor dem S-Einfahrtskap von Porto Liccia erstrecken sich Überwasserklippen 100 m nach NNE.

200 m S-lich von Pta. Capaccia liegt der gefährliche Felsen Scoglio Capaccia (0,5 m), der schwer auszumachen ist. Um auf der sicheren Seite zu sein, lassen Sie diese Untiefe beim Einlaufen an Steuerbord.

Auch vor dem S-Einfahrtskap von Romazzino erstrecken sich felsige Untiefen über 100 m nach NE.

Die rötlichen Isole Poveri, unmittelbar SE-lich von Pta. Capaccia, sind von Felsen und Klippen umgeben. Das Feuer steht auf einer Klippe S-lich der Inselgruppe (weißer Mast, 4 m hoch) und brennt nur vom 1.6.–30.9. E-lich der Inseln warnt eine gelb-schwarze Leuchtbake mit E-Toppzeichen.

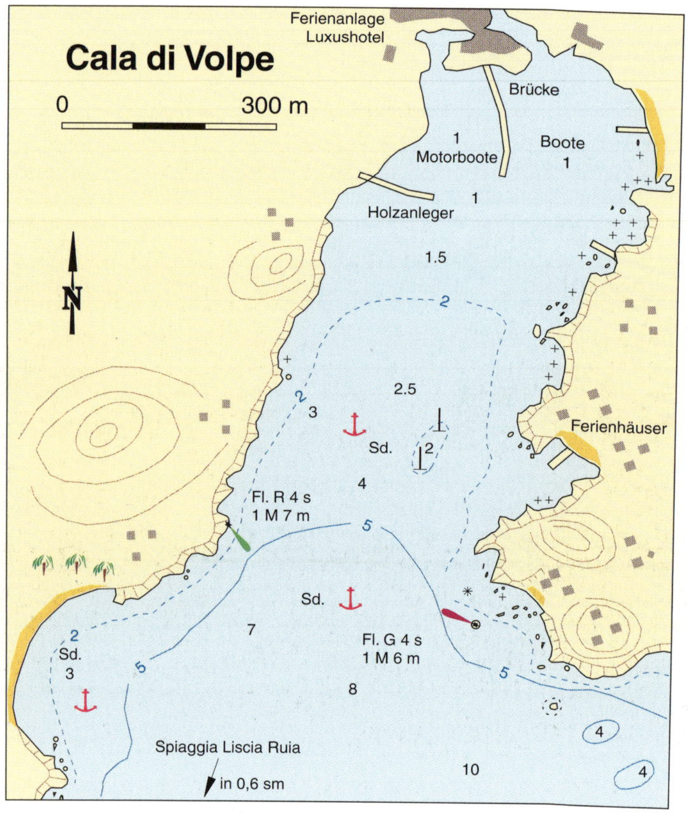

Cala di Volpe

41°05,0'N 09°32,3'E Karte: I 323

Lage und Umgebung

Cala di Volpe ist eine weiträumige Bucht gegenüber den Inseln Soffi und Mortorio. Für Yachten ist der zwischen niedrigen Hügeln und felsigen Ufern liegende, nach Norden zeigende schmale Einschnitt interessant. An seinem Ende, flankiert von den Mündungen zweier kleiner Flüsse, ist die gleichnamige Hotelanlage im Stile eines Galluradorfes mit altmodischen Dachpfannen, Brücken und Bogenarkaden entstanden.

Das Wasser ist transparent und leuchtet in allen Farben von Smaragd bis Türkis.

Ansteuerung und Liegeplatz

Am Tage Von Norden kommend, rundet man Punta Capricciolo wegen vorgelagerter Über- und Unterwasserklippen mit 350 m Abstand. Die Einfahrt des nach Norden weisenden Einschnitts ist durch Feuerträger markiert. Die Untiefen sind gut an der unterschiedlichen Wasserfärbung erkennbar.

Der langgestreckte Einschnitt Cala di Volpe: links das gleichnamige Hotel, hinten die Inseln Soffi und Le Camere

Cala di Volpe, innerer Teil

Das Riff im E-Teil ist durch kleine rot-weiße konische Baken gekennzeichnet, die man neben den zahlreich in der Bucht verankerten Festmachebojen schlecht ausmacht.
Bei Nacht Man orientiert sich am Leuchtfeuer auf Isola Poveri (brennt nur vom 1.6.–30.9.), dem Feuer auf Punta Ligata und an den Einfahrtsfeuern des N-Einschnittes (1.6.–30.9.).
Nachtansteuerung sollte man wegen der unbeleuchteten Untiefen besser vermeiden.
Ankern Sie auf 3 m, etwas mehr zum W-lichen Ufer hin oder direkt in der Einfahrt auf 5–6 m über gut haltendem Sandgrund. Links und rechts des privaten Holzsteges vor dem Hotel liegen nur kleine Boote mit Tiefgang von weniger als 1 m.

Schutz

Der Schutz ist gut außer bei S-lichen Windrichtungen. Bei dieser Wetterlage ist der Ankerplatz vor dem Strand *Spiaggia Liscia Ruia* auf 3–4 m über reinem Sandgrund (s. Plan) vorzuziehen, der wiederum gegen E-liche Winde ungeschützt ist.

Cala Petra Ruia

41°03,85'N 09°32,0'E (Lf. Pta. Ligata) Karte: I 323

Die halbrunde Bucht schneidet unmittelbar S-lich der befeuerten Punta Ligata ein. Eine Klippenbank aus Über- und Unterwasserfelsen liegt im SW-Teil der Einfahrt. Steuern Sie nahe dem N-lichen Einfahrtskap mit Kurs NW ein.

- Der Anker fällt lt. Plan vor dem langen Strand auf 3–5 m über Sandgrund. Kein Schutz bei Winden aus Ost bis Süd.
- In der SW-lich anschließenden Bucht *Cala Razza di Giunco* findet man einen Tagesankerplatz, ebenfalls vor einem Strand, auf 5–6 m über Sand mit Felsen.

Achtung Vor dem im Norden einmündenden Flüßchen hat sich eine Barre gebildet, die weit nach Süden reicht.

Inseln Mortorio, Soffi, Le Camere

41°04'N 09°34'E Karte: I 323

Diese kahlen Klippeninseln 1 sm vor der Costa Smeralda bieten verschiedene Ankerplätze, die man je nach Windrichtung auswählt. Lassen Sie sich nicht von den drastischen Namen (*soffi*: Windpfiffe, *mortorio:* Todeskammer) abschrecken.
Die Inseln gehören zum Naturpark Maddalena-Archipel.

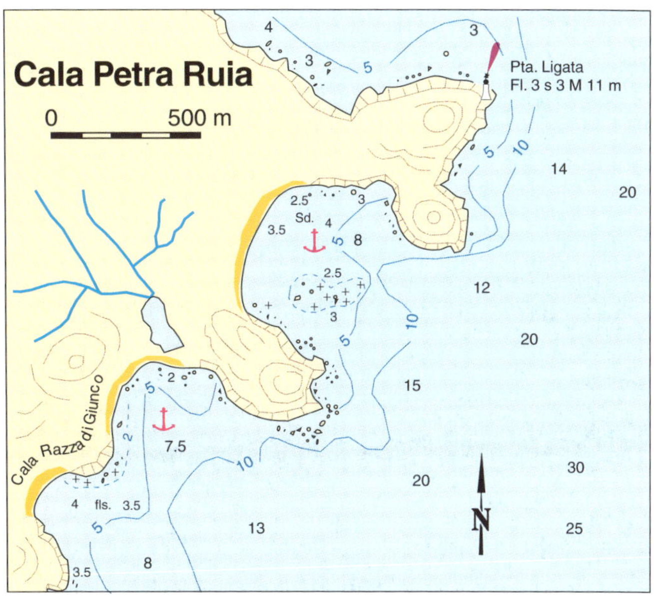

*Insel Mortorio, vorn Ankerplatz **C**, links Ankerplatz **A** und **B***

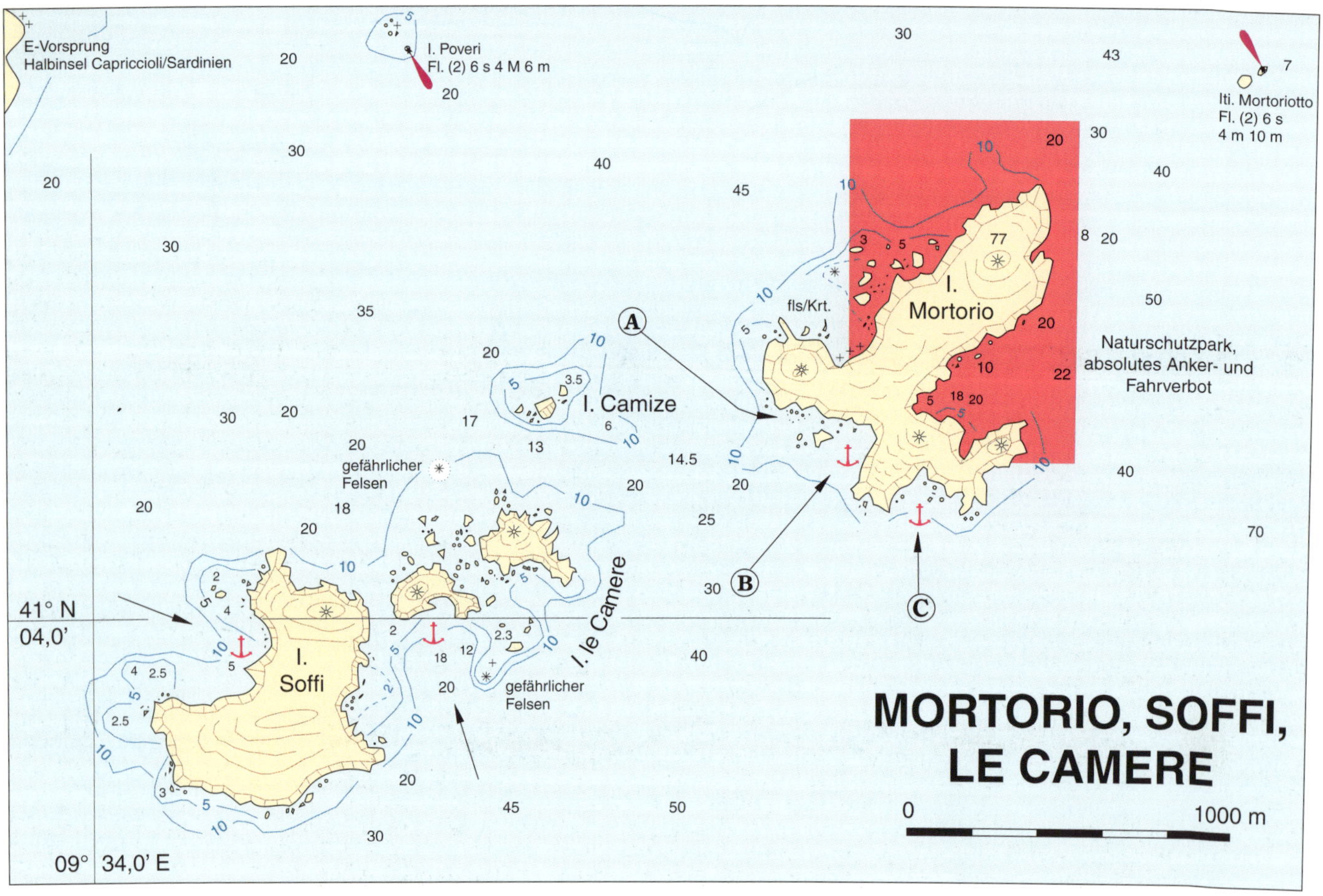

Westbucht Insel Soffi

Hier ankert man an der W-Seite auf 5–8 m über Sandgrund, geschützt von Ost bis Süd.

Südbucht Le Camere

Auf 10 m über Kraut mit Fels vor der S-Seite der SW-lichen der beiden Camere-Inseln, geschützt von West bis Nord.
Achtung Gefährlicher Felsen SE-lich der Insel Le Camere (s. Plan).

Mortorio

Gleich vorweg: Die Buchten an der Ost- und an der N-Seite der Insel Mortorio liegen in einer absoluten Fahr- und Ankerverbotszone.

- *Ankerplätze A* und *B* Eine kleine Insel teilt diese Bucht in zwei ungleiche Hälften, zwischen den felsigen Ufern in ihrem Scheitel liegt ein Strand, das Wasser ist ganz klar. Der E-Seite der kleinen Insel sind Klippen vorgelagert.
  Tasten Sie sich vorsichtig an eine der beiden Ankermöglichkeiten heran.
  N-lich der kleinen Insel, in dem engeren Abschnitt, ankern Sie auf 3–6 m über Sandgrund. Wenn Sie sich noch weiter hineinwagen, müssen Sie eine Leine zum Land ausbringen.
  S-lich der kleinen Insel fällt der Anker auf 6–8 m über Krautgrund.
  Schutz von Nord bis SE.
- *Ankerplatz C* Untiefen und sichtbare Klippen sind dem E-Ufer der Bucht vorgelagert.
  Ankern Sie in der Einfahrt auf 7–8 m über Kraut und Fels, weiter innen auf 4 m. Schutz von West über Nord bis Ost.

Golfo di Cugnana

Karte: I 323

Der große, ringsum bebaute Golf, dessen S-Teil Porto di Cugnana genannt wird, hat schöne Strände und zwei Yachthäfen zu bieten: Porto Portisco am W-Ufer und Porto Rotondo SE-lich davon auf halbem Wege zwischen Punta Nuraghe und Punta Volpe, außerdem die Steganlage Porto Asfodeli.

Marina di Portisco

41°02,35'N 09°31,5'E — Karte: I 323

Lage und Umgebung

An der W-Seite des Golfo di Cugnana, SW-lich der vorgelagerten kleinen Insel Isolotto di Portisco, die mit dem Ufer durch eine Sandbank verbunden ist, schmiegt sich der schmucke Yachthafen Porto Portisco mit der obligaten Feriensiedlung an grüne Abhänge vor felsigen, ausgezackten Hügelrücken.

Marina di Portisco, N-Teil

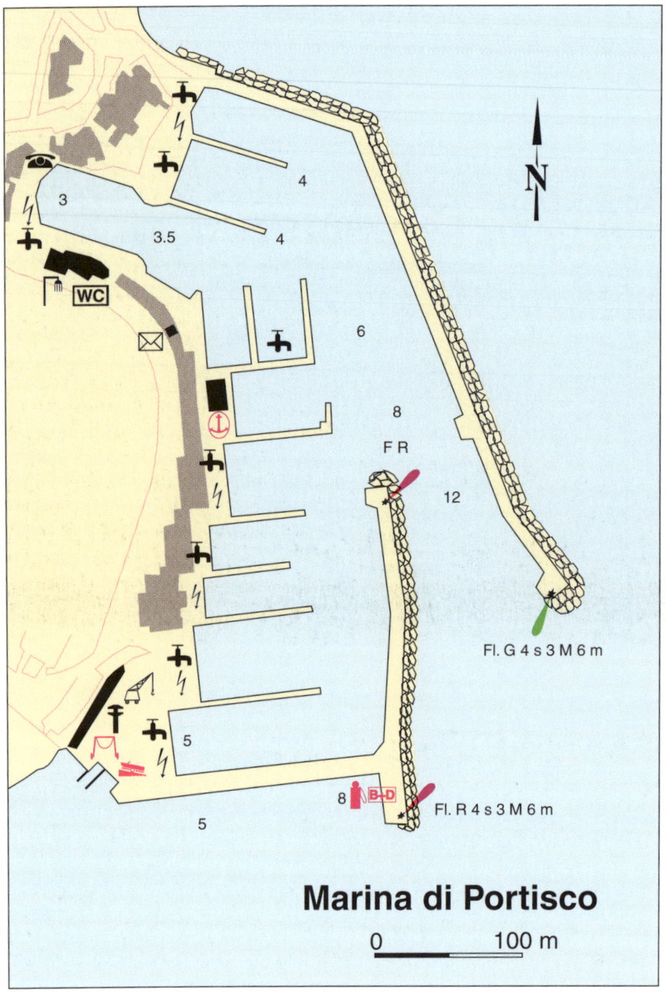

Ansteuerung und Liegeplatz

Am Tage Der Feuerträger, ein schwarz-weiß gestreifter, gedrungener Turm auf dem Hauptwellenbrecherkopf, und die Ferienhäuser auf den umliegenden Hügeln sind auffällig.
Bei Nacht Die Hafeneinfahrt ist befeuert .
Festgemacht wird, unter Anleitung des Marinapersonals, an Muringleinen.
Reede Zwischen Isolotto di Portisco und der Marina auf Sandgrund.

Schutz

In Marina di Portisco liegt man wunderbar geschützt.
Reede Kein Schutz bei E-lichen Winden.

Behörden

Hafenmeister (s. Plan). Tel. 33520, Fax 33560, vom Ausland 0039/0789 usw.

Versorgung

Wasser und Strom an den Liegeplätzen. Tankstelle in der Hafeneinfahrt. Duschen, WCs, Kran bis 20 t, Travellift 70 t, Werft, Schiffsausrüster. Motorreparaturen. Service für Außenbordmotoren. Kombinierter Rettungs- und Feuerlöschschlepper. Nottelefone und Feuerlöscher auf dem Marinagelände. Müllboxen. Wetterbericht über Météosat, stets brandaktuell, beim Hafenmeister.

Marina di Portisco, Service-Area

Portisco-Reede im Schutz der Südmole

Fischverkauf im Hafen. Restaurants und Lebensmittel im Feriendorf (während der Saison).

Funkkommunikation

Die Marina hört auf UKW-Kanal 9.

Porto di Cugnana

41°01,2'N 09°31,3'E (Pta. Asfodeli) Karte: I 323

Porto di Cugnana ist der Südausläufer des gleichnamigen Golfes. In der N-lichen Hälfte zwischen Punta Nuraghe und der vom E-Ufer vorspringenden, mit Ferienvillen bebauten Halb-

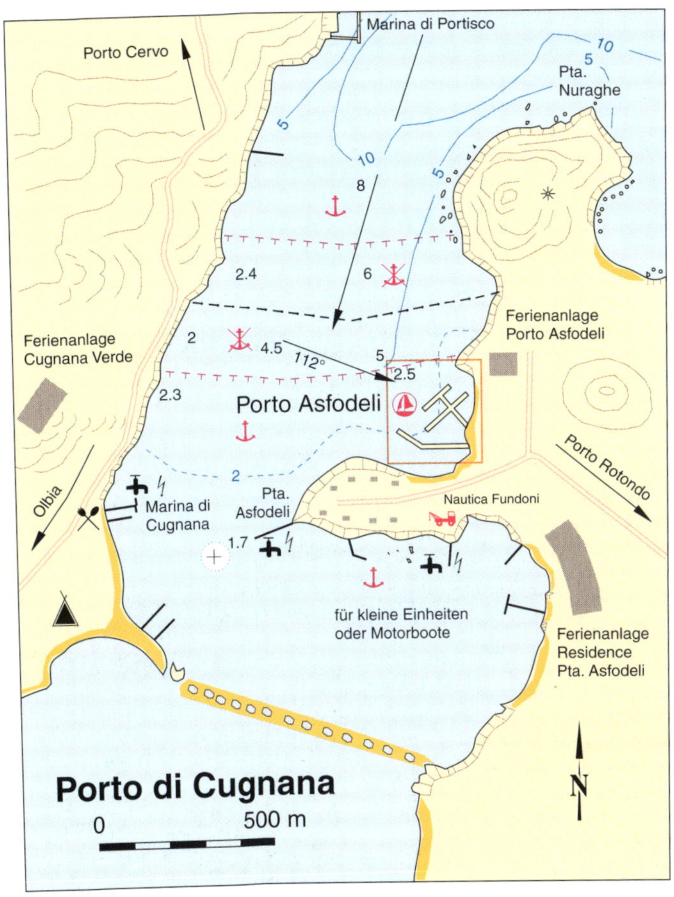

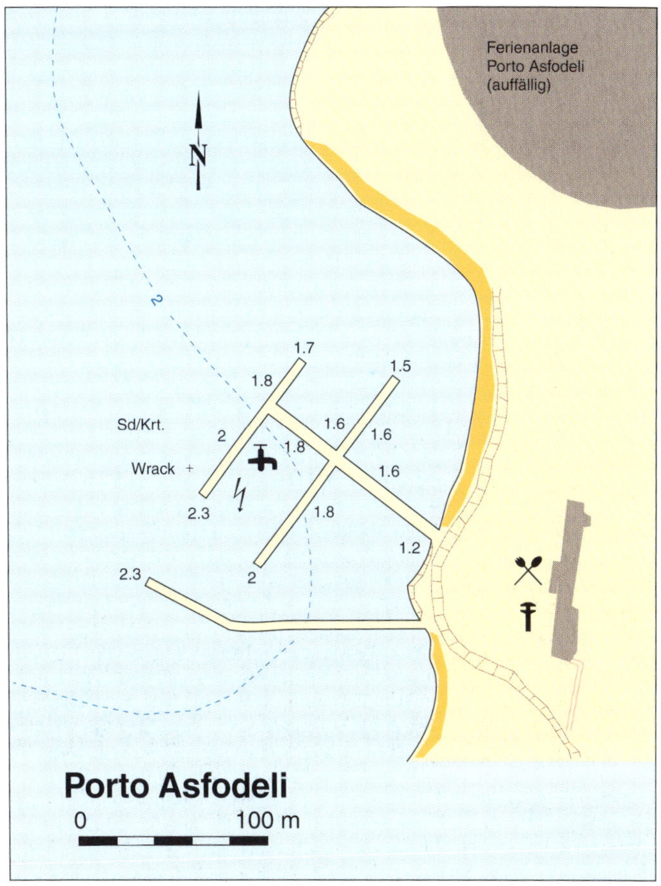

Porto di Cugnana. Links: Punta Asfodeli, rechts jenseits der Halbinsel die Steganlage Porto Asfodeli. Hoch oben die Zacken der Punta Cugnana (850 m)

insel Punta Asfodeli (s. Plan) findet man gute Tiefen vor. Die seichte S-Hälfte wird durch eine Barriere aus Sand und Steinen in zwei ungleiche Teile zerschnitten.
Wählen Sie zwischen folgenden Ankermöglichkeiten:

Steganlage Porto Asfodeli

N-lich der Wurzel der gleichnamigen Halbinsel, vor einer Feriensiedlung mit hübschen rostfarbenen Gebäuden, befindet sich die gepflegte Steganlage Porto Asfodeli mit Tiefen von ca. 1,5 m im inneren Teil bis 2 m am äußeren „T", geeignet für Yachten von 6–12 m Länge.
Beim Ansteuern schlagen Sie einen großen Bogen um die kleine Huk N-lich davon, da es dort sehr seicht ist. Am besten halten Sie mit Kurs rw. 112° auf den Anleger zu.
Wasser und Strom sind vorhanden, Muringleinen liegen aus. Servicebetrieb. Schlauchboote werden vermietet, Kraftstoff ist in kleinen Mengen verfügbar.
Restaurant und Café-Bar in der Feriensiedlung. Öffentliche Telefone.
Der Hafenmeister hört auf UKW-Kanal 9.

Vor der Steganlage

NW-lich von Porto Asfodeli kann man auf 5–6 m über Sandgrund, der zum Teil mit Kraut bewachsen ist, ankern.
Kein Schutz bei Nord- und NE-Wind.

Halbinsel Punta Asfodeli-Süd

Von der S-Seite der Halbinsel und dem anschließenden Strand springen fünf Anleger vor, manche davon sind privat. Beim Annähern empfiehlt es sich, das Echolot zu beobachten.
Der W-lichste, direkt am Kap, ist im ersten Drittel für Yachten mit Tiefgang bis 1,5 m brauchbar.
Der dritte Steg, von Westen gezählt, gehört zu einer Werft, die auch über einen Mobilkran verfügt.
An allen Stegen gibt es Strom und Wasser.
Boote mit weniger als 1 m Tiefgang finden an der S-Seite der Halbinsel Punta Asfodeli Allroundschutz.

Marina di Cugnana (Cugnana Verde)

Am SW-Ufer von Porto di Cugnana, gegenüber der Halbinsel Punta Asfodeli, liegen Schwimmstege verankert, die hauptsächlich für kleine Motorboote geeignet sind. Am Kopf des S-lichen lotet man 1 m, am „T" des N-lichen 1,5 m. Muringleinen liegen aus, Wasser, Strom und ein Kran (14 t) sind vorhanden. Bootsvermietung. Snackbar, Restaurant.

Porto Rotondo

41°01,8'N 09°32,7'E (rotes Feuer) Karte: I 323

Lage und Umgebung

Der beinahe rundum geschlossene Naturhafen zwischen Punta Nuraghe und Punta Volpe war schon immer ein beliebter Ankerplatz für Yachten, daher lag es nahe, ihn in eine Marina umzuwandeln. Zwei italienische Grafen ließen ihn erbauen und von einem Feriendorf umgeben.

Ansteuerung und Liegeplatz

Am Tage Von Osten kommend, muß man die mehr als 150 m ins Meer reichende und durch eine Bake mit E-Toppzeichen markierte Untiefe um Punta Volpe in gutem Abstand runden. N-lich der Hafeneinfahrt springen Buhnen vor; auf der S-lichsten steht ein Feuer.

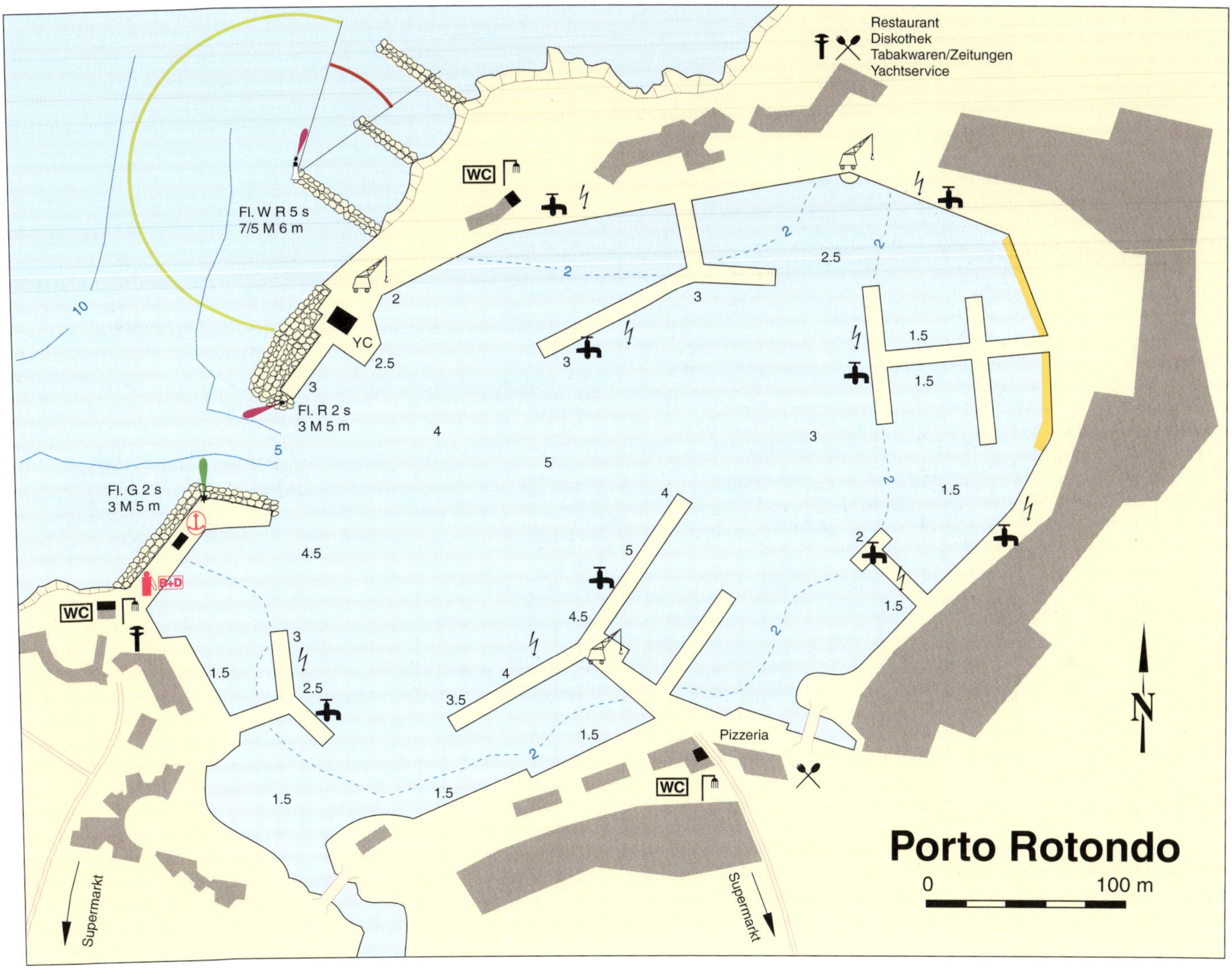

Hafeneinfahrt von Porto Rotondo

Porto Rotondo

Von Norden kommend, ist die Bebauung um den Hafen auffällig.
Bei Nacht Die Hafenmolen und die S-liche Buhne sind befeuert.
Am Tage wird man von Helfern im Schlauchboot in Empfang genommen, die auch mit den Muringleinen (oder Bojen bei großen Yachten) behilflich sind.

Schutz

Der Schutz ist hervorragend.

Behörden

Capitaneria an der S-Mole. Tel. 34203, Fax 34368, vom Ausland 0030/0789 usw.

Versorgung

Wasser, Strom, vereinzelt auch Telefonanschlüsse an den Liegeplätzen. Duschen, WCs. Tankstelle am S-Wellenbrecher. Kräne bis zu 20 t, Werft für kleine Reparaturen, gut für Motoren. Schiffsausrüster in Hafennähe. Wetterbericht in der Capitaneria, stets brandaktuell. Eiswürfelautomaten. Öffentliche Telefone.
Restaurant und Supermarkt im Hafen (Juni–September), sonst in der Ortschaft. Bank ebenfalls im Ort.

Funkkommunikation

Die Marina hört auf UKW-Kanal 9.

Punta delle Volpe

41°01,8'N 09°33,5'E Karte: I 323

E-lich des gleichnamigen Kaps, am N-Eingang des Golfo di Marinella, öffnet sich diese einladende Bucht, in der man auf 4–10 m über gut haltendem Sandgrund den Anker fallen lassen kann.

Porto Oro (Palumbalza)

41°00,6'N 09°33,2'E Karte: I 323

Am W-Ufer des Golfo di Marinella, unterhalb einer Feriensiedlung, deren Bauten – zumeist in Rosatönen mit blaugerahmten Fenstern – von dichtem Baumbestand eingerahmt sind, ist diese winzige Marina entstanden, die guten Schutz bietet.
S-lich davon liegt ein Ferienkomplex, aus dem ein Aussichtsturm mit Außenwendeltreppe emporragt; am dazugehörigen Strand, vor einem rostroten Pavillon, springt ein Holzsteg vor.
Die Hafeneinfahrt ist befeuert, kleine Bojen begrenzen sie nach Süd und warnen vor der Untiefe an der Backbordseite. Die Mini-Wellenbrecher sind nicht leicht auszumachen. Durch einen 20 m breiten Flaschenhals (halten Sie gut frei von den Wellenbrechern) gelangt man in das ovale Becken. Achten Sie beim Einsteuern auf Schwimmer, da an die Hafeneinfahrt Strände anschließen.
Die Tiefen in der Einfahrt liegen bei 3 m und nehmen zum Hafeninneren auf 2,2 m ab. Muringleinen liegen aus. Segel-

Der kleine gemütliche Hafen Porto Oro gehört zur Feriensiedlung Palumbalza

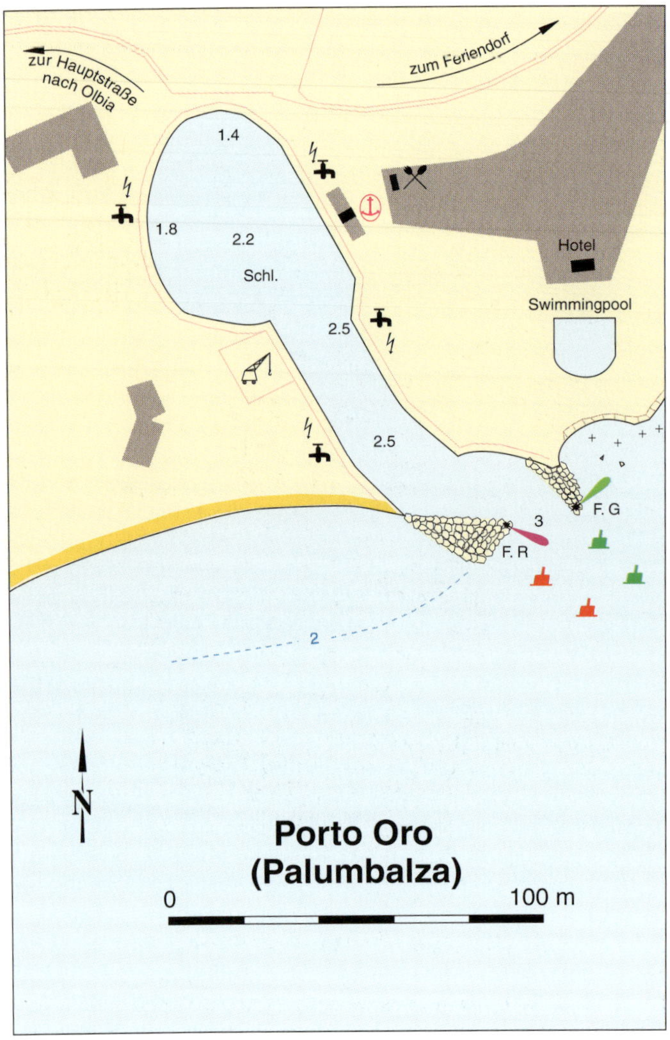

yachten von mehr als 10 m Länge haben es schwer, denn der Manövrierraum ist spärlich bemessen.

Den besten Liegeplatz für zwei mittelgroße Yachten (10–12 m) findet man längsseits am Kai an der N-Seite des Flaschenhalses Der Schutz ist ausgezeichnet.

Wasser und Strom an den Liegeplätzen. Duschen und WCs im Hafenbüro. Kran 10 t, Wetterbericht hängt aus. Müllentsorgung. Hohe Liegegebühren.

Supermarkt und Restaurant im Hafen.

Tel. 32005, Fax 32009, vom Ausland 0039/0789 usw.

Der Hafenkapitän hört auf UKW-Kanal 9.

Marina di Porto Marana

41°00,2'N 09°33,6'E Karte: I 323

Lage und Umgebung

Vor hügeliger Kulisse, im SE des Golfo di Marinella, unterhalb des mit Ferienhäusern bebauten Kaps Punta Marana, liegt ein weiterer Yachthafen.

Ansteuerung

Am Tage Man muß Pta. Volpe, das N-Einfahrtskap und auch Pta. Canigione, das flachauslaufende E-Kap des Golfo di Marinella, wegen der vorgelagerten Untiefen und der durch eine Bake mit N-Toppzeichen markierten Klippen weiträumig umfahren. Der gedrungene runde Turm auf dem kahlen Felskap Pta.Volpe klebt an einem zweistöckigen Gebäude und ist eine

Marina di Porto Marana

gute Landmarke. N-lich von Pta. Sabina erstreckt sich eine sehr gefährliche unbezeichnete Untiefe ca. 280 m nach Norden.

Die Lage des Hafens erkennt man unschwer an den ockerfarbenen Ferienappartements am SW-lich anschließenden Strand. Die etwa 50 m breite und 2–3 m tiefe Zufahrt zur Marina ist durch kleine unbeleuchtete rote und grüne Tonnen gekennzeichnet; zu beiden Seiten der Fahrrinne liegen Unterwasserklippen (s. Plan).

Bei Nacht Die Hafeneinfahrt ist befeuert, ebenso der Molenflaschenhals. Von Nachtansteuerung raten wir jedoch ab, da die Fahrrinnentonnen nicht beleuchtet sind.

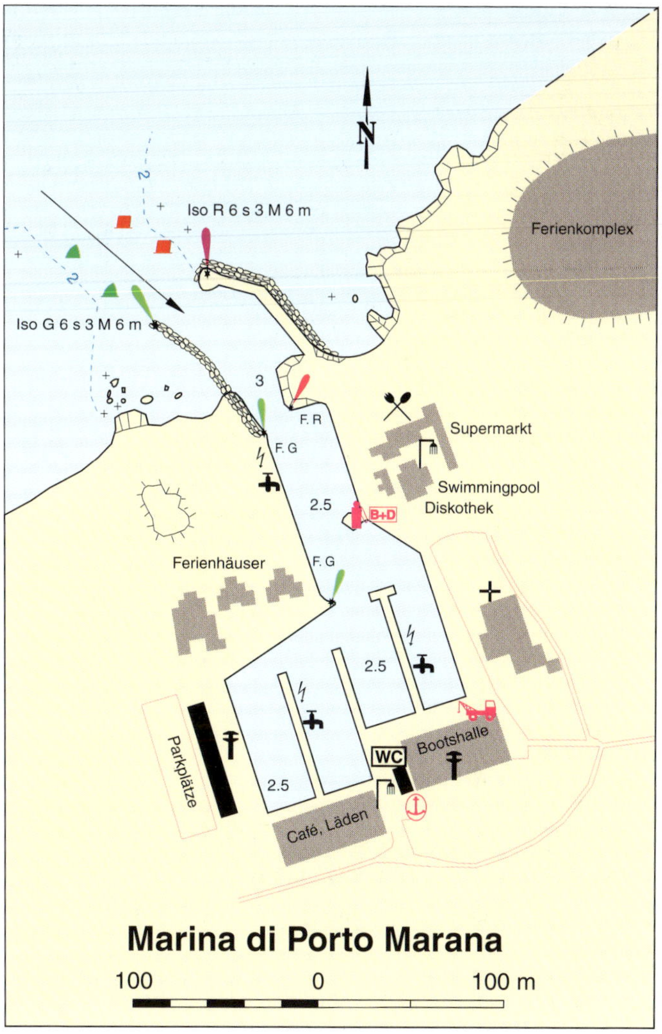

Liegeplatz

Der Hafen kann Yachten bis 20 m Länge und 2,5 m Tiefgang aufnehmen. Muringleinen liegen aus. Auffällig viele Motorboote sind hier beheimatet, die meisten davon gehören den Bewohnern der Feriensiedlung.

Reede Vor dem Holzsteg der Feriensiedlung (Aussichtsturm, Pavillon), der vom langen Strand am Ende des Golfes vorspringt, ankern Sie auf 4–5 m über Sandgrund.

Schutz

Der Schutz im Hafen ist gut. Im Winter verursacht der Tramontana (N und NNE) Schwell im Hafenbecken.

Reede Der Platz ist offen gegen N und NE.

Behörden

Hafenmeister (s. Plan). Tel. 32088, Fax 32089, vom Ausland 0039/0789 usw.

Versorgung

Wasser und Strom an den Liegeplätzen. Tankstelle. Duschen, WCs. Mobilkran 10 t, Kran 40 t. Kleine Werft mit gut sortiertem Ausrüstungslager für Motor, Elektro- und Elektronik-Reparaturen, auch für Holz- und GFK-Boote. Slipbahn. Überwinterung an Land. Wetterbericht in der Capitaneria.
Müllentsorgung. Telefone.
Supermarkt, Café-Bar und Restaurant im Hafen (Juni bis September). Hubschrauberlandeplatz.

Funkkommunikation

Der Hafenmeister hört auf UKW-Kanal 9.

Golfo di Marinella

41°04,0'N 09°34,65'E Karte: I 323

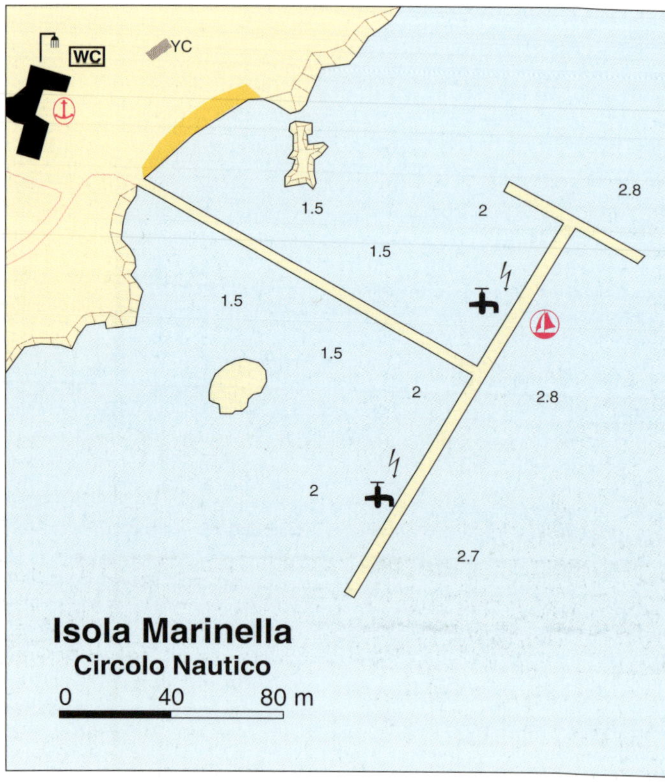

In der SE-lichen Ausbuchtung des Golfo di Marinella, unterhalb der Feriensiedlung Villaggio Marineledda, springen verschiedene Stege vor.

- *Circolo Nautico Isola Marinella* Am äußersten Anleger, dem Schwimmsteg in der Form eines „T", der die NE-Spitze der kleinen Insel, die mit der sardischen Küste durch einen künstlichen Damm verbunden ist, verlängert, findet man die besten Tiefen vor, nur dieser ist daher für Segelyachten geeignet. Die überspülten Felsen an der Steuerbordseite der Zufahrt sind durch Bojen gekennzeichnet.
  Die Tiefen liegen in der Einfahrt bei 6–8 m und nehmen zum Anleger hin auf 3–1,5 m ab.
  Wasser und Strom am Steg, der nachts mit Laternen beleuchtet ist. Duschen und WCs. Slipbahn, Motor-, Elektro- und Elektronik-Reparaturen sowie Bootsreparaturen. Wetterbericht hängt aus. Eiswürfelverkauf.
  Kein Schutz bei Nord- und NE-Wind.

Die weiteren Steganlagen im Buchtinneren sind eher für Motorboote geeignet:

- *Marineledda* Der private Schwimmsteg taugt für Boote bis 8m Länge. Fässer bezeichnen die Untiefen vor dem Anleger. Am Steg gibt es Wasser, im Feriendorf findet man Supermarkt, Bar und Restaurant (Juni bis September).
- *Yachting Club Vela Blu* Der etwa 120 m lange Anleger im innersten Teil des Golfes trägt ein weißes Festfeuer und ist über eine mit unbeleuchteten Bojen markierte Fahrrinne zu erreichen. Vor dem Steg liegen die Tiefen bei 0,8–2 m. Motorboote bis zu 12 m Länge finden hier Platz, gut geschützt bei W-lichen Winden.

Steganlage Circolo Nautico Isola Marinella

Golfo di Marinella mit den Steganlagen Circolo Nautico Isola Marinella, Marineledda und Yachting Club Vela Blu

Wasser und Strom. Bootsreparaturen sowie Motor-, Elektro- und Elektronik-Service.

Golfo Aranci

40°59,6'N 09°37,4'E Karte: I 322

Lage und Umgebung

Knappe 2 sm W-lich von Capo Figari, vor felsigen Hügeln und hohen Häusern, liegt der Fähr- und Handelshafen Golfo Aranci, wo auch die Eisenbahnfähren nach Civitavecchia verkehren. Für Yachten ist das erste Becken des N-lich angrenzenden Fischerhafens am besten zum Festmachen geeignet. Wo ein Platz frei ist, quetscht man sich dazwischen.
Die Ufer und Strände NW-lich des Hafens sind bis Baia Caddinas nahtlos bebaut.

Ansteuerung

Am Tage Von Norden kommend, rundet man eine der auffälligsten Landmarken des Reviers, das mächtige, 340 m hohe, an seiner E-Flanke senkrecht ins Meer abstürzende Capo Figari, auf dessen höchster Erhebung das weiße Semaphorgebäude steht. Bei starkem NW-Wind wirken sich in Kapnähe heftige Fallböen aus. Schwächere Winde aus NW und Nord werden von den Felsmassen des Kaps abgebremst; dann entsteht unangenehme Kabbelsee.

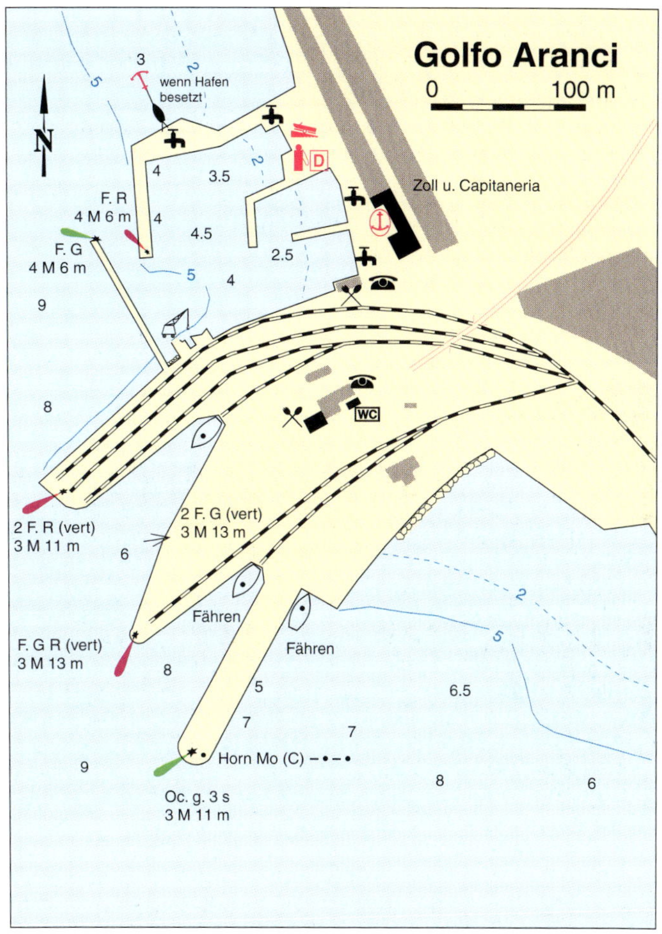

Meerenge zwischen der hohen Figari-Halbinsel und Isola di Figarolo

Die nächste Landmarke S-lich des Kaps ist die 141 m hohe Isola di Figarolo mit heller Felskrone, auf der das Leuchtfeuer steht. Die Durchfahrt zwischen Insel und Kap ist rein.
Vor dem W-Ufer der Insel Figarolo liegt eine Fischzuchtanlage.
Abgestellte Eisenbahnwaggons, hohe Verladerampen, Kais und die Häuser der Stadt sind gute Orientierungshilfen. Halten Sie 200 m Abstand von den parkenden Fähren.

Bei Nacht Folgende Feuer sind hilfreich: das Leuchtfeuer auf Isola di Figarolo, zwei befeuerte Kardinaltonnen E-lich und W-lich der Fischzuchtanlage und das Hauptfeuer des Hafens auf der S-lichsten Mole.

Liegeplatz

- Laufen Sie vorsichtig in den Fischerhafen ein und machen Sie fest, wo sich eine Lücke auftut. Die Tiefen liegen zwischen

Yacht- und Fischerhafen Golfo Aranci

Im Hafen von Golfo Aranci

2 und 4 m. Ist der Hafen überfüllt, können Sie auch außen an der N-Seite des großen L-förmigen Kais mit Bug- bzw. Heckanker oder längsseits festmachen (s. Plan).

- *Reede* NW-lich der Fischerbecken vor dem kleinen Bootshafen oder vor dem N-lich anschließenden Strand auf 5–8 m über Sandgrund.
- *Cala Moresca* In dem Einschnitt an der S-Seite der Halbinsel Figari, gleich N-lich der Isola di Figarolo, vor einem kleinen Strand, an dessen E-Ende ein Anleger vorspringt, findet man einen hübschen Ankerplatz, der ein wenig vor Winden aus NW bis Ost schützt.

Schutz

Im Fischerhafen ist man gut aufgehoben. Wenn N-liche Winde über das Vorgebirge von Capo Figari wehen, entstehen im Golf starker Schwell und Seegang.

Behörden

Hafenmeister (s. Plan).

Versorgung

Wasser am Kai. Diesel am E-Kai. Slipbahn. Travelliftbecken und Kran 30 t (s. Plan). Mobilkran 35 t. Motorwerkstätten im Ort. Müllentsorgung.
Beim Fischerhafen gibt es ein Café-Restaurant und einen Kiosk, wo man Wein und Käse kaufen kann. Zeitungen und WCs auf der Fährmole. Banken im Ort.

Post- und Verkehrsverbindungen

Postamt (weit vom Hafen). Eisenbahnfähre (Autotransport) und Schnellfähre nach Civitavecchia. Bahnstation direkt am Kai. Autofähre nach Livorno.

Baia Caddinas

40°59,7'N 09°36,3'E Karte: I 322

Lage und Umgebung

0,8 sm W-lich des Fischerhafens von Golfo Aranci liegt eine kleine Marina, eingerahmt von einer weitläufigen, geschmackvoll angelegten Feriensiedlung, neben einem belebten, hellen Strand. Von hier hat man einen wunderhübschen Blick auf die Figari-Halbinsel, Golfo Aranci und die Insel Figarolo.
Zur Straße hin ist die Anlage durch eine Schranke gesichert.

Ansteuerung und Liegeplatz

Am Tage Auffällig ist die Ansammlung von Ferienvillen auf den niedrigen Hügeln. Ein 25 m breiter, von unbeleuchteten roten und grünen Tonnen bezeichneter Kanal leitet mit einer Rechtskurve in die Hafeneinfahrt.
Bei Nacht Die Molenköpfe sind zwar befeuert, aber die Tonnen nicht. S-lich der roten Tonnen dehnt sich eine Untiefe aus, daher wird Ortsunkundigen unbedingt von einer Nachtansteuerung abgeraten.
Die während der Saison oft spärlich vorhandenen Gastliegeplätze werden vom Personal zugewiesen. Man hat wenig Manövrierraum. Der Hafen ist nur für kleinere Einheiten nutzbar.

Schutz

Bei starkem Scirocco ist das Einsteuern in den Hafen zu gefährlich. Auch das Tanken muß dann ausfallen.

Behörden

Hafenmeister, Tel. 46813, vom Ausland 0039/0789 usw.

Die kleine Marina Baia Caddinas

Versorgung

Wasser, Strom im Hafen. Tankstelle in der Hafeneinfahrt am W-lichen Wellenbrecher. Vier TV-Anschlüsse. Wetterbericht in der Capitaneria.
Duschen und WCs am Gelände der Feriensiedlung. Mobilkran 25 t. Kranen sollte man hier nur im Notfall, da die Zufahrt von der Straße ziemlich umständlich ist. In Golfo Aranci geht das viel besser.
Die Lebensmittelgeschäfte und Restaurants im Feriendorf sind nur vom 1.6.–30.9. in Betrieb.

Funkkommunikation

Der Hafenmeister hört auf UKW-Kanal 9.

Badestrand neben der Marina

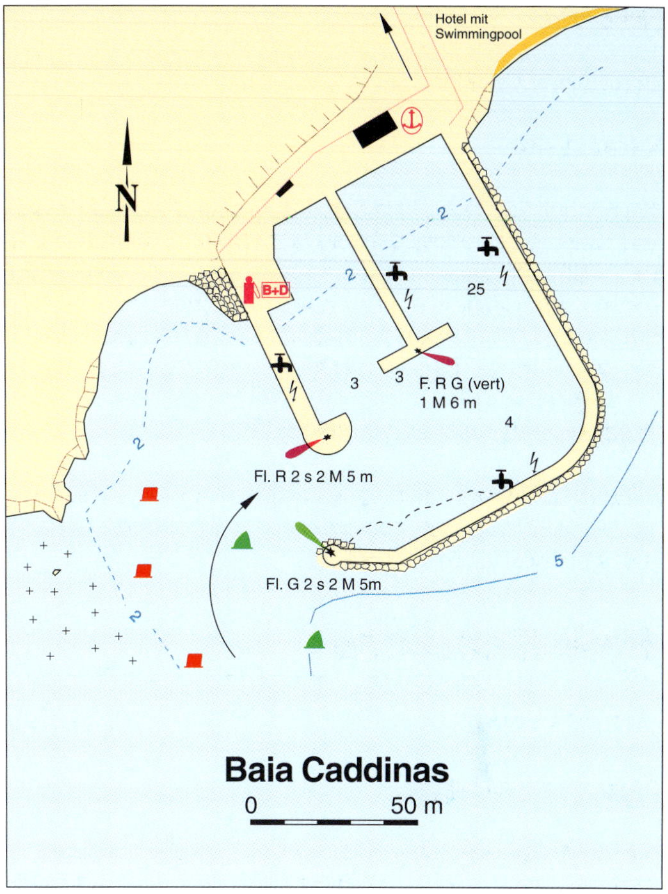

Olbia: Blick vom Hafen auf die Fahrrinne und die Insel Tavolara

Cala di Sassari

40°59,1'N 09°35,35'E (I. di Porritula) Karte: I 322

In dieser großen Bucht 0,7 sm SW-lich von Baia Caddinas ankert man, wo es beliebt, auf 4–5 m über Sandgrund. Hinter kleinen Badebuchten erheben sich steile Hügel, auf denen zahlreiche Ferienhäuser zu sehen sind.

Isoloto Porri

40°57,5'N 09°35,3'E Karte: I 322

Unmittelbar S-lich des vorherigen Ankerplatzes, SW-lich des Inselchens Porri, kann man vor einer felsigen Huk auf 6 m über Sandgrund mit Felsen angenehm ankern.
Achtung Die Untiefe Secca dei Porri (3,5 m an der seichtesten Stelle) liegt 0,5 sm S-lich der gleichnamigen kleinen Insel.
Ein noch gefährlicheres Unterwasserriff erstreckt sich 0,5 sm SW-lich von Secca dei Porri.

Olbia

40°55,3'N 09°30,4'E (Stadtkai) Karte: I 322

Lage und Umgebung

Ein tief einschneidender, vielgegliederter Fjord, niedrige Berge mit ausgezackten Gipfeln, Marschland und kleine Inseln umgeben den geschäftigen Fähr- und Industriehafen, die leistungsstarken Werften und das freundliche Städtchen.
Allbeherrschend ist die SE-lich vorgelagerte, 500 m senkrecht aus dem Meer emporragende *Isola Tavolara,* in deren S-Teil der Ankerplatz Spalmatore di terra zu finden ist, wo kleine Yachten an Schwimmstegen festmachen können und größere Einheiten auf 3–8 m über Sandgrund ankern. Der NE-Teil der Insel ist militärisches Sperrgebiet.

Ansteuerung

Am Tage Die an der S-Seite der Fjordeinfahrt liegende Isola Bocca, auf der ein auffälliger weißer Leuchtturm mit rechteckigem Gebäude und auch ein Nebelsignal (B –••• 30 s) stehen, läßt man weit an Backbord und fährt in das betonnte, befeuerte Fahrwasser ein. Mit Kurs rw. 268° steuert man bis auf die Höhe des Molenkopfes Stazione Marittima (Fährhafen) auf Isola Bianca; ab hier orientiert man sich an den weiteren beidseitig plazierten Baken und Tonnen, die zwischen Isola di Mezzo und Isola Manna hindurch zum Stadtkai führen (s. Plan).
Am N-Ufer des Golfes, auf der Höhe der Stazione Marittima und auch weit S-lich der Isola Bianca liegen Muschelgärten.
Bei Nacht Von Norden, von Capo Figari kommend, hält man sich im weißen Sektor des Feuers auf Isola Bocca.
Von Süden kommend, orientiert man sich erst an dem Feuer auf Isola Tavolara, dann an der Kardinal-Leuchttonne mit N-Toppzeichen N-lich der Riffs um Capo Ceraso, bis man den weißen Sektor von Isola Bocca (s. o.) erreicht hat, hält auf die Leuchtbaken der Fahrrinne zu und steuert dann im schmalen (268°–272°) weißen, verstärkten Sektor des Molenfeuers der Stazione Marittima zu (s. Plan).
Etwa auf der Höhe des Molenkopfes Stazione Marittima macht man hinter dem S-Ufer des Golfes den starken grünlichen Blitz des Flughafenfeuers aus.
In der Einfahrt wird zeitweise Gezeitenstrom von 3–4 kn beobachtet.
Achtung Die morgens und abends ein- und auslaufenden Fähren dürfen nicht behindert werden. Zu diesen Zeiten muß das betonnte Fahrwasser bis zur Stazione Marittima freigehalten werden.
Zu den Werften Nautisarda, Cantiere Olbia, Olbia Boat Service und Isola Bianca fahren Sie wie auf dem Plan angegeben.

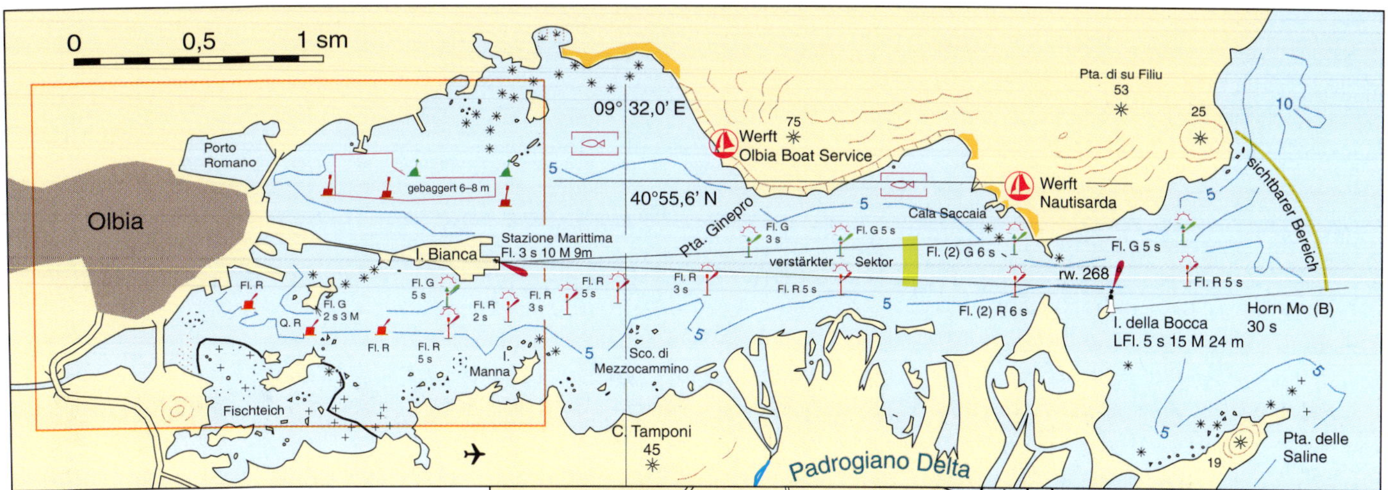

0 0,5 1 sm
09° 32,0' E
40°55,6' N
Porto Romano
Olbia
gebaggert 6–8 m
I. Bianca
Stazione Marittima
Fl. 3 s 10 M 9m
Werft Olbia Boat Service
Werft Nautisarda
Cala Saccaia
Pta. Ginepro
verstärkter Sektor
Fl. (2) G 6 s
Fl. (2) R 6 s
rw. 268
Fl. G 5 s
Fl. R 5 s
Pta. di su Filiu
sichtbarer Bereich
I. della Bocca
LFl. 5 s 15 M 24 m
Horn Mo (B) 30 s
Q. R
I. Manna
Sco. di Mezzocammino
Fischteich
C. Tamponi
Padrogiano Delta
Pta. delle Saline

OLBIA

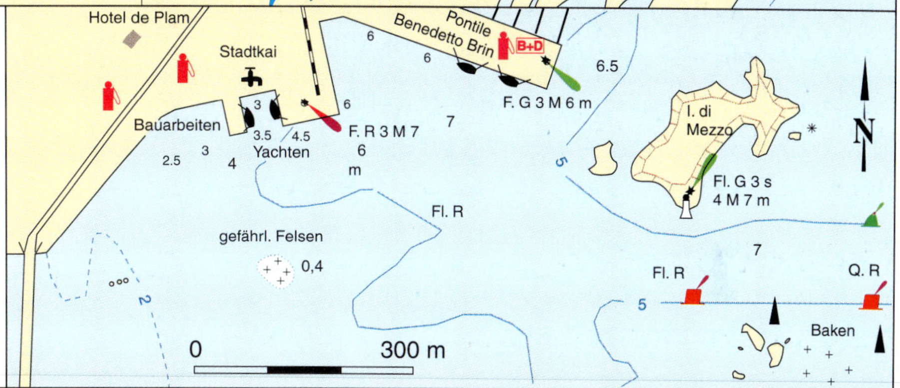

Hotel de Plam
Stadtkai
Pontile Benedetto Brin
B+D
Bauarbeiten
Yachten
F. R 3 M 7 m
F. G 3 M 6 m
I. di Mezzo
Fl. G 3 s 4 M 7 m
Fl. R
gefährl. Felsen
Q. R
Baken
0 300 m

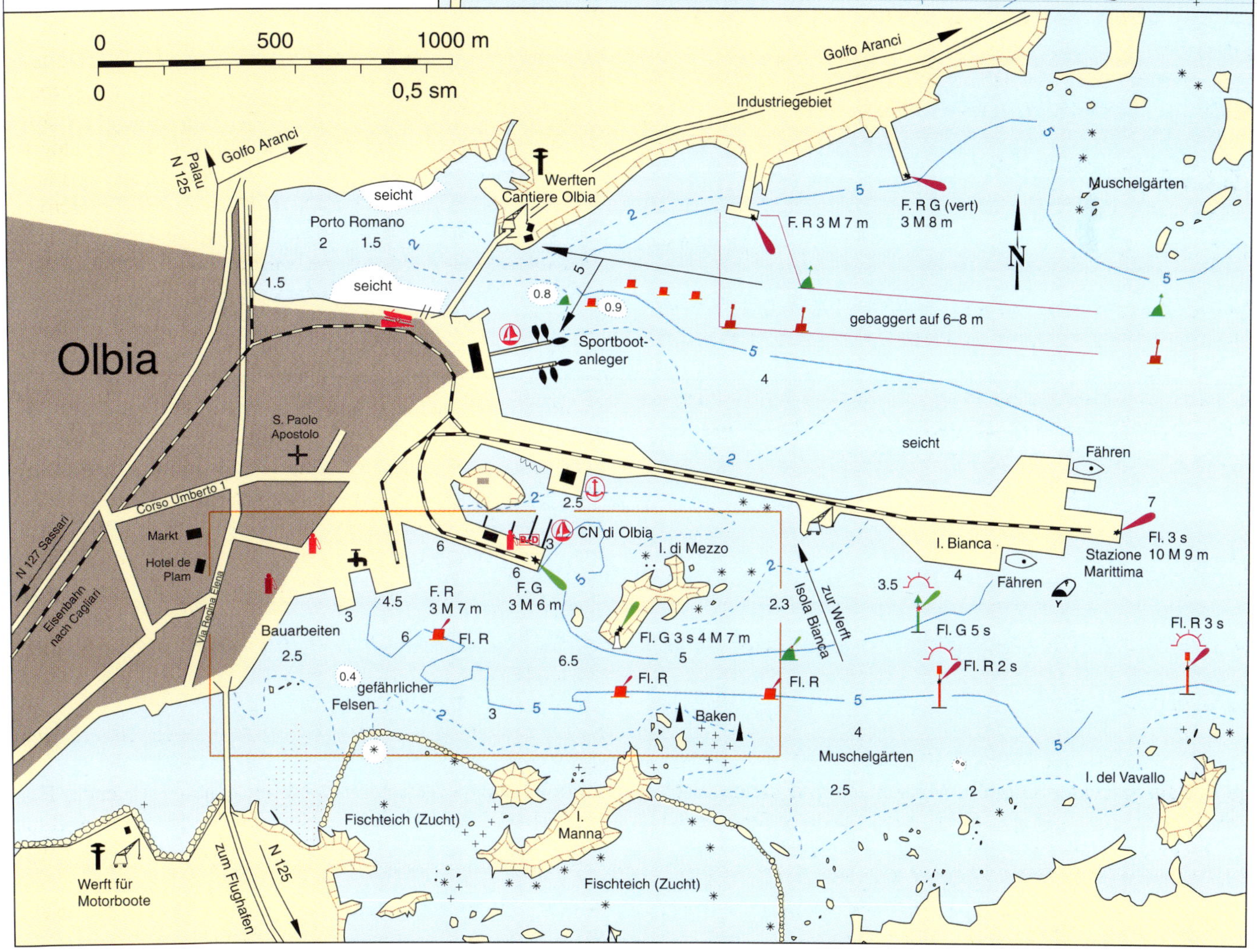

0 500 1000 m
0 0,5 sm
Golfo Aranci
Industriegebiet
Palau N 125
seicht
Porto Romano
Werften Cantiere Olbia
F. R 3 M 7 m
F. R G (vert) 3 M 8 m
Muschelgärten
gebaggert auf 6–8 m
Sportboot-anleger
Olbia
S. Paolo Apostolo
Corso Umberto 1
N 127 Sassari
Eisenbahn nach Cagliari
Markt
Hotel de Plam
Via Regina Elena
CN di Olbia
B+D
I. di Mezzo
Fähren
I. Bianca
Fl. 3 s 10 M 9 m
Stazione Marittima
F. R 3 M 7 m
F. G 3 M 6 m
Fl. G 3 s 4 M 7 m
Fl. R
Fl. G 5 s
Fl. R 2 s
Fl. R 3 s
zur Werft Isola Bianca
Bauarbeiten
gefährlicher Felsen
Baken
Muschelgärten
I. del Vavallo
Fischteich (Zucht)
I. Manna
Werft für Motorboote
zum Flughafen
N 125

Liegeplatz

- *Stadtkai* Im E-lichen der kleinen Becken geht man am besten längsseits.
- *Pontile Benedetto Brin* An der S-Seite liegt man entweder längsseits oder vor Bug- bzw. Heckanker am Kopf.
- Der private Hafen des Segelclubs *Circolo Nautico Olbia* liegt an der N-Seite von Pontile Benedetto Brin. Er kann Yachten bis 15 m Länge aufnehmen, doch gibt es höchstens im Sommer einige wenige Gastplätze, wenn die Eigner mit ihren Schiffen unterwegs sind.
- *Sportbootanleger in Nähe des Porto Romano* Für Motorboote, am Kopf für Segelyachten mit Tiefgang bis 1,8 m.
- *Olbia Boat Service* Das private Werftbecken liegt unmittelbar NW-lich Punta Ginepro und hat Platz für 12 Schiffe bis 25 m Länge. Vorsicht: Muschelgärten. Die Zufahrt erfolgt durch eine mit orangen Bojen gekennzeichnete Fahrrinne (0800–1900).
- *Nautisarda* Die effiziente Werft ist am N-Ufer des Golfes von Olbia, in *Cala Saccaia*, 1 sm E-lich der Punta Ginepro angesiedelt. Der Hafen bietet 60 Liegeplätze für Schiffe von 6–20 m Länge, die Maximaltiefe des Beckens liegt bei 3,5 m. Vorsicht: Muschelgarten und Untiefen. Zufahrt durch den Kanal, der durch die Muschelgärten führt (0800–1900).

Behörden

Die Capitaneria befindet sich am Beginn des Dammes, der zum Fährbahnhof Stazione Marittima führt. Das Zollbüro liegt am Corso Umberto.

Versorgung

Stadtkai Wasserhahn.
Werkstatt für elektronische Geräte, Schiffsausrüster und Segelmacher in Hafennähe; die Adressen erfahren Sie beim Segelclub Circolo Nautico di Olbia.
Pontile Benedetto Brin Tankstelle am Kopf (0700–2000).
Circolo Nautico di Olbia Wasser, Strom, WCs, Duschen. Tankstelle auf Pontile Benedetto Brin. Kleines Clubrestaurant. Wetterbericht.
Sportbootanleger in Nähe des Porto Romano Wasser, Strom.
Olbia Boat Service Wasser, Duschen WC, Slipbahn, Kran bis 40 t, alle Arten von Reparaturen (Motor, Elektrik und Elektronik, Holz- und GFK-Boote), Müllentsorgung. Wetterbericht. Öffentliches Telefon, Parkplatz für Autos.
Tel. 53065, vom Ausland 0039 0789 53065.
Nautisarda An den Liegeplätzen des Werfthafens gibt es Wasser und Strom, auf dem Werftgelände WCs, Duschen, Telefon.

Am Stadtkai (o.), im Hafen des Circolo Nautico di Olbia (u.)

Sportbootanleger Porto Romano (o.), Cantiere Olbia (u.)

Schutz

Stadtkai Sehr gut bei allen N-lichen und W-lichen Richtungen. Bei SE-Wind (ab Bft. 5) liegt man am Stadtkai unruhig. Besser hat man es dann direkt am Kopf der *Pontile Benedetto Brin* im Schutze der Isola di Mezzo.

Der Travellift hebt bis zu 50 t. Alle Arten von Reparaturen, auch an Segeln, werden ausgeführt. Einsatzstelle für Trailerboote, guter Platz zum Überwintern. Die Wassersportabteilung des ADAC hat hier ihren Stützpunkt.
Tel. 57181 und 57085, vom Ausland: 0039 0789 usw.

Die Zufahrt zum Sportbootanleger in der Nähe des Porto Romano ist durch Bojen markiert

Cantiere Navale Isola Bianca erledigt alle Arten von Reparaturen und verfügt über ein gut sortiertes Ausrüstungslager. Man kann vor dem Werftgelände an Bojen und Muringleinen festmachen. Wasser, Strom, Tankstelle vorhanden. WCs im Werftgebäude (s. Plan).
Cantiere Olbia liegt am N-Ufer des Golfes, erkennbar an den auffälligen, in Weiß und Blau gehaltenen Hallen gleich E-lich der großen Brücke (s. Plan). Gehört zum Imperium des Aga Khan. Alle Arbeiten werden ausgeführt, ein moderner Travellift ist vorhanden. Die Preise sollen allerdings „gesalzen" sein.
In der Stadt Restaurants finden Sie in den Parallel- und Nebenstraßen des Corso Umberto, eine Snackbar hinter dem Stadtkai; Lebensmittel und Getränke in der Markthalle sowie bei den Tante-Emma-Läden und Supermärkten in der Stadt.
Bank und Bankomat in Hafennähe, in der Straße, die vom Hotel „De Plam" in Richtung Markt führt (Via Regina Elena, s. Plan).

Verkehrs- und Postverbindungen

Postamt, Kartentelefone. Flughafen. Autofähren nach Genua und Civitavecchia. Eisenbahn nach Sassari, Porto Torres und Cagliari. Omnibusse zu allen wichtigen Inselorten.

Funkkommunikation

Die Capitaneria hört auf UKW-Kanal 11 (0700–1900 UTC).

Kapitel IV
Der La Maddalena-Archipel

Karten: I 325, 324

Eingerahmt von den Höhenzügen Korsikas und Sardiniens, schenkt uns der Maddalena-Archipel ein abwechslungsreiches Revier, das in großen Teilen seine Ursprünglichkeit bewahrt hat und durch den Kontrast zu beiden großen Inseln einen ganz besonderen nautischen Leckerbissen darstellt.

Die Inselgruppe an der S-Seite der Straße von Bonifacio besteht aus sieben Hauptinseln, die zwei gut voneinander abgesetzte Gruppen bilden: Im NW liegen Razzoli, Santa Maria und Budelli, im SE Spargi, La Maddalena, Santo Stefano und Caprera. Bis auf La Maddalena und Caprera sind sie spärlich bewachsen und niedrig, aus sonnengebackenem rötlichen Granit.

Häfen gibt es nur auf La Maddalena, doch findet man schnell eine Leeküste zum Ankern, wo sich allerdings bereits bei mittleren Windstärken Fallböen auswirken. Da die Buchten nicht gegen alle Windrichtungen geschützt sind, muß man aufmerksam auf jede Wetterveränderung achten.

Felsbrocken, Über- und Unterwasserklippen sind den Küsten vorgelagert, so daß die Ankerplätze vorsichtig angesteuert werden müssen.

Naturschutzgebiete

Alle Inseln des Maddalena-Archipels, auch die kleinen Gruppen Nibani und Mortorio, gehören zum Parco Nazionale dell Arcipelago di la Maddalena. Sie unterliegen daher den Naturschutzbestimmungen. Regeln sind bekanntlich Veränderungen unterworfen und werden auch unterschiedlich angewendet. Erkundigen Sie sich bei den Capitanerien.

Absolutes Fahr- und Ankerverbot besteht für die Bucht Spiaggia Rossa im SE-Teil der Insel Budelli sowie den in Cala Giorgio Marino (Porto Madonna) hineinreichenden 300 m breiten Streifen vor der NE-Küste der Insel Budelli. Des weiteren für die Inseln Spargiotto und Nibani, und auch für die Buchten an der E- und N-Seite der Insel Mortorio.

Entfernungen von Cala Gavetta in sm

Cala Francese/I. La Maddalena	3,0
Porto Massimo/I. La Maddalena	9,0
Cala Sta. Maria/I. Sta. Maria	7,8
Cala Giorgio Marino/I. Sta. Maria	9,5
Cala Muro/I. Sta. Maria	12,0
Porto Palma/I. Caprera (N-lich S. Stefano)	4,5
Porto Palma/I. Caprera (S-lich S. Stefano)	5,8
Cala Coticcio/I. Caprera	10,5
Cala Garibaldi/I. Caprera	14,5
Cannigione/Golfo di Arzachena	5,5
Porto Puddu	6,5
Porto Pozzo	8,5
Sta. Teresa di Gallura	13,0
Bonifacio/Korsika	19,0
Porto Vecchio/Korsika	30,0

Dreimaster vor Cala Francese/Isola Maddalena

MADDALENA-ARCHIPEL
0
1
2 sm
Dev. 0°55' E (2004), jährl. Änderung: 5' E
Fl. W R 2,5 s
19/15 M 77
Cala Muro
I. Razzoli
Cala Lunga
I. Sta. Maria
Cala Giorgio Marino
I. Budelli
87
Cala Sta. Maria
Iti. Barrettinelli di fuori
Fl. (2) 10 s
7 M 22 m
I. Spargi
I. Barrettini
Iti. Corcelli
Barrettini
Iti. Barrettinelli
Cala Sud 1
Pta. Sud
Spiaggia Rossa
Cala Sud 2
Stagno Torto
Pta. Abbatoggia
Porto Massimo
fls.
I. Spargiotto
Pta. Zanetto
Cala dellí Abbatoggia
41° N
15,0'
Cala Spalmatore
Cala Napoletana
Pta. Galera
Cala Peticchia
Cala Garibaldi
Giardinelli
I. Spargi
Guardia Preposti
155
I. Maddalena
Cala d'Alga
Cala Corsara
Secca Corsara
Q. (6)+LFl. 15 s 5 M 6 m
Mte. dei Colmi
122
Semaphor Guardia Vecchia
146
Oberfeuer
Messa del Cervo
139
Moneta
I. Caprera
Mte. Teialone
212
Cala Francese
Unterfeuer
Oberfeuer
Marina del Ponte
Cala Coticcio
Pta. Sardegna
Fl. 5 s 11 M 35 m
Passo della
Pta Cavalli
Secca di Mezzo Passo
Fl. (2) 6 s
5 M 7 m
Cala Gavetta
Cala Stagnali
Cala Brigantina
103
Porto Puddu
96
I. S. Stefano
Cala di Villamarina
91
66
Mte. Turco Morto
Secca del Palau
Cala Portese
Mte. La Sarra
104
Rada di Mezzo Schifo
Pta. Palau
Fl. (2) G 10 s
4 M 15 m
Mte. Altura
110
Palau
Fl. G 4 s 4 M 14 m
Pta. Fico
Pta Rossa
Ito. Pecora
Porto Palma
I. Porco
Santa Teresa
110
Lí Orso
130
Cala Capra
Pta. Rossa
Pta. Rossa
Fl. G 5 s
5 M 9 m
Arzachena
Olbia
Golfo Saline
Pta Saline
Mte. La Sarra
113
09° 20,0' E

Isola Razzoli

41°18,4'N 09°20,3'E (Leuchtfeuer) Karte: I 325

Isola Razzoli markiert die SE-Begrenzung der Straße von Bonifacio (Bocca Grande, Bouches). Das für den Schiffsverkehr in diesem Revier besonders wichtige Feuer steht im NW der Insel; der Leuchtturm und das dazugehörige Gebäude sind sehr auffällig. Wie auch die restlichen Inseln der NW-lichen Gruppe ist Razzoli spärlich bewachsen und kaum besiedelt.

Cala Lunga

In der tief einschneidenden, verzweigten Bucht an der W-Seite von Isola Razzoli ankert man im E-Zipfel, mit Blick auf bizarre Felszuckerhüte, auf 3–4 m über Sandgrund im einladenden, smaragdgrünen Wasser. Den kleinen Strand am Ende des Einschnitts erreicht man mit dem Beiboot.
Vom Versorgungsanleger (s. Plan) führt der Weg zum Leuchtturm.
Achtung Über- und Unterwasserfelsen liegen vor den Ufern. Beim geringsten Anzeichen von W- oder SW-Wind heißt es Anker hoch, sonst verwandelt sich dieser schöne Platz in eine gefährliche Mausefalle.

Isola Santa Maria

41°17,9'N 09°23,1'E (Lf. Pta. Filetto) Karte: I 325

Isola Santa Maria, dichter begrünt als ihre Nachbarn, schließt unmittelbar E-lich an Razzoli an. Die schmale, für Yachten absolut unpassierbare Durchfahrt Passo degli Asinelli trennt die beiden Inseln voneinander. Je nach Windrichtung entscheidet man sich für eine der nachstehend beschriebenen Buchten.

Cala Muro

Der Ankerplatz vor der NW-Spitze von Isola Santa Maria wird durch die N-lich vorgelagerte Insel Presa zusätzlich geschützt. Versuchen Sie nicht, mit einer Yacht zwischen Presa und Santa Maria hindurchzusteuern.
Achtung Im Buchtinneren liegt eine niedrige Klippe (0,5 m), die nach Westen durch ein von nur wenig Wasser bedecktes Unterwasserriff verlängert wird.

- Ankern Sie, wie auf dem Plan gezeigt, NW-lich der eben beschriebenen Gefahr auf 8–10 m.
- Auch S-lich der gefährlichen Stelle fällt der Anker auf 8–10 m. Fahren Sie an diesem Platz keinesfalls weiter als bis zur 6-m-Linie.
- Wer vorsichtig lotend N-lich der Gefahrenstelle weiter in Richtung Durchfahrt zwischen den Inseln Presa und Santa Maria vordringt, passiert eine felsige Stelle von 2,4 m und findet danach wieder Ankertiefen von 3–4 m vor. Der Grund besteht aus Sand und vereinzelten Felsen.
- In der S-Ausbuchtung ankert man auf 6–10 m.

Cala Muro ist nach Westen offen. Auch bei Sturm aus NE kommt Schwell auf.

Cala Santa Maria

An der S-Küste der gleichnamigen Insel, ca. 0,5 sm SW-lich von Punta Filetto mit dem weißen Leuchtturmgebäude, findet man diesen einladenden Ankerplatz. Macchia bedeckt die niedrigen Ufer, hinter dem weißen Sandstrand stehen Ferienhäuser. Das W-Kap hat eine helle, steile, zerfurchte Kante.
Ein betonntes Riff liegt S-lich vor der Bucht mit einem Sporn und vereinzelten Untiefen nach Westen. Steuern Sie daher nur NE-lich des Riffs ein. Der Anleger an der NE-Seite wird von zahlreichen Ausflugsbooten angelaufen.
Ankern Sie lt. Plan auf 3–4 m über Sandgrund; das Wasser ist kristallklar.

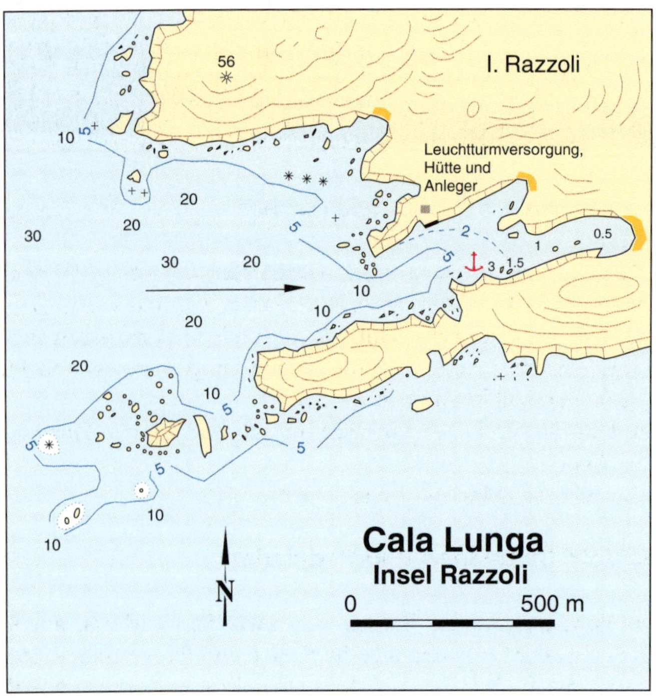

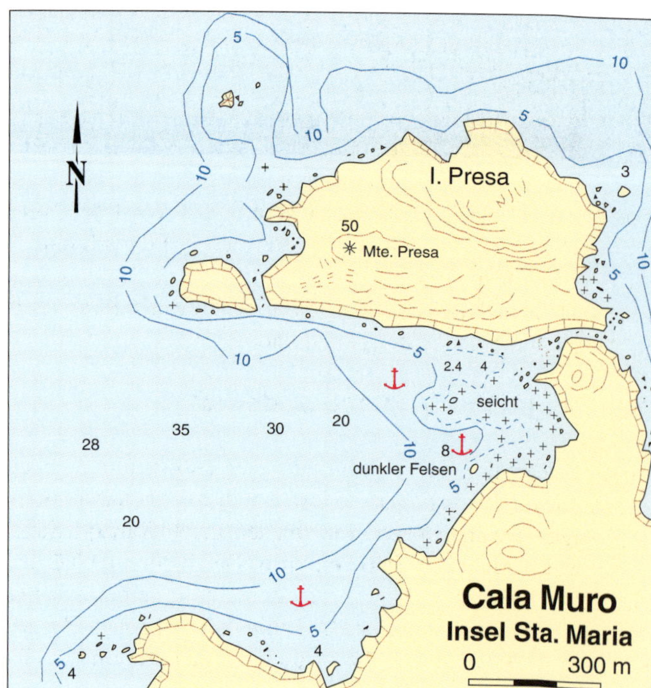

Privatanleger an der S-Seite von I. Santa Maria mit Blick auf Iti. Stramanari und Paduletti (o.), Passo di Secca Morto: Ankern an der E-Seite von I. Budelli; hinten der Leuchturm von I. Razzoli (u.)

Cala Santa Maria ist gut gegen Winde aus West bis Nord geschützt und auch bei leichten Winden aus Nord bis Ost noch ein sicherer Platz.
Vom W-lichen Ende des langen Strandes führt ein Pfad durch die Macchia zur Cala Giorgio Marino.

Cala Giorgio Marino (Porto Madonna)

Dieser Ankerplatz, im Volksmund auch „Aquarium“, „piscina“ (Schwimmbecken) oder „Herz der Inseln“ genannt, liegt in der lagunenartigen Reede, die von den Inseln Razzoli, Santa Maria und Budelli umschlossen wird. Das betörende Türkisblau des glasklaren Wassers ist kaum zu beschreiben, ebenso das Zusammenspiel von Fels, Macchia und den hohen Bergen Korsikas im Hintergrund. Wen wundert's, daß hier immer viele Boote vor Anker liegen.

Die Zufahrt zur Cala Giorgio Marino ist nur von Westen gestattet.
Passo di Cecca Morto, die „Durchfahrt der Lebensmüden“ zwischen Isola Santa Maria und Isola Budelli, und *Passo degli Asinelli* zwischen Isola Santa Maria und Isola Razzoli liegen in einer Verbotszone und wären wegen zu geringer Tiefen für Yachten ohnehin unbrauchbar.
Ankern Sie auf 3–5 m über Sandgrund, wie auf dem Plan verzeichnet.
Cala Giorgio Marino ist nach Westen offen.

Isolotti Stramanari und Paduleddi

In Verlängerung des S-Kaps von Isola Santa Maria, am S-Ausgang der für Yachten verbotenen Durchfahrt Passo di Cecca Morto, finden Sie einen hübschen Tagesankerplatz N-lich

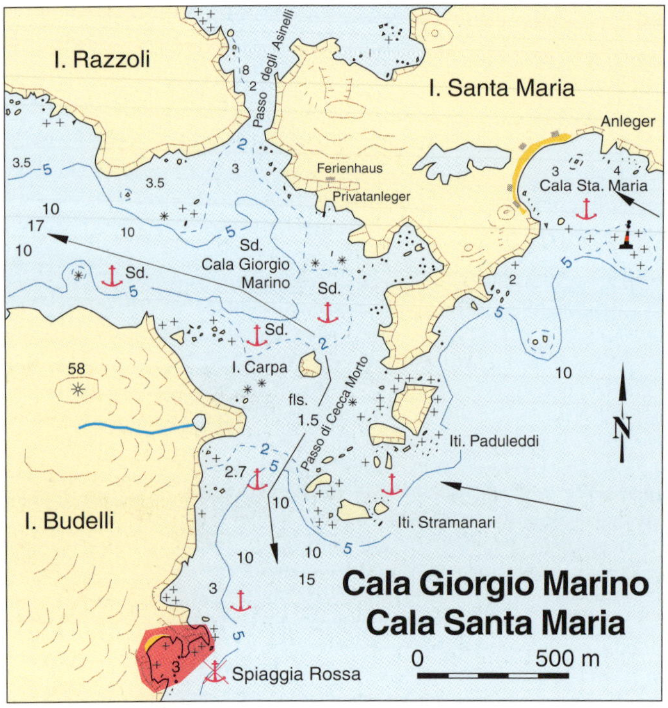

des E-lichen Stramanari-Inselchens auf ca. 3 m über Krautgrund. Dringen Sie nicht weiter nach Westen vor, da die Tiefen dort rapide abnehmen.
Ansteuerung nur von Osten (s. Plan).

Isola Budelli

41°16,5'N 09°21,0'E (Pta. Sud) Karte: I 325

Die Insel Budelli mit der auffälligen weißen Bake auf der Punta Sud ist Privatbesitz und sollte nicht betreten werden. Im Südteil bietet sie zwei Buchten, die zum Ankern geeignet sind.
Die dritte Bucht, Spiaggia Rossa, liegt in einer absoluten Verbotszone.

Cala Sud 1

NW-lich von Punta Sud fällt das Eisen auf 5–6 m über Sandgrund.
Gut bei N-lichen Winden, kein Schutz bei SW–SE.

Cala Sud 2

Der winzige felsige Einschnitt im E-Teil der S-Küste hat einen kleinen Strand an seinem Ende und bietet Platz für 2–3 Yachten.
Ankern Sie auf 4–6 m mit Leine zum Land.
Ein guter Platz bei N-lichen Winden, jedoch kein Schutz bei Süd und SW.
Wegen der weit in See ragenden Klippengruppen vor den Einfahrtskaps steuern Sie mit Kurs rw. 005° auf die Einfahrtsmitte zu.

Isolotti Corcelli, Barrettini und Trabanten

41°18,0'N 09°24,1'E (Lf. Barrettinelli di fuori) Karte: I 325

Im Revier der kleinen Inseln E-lich und SE-lich von Isola Santa Maria können Sie bei ruhigem Wetter angenehm vor Anker gehen. Die N-lichste Insel, Barrettinelli di fuori, trägt ein Leuchtfeuer. S-lich davon liegen Corcelli und Piana, gefolgt von Barrettini und Barrettinelli.

- Zwischen den Inseln Corcelli und Piana fällt der Anker auf Tiefen nicht unter 6 oder 7 m; weiter nach Norden wird es

Isola Budelli: vorne Spiaggia Rossa, hinten I. Razzoli, ganz hinten im Dunst die Insel Korsika

„Der General“ in Cala Corsara/Isola Spargi

gefährlich. Der Grund besteht aus Sand mit Krautbewuchs. Der Platz ist nur von Süden anzusteuern (s. Plan). Die Insel Piana liegt in einer Anker- und Fahrverbotszone

- Eine gute Zuflucht bei E-Wind findet man an der W-Seite von Corcelli, genau vor der „Wespentaille“ der Insel.
- W-lich des N-Kaps von Isolotto Barrettini, SSW-lich der Klippen, ankert man auf 8 m über Sand mit Krautbewuchs. Dieser Ankerplatz ist auf dem Plan nicht verzeichnet.

Isola Spargi

41°13,6’N 09°20,4’E (S-Kap) Karte: I 325

Die felsigen Hügel dieser Insel erreichen im SE die Höhe von 155 m. SSW-lich des weit vorspringenden S-Kaps behindert die Untiefe Secca Corsara (3 m), durch eine gelb-schwarze

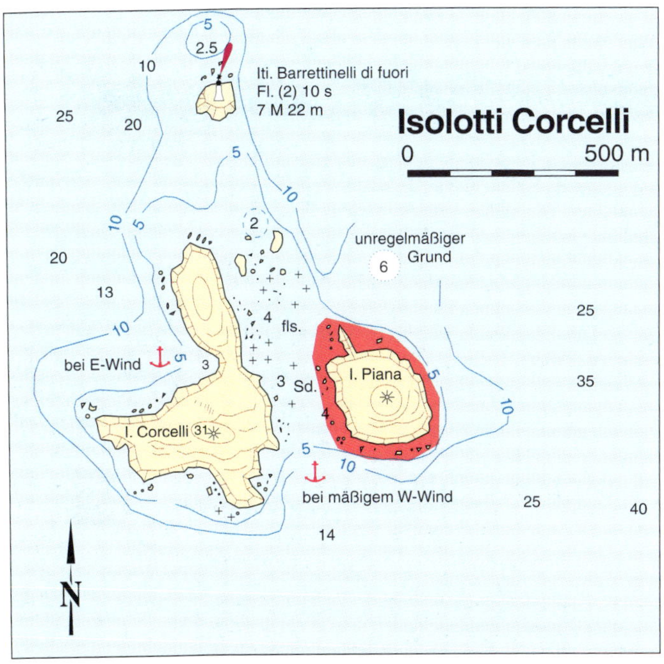

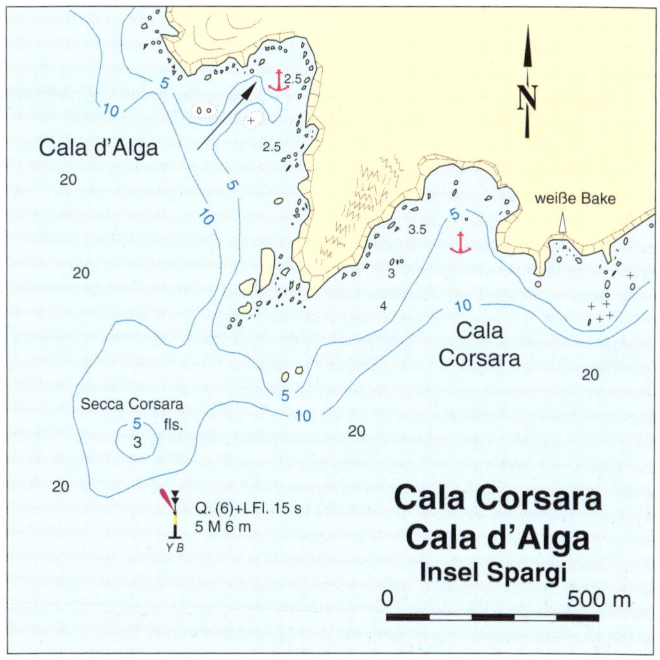

Leuchtbake mit S-Toppzeichen gekennzeichnet. Im NW liegt das Inselchen Spargiotto (s. Seite 249), das besonders im Westen von Klippen umlagert ist.

Cala Corsara

E-lich des S-Kaps der Insel Spargi öffnet sich Cala Corsara, die Piratenbucht, eine Schönheit mit weißen Stränden, rosa Granit und türkisfarbenem Wasser. Die Sarden belegen sie mit dem Prädikat „splendida“, was soviel wie fabelhaft oder prächtig bedeutet. Grund genug für die Kapitäne der Ausflugsboote, ihre Gäste hier für eine ausgiebige Badepause abzuladen.
Die für das Revier typischen Felsformen fehlen auch hier nicht. Das geübte Auge erkennt am W-Kap die Umrisse Italiens, eine Hexe, den Kopf von Elvis, eine Bulldogge und manches mehr. Beim Einsteuern hält man sich mehr an die E-Seite und ankert am besten dicht unter dem E-Einfahrtskap (weiße Bake) über Sandgrund bzw. Sand mit Kraut.
Cala Corsara bietet keinen Schutz nach Süden und Osten. *Achtung* Klippen im Inneren der Bucht.

Ankern in Cala Corsara/Isola Spargi

Cala d'Alga

Der Schönwetterankerplatz unmittelbar W-lich des S-Kaps von Isola Spargi, Cala d'Alga, ist die Alternative für Mutige, wenn Cala Corsara überfüllt ist. Steile Felsen säumen die Ufer, zum Land hin tut sich ein grünes Tal auf.
Die Einsteuerung ist etwas delikat, da nur ein schmaler Kanal zwischen zwei Klippengruppen zum Ziel führt.
Ankern Sie auf 3–5 m vor einem Sandstrand.

Cala Ferrigno

Spargi überbietet sich geradezu im Angebot an schönen Buchten. Im NE der Insel säumen felsige Ufer einen kleinen Sandstrand, von dem ein Anleger vorspringt. Die Bebauung besteht aus einem einzigen Haus.
Achtung Im N-Teil liegt eine ausgedehnte Klippengruppe. Laufen Sie vorsichtig parallel zum S-Ufer ein, und ankern Sie im SE-Teil auf 4 m. Cala Ferrigno ist nach Osten offen.

Isola La Maddalena

41°13,3'N 09°24'E (Guardia Vecchia) Karte: I 324

Die größte Insel im Archipel ist hügelig. Auf der höchsten Erhebung Guardia Vecchia (146 m) steht das von allen Seiten sichtbare Semaphorgebäude gleichen Namens, dessen Mannschaft, gemeinsam mit der von Pertusato, den Verkehr in der Straße von Bonifacio regelt.
Der Hauptort La Maddalena verfügt über den urigen und sicheren Hafen Cala Gavetta und über weitere Anlegemöglichkeiten für Yachten in Cala Mangiavolpe. Im NE ist die Marina Porto Massimo zu finden, darüber hinaus halten die reichgegliederten Ufer der Insel eine Reihe interessanter Ankerplätze bereit.

Cala Gavetta aus Nord

Ansteuerung Cala Gavetta

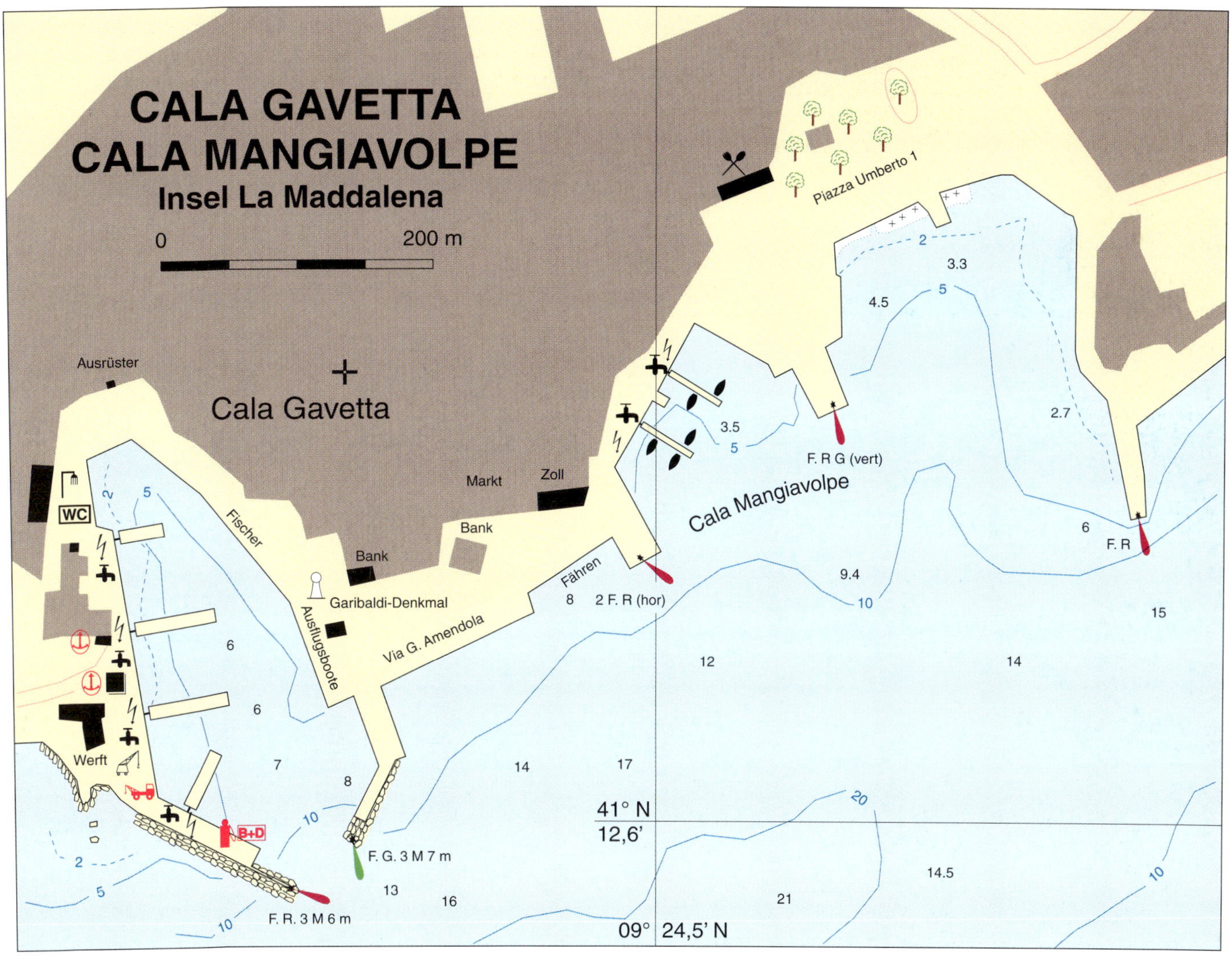

Cala Gavetta

41°12,7'N 09°24,2'E Karte: I 324

Lage und Umgebung

Cala Gavetta ist der alte Fischerhafen der Insel, in dem neben farbenfrohen Fischerbooten und grauen Zollkreuzern Yachten aus aller Welt einen sicheren Platz finden. Das Hafenbekken liegt inmitten des Häusermeeres der lebhaften Inselhauptstadt La Maddalena, vor den schönen Gebäuden der Altstadt mit Kirche und Markt.
Am Kai E-lich davon legen die Fähren an, im E-lich benachbarten Becken Cala Mangiavolpe springen zwei Schwimmstege für Yachten vor.

W-Ansteuerung Cala Gavetta: Scoglio Bianco bleibt an Backbord. Oben der Semaphor Guardia Vecchia

Im Hafen von Cala Gavetta

In Cala Camiciotto und Cala Camicia ist eine italienische Marinebasis stationiert (Sperrgebiet). Die „Blauen Jungs" und ihre Kollegen vom NATO-Stützpunkt auf Santo Stefano flanieren in ihrer Freizeit durch die Straßen der Stadt, die viele Vergnügungsmöglichkeiten bereithält.
Cala Gavetta ist ein gutes Sprungbrett, um den Archipel kennenzulernen.

Ansteuerung am Tage

W-Ansteuerung Von Norden oder Westen kommend, passiert man Punta Sardegna: Der viereckige weiße Leuchtturm, der ein quadratisches weißes Gebäude überragt, steht auf dem niedrigen felsigen Kapausläufer. Man fährt am besten S-lich der Untiefe Secca di Mezzo Passo (schwarz-rot-schwarze Bake mit 2 Bällen im Topp) vorbei, bis man auf die weiß-schwarz-weiß senkrecht gestreiften Richtbaken auf Isola Chiesa und Forte Camicio mit rw. 064° zuhalten kann.
Wer N-lich an Secca di Mezzo Passo vorbeisteuert, muß gut von den der SW-Küste von Isola La Maddalena vorgelagerten Untiefen und Klippen freihalten. Die auffälligste ist Scoglio Bianco mit einer weißen Pyramide. Die am weitesten nach Süden ragende Untiefe Secca di Forte Tegge (rote Tonne mit Zylindertopp) muß unbedingt an Backbord bleiben. Weitere Untiefen entlang der S-Küste von Isola La Maddalena sind durch helle Pyramidenbaken gekennzeichnet.
S-Ansteuerung Von Süden kommend, fährt man zwischen Secca del Palau (Leuchtbake, schwarz-gelb mit S-Toppzeichen; Kardinaltonne, schwarz-gelb-schwarz mit N-Toppzeichen) und dem E-lich davon gelegenen Inselchen Isolotto di Roma (auffälliges Kriegerdenkmal) hindurch, auf der Peillinie rw. 014°, die durch Deckung von zwei weiß-schwarz-weiß senkrecht gestreiften Markierungen auf den Abhängen W-lich des Hafens Cala Gavetta entsteht. Die obere (146 m) steht E-lich des Semaphors Guardia Vecchia, die untere und kürzere 850 m SSW-lich davon, etwa auf der Mitte des felsigen Hanges. Fernglas erforderlich. Dann läuft man in die Peillinie rw. 064° (siehe W-Ansteuerung) ein. Das ist auch die Route der aus Palau kommenden Fähren.
E-Ansteuerung (Chiesa-Passage) Sie führt zunächst mit Kurs Nord zwischen den Inseln Santo Stefano und Caprera hindurch, vorbei am Flottenstützpunkt der Amerikaner an der NE-Seite von Santo Stefano. Dort liegen unbeleuchtete Festmachetonnen aus; halten Sie 500 m Abstand. Bei W-lichen Winden ist das E-Fahrwasser nach Isola La Maddalena gefährlichen Fallböen ausgesetzt. Runden Sie Punta Sassu weiträumig und steuern zwischen dem befeuerten S-Kap von Isola Chiesa und einer ebenfalls befeuerten Pfahlbake im SW davon mit Kurs rw. 295° hindurch – dabei halten Sie sich näher an das S-Kap von Isola Chiesa –, bis Sie die grüne Tonne N-lich von Scoglio Nasse an Backbord querab haben. Die Tiefen an der seichtesten Stelle liegen um 2,5–3 m, der Grund ist felsig und uneben, die Strömung ziemlich stark. Dann steuern Sie mit Kurs West auf die Hafeneinfahrt von Cala Gavetta zu oder biegen vorher mit Kurs Nord nach Cala Mangiavolpe ab.

Untiefenbake Secca di Mezzo Passo. Rechts die Bake Scoglio Bianco, oben der Semaphor von La Maddalena

Semaphor Guardia Vecchia

Ansteuerung bei Nacht

W-Ansteuerung Vorbei am befeuerten Kap Punta Sardegna, dann auf Kursen zwischen rw. 155° und 165° auf das Feuer von Punta Palau zuhalten, bis man die Leuchtbake Secca di Mezzo Passo gut achteraus hat. Weiter auf der Richtfeuerlinie rw. 064° (Isola Chiesa, Forte Camicio). Die Hafeneinfahrt von Cala Gavetta ist befeuert. Die E-lich anschließenden Fährkais werden von starken Scheinwerfern auf hohen Masten beleuchtet. Auch in Cala Mangiavolpe brennen Molenfeuer.
S-Ansteuerung Auf der Richtfeuerlinie rw. 014° und dann auf der Richtfeuerlinie rw. 064° wie bei der W-Ansteuerung.
E-Ansteuerung (Chiesa-Passage) Von der E-Ansteuerung sollte man nachts besser Abstand nehmen.

Liegeplatz

Cala Gavetta Die Plätze an den verschiedenen Stegen werden vom Hafenmeister angewiesen. Muringleinen liegen aus. Ist an den Stegen nichts mehr frei, was im Sommer schon mal vorkommen kann, versucht man sein Glück am E-Kai, falls die Fischer und Ausflugsboote nicht bereits alles mit Beschlag belegt haben.
Cala Mangiavolpe Im Becken E-lich des Kais Banchina Amendola, an dem die Palau-Fähre an- und ablegt, bilden zwei abgewinkelte Schwimmstege den Sportboothafen Cala Mangiavolpe.

Schutz

Der Schutz ist gut, allerdings erzeugen in Cala Gavetta die vorbeifahrenden und in Cala Mangiavolpe die an- und ablegenden Fähren etwas Schwell.

Behörden

Hafenmeister in der Capitaneria.
Tel. Commune di La Maddalena 0789/790600, Fax 0789/790621, vom Ausland 0039/0789 usw.

Versorgung

Cala Gavetta Wasser und Strom. WCs und Duschen gegen Gebühr. Tankstelle (Super und Diesel). Zwei Mobilkräne (60 t und 25 t), ein Drehkran. Kleine Reparaturen in der Bootswerft am W-Kai. Gas. Gasfüllstation bei einem der Schiffsausrüster. Segelmacher. Wetterbericht beim Hafenmeister.
Eisverkauf. Müllentsorgung.
Zahlreiche Restaurants,Trattorien, Pizzerien, Lebensmittelgeschäfte und ein Delikatessengeschäft der Sonderklasse mit sardischen Spezialitäten beim Hafen. Hervorragend verproviantiert man sich an den appetitanregenden Ständen der Markthalle im Zentrum. Banken in der Stadt.
Cala Mangiavolpe Wasser an den Stegen. Muringketten liegen aus. Wetterbericht, verschiedene Reparaturmöglichkeiten.

Verkehrs- und Postverbindungen

Postamt. Autofähre nach Palau und Sta. Teresa di Gallura.

Funkkommunikation

Beide Capitanerien hören auf UKW-Kanal 9, 11 und 16 (0700-1900 UTC).

Tourismus

Vom höchsten Buckel der Insel, dem 146 m hohen Guardia Vecchia, hat man einen wunderbaren Blick auf die Stadt, die Inselwelt und die zerklüftete NE-Küste Sardiniens.

Porto Massimo (Porto Lungo)

41°15,4'N 09°22,3'E Karte: I 324

Lage und Umgebung

Die Privatmarina liegt zu Füßen einer Feriensiedlung in der von interessanten Felsformationen gerahmten Bucht an der NE-Küste von Isola La Maddalena, die durch das niedrige, weit nach Osten vorspringende Kap Punta Lunga guten Schutz nach Norden erhält.

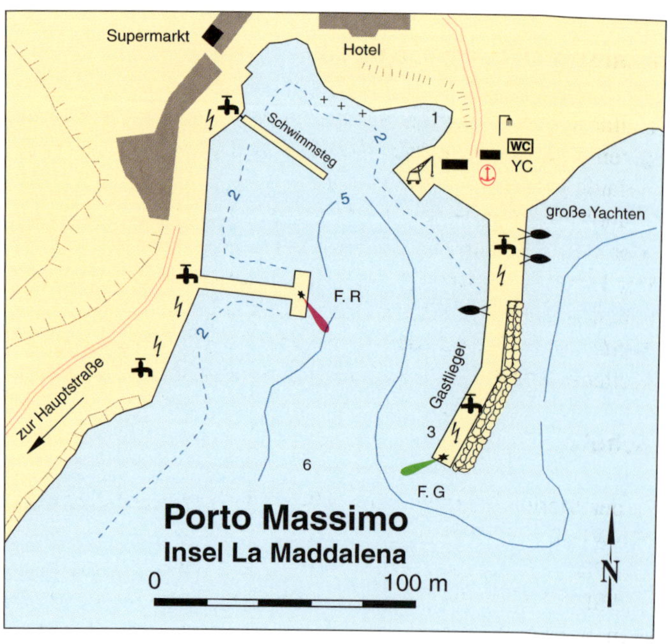

Porto Massimo

Hier verhält es sich wie bei allen anderen Marinas, die keine gewachsene Ortschaft im Rücken haben: die Anlage wirkt etwas leblos und künstlich, da hilft auch die Schönheit des Platzes nicht darüber hinweg.

Ansteuerung und Liegeplatz

Umfahren Sie die Klippen vor Punta Lunga weiträumig und halten dann mit Kurs West auf den Molenkopf des Nord-Süd verlaufenden Wellenbrechers zu.
Grundleinen liegen aus, die Plätze werden vom Hafenmeister oder vom Marinapersonal angewiesen.
Der Hafen ist befeuert, Nachtansteuerung jedoch nicht möglich, da das Revier insgesamt unzureichend befeuert ist.
Reede An der S-Seite des Kaps Punta Lunga, 250 m E-lich des Wellenbrechers, auf etwa 8 m über Sand mit Krautbewuchs.

Schutz

In der Marina hat man guten Allroundschutz, nur bei starkem SE-Wind tritt Schwell ins Hafenbecken ein.
Die Plätze E-lich des Wellenbrechers muß man bei starken E- und SE-Winden, die aber im Sommer so gut wie nicht vorkommen, verlassen. Das gilt auch für die *Reede* S-lich Pta. Lunga.

Versorgung

Wasser und Strom an den Liegeplätzen. Slipbahn. Kran (10 t). Duschen und WCs im Segelclub. Müllentsorgung. Eisverkauf. Restaurant und Supermarkt in der Feriensiedlung. Vermietung von Schlauchbooten.

Funkkommunikation

Der Hafenmeister hört auf UKW-Kanal 9, 11 und 16 (0700-1900).

Weitere Ankerplätze auf Isola La Maddalena

Karte: I 324

W-lich von Cala Gavetta 41°12,53'N 09°23,93E (Pta. Nera)

Auf der etwa eine Seemeile langen Strecke zwischen Cala Gavetta und dem Kap Punta Tegge findet man fast in jeder Ausbuchtung eine Möglichkeit zum Anlegen, die aber im

Vergleich zu anderen Ankerplätzen in bezug auf Erholungswert und landschaftliche Schönheit schlechter abschneiden.

Von Ost nach West:
- Direkt W-lich des Hafens springt ein Anleger für kleine Einheiten vor. Bei der Zufahrt muß man auf Überwasserfelsen achten.
- Vor der kleinenWerft (s. Plan S. 256) liegen während der Saison Schwimmstege aus. Vorsicht am Kopf, da dort die Befestigungsketten unter der Wasseroberfläche über Kreuz verlaufen. Ein zusätzlicher Feststeg ist geplant.
  Wasser und Strom sowie eine breite Slipbahn sind vorhanden.
  Auf einem Felsen SE-lich davon steht eine Madonnenstatue.
- W-lich der Werft, auf Punta Nera, hat das Hotel „Gabbiano" einen Anleger zum Festmachen ausliegen.

Von hier bis Punta Tegge gibt es noch weitere Stege, die meisten davon für kleine und kleinste Einheiten. Beim Ansteuern muß man auf Über- und Unterwasserfelsen sowie auf Untiefen achten.

Cala Nido d'Aquila 41°12,67'N 09°22,9'E (Pta. Tegge)

Das „Adlernest" öffnet sich an der N-Seite von Punta Tegge. Auch hier liegen zahlreiche Klippen und Untiefen, weshalb der für kleine Boote geeignete Anleger mit Vorsicht anzusteuern ist.
Wer hier eine Badepause einlegen möchte, ankert am besten gleich in der Einfahrtsmitte.

Cala Francese 41°13,6'N 09°24,6'E

Der von rötlichen Granitblöcken eingerahmte Naturhafen an der W-Küste von Isola La Maddalena wird von zwei Kaps „in die Zange genommen". An der Außenflanke der N-lichen Zange leuchtet das Kirchlein Madonnina dei Pescatori. Im S-Teil stehen alte Fabrikgebäude.

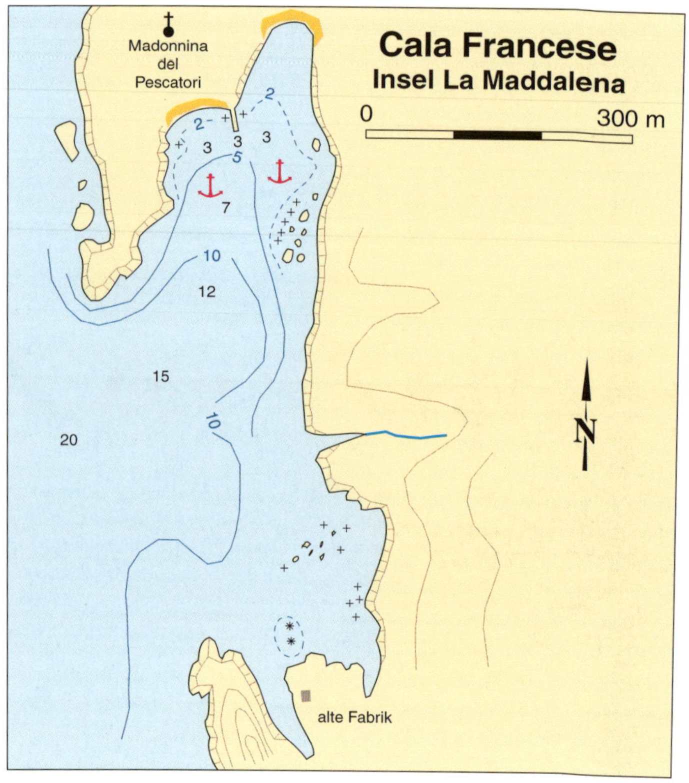

Man ankert im N-Teil (der S-Teil ist verklippt) auf 3–5 m über Sand mit Kraut und einzelnen Felsen in kristallklarem Wasser. Dort gibt es einen kleinen Strand und einen zerfallenen Anleger, zu dem man vorsichtig eine Leine ausbringen kann.
Cala Francese ist nach SW offen.

Stagno Torto 41°12,67'N 09°24,6'E

In die N-Küste von Isola La Maddalena, zwischen Punta Abbatoggia und Punta Marginetto, schneidet diese Bucht weit nach Süden ein. Vor den Einfahrtskaps und den Ufern liegen bizarre Klippen, das felsige NE-Ufer zieren hübsche Ferienvillen. In

Cala Francese/La Maddalena: hinten die S-Spitze von Isola Spargi mit Cala Corsara

Cala Spalmatore / Isola Maddalena

dem stimmungsvollen Einschnitt unmittelbar S-lich Capo Ferrari, der schmal und sehr seicht ist, liegen kleine bunte Boote an Bojen.
Am inneren W-Ufer hat der italienische Touringclub ein unauffälliges Feriendorf mit Pavillonhütten errichtet. Davor liegt ein kleiner Anleger. Im Scheitel der Bucht, an einem Badestrand, mündet ein Flüßchen.
Laufen Sie entlang der Mittelachse ein, und ankern Sie auf Tiefen keinesfalls unter 6–8 m.
Stagno Torto ist nach NW und Norden offen. Den besten Schutz findet man an der W-Seite unterhalb eines grauen, bunkerartigen Gebäudes zwischen zwei Klippengruppen auf Tiefen von ca. 3,5 m über Sandgrund.
Die Küstenstraße führt an Stagno Torto vorbei.

Cala Spalmatore 41°14,9'N 09°25,8'E

Die sympathische und sichere Ankerbucht Cala Spalmatore liegt etwa 0,5 sm S-lich von Porto Massimo, sozusagen gleich nebenan. Das S-Kap fällt steil ab, die lange Klippenausdehnung vor dem N-lichen Einfahrtskap ist leicht auszumachen.

- Am Kopf des Anlegers vor dem W-Ufer lotet man 4 m, die Seiten sind wegen einiger Unterwasserfelsen zum Anlegen unbrauchbar.
- Ankern Sie vor dem Strand N-lich des Anlegers auf 4–6 m über Sandgrund oder ESE-lich des Anlegers im Schutze des an der S-Seite vorspringenden rötlichen Kaps auf 3 m über Sandgrund, der von Steinen durchsetzt ist, evtl. mit Leine zu den Felsen. Hier liegen einige private Bojen aus. Fahren Sie keineswegs näher zum Strand hin, da seichte Stellen weit in die Bucht reichen.

Cala Spalmatore ist funküberwacht (UKW-Kanal 11 und 16). Der Schutz ist gut bei allen Windrichtungen, außer bei NE und Ost. Im SE-Zipfel ist der Schutz auch bei E-Wind brauchbar (Schwell). Besser liegt man bei dieser Windlage im benachbarten Porto Massimo.
Hinter dem Strand in der äußersten SE-Ausbuchtung steht ein Restaurant. Eine Diskothek gibt es hier auch.
Die Küstenstraße verläuft oberhalb der Bucht.

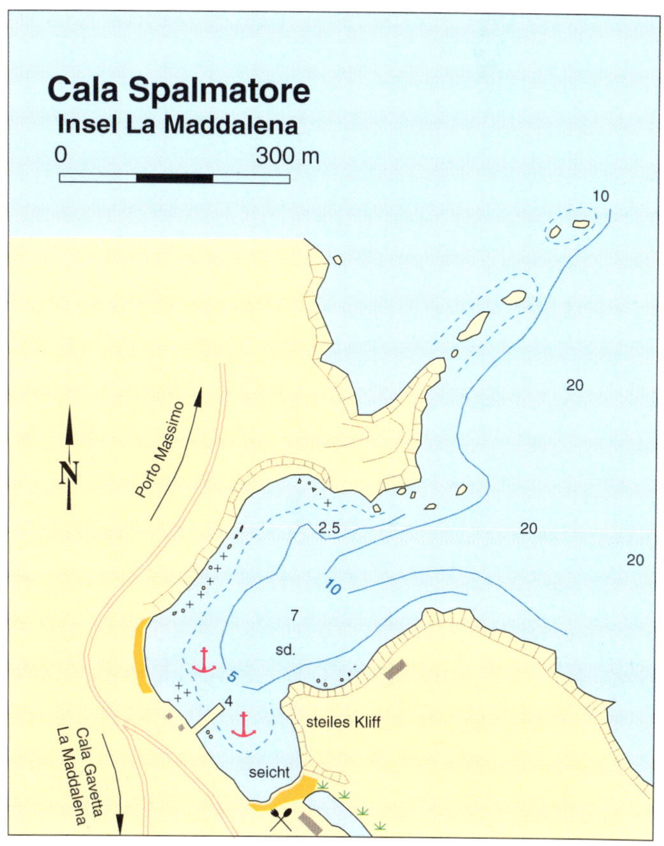

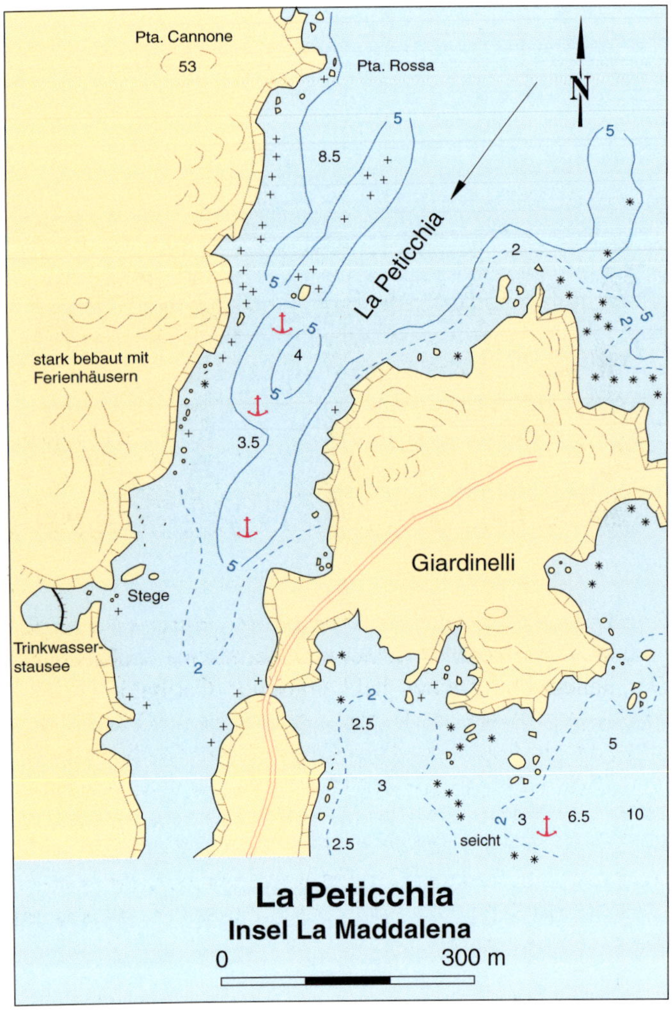

La Peticchia 41°14,1'N 09°26,2'E

Der fjordartige Einschnitt zwischen dem dicht bebauten SE-Ufer von Isola La Maddalena und einer schmalen Halbinsel, an welche die N-lich vorgelagerte Insel Giardinelli durch einen Fahrdamm angebunden wurde, bietet verschiedene Ankermöglichkeiten.

Achtung Vor dem N- und NE-Ende von Giardinelli reichen eben überspülte Klippen bis zu 250 m weit ins Fahrwasser.

SE-lich von Punta Rossa/La Maddalena (s. Plan) verläuft ein langgestrecktes Riff, das man beim Einsteuern weit an Steuerbord läßt.

Ankern Sie gleich S-lich der Überwasserklippe am SW-lichen Ende des oben beschriebenen Riffs auf 6–7 m oder etwas weiter drinnen auf 4–5 m über Sandgrund, in der Mitte des Einschnitts.

Giardinelli

41°13,8'N 09°26,8'E

Die kleine Insel, mit der SE-Küste von La Maddalena durch einen Fahrdamm verbunden, ist von weit ausgreifenden Klippenbänken gesäumt. Passo della Moneta, die Enge zwischen dem E-Ufer von Giardinelli und der W-Küste von Isola Caprera, ist mit Baken und Tonnen bezeichnet, und es gibt hier hübsche Ankerplätze, die bei jeder Windrichtung sicher sind, jedoch nur bei absolut ruhiger See angesteuert werden dürfen, mit einem Ausguck im Bug (s. Plan S. 249).

Marina del Ponte 41°12,89'N 09°26,42'E

Am W-Ende des Dammes, der die Inseln La Maddalena und Caprera miteinander verbindet, und zwar an der S-Seite, liegt ein Bojenfeld aus. Dort können Yachten bis zu 14 m Länge festmachen. Ein guter Platz für Motorboote, die unter der in den Damm integrierten Brücke (DFH 4,8m) hindurchsteuern und somit Passo della Moneta zur Gänze befahren können, was Segelyachten nicht möglich ist.

Wasser vom *acquaiolo*, Toiletten. Kraftstoff in kleinen Mengen, Slipbahn, Mobilkran 13 t, alle Arten von Reparaturen, auch an Segeln, werden ausgeführt. Landstellplätze, einen Yachtclub und Wetterinformationen gibt es hier ebenfalls.

Der Schutz ist gut bei Winden aus West, SW und Nord.

Mobiltelefon: 0039/335/7202321, Fax: 0039/0789/798030.

Isola Santo Stefano

Karte: I 324

Santo Stefano, im Süden von Isola La Maddalena, ist die für Touristen am wenigsten anziehende Insel des Archipels. Sie ist ziemlich flach, vor ihrem N-Ufer liegen zahlreiche betonnte Untiefen, der NE-Teil ist militärisches Sperrgebiet (Flottenstützpunkt der US-Marine), vor dem unbeleuchtete Festmachetonnen verankert sind. In der Mitte der NW-Küste ist ein Feriendorf entstanden; auf einer vorgelagerten Insel SW-lich davon erinnert ein Denkmal an die Toten des Zweiten Weltkriegs. Das Fort San Giorgio thront auf einem Hügel im SW.

Achtung Wer Isola Santo Stefano E-lich umsteuert, muß bei W-lichen Winden mit Fallböen rechnen.

Cala Villamarina 41°11,15'N 09°24,6'E (Pta. Villamarina)

Die einzige brauchbare Ankerbucht auf Santo Stefano ist Cala Villamarina im Süden der Insel. Sie schneidet unmittelbar W-lich des befeuerten Kaps gleichen Namens ein. Da an beiden Seiten der Einfahrt Über- und Unterwasserfelsen liegen, fahren Sie genau entlang der Mittelachse ein und halten mit rw. 025° auf ein weißes Gebäude oberhalb des NE-Ufers der Bucht zu. An dem kleinen Kai vor den Gebäuden eines stillgelegten Steinbruchs reichen die Tiefen aus, um längsseits anzulegen. Der Kai ist allerdings in sehr schlechtem Zustand.

Alternativ dazu läßt man zur Buchtmitte hin auf 7–9 m über Sandgrund, der von vereinzelten Felsen durchsetzt ist, den Anker fallen und bringt Leinen zum Kai aus. Bei starken W-lichen Winden befestigt man die Leine am W-Ufer. Cala Villamarina bietet guten Schutz, außer bei S-lichen Winden.

Leider gibt es hier keinerlei Versorgungsmöglichkeiten.

Ein Spaziergang zum Fort San Giorgio verhilft zu einem Panoramablick. Auch die Besichtigung des ehemaligen Steinbruchs bereichert den Aufenthalt.

Ansteuerung Cala Villamarina/I. Santo Stefano

Isola Caprera

41°12,8'N 09°28,4'E (Mte. Teialone) Karte: I 324

600 m E-lich von Isola La Maddalena und mit ihr durch einen Damm, in den eine niedrige Brücke eingelassen ist, verbunden, liegt die landschaftlich vielseitige Insel Caprera. Das Zackenprofil des an der E-Küste in Nord-Süd-Richtung verlaufenden Bergrückens ist ganz charakteristisch und von weitem auszumachen. Monte Teialone, die höchste Erhebung (212 m), überragt den eindrucksvollsten Ankerplatz der Insel: Cala Coticcio, auch „Tahiti-Bucht" genannt.

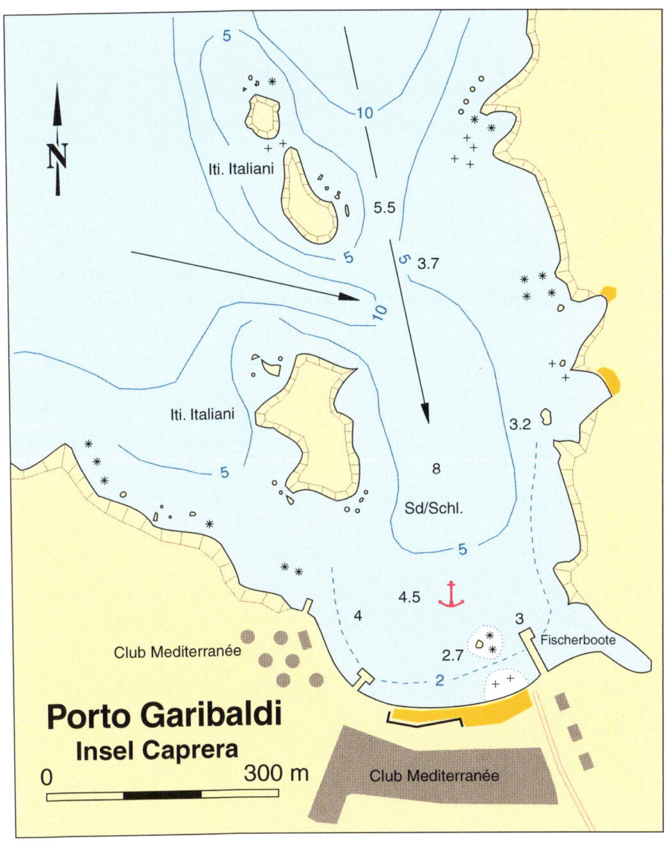

Fast die ganze Insel ist Naturschutzgebiet, Flora und Fauna sind geschützt. Wir konnten Reiher und Kormorane beobachten. Der italienische Freiheitsheld Giuseppe Garibaldi (1807 – 1882), der sich zwar um die Einigung Italiens verdient gemacht hatte, aber trotzdem häufig auf Gegenkurs zu den Ideen seines Königs steuerte, verbrachte hier nach einigen Exilaufenthalten die letzten beiden Jahrzehnte seines Lebens „unbemerkt und doch nicht zu weit von Italien" als Landwirt. Den Pinienwald, der heute eine Senke im SW der Insel schmückt, hat er angepflanzt. Sein Haus, der kleine Park und sein Grab sind als Museum zu besichtigen.

Cala Garibaldi

41°13,5'N 09°27,5'E

Im N-Teil der W-Küste von Caprera liegt dieser angenehme Ankerplatz, den die kleinen Inseln Isolotti Italiani nach Westen hin schützen. Segelyachten erreichen die Bucht nur von Norden, da Passo della Moneta, das stark verklippte, betonnte Fahrwasser zwischen Isola Caprera und La Maddalena, für sie an dem Damm endet, der die beiden Inseln verbindet: die Durchfahrtshöhe der integrierten Brücke beträgt nur 4,8 m.
Achten Sie auf die unbezeichneten Untiefen NE-lich von Giardinelli, die sich bis zu 300 m weit nach Norden ausdehnen. Unterschreiten Sie nicht die 15-m-Linie, dann gehen Sie allen Untiefen aus dem Weg.
Fahren Sie entweder E-lich der Isolotti Italiani oder N-lich des S-lichsten Inselchens hindurch.
Vom Strand springen Anleger vor, die zum Teil dem Militär gehören. Am Kopf des E-lichen lotet man 3 m, an seiner E-Seite machen Fischerboote fest.
Ein Feriendorf des Club Mediterranée mit den typischen Strohdachhütten ist in Pinien- und Eukalyptushainen angesiedelt.
Ankern Sie auf 4–5 m über Sandgrund, der etwas mit Steinen durchsetzt sein kann. Der Platz ist offen nach Norden. Den besten Schutz hat man hier bei Winden aus Süd über SE bis Ost.

Cala Napoletana

41°14,5'N 09°27,7'E

Unmittelbar S-lich von Punta Galera, im äußersten NW von Isola Caprera, findet man diesen Schönwetterankerplatz.

Cala Garibaldi/Isola Caprera

Achtung Etwa 200 m N-lich Punta Galera liegt eine gefährliche unbezeichnete Untiefe mit einem Wrack.
Die Einfahrt in den von Felsen gesäumten Einschnitt ist ohne Probleme, erst ganz innen muß man auf Untiefen und Klippen vor den Ufern achten. Zwei kleine Strände laden zum Baden ein.
Im Sommer ist das Innere der Bucht durch Bojen abgesperrt. Ankern Sie dann auf 4–6 m über Sandgrund mit vereinzelten Steinen im Abstand von 120 m vom äußeren Ende der Bucht.

Cala Coticcio (Tahiti) 41°13,0'N 09°29,0'E

Die Zwillingsbucht Cala Coticcio öffnet sich etwa in der Mitte der E-Küste von Caprera zu Füßen des höchsten Berges der Insel, Monte Teialone. Steil aufsteigende Felshänge, türkisgrünes Wasser und weiße Sandstrände haben den Vergleich mit Tahiti aufkommen lassen.
Dieser unvergeßlich schöne und romantische Platz lockt Tag für Tag Motorboote und schnelle Schlauchboote aus den benachbarten sardischen Häfen an, und dazu so manches Ausflugsschiff.
Von Norden kommend, muß man von der hohen Punta Coticcio, der E-Begrenzung der Bucht, die ihr auch zusätzlichen Schutz verleiht, mindestens 50 m Abstand halten.
Im Sommer ist das Buchtinnere durch Bojen abgesperrt, so daß man nur außerhalb vor Anker gehen kann.

- Wenn keine Absperrung vorhanden ist, ankert man in beiden Buchten auf 5–7 m. Leider hält der Grund (Sand und Steine) schlecht. Eine Leine zu den Uferfelsen ist ratsam. Wenn nämlich der Wind aus West oder Nord auffrischt, hagelt es Fallböen.
  In der E-Bucht kann man näher zum Strand hin vordringen und läßt den Anker auf 3 m in glasklarem Wasser fallen. Cala Coticcio ist offen nach Süden und SE.
- *Cala Brigantino,* der schmale Einschnitt 0,5 sm S-lich von hier, bietet Raum für zwei Yachten. Er ist bei starken W-lichen Winden Fallböen ausgesetzt und offen nach Osten und NE.

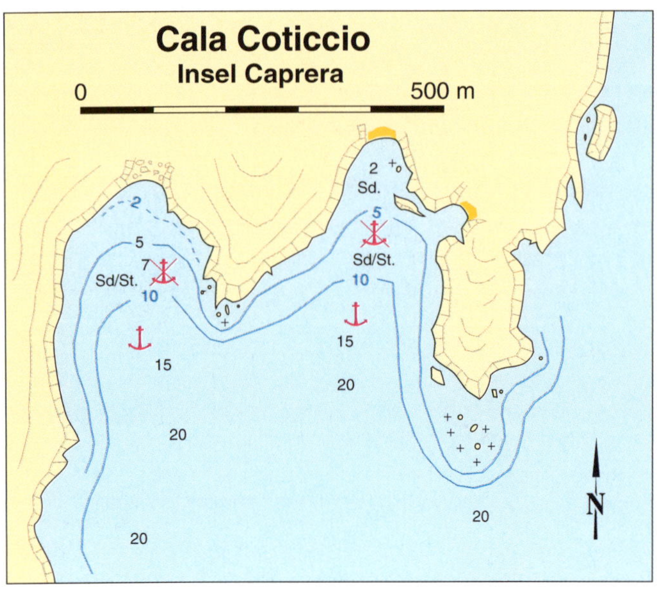

Südankerplätze Isola Caprera

Cala Portese 41°11,0'N 09°28,0'E

Im SE der Insel Caprera schneidet diese geräumige Bucht in die felsigen Ufer ein und endet in einem beliebten Badestrand, in dessen Umgebung es manchmal nach Schwefel riecht.
Wer von Süden kommt, muß sich an das Schiffahrtsverbot im S-Teil der Insel halten und Punta Rossa, auf der Militärgebäude stehen, sowie das Inselchen Pecora in gutem Abstand runden.
Achtung Vor der NW-Einbuchtung der Cala Portese liegt eine felsige Untiefe mit nur 0,5 m Wasser bedeckt, 150 m vom Ufer entfernt.
Ankern Sie im S-Teil vor dem Strand auf 4–6 m über Sandgrund. Bei Nacht sieht man das Feuer auf Ito. Monaci blitzen. Der Platz ist nur nach NE offen. Sollte Wind aus dieser Rich-

tung aufkommen, verholt man sich nach Porto Palma oder zum Anleger Punta Rossa.
Auch die beiden Einschnitte im weiteren NE-lichen Küstenverlauf lohnt es zu erkunden.

Anleger Punta Rossa

41°10,4'N 09°28,1'E (Anleger)

Die Punta Rossa-Halbinsel liegt in einer Schiffahrtsverbotszone. Es gibt unserer Meinung nach in dieser öden Gegend auch nichts, was zu einem Besuch verführen könnte. Hausruinen und verlassene Militärgebäude verstärken den trostlosen Eindruck. Trotzdem liegen dort manchmal Yachten. Das Feuer auf dem Molenkopf ist seit Jahren außer Betrieb.
Wir beschreiben den Platz für Notfälle: Punta Rossa, das befeuerte S-Kap von Caprera, stößt wie ein Stachel nach Süden vor. SW-lich des Leuchtfeuers kennzeichnet eine grüne Tonne die Untiefe Secca di Punta Rossa. Halten Sie sich gut W-lich davon, wenn Sie den Anleger im NNE ansteuern.
Vor der Mitte des Molenkopfes lotet man 2,2 m, im W-Teil, rings um die dort aufragende Mauer, verläuft eine Steinschüttung mit weniger als 1 m Wasser bedeckt; auch an der E-Seite, wo es 2 m tief ist, sind nur die ersten drei Meter des Kais benutzbar.
Eine Slipbahn ist vorhanden.
Der Platz ist offen gegen Süd.
Zwischen der Punta-Rossa-Halbinsel und Isolotto Porco liegen drei Tonnen verankert, die sich zum Festmachen kleiner Boote eignen.

Porto Palma

41°11,3'N 09°27,1'E

Die stimmungsvolle und weiträumige Bucht im Süden der Insel Caprera bietet einladende Ankerplätze auf 6 m über Sandgrund oder vor dem E-lichen der beiden Anleger im Norden, an dessen Kopf die Tiefe 3 m beträgt (s. Plan).
Der W-liche Anleger, er ist befeuert, gehört zur Segelschule Centro Velico Caprera, die W-lich dahinter und in der SW-Ausbuchtung von Porto Palma ihren Stützpunkt hat. Ihre Flotte zählt etwa 50 Boote, von Jolle bis Ketsch, die fröhliche Akzente in die Bucht und die umliegenden Gewässer setzen.
Achtung Um das E-Einfahrtskap liegen zahlreiche Klippen.
Der Platz bietet, außer bei Winden aus Süd und SW, hervorragenden Schutz, sogar noch bei SE-Wind.

Porto Palma/Isola Caprera

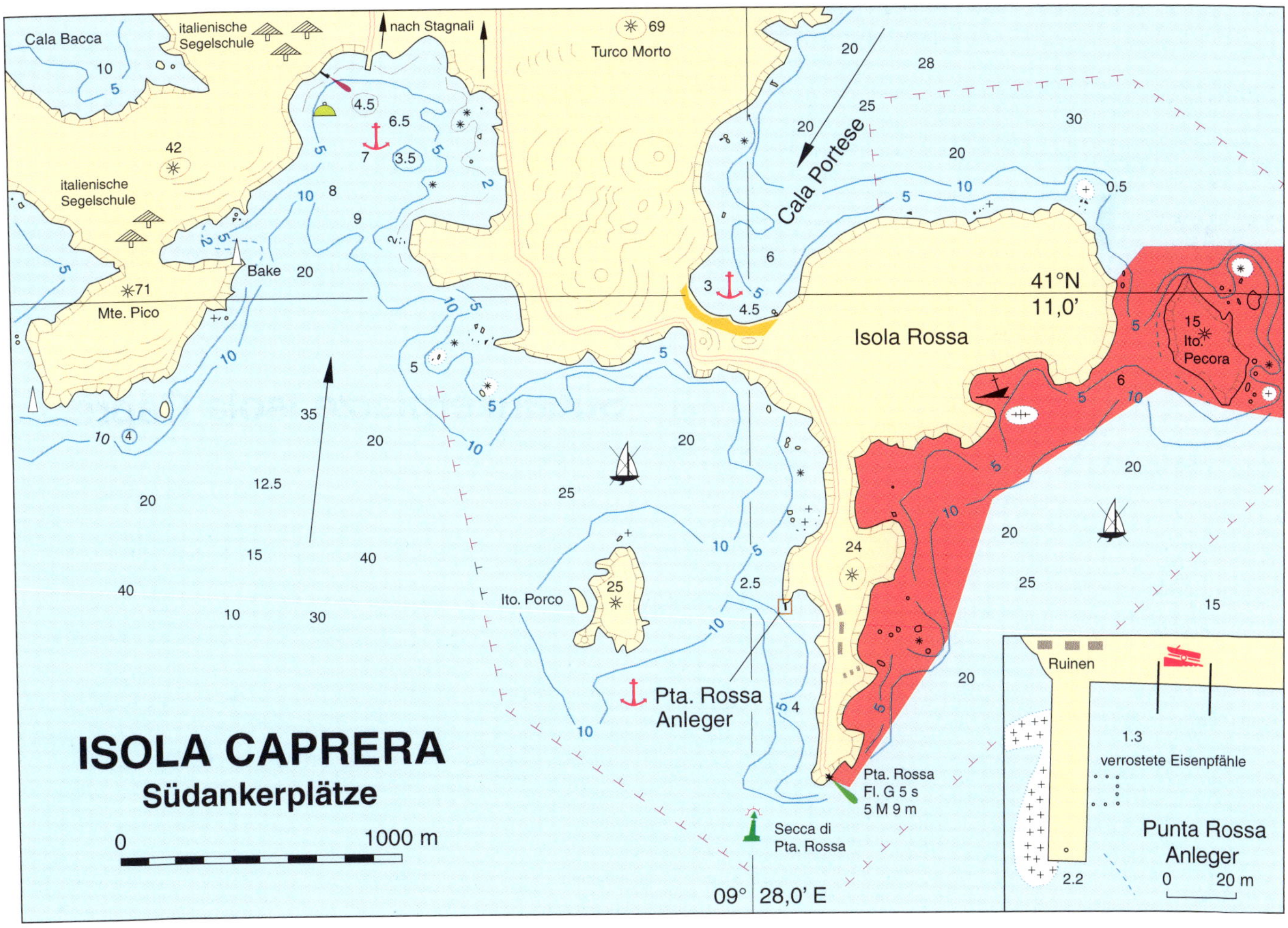

Kapitel V
Der Toskanische Archipel

Karten: D 434, 504 I 116, 117, 118, 119

Die Inseln des Toskanischen Archipels liegen zwischen der italienischen Westküste und Korsika; fast alle sind gebirgig und von tiefem Wasser umgeben. Einladende Buchten, lebhafte Häfen und die fröhliche Lebensart der Bewohner ziehen viele Yachtfahrer an, so daß das Revier während der Saison ziemlich überlaufen ist.
Außer Elba, dem smaragdgrünen Juwel, gehören noch sechs weitere, wesentlich kleinere Inseln zu dieser Gruppe. Es sind dies, von Nord nach Süd gesehen, Gorgona, Capraia, Pianosa, Montecristo, Giglio und Giannutri.
Pianosa und Gorgona dürfen, da sie „Gefängnisinseln" sind, nicht angelaufen werden, Gorgona liegt außerdem im Parco Nazionale dell'Arcipelago Toscano. Montecristo ist im Jahr 1980 zum Naturschutzgebiet erklärt worden und daher auch nur im nachweisbaren Notfall anzusteuern. Ebenfalls Giannutri und Teile der Insel Caprera sind zu Schutzzonen erklärt worden. Alles weitere bei den Detailbeschreibungen.

Wind und Seegang, Strom

Im Sommer, bei ausgeglichener Wetterlage, muß man mit häufigen Flauten rechnen. Tagesbrisen aus NE bzw. leichte Winde aus West bis NW sind die vorherrschenden Richtungen. Der Seegang ist nicht erwähnenswert, außer bei Maestral (NW) oder Libeccio (SW).
Nach starken NW-Winden setzt der Strom zwischen den Toskanischen Inseln nach SSE.

Sperrgebiete

Absolutes Landeverbot besteht für die Inseln Gorgona, Pianosa und Montecristo. Näheres finden Sie bei den Hafenbeschreibungen.

Funkortung

Flugfunkfeuer Elba, auf Mte. Calamità/SE-Kap Elba (Aero RC; ELB • •—•• —••• 360 kHz; A1A, 100 sm).
Flugfunkfeuer Grosseto, italienisches Festland (Aero RC; GRO ——• •—• ——— 406 kHz; A1A, 50 sm).

Deutsche Segelschulen auf Elba

Auf Elba gibt es neben italienischen auch deutsche Segelschulen, die Kurse für den Erwerb von Segelscheinen abhalten und teilweise ausgedehnte Törns anbieten:
DHH Yachtschule Elba, Le Grotte; Tel. Elba 933329 bzw. Hamburg 040/441142-50
Segel-Zentrum Elba, Bagnaia; Tel. Elba 961090 bzw. Köln 02236/6 55 05
Segel-Club Elba, Magazzini; Tel. Elba 933288 bzw. Bergisch-Gladbach 02204/68703.

Festung und Lt. Forte Stella bei Portoferraio/Elba

Vor Elba

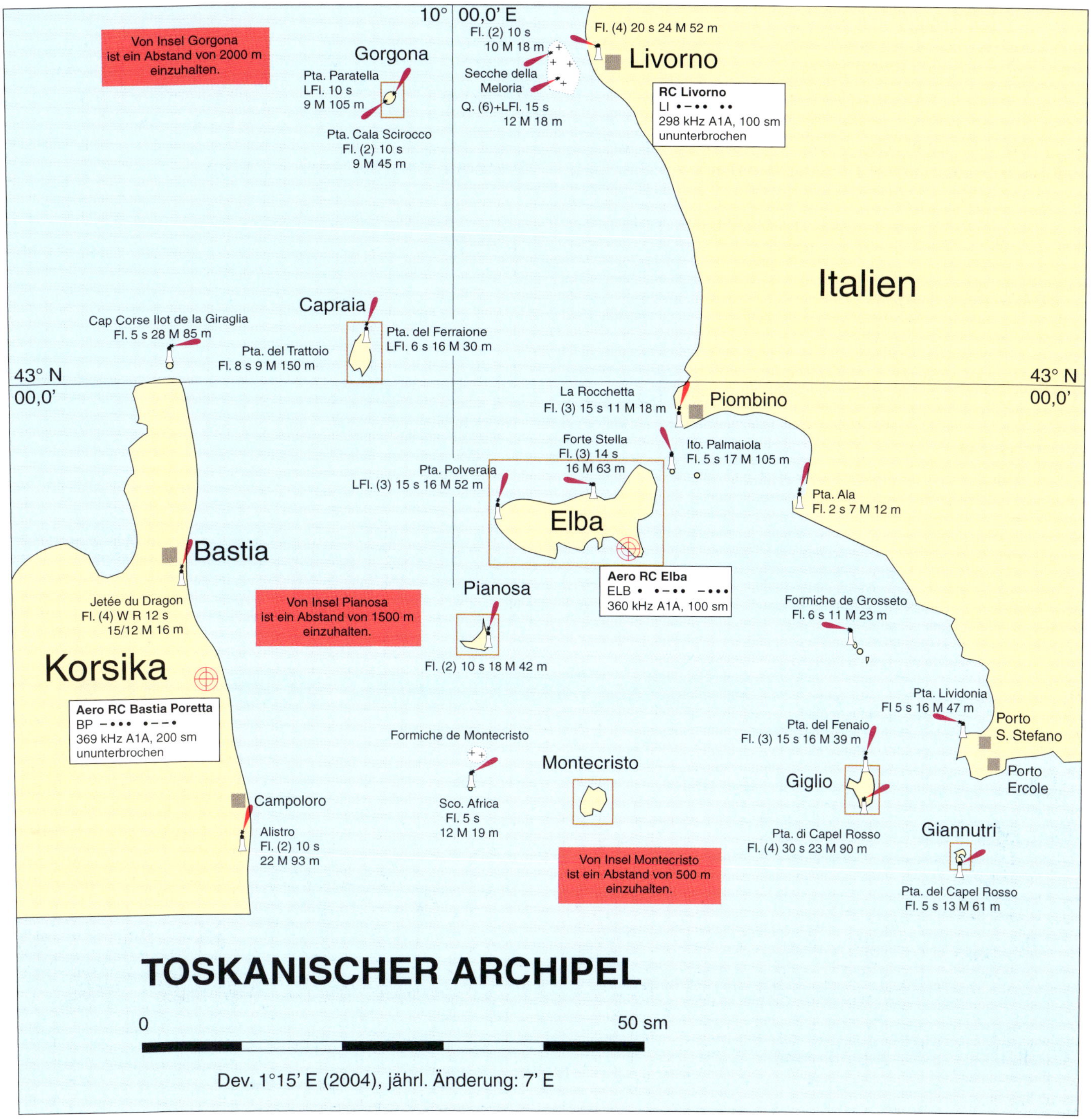
10° 00,0' E
Von Insel Gorgona ist ein Abstand von 2000 m einzuhalten.
Gorgona
Pta. Paratella LFl. 10 s 9 M 105 m
Pta. Cala Scirocco Fl. (2) 10 s 9 M 45 m
Fl. (2) 10 s 10 M 18 m
Secche della Meloria
Q. (6)+LFl. 15 s 12 M 18 m
Fl. (4) 20 s 24 M 52 m
Livorno
RC Livorno
LI •–•• ••
298 kHz A1A, 100 sm
ununterbrochen
Italien
Capraia
Cap Corse Ilot de la Giraglia Fl. 5 s 28 M 85 m
Pta. del Trattoio Fl. 8 s 9 M 150 m
Pta. del Ferraione LFl. 6 s 16 M 30 m
43° N 00,0'
La Rocchetta Fl. (3) 15 s 11 M 18 m
Piombino
Forte Stella Fl. (3) 14 s 16 M 63 m
Ito. Palmaiola Fl. 5 s 17 M 105 m
Pta. Polveraia LFl. (3) 15 s 16 M 52 m
Pta. Ala Fl. 2 s 7 M 12 m
Elba
Bastia
Aero RC Elba
ELB • •–•• –•••
360 kHz A1A, 100 sm
Jetée du Dragon Fl. (4) W R 12 s 15/12 M 16 m
Von Insel Pianosa ist ein Abstand von 1500 m einzuhalten.
Pianosa
Formiche de Grosseto Fl. 6 s 11 M 23 m
Korsika
Fl. (2) 10 s 18 M 42 m
Aero RC Bastia Poretta
BP –••• •––•
369 kHz A1A, 200 sm
ununterbrochen
Pta. Lividonia Fl 5 s 16 M 47 m
Porto S. Stefano
Porto Ercole
Formiche de Montecristo
Pta. del Fenaio Fl. (3) 15 s 16 M 39 m
Montecristo
Giglio
Campoloro
Sco. Africa Fl. 5 s 12 M 19 m
Alistro Fl. (2) 10 s 22 M 93 m
Giannutri
Pta. di Capel Rosso Fl. (4) 30 s 23 M 90 m
Von Insel Montecristo ist ein Abstand von 500 m einzuhalten.
Pta. del Capel Rosso Fl. 5 s 13 M 61 m
TOSKANISCHER ARCHIPEL
0
50 sm
Dev. 1°15' E (2004), jährl. Änderung: 7' E

Insel Gorgona

Karten: D 504; I 116

Die kleinste und N-lichste Insel des toskanischen Archipels liegt 18 sm WSW-lich von Livorno. Seit etwa 100 Jahren wird sie als Gefängnisinsel genutzt. Außerdem liegt Gorgona im Naturschutzgebiet Parco Nazionale dell'Arcipelago Toscano. Schiffe müssen von der Küste der Insel 2000 m Abstand halten. In echten Notfällen holt man sich eine Anlegeerlaubnis von den Behörden, die man auf UKW-Kanal 16 erreicht.
Die Fähre von Livorno läuft den kleinen Hafen von Gorgona regelmäßig an. Landtouristen dürfen in einer geführten Gruppe die Insel besuchen.

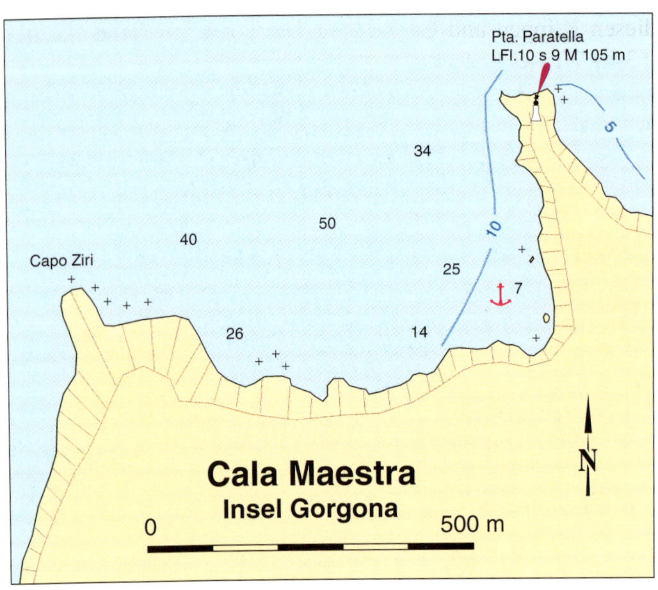

Den Inselhafen und die Buchten Cala Maestra und Cala Scirocco beschreiben wir für den Fall einer Notsituation.

Cala dello Scalo

43°25,8'N 09°54,5'E

Zwischen steilen Felswänden schneidet diese Bucht in die NE-Küste Gorgonas ein und beherbergt den Inselhafen vor der Häuseransammlung des Dorfes unterhalb dichtbegrünter Abhänge und landwirtschaftlich genutzter Terrassen.
Am Tage Die besten Ansteuerungsmarken sind der pisanische Wachturm Torre Vecchia in 208 m Höhe N-lich Punta Gorgona,

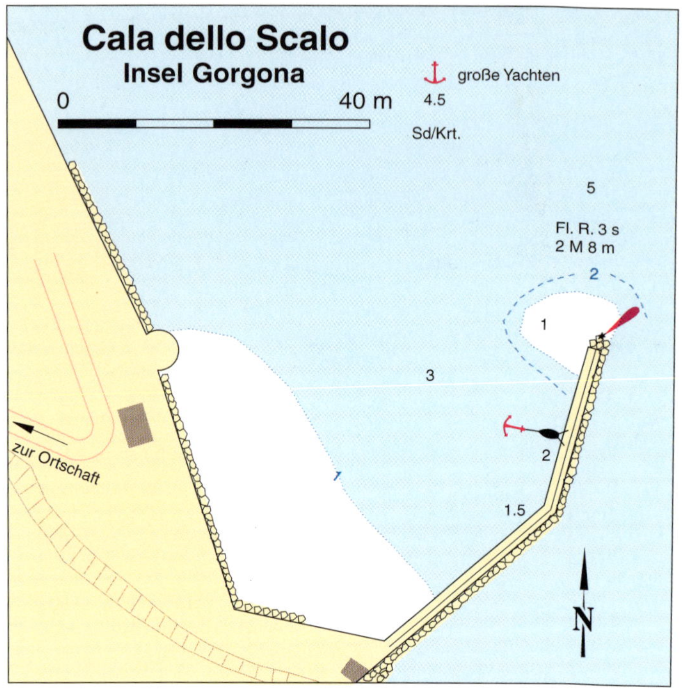

das aus Backsteinen erbaute Fort Torre Nuova N-lich oberhalb der Hafenbucht und die Häuser der Ortschaft.
Bei Nacht Folgende Feuer helfen bei der Ansteuerung: Punta Paratella auf der N-Spitze der Insel, Punta di Cala Scirocco im Süden der Insel und das Molenfeuer des Hafens.
Der Hafen ist sehr beengt und bietet nur kleineren Yachten Schutz gegen jede Windrichtung außer NE. Größere Yachten müssen, wie auf dem Plan angegeben, außerhalb ankern.
Beim Einlaufen rundet man den Wellenbrecherkopf in gutem Abstand und beachtet auch die Untiefe an der N-lichen Innenseite. Der Ankergrund ist von Steinen durchsetzt.
Im Hafen gibt es Toiletten und zwei Mobilkräne. Medizinische Versorgung erhält man in der Nähe der Strafanstalt.

Cala Maestra

43°26,1'N 09°54,1'E

Diese Bucht an der NW-Ecke der Insel hat bis dicht unter Land große Wassertiefen. Die Ufer sind mit Klippen gespickt.
Der Ankerplatz liegt in der SE-Ecke auf ca. 8–10 m. Eine Leine zum Land ist erforderlich. Guter Schutz bei S-Winden.

Cala Scirocco

43°25,25'N 09°54,15'E

Im SE der Insel öffnet sich die Bucht Cala Scirocco gleich N-lich des gleichnamigen Kaps. Dort ist man bei W-lichen und N-lichen Winden gut aufgehoben.

Insel Capraia

Karten: D 504; I 116

Die drittgrößte Insel im Toskanischen Archipel, das gebirgige Capraia, ist ein beliebter Trittstein auf dem Weg von Elba nach Korsika. Sie liegt etwa auf der Breite der Nordspitze von Cap Corse und ist als einzige aus der Gruppe vulkanischen Ursprungs. Ihren Namen verdankt sie den wilden Ziegen, die sie einst bevölkerten (capra = Ziege). Die höchsten Berge sind der 445 m hohe Mte. Castello im Norden und der im Süden aufragende 410 m hohe Mte. Arpagna. An klaren Tagen ist der Gebirgsrücken der Insel weithin sichtbar.

In den steil abfallenden Kliffs der W-Küste öffnen sich Grotten, wo noch einige Exemplare einer seltenen Seehundart leben sollen. In die Mitte der E-Küste schneiden kleine Täler ein, sogenannte „vadi", durch die Bäche fließen. Wilde Seerosen sprießen im Kratersee Stagnone.
Bis vor wenigen Jahren war Capraia noch eine Gefängnisinsel, der N-Teil lag im Sperrgebiet. Heute fungieren die Einrichtungen der ehemaligen Strafkolonie als Touristenattraktion.

Capraia-Hafen

43°03,0'N 09°50,2'E Karte: I 116

Lage und Umgebung

Der malerische, durch zwei Molen geschützte Hafen liegt im NE-Teil der Insel in einem von hohen Bergen flankierten, landschaftlich hübschen Einschnitt, eingerahmt von den bunten Häusern eines kleinen Weilers. Das eigentliche Dorf mit der Kirche breitet sich etwas mehr als ½ sm E-lich davon auf den Hügeln des Kaps Ferraione aus, wo auch ein Turm und das weiße Leuchtturmgebäude stehen.
Mächtige Mauern gürten das zerfallende genuesische Fort San Giorgio an der E-Flanke des Kaps, aus dem sich ein schlankes Türmchen erhebt.
Da der Hafen von Capraia ein verlockender Aufenthaltsort ist, kommen besonders im Sommer sehr viele Yachten hierher.

Naturschutz

Capraia liegt im Parco Nazionale dell'Arcipelago Toscano.
An der W-Küste gilt absolutes Fahr- und Ankerverbot.
Manche Gebiete der Insel dürfen nicht betreten werden.

Ansteuerung

Am Tage Von NW ansteuernd, muß man die Klippen Le Formiche, die von der mit einem Türmchen bewehrten Punta della Teglia 400 m weit in See reichen, beachten. Zwischen diesen Klippen und Capraia liegt eine seichte Stelle mit nur 0,3-m Wasser bedeckt.
Auch vor Cala Mórtola an der NE-Küste sind 100 m Abstand von einer Klippengruppe zu halten.
Von Süden kommend, orientiert man sich an einem auffälligen Turm in 83 m Höhe auf der steil zum Meer abstürzenden Punta dello Zenóbito, der S-Spitze der Insel, und an der Ruine des ehemaligen Semaphors auf Monte Arpagna.
Achtung Von Süden oder Osten kommend, zeigt sich der Hafen erst nach dem Runden der Punta del Ferraione.
Bei Nacht Von Westen kommend, hilft das Feuer auf Punta del Trattoio.
Das weittragende Feuer auf Punta del Ferraione, gleich E-lich des Hafens, ist in Peilungen unter 157° aus Nord und über 337° aus Süd nicht mehr zu sehen, da es von der Insel abgedeckt wird.
Die Wellenbrecher des Hafens sind befeuert.

Capraia

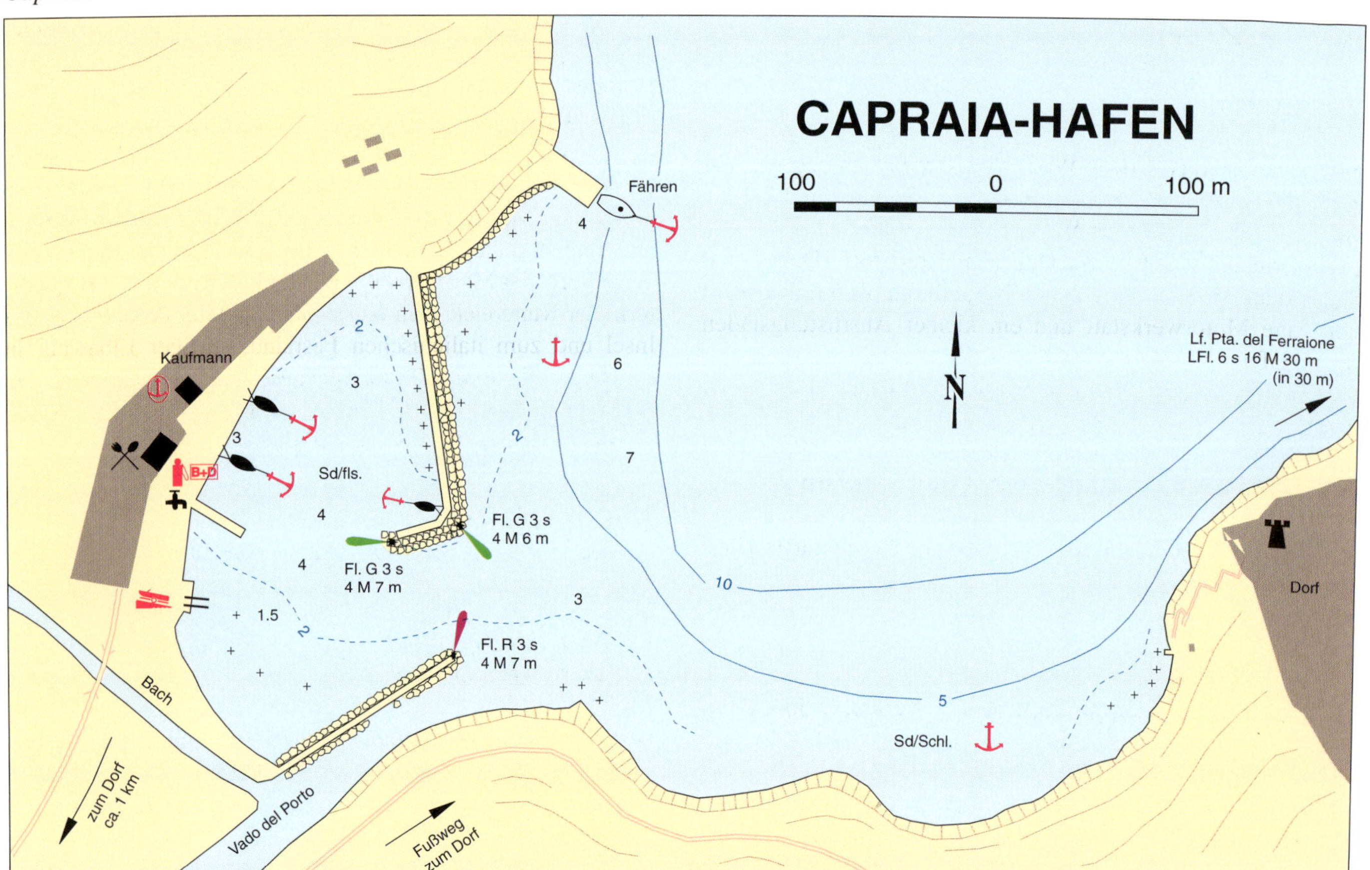

CAPRAIA-HAFEN
100
0
100 m
Fähren
Kaufmann
B+D
Sd/fls.
Fl. G 3 s
4 M 6 m
Fl. G 3 s
4 M 7 m
Fl. R 3 s
4 M 7 m
Lf. Pta. del Ferraione
LFl. 6 s 16 M 30 m
(in 30 m)
N
Dorf
Sd/Schl.
Bach
zum Dorf
ca. 1 km
Vado del Porto
Fußweg
zum Dorf

Liegeplatz

Yachten machen entweder am W-Kai, N-lich der Tankstelle, oder im „Knie“ des N-lichen Wellenbrechers (s. Plan) mit Bug- oder Heckanker fest; es kommt vor, daß man im Päckchen liegen muß, da der Hafen in der Saison stark frequentiert ist. Die S-Mole ist den Fischern vorbehalten. Im S-Teil des Hafens behindern Klippen.
Der Grund hält nicht gut.
Achtung Das Einlaufen bei starkem NE-Wind kann gefährlich werden. Bei starken Winden aus dem 2., 3. und 4. Quadranten prasseln brutale Fallböen aus allen Richtungen herunter, die das Anlegemanöver schwierig gestalten und womöglich die Anker aus dem Grund reißen.
Reede Ist der Hafen überfüllt, hat man zwei Ausweichmöglichkeiten:
- Unterhalb des runden Wachturmes auf Pta. del Ferraione, auf ca. 4 m über schlickigem Sandgrund mit Krautbewuchs, der nur mittelmäßig hält (s. Plan). Bei Winden aus N-lichen und E-lichen Richtungen ist der Platz unbrauchbar.
- Zwischen Hauptwellenbrecher und Fährkai.

Schutz

Starke Winde aus W bis NW bewirken Fallböen aus den umliegenden Bergen. Starker NE-Wind erzeugt unangenehmen und gefährlichen Schwell; man muß die Yacht dann weit vom Kai abhängen. Bei dieser Wetterlage kann man auch nicht mehr auslaufen.

Behörden

Hafenkapitän, Zoll.

Versorgung

Nur ein Wasserhahn, denn Wasser ist Mangelware, es wird per Tankschiff herbeigeschafft und muß im Sommer unter Umständen rationiert werden.Wenden Sie sich an den *acquaiolo* „Wassermann“). WCs und Duschen. Kraftstoff (Diesel und Benzin) am W-Kai. Slipbahn und Mobilkran bis 5 t, Travellift 2 t. Eine Motorwerkstatt und ein kleiner Ausrüstungsladen beim Hafen.
Lebensmittelläden am Hafen, weitere im Dorf (1 km) mit beschränkter Auswahl. Restaurants und Bars.

Verkehrs-, Postverbindungen, Funkkommunikation

Postamt und Telefon. Fähre nach Livorno. Die Capitaneria hört auf UKW-Kanal 16.

Ankerplätze im Süden Capraias

Karten: D 504; I 116

Zu beiden Seiten der S-Spitze der Insel, der kahlen, aus 83 m Höhe steil ins Meer abstürzenden Punta dello Zenóbito, auf deren höchstem Punkt ein ungewöhnlicher Turm steht, öffnen sich interessante Ankerbuchten.

W-lich Zenóbito Cala del Moreto, offen nach Süden und SW, mit Ankertiefen zwischen 10 und 15 m über Sand mit Steinen.

E-lich Zenóbito Die nach SE offene Cala Rossa. Der Grund besteht auch hier aus Sand mit Steinen, die Ankertiefen liegen bei 10–15 bzw. 6–10 m.

Südostküste Cala dei Porcili N-lich der Klippe lo Scoglione, Cala della Carbicina und Cala del Ceppo. Alle drei Buchten sind nach Süden und Osten offen.
In Cala dei Porcili fällt der Grund steil ab, daher sind hier die Ankertiefen am größten. In Carbicina ankert man auf 10–14 m, in Ceppo auf 6–8 m.

Insel Elba

Karten: D 504; I 117

Elba, die größte Insel im Toskanischen Archipel, hat eine Ost-West-Ausdehnung von 27,5 km und eine maximale Nord-Süd-Ausdehnung von 18,5 km. Mit einer Segelyacht könnte man sie an einem einzigen Tag umrunden. Aber wer will das schon.
Mit dem Granitmassiv des Mte. Capanne erreicht die Insel ihre größte Höhe, stolze 1018 m. Üppiges Grün bedeckt die Abhänge; Kastanien, Kiefern, undurchdringliche Macchia und Weinberge sind die typische Vegetation.
Sechs große Golfe beherbergen verlockende Ankerbuchten vor weißen Stränden, Hotel- und Ferienanlagen. Die sichersten Zufluchtsorte für Yachten sind Portoferraio und Marciana Marina im Norden, Porto Azzurro an der Ostküste.
Granitgrauer Fels, der schroff zum Meer hinabstürzt, charakterisiert die Westküste. Rotbraun ist das Gestein im Gebiet der Eisenerzvorkommen im Osten, wo die Einrichtungen stillgelegter Minen nostalgisch vor sich hin rosten, Grotten öffnen sich im Naturschutzgebiet Costa dei Gabbiani. Liebhaber seltener Steine und Mineralien wird es in die Museen von Rio Marina ziehen, Taucher kommen im Golfo di Stella auf ihre Kosten.
Die Seilbahnfahrt aus dem Kastanienwald um Marciana Alta zum Gipfel des Mte. Capanne, eine kühle Brise in den Bergdörfern, der Rundblick vom Aussichtsberg Mte. Perone über die Insel und zum italienischen Festland, süffiger Elbawein in lauschigen Trattorien, Tamarisken und Maulbeerbäume an den Uferpromenaden, urige Fischerviertel, trutzige Wachtürme und die Erinnerung an Napoleon – all das ist Elba.

Portoferraio

42°48,7'N 10°19,8'E — Karte: I 117

Lage und Umgebung

Portoferraio, die Hauptstadt der Insel und zugleich ihr Haupthafen, liegt an der N-Küste, in der halbkreisförmigen Rada di Portoferraio in deren Ufer auch noch einige von begrünten Hügeln umgebene Buchten einschneiden.
Auf dem steilen W-Einfahrtskap der Rada prangen eindrucks-

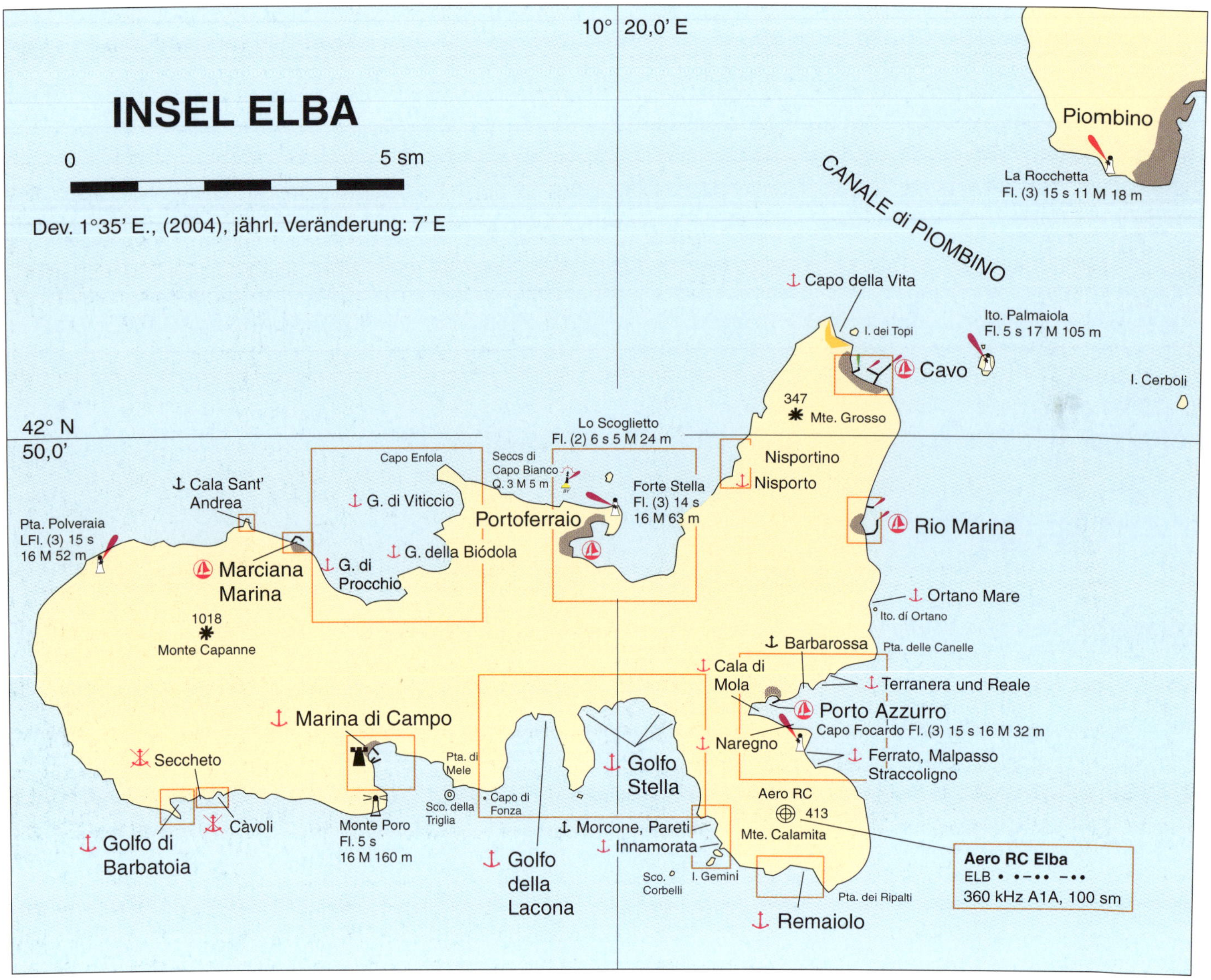

Portoferraio

Hafen von Portoferraio, vorn die Fischerpier mit Tankstelle

voll die beiden Festungen Forte Stella und Forte Falcone sowie der alles überragende Leuchtturm.
Die Hafeneinfahrt wird erst sichtbar, wenn man den „Hammerturm" (Torre del Martello) an ihrer E-Seite gerundet hat. Häuser im Palazzostil des 19. Jahrhunderts, in allen bräunlichen und gelben Schattierungen gehalten und mit grünen Fensterläden versehen, stehen an der lautstark befahrenen Uferstraße und geben dem Hafen, in dem Fischkutter und Yachten gleichermaßen Schutz finden, den „typisch italienischen" Rahmen.
Emsig laufen Fähren aus Piombino die W-lich benachbarten Kais des Handelshafens an.

Ansteuerung

Am Tage Von Norden ist das Einlaufen in die Rada ohne Gefahren. Von Westen kommend, läuft man entweder N-lich an dem befeuerten Inselchen Scoglietto vorbei oder steuert mit SE-Kurs zwischen der weit nach Norden reichenden Untiefe Secca di Capo Bianco und Scoglietto hindurch. Dabei hält man sich näher an Scoglietto, wenngleich auch von dort ein Flach nach SW zeigt, deutlich an der helleren Färbung des Wassers erkennbar. Die Untiefe ist im Norden durch eine schwarz-gelbe Leuchttonne markiert. Bei stürmischem Wetter läßt sich die Untiefe anhand der Brandung lokalisieren. Das weitere Einlaufen ist problemlos.

Achtung Zwischen Scoglietto und der Küste Elbas liegt ein biologisches Schutzgebiet, das im Westen durch die Untiefe Secca di Capo Bianco begrenzt ist. Dort herrschen Anker- und Fischverbot.
Bei Nacht Zuallererst macht man das Feuer Forte Stella auf Punta Falcone aus, dessen rotes Nebenfeuer die Untiefe Secca di Capo Bianco abdeckt (s. Plan). Das Feuer auf der kleinen Insel Lo Scoglietto ist ebenfalls nützlich bei der Ansteuerung. Die Molenköpfe der Hafeneinfahrt wie auch die nach Westen anschließenden Molen des Handelshafens tragen Feuer.
Auch die Lichter der Stadtbeleuchtung stellen gute Orientierungshilfen dar.

Liegeplatz

Am W-Kai liegen Muringketten aus. An der Molo Elba geht man längsseits oder liegt dort vor Bug- oder Heckanker (s. Plan). Der Hafen ist immer gut besucht.
Der Ankergrund besteht aus gut haltendem Schlick.
Manche Yachten überwintern im Hafenbecken von Portoferraio.

Schutz

Neben der schönen Kulisse bietet der Hafen Schutz bei allen Windrichtungen. Nur starke SW-Winde machen das Liegen unruhig.

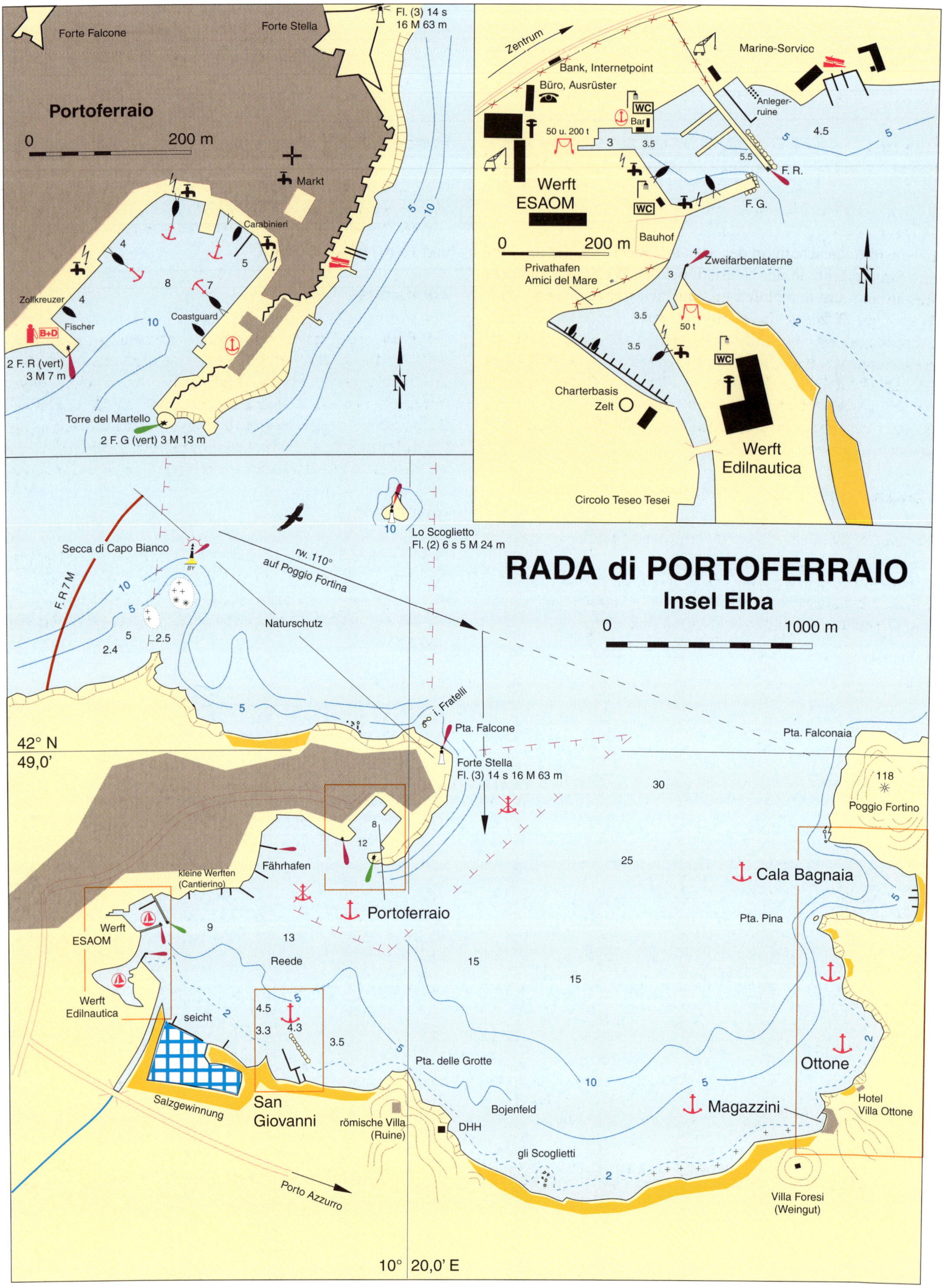
RADA di PORTOFERRAIO
Insel Elba
0 1000 m
Portoferraio
0 200 m
Forte Falcone
Forte Stella
Fl. (3) 14 s
16 M 63 m
Markt
Carabinieri
Zollkreuzer
Fischer
B+D
Coastguard
2 F. R (vert)
3 M 7 m
Torre del Martello
2 F. G (vert) 3 M 13 m
Zentrum
Bank, Internetpoint
Büro, Ausrüster
50 u. 200 t
Bar
WC
Werft
ESAOM
Marine-Service
Anleger-
ruine
F. R.
F. G.
Bauhof
0 200 m
Privathafen
Amici del Mare
Zweifarbenlaterne
50 t
Charterbasis
Zelt
Werft
Edilnautica
Circolo Teseo Tesei
Secca di Capo Bianco
F. R 7 M
rw. 110°
auf Poggio Fortina
Naturschutz
Lo Scoglietto
Fl. (2) 6 s 5 M 24 m
i. Fratelli
Pta. Falcone
Forte Stella
Fl. (3) 14 s 16 M 63 m
Pta. Falconaia
118
Poggio Fortino
42° N
49,0'
Fährhafen
kleine Werften
(Cantierino)
Portoferraio
Werft
ESAOM
Werft
Edilnautica
Reede
seicht
Cala Bagnaia
Pta. Pina
Salzgewinnung
San
Giovanni
römische Villa
(Ruine)
Pta. delle Grotte
DHH
Bojenfeld
gli Scoglietti
Magazzini
Ottone
Hotel
Villa Ottone
Villa Foresi
(Weingut)
Porto Azzurro
10° 20,0' E

Behörden

Capitaneria, Zoll und Küstenwache.

Versorgung

Strom und Wasser am Kai gegen Gebühr. Ein Trinkwasserhahn befindet sich links neben dem Torbogen am Platz des Wochenmarktes in der Altstadt. WCs und Duschen.Tankstelle am Kai W-lich des roten Molenfeuers.
Müllentsorgung. Wetterbericht beim Hafenkapitän.
Lebensmittelgeschäfte in der Altstadt, Wochenmarkt am Freitag. Supermärkte in der Neustadt bei den Werften. Zahlreiche Restaurants um den Hafen und auf den Plätzen der Altstadt. Trattorien, Pizzerien, Eissalons und Bars.
Campinggas bei den Schiffsausrüstern und beinahe in allen Eisenwarengeschäften *(ferramenta)*. Auffüllen von Gasflaschen. Blockeis bestellt man direkt bei der Eisfabrik. Deutschsprachige Tageszeitungen ab Mittag vom selben Tag.
Banken und Bankomaten. Apotheken. Öffentliches Bad *(diurno)* beim Gemeindehaus.

Verkehrs- und Postverbindungen

Postamt an der Piazza Repubblica. Kartentelefone überall in der Stadt.
Autofähren und Tragflächenboote nach Piombino verkehren beinahe stündlich. Ausflugsschiffe nach Capraia, nach Giglio und Giannutri. Flughafen bei Marina di Campo.
Im Sommer Linienverkehr nach Pisa und internationale Charterflüge. Autobusse zu allen größeren Orten mehrmals täglich. Reisebüros, Touristeninformation, Buchungsbüro für Fähren und Autobus im Hochhaus beim Fährkai.
Taxis, Mietwagen, Verleih von Motorrollern und Fahrrädern.

Funkkommunikation

Die Capitaneria von Portoferraio hört auf UKW-Kanal 11 und 16 (16.06.–15.09. von 0700–2300; 16.09.–15.06. von 0700–1900 UTC), die Capitaneria von Piombino auf UKW-Kanal 14 und 16 (0700–1900 UTC).

Tourismus

Der Blick vom Forte Falcone bei Sonnenuntergang ist unvergeßlich. Ein Bummel über schattige Altstadtplätze und Treppen führt zum Palazzo dei Mulini, der Stadtresidenz Napoleons. Machen Sie eine Inselrundfahrt mit Abstecher zu den Bergdörfern. Fotoamateure stoppen bei Pta. delle Grotte an der Straße Portoferraio – Porto Azzurro, dem besten Standpunkt für ein Panoramafoto des Hafens und der Rada di Portoferraio.

Geschichte

An dem Platz, an dem die Medici in der Mitte des 16. Jahrhunderts die Stadt Portoferraio als befestigten Hafen gründeten, stand wahrscheinlich bereits die griechische Siedlung Argoos, aus der sich später das römische Dorf Fabricia (Ferricia) entwickelte.

San Giovanni, hinten der Werfthafen und die auffällige Halle der Fa. ESAOM

Der Name Portoferraio bedeutet „Eisenhafen“, was darauf hindeutet, daß hier das auf der Insel geförderte Eisenerz verschifft und ab der zweiten Hälfte des 19. Jahrhunderts bis 1943, als deutsche Flugzeuge die Industrieanlagen der Stadt bombardierten, an Ort und Stelle in Hochöfen auch verhüttet wurde. Der prominenteste Gast der Stadt war Napoleon, der während seiner ersten Verbannung vom 4. Mai 1814 bis zum 26. Februar 1815 dreihundert Tage auf Elba verbrachte. Sein „erster Wohnsitz“ lag, strategisch sicher, im Palazzo dei Mulini, zwischen den beiden Festungen Forte Falcone und Forte Stella.

Rada di Portoferraio

42°48,9’N 10°20,1’E (Lf. Forte Stella) Karte: I 117

Werfthafen ESAOM

Läuft man vom Hafen Portoferraio zum Werfthafen Esaom, bleibt zuerst der Fährhafen an Steuerbord und dann der sogenannte *cantierino,* wo verschiedene kleine Werften, die ebenfalls zu Esaom gehören, sowie einige Charter- und Brokerfirmen angesiedelt sind. Den daran anschließenden Werfthafen schützen zwei befeuerte Wellenbrecher mit Kai.
Von weitem erkennt man die Werft an einer alles überragenden Halle mit gewölbtem Dach. Der Hafen läuft in einem Stichkanal aus, an dessen Ende sich das Travelliftbecken befindet. Die Liegeplätze werden zugewiesen. Festgemacht wird, je nach Platz, an Auslegern oder Muringleinen.
Wasser und Stromanschlüsse, WCs und Duschen sind vorhanden. Das Gelände wird rund um die Uhr bewacht.
Die Werft führt alle Arten von Reparaturen aus. Einen gut sortierten Schiffsausrüster findet man hier ebenfalls. Die Travellifts haben eine Kapazität von 50 t und 200 t.
400 Stellplätze an Land und Autoparkplätze stehen zur Verfügung. Wetterbericht. Müllentsorgung. Snackbar.
Tankstelle und Supermarkt befinden sich in unmittelbarer Nähe des Werftgeländes. Große Treibstoffmengen werden per Tankwagen angeliefert.
Die Umgebung ist Industriegebiet, daher logischerweise nicht sehr ansprechend, aber das Schiff liegt hier sicher, während man die Insel erkundet. Der Hafen ist außerdem bestens zum Überwintern geeignet.
Adresse: Cantieri ESAOM, Via Casaccia, Tel. 919311, Fax 917397, vom Ausland 0039 0565 usw.
Die Werft hört auf UKW-Kanal 9.

Werfthafen Edilnautica

Unmittelbar S-lich der Werft Esaom schließt ein weiterer, etwas kleinerer Werfthafen an, der in einer tief einschneidenden Bucht untergebracht ist. Edilnautica gehört mittlerweile ebenfalls zur Esaom-Gruppe.
Die Hafeneinfahrt ist nicht leicht zu erkennen, man erreicht sie am einfachsten, indem man am Hauptwellenbrecher von Esaom entlangsteuert; nachts ist sie durch eine Zweifarbenlaterne befeuert. Schilf wächst am Ufer neben der Einfahrt, nach Süden schließt eine Saline an.

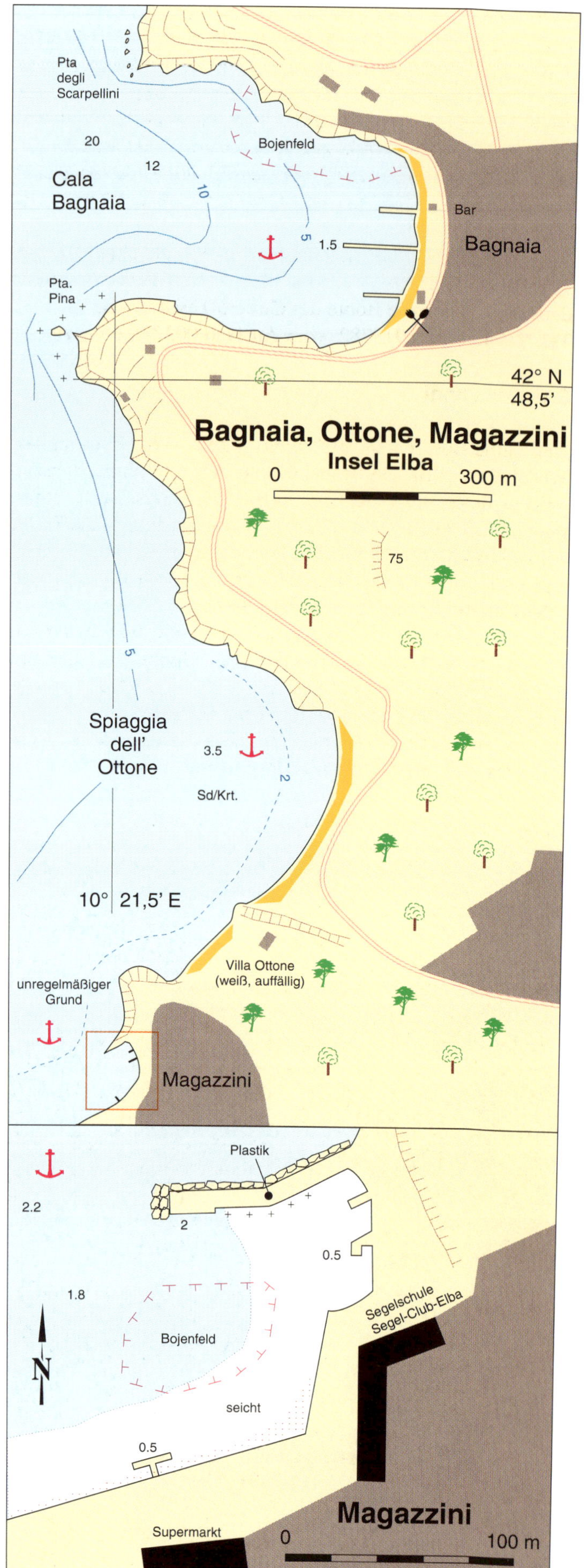

Auch hier macht man an Muringleinen fest.
Wasser und Strom, Duschen und Toiletten sind vorhanden. Große Treibstoffmengen läßt man sich per Tankwagen anliefern. Der Travellift hebt 40 t, alle Arten von Reparaturen werden ausgeführt. Schiffsausrüster. Stellplätze an Land, gut zum Überwintern. Mini-Markt und Kantine auf dem Gelände.
Die NW-Seite des Hafens gehört der Privathafengemeinschaft Amici del Mare mit eigenem Clubhaus sowie Wasser- und Stromanschlüssen.
Nach SE sind durch Ausbaggern ein Kanal, über den eine Brücke führt, und ein weiteres kleines Hafenbecken entstanden. Dort liegen die Boote des Circolo Teseo Tesei.
Tel. 915434, Fax 918782, vom Ausland 0039 0565 usw.

San Giovanni

Der kleine Bootshafen des Circolo Nautico San Giovanni liegt W-lich Punta delle Grotte und wird nach NE durch einen freiliegenden niedrigen Wellenbrecher geschützt. Er ist nur für Boote mit einem Tiefgang von weniger als 1 m nutzbar, da die Tiefen bei Hochwasser nur bei 1,4 m liegen.
Der Grund ist gut haltender Schlick. Die Anlage ist zur Ortschaft hin mit einem Zaun abgeschlossen.
Reede Man kann auch vor Punta delle Grotte ankern und von da zur Ruinenstätte *Villa Romana delle Grotte* hinaufsteigen. Von dort hat man einen Panoramablick auf Portoferraio und die gesamte Rada, am besten bei Sonnenuntergang.
In der weiträumigen Ausbuchtung E-lich Punta delle Grotte liegt das Bojenfeld einer deutschen Segelschule aus.

Magazzini

Hinter dicht bewaldeten Hügeln, die sich sanft zum Meer herabsenken, erhebt sich eine mittelhohe Bergkette und gipfelt in dem einzeln aufragenden, schmalen Kegel des Volterraio, auf dem eine mittelalterliche Fluchtburg thront. Genau darunter, in der SE-Ausbuchtung der lieblichen Rada di Portoferraio, vor den Häusern der hübschen Ortschaft Magazzini, liegt ein kleiner, seichter Hafen, ca. 1,5 m tief und für Boote bis 10 m Länge geeignet, der durch einen kurzen Wellenbrecher, an dessen Kopf man etwa 2 m lotet, gegen N-liche Winde geschützt ist. Wasser, WCs, Slipbahn, Autoparkplatz sind vorhanden.
In unmittelbarer SW-licher Nachbarschaft fallen die schönen ockerfarbenen Gebäude eines alten Weingutes auf.
In Magazzini hat eine weitere deutsche Segelschule ihren Sitz. Viele Yachten liegen vor dem Hafen auf Reede. Ein gutes Restaurant und ein Supermarkt fehlen auch nicht.
Ankern Sie vor der Hafeneinfahrt auf 3 m über unregelmäßigem Grund.

Spiaggia dell' Ottone

Unmittelbar NE-lich des eben beschriebenen Ankerplatzes schließt die weitgeschwungene Bucht von Ottone an. Ihr Strand wird von kleinen Felshuken unterbrochen; an seinem S-Ende steht, weithin sichtbar, das reizende, dreistöckige Hotel „Villa Ottone“ mit einem säulengeschmückten Eingang, von urwaldüppigem Park umgeben.
Ankern Sie auf 3–4 m über krautigem Grund.

Spiaggia dell'Ottone und Bagnaia vor dem Gipfel des Volterraio

Bagnaia

Auch für die N-lichste Bucht an der E-Seite der Rada bilden dicht begrünte Hügel die einladende Kulisse. Das Fischerdorf Bagnaia hat sich zu einem Badeort gemausert.
Hinter dem Strand klettern Feriensiedlungen zum N-lichen Hügelkamm empor, den einige Schirmpinien krönen.
Vor dem S-Kap von Punta Pina liegt ein kleiner, von Unterwasserklippen umgebener Felsbrocken.
SE-lich hinter der Bucht ragt in zweiter Linie der spitze, kegelförmige Gipfel Volterraio mit Fluchtburgruine empor.
Ankern Sie auf 5 m.
Der Sandgrund steigt zum Strand hin langsam an. Zwei Privatstege und ein öffentlicher Anleger, an dessen Kopf man 1,5 m lotet, ragen in die Bucht. Auch hier ist eine deutsche Segelschule beheimatet, das Bojenfeld ist nicht zu übersehen.
Bars, Restaurants, Hotel und Einkaufsmöglichkeiten sind während der Saison vorhanden. Bus nach Portoferraio.

All die schönen Buchten der Rada di Portoferraio haben leider einen Pferdefuß: den Schwell der pausenlos vorbeifahrenden Fähren und treibende Plastiktüten.

Golfo di Viticcio

42°49,3'N 10°16,1'E (Enfola) Karte: I 117

Dieser Golf schneidet unterhalb der 135 m hohen felsigen Halbinsel Enfola nach Osten ein. Seine Felsufer sind durch kleine Strände aufgelockert. Macchia bedeckt die Hügel, zwischen Pinien stehen Ferienhäuser.
Achtung Beim Einsteuern aus Nord ist das unbefeuerte Inselchen Scoglietto mit einer seichten Stelle (2,8 m) im Süden zu beachten.

Enfola

Die beste Ankermöglichkeit bei N-Wind finden Sie in der Nähe der schmalen, sandigen Landenge, die Capo d'Enfola mit der Insel Elba verbindet, ca. 150 m SSW-lich des vom E-Ende des Strandes vorspringenden Betonkais, an dessen Kopf man 2,5 m lotet, auf 7–8 m über Krautbewuchs.
Zwei Wasserskistartbahnen tragen nicht unbedingt zur Ruhe bei. Ein Bojenfeld für kleine Boote liegt aus.

Enfola im Golfo di Viticcio

Ankerplatz vor der Ortschaft Viticcio

Golfo di Procchio

Golfo della Biódola aus Süd. Vorn rechts das Fischerdorf Scaglieri

Hinter der Mole gibt es ein Restaurant. Ein Campingplatz mit Duschen und WCs ist gleich nebenan zu finden.
Achtung Vor dem W-Ende des Strandes erstrecken sich unregelmäßige felsige Untiefen. Eine Unterwasserklippe unmittelbar E-lich des Kais ist ebenfalls zu beachten.

Viticcio

Dieser angenehme Ankerplatz liegt etwa in der Mitte des fast halbkreisförmigen Golfes, auf Tiefen zwischen 4–8 m, etwa 200 m vom Strand entfernt. Eine unreine felsige Stelle erstreckt sich 350 m N-lich der Ortschaft Viticcio, 200 m vor dem Ufer.

Golfo della Biódola

42°48,0'N 10°16,0'E (Biódola) Karte: I 117

Punta Penisola trennt diesen Golf vom benachbarten Viticcio. Seine Traumstrände vor grünen Hügeln sind touristisch sehr stark erschlossen.

Forno und Scaglieri

Sehr hübsch liegt man in der N-Ecke des Biódola-Golfes vor demWeiler Forno auf 8 m über Sandgrund mit Krautbewuchs. Hier und im benachbarten Fischerort Scaglieri gibt es ausgezeichnete Fischrestaurants.

Porticciolo

Der unbewohnte felsige Einschnitt Porticciolo, 2 Kabellängen W-lich der Ortschaft Biódola, ist ein äußerst begehrter Ankerplatz. Er liegt im Schutze eines nach NE vorspringenden Kaps, bietet aber leider nur Platz für zwei Yachten. Ein kleiner Strand bildet das E-Ende.
Ankern Sie auf 2–3 m über Sandgrund, eventuell mit Leine zum Land.

Golfo di Procchio

42°47,6'N 10°14,8'E (Pta. Guardiola) Karte: I 117

Der SW-lichste der drei benachbarten Golfe ist ebenfalls mit einem wunderschönen Strand gesegnet, an dem von Kiefern und Zypressen eingerahmte Hotels der Luxusklasse und diverse gute Restaurants angesiedelt sind. Im Sommer herrscht hier reger Betrieb.

Guardiola

Der beste Ankerplatz liegt im Schutze des mit undurchdringlicher Macchia bewachsenen Capo della Guardiola. Viele kleine Boote machen dort an Bojen fest.
Ankern Sie auf 4 m über hellem, gut haltendem Sandgrund. Bei ruhigem Wetter kann man auch vor dem S-Ende des Strandes ankern.

Spartaia (W-Seite Punta Agnone)

Die kleine, nach Süden einschneidende Bucht W-lich von Kap Punta Agnone liegt vor einem Hotel, und es wird nicht gerne gesehen, wenn Yachten hier ankern.

Marciana Marina

42°48,5'N 10°11,8'E (Leuchtfeuer) Karte: I 117

Lage und Umgebung

Der gegen alle Windrichtungen geschützte große Hafen liegt im W-lichen Drittel der N-Küste Elbas. Sein Wahrzeichen ist der pisanische Turm (Torre Medicea) hinter dem NW-Kai. Gepflegte Häuser aus dem 19. Jahrhundert säumen die von Palmen, Oleander, Tamarisken und Platanen beschattete Uferstraße und bilden das Zentrum der Ortschaft.
Yachten, Fischkutter und Ausflugsboote teilen sich den Hafen, der zu den stimmungsvollsten Elbas zählt.
Der höchste Berg der Insel, Monte Capanne (1018 m), dominiert im SSW. An seinen grünen Nordhängen liegen, von Kastanienwald umgeben, die Bergdörfer Marciana Alta und Poggio. In den sonnigen Tallagen gedeiht die Rebe für den beliebten trockenen Weißwein Procanico. Auf halbem Weg nach Poggio kann man diesen bekömmlichen Tropfen und auch den Grappa der Gegend verkosten.

Ansteuerung

Am Tage Von Norden und NW kommend, sind der Monte Capanne mit diversen Antennenanlagen und die beiden Bergdörfer die besten Fernansteuerungsmarken.
Von Westen kommend, macht man Landfall auf Punta Polveraia, auf der ein weißer Leuchtturm mit einem rechteckigen weißen Gebäude postiert ist. Dann folgt man dem Küstenverlauf. Nach dem Runden von Punta de Nasuto, ca. 0,5 sm NW-lich des Hafens, tauchen der pisanische Turm auf der wuchtigen Hafenmauer und dann auch der Wellenbrecher auf.
Bei Nacht Hier kann man sich nur nach dem Feuer auf dem Wellenbrecher richten. Die Lichter des Ortes sind ebenfalls auffällig.

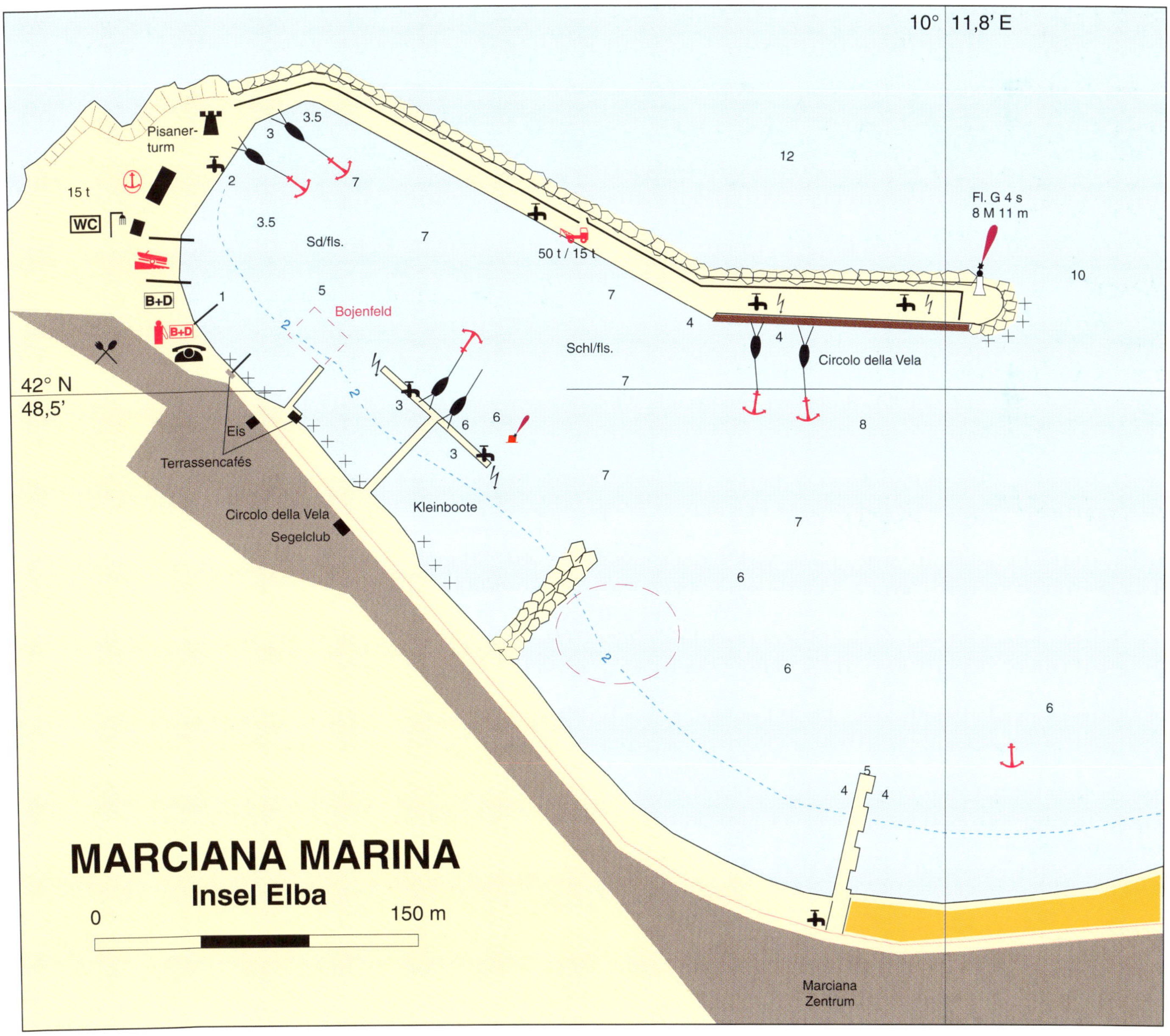

Der sichere Hafen Marciana Marina

Das Hafenbecken ist so groß, daß man unter Segeln einlaufen kann, um sie im ruhigen Hafenwasser zu bergen.

Liegeplatz

- Gebührenfrei liegen Yachten nur am NW-Kai vor Bug- oder Heckanker.
- Am Steg des Yachtclubs Circolo della Vela Marciana Marina vor dem E-Ende des Wellenbrecherkais bedient man sich der ausliegenden Muringketten.
- Der Circolo della Vela unterhält auch den T-Steg an der S-Seite des Hafens. Hier nutzt man ebenfalls Muringketten.
- Zwischen der Tankstelle und dem T-förmigen Schwimmsteg des Circolo della Vela liegt ein kleines Bojenfeld.
- Der Betonanleger vor dem Zentrum von Marciana Marina kann bei ruhigem Wetter ebenfalls benutzt werden. An seinem Kopf lotet man 5 m, an beiden Längsseiten sind nach dem ersten Drittel die Tiefen für Yachten nicht mehr geeignet. An der Wurzel gibt es einen Wasserhahn (spärlicher Druck).
- Man kann auch E-lich des Betonanlegers vor Anker gehen.

Der Grund im Hafen besteht aus Schlick und Sand mit Steinen.

Schutz

Winde aus dem N-Quadranten verursachen Schwell. Am NW-Kai ist man bei Starkwinden aus dem E-Sektor gut beraten, wenn man den Anker besonders lang steckt, da man sonst auf den Kai gedrückt wird. Bei Sturm aus E-lichen Richtungen muß man den Hafen verlassen.

Bei Fallböen aus Süd, von den Abhängen des Monte Capanne, ist der T-Steg des Circolo della Vela der beste Platz.

Behörden

Hafenmeister hinter dem NW-Kai.

Versorgung

NW-Kai: Der Wassermann (*acquaiolo*) ist während seiner Dienstzeit, die einem Anschlag zu entnehmen ist, beim Duschhäuschen anzutreffen.
Circolo della Vela: Sowohl am Wellenbrecher wie auch am T-Steg gibt es Wasser und Strom, Duschmöglichkeiten beim T-Steg. Müllcontainer.
Kraftstoff (Benzin, Diesel, Gemisch) erhält man bei der Tankstelle (s. Plan). Leider lotet man am Anleger vor den Zapfsäulen nur etwa 1 m. Es gibt eine Slipbahn, auch ein Mobilkran (50 t) ist vorhanden oder wird auf Anforderung bereitgestellt.
Einen kleinen Ausrüsterladen findet man an der Hafenstraße.
Reparaturen an Motoren, Elektrik und Elektronik sowie an Holzbooten werden ausgeführt.
Der aktuelle Wetterbericht hängt in der Regel im Schaukasten am Gebäude des Circolo della Vela aus.
„Tante-Emma-Läden", Fleischer, Bäcker sind im Zentrum (etwa 10 Gehminuten) anzutreffen, mehrere gute Restaurants um das Fischerviertel Crotone am E-Rand des Ortes mit Blick auf den Hafen. Kneipen in Hafennähe. Bars, Eissalons im Zentrum und an der Uferpromenade. Banken im Ort. Apotheken, Reisebüro. Deutschsprachige Zeitungen.

Verkehrs- und Postverbindungen

Gute Straße nach Portoferraio und zum Flughafen. Busverbindungen zu den wichtigsten Orten, Mietwagen beim Reisebüro am Kirchenplatz. Telefonamt in der Parallelstraße zur Uferpromenade in Kirchennähe. Postamt. Telefonzellen neben der Tankstelle im Hafen.

Funkkommunikation

Der Hafenmeister hört auf UKW-Kanal 16, Circolo della Vela auf UKW-Kanal 9.

Tourismus

Mit der Seilbahn (*cabinovía*) auf den Monte Capanne: via Poggio zur Talstation Marciana Alta. Lohnend ist außerdem ein Ausflug zur Südküste über den Monte Perone, von dem man eine wunderschöne Aussicht über die Insel hat.

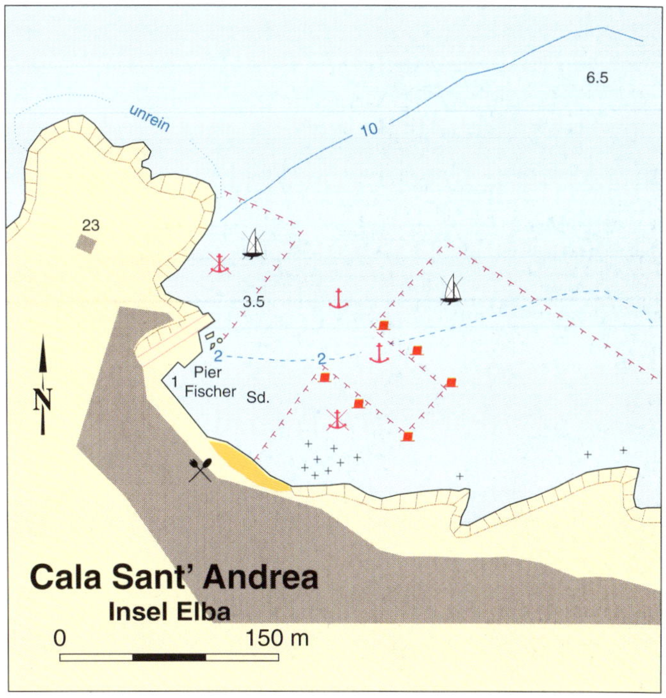

Cala Sant'Andrea

42°48,5'N 10°08,4'E (Capo Sant'Andrea) Karte: I 117

Der W-lichste Schönwetterankerplatz an der N-Küste Elbas, im Schutze des grünbewachsenen Capo Sant'Andrea, hat einen kleinen Sandstrand, der von Ferienhäusern, Hotels und Pensionen auf den dahinterliegenden Hügeln umgeben ist. Am Betonanleger an der Wurzel der Kaphalbinsel können nur kleine Boote und Versorgungsschiffe festmachen.
Ankern ist in Cala Sant' Andrea nicht möglich, da Anker- und Fahrverbotszonen für Segel- und Motorboote fast die gesamte Bucht sperren. Wer dennoch hier liegen möchte, bedient sich der ausliegenden Bojen, die er über den schmalen Zufahrtskanal, der auch zum Betonanleger führt, erreicht.
Cala Sant' Andrea bietet guten Schutz bei Winden aus West, ebenso bei allen Winden aus dem S-Quadranten, wobei jedoch mit heftigen Fallböen zu rechnen ist. Bei Winden aus Ost und aus N-lichen Richtungen muß man sofort ankerauf gehen.
Eine gute Straße verbindet die Bucht auf reizvollen Umwegen über die Bergdörfer Marciana Alta und Poggio mit Marciana Marina.

Ankerplatz im Schutz von Capo Sant' Andrea

Fetovaia im Golfo di Barbatoia

42°43,8'N 10°09,3'E Karte: I 117

Das felsige, flach auslaufende Kap Punta di Fetovaia schützt die von üppigem Grün umgebene, tief einschneidende Bucht im SW Elbas gegen W-liche Winde. Hinter dem Strand und oberhalb des N-Ufers stehen helle Ferienhäuser und Hotels, die von weitem gut erkennbar sind. Yachten dürfen nicht weiter als bis zu den roten Tonnen in die Bucht einlaufen (s. Plan).
Ankern Sie auf 4–6 m über Sandgrund, der gut hält. Hier liegt man geschützt gegen Wind aus SW über West bis NE. Bei starken West- und SW-Winden setzt Schwell in die Bucht hinein.
Der Platz ist von besonderer Schönheit, aber leider sehr bevölkert. Restaurants und Einkaufsmöglichkeiten sind vorhanden. Die Uferstraße verbindet den Ort mit Marina di Campo.

Seccheto und Càvoli

Die beiden benachbarten Badebuchten ca. 2 sm E-lich von Fetovaia liegen in einer Ankerverbotszone (Unterwasserkabel), so daß Ankerlieger mit Strafe rechnen müssen. Außerdem ist die Bucht von Càvoli durch rote Tonnen abgesperrt.
Der Schutz ist hier, außer bei Winden aus N-lichen Richtungen, mäßig bis schlecht.

An der Pta. di Fetovaia, im Hintergrund Isola Montecristo

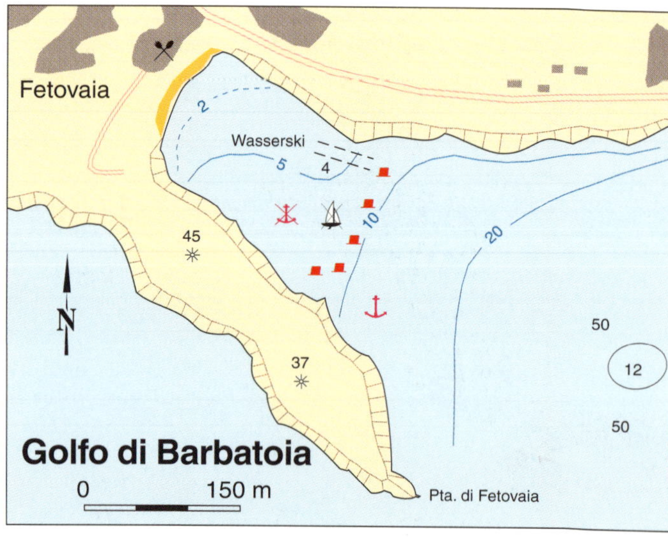

Golfo di Campo

Karte: I 117

Drei große, landschaftlich schöne Golfe schneiden nebeneinander in die S-Küste der Insel Elba ein. Es beginnt im Westen mit dem Golfo di Campo, der zwischen grünbewachsenen Hügeln nach NW zeigt und in einem langen Strand endet, hinter dem sich eine Ebene weit ins Innere von Elba ausdehnt und den Inselflughafen beherbergt. Hier befindet sich auch der einzige Hafen der S-Küste, Marina di Campo, der ursprünglich für Frachter, die Granit und Wein transportieren, und für Fischerboote bestimmt war und auch heutzutage wenig Platz für Yachten hat.
NW-lich des Hafens, oberhalb der Bergdörfer San Ilario und San Piero in Campo, formen der Aussichtsberg Mte. Perone und der höchste Gipfel der Insel, Mte. Capanne mit seiner verwitterten Felskrone, ein imposantes Spitzkegelmassiv.

Galenzana 42°44,2'N 10°14,2'E

Sehr nett und ruhig liegt man in der hübschen Bucht Galenzana S-lich des alten Wachturms und der Leuchtturmhuk von Marina di Campo an der W-Seite des Golfes. Hinter dem Ufer stehen nur einige Ferienhäuser.
Ankern Sie in der Buchtmitte auf 6 m über Sand und Kraut mit langer Kette. An der Süd- und SW-Seite liegen Untiefen.

Marina di Campo

42°44,5'N 10°14,3'E Karte: I 117

Lage und Umgebung

N-lich der Leuchtturmhuk mit dem alten Wachturm erstreckt sich der durch eine hohe Mauer verstärkte Wellenbrecher des Hafens in NE-licher Richtung. Die Häuser der Ortschaft nehmen die NW-Seite der inneren Bucht ein und klettern außerdem die 30 m hohe Leuchtturmhuk hinauf.

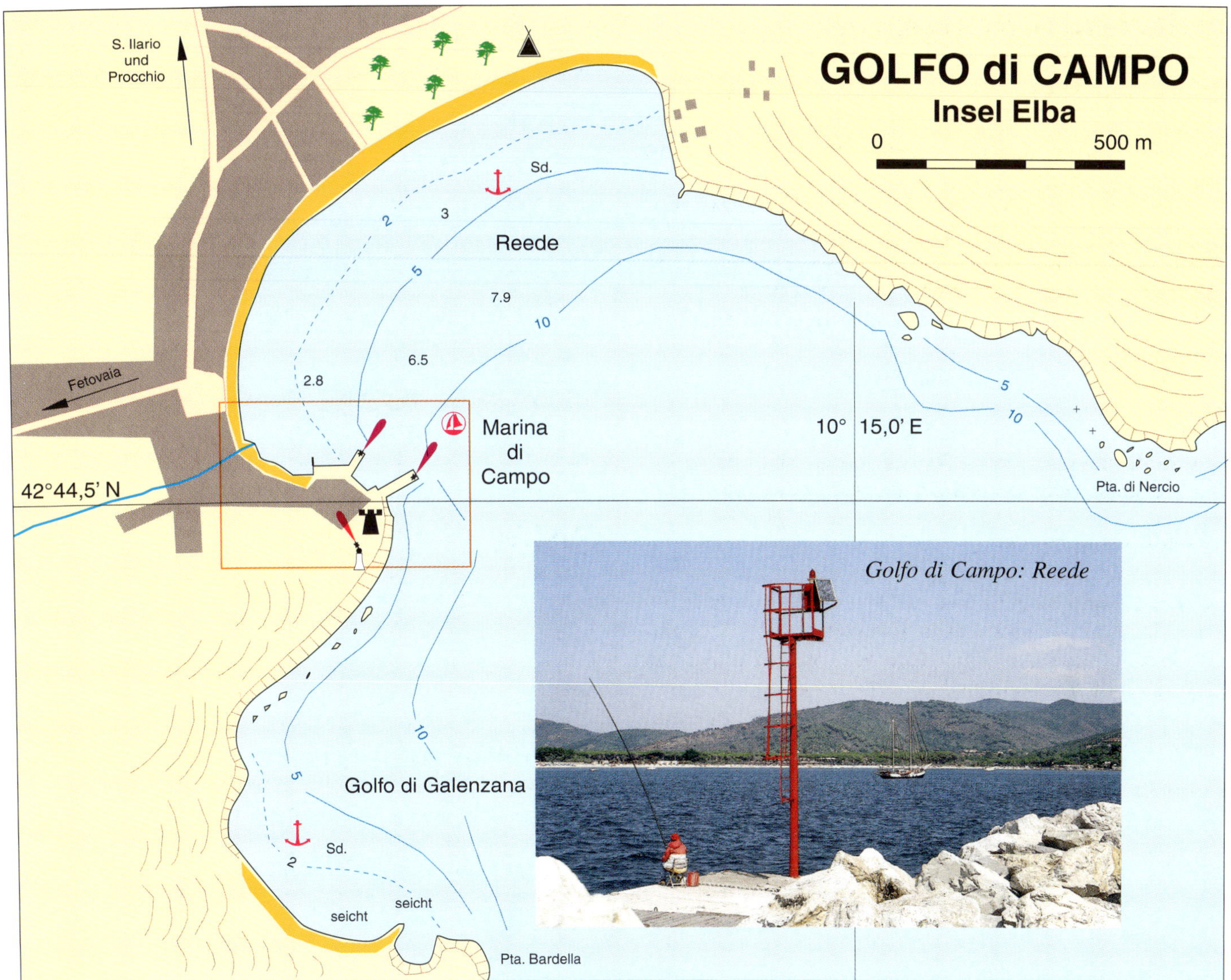

Golfo di Campo: Reede

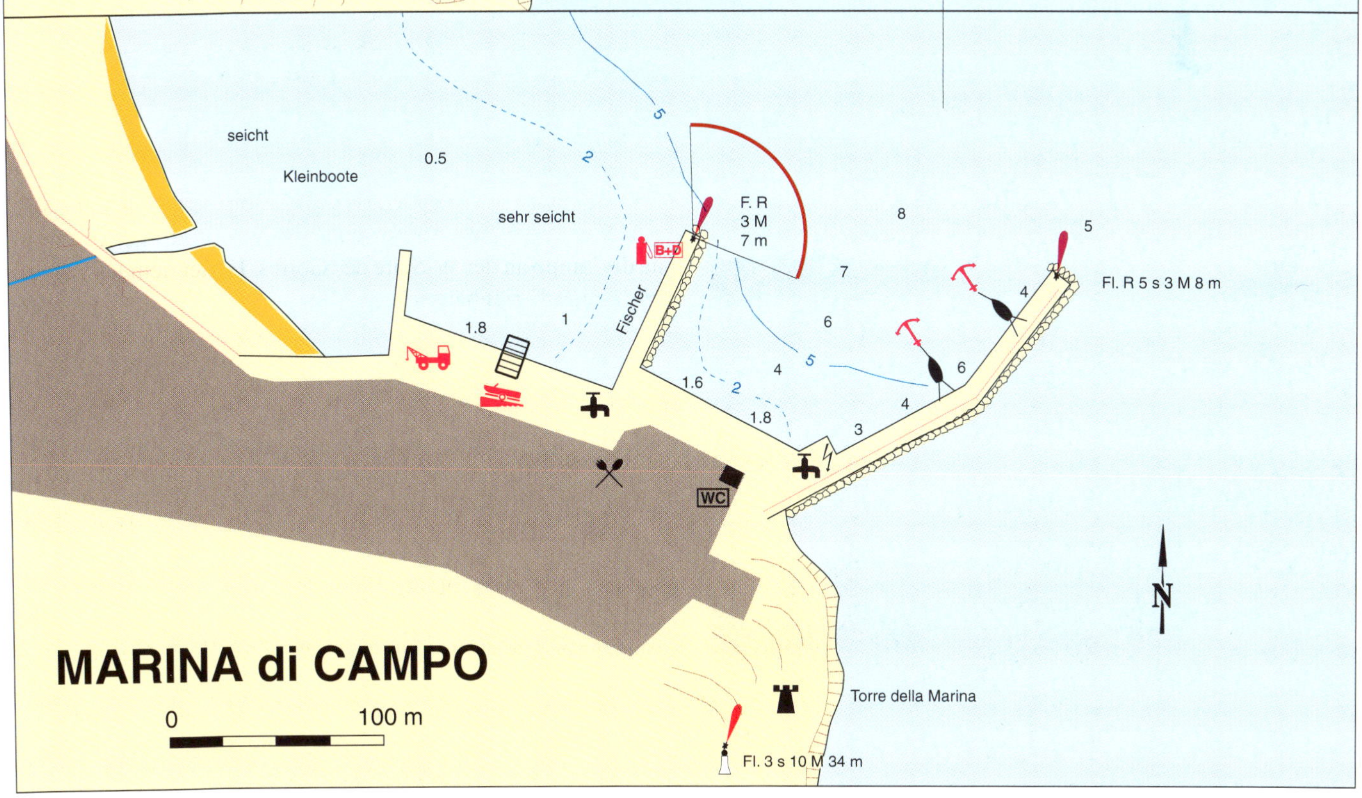

Marina di Campo ist wegen des schönen langen Sandstrandes und der gemütlichen Lokale rund um die Piazza auch bei Landtouristen sehr beliebt.

Ansteuerung

Am Tage Die beste Ansteuerungsmarke von allen Seiten ist das steil abfallende Kap Poro mit zwei hügelartigen runden Gipfeln – auf dem E-lichen, dem 157 m hohen Mte. Poro, steht ein unscheinbarer Leuchtturm. Der E-Abhang des Kaps ist auf halber Höhe von einem auffälligen hellen Steilkliff gegürtet. Auch die felsige, 30 m hohe Leuchtturmhuk des Hafens mit dem runden Wachturm und dem obeliskartigen weißen Feuerträger ist gut auszumachen. Beim Näherkommen erkennt man die Bergdörfer San Piero und San Ilario in Campo.
Beim Einsteuern aus Ost muß man den gefährlichen Untiefen vor der steilen, kahlen, mit hellen Felsstreifen durchzogenen Huk Capo di Fonza ausweichen, die ¼ sm nach Süden ausgreifen, und ebenso denen vor Punta di Mele, vor deren äußerem Ende das Inselchen Scoglio di Triglia (dunkler Fuß mit heller Mütze) liegt.
Bei Nacht Die S-Küste Elbas ist nicht gerade gesegnet mit Feuern, daher muß man guten Abstand halten, bis man das Feuer auf Capo di Poro in Sicht hat. Beim weiteren Einsteuern helfen das Feuer auf der felsigen Huk S-lich des Hafens und die roten Molenfeuer. Den Kopf des Wellenbrechers muß man in gutem Abstand runden.

Liegeplatz

Gleich vorweg: Für Yachten ist hier kaum Platz vorhanden. Falls doch, macht man am Hauptwellenbrecher vor Bug- oder Heckanker fest, die Tiefen liegen zwischen 3 und 5 m. Der Grund besteht aus Sand mit vereinzelten Steinen und hält nicht gut.
Solange hier keine Muringleinen angeschafft werden, wird es immer wieder Ankersalat geben, denn jeder steckt aus Angst vor Fallböen möglichst viel Kette, wobei die Richtung der Ankerleinen der Nachbarboote selten eindeutig festzustellen ist.
An der W-Seite des kleinen inneren Wellenbrechers liegen die bunten Kutter und Trawler der Fischer. Unmittelbar W-lich davon breitet sich eine Sandbank aus.
Reede Da der Hafen häufig belegt und auch das Liegen dort, wie oben erwähnt, nicht besonders angenehm ist, weicht man auf die Plätze N-lich davon aus und ankert vor dem Strand, auf ca. 5 m über reinem, gut haltendem Sandgrund, 250 m vom Land entfernt. Keinesfalls darf man näher als 150 m an den Strand herankommen, da Sandbänke vorgelagert sind.
Große Yachten liegen sowieso auf Reede, da der Hafen wegen der Enge des Beckens für sie nicht geeignet ist.

Schutz

Bei starkem W- und bei NW-Wind wird es im Hafen wegen der Fallböen gefährlich. Die meisten Anker halten dann nicht, und

Marina di Campo: hinten der Gipfel des Monte Capanne

es kann infernalisch werden – da nutzt man besser die Reede und steckt dort viel Kette.
Bei SE-Wind hingegen muß man im Hafenbecken Schutz suchen, weil Starkwind aus dieser Richtung im Golf erheblichen bis gefährlichen Schwell erzeugt.

Behörden

Hafenmeister, Zoll.

Versorgung

Wasser und Strom am Kai, die Wasserabgabezeiten sind geregelt, man entnimmt sie einem Anschlag im Hafen. Toiletten hinter der Wurzel des Hauptwellenbrechers.
Tankstelle am W-lichen Wellenbrecher.
Mobiler Kran bis 14 t. Slipbahn bis 5 t. Geringe Auswahl an Schiffsbedarf, Motorreparaturen können ausgeführt werden. Supermärkte, hervorragend sortierte Lebensmittelgeschäfte, Wochenmarkt am Mittwoch. Eis und fangfrischer Fisch im Fischgeschäft. Gute Restaurants, Trattorien, Pizzerien. Rosticceria (Gebratenes und Salat zum Mitnehmen, auch Stehimbiß). Campinggas bei „Mare Sport". Banken, Apotheken.

Verkehrs- und Postverbindungen

Postamt. Telefonzellen. Straßenverbindung nach Marciana Marina, Porto Azzurro, Portoferraio. Taxis. Mietwagen über die beiden Reisebüros. Autobusse. Flughafen. Fähre nach Piombino.

Tourismus

Besuch der umliegenden Bergdörfer gekoppelt mit der Fahrt zum Aussichtsberg Monte Perone (630 m), wo man einen guten Blick auf Elba und den toskanischen Archipel genießen kann. Granitsäulen aus der Römerzeit findet man bei Secchetto.

Golfo della Lacona

Karte: I 117

Nummer zwei der drei Golfe im Süden Elbas ist Golfo della Lacona. Spiaggia Grande, ein langer feiner Sandstrand, säumt das stark bebaute Nordufer, hinter dem neben Hotels und Ferienhäusern auch einige Campingplätze angesiedelt sind.

Die schmale, mit sattgrünem, dichtem Macchiapelz bedeckte Felshalbinsel Capo Stella trennt den Lacona-Golf vom Dritten im Bunde, dem weiträumigeren, aber nicht minder einladenden Golfo Stella.

Spiaggia Grande 42°45,4'N 10°18,4'E

In einiger Entfernung von dem belebten Strand läßt es sich gut auf 5–6 m über Sandgrund, der zum Ufer hin sehr langsam ansteigt, ankern.
Je nach Windrichtung und Laune können Sie noch weitere Ankerplätze im Golf ausfindig machen. Das felsige W-Ufer der Stella-Halbinsel ist bei Tauchern sehr beliebt.

Margidore im Golfo Stella (o.)
Golfo della Lacona, NE-Ecke (u.)

Achten Sie in jedem Fall auf die Klippen an beiden Ufern des Golfes sowie vor Pta. della Contessa, erkenntlich an einem hellen Steinbruch auf halber Höhe.
Das unbeleuchtete Inselchen Corbella liegt ca. 230 m S-lich von Capo Stella.
N-liche Winde wehen verstärkt aus der Bucht heraus.
WCs und Duschen auf den Campingplätzen. Restaurants und Lebensmittelgeschäfte im Ort und auf den Campingplätzen, fahrender Fischverkäufer. Telefonzellen.
„Camping Stella Mare" an der W-Seite der Wurzel der Capo Stella-Halbinsel ist eine besonders schöne Anlage.

Golfo Stella

Karte: I 117

Golfo Stella, der E-liche Nachbar von Golfo della Lacona, bietet eine Reihe von ganz unterschiedlichen Ankerplätzen vor kleinen Stränden und in felsigen Buchten. Letztere machen ihn zum Dorado für Taucher.

Margidore 42°45,5'N 10°19,1'E

In der NW-Ecke, vor den auffälligen Häusern hinter dem abschüssigen Kiesstrand von Margidore, können kleine Einheiten mit geringem Tiefgang und bis zu höchstens 8 m Länge hinter dem leicht lädierten Wellenbrecher, der sich von der Wurzel der Capo Stella-Halbinsel ca. 60 m nach NE erstreckt, guten Schutz finden. Bojen liegen aus, der Raum ist sehr eng.

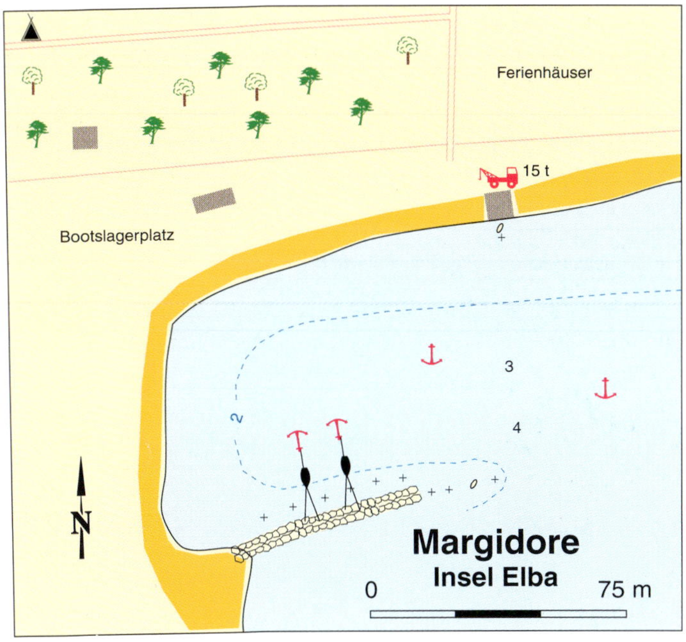

Beim Einlaufen muß man den Wellenbrecherkopf mit gehörigem Abstand runden, da sich eine Steinschüttung ein Stück unter Wasser fortsetzt.
Bei starken Winden aus SE wird das Liegen unruhig bis gefährlich.
Der kleine Hafen dient auch als Einsetzstelle und Liegeplatz für die Boote der Bewohner des dahinterliegenden Campingplatzes.
Eukalyptushaine und Pinien sorgen für erholsames Grün. Auf einer Steinaufschüttung hinter dem Strand steht ein Kran (15 t), daneben kommt eine Fahrstraße an, über die man schnell zum benachbarten Campingplatz gelangt, wo es Duschen, WCs, Telefon, Lebensmittel in geringer Auswahl und auch ein kleines Restaurant gibt.

Spiaggia del Lido 42°45,5'N 10°21,8'E

An der NE-Seite des Golfes, vor dem goldfarbenen Strand von Lido, oder in den nach Süden anschließenden felsigen Einschnitten des E-Ufers von Golfo Stella findet man einladende Schönwetterankerplätze – Schutz ist dort weder bei W-lichen noch bei S-lichen Windrichtungen gegeben. N-Winde fallen verstärkt in den Golf ein.
Vor Spiaggia del Lido liegt ein Bojenfeld aus.

Morcone und Pareti 42°43,8'N 10°22,0'E (Pta. Morcone)

Am W-Ufer der Calamità-Halbinsel, die von Capoliveri, einem der reizvollsten Orte der Insel, gekrönt wird, öffnet sich unmittelbar S-lich Punta Morcone eine Bucht mit zwei Stränden, die durch eine felsige Huk voneinander getrennt sind. Die Häuseransammlung hinter dem SE-Strand heißt Pareti, der N-Teil der Bucht wird mit Morcone bezeichnet.
Die Tiefen vor Morcone sind etwas größer als vor Pareti. Der Sandgrund hält gut. Der Schutz ist besser vor dem Strand von Morcone, da Punta Morcone die Winde aus Nord abhält.
Hier ist, wie auch in dem N-lich davon gelegenen Madonne delle Grazie, ein Tauchclub stationiert. Restaurants und Bars sind vorhanden.

Golfo Stella, kleiner Strand E-lich Capo Pini, hinten oben das Bergdorf Capoliveri

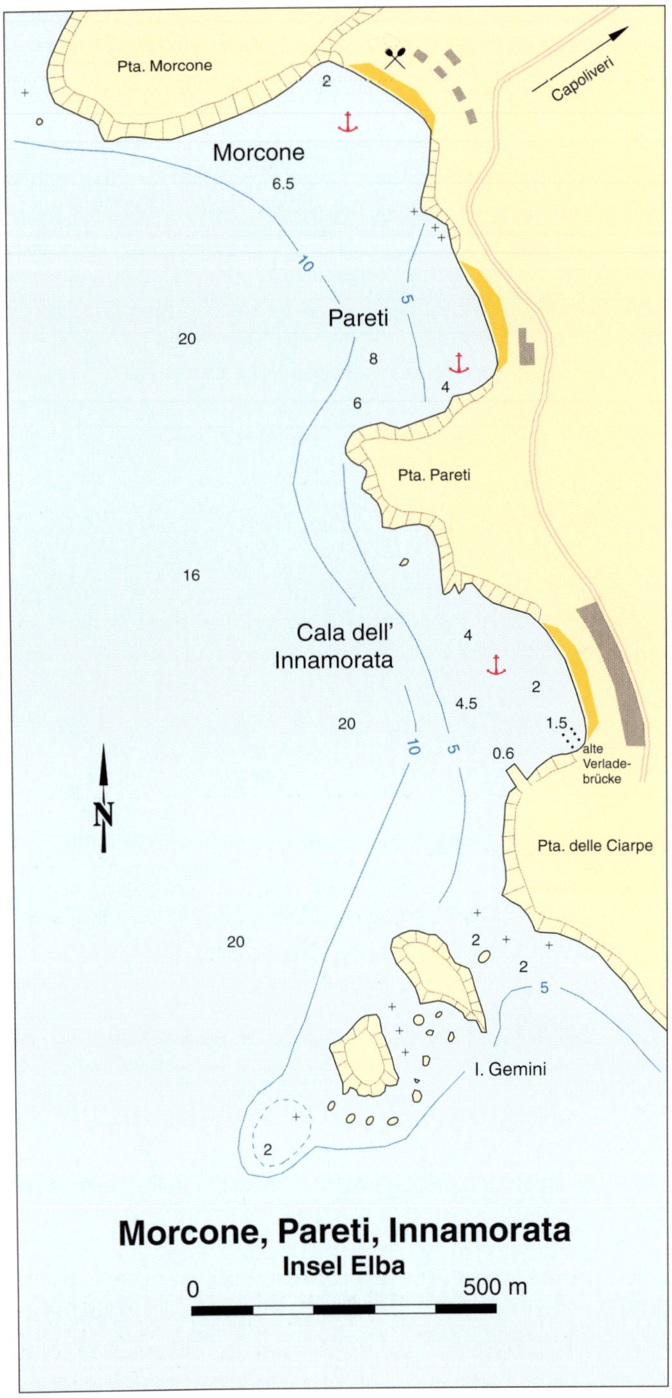

Cala dell' Innamorata 42°43,4'N 10°22,6'E

Die Bucht unmittelbar S-lich von Pareti ist ebenfalls mit einem Sandstrand ausgestattet. Sie ist leicht an den charakteristischen Gemini-Inseln, an der Ortschaft Palazzo oberhalb des SE-Endes der Bucht und der ehemaligen Erzverladeanlage am S-Ufer, wo das Erz aus dem Gebiet des Monte Calamità (413 m) zur Verschiffung gebracht wurde, zu erkennen. Auf dem Gipfel dieses Berges steht das einzige Flugfunkfeuer der Insel.
Beim Ansteuern aus Osten und Süden muß man einen großen Bogen um die Gemini-Inseln schlagen, da sich von der äußeren Insel überwaschene Klippen bis 230 m nach SW erstrecken. Auch das weiter nach SW liegende Inselchen Corbelli ist von Über- und Unterwasserklippen umgeben. Die Durchfahrt zwischen den beiden Gemini-Inseln und auch zwischen Gemini und der Küste Elbas ist nicht machbar.
Am S-Ufer von Innamorata liegt ein Betonkai mit 0,5 m Wassertiefe am Kopf. Von der Verladerampe, die in den italienischen Karten verzeichnet ist, existieren nur noch einige Eisenstützen, an deren äußerem Ende man etwa 1,50 m lotet; wer möchte, kann hier festmachen.
Hinter dem Strand stehen Ferienhäuser und das Feriendorf Innamorata. Eng aneinandergedrängt, wie Ölsardinen, liegen die Sonnenanbeter am Strand.
Ankern Sie auf 5 m über Sandgrund.
Auch hier hat sich ein Taucherstützpunkt etabliert.

Remaiolo 42°42,8'N 10°24,4'E (Pta. Rossa)

An der SE-Spitze von Elba, E-lich des Bergwerkes auf Punta Calamità, liegt der Schönwetterankerplatz Remaiolo vor zwei Stränden, die durch eine spitze Felshuk, auf der eine Ruine steht, voneinander getrennt sind.
Bei der Ansteuerung aus Osten muß man die Klippen vor Punta dei Ripalti und die Überwasserklippe Scoglio di Remaiolo, die nach Süden noch einige Brocken vorschiebt, beachten.
Von Westen kommend, ist den Klippen und dem Riff, die das Einfahrtskap Pta. Rossa verlängern, auszuweichen.

- *W-Strand* W-lich der Ruine, 80–100 m vom Ufer entfernt, auf 6 m über Sand, Kies und Kraut. Der Grund steigt steil an.
- *E-Strand* Dieser hübsche Ankerplatz liegt vor einem grünen Tal, in dem ein Bachbett auf einem Steilhang sichtbar wird. Ein Fahrweg führt zum pinienbestandenen Strand hinunter. Ankern Sie auf 5–6 m über feinem Sandgrund, der leicht bewachsen ist, evtl. mit Leine zum Land (s. Plan).

NE-lich Punta dei Ripalti öffnen sich wunderschöne Grotten. Möwenkolonien bevölkern die roten Felsen. Dieser Küstenstrich, von dem man mindestens 200 m Abstand halten muß, heißt Costa dei Gabbiani und ist ein Naturschutzgebiet.

Ankerplätze an der S-Küste des Golfes von Porto Azzurro

42°45,2'N 10°24,6'E (Capo Focardo) Karte: I 117

Die nachfolgend beschriebenen Einschnitte bieten gute Ankermöglichkeiten bei Schönwetter oder bei Wind aus W-lichen Richtungen. E-liche Winde erzeugen gewaltige Brandung und machen die Plätze unbrauchbar.

- *Malpasso* Vor dicht mit Kiefern und Schirmpinien bewaldeten Hängen liegt diese bezaubernde Bucht unmittelbar W-lich der kleinen Insel Liscolini.
  Ankern Sie auf 5 m über schlecht haltendem Grund.

- *Straccoligno und Ferrato* Die beiden benachbarten, von Eukalyptusbäumen und Schilf eingerahmten Sandstrände, 2,5 Kabellängen S-lich Capo Focardo, sind landschaftlich wunderschön, aber leider hält auch hier der Anker auf dem mit Seegras bewachsenen Grund nicht gut.

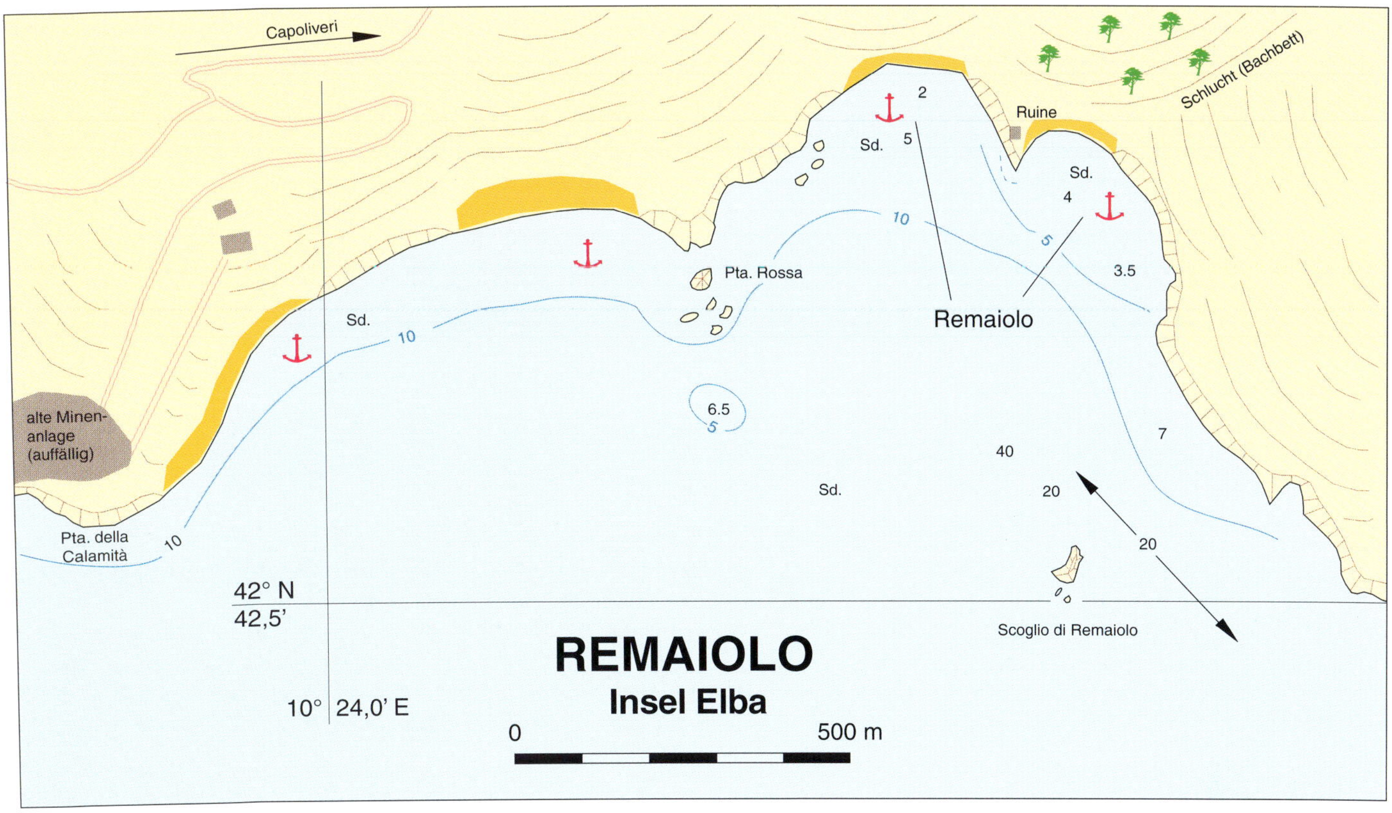

Ankern Sie 100 m vor dem Strand auf 5 m. In Straccoligno liegt ein Bojenfeld in der SE-Ecke (Startbahn fürWasserski).

- *Cala Naregno* Unmittelbar N-lich des Felskaps Focardo, auf dem die gleichnamige Festung und der Leuchtturm stehen, liegt dieser mit Ferienanlagen und Hotels gepflasterte, stark bevölkerte Touristenort. In der NW-Ecke der Bucht reicht ein Flach bis zur 10-m-Linie. Der Anlegesteg vor dem Hotel „Le Acacie" hat zu geringe Tiefen für Yachten.
Ankern Sie, wo es beliebt.

Scoglio di Remaiolo aus SSE

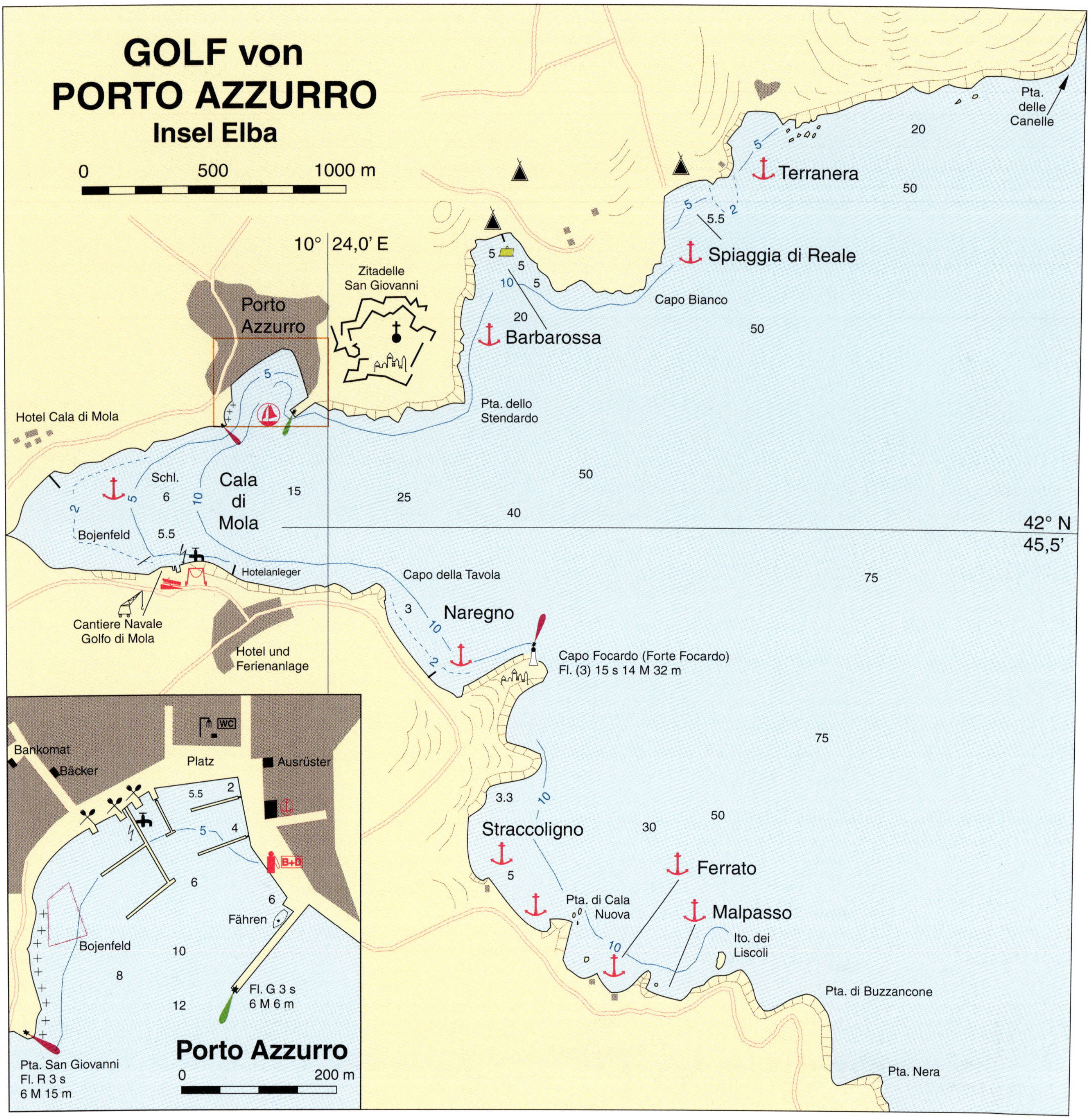

Cala di Mola

42°45,6'N 10°23,5'E Karte: I 117

Der W-liche Zipfel des Golfes von Porto Azzurro heißt Cala di Mola und ist ein guter Ankerplatz für Yachten außer bei E-lichen Winden, die sich hier heftig auswirken. Das W-Ufer endet in einem Strand, N- und S-Ufer sind von Fels gesäumt. Kleine Holzanleger am N-Ufer erleichtern den Landgang mit dem Beiboot, um in Porto Azzurro einzukaufen oder in dem attraktiven, in dichtem Grün eingebetteten Hotel „Cala di Mola" zu speisen.

- Am besten ankert man unterhalb des Hotels „Cala di Mola" auf 4–5 m über Schlick mit Seegras oder E-lich davon, wo es beliebt.
- *Cantiere Navale Golfo di Mola* Die moderne Werft hat sich auf Yachten spezialisiert und bietet guten Service. Man liegt entweder vor dem Kai oder an den werfteigenen Bojen. Wasser, Strom, WCs und Duschen sind vorhanden. Wetterbericht im Werftbüro. Auf dem Gelände gibt es eine Slipbahn und ein Travelliftbecken, einen Mobilkran bis 32 t und einen Travellift bis 200 t. Hier kann man gut überwintern. Reparaturen an Motoren, Elektrik, Elektronik, Holz- und GFK-Booten sowie an Segeln werden ausgeführt.

Cala di Mola ist nach Osten offen. E-liche Winde erzeugen heftige Brandung, so daß,wer an Bojen oder vor Anker liegt, bei Stärke Bft. 6 kaum mehr an Land gelangt. W-Winde werden durch den düsenartigen Einschnitt verstärkt. Im Sommer ist der Platz stark frequentiert.

Im Hafen von Porto Azzurro

Porto Azzurro

42°45,8'N 10°23,8'E — Karte: I 117

Lage und Umgebung

Porto Azzurro, eine Perle des tyrrhenischen Meeres, liegt vor der Kulisse mittelhoher Berge und sanfter Hügel im SE-Teil Elbas, zu Füßen der Festung San Giacomo, und erfreut uns mit einem sicheren Hafen vor einer malerischen Ortschaft. Die bunten Häuser mit grünen Fensterläden, kleinen Balkonen und flachgiebeligen, roten Dächern im Verein mit gemütlichen Bars und Gartencafés unter schattenspendenden Maulbeerbäumen am Platz hinter dem Hafen verleihen dem Ganzen das sympathische mediterrane Ambiente. Weil das so ist, nimmt man auch die nicht endenwollenden Besucherströme in Straßen und Gassen, hupende Autos und Platzmangel im Hafen während der Saison in Kauf.

Ansteuerung

Am Tage Die starke Einbuchtung in der Küste ist schon von weitem gut zu erkennen, ebenso die beiden Forts: Focardo auf dem gleichnamigen Kap am S-Eingang, in dessen Mauern auch der Leuchtturm integriert ist, und San Giacomo auf Punta dello Stendardo, dem N-lichen Einfahrtskap zur inneren Bucht. Auch ein Hotel mit Dachterrasse oberhalb des W-lichen Hafenfeuers ist auffällig.

Bei Nacht Das Leuchtfeuer auf Capo Focardo sowie die beiden Hafenfeuer ermöglichen die Einfahrt.

Achtung Auslaufende Schiffe haben Vorrang vor einlaufenden. Einlaufende Schiffe müssen mindestens 150 m, auslaufende 100 m Abstand vom Kopf des Fähranlegers halten.

Liegeplatz

- Verschiedene Betreiber unterhalten Schwimmstege mit insgesamt 222 Liegeplätzen für Schiffe bis 20 m Länge, die vom jeweiligen Personal zugewiesen werden. Grundleinen liegen aus.

Werft Golfo di Mola

Porto Azzurro

- Die Bojen im W-Teil des Hafens sind für die Boote der Einheimischen bestimmt.

Der Hafen ist im Sommer meistens überfüllt, der Aufenthalt gebührenpflichtig. S-lich der Hafeneinfahrt ist Ankern verboten. Der Wellenbrecherkai ist den Fähren vorbehalten.

Ist an den Stegen alles besetzt, ankert man über Nacht in Cala di Mola (s. S. 292) und erobert am nächsten Morgen, wenn die anderen auslaufen, einen Platz im Hafen.

Schutz

Porto Azzurro bietet Schutz bei jedem Wetter, bei starkem Scirocco (SE) tritt unangenehmer Schwell ein. Auch bei Starkwind aus NE beobachteten wir Schwell im Hafen.

Behörden

Capitaneria und Zoll hinter dem E-Kai.

Versorgung

An den Stegen bekommt man Wasser und Strom. Einen Trinkwasserhahn findet man im kleinen Park hinter dem Platz am N-Kai. Öffentliche WCs und Duschen (Diurno) ebenfalls hinter dem großen Platz.

Slipbahn, Mobilkran bis 4 t. Reparaturen an Motoren, Elektrik und Elektronik. Tankstelle am E-Kai (Super und Diesel). Müllentsorgung. Wetterbericht.

Campinggas im Eisenwarengeschäft, Eis auf der Piazza beim Fischgeschäft. Lebensmittelläden, Bäcker, Supermarkt, Markt. Wochenmarkt am Samstag. Restaurants, Cafés. Apotheken, Banken im Zentrum (s. Plan).

Verkehrs- und Postverbindungen

Postamt N-lich des Hafens. Kartentelefone. Mietwagen sind über die verschiedenen Reisebüros zu buchen. Busverbindung zu allen wichtigen Orten. Fähre über Rio Marina nach Piombino. Ausflugsboote nach Capraia, nach Giglio und Giannutri.

Funkkommunikation

Die Capitaneria ist während der Dienststunden über UKW-Kanal 16 zu erreichen.

Tourismus

Ein Ausflug zur Wallfahrtskapelle Madonna di Monserrato in eindrucksvoller Landschaft bietet sich an.

Geschichte

Die Festung San Giacomo wurde in den ersten Jahren des 17. Jahrhunderts von den damaligen spanischen Herren (die Insel Elba war zu dieser Zeit unter den Medici, den Appiani und den Spaniern aufgeteilt) erbaut. Damals hieß der Ort noch Porto Longone.

Vor mehr als 130 Jahren machte man aus der Zitadelle San Giovanni eine Strafanstalt. Aus diesem Grunde verband sich der alte Name des Städtchens hartnäckig mit dem Gedanken an

Kriminelle. Niemand wollte hier seinen Urlaub verbringen. Da verfielen die Stadtväter auf einen simplen Trick: Aus Porto Longone machten sie einfach Porto Azzurro, und der Touristenstrom begann zu fließen.

Ankerplätze an der N-Küste des Golfes von Porto Azzurro

42°47,0'N 10°24,9'E (Capo Bianco) Karte: I 117

In das felsige Ufer schneiden, von West nach Ost, die Buchten Barbarossa, Spiaggia di Reale und Terranera ein. Sie sind immer stark bevölkert; allein in Barbarossa gibt es vier schattige Campingplätze. Bei N-lichen und W-lichen Winden findet man hier guten Schutz.

- *Barbarossa* hat einen Sandstrand, an dessen E-Ende ein Holzanleger vorspringt; S-lich davon liegt eine verrostete Muringtonne.
  Yachten ankern am besten ca. 75 m vor dem Strand auf 5–7 m über Sandgrund.
- *Spiaggia di Reale* wird durch Capo Bianco von Barbarossa getrennt und hat ebenfalls einen Sandstrand mit einem Campingplatz dahinter. Hier ankert man auf ca. 5 m.
- *Terranera* endet in einem Kiesstrand. Das Minengebäude im W-Teil der Bucht ist stillgelegt. Hinter dem Strand hat sich eine alte Bergwerksgrube mit Regenwasser gefüllt und bildet nun einen hübschen, von Schilf eingerahmten Süßwassersee, der seine grüne Farbe den Algen verdankt. Ankern Sie auf 4–5 m.

Ortano Mare (Spiaggia d' Ortano)

42°47,4'N 10°26,0'E (Insel) Karte: I 117

Unmittelbar S-lich von Capo Ortano, vor einem tief einschneidenden Tal, liegt ein kleiner Sandstrand, hinter dem eine Ferienanlage mit Restaurants, Hotel und Supermarkt entstanden ist. Die Ufer der Bucht sind felsig; im S-Teil ragt die kleine Insel Ortano etwa 20 m aus dem Wasser und ist durch eine schmale, nicht befahrbare Durchfahrt vom Land getrennt.

Vor der Huk, die die Bucht in eine Nord- und eine Südhälfte teilt, stehen die übriggebliebenen Eisenstützen einer ehemaligen Verladebrücke.

- Der beste und ruhigste Ankerplatz liegt im S-Teil, im Schutze der kleinen Insel, auf 7 m über felsigem Grund, im Schnittpunkt der Peilungen 320° zerfallene Verladebrücke, 165° Durchfahrt zwischen Insel und elbanischer Küste. Das Wasser ist außerordentlich klar.
- Wer es lebhafter und sandiger liebt, ankert in der N-Hälfte der Bucht auf ca. 5–6 m über Sandgrund.

Achtung Der Küstenstrich zwischen Ortano und Cavo ist bei N- und NW-Wind Fallböen ausgesetzt.

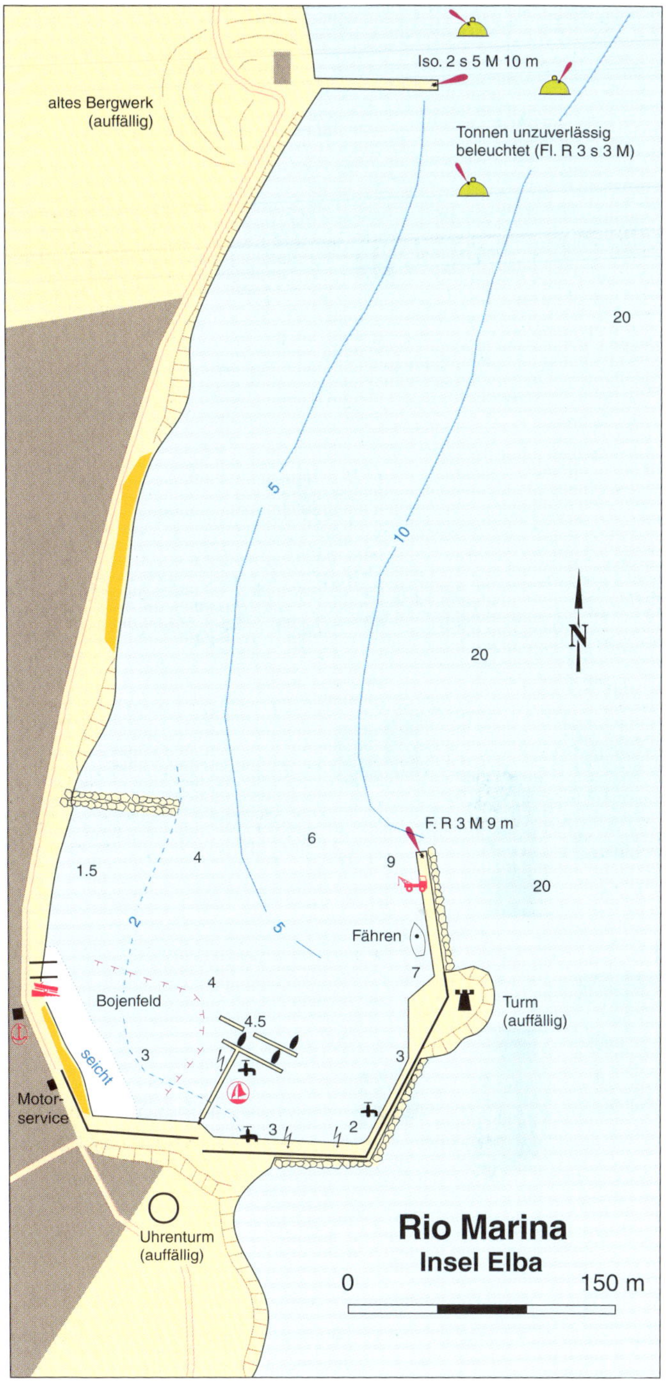

Rio Marina

42°48,9'N 10°25,9'E Karte: I 117

Lage und Umgebung

Der geräumige Hafen Rio Marina liegt im N-lichen Drittel der E-Küste, vor Eisenerz-Bergwerken und von Narben zerfurchten Abhängen. Das Hinterland prägen Hügel mit Macchiabewuchs, die dann von kahlen Bergen abgelöst werden.

In der Ortschaft verteilen sich pastellbunte Häuserzeilen hügelan. Blühende Vorgärten, Platanenalleen, Tavernen auf palmenbestandenen Plätzen um den kleinen Markt und Stände mit skurrilem Kunsthandwerk runden das Bild ab.

Rio Marina: Yachtanleger

Rio Marina zeigt eine gute Mischung aus Tourismus und geschäftigem Alltagsleben.

Ansteuerung und Liegeplatz

Am Tage Von Süden und Osten kommend, sind die rötlichen Abbauhalden und das Gebäude der Minengesellschaft auf einem spitzen Hügel unmittelbar N-lich des Ortes und graue Erzhaufen bei der Verladebrücke sowie die Häuser des Ortes und ein großes Gebäude auf halber Höhe des ansteigenden Bergrückens S-lich des Hafens gute Ansteuerungsmarken.
Das Bergdorf Rio nell'Elba W-lich des Hafens unterhalb des Gipfels des Monte Campanello kann man schon von weitem aus Ost und NE erkennen. Beim Näherkommen bemerkt man den Uhrturm in der Nähe der Wurzel des Hauptwellenbrechers und den Turm auf der in den Hauptwellenbrecher integrierten Klippe Scoglietto. Luft und Wasser sind manchmal von rötlichem Staub erfüllt.
Bei Nacht Die spärlichen Reichweiten der Feuer auf dem Kopf des Hauptwellenbrechers und der Erzverladebrücke machen die Nachtansteuerung nicht gerade komfortabel. Auf den Kais stehen hohe Scheinwerfer, die sich als hilfreich erweisen. Der Kopf des Hilfswellenbrechers ist ohne Befeuerung. Die drei Festmachetonnen vor der Erzverladebrücke sind unzuverlässig befeuert.

Liegeplatz

Yachten können am T-förmigen Schwimmsteg unterhalb des Uhrturmes festmachen oder lassen vor den E-lich anschließenden Kais (s. Plan) den Anker fallen. Der Grund besteht aus Schlick und hält gut.
Der W-Teil des Hafens ist seicht, es liegen dort einige Untiefen und ein Bojenfeld.

Schutz

Starke Winde aus Nord bis Ost machen den Hafen unbrauchbar.

Behörden

Capitaneria an der W-Seite.

Versorgung

Wasser am S-Kai. WC und öffentliche Duschen hinter der W-Ecke des Hafens. Kraftstoff per Kanister. Reparaturen an Motoren und Holzbooten. Kleine Slipbahn. Müllcontainer. Wetterbericht.
Gute Lebensmittelgeschäfte. Wochenmarkt am Montag. Restaurants, Tavernen, Banken, Apotheken.

Verkehrs- und Postverbindungen

Postamt. Kartentelefone. Eine Straße führt nach Portoferraio und Cavo. Mietwagen über ein Reisebüro. Busverbindung zu allen wichtigen Orten der Insel. Fähre nach Piombino und Porto Azzurro.

Tourismus

Spazieren Sie durch das Städtchen, besuchen Sie das Mineralienmuseum im Palazzo Communale an der Hauptstraße, das eine beachtlich schöne Auswahl mineralogischer Funde zeigt, oder nehmen Sie an einer Führung durch das Bergwerk nördlich von Rio Marina teil. Interessant ist der Ausflug zum Bergdorf Rio nell'Elba, dem ehemaligen Zentrum des Bergbaus, das gleichzeitig die älteste Siedlung der Insel (11. Jahrhundert) ist.

Cavo

42°51,6'N 10°25,5'E (Lf. Fährbrücke) Karte: I 117

Lage und Umgebung

Cavo, der N-lichste Hafen Elbas, liegt S-lich von Capo Castello und erhält noch etwas Schutz von dem kleinen Kap Scandelli, das am N-Ende des Ortes vorspringt und, in dichte grüne Vegetation eingebettet, die herrschaftliche „Villa Benza" trägt. Die Bucht wird von einem langen Sandstrand gesäumt, der Cavo zu einer beliebten, jedoch nicht überlaufenen Sommerfrische macht. Hinter dem Ort wellen sich grünbewachsene Hügel.

Ansteuerung

Am Tage Von N und NE kommend, sind die Ortschaft und ein helles Felskliff SE-lich hinter dem Ortsende auffällig.
Von E und SE kommend, dienen außerdem die Inseln Palmaiola und Topi zur Orientierung. Beim Näherkommen erkennt man die „Villa Benza" auf dem kleinen Kap Scandelli und den vom Knie des Hauptwellenbrechers in NE-Richtung vorspringenden Fähranleger.
Im Canale di Piombino (zwischen Elba und Italien) setzt Strom in E- bis SE-licher Richtung mit 2,5 kn.

Der Uhrenturm von Rio Marina

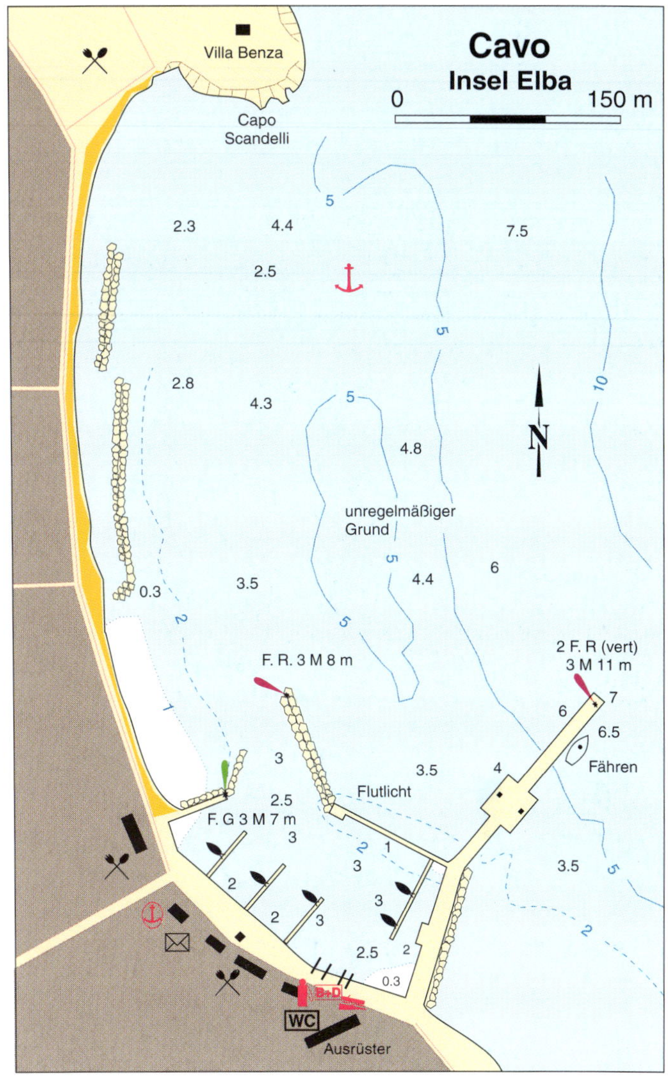

Bei Nacht Halten Sie sich an folgende Feuer: Insel Palmaiola; Kopf des Fähranlegers von Cavo; Hafenfeuer.
Achtung Die unbeleuchtete Insel Topi, ca. 370 m N-lich Capo Castello, und das unbeleuchtete Inselchen Frate, N-lich von Palmaiola, von dessen N-Spitze sich eine seichte Bank nach NNE erstreckt, die am Ende nur mit 4,8 m Wasser bedeckt ist, sind zu beachten.
Der unbeleuchtete Wellenbrecherstummel, der sich vom befeuerten W-lichen Molenkopf des Hafens Cavo nach Norden erstreckt, ist gefährlich. Ohne genaue Ortskenntnis sollte man bei der Nachtansteuerung besonders vorsichtig vorgehen.

Liegeplatz

Der Hafen ist klein und nicht besonders tief, daher ist er nur für kleine und mittlere Yachten geeignet. In der Einfahrt lotet man 3–3,5 m, in der Hafenmitte 3 m. Die Schwimmstege werden teilweise vom Segelclub Circolo Nauticavo, teilweise von der Gemeinde verwaltet. Vor dem Einlaufen ruft man den Hafenmeister über Funk an.
Machen Sie fest, wie auf dem Plan gezeigt.
Reede Unmittelbar N-lich des Hafens, im Schutze von Capo Scandelli, ankert man vor dem Strand von Cavo auf 4 m über grobem Sand mit Kraut. Der Grund hält nicht besonders gut.

Der Hafen von Cavo (o.). Ansteuerung Cavo aus Süd, rechts Capo Castello mit Isola dei Topi (u.)

Schutz

Bei stürmischenWinden aus NE sollte man nicht einlaufen, da dann in der Einfahrt Brandung steht. Schon bei schwachem NE-Wind schwellt es im Hafenbecken erheblich.
Reede Der Platz ist gut geschützt außer bei Winden aus E-lichen Richtungen.

Behörden

Capitaneria hinter dem W-Kai.

Versorgung

Wasser und Strom. WCs und Duschen.Tankstelle bei der Slipbahn in der SE-Ecke (Super und Diesel). Mobilkran bis 5 t. Schiffsausrüster. Motorreparaturen. Wetterbericht. Müllcontainer.
Einige Lebensmittelgeschäfte. Gute Restaurants an der Hafenstraße. Apotheke.

Post- und Verkehrsverbindungen

Postamt beim Hafen, Kartentelefone. Taxis. Mietwagen über Reisebüro Est Elba. Busverbindung zu den wichtigsten Orten der Insel. Mehrmals täglich Tragflächenboot von und nach Piombino. Autofähre von und nach Piombino nur an Samstagen, Sonn- und Feiertagen.

Funkkommunikation

Der Hafenmeister hört während der Dienststunden auf UKW-Kanal 16.

Capo della Vita

42°52,0'N 10°24,1'E Karte: I 117

Auch dieser hübsche Ankerplatz zwischen der kleinen Insel Topi und der Küste Elbas hat einen Sandstrand.

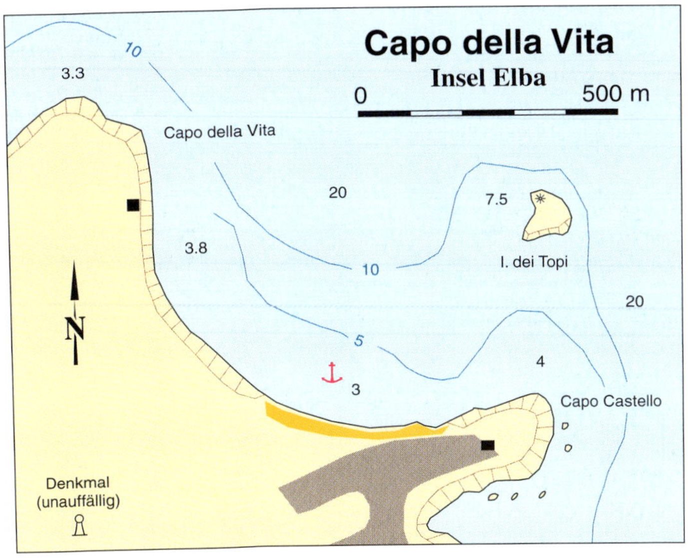

Ankern Sie auf 5 m, der Schutz ist gut bei West, SW- und Südwinden. Der Schwell der unablässig vorbeidampfenden Fähren ist allerdings sehr störend.

Buchten an der W-Seite der Halbinsel Capo della Vita

42°50,2'N 10°23'E (Pta. delle Casette) Karte: I 117

Hier findet man drei Schönwetterankerplätze; sie heißen – von Nord nach Süd – Dell'Inferno, Nisportino und Nisporto.

- *Dell'Inferno* ist ein schmaler, unbewohnter Einschnitt. An seiner W-Seite erstrecken sich Überwasserklippen.
- *Nisportino* Eine ziemlich touristische Bucht, offen von West bis NW, mit einem Feriendorf hinter dem Strand.
  Die Ankertiefen bewegen sich zwischen 5–10 m.

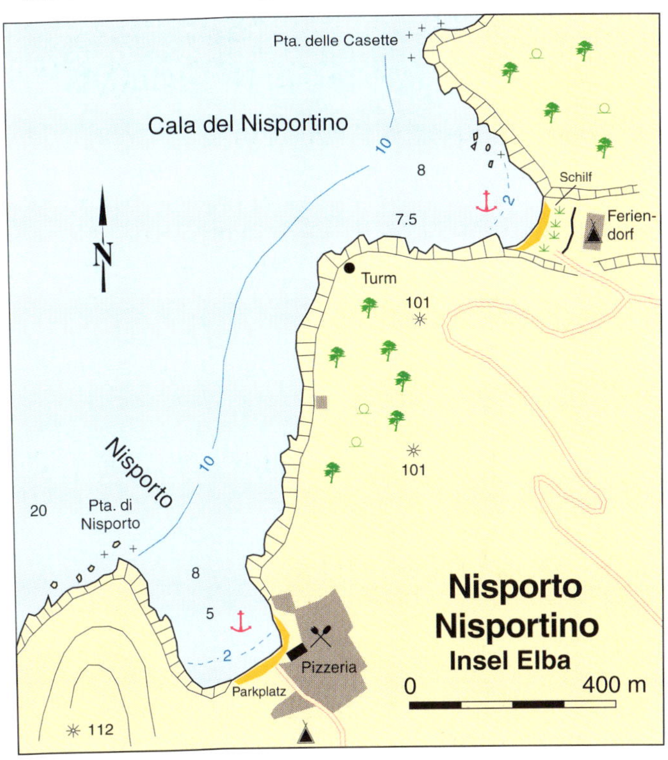

- *Nisporto* Auf dem N-Einfahrtskap steht eine Ruine; hinter dem Kiesstrand liegt ein Campingplatz. Aus der Macchia und den grünen Bäumen am N-Abhang lugen mehrere Häuser hervor. Während der Saison hat eine Pizzeria geöffnet.
  Der Ankergrund ist, wie auch in den benachbarten Buchten, sandig und teilweise mit Kraut bewachsen und gibt brauchbaren Halt. Ankern Sie lt. Plan. Offen nach Nord bis West.
  In Nisporto und Nisportino kommt eine Straße aus Rio nell' Elba an, denn von hier wurde einst Erz verschifft.

Der Schwell der vorbeifahrenden Fähren macht sich in allen drei Buchten unangenehm bemerkbar.

Insel Pianosa

Karten: D 504; I 118

Dieses felsige Eiland 7 sm SW-lich von Elba ist die einzige unter den toskanischen Inseln, die ziemlich flach ist. So kommt es, daß man bei der Ansteuerung aus Ost zuerst die Häuser des Hafenortes und erst dann den niedrigen Felsrücken sieht.
Die ausgewaschenen Ufer ragen 20–30 m aus dem Meer.
Wie Gorgona ist auch Pianosa eine „Gefängnisinsel", die fast zur Gänze von den Insassen der dort ansässigen Strafkolonie landwirtschaftlich genutzt wird. Sie darf nur im Abstand von 1 sm passiert werden, Anlanden ist verboten, außer in einem echten Notfall. Rufen Sie dann die Inselbehörden auf UKW-Kanal 16, um Anlauferlaubnis zu erbitten.

San Giovanni-Hafen

42°35,8'N 10°06,0'E Karte: I 118

Lage und Umgebung

Wir beschreiben den Hafen ausschließlich für den Fall, daß er in einer echten Gefahrensituation angelaufen werden muß: Er liegt vor den Häusern der Ortschaft San Giovanni, die wie eine kleine Festung aussieht. Das auffällige Inselchen La Scola, mit 34 m höher als die Insel Pianosa, liegt SE-lich des Hafens.
Das Hafenbecken ist winzig und von zinnenbesetzten Mauern umgeben. Bei starken N-Winden sollte man San Giovanni keinesfalls, auch nicht im Notfall, anlaufen.

Ansteuerung und Liegeplatz

Am Tage Bei Ansteuerung aus Nord muß man den bis zu 0,4 sm weit in See reichenden Riffen um Punta del Marchese, der N-Spitze von Pianosa, ausweichen. Auch SSE-lich des Inselchens La Scola liegt ein mit nur 3 m Wasser bedeckter Felsen. Ein weiteres Riff, Secca San Giovanni, erstreckt sich vor dem E-lichen Hafeneinfahrtskap 350 m nach Osten.
SW-lich des Hafens steht der auffällige Leuchtturm von Pianosa, ein helles quadratisches Gebäude mit rundem Turm und einem schwarz-weiß gewürfelten Aufbau.
Bei Nacht Das Feuer des Leuchtturmes Pianosa und das Molenfeuer Cala San Giovanni sind hilfreich.

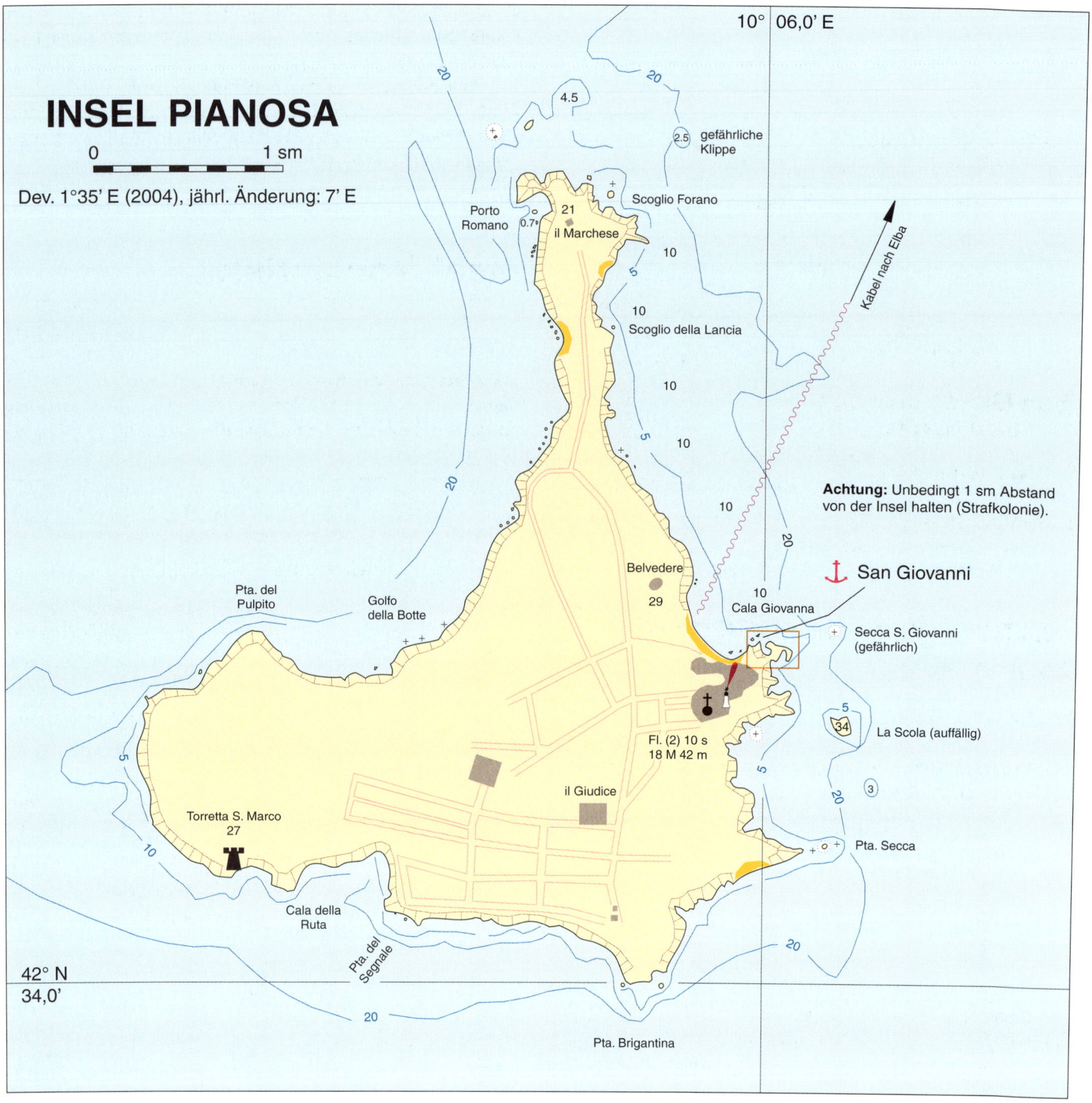

Isola Pianosa aus SW; rechts der „Zuckerhut“ auf Punta Marzocco und die auffällige Insel La Scola

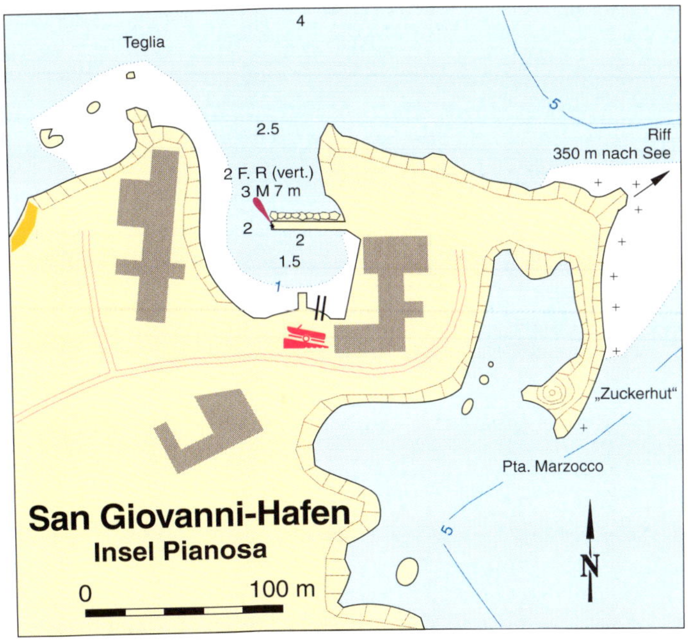

In der Mitte des Beckens findet man Tiefen von 1,5 m; am Kai und in der Einfahrt maximal 2 m.

Formiche di Montecristo
(Scoglio d'Africa)

42°21,4'N 10°03,9'E Karten: D 504

Die 2 m hohe Klippe Formiche di Montecristo, auch Scoglio d'Africa genannt, 10 sm WNW-lich der Insel Montecristo, trägt

einen runden Leuchtturm und ist von flachen Gewässern und gefährlichen Klippen umgeben. Man sollte mindestens 1 sm Abstand halten.

Untiefen mit 7,5 und 6 m Wassertiefe liegen 2,5 bzw. 3 sm NE-lich von Formiche di Montecristo. Strom setzt hier meistens in E-licher Richtung, und viele Skipper haben von magnetischen Ablenkungen berichtet.

Insel Montecristo

Karten: D 504; I 118

Die kegelförmige Granitinsel, deren höchster Gipfel Picco del Segnale die beachtliche Höhe von 648 m erreicht, hat einst Alexandre Dumas zu seinem Bestseller „Der Graf von Monte-

cristo“ inspiriert. Die steilen Küsten sind von tiefem Wasser umgeben und mit Macchia bedeckt, deren Kräuter und Blättchen den wildlebenden Ziegen als Futter dienen. Eine der vielen Besonderheiten der Vegetation Montecristos ist der sporadisch anzutreffende Pfefferbaum.
1980 wurde die Insel zum Naturschutzgebiet erklärt, um der seltenen Spezies der Mönchsrobbe eine Überlebenschance zu sichern. Daher sind Ankern und Anlanden, außer in Notfällen, verboten, und daran sollte man sich halten. Die Insel ist im Abstand von 500 m zu passieren. Wachmannschaften achten auf die Einhaltung der Vorschriften.
Wir beschreiben die nachfolgenden Buchten ausschließlich für den Fall einer echten Gefahrensituation. Erbitten Sie dann auf UKW-Kanal 16 Erlaubnis zum Ankern und Anlanden.

Cala Maestra und Umgebung 42°20,1’N 10°17,6’E

- Die kleine Bucht an der W-Seite der Insel, unmittelbar N-lich Punta Maestra, ist an einigen hellen, im Hintergrund stehenden Villen zu erkennen, die zum Besitz der einstigen italienischen Königsfamilie gehörten.
  An der N-Seite verläuft eine kleine Mole, an deren Kopf man 2 m lotet. Vorsicht Felsbrocken.
  Yachten ankern am besten in der Mitte der Bucht SW-lich des Kopfes der kleinen Mole auf 5–7 m über Sandgrund. Der Platz bietet keinen Schutz bei W- und NW-Winden.
- Zwei weitere Buchten mit Sandgrund schneiden unmittelbar S-lich Cala Maestra in das Felsufer ein: In der nach W und NW offenen *Cala Santa Maria* ankert man auf 5–12 m, in der kleineren *Cala La Mendolina,* die sogar etwas Schutz bei N-Winden gibt, fällt das Eisen auf 4 m; am Ufer sind Festmacheringe montiert. Vorsicht Fallböen!

Cala Corfù 42°19,3’N 10°19,1’E

Die größte Bucht der Insel, Cala Corfù, schneidet an der SE-Ecke von Montecristo in steile Felsufer ein und ist sehr tief. Nur im NW-Teil, wo die Ufer nicht ganz so steil abfallen, findet man etwas bequemere Ankertiefen vor.
Hier hat man Schutz gegen N-Wind, aber heftige Fallböen. Man sollte deshalb eine Leine zum Ufer ausbringen.

Formiche di Grosseto

42°34,5’N 10°53,0’E Karte: D 504

Diese Gruppe von drei gefährlichen Klippen liegt 10 sm N-lich der Insel Giglio. Von Formica Maggiore (24 m hoch), der größten des Trios, die von heller Färbung ist, erstreckt sich ein Flach 200 m nach SE; ein Riff, nur mit 3,5 m Wasser bedeckt, liegt ½ sm davon im NW.
Formica Maggiore trägt einen weißen runden Leuchtturm mit weißem Gebäude. Bei schlechtem Wetter suchen Fischerboote Schutz im Lee dieser Klippe.
Die mittlere Klippe ist etwa 150 m lang und dunkel gefärbt; eine felsige Stelle mit 9,7 m Wassertiefe erstreckt sich ca. 150 m nach NW.
Die kleinste und S-lichste der Klippen ist an einigen Stellen von einem Flach umgeben, das bis 200 m in See reicht. Das SSE-Ende ist auch nur von 3,5 m Wasser bedeckt; bei bewegter See steht Brandung darüber.
Achtung Absolutes Schiffahrtsverbot herrscht im 4. Quadranten (W–N) vom Leuchtturm aus gesehen, im Abstand von 2 sm.

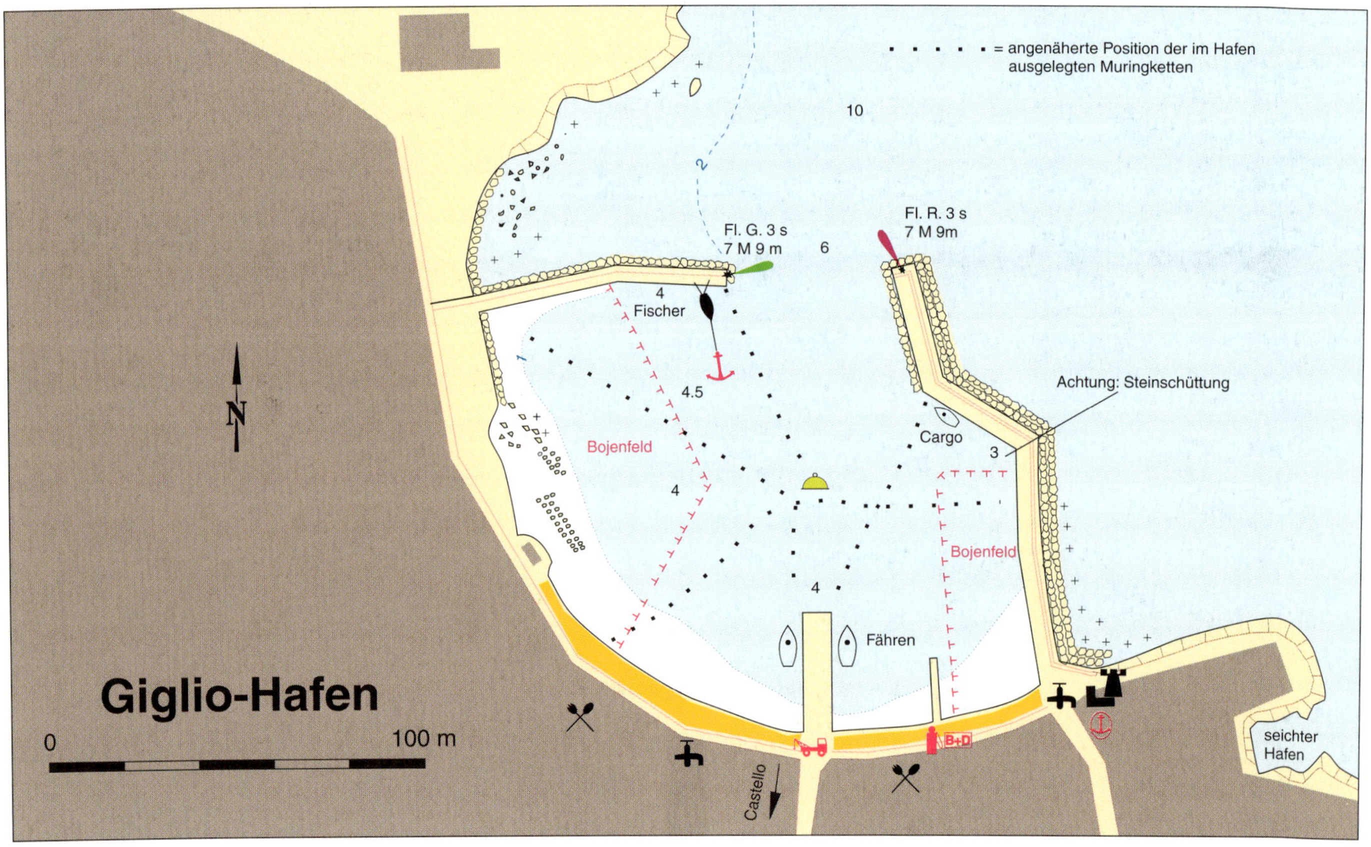

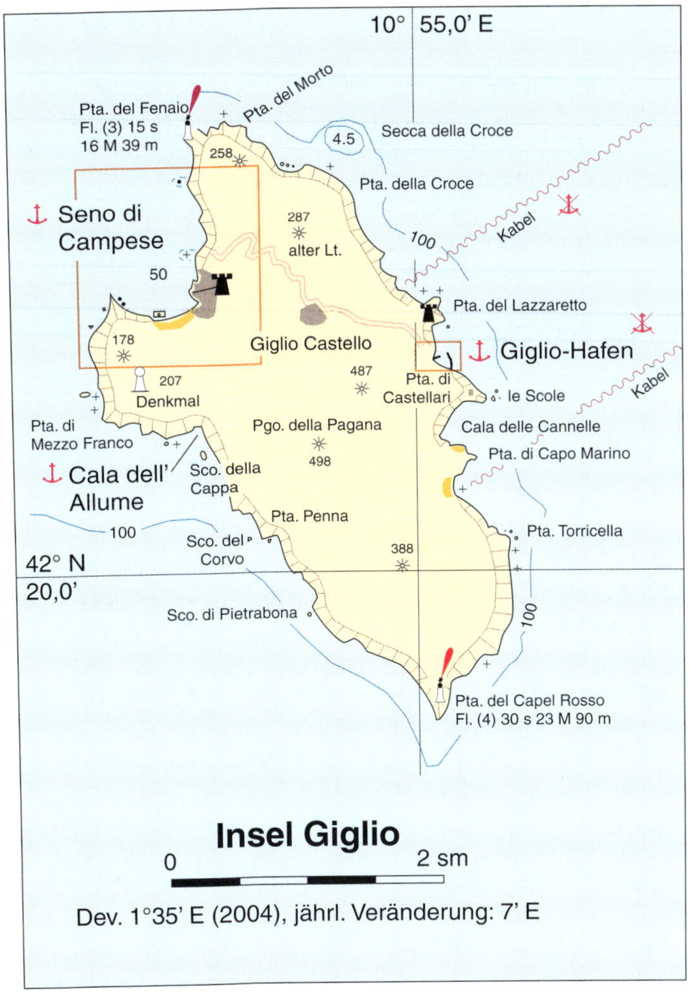

Insel Giglio

Karten: D 505; I 119

Giglio, die zweitgrößte Insel im toskanischen Archipel, liegt 25 sm E-lich von Montecristo und ist vom italienischen Festland durch einen 8 sm breiten Kanal getrennt. Sie ist gebirgig und erreicht mit dem Gipfel Poggio della Pagana stolze 498 m Höhe. Ihre felsigen Küsten, die bei Tauchern sehr beliebt sind, werden nur von wenigen, dafür besonders hübschen Stränden unterbrochen.

Der Hafen liegt in der Mitte der Ostküste, zu Füßen eines Amphitheaters aus grünen Hügeln; das mittelalterliche Burgdorf Giglio Castello thront in 405 m Höhe N-lich davon. Die NW-Küste beschert uns den erholsamen Golf von Campese. Auch hier findet man wieder die typische Mittelmeervegetation von Macchia über Ölbäumen bis hin zu Eichen und Kiefern. Auf Giglio wird außerdem der Ansonaco, ein schwerer, bernsteinfarbener Weißwein angebaut und gekeltert. Vor Jahren noch eine Rarität, wird er heute in allen Lokalen und, auf Flaschen gezogen, auch in den Geschäften angeboten, so daß die Frage erlaubt sei, ob die Trauben dafür auch wirklich auf der Insel gereift sind. Der berühmte Gumpoldskirchner aus den Weinbergen S-lich von Wien, den man beinahe auf der ganzen Welt trinkt, muß sich ähnliche Überlegungen gefallen lassen. Hauptsache, er schmeckt.

Wer es einrichten kann, sollte im Frühling nach Giglio segeln, denn im Sommer ist die Insel total überlaufen.

Der Hafen von Giglio

Vor der Hafeneinfahrt von Giglio

Giglio-Hafen

42°21,6'N 10°55,3'E Karte: I 119

Lage und Umgebung

Der einzige Hafen von Giglio liegt an der E-Küste im Inneren einer hübschen Bucht, die zwischen den Kaps Punta del Lazzaretto und Punta di Castellari einschneidet. Ein trutziger Turm bewacht ihn, und seine Wellenbrecher schützen Fähren, Yachten und Fischerboote gleichermaßen. Pralles Leben im Hafen und drumherum.

An der Uferpromenade stehen, fein säuberlich aufgereiht, Restaurants und pastellfarbene Häuser mit roten Ziegeldächern. Dahinter gruppieren sich die geschlossenen Häuserzeilen der Ortschaft.

Ansteuerung

Am Tage Es ist schwierig, den Hafen bei der Ansteuerung aus Norden oder Süden auszumachen, man bemerkt ihn erst, wenn man, von Norden kommend, das Kap Punta del Lazzaretto, auf dem ein alter Wachturm steht, oder, von Süden kommend, Punta di Castellari gerundet hat.

Eine deutliche Orientierungshilfe ist das 405 m hoch gelegene Bergdorf Giglio Castello, das – flankiert von Burg und Kirchturm – NW-lich oberhalb des Hafens zu sehen ist.

Achtung Die dunklen, gut auszumachenden Klippen Le Scole in E-licher Verlängerung von Pta. di Castellari müssen beachtet werden, ebenso die flache Stelle Secca della Croce vor der NE-Küste, 3 Kabellängen N-lich von Pta. della Croce.

Auf dem Streifen, der sich von einem Punkt 0,7 sm S-lich der Klippen Le Scole bis unmittelbar N-lich Pta. del Lazzaretto erstreckt, besteht Anker- und Fischverbot.

Bei Nacht Die weittragenden Feuer auf der N-Spitze Pta. del Fenaio und auf dem flachauslaufenden felsigen S-Kap der Insel, Pta. del Capel Rosso, weisen den Weg. Die Molenköpfe des Hafens sind befeuert.

Strom In der Meerenge zwischen Giglio und dem Vorgebirge Argentario auf dem italienischen Festland wirkt sich ein Gezeitenstrom nach Nord aus. Er setzt sich auch gegen NW-liche Winde durch.

Liegeplatz

Gastyachten machen vor Bug- oder Heckanker an der Innenseite des kurzen Wellenbrechers im ersten Drittel unterhalb des pummeligen grünen Feuerträgers (s. Plan) fest.

Man muß wissen, daß am Grund des Hafenbeckens Ketten verankert liegen. Meistens ist das Wasser so klar, daß man deren Position erkennen kann, um nicht den eigenen Anker darin zu verhaken.

Die Gemeinde hat außerdem zwei Bojenfelder ausgelegt (s. Plan).

Die vom S-Ufer vorspringende Brücke ist den Fähren vorbehalten, die in der Saison den Platz auch während der Nacht beanspruchen. Eine halbe Stunde vor Einlaufen der Fährschiffe muß der Hafen klar für das bevorstehende Anlegemanöver sein. Die Fähren drehen dabei in der Hafenmitte.

Schutz

Giglio Hafen bietet Schutz bei allen Windrichtungen, nur bei NE steht Schwell hinein. Starke auflandige Winde machen das Ein- und Auslaufen gefährlich. Auslaufende Schiffe haben Vorrang.

Behörden

Capitaneria an der Wurzel des Hauptwellenbrechers. Zoll.

Versorgung

Wasser und Tankstelle (0700–1930, s. Plan) hinter dem S-Ufer. Slipbahn. Kran (8 t). Motorreparaturen. Mechaniker und Auto-Elektriker in der Ortschaft. Tauchclubs.

Müllentsorgung, Eisverkauf, Lebensmittelgeschäfte. Kleine Restaurants, wo ausgezeichnete Fischspezialitäten und andere Köstlichkeiten der italienischen Küche angeboten werden, rund um den Hafen. Pizzerien. Bank. Apotheke.

Post- und Verkehrsverbindungen

Postamt im Ort. Fähre nach Santo Stefano auf dem italienischen Festland mehrmals täglich in der Saison. Bus zum Bergdorf Giglio Castello und zur Bucht von Campese. Taxis.

Funkkommunikation

Die Capitaneria von Giglio hört auf UKW-Kanal 14 und 16 (0700–1300 UTC).

Tourismus

Beim Ausflug zum fein herausgeputzten Burgdorf Giglio Castello fühlt man sich angesichts der Türme und Mauern in ein vergangenes Jahrhundert versetzt und verspürt in den verwinkelten Gassen und den engen, steilen Treppengängen einen Hauch von der Mystik des Mittelalters. Außerdem kommt man in den Genuß eines wunderschönen Rundumblicks über Giglio und die Nachbarinseln bis hinüber zum italienischen Festland.

Cala dell'Allume

42°21,0'N 10°52,8'E Karte: I 119

Die kleine felsgegürtete Bucht an der W-Seite von Giglio, 1 sm E-lich Pta. di Mezzo Franco, wird durch zwei spitze Einfahrtskaps begrenzt. Im Inneren behindern Klippen. 180 m S-lich von Cala dell'Allume liegt die Insel Scoglio della Cappa. Ankern Sie auf ca. 5 m. Kein Schutz bei S-lichen Windrichtungen.

Seno del Campese

42°22,0'N 10°52,5'E Karte: I 119

Feiner Sandstrand, klares blaues Wasser und ein wuchtiger Wachturm inmitten von Palmen und Kiefern auf einer winzigen Insel, bunte Boote im Wasser und am Strand, eine Feriensiedlung, Hotels und gepflegte Villen machen das idyllische Campese zu einem beliebten Badeort.
Von Norden kommend, beachte man eine felsige Untiefe vor Punta delle Secche und ein Riff, das nur von 2 m Wasser bedeckt ist, außerhalb der 10-m-Linie, 3 Kabellängen NNW-lich des Torre del Campese.
Ankern Sie, wo Sie Platz finden, auf 3–7 m über Sandgrund. Kein Schutz bei Winden aus dem 4. Quadranten.
Bar, Restaurant, Lebensmittelgeschäfte, kleiner Schiffsausrüster sind vorhanden.

Insel Giannutri

Karten: D 504, 505; I 118

Giannutri, 9 sm SE-lich von Giglio, ist die S-lichste Insel im toskanischen Archipel. Ihre Form erinnert an eine allerdings

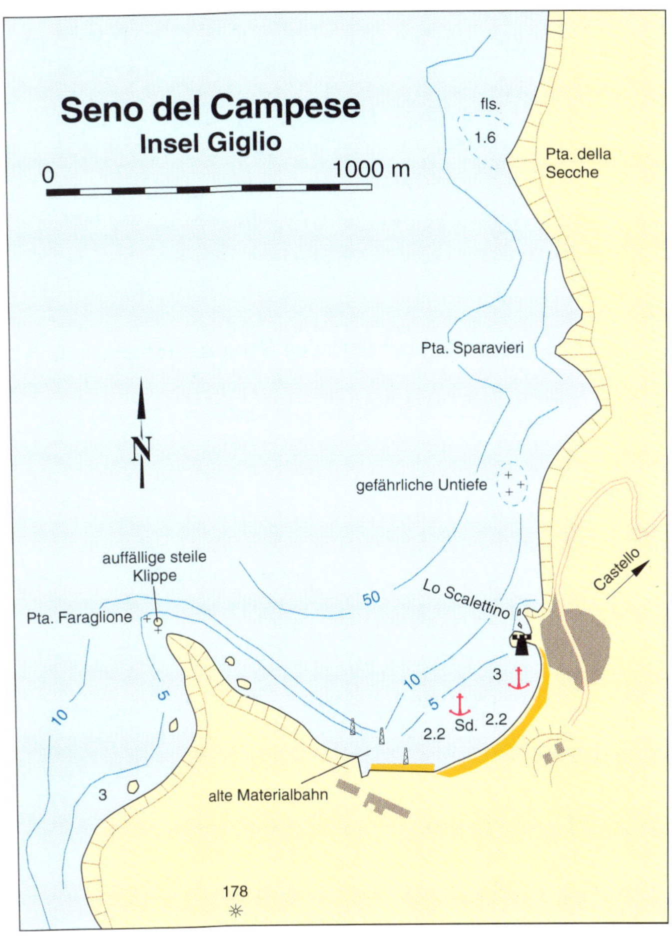

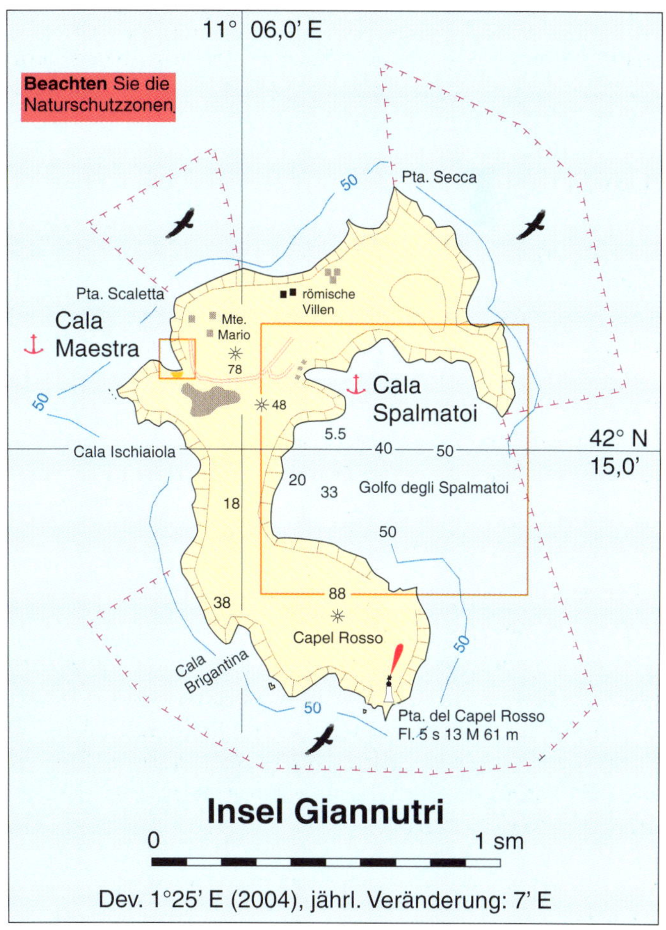

etwas ausgefranste Mondsichel, bei den Griechen wurde sie daher „Artemide", bei den Römern „Dianum" genannt.
Die felsigen Küsten sind reich an Grotten und Einschnitten, weisen aber nur zwei Kieselstrände auf. Der Bewuchs ist stellenweise üppig grün, die höchste Erhebung der Insel, der 88-m hohe Poggio Capel Rosso, liegt nahe dem S-Ende der Insel.
Giannutri ist vor einigen Jahren unter Naturschutz gestellt worden. Man darf daher nur noch in Cala Spalmatoi an der E-Küste und in Cala Maestra im NW vor Anker und an Land gehen. Vom Rest der Insel ist 1 sm Abstand zu halten.

Cala Spalmatoi — 42°15,2'N 11°06,4'E

Im NW-Teil des weiträumigen Golfo degli Spalmatoi öffnet sich die besonders einladende gleichnamige Bucht. Ihre dicht begrünten Ufer sind mit geschmackvollen Sommerhäusern bebaut, an der S-Seite liegen Bojen für kleine Boote aus. Der Kai am N-Ufer ist für die Fähren reserviert. Wer dennoch dort anlegt, muß den Platz für einlaufende Fähren freimachen.
Ankern Sie, wo Platz ist, auf ca. 7 m über Sandgrund, der mit Steinen (Lava) durchsetzt ist und nicht besonders gut hält.
Außer bei Starkwind aus Ost bis SE bietet Cala Spalmatoi guten Schutz.
Hinter dem schmalen Kieselstrand findet man Toiletten, Telefon, ein Hotel und auch ein gutes Restaurant.
Die weiteren Ankermöglichkeiten im Golfo di Spalmatoi kranken alle daran, daß die Tiefen überall sehr groß sind.

Cala Maestra — 42°15,3'N 11°05,7'E

In diesem engen Einschnitt an der NW-Seite der Insel springt

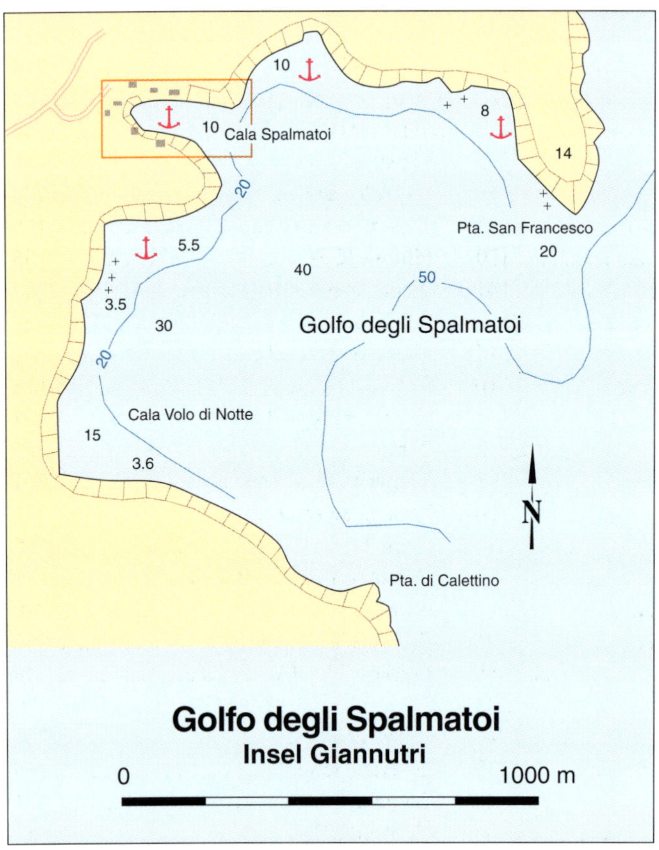

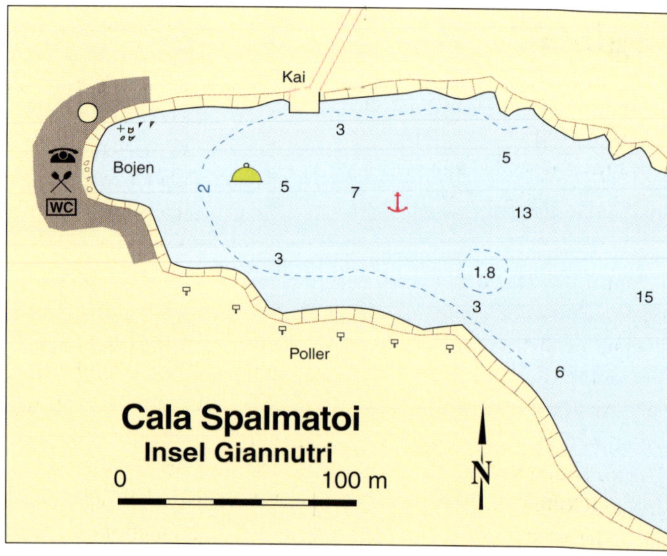

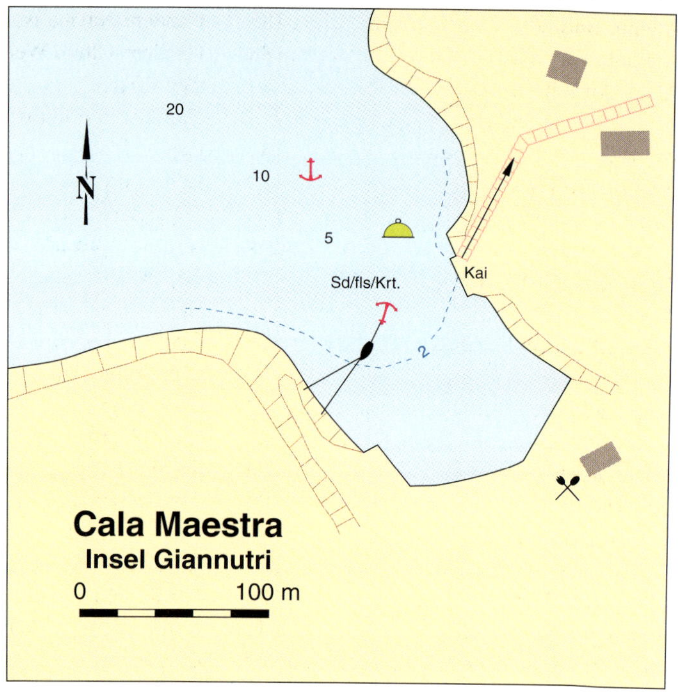

ein kleiner Kai vor; er dient der Versorgung der Insel und ist fast immer belegt.
Yachten ankern, wie auf dem Plan gezeigt, entweder frei schwojend auf ca. 10 m oder an der SW-Seite mit Leine zum Ufer. Der Grund ist mit Felsen durchsetzter Sand und hält nicht immer zufriedenstellend. Am Ufer gibt es ein Restaurant.
Die Ruine einer römischen Villa mit Resten von Mosaikböden und Säulen aus Granit von Giglio, denen korinthische Kapitelle aufgesetzt wurden, steht unmittelbar N-lich von Cala Maestra. Sie soll der Mutter Neros gehört haben. Manchmal wird die antike Stätte auch als Tempel der Göttin Diana bezeichnet, von der sich, wie bereits erwähnt, der ursprüngliche Name der Insel ableitete.
Giannutri anzulaufen, lohnt sich immer. Nicht allein wegen der Archäologie, sondern besonders wegen des tiefen, klaren Wassers, das die Insel umgibt und in wunderbarem Azurblau leuchtet – ein unnachahmlicher Kontrast zu den rötlichen Felsen der steilen Küsten und dem Grün der Pinien.

Register

Sind mehrere Ziffern angegeben, verweisen die fettgedruckten auf die Hauptbeschreibungen.
(Ge) = Geschichts-Info.

Auf mediterranen Kursen

Foto: Wyn Hoop

In diesen Reiseführern werden nicht nur die Marinas des jeweiligen Reviers vorgestellt, die zahlreichen Pläne – vielfach mit farbigen Luftaufnahmen – führen auch sicher zu jenen Häfen und Ankerplätzen, die eine gute Alternative darstellen. Neben den nautischen Informationen finden sich Tipps und Vorschläge zu Landgängen, aber auch Exkurse zu Kultur und Geschichte sowie mediterraner Lebensart.

Türkische Küste
Karaburun / Izmir – Antalya
Ostgriechische Inseln
Chios – Rhodos
296 Seiten, 281 zweifarbige Pläne, 204 Fotos, davon 16 farbig, Format 21 x 30 cm, gebunden
ISBN 3-89225-292-0

Griechische Küsten
Häfen und Ankerplätze
584 Seiten, 600 farbige Pläne, 250 Farbfotos, Format 21 x 30 cm, gebunden
ISBN 3-89225-294-7

Küstenhandbuch Kroatien
Häfen und Ankerplätze zwischen Umag und Dubrovnik
172 Seiten, 194 farbige Pläne, 125 Farbfotos, 1 farbige Faltkarte, Format 21 x 30 cm, gebunden
ISBN 3-89225-338-2

Kroatische Küste
Die Kornaten
Liegeplätze und Landgänge
88 Seiten, 26 farbige Pläne, 105 Farbfotos, Format 18 x 24 cm, gebunden
ISBN 3-89225-461-3

Kroatische Küste
Kvarner Bucht
Häfen und Ankerplätze
104 Seiten, 111 farbige Pläne, 59 Farbfotos, Format 18 x 24 cm, gebunden
ISBN 3-89225-479-6

Außerdem in unserem Verlagsprogramm:

Küstenhandbuch Italien
Ventimiglia – Brindisi
Mit Sardinien, Sizilien und Malta
452 Seiten, 453 farbige Pläne, 237 Farbfotos, Format 21 x 30 cm, gebunden
ISBN 3-89225-348-X

Korsika, Nordost-Sardinien, Toskanische Inselwelt
Häfen und Ankerplätze
312 Seiten, 230 farbige Pläne, 200 Farbfotos, Format 21 x 30 cm, gebunden
ISBN 3-89225-160-6

InfoLine 0521/55 99 11
Fax 0521/55 91 14
www.delius-klasing.de/shop